复杂艰险山区高速公路建设技术与管理丛书

高原复杂山区高速公路建造关键技术
——香丽高速公路施工实践

刘昆珏　李灿德　胡　俊 / 编　著
魏家旭 / 主　审

西南交通大学出版社
·成　都·

图书在版编目（CIP）数据

高原复杂山区高速公路建造关键技术：香丽高速公路施工实践 / 刘昆珏，李灿德，胡俊编著．—成都：西南交通大学出版社，2020.11
ISBN 978-7-5643-7729-8

Ⅰ．①高…　Ⅱ．①刘…　②李…　③胡…　Ⅲ．①山区道路－高速公路－道路施工－云南　Ⅳ．①U415.1

中国版本图书馆 CIP 数据核字（2020）第 196175 号

Gaoyuan Fuza Shanqu Gaosu Gonglu Jianzao Guanjian Jishu
——Xiang-Li Gaosu Gonglu ShiGong Shijian

高原复杂山区高速公路建造关键技术
——香丽高速公路施工实践

刘昆珏　李灿德　胡　俊　编著

责任编辑　杨　勇
封面设计　GT 工作室

出版发行　西南交通大学出版社
（四川省成都市金牛区二环路北一段 111 号
西南交通大学创新大厦 21 楼）
邮政编码　610031
发行部电话　028-87600564　028-87600533
网址　http://www.xnjdcbs.com
印刷　成都勤德印务有限公司

成品尺寸　185 mm × 260 mm
印张　29
字数　713 千
版次　2020 年 11 月第 1 版
印次　2020 年 11 月第 1 次
定价　290.00 元
书号　ISBN 978-7-5643-7729-8

本书编委会

主　编： 朱红兴　李信东　魏家旭　刘昆珏　李灿德　胡　俊

编　委： 邱安菊　杨希文　樊　旭　刘　涛　王晓燕

马兴伟　常阿娜　刘睿迪　郭　强　雷春燕

罗顺江　杨培芬　侯翠琼　温　燕　张明杰

佟　彦　刘凯文　张　强　王新泽　王东生

杨　杰　谢红平　陈玉键　徐　勇　刘林森

杨　进　谢祥武　王　璐　郑　翔　姚　尧

王林伟　骆　翔　郑朝阳　李晓宝　张仁福

肖汉昭

前言 Preface

滇西高原山区地形复杂、地势险峻、地质条件复杂多变、气候条件恶劣、基础设施薄弱，而高原山区高速公路施工场地狭窄、工程结构复杂、工程任务艰巨，工程建设面临诸多困难和巨大挑战。

香格里拉至丽江高速公路所在区属高原侵蚀构造中山—高山地貌区，地处云南省西北部、青藏高原南东延横断山脉，路线通过范围内以构造剥蚀中山、高中山、构造侵蚀高山地貌为主，地势总体北西高南东低，山川并列。香丽高速公路包括多种复杂特殊的工程结构：独塔单跨地锚式钢桁梁悬索桥、叠合梁桥、大跨度预应力连续梁桥、陡坡高墩桥、高边坡、季节性冻土路基、无中导双联拱隧道、小间距隧道、分岔隧道等。香丽高速公路的难点及特点可以归结为“三高”（高海拔、高差大、高地震烈度），“二复杂”（地形复杂、地质复杂），“一脆弱”（生态环境脆弱），“一艰巨”（工程极为艰巨）。面对如此复杂艰巨的工程任务，云南建投集团迎难而上，抽调精兵强将，精心组织施工，克服各种技术难题，推动工程顺利实施，也取得了许多技术成果，积累了丰富的工程经验。

为全面总结香丽高速公路的施工经验，云南建投集团组织编写了《高原复杂山区高速公路建造关键技术——香丽高速公路施工实践》一书，该书具有很强的针对性和实用性，对于今后类似山区高速公路的施工技术管理具有较强的应用价值和指导意义。

在本书的编写过程中，编著者参考和借鉴了大量国内外相关专业书籍和文献，在此对其作者表示诚挚的谢意。由于时间仓促又限于水平，书中疏漏不妥之处在所难免，敬请专家读者批评指正。

作　者

2020 年 9 月

目录 Contents

第一篇 工程背景篇

第二篇 路基篇

第三篇　路面篇

第四篇　隧道篇

第五篇 桥梁篇

第六篇 冬雨季专项施工技术篇

第一篇

工程背景篇

1 滇西高原山区的工程地质特征

滇西高原山区地质病害致灾因素可归纳为特殊类土、地质作用、灾害地质、人类活动四个方面。特殊类土是指对公路工程产生危害、具有特殊岩土体结构和工程地质特性等公路地质体。

地质作用为易形成公路地质病害的岩溶、断裂构造、不稳定斜坡等地质环境条件或工程地质条件的活动性构造、岩溶岩蚀作用等地质作用产物、特殊地质构造、地质体结构。

灾害地质为公路建设已经面临需处置的既存的或即将构成公路地质病害的现状滑坡、崩塌、泥石流等地质隐患。

人类活动为公路路线通过或直接展布于其上的人类工程活动形成的采空区、不稳定边坡等。

1.1 滇西高原山区病害致灾因素鉴别

滇西高原山区病害致灾因素的正确鉴别是防治地质病害诱发的基础。滇西高原山区地质病害致灾因素的识别，需正确把握致灾因素划分标志（表 1-1）。

表 1-1 滇西高原山区地质病害致灾因素识别标志简表

类别		属性	判别标志	成因
特殊类土	软土	在静水或缓慢流水环境中沉积而成的、天然含水量大、压缩性高、承载力低、透水性差的一种软塑到流塑状态的饱和黏性土层	一般具有触变性、流变性、高压缩性、低强度、低透水性和不均匀性。另外，软土还具有一定的结构性	1. 滨海沉积； 2. 湖泊沉积； 3. 河滩沉积； 4. 谷地沉积； 5. 泥炭沼泽
	膨胀土	土中黏土矿物成分主要由亲水性矿物组成，同时具有吸水显著膨胀软化和失水收缩硬裂两种变形特性，且具有湿胀干缩往复变形的高塑性黏性土	1. 现场判别（土颗粒细腻、常出现浅层滑坡和地裂、周围构筑物开裂、地形平缓无明显自然陡坎等）； 2. 指标判别（按土体与水相互作用所呈现的水理性质指标塑性指数、液限、自由膨胀率、膨胀力等）进行判别	1. 湖相沉积； 2. 冲积； 3. 残积、坡积； 4. 洪积； 5. 冰水沉积

续表

类别		属性	判别标志	成因
特殊类土	红层软岩	“红层软岩”泛指形成于侏罗系、白垩系与第三系泥岩、砂岩泥岩、粉砂岩、砂岩、砾岩等软硬相间的层状岩体，外观上以红色、棕红色、砖红色为显著特征，为内陆碎屑沉积建造，碎屑物质成分变化大，以泥质胶结为主，也有钙质及铁质胶结，系软质岩石	根据其矿物成分和化学成分的组成规律进行判别	形成于侏罗系、白垩系与第三系泥岩、砂岩泥岩、粉砂岩、砂岩、砾岩等软硬相间的层状岩体
地质作用	岩溶	在石灰岩等可溶性岩石分布地区，岩石长时间受到水的化学溶蚀和机械作用，形成溶洞、溶沟、裂隙、暗河、石芽、石笋、石钟乳等地面及地下的奇特景观，这种由于水对可溶性岩作用的演变，以及由此产生的特殊地貌形态和水文地质现象	石牙、石笋、漏斗、溶蚀洼地、坡立谷、溶蚀平原、落水洞、竖井、溶洞、暗河、天生桥、土洞、地下湖等	可溶性岩层由于流水的长期化学作用和机械作用
	断裂构造	岩体受构造应力作用发生变形，当变形达到一定程度后，使岩体的连续性和完整性遭到破坏，产生各种大小不一的断裂，称为断裂构造。包括断层和裂隙	破碎带标志、断层面标志、构造标志、地层岩相标志、地貌水文标志和线状排列的侵入体硅化、矿化现象	构造应力作用。裂隙和断层（活断层）
	不稳定斜坡	自然横坡在15°左右、工程地质和水文地质环境较差，有潜在滑移可能，在受荷载作用下易引发地质和工程病害的自然边坡	坡体上方长期有水的影响（泉眼、水田、水库等），土体长期处于潮湿饱水状态，坡度在15°左右的自然边坡	软弱土层和水的影响。外荷载作用改变其平衡状态
灾害地质	滑坡	斜坡上大量土体和岩体在重力作用下，沿一定的滑动面（或带）整体向下滑动的现象	可根据地形地物标志、地层构造标志、水文地质标志等综合进行分析识别	按其主滑面类型分为同生面滑坡、接触面滑坡、层面滑坡和构造面滑坡。按其力学特征分为牵引式滑坡和推移式滑坡
	崩塌	在陡峻的斜坡上，巨大岩块在重力作用下，突然而猛烈地向下倾倒、翻滚、崩落的现象	高度大于30 m、坡度大于45°且上缓下陡的凸坡或凹凸不平的陡峻斜坡，由坚硬性脆或软硬互层的陡峻斜坡，以及岩层的不利构造和产状组合等构造条件	地形条件、岩性条件、构造条件、其他自然因素等

续表

类别		属性	判别标志	成因
灾害地质	岩堆	岩石山坡在各种物理、化学作用下失稳，产生塌滑、剥落，形成大小不一的岩石碎块、岩屑，在自然力的作用下，搬运、堆积物体	地质构造作用强烈、气候干旱、风化严重的山区和高山峡谷地区。岩性软弱易风化的岩层分布区和破碎的花岗岩、石灰岩等组成的山坡坡角区等，多有岩堆出现	岩性和局部地形、地质构造、气候环境条件等。分为正在发育、趋于稳定和稳定等三种岩堆
	泥石流	在暴雨、冰雪融水等水源作用下，发生在山区沟谷中含有大量泥沙石块的特殊洪流	地质不良、地形陡峻，有明显的汇水补给、固体物质补给、流通渠道和堆积环境等。沟槽不对称、不固定、沟槽堆积的石块有尖角且无方向性和无明显层面等	1.按其固体物质组成，分为泥流、泥石流、水石流； 2. 按其流体性质分为黏性和稀性泥石流
	地面沉降	由于水对地表下岩土体的溶蚀作用或人类活动引发的地表塌陷现象，以及构造物对地基承载力过大引发的地面沉陷现象	沉陷周界较显著，道路凹陷明显等	水的因素、岩土休支撑条件改变、人类活动等
人类活动	采空区	地下固体矿床开采后的空间及其围岩失稳而产生位移、开裂、破碎垮落，直到上覆岩层整体下沉、弯曲所引起的地表变形和破坏的地区或范围	1. 小型采空区：地表塌陷或开裂，裂缝呈上宽下窄且无显著位移； 2. 大型采空区地表凹地、地面下沉、地面倾斜等； 3. 矿产地的活动遗迹	人类活动导致岩土体支撑条件的改变
	人工边坡	由人类公路工程活动开挖的岩土体边坡，统称为人工边坡。一般指公路路面以上的坡面	新增坡度普遍陡于自然坡面，坡体普遍呈现分台等人工痕迹和防护工程、排水工程等人工痕迹	岩土体条件、水环境的改变和突变，较大的临空面等
	人工填土	由人类公路工程活动在地表上填筑土石形成公路路基，统称为公路工程人工填土或路基填筑。为减少工程量，往往形成路面以下的填筑边坡	高出于地表带型构筑物，坡面具一定的规律性，一般坡面为1∶1.5，坡面进行了一定的人工绿化和美化	地基承载力不足引发的路基崩溃、路面开裂、构造物外倾、路面变形、填土速度过快引发的路基破坏等

1.2 滇西高原山区地质病害致灾因素的工程危害

滇西高原山区地质病害致灾因素的致灾环境条件识别及工程致灾特性的预见，是滇西高原山区建设地质病害防治措施选择的基础（表 1-2）。

表 1-2　滇西高原山区地质病害致灾因素工程危害简表

类型		致灾环境条件	致灾工程特性	致灾公路工程危害性
特殊类土	软土	水力作用、工程扰动、地震作用、外力影响等	天然含水量、天然孔隙比、直剪内摩擦角、十字板剪切强度、静力触探锥尖阻力、压缩系数	路基沉降与不均匀沉降、路基变形、路面开裂、构造物倾斜；桥梁基础承载力不足引起桥梁变形破坏、隧道变形等
	膨胀土	水环境改变导致土力学性能改变	胀缩性、崩解性、多裂隙性、超固结性、风化特性、强度衰减性	路基变形、构造物变形和开裂破坏、路面变形破坏、路基边坡失稳、隧道变形等
	红层软岩	水环境的改变影响土力学性能	透水性弱、亲水性强、浸水后岩体强度软化、失水后易崩解，岩块饱和单轴抗压强度低（小于 30 MPa），岩体层面之间抗剪强度低，特别是层面之间含水后易产生层间滑动	一般不能直接用作路基填料、引起构造物地基承载力变化、路基变形、路面开裂和沉陷、构造物破坏、隧道变形等
地质作用	岩溶	水环境改变、隐蔽性岩溶对工程的影响	岩石的可溶性、岩石的透水性、水的溶蚀性、水的流动性	路基沉陷、桥梁基础安全、隐蔽性岩溶对隧道安全的影响、岩溶水对隧道的影响等
	断裂构造	水文地质复杂、节理裂隙发育、岩石破碎、风化严重等	断层的力学性质、位置、产状、发展阶段、水文地质特征等，影响公路建设的规模和采取的工程技术对策以及工程造价	避让大断层破碎带需增加工程造价，公路建设易引起坍塌、隧道洞顶塌落等
	不稳定斜坡	地质环境和水环境，有潜在滑动面，外荷载影响等	有滑移的可能性，排水条件较差。受路基土方等外荷载作用，极易引发路基滑移	路基滑移、构造物变位、严重时影响桥梁安全和下方的隧道安全
灾害地质	滑坡	地形地貌及气候环境、地层岩性、地质构造、水、工程活动等外力因素等	滑坡变形速度差异较大、破坏性强、冲击力巨大	滑坡是山区公路的主要病害之一。堵塞河道、摧毁公路、影响路基稳定和安全、隧道变形、桥梁变位等
	崩塌	地形地貌、气候环境、地层岩性、地质构造、水、工程活动等外力因素等	变形速度差异较大、破坏性强、冲击力巨大	崩塌是山区公路的主要病害之一。堵塞河道、摧毁公路、影响路基稳定和安全、隧道变形、桥梁变位等
	岩堆	地表水和地下水的影响、工程活动等外力影响	浸水后易局部或整体滑移；具向外的层间节理，在外力作用不易产生沉降滑动；结构松散、孔隙大而不均，稳定性差	路基变形、边坡的稳定问题、地表水和地下水等排导设施破坏、桥梁基础稳定

续表

类型		致灾环境条件	致灾工程特性	致灾公路工程危害性
灾害地质	泥石流	地形条件下、水文气象要素、地质条件（固体物质的补给）、人类活动及植物覆盖	暴发突然、地区性特点很强，是区域性的工程地质现象，暴发频率差异较大	淤埋公路、堵塞江河、掩埋公路、冲毁桥梁和涵洞、大石块撞击桥梁、冲刷桥梁基础、冲毁公路等
	地面沉降	塌陷后的填充环境及稳定性，导致对策措施难以确定	稳定性不易测定，导致构造变形、路面凹陷、桥头跳车等病害	路面沉陷、路基开裂、构造物变形或破坏等
人类活动	采空区	填充环境和走向、范围、规模、稳定与发展趋势、变形大小等难以调查清楚，致对策措施难以确定	隐蔽性、无规律性。导致地表塌陷、开裂、地表凹地等地基稳定性问题	路基沉陷、桥梁基础安全、隧道安全、构造物变形破坏等
	人工边坡	坡面地质环境与工程技术对策不协调，气候环境、水环境的改变及其他诱发因素	新增坡面临空面，易诱发牵引式滑坡、崩塌、碎落等边坡病害（边坡失稳）	阻断公路、砸毁路面、破坏公路构筑物、污染路面等
	人工填土	地质环境和水环境、填土速度、填筑材料	在自然地面上堆载，易诱发推移式滑坡，当地基承载力较低时，易产生路基失稳及路面开裂等病害	路基下坡面失稳、构造物外倾、路面变形、开裂、崩溃等

1.3　香丽高速公路施工概述

1.3.1　工程简介

香格里拉至丽江高速公路是国家高速公路网北京至西藏高速的西宁—丽江联络线（G0613）的重要组成路段，也是重要通道之一及迪庆州与省会昆明联系的快捷公路通道，起于香格里拉市南益松村，止于大丽高速白汉场立交。线路全长 140.305 km，其中主线长 124.55 km，香格里拉连接线长 15.755 km，主线新建 118.013 km，利用大丽高速松园桥连接线 6.537 km。主线设计速度为 80 km/h，路基宽度为 24.5 m。主线上共有（含互通式立交区主线桥梁）桥梁 141 座、隧道 25 座，互通式立交 6 处，互通立交连接线约 13 km（采用二级公路标准建设），服务区 3 处，停车区 1 处，共设收费站 7 处，其中 1 处主线收费站、6 处匝道收费站，管理中心 1 处，养护工区 3 处。

1.3.2　地质岩性及水文

冲江河河谷属极度切割中山峡谷地貌，沟谷成“V”形，谷破陡峭，自然坡度 20°～45°，沿线地质构造发育，新构造运动强烈。冲江河断裂、花椒坡断裂、土官村断裂、阿里洛断裂是测区的构造骨架，为活动性较弱的早—中更新世活动断裂。线位主要行走于冲江河断裂带及影响带内，场地稳定性差。软质掩体分布广泛，三叠系编制软岩类板岩千枚岩、地层广布，为软质岩层，强度低，抗风化能力弱，暗坡稳定性差。该地层对路堑边坡的稳定性及隧道围岩影响较突出；滑坡、崩塌、泥石流等不良地质极其发育，沿冲江河及其支沟的两岸分布；岩性上主要位于板岩分布区，并受控于区域性活动断裂、深大断裂。

1.3.3 地形地质情况

该段线路所在区属高原侵蚀构造中山—高山地貌区，路堑所在区微地貌属槽谷斜坡地貌，斜坡坡度 10°～20°，坡顶 5°左右，中前部坡度约 16°，河谷区地势平坦，地面起伏较小，地面坡度在 5°之内，斜坡整体剖面形态呈折线形。

路堑区地表为第四系全新统坡残积层（Q_4^{dl+el}）粉质黏土。下伏基岩为三叠系中统（T_2^a）灰岩。场地内无断层、滑坡、泥石流等不良地质现象，场地现状平稳。

粉质黏土稍湿，呈硬塑状，根据土、石工程分级标准，该土、石等级为Ⅰ级，类别为松土，可直接清除。中风化灰岩，岩体较完整，岩芯呈短柱状到柱状，等级为Ⅴ级，类别为次坚石。

1.3.4 气候水文情况

1. 地表水

雨季边坡表面存在坡面水，坡面水为短暂水流，对边坡表面具有冲刷作用，应完善坡面排水系统，避免坡面水对边坡表面的冲刷破坏。

2. 地下水

根据勘察资料，斜坡上部粉质黏土等细粒土层，空隙小，空隙连通性较差，属于相对隔水层，地下水不发育，基岩裂隙水主要储藏于板岩裂隙中，接受大气降雨补给。

1.3.5 边坡设计情况

（1）路基边坡采用台阶式边坡，各级边坡坡率均为 1∶0.75，每一级边坡高度为 10 m，平台宽度 2.0 m。第一到四级边坡采用 4 m×3 m 单元格压力注浆锚杆框架进行防护，两侧采用 4 m×3 m 单元格压力注浆锚杆框架进行防护，上部边坡采用铺挂主动防护网进行防护，框架梁内均挂铁丝网植草防护。

（2）框架梁采用 C25 钢筋混凝土现浇，框格梁分级布置，坡率与边坡坡率相同；采用长 9 m、12 m 的 Φ32 锚杆垂直坡面打入，孔径 Φ110，灌浆采用 M25 水泥砂浆，灌浆压力 0.6～0.8 MPa，框格梁采用 C25 钢筋混凝土坡面框架。

（3）框架梁为现浇 C25 砼，框架格梁每 12～15 m 设一道伸缩缝，缝宽 2 cm，用沥青麻絮填塞；框架梁延伸至路堑开挖边界及边坡平台，延伸长度大于 2 m 时，梁上增设锚杆。

（4）于挖方坡口 5 m 以外设置截水沟，以拦截山坡地表水，确保边坡稳定，截水沟采用梯形截水沟。挖方隔级平台设置浆砌片石截水沟。

第二篇

路基篇

2 季节性冻土路基施工关键技术

2.1　季节性冻土的工程特点

2.1.1　冻土概况

冻土一般是指土体的温度在 0 °C 以下或 0 °C，呈冻结状态并含有冰的各类土。按照冻结状态持续期，冻土又分为季节性冻土和多年冻土。季节性冻土是随着季节变化而冻结、融化呈周期性变化的土；多年冻土是指冻结数年至数万年长期冻结的土。全球 70%左右的陆地处于季节冻土区，25%左右的陆地处于多年冻土区，主要分布在北半球范围，包括西伯利亚、阿拉斯加以及加拿大的广阔地区，占到全球多年冻土总面积的 63%左右。我国多年冻土面积大小在世界上位于第三位，$21.5\times10^5\ km^2$ 左右，主要包括高海拔地区的青藏高原和西部高山等地。

2.1.2　我国多年冻土类型划分

我国多年冻土按照分布规律及冻土形成、存在的主导因素，可将其分为三大类型，即高纬度地区多年冻土、高山多年冻土和高海拔即高原多年冻土。高纬度多年冻土区包括以下部分：位于大兴安岭北部的多年冻土亚区，位于大兴安岭南部西坡的岛状多年冻土亚区，位于小兴安岭地区的东、西坡丘陵地带以及松嫩平原的北部地带岛状多年冻土亚区，位于小兴安岭地区低山丘陵地带的岛状多年冻土亚区。高山多年冻土区主要包括：位于阿尔泰、北塔山地带的多年冻土亚区，位于天山地带的多年冻土亚区，位于阿尔金山、祁连山地带的多年冻土亚区，位于喜马拉雅山地带的多年冻土亚区。高原多年冻土区包括：青南、藏北高原北部地带的多年冻土亚区，藏北高原南部地带的岛状多年冻土亚区以及青藏高原东南地带的岛状多年冻土亚区等。

2.1.3　多年冻土公路工程分类

多年冻土在工程上的分类，应以工程地基范围冻土的冻融作用对工程建筑物产生的不利影响为根本划分原则，并结合大量的工程实践及室内外试验资料确定有针对性的分类指标。

云南区域由低等级公路改建为沥青混凝土路面以来，陆续出现了许多冻土病害问题。根据大量的现场调查数据，主要病害有以下几种类型：① 冻胀热融病害，尽管公路改建时路堤高度大于临界高度，但在以黏性土质为主要的季节融化层内，由于冬季负温时土壤产生冻结，这一过程常发生聚冰的作用，路基将会有较大的冻胀产生，而在春夏季节温度气温升高产生冻胀的路基又会有较大的热融下沉，如此的反复冻融变形影响，路基路面将会不同程度地受到破坏，此类病害占全线病害的 7%左右。② 热融下沉病害，主要是由于在进行公路修建时，采取的处治措施不当，或采取保温处理时保护冻土的路堤高度不够，加上路基坡脚范围局部积水对路基侵蚀、冲刷以及加快热量传导，使得路基下多年冻土融化发生热融现象，使路基产生不均匀沉陷病害，此类病害约占全线病害路段的 85%，也是处治难度极大的病害类型。③ 基层材料与面层材料的问题，主要表现在某些地段的基层材料含水率过大，压实度不足，造成强度达不到要求；路面层配合比不合理、含油不均，加上基层强度不够产生变形、裂缝，造成路面严重鼓包、脱落、龟裂以及波浪状变形等，此类占 5%左右。④ 填土压密不足病害，主要由施工过程压实不够造成的，主要表现在高填方路段的路肩，此类病害占 3%左右。

通过大量调查，可以得出多年冻土区公路工程发生病害的主要类型就是热融下沉。此外，沥青路面由于隔热性能差，对路基下多年冻土热平衡状态产生大的改变，导致地基土中出现融化夹层及融化盘也是冻土路基发生沉陷病害的根本原因，香丽高速公路的融化下沉路段含有融化夹层的路基病害占 89%左右。

公路工程的多年冻土分类应将冻土的融沉问题作为主要影响因素来考虑，进行分类的指标应以融沉变形量大小为标准。由于在冻土路基的融沉变形计算过程中，不仅需要考虑冻土的岩性特征、含冰量大小以及初始的温度等诸多因素，还必须考虑多年冻土与公路路基、路面的相互作用产生的影响，因而这一分类分析过程可以综合地反映冻土的基本物理性质及外界工程活动干扰对冻土路基稳定性的影响。同时，冻土路基的融沉变形量的大小可以直接作为衡量路基稳定程度的标准。因此，在公路工程的多年冻土分类中以冻土路基融沉变形量作为分类的控制指标较以融沉系数作为控制指标更为合理。

1. 多年冻土一般工程分类

多年冻土按冻土工程性质划分为五个等级：Ⅰ类—不融沉土，Ⅱ类—弱融沉土，Ⅲ类—融沉土，Ⅳ类—强融沉土，Ⅴ类—强融陷含土冰层。各类土的控制指标如表 2-1。

表 2-1 多年冻土按冻土工程性质划分一览表

融沉分类等级	Ⅰ	Ⅱ	Ⅲ	Ⅳ	Ⅴ
融化下沉系数 A/%	＜1	1 ~ 5	5 ~ 10	12 ~ 25	＞25
按米计算的融化下沉总量/cm	＜3	3 ~ 15	17 ~ 30	30 ~ 75	＞75

在工程上多年冻土分类如表 2-2。

表 2-2 工程上多年冻土分类一览表

<table>
<tr><th>多年冻土类型</th><th>土的类别</th><th>总含水量/%</th><th>融化后的潮湿程度</th><th>融沉分类</th></tr>
<tr><td rowspan="3">少冰冻土</td><td>粉、黏粒含量≤15%或颗粒粒径下于 0.1 毫米≤25%，下同）的粗粒土（包括碎石类土、粗砂、砾砂及中砂，下同）</td><td rowspan="2">$w \leqslant 12$</td><td>潮湿</td><td rowspan="2">不触沉</td></tr>
<tr><td>粉、黏粒含量＞15%粗粒土、粉砂、细砂</td><td>稍湿</td></tr>
<tr><td>黏性土</td><td>$w \leqslant w_p$</td><td>半干硬</td><td rowspan="3">弱触沉</td></tr>
<tr><td rowspan="3">多冰冻土</td><td>粉、黏粒含量≤15%的粗粒土</td><td rowspan="2">$12 < w \leqslant 18$</td><td>饱和</td></tr>
<tr><td>粉、黏粒含量＞15%粗粒土、粉砂、细砂</td><td>潮湿</td></tr>
<tr><td>黏性土</td><td>$w_p < w \leqslant w_p+7$</td><td>硬塑</td><td></td></tr>
</table>

续表

多年冻土类型	土的类别	总含水量/%	融化后的潮湿程度	融沉分类
富冰冻土	粉、黏粒含量≤15%的粗粒土	$18 < w \leqslant 25$	饱和并出水（出水量小于10%）	融沉
	粉、黏粒含量>15%粗粒土、粉砂、细砂	$18 < w \leqslant 25$	饱和并出水（出水量小于10%）	融沉
	黏性土	$w_p+7 < w \leqslant w_p+15$	饱和	
饱冰冻土	粉、黏粒含量≤15%的粗粒土	$25 < w \leqslant 44$	软塑	强触沉
	粉、黏粒含量>15%粗粒土、粉砂、细砂		饱和并大量出水（出水量为10%~20%）	
	黏性土	$w_p+15 < w \leqslant w_p+36 \sim w_p+48$	饱和并出水，出水量约为10%	
含冰土层	碎石了类土及砂类土	$w > 44$	流塑	
	黏性土	$w > w_p+36 \sim w_p+48$	流动	

2. 多年冻土公路工程分类

依据多年冻土的年平均地温情况，可将公路工程冻土划分为低温冻土及高温冻土；依据多年冻土中含冰量的大小，可以冻土类别将其划分为低含冰量冻土及高含冰量冻土；综合考虑冻土变化对公路工程冻土路基稳定程度的影响，可将其划分为融沉稳定型冻土类型、热稳定型冻土类型及不稳定型多年冻土类型。将多年冻土所处的年平均地温及冻土中含冰程度作为冻土分类的主要影响因素，以满足公路工程路基稳定性要求的冻土路基最大容许融沉值为指标，以冻土路基的稳定性作为标准，公路工程冻土分类方案如表 2-3。

表 2-3　公路工程多年冻土分类方案一览表

年平均地温		含冰类型				
		低含冰冻土		高含冰冻土		
		少冰冻土	多冰冻土	富冰冻土	饱冰冻土	含土冰层
高温冻土	≥−1.5 °C	融沉稳定型冻土		不稳定型冻土		
低温冻土	<−1.5 °C			热稳定型冻土		

依据表 2-3 公路工程多年冻土分类标准，综合冻土中含水率、岩性及温度情况对公路路基稳定性所产生的不利影响，在现有多年冻土分类的基础之上，提出以冻土的含水率大小、岩性特征及温度作为主要影响因素的公路工程冻土综合分类方案（见表 2-4）。

表 2-4　公路工程多年冻土综合分类方案一览表

土的类别		总含水率 w_n/%	体积含水量 i	冻土温度/°C	稳定类型
粗颗粒土	粉黏粒含量≤15%	<10	i<0.1（少冰冻土）	不考虑	稳定型（I）
	粉黏粒含量>15%	<12			
细砂、粉砂		<14			
黏性土		< w_p			
粗颗粒土	粉黏粒含量≤15%	10～16	i=0.1～0.2（多冰冻土）	0.0～1.0	基本稳定型（II）
	粉黏粒含量>15%	12～18			
细砂、粉砂		14～21			
黏性土		$w_p < w_n < w_p+7$		<-1.0	稳定型（I）
粗颗粒土	粉黏粒含量≤15%	16～25	i=0.2～0.3（富冰冻土）	0.0～-1.5	稳定型（I）
	粉黏粒含量>15%	18～25			基本稳定型（II）
细砂、粉砂		21～28		<-1.5	稳定型（I）
黏性土		$w_p+7 < w_n < w_p+15$		<-1.5	基本稳定型（II）
粗颗粒土	粉黏粒含量≤15%	25～48	i=0.3～0.5（饱冰冻土）	0.0～1.0	基本稳定型（II）
	粉黏粒含量>15%	25～48		-1.0～-2.0	稳定型（I）
细砂、粉砂		25～45		-1.0～-2.0	不稳定型（III）
黏性土		$w_p+15 < w_n < w_p+35$		-1.0～-2.0	基本稳定型（II）
粗颗粒土	粉黏粒含量≤15%	>48	i>0.5（含土冰层）	<-2.0	稳定型（I）
	粉黏粒含量>5%	>48		0.0～-1.0	不稳定型（III）
细砂、粉砂		>45		-1.0～-2.0	基本稳定型（II）
黏性土		> w_p+35		<-2.0	稳定型（I）

2.2　季节性冻土的工程病害

路基沉陷、波浪、纵向裂缝、桥头跳车及涎流冰等病害，是季节性冻土地区严重影响公路行车通行能力的主要公路病害类型，同时也是季节性冻土地区公路病害与普通非冰冻地区公路病害之间最为显著的差别。

2.2.1 季节性冻土区域公路主要病害类型

多年冻土地区多产生的公路病害主要是由路基范围内冻土的融化下沉和随着季节变化季节活动层产生冻融交替变化所引起的，例如路面沉陷病害、路基不均匀冻胀病害、道路翻浆病害及桥头跳车病害等；另外，由于冻土地区气候严寒，受地表水、地下水影响，一些局部的冰冻病害也时常发生，例如涎流冰、冰椎、冻胀丘等。

1. 路基沉陷病害

路基热融沉陷病害是冻土区与非冻土地区公路病害最显著的差别，也是季节性冻土地区公路最主要的病害类型。路基纵向的不均匀沉陷在路面上产生波浪病害严重影响了行车安全及舒适性，而横向不均匀沉陷的逐渐变化又将引起路基纵向裂缝的产生。在季节性冻土区路基含冰量高路段，尤其是采用黑色路面的路段，经常会因为对冻土的处治措施不当，或采取保温处理的保护措施不够，导致路基范围内的季节性冻土融化而产生下沉现象，融化区逐渐扩展最终导致路面连续大面积波浪病害的出现；路线所经过的冻土区在阴阳坡差异较为明显的路段，同样会因为路基两侧受阳光照射的差异，导致热量不均匀传递，路基两侧范围内的冻土产生不均匀融化，最终将导致路基内部横向位置不均匀沉陷和相应位置路面出现纵向裂缝等病害。无论路面波浪，还是路基纵向裂缝病害，都将严重降低公路的行车通行能力和行车安全性。在发生路基热融沉陷的路段，同样其他的路面病害发生率较其他路段将显著增加。

季节性冻土地区在高含冰量的冻土路段是路基融沉病害的易发路段，同时采用黑色混凝土路面公路的沉陷病害要比砂石路面或浅色混凝土路面的沉陷病害严重得多。冻土地区的公路沉陷病害不仅受冻土的含冰量影响，年平均地温也对路基沉陷变形起着重要的作用。受气温的影响，公路路基沉陷病害的发生率和破坏程度在不稳定和极不稳定的季节性冻土地区要远高于和大于基本稳定与稳定带。另外在高海拔的季节性冻土地区，每年的 10 月份前后，冻土将达到最大的融化深度，同时路基沉陷病害也发展到最严重时期。随着气温的逐渐降低，路基表层活动层即冻土上限部分开始回冻，局部路基土开会出现冻胀现象，在此影响下路基沉陷变形将减小。因此，季节性冻土地区的路基沉陷变形还具有年度周期变化的特点。

2. 翻浆和不均匀冻胀

公路翻浆是指存在不同程度破坏的路面在行车荷载作用下含水量较大的垫层或路基等材料即泥浆从路面破坏挤出的一种现象。它是公路病害的一个主要表现形式，虽然此类病害在多年冻土区、季节性冻土地区和非冻土地区公路上都普遍存在，但是多年冻土地区的公路翻浆具有其自己的特点。

在季节冻土地区，公路翻浆病害往往发生在春季，且发生路段多数是在冬季有冻胀现象产生，多是由路面下高含冰量材料冻胀后融化所导致的。

在多年冻土区，公路翻浆病害特征与季节冻土区既有上面的相似的地方，也有不同之处。多年冻土区公路秋季翻浆也是常有的事情。此类的秋季翻浆与季节冻土区公路的春季翻浆相比是深层的翻浆，是由冻土路基中的高含冰量冻土融化后在行车荷载等外力作用下所引起的。

3. 其他类病害

本项目位于云南省西北部，东经 99°35′ ~ 100°20′、北纬 26°50′ ~ 27°50′，行政区划属迪庆藏族自治州香格里拉市。项目区西北部有怒山山脉、梅里雪山，东南部有玉龙、哈巴两大雪山，地势总体呈西北高东南低。工程区虽然处于高寒地带。由于受到冬季寒冷气温及地形的影响，局部地段的地表水和地下水径流极可能给公路带来难以预料的危害，严重的将阻断公路正常通行。涎流冰和冻胀丘是在这些类型的病害中发生率较高的两种病害类型。

1）涎流冰

涎流冰也被称作为冰椎，是在冬季寒冷季节地下水在薄弱地表地段溢出而形成的冰体。在公路经过路段，山前坡地处是涎流冰的易发路段，因公路经过阻挡了地下水的正常流动，这使得该处的水头压力不断增加，最终水流将在地表的薄弱处将溢出，在冬季溢出的水将冻结成冰，即为涎流冰。涎流冰绝大部分都是季节性的，多为冻结层上水溢出地表冻结所产生，在寒冷季节形成，在温暖季节融化消失。

在修建公路的时（尤其是挖方路段的施工），如果没有考虑因施工破坏或阻断了地下水径流而设置好排水设施，往往会在公路挖方路段坡脚处或公路的上坡侧形成涎流冰。涎流冰一旦发生且逐渐扩大（最严重的时候是在冬末春初季节），距离公路较近的常常会漫到公路路面，严重影响行车，甚至会阻断交通。

2）冻胀丘

冻胀丘也是在寒冷季节地下水在水头压力逐渐增大作用下产生的。在寒冷季节当地下径流的通道由于水流出口冻结或者是新修建筑体阻挡后。如果地表土层较厚附近无薄弱点或者是已经发生冻结，使得地下水无法溢出地表，将在地下发生冻结，由于上游水源的不断补给，地下冻结的冰体也将不断增厚，当该处空间被冰体完全充满后，在冻胀力的作用下该处地表将不断向上隆起，形成冻胀丘。冻胀丘按其存在的时间可分为季节性冻胀丘和多年生冻胀丘。

冻胀丘对公路造成的危害主要体现在：季节性冻胀丘温暖季节融化后水流渗入路基范围内而影响路基的稳定；对于多年生冻胀丘，由于冻结隆起量逐年增长，最终该处表土将开裂，水流将不断溢出而侵蚀路基。在有些情况下，冻胀丘甚至可能就发生在路基的底部，这将直接危害路基的稳定和行车安全。

2.2.2 季节性冻土工程病害成因

在我国公路工程中，冻胀和翻浆是公路建设中的主要灾害问题之一，也是基础埋置深度的依据之一。而近几年来，由于大量超载车辆的出现，更加剧了这种病害的程度。

1. 冻胀机理

路基土水分迁移主要发生在地表浅层的非饱和带中，研究对象是毛细水和弱结合水（薄膜水）。因此，路基土冻胀机制为毛管水和薄膜水迁移引起土体冻胀。

在潮湿的黏土、粉质土中含有较多细颗粒，土体冻结过程中，产生原位冻胀和分凝冻胀。孔隙水原位冻结，体积增大 9%，使土粒产生位移。然而，这部分体积膨胀仍然是次要的，从工程的角度讲，原位水分冻结引起的冻胀十分微小，可以忽略。因为观测到的土体冻胀体积增加远比上述部分大得多，由外界水源补给并在土中迁移到某个位置冻结，则体积将增大 1.09

倍。所以，土体的冻胀主要指水分迁移引起的，土体冻胀量急剧增大的主要原因是土体冻结锋面前线吸收了外界迁移来的水分冻结形成冰聚合体，分凝冻胀机理包含两个物理过程：土中水分迁移和成冰作用。

土体冻胀必须具备：① 具有冻胀敏感性的土；② 初始水分及外界水分的补给；③ 适宜的冻结条件和时间。这三个条件缺一不可。当人们采用工程措施防治冻胀时，只要消除其中一个条件，就可以达到防治冻害的目的。

当孔隙中的水产生结晶时，冰晶体便在这负温区中形成。当冻结锋面下移时就有两种情况可能发生一方面，在无外界水源补给条件下，由于冰晶连续生长，孔隙水就在原位置冻结，且充填土孔隙，胶结着土颗粒。这时，土体中的冻结锋面就向前移动。另一方面，如果土体中水分向上迁移的水分子流、热梯度、冰—水界面结构、土颗粒表面性质之间存在着适宜的平衡条件，冰分凝聚冰带就可在这适宜的而且迟后于冻结锋面上形成，且逐渐地扩大。靠着土颗粒及冰结晶的吸附力把附近的水分子吸附到自身表面，构成一层水膜，新的冰晶又首先从这里产生。这样，在冻结锋面上的冰晶体就不断地增长。土颗粒为了恢复水膜中吸附力和压力的平衡，就要从邻近处，即非冻结土体中的土颗粒束缚水膜，把水分子拉过来，以补充迁移走的水量，以保持冰晶体增长成聚冰带时能够得到源源不断的水力补给。

在冰晶体增长引起土颗粒间距扩展与土粒位移过程中，外界水流侵入冰晶，产生“冰劈”作用，会使冻土体分成层理，形成厚度不等的聚冰带。当冰晶分凝作用远比土颗粒的薄膜水向冻结锋面迁移大时，导致下卧有效水分补给区的土体含水量减小，冻结线前缘的土体产生收缩。由于冻结锋面上得不到水分补给而破坏了其热平衡状态，随着土体温度继续下降，冻结线就继续下移。在到达土体中含水量较多、水分补给充裕地带，又出现新的热平衡状态，冻结线又缓慢地停止移动，冰晶分凝作用又活跃起来，形成新的聚冰带。这样，冻结线时而快，时而慢地向着土体深部推进。这样，冻结过程便形成冻土中聚冰带成层分布的特点。

2. 冻胀的产生

当孔隙水发生结晶并在冻结锋面附近形成聚冰层和冰夹层时，土体的冻胀就由此产生。这是土中初始水分及迁移来的水分结晶作用的结果。应该注意的是，冻结过程中在冻结锋面上形成聚冰层并不能单独构成土体的最大冻胀量，还应该包括已冻结土体内未冻水结晶形成的分凝冰体所产生的冻胀增量。在冻结锋面上产生冰晶增大体积的同时，也就产生了冰体扩大的冻胀应力。当上部存在着坚硬的冻土层时，此冻胀应力便首先对下卧末冻结土体产生压密。所以，地表外观的冻胀量是在完成对非冻结土层压缩作用后而表现的冻胀增量。

由于结晶状态本身的特性，许多杂质可以从处于分凝结晶作用的冰晶上被排斥出来，出现冰晶“提纯”作用。所以，土体冻结过程形成的冰晶体便具有排斥溶质和其他物质的倾向，包括土颗粒及其他最小的固体颗粒。这种作用的趋势越强烈，冰的结晶过程就越慢。这就是冻结过程中土颗粒在冻结界面前线产生移动的原因。由于土颗粒产生位移，冰夹层就一层层地垒叠起来而产生冻胀现象。

3. 翻浆机理及其与冻胀的关系

翻浆是寒冷地区道路上所特有的冻害现象。冬季，路基冻胀以至于隆起开裂；春季融化，水分不能及时排出，路基土含水量增大，承载力降低，在行车作用下，路面发生弹簧、裂纹、鼓包、车辙、冒泥浆。严重时，路面破碎，沉陷在泥浆之中。这种现象叫作翻浆。

翻浆只是寒区道路所特有，温暖地带道路不发生翻浆，说明翻浆主要是路基土冻结过程所引起。因此，要与低等级路面泥泞现象区分开来。另一方面，翻浆只在道路上发生，说明翻浆与道路本身结构特点以及运营条件密切相关。同时，翻浆只在特定路段发生，说明该段土质和水文地质条件有利于翻浆。

因此，翻浆是在多种因素作用下，由行车作用使其暴露的结果，了解其发育机制，才能找到有效的措施，对其进行治理。

4. 翻浆与冻胀的关系

冻胀与翻浆是一个冻融过程中病害的两种不同反应，冻胀与翻浆都是在夏、秋季地面水下渗或地下水位升高基础上，在冬季负温的作用下，发生水分迁移，使路基上层水分增多，并冻结成冰而形成。冻胀发生在冬季，是路基上层显著聚冰的直接反映；翻浆虽发生在春季，也是在冬季路基上层聚冰的基础上，化冻时水分过多，强度急剧下降，并经行车作用而形成。一般情况下，冻胀大的路段，土基聚冰多，春融期水分多，容易翻浆或翻浆严重；反之，冻胀小或不冻胀的路段土基聚冰少，春融期水分少，不易发生翻浆或不翻浆。在冻胀翻浆的影响因素上也基本一致，而翻浆的影响因素中，行车荷载至关重要，公路翻浆是通过行车荷载的作用最后形成和暴露出来的，在其他条件相同时，交通量愈大，车辆愈重，翻浆也会越多，越严重。

1）翻浆发育机理

（1）温度场、水分场及土体的物质组成和结构特征耦合的翻浆机理

冬天路基上层土开始冻结时，下层还未冻结土壤里的水分，就向已冻结区的土基上层聚集，结果使土基上层水分大量增加。假如在冬天地面刚刚冻结不久，气温较长期保持在一定温度，既不回升，也不显著下限，则这时冻结线也将较长期地停留在一定深度，比如在路面下，路基土暂时不再向下冻结，于是冻结线以下的土壤里的水分就会不断地向冻结线附近聚流，冻结线停留的时间越长，聚流的水分就越多，并结成一层冰层，一般叫作聚冰带。

在路面尤其是黑色路面的道路上，因为路面导温性能比路肩土强得多，所以当冬天冷却时，路面下的土比两旁路肩下的土坡冷得要快，冻结早，于是不单是路基下部水分，而且路肩、边坡下尚未冻结的土中的水分，都向路面下已冻结区土壤中聚集，因而路面下聚集水分特别多，如图 2-1。

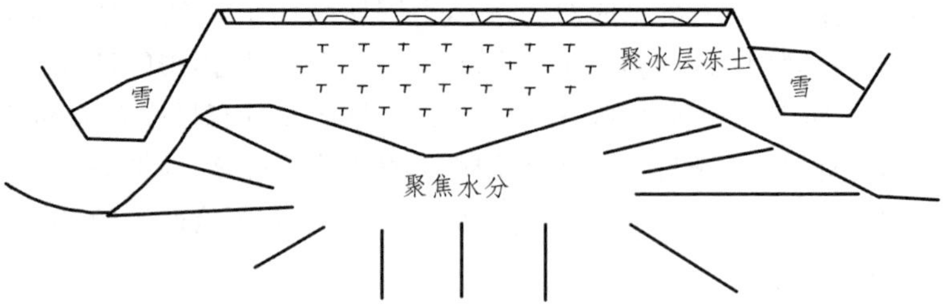

图 2-1　聚冰层形成过程

到春天化冻时，路基土壤开始融化，路面下的土又比路肩下的土融化得快，于是路基下的残余未化的冻土形成凹梢状，化冻后的水分难以排出，在行车作用下形成了翻浆。

道路翻浆的机理是由于冬季开始结冻时，水分发生迁移，尤其是冷暖交错，水分的迁移量较大，集中在路面以下不深的范围内，形成聚冰层。春季时随着温度的回升，路基上层的冻土开始融化，其土体使含水量迅速增加，在行车的动荷载作用下，土体中超孔隙水压力上升，土体强度大幅度下降，最后形成翻浆。温度场、水分场的耦合是引起道路翻浆的主要机理。

（2）振动荷载作用下的翻浆机理

处于饱和状态的路基，在周期性动力荷载作用下，土体的强度不断降低，最后产生翻浆，称为动力型道路的翻浆。在冬季处于冻结状态的路基土体，在周期性动力荷载的作用下，其机械能转化为热能，而这种热能在路基土体中非均匀地融化了土体中冻结的冰。路基土体在车辆周期性动荷载的作用下，土体由于融化其强度大大地降低，具有压密的趋势，这样就使具有流动性的融化水，在土体变密实的情况下，产生超静孔隙水压力。而由于孔隙水压力的作用，水体在孔隙中发生渗透流动作用，从而促进了热量在路基土体中的传递，这就使得路基土体的融化区面积不断地扩大的同时，其孔隙水压力也在不断地增加，路基土体中结构单位体的有效应力不断减小，因为路基土体中的每个结构单元体都有受到等于振动加速度与颗粒质量乘积的运动的反复作用。因颗粒之间内聚力很小，在振力的周期性作用下，各颗粒都处于运动状态，其运动的结果是为了降低其总势能而最后达到稳定的状态。此时如果路基土体处于饱水的状态，结构单元体趋于稳定的过程就是土体变密的趋势，变密的过程就必须要排水。而在这种急速变化的周期性荷载的作用下，伴随每一次振动周期产生的孔隙度瞬时减少都要排出一些水，由于黏性土体颗粒细小，土体的渗透性较差，排水不通畅，则前一周期的排水尚未完成，下一周期的孔隙度再减少又产生了，应当排出的水不能排出，而水又是不可压缩的，于是就产生了剩余孔隙水压力或超孔隙水压力，随振动持续时间的增长，剩余孔隙水压力会不断积累增长。剩余孔隙水压力的增加致使孔隙水压力（P_{w}）增加，当路基土体的粒间的有效应力变为 0，则各结构单元体悬浮于水中，颗粒骨架之间的有效应力为零，土的抗剪强度也降为零，于是路基土体进入完全液化状态。

产生液化的路基土体强度急剧降低，承载力迅速下降，抵抗变形的能力加速衰减；而土体中的冻结区则具有较高的强度，由于融化区和冻结区的强度差异较大，因而在冻结区的融化区产生显著的剪切带，使路基土体产生显著的差异沉降，当差异沉降达到一定值时，引发路面开裂，形成大小不同的裂隙，此时，具有较大压力的孔隙水和黏粒-泥浆沿着裂隙上溢，路基土体产生翻浆。

2.3 季节性冻土的分布特征

冻土是在温度下降到 0 °C 或以下时，含有水分的土壤呈冻结状态的一种现象。根据时间长短可将其分为短时冻土、季节冻土和多年冻土。若这种现象存在几天，则称为短时冻土，存在 1 至数月，称为季节性冻土，如果存在数年以上，则称为多年冻土，有的称为永久冻土。根据俄罗斯的冻土专家叶尔少夫统计，全球冻土面积占陆地面积的 50%，其中多年冻土和季节性冻土各占一半，主要分布在俄罗斯、加拿大、中国和美国的阿拉斯加等地，我国位于欧亚大陆的东南部，就陆地而言从北向南大致穿越了 35 个纬度，东西相隔 61 个经度。我国的地势西部高、东部低，辽阔的疆域和复杂的地形使我国的冻土独具特色。在我国，季节性冻土和多年冻土影响的面积约占中国陆地总面积的 70%，其中多年冻土就占了 24.3%左右。新疆由于其特殊的经纬度，冬季极其寒冷，其中年平均气温低于零下 3 °C 的阿尔泰山、昆仑山、天山等高寒山区存在多年冻土之外，新疆其他地区也都分布着 3 至 6 个月的季节性冻土。季节性冻土层中的水分在冰冻过程中由于体积增大所产生的冻胀力，迫使土粒发生相对位移，到了气温回升的春夏季节，随着冰层逐渐融化，地基会出现沉陷现象，这就是所谓的融陷。过大冻融变形，必然会损坏有关水工建筑物。而且，在季节性冻土中敷设的埋地管道面对的最主要、最常见的问题是冻害造成的破坏。当气温降到冰点以下时，伴随着水分向冻结前锋的迁移，土壤中的水分在冻结过程中会产生不均匀冻胀，季节性的更替导致土中水的周期性不可逆冻融循环，是管道发生严重破坏的直接原因。可以说寒区地区所有土体路基工程都与土壤的冻结深度密切相关。

2.3.1　地质特征

本段处于高原盆地地貌区，出露地层以第四系上更新统冰积层黏土、粉质黏土、淤泥质土、细砂圆砾等为主，除此之外还出露三叠系及二叠系灰岩、砂岩等地层。该段路基所占比例相对较大，存在的主要不良地质问题是深层软弱地基问题。由于第四系上更新统冰积层粉质黏土、黏土位于山间盆地底部，长期受地表及地下水作用处于饱和状态，呈流塑—可塑状，导致其孔隙率大、承载力低，最终形成软弱地基。

香格里拉市地处高寒地带，具有季节变化明显、日温差大、干湿季明显等特点。其地形复杂，各种气候类型相嵌交错，同一气候垂直带内有森林气候、草原气候等单个小地形气候。

2.3.2　气候特征

本项目地处温带和寒温带季风气候区，具有季节变化明显、日温差大、干湿季明显等特点。香格里拉市地形复杂，各种气候类型相嵌交错，同一气候垂直带内有森林气候、草原气候等单个小地形气候。本项目靠近香格里拉段，每年 11 月至次年 3 月日平均气温均低于 0 °C，需考虑冬期施工的影响。

表 2-5　沿线地区气象参数

内　容		香格里拉
气温/°C	历年年平均气温	5.5
	极端最高气温	25.6
	极端最低气温	−27.4
降雨量/mm	多年平均降雨量	620.4
	日最大降雨量	88.0
	年最大降雨量	798.3
	年平均降水日数	138.9
蒸发	多年平均蒸发量/mm	1 643.6
	年最大蒸发量/mm	1 919.0

续表

内　容		香格里拉
相对湿度/%	年平均	70
	最小	0
风速/（m/s）	年平均风速	2.1
	最大风速及其风向	22.0E
雾	年平均雾天日数	7.3
雪	年平均降雪日数	35.7
日照	年日照时数	2 180.3
气压	平均气压/（mb）	685.9

每年从 11 月开始冻结，翌年 3 月底开始冻结，冻结时期长达 5 个月。历年年平均气温 5.5 °C，极端最低气温-27.4 °C。冻土厚度 0.3 ~ 0.8 m。

2.4 季节性冻土路基的施工处治技术

季节性冻土路段，路基主要问题是冻胀与翻浆，结合本项目存在的季节性冻土，处治的主要措施是：路基填筑高度尽可能控制在 1.5 m 以上；加强地表截排水；降低地下水位；采用粗颗粒填筑；采取隔水保温措施等。

（1）对于路基填筑高度小于 1.5 m 的季节性冻土路段，视为零填路段，其路床范围采用级配碎石材料换填，并在路面底部增设防渗土工布以防止地下水影响路面稳定。零填路段的路基边沟采用浅碟形边沟，下设高强土工材料或 2.4 cm 碎砾石作为纵向渗沟的形式进行排水。同时还应视地形情况酌情加深排水沟，以降低地下水位。根据地形情况，纵向渗沟每隔 50 ~ 100 m 设置一道横向渗沟，将地下水引出路基之外。

（2）对于路基填筑高度大于 1.5 m 的季节性冻土路段需加强地表截排水、降低地下水位。若冻土深度较深，亦应酌情换填 0.3 ~ 0.8 cm 碎砾石。

（3）对于挖方的季节性冻土路段，若挖深小于 1.5 m，视为浅挖路段，同浅挖路基处理。

（4）对于挖方的季节性冻土路段，若挖深大于 1.5 m，视具体地质情况酌情处理，若挖至路面标高处基岩出露，则无须换填；若出露块碎石土等材质较好路段，也无须换填；若揭示土层覆盖较厚或粒径 $d \leqslant 0.075$ mm 的细颗粒含量大于 5%路段，应换填 0.5 cm 碎砾石等透水性材料。

（5）对于回填的碎砾石或其他透水性和抗冻胀性较好的填料中，粒径 $d \leqslant 0.075$ mm 的细颗粒含量应少于 5%。同时其粒径组合应满足下列范围：0.075 ~ 19 mm 的占比 20% ~ 40%；19 ~ 37.5 mm 的占比 40% ~ 60%；37.5 ~ 63 mm 的占比 10% ~ 30%。

（6）在季节性冻土有可能发生热融或路侧人为活动较频繁易导致冻土破坏、路基失稳的填方路段，应设置保温护道。

3 软土路基施工关键技术

3.1 香丽高速公路软土的工程特性

软土在我国滨海平原、河口三角洲、湖盆地周围及山涧谷地均有广泛分布。软土的工程特性包括了土的物理和力学及其他的与工程相关性质，它们相互之间往往存在着或多或少的关联。分析它们的关系可以使我们对软土产生清晰认识，获取香丽高速公路软土的主要指标分布范围，为工程的设计和施工提供准确的地质依据，避免在工程实践中被一些不具代表性的软土表象迷惑；同时总结本项目的软土工程特性可以为今后相近或相似地质条件的高速公路项目的建设提供指导。

与我国沿海地区的软基相比，香丽高速公路软基在空间分布、物理力学特性、成因等方面均有很大差异，其特点是分布广、厚度大（如超过 30 m 的草煤层）且不均匀、土层复杂多变且含有砂层或草煤夹层，由此导致软基固结时间长、总沉降量大、沉降不均匀。香丽高速公路软基处治路段总里程约 50 km，软基处治的成功与否成为香丽高速公路路基质量的关键。对香丽高速公路沿线典型软土的室内物理、力学性质试验结果进行分类统计，得出典型淤泥土的特性指标，详见表 3-1。

表 3-1　淤泥土分类指标

土性名称	天然含水率 w/%	天然湿密度 ρ/（g/cm^3）	干密度 ρ_d/（g/cm^3）	土粒比重 G_s
淤泥	67.26	1.62	0.97	2.74
淤泥（含有机质）	114.74	1.34	0.65	2.74
土性名称	天然孔隙比 e	饱和度 S_r/%	液限 w_L/%	塑限 w_p/%
淤泥	1.85	96.46	61.38	35.76
淤泥（含有机质）	3.47	90.72	89.05	51.39
土性名称	塑性指数 I_p	液性指数 I_L	压缩系数 $\alpha_{1\text{-}2}$/MPa^{-1}	压缩模量 $E_{s1\text{-}2}$/MPa^{-1}
淤泥	25.62	1.25	1.39	2.03
淤泥（含有机质）	37.66	1.77	2.81	1.63

3.1.1 香丽高速公路软土颗粒组成分析

由表 3-2 可见，虽然表中所列都是淤泥，由于含有机质淤泥中包含着较多植物残余，其天然湿密度非常小，孔隙比和含水率又非常大，然而其强度指标却较大，可见含有机质淤泥具有一定的结构性强度，这可能与土中有机质纤维及黏粒含量较多有一定的关系。

香丽高速公路淤泥土颗粒组成统计结果见表 3-2。细颗粒含量（＜0.075 mm）占 93%以上，黏粒含量（＜0.002 mm）占 44%以上，这种颗粒组成，形成了云南高原地区特有的软土特点，黏粒含量高，意味着吸附自由水比表面积就大，液限超过 50%，实测液限最大值为 180%、塑性指数最大值为 95%，表现在淤泥土具有较高的含水率，实测含水率最大值为 219%。

表 3-2 颗粒组成分析

颗粒组成/%			含水率 w/%
2 ~ 0.075 mm	0.075 ~ 0.002 mm	＜0.002 mm	
6.32	49.05	44.63	78.68

如果淤泥土内孔隙水压力充分消散，根据有效应力原理，作用在淤泥土上的有效应力将得以提高，淤泥土颗粒扩散层厚度减小，土颗粒接触面积增大，淤泥土结构得以强化。

3.1.2 香丽高速公路软土变形特征

表 3-1 所列压缩系数统计值淤泥土压缩系数为 $\alpha_{1\text{-}2}$=1.39 MPa^{-1}，淤泥土（含有机质）压缩系数为 $\alpha_{1\text{-}2}$=2.81 MPa^{-1}，两者比较可以看出，淤泥土（含有机质）更具压缩性，在同等荷载作用下，淤泥土（含有机质）压缩变形是淤泥土的 2 倍。选取 3 种土样进行压缩试验，得到压缩曲线图 3-1，同等压力条件下，淤泥土（含有机质）孔隙比 e 由 3.6 降到 2.47，孔隙比依旧较大，由此可推测淤泥土（含有机质）大孔隙比是由于土体内部包含非土颗粒纤维物质而显现的一项指标；淤泥孔隙比 e 由 1.83 降到 1.316，其孔隙比与淤泥质黏土自然状态相当，可见通过排水固结作用之后，淤泥逐步升级为淤泥质黏土状态，其强度指标和变形参数得到改善。从图 3-1 压缩曲线可以看出，外部荷载应限制在土体抗剪强度以内，确保土体排水固结顺利完成，逐步提升土体强度，满足土体强度增长与外部荷载递增的匹配原则，因此选择合适的处治方法，合理控制施工填筑速率是香丽高速公路软土路堤填筑的关键。

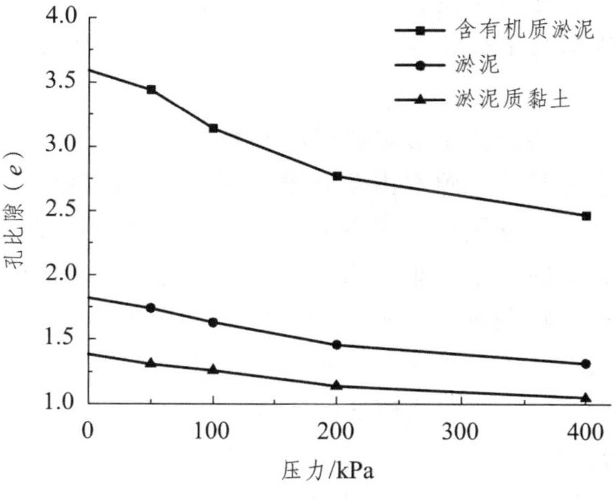

图 3-1 各类淤泥土 e-p 曲线

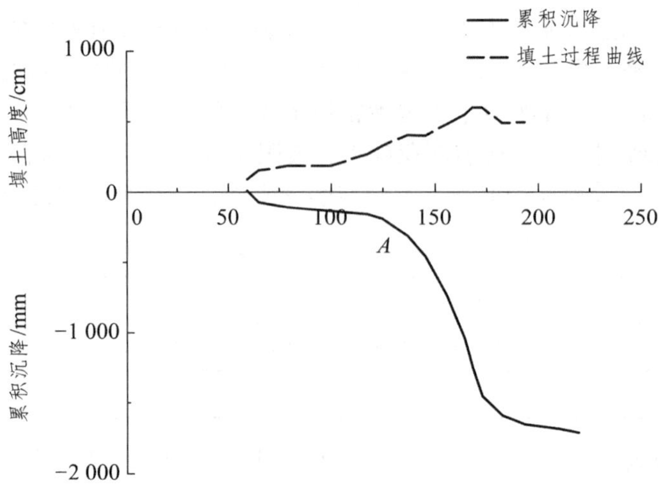

图 3-2　沉降过程曲线

3.2　香丽高速公路软土处理技术

3.2.1　常用软土地基处理方法

（1）换填法：对于局部路基段，如果软土路基埋深较浅或是土层不厚，可将基底的软弱土层全部挖除、运走，直到出现较硬底层，然后分层回填砂碎石并压实至原地面标高，每层松铺厚度不超过 50 cm。可采用人工或者机械压实，不少于 3 遍。该方法一般适用于淤泥质土和黄土，深度不超过 5 m。

（2）挤密法：通过对地基压实，提高强度和降低收缩性达到加固的目的，或者在地基中用锤击、振冲、爆破等方法成孔，在孔中分别填入砂、碎石、灰土、生石灰等材料，压实后形成直径较大的桩体，并与桩间挤密的土共同组成复合地基，提高地基强度。该方法适用于长年积水的低洼地段。挤密法施工用料采用不易风化的、稳定性好的石料，石块大小由泥炭的稠度来确定。对于易流动的泥炭或淤泥，石块中 80%以上宜超过 30 cm 粒径，含泥量减少到最低。

（3）塑料板排水法：塑料板排水法是将带状塑料排水板用插入机将其插入软土中，在上部预压荷载作用下，软土地基中空隙水由塑料排水板排到上部铺垫的砂层或水平塑料排水管中，由其他地方排出，加速软基固结，减少路基沉降。一般需要配合堆载预压或超压施工，使地基的有效应力增大，抗剪强度和承载力及稳定性都得以提高。塑料板排水法特点是：能够充分利用较好的排水性，顺利进行排水，确保排水的效果；它是一种具有良好延展性和强度的材料，既不影响排水，又能确保地基承载力满足要求，排水板断面尺寸小，施工中对地基的扰动小，具有施工简单、快捷和造价低的特点。

（4）土工格栅法：在软土地基表面铺设一层土工织物，用以减少路基填筑后的不均匀沉降，提高路堤的整体稳定性，同时不影响排水。为达到排水及隔离的作用可铺设土工格栅，加强横向拉力、减小差异沉降。土工格栅具有强度大、变形小、蠕变小等特点，能迅速提高地基承载力，控制沉降量发展。

（5）袋装砂井法：袋装砂井法的技术原理是利用袋装砂井形成排水通道、加快软土路基的排水固结，实现软土路基稳定性的提高。袋装砂井是将质量符合要求的砂先装入透水性好的编织袋内，然后采用沉入或打入设备将装好的砂袋沉入软土地基内。袋装砂井既有大直径砂井的作用，又可以保证砂井的连续性，避免缩径现象；此外，袋装砂井还具有孔径较小、砂材料消耗少、施工速度快等特点。在施工中将袋装砂井处理方法与土工格栅配合使用，将大大提高地基的稳定性和承载能力。当泥沼或软土层厚度大于 5 m，且路堤填筑高度的土体自重远超过天然地基承载力或地基土体水平位移较大时，袋装砂井具有明显的优势，是软土地基最合适的处理方法之一。

（6）粉喷桩处理：粉喷桩属于深层搅拌法加固地基方法的一种形式。深层搅拌法是加固饱和软黏土地基的一种新颖方法，它是利用水泥、石灰等材料作为固化剂的主剂。通过特制的搅拌机械就地将软土和固化剂强制搅拌。利用固化剂和软土之间所产生的一系列物理—化学反应，使软土硬结成具有整体性、水稳性和一定强度的优质地基。水泥粉喷桩是一种经济、有效的软土地基处理方法。专用的粉喷射搅拌机，能将水泥用压缩空气喷入软弱地基深部，凭借搅拌机的旋转叶片与原状土强制混合，吸收周围水分，粉体与土体经过一系列的物理化学反应形成具有整体性、稳定性及相当强度的加固柱体。粉喷桩就是采用粉体状固化剂来进行软基搅拌处理的方法，最适合于加固各种成因的饱和软黏土。目前国内常用于加固淤泥、淤泥质土、粉土和含水量较高的黏性土。

3.2.2 常用软土地基处理方法

根据现场勘察及室内试验，总结香丽高速公路软土的主要特点：（1）软土硬壳层厚度一般为 1～2 m，主要为黄色耕植土、亚黏土，局部含砾，根据地表水浸漫的程度，呈软塑至可塑状。（2）软基中局部有泥炭夹层、砂、卵砾石夹层，基本上呈透镜体分布，由钻孔目前揭示来看，夹层的分布并不广泛；另外，砂、卵砾石夹层常伴有承压水存在，对桥梁桩基施工有一定的影响。（3）软土有机质含量较高，在 10%以上；一般为软塑状态；含水量高，在 35%以上；液限较高，这也是其不呈现流塑的原因；初始孔隙比在 1.0 以上，最大不超过 5.0。（4）固结系数比较低，除局部存在砂、砾夹层外，排水性能不好。（5）除少数泥炭夹层外，地基承载力位于 60～120 kPa 范围内。

分析香丽高速公路软土的特性，采用换填法，其具体步骤如下。

1. 泥沼开挖换填

路线范围内的泥沼地段全部挖除换填透水性较好的材料（如砂砾、碎石、钢渣等）进行回填。

2. 软基处置

1）农田地段

用挖土机清除表面腐殖土 30～50 cm，运至弃土场堆放或作为绿化的备用土，用透水性材料分层碾压回填至路床底面标高。路堤边坡做成 1∶1.50，坡脚采用浆砌片石护脚，并设置排水沟。

2）沿河路基

用挖掘机清除表土，填前夯实，填方边坡高度小于 2 m 时，应做成地面横坡小于 1∶5 后用透水性材料分层碾压回填至路床底面标高，路堤边坡做成 1∶1.50，自然边坡植草；当改河宽度大于 8 m 时，设置砂砾石和片石垫层，再用合格材料分层碾压回填至路面底部标高，边坡做成 1∶1.50，采用拱形框格植草，河道处设置护坦加砌重力式护岸墙，墙埋入垫层基底深度大于 0.5 m。

3）软土处治（软弱土）

（1）浅层软土：用挖掘机清除地表软弱土层，开挖宽度须大于路基构造物边缘线 50～100 cm（接挡墙段落仅换填至挡墙背坡），夯实基底；然后换填入同深度的砂砾石，逐层压实；将路基分层填平压实至一定高度后，上部填筑 30 cm 的碎石或砂砾垫层，上覆土工格栅，接着铺筑 30 cm 的碎石土，最后铺设第二层土工格栅。为防止土工格栅破坏，与垫层结合部铺设 10 cm 厚的碎石土层。

（2）深层软土：用挖掘机清除地表软弱土，然后按照振动沉管碎石桩施工顺序进行处治，对于抗剪强度低的黏性土地基，为减少制桩时对原土基的扰动，则采用间隔跳打方式进行处治。

4）膨胀土路堤地段

用挖掘机挖除表土，彻底清除基底积水或淤泥并加强排水后，铺设片石、碎石缓冲垫层，垫层厚度根据基底图膨胀性强弱、地下水及路基高度等因素确定；填方高度＞1.6 m 时，铺筑 80～150 cm 厚的片石垫层后，铺筑 20 cm 的碎石缓冲垫层，并做成 3%的横坡，填筑路基土至路床底面标高；填方＜1.6 m 时，铺筑 80～150 cm 厚的片石垫层后，铺筑 20 cm 的碎石缓冲垫层，在缓冲层上加设一层防渗土工布，并做成 3%的横坡，防渗土工布采用聚酯长丝无纺布复合土工膜（两布一膜），土工布上填筑路基土至路面底部标高。

5）膨胀土路堑地段

用挖掘机挖除表土，基底设一层（GSL50/HDPE）土工格栅，并在两边安设 Φ80 塑料滤水管，分层回填 60～100 cm 的碎石，并夯实，再换填 30 cm 厚的碎石土后增设一层厚 20 cm 不含砂砾黏性土层，在其上铺筑一层防渗土工布（两布一膜）后铺厚 20 cm 的不含砂砾黏性土层。膨胀土应快速开挖、及时封闭，避免长期暴露、日晒雨淋。

6）路堤填方

基底推土机整平，横坡较陡地段挖台阶，压路机分层压实，台后填土用小型夯实机分层夯实，高填地段应尽早安排施工，以满足雨季工后沉降要求。

按照三阶段、四区段、八流程的施工工序组织施工，即：

三阶段：准备阶段、施工阶段、竣工阶段。

四区段：填筑区段、平整区段、碾压区段、检验区段。

八流程：施工准备→基底处理→分层填筑→摊铺整平→洒水晾晒→碾压夯实→检验签证→路基整形和边坡整修。如图 3-3。

填石路段：施工准备→填料试验→基底处理→分层填筑整平→振动碾压→检验签证→路基整修→边坡整修。

施工时，每个区段的长度根据使用机械的生产能力、车辆数量确定。但为了保证机械有足够的安全作业长度，最短不小于 40 m。如果长度不够或桥涵隔断不连续时，也按四个区段的施工程序组织施工。

填方完成后，应设置沉降观测点，定期进行沉降观测。

图 3-3　填石路堤边坡码砌

土石混填施工：当采用土石混合料填筑路堤时，不得采用倾填方法，应分层填筑、分层压实。压实厚度不得超过 40 cm。土石混合料中所含石料的强度大于 20 MPa 时，石块的最大粒径不得超过压实层厚的 2/3。当所含石料的强度小于 20 MPa 时，石块最大粒径不得超过压实层厚。在填筑土石混合料时，当混合料中的石料超过 70%应先铺填大块石料，且大面向下，放置平稳，再铺小块石料；当石料含量小于 70%时，土石可混合摊铺。当土石路堤填至路床顶面以下 50 cm 范围内应填筑符合路床要求的土并分层压实，填料最大粒径不得大于 10 cm，土石路堤的碾压应采用振力 50 t 以上的振动压路机均匀压实，并严格控制碾压遍数和最后一遍的沉降量。

7）CFG 桩施工工艺（如图 3-4）

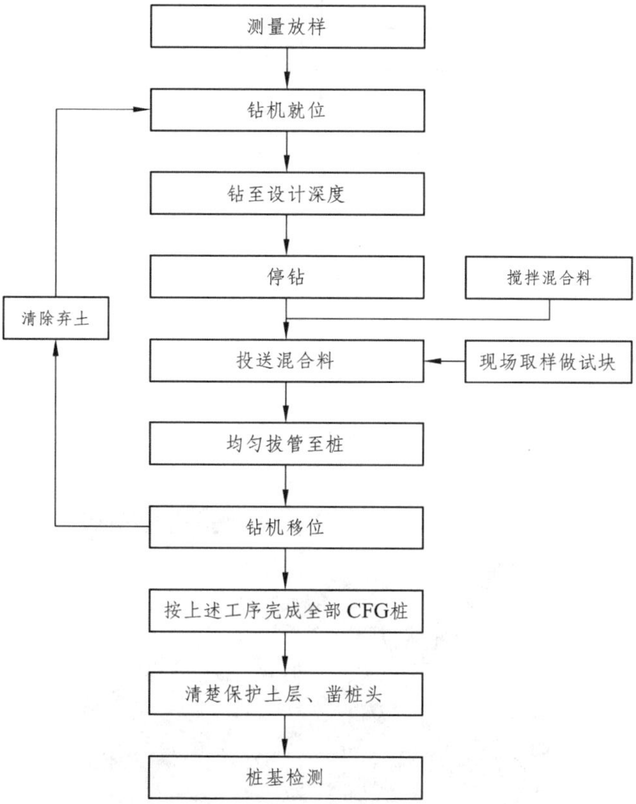

图 3-4　CFG 桩施工工艺

8）PHC 桩施工工艺（如图 3-5）

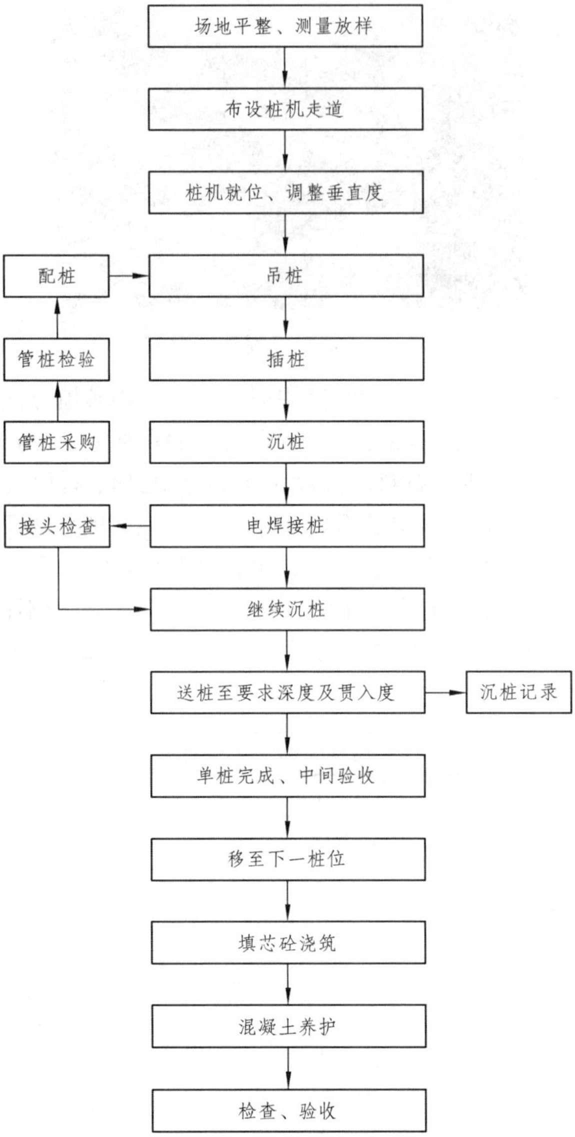

图 3-5　PHC 桩施工工艺

PHC 桩现场图如图 3-6 所示。

图 3-6　PHC 桩现场图

9）水泥搅拌桩施工

施工流程图如图 3-7。

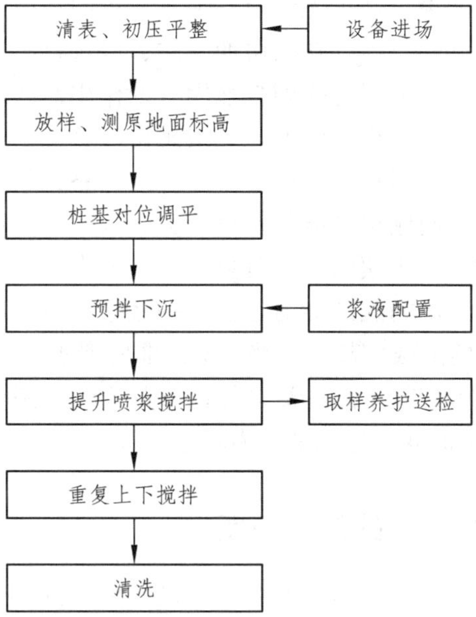

图 3-7　水泥搅拌桩施工工艺图

3.3　香丽高速公路软土处理的常见问题及对策

一般来说，路基排水系统经常不够完善，再加上高度差问题，就会使得在高速公路路基施工中，可能会出现路基中存有诸如雨水等外界水的情况，路基内部出现渗漏的情况很多都是因为外界水堆积时间过久，导致水触碰并影响到了内部结构，继而导致软化。还有一种情况会极大地提升路基土层软化概率，那就是路基所处区域具有很高的地下水位的情况。常规路基与软土路基的差别在于，软土路基的变形特点更加显著。所以，既要将路基在施工期间的密实程度确保无误，还需要长时间地碾压软土路基。软路基出现问题的原因有以下几点：过多的水分存在于软土内部，自由水想要在软土结构中排出或者迅速地流动，会比较困难，这种情况不仅会使软土路基变形作用出现很大程度的减缓，而且也可能持续很长时间。

在进行制定软土路基的作业解决方案时，一定要对路基的实际情况有清楚地了解以及严谨地分析。通常来讲，可以选用压实法来处理具有黏性的路基土。选择压实这种办法的原因，通常是为了尽可能地降低对地基的作用效果。为了能够尽可能地有效增强砂土性，在进行处理砂土层期间，通常选择挤密砂桩法这种方式。为了促进软土路基施工处理质量的提升，随着道路的重要性在施工期间的提升，道路施工的质量需要得到更加好的保障。而某一些不那么重要的道路，为了更好地减少施工成本，如果没有某些特殊要求，通常选择简易路面方式来实施简单铺设。除了道路重要程度以外，交通道路的宽度等内容也一定要充分考虑到，路堤高度也包含在内，路基的黏土层可能受其影响。通常来讲，沉降的问题性都是与高度的大小有着直接的关系。

施工开展阶段，比较需要重点关注的内容有噪声、地下水位以及振动等情况。如果建筑存在于施工的现场，在此情况下，为了避免出现路面隆起问题，一定要确实地遵守科学标准，路基沉降量一定要控制好。如果出现了无法很好地把控周围环境的情况，那么就一定要尽可能地减少影响范围。注意做好和当地民众的协商工作，以选择出一个科学合理的处理方案。高速公路路基土内部结构很有可能因为受到自然因素的作用而产生变化问题，产生较大含水量的黏土、淤泥以及缝隙等，出现松散状况。一般来讲，这类土层的强度不高。如果一旦发生这种情况，就很有可能出现变形现象，最后可能导致道路路基建设的质量和效果不尽如人意。不仅如此，路基发生变形问题也可能是车辆压力导致的，使得正常的通行质量受到严重的影响。在软土受到破坏期间，土壤结构有可能会受到软土路基结构性的影响。由于许多絮状结构存在于内部，因此，土层的黏结能力很强。一旦软土持续地受到损害的情况出现，其各种性能就会受到相当程度的削减，甚至对路基造成非常恶劣的影响。

不过在此过程中，因为受到软土路基流动性因素的影响，路基受到损害后也可实现自我的修复，但是需要较长的完成时间，这也是作为高速公路工程软土路基最重要的一项特征。

3.3.1 香丽高速公路软土的常见问题

香丽高速公路的地基研究已经成为高速公路建设的重点科目，其具体施工工艺多样水平达到了一定的程度。但软土地基以其特有的难点问题，在当今的施工质量控制中仍存在着不足之处。

（1）由于在地质勘查阶段，钻孔深度达不到要求或者钻孔间距过大，则会导致地下土层的勘察不全面，或者通过地表现象来判断地质条件，通常同一地区的地质情况在地下有很大区别，错误的判断会导致地质勘察资料有误。

（2）计算机技术推动着各行业的迅速发展，但软土地基中的仿真分析、数值计算技术的应用并不广泛，虽有理论的提出但实际使用效果并不突出。

（3）透水性能比较差，通常软土含水量较大，其透水性却很小，因此土体在受到荷载作用之后，会形成很高的孔隙水压力，阻碍地基的压密。

（4）对公路所在地区的地质情况没有进行科学的勘探，没有根据实际情况选用合适的软土地基处理方法，进而影响了公路软土地基的处理质量。

（5）对软土地基处理不全面，或者采用的处理方法不正确，导致公路在使用后受力的反复作用而产生地基不均匀沉降、开裂，而必须重新进行路基加固处理。

（6）压缩性比较高。我国淤泥和淤泥质土的压缩系数一般都大于 0.5 Pa，压缩性高很容易出现不均匀沉降而造成路基的开裂。

（7）对施工技术控制不严，没有进行合理的质量控制，从而导致所选用的施工材料或施工工艺无法满足实际要求，进而影响了整个工程的质量。

3.3.2 香丽高速公路软土地基施工技术的控制原则及标准

（1）性能要求：如施工地的土质为黏性土，那么除了压实法外，其他的处理方法均可采用；若软土层较薄，一般只需采用简单的表层处理方法；若软土层较厚，就需在表层处理的基础上再采用其他的处理方法。

（2）强度要求：高速公路的地基是承载负重的基本部分，长时间处于工作状态，而且要面临超重荷载的受迫性压迫，那么必须具有足够的强度保证。高速公路地基在外荷载作用下的变形处于可接收的范围内，软土地基对于这一要求更加严格，其强度指标是作为衡量高速公路软土地基性能的决定性因素。

（3）对施工条件与周围环境的要求：对于不同的施工条件采取不同的软基处理方法，同时将施工地周围的环境考虑进去，从实际出发，制订有效的施工方案，从而大大地提高公路工程的施工质量。

（4）水稳定性要求：当高速公路软土地基建成之后，后续的实用性能才是检测质量的最终手段，但在地下水与地表水的作用下软土地基的强度和密实性会受到不同程度的削弱，而要将其控制在偏差范围内必须满足一定的水稳定性。水稳定性是作为考察高速公路软土地基的重要指标。

（5）道路等级的要求：道路的等级越高对道路的平整度要求越高，因此在施工过程中，必须采取行之有效的处理措施，对其软土地基进行有效的处理。

3.3.3　香丽高速公路软土地基的处理方法

当软土路基不能满足设计要求时，必须对地基进行加固处理。地基加固处理方法很多，常规的、传统的方法有固结排水、置换和表层处理等法。其特点是技术可靠、经济适用、施工容易、效果明显且不受时空限制，得到推广应用。

1. 排水固结法

排水固结法是在天然软土地基表层设置砂垫层等水平向排水体，在地基中设置沙井等竖向排水体，然后加载预压，使土体的空隙排水，逐渐固结，地基发生沉降，同时强度逐步提高。排水固结法具有节省土方、少占农田、经济有效等特点，可用于加固较软地基，特别适用于路堤高度大于极限高度或农田地段和填料来源困难的情况。在天然土层的水平排水性能较差垂直向较好，或软土存在有连续薄沙层时，采用此法较好。

2. 换填法

换填法是将路基范围内的软土挖除，用稳定性好的土石回填。当软土距地面近，厚度较薄，甚至地面上有鱼塘或稻田，往往表面有腐泥，可直接将这些腐泥、软土挖除，还填以优质砂砾或适宜选料，以彻底消除隐患。对于清除表层腐泥时，可采取高压水泵直接将泥浆抽调，当地面晾晒干后，再铺筑路基土。换填法按排淤方式可分为开挖换填法、抛石挤淤法和爆破排淤法三种。

3. 表层处理法

1）表层排水法

表层排水法是在路基填筑前，在地面开挖排水沟，以排除地表水，同时降低地基表层的含水量，确保施工机械的作业条件。为了使开挖水沟在施工中发挥盲沟的作用，常用透水性良好的砂砾回填。水沟布设应考虑地形和土质情况，保证排水通畅。水沟断面尺寸一般为宽 0.5 m，深 0.5 ~ 1.0 m。

2）砂垫层法

砂垫层法是在软土地基顶面铺设0.6～1.0 m的砂垫层作为软土层固结所需的上部排水层，以加速沉降的发展，缩短固结的过程。一般用于软土距地面不深且厚度薄时，不必采用深层处理或仅用堆载加压即能使其达到沉降稳定。砂垫层一般以中砂及粗砂为宜，要求级配良好，颗粒均匀且含量不宜超过3%～5%，厚度多控制在50～80 cm。

3）稳固剂表层处理法

稳固剂表层处理法是用生石灰、熟石灰、水泥及土壤离子稳定剂等稳定材料，掺入软弱的表层地基中，改善地基的压缩性和强度特征，保证机械作业条件，提高路堤填土的稳定及压实效果。软土地基表层处理厚度一般为0.3～0.6 m为宜，过薄则效果差，过厚则不经济。表层处理的两个关键环节是压实与养生，用水泥、熟石灰或离子稳固剂处置土最后一次拌和后应立即压实；生石灰稳定土，必须在拌和时初碾压，生石灰消解结束后再次碾压，养生时间7 d。

4. 反压护道及侧向约束法

1）反压护道

反压护道是在路堤两侧填筑一定高度的护道，使路堤下的淤泥或泥炭向两侧隆起的趋势得到平衡，以提高路堤在施工中滑动破坏安全系数，达到路堤稳定的目的。反压护道法加固路堤的特点是不需要特殊的机具设备和材料，施工简单，但占地较多、土量较大，后期沉降大，养护工作量大。一般适用于非耕作区、取土方便的软土地区，对泥沼不宜采用。反压护道在施工时，一般应先填包括反压护道在内的砂垫层及路堤，最后填筑主路堤。同时在填筑时应避免过高堆填，而应分层铺筑，充分压实，并应有一定的横坡度，以利于排水；两侧反压护道应与主路堤同时填筑，特别是反压护道的填筑速度不得低于主路堤。

2）侧向约束

侧向约束法是在路堤坡脚附近打入钢筋混凝土桩或者设置毛石齿墙等，可限制基底软土的挤动，从而保证基底的稳定。基底在施行侧向约束后，路堤的填筑速度可不加控制，较反压护道节省土方，少占耕地，但须耗费一定数量的钢筋、水泥、木材等，成本较高。

5. 复合地基法

1）粉喷桩、旋喷桩

它是用水泥作为固化剂，通过深层搅拌机械，在地下深层将水泥浆液或粉体经搅拌后通过化学和物理作用形成的桩体。并与桩周的加强土体形成复核地基，以增加地基承载力、压缩模量和抗剪力，可承担外部较大的荷载。它们具有施工速度快、加固深度大、效果好、对周围环境污染小等特点。

2）碎石桩

它是利用振冲器，在高压水流下边冲边振在软土中成孔，并分段在孔内充填碎石形成碎石桩柱体，与挤密地基形成复合地基。

香丽高速公路软土地基地质条件复杂，对工程质量影响重大，对软土地基的有效处理，直接关系到公路的正常运行，同时也是保证公路行车安全与行车速度的关键。所以我们在软土路基处理方法上，要减少路基病害和地基沉降，有利于公路路基稳定性，既能保证路基路面的质量，也能延长公路的使用寿命。

4 高填方路基施工关键技术

4.1 高填方路基的变形特性与工程病害

路基是公路的主要工程结构物，路基是在天然地表按照道路的设计线形和设计横断面的要求开挖或填筑而成的岩土结构物。路基的两个基本性能要求是：① 整体稳定性。在地表开挖或填筑路基时必然会改变原地面地层结构的受力状态，原来处于稳定的地层可能失衡，导致路基失稳。② 变形大小。路基在自重和行车荷载作用下，将产生不同程度的变形。软弱地基、路堤填土压实不足或路基潮湿、过湿等所产生的路堤沉陷、固结变形、不均匀变形都会导致路面出现过量变形和较大应力，致使路面过早损坏。

4.1.1 影响路基沉降稳定的因素

公路路基的整体稳定性和变形条件是保证公路工程质量和路面耐久性的基本前提。影响路基沉降稳定的因素可概括为两大类：自然因素和人为因素。

1. 影响路基沉降稳定的自然因素

（1）地理条件：公路沿线的地形、地貌和海拔高度不仅影响公路路线规划设计，同时影响到路基的设计。平原丘陵区山岭区地势不同，路基水温情况也不同。平原区地势平坦，排水困难，地下水位相对较高，因而路基需要保持一定的最小填土高度；丘陵山岭区地势起伏陡峭，若排水设计不当，可能出现水毁、边坡坍方、路堤滑塌等破坏现象。

（2）地质条件：沿线岩石种类及风化程度，岩层走向、倾向和倾角、层理、厚度、节理发育程度，以及有无断层、不良地质现象等，都对路基稳定性有一定影响。

（3）气候：如气温、湿度、日照、降水、冰冻深度、年蒸发量、风力风向等，共同影响路基水温情况。在一年之中，气候有季节性的变化，因此路基水温情况也随之变化。同时气候还受地形影响，例如山顶和山脚、山南坡和山北坡气候差别大，这都会严重影响路基稳定性。

（4）水文和水文地质条件：水文条件指地面径流、河流洪水位、常水位，有无积水和积水期的长短等。水文地质条件是指地下水位、地下水移动情况、有无层间水、泉水等。这些情况都会不同程度影响路基的稳定，如处理措施不当，往往会导致路基出现各种病害。

（5）土壤类别：土是路基填筑的基本材料，不同的土类具有不同的工程性质，直接影响到路基路面的强度和稳定性。

（6）植物覆盖：植物覆盖层能够减缓地面水流速，调节表层土的水温状况，植物根系深入土层，在一定程度上对表层土起到固结的作用，从而在一定程度上影响路基水温情况的变化。

2. 影响路基沉降稳定的人为因素

（1）荷载作用：路基承受着路基路面自重（静载）和汽车轮重（动载）两种荷载。随着现代交通运输的急速发展，交通量的逐年增长，动载对路基的稳定性受到很大的影响。

（2）施工方法：正确的施工方法是保证路基稳定的重要因素。对土质路堤，既要选择优良的路堤填料，同时还要选用正确的填筑方法和合适的施工机械。通常采用水平分层填筑自下而上逐层填筑，并把土的含水量控制在最佳范围时充分压实，保证达到《公路路基施工技术规范》规定的压实度，使路基具有足够的强度和稳定性。相反，如果填筑方法不正确，压实不充分，土基在车辆荷载的重复作用下就会出现不同程度的变形沉陷，最终造成路面破坏。

（3）养护措施：包括一般措施及在设计、施工中未及时采用而在养护中加以补充的改善措施。通过及时养护可以保证路基在使用期限内具有较高的强度和稳定性。

4.1.2 地基沉降机理

地基土的沉降量，按其变形特征分为三部分：瞬时沉降、固结沉降和次固结沉降。地基最终沉降量计算公式为：

$$S_{\infty}=S_s+S_d+S_c \tag{4-1}$$

式中 S_s——次固结沉降（蠕变沉降）；

S_d——瞬时沉降（不排水沉降）；

S_c——固结沉降（主同结沉降）。

下面分别分析一下以上三种沉降产生的主要机理：

（1）次固结沉降 S_s 是指超静孔隙水压力消散为零，在有效应力基本不变的情况下，随时间继续发生的沉降量，是路基中土骨架在持续荷载下蠕变所引起的，故也称为蠕变沉降。

（2）瞬时沉降 S_d 是在施加荷载后瞬时发生，孔隙水来不及排出时所发生的沉降。此时土体只发生形变而没有体变，瞬时沉降与加载方式和加载速率有很大的关系。这是由于不同加载时刻，土中有效应力随着土体的固结而增大，土体的变形模量相应增大的缘故。

（3）固结沉降 S_c 是指在荷载作用下，孔隙水被逐渐挤出，从而土体压密产生体积变形而引起的沉降。它是由外荷载引起超孔隙水压力的水力梯度促使水从土体内排出，而应力增量转移到土体骨架上而发生沉降，它与时间有关，且主要发生体积的变化，其中包括剪切变形在内，是黏性土地基沉降最主要的组成部分。

实际上三种沉降在受力后同时开始发生的，只是某个阶段以一种沉降变形为主而已，且不同性状的土三个组成部分的相对大小及时间是不同的。通常在地基设计中只计算固结沉降。

4.1.3 路堤沉降机理

1. 路堤压实机理

路堤是利用压实机械对松散土填料进行碾压，施加机械能量使土颗粒重新排列密实，增强粗粒组之间的摩擦和咬合及增加细粒组之间的分子引力使填筑体在短时间内得到新的结构强度。

研究认为土的压实特性影响因素包括：土的颗粒组成、土的矿物成分、土的结构构造以及土中的水和气体等。路基压实的目的是使路基填料密实，在松散湿土的含水量处于偏干状态时，由于粒间引力使土保持比较疏松的凝聚结构，土中孔隙大都相互连通，水少而气多，在一定的外部压实功能作用下，虽然土孔隙中的气体易被排出，密度增大，但由于较薄的强结合水水膜润滑作用不明显以及外部功不足以克服粒间引力，土粒相对移动便不显著，此时压实效果比较差。当含水量逐渐加大时，水膜变厚、土块变软，粒间引力减弱，施以外部压实功则土粒移动，加之水膜的润滑作用压实效果渐佳。在最佳含水量附近时，土的含水量最有利于土粒受击时发生相对移动，达到最大干重度，当含水量再增加到偏湿状态时，孔隙水中出现了自由水，击实时不可能使土中多余的水和气体排出，从而孔隙压力升高，抵消了部分击实功，击实功效反而下降。含水量超过一定值时，即使增大压实功，土体也达不到要求的最大干密度。

2. 路堤的变形阶段

路堤变形依据其沉降变形发展过程可分为如下三个阶段。

1）塑性—弹性变形阶段

路堤填筑过程中，填土经摊铺、洒水、分层碾压被压缩，塑性变形为主。随着填土高度的增加，下层土逐渐受上层土的压力作用，开始发生弹性压缩变形，表现出填土高度与压缩量呈线性关系，路堤横向中间变形大，两侧变形量小。

2）不均匀变形阶段

路堤土体在变形过程中，在横剖面上侧向无约束，将出现边坡应力下降，路堤内应力集中，易产生剪切变形，造成横向不均匀变形，这种变形在施工后期和运营期内比较明显。

3）蠕变阶段

当应力一定时，应变随时间不断增长的过程，就是蠕变现象。土体蠕变过程复杂，蠕变过程中仍有弹塑性变形存在。

3. 路堤的沉降组成

路堤本身的沉降包括两部分：① 施工期沉降：路堤填土各层在施加荷载期间产生的沉降总和，该部分沉降在施工期荷载施加完成时完成；② 工后沉降：填土荷载和路面荷载完成较长时间内蠕变产生的沉降总和。因为产生蠕变的主要原因是在分层填筑的时间间隙内产生的应力重分布会被下一工序添加的荷载所破坏，然后蠕变重新开始，因此蠕变不是连续的。

4. 影响路堤自身沉降的因素

研究表明，引起路堤自身沉降的几个主要原因是：

1）路堤填料不良引起的沉降变形

在路基填筑过程中，填料、级配很难统一控制，填料常常是路堑挖方或隧道出渣，这些填料性质差异大、级配也相差很远。一方面，在施工过程中，如果分层碾压厚度过大，小颗粒填料和软弱物质很难得到有效压实，在荷载的长期作用下，回填料会产生不协调沉降变形。另一方面，由于回填料的性质不一样，特别是有的回填料具有膨胀性，在路基排水系统局部失效后，会导致路堤出现塑性变形或沉陷破坏。

2）压实度不足引起的沉降变形

压实度不足，往往导致填方路基的不均匀沉降变形。其结果是土体前期固结压力小于自重应力和各种附加应力之和，在自重作用下就会发生沉降变形，这些附加应力主要有：① 车载，尤其超载情况；② 含水量变化造成土体容重的改变；③ 地下水位升降而导致浮力作用改变；④ 土体饱和度改变，引起负孔隙水压力改变。这些附加应力引起土体中有效应力改变，从而导致土体发生压缩变形。

3）路堤土体的干湿状态

在地下水的交替作用下，路基土体内含水量反复变化，土体容重在一定范围内波动，更为重要的是由毛细管张力引起的负孔隙水压力可以达到相当的数值，再加上水的软化、润滑效应，可以使土体产生沉降变形。路基或地基中地下水的动态特征对路基不均匀沉降影响很大，路堤及其地基中的地下水主要补给来源有 3 种类型，即地下水侧向补给、降雨补给、地表水侧向补给。其动态变化及潜蚀作用影响到土体中的有效应力分布、土体的结构特征和土体强度从而导致路基的不均匀沉降。

4）路堤土体侧向变形

路堤沉降变形的第二个阶段，即不均匀变形阶段所产生的路堤自身沉降。特别是在高路堤填筑过程中，由于受视觉和重视程度的影响，施工人员在路基碾压过程中通常在临近边坡路段碾压较少，因而路基压实度较低；同时由于临近边坡段的路基填土所受的侧向约束较小，甚至无侧向约束，在碾压过程中，由于土粒较小的侧向约束而导致临近边坡一侧的路基压实度较低。因此，临近边坡路肩部位的路基压实度将比路基中心地段的压实度相对要低，为不均匀沉降的形成提供了条件。

5. 土石混填高填方路基压实分析

随着中西部山区高速公路建设的迅速开展，出现了大量的高填深挖及半填半挖路基，填挖交界高差 10 米以上路基常见，高填方路堤大量出现，最大填方高度 20 多米甚至达 70 多米。高填方路基填料的主要来源通常就地取材，开山爆破挖方或隧道出渣，如果舍弃利用挖方段的土石或隧道出渣，不仅会增加弃方数量带来大量借方，而且增加了工程造价、弃方大量占用土地。因此，土石混填路基将成为山区高速公路建设中越来越普遍的一种路基形式。

1）土石混合料的组成及结构类型

土石混合料俗称土夹石，是土和石的混合体，其结构是指组成其颗粒的大小、形状、表面特征和颗粒间的联结以及颗粒的排列组合情况和数量关系，包括颗粒间的距离、孔隙大小及其分布特征。

2）土石混合料的组成情况

土石混合料是由石料、土颗粒和空气所组成的复杂的空间结构体系，其中粗颗粒组成矿物质骨架，而细土颗粒是分散介质。

土石混填路基的强度与土石混合料中各结构组成的变化密切相关。而土石混合料的结构特性与其材料力学性能、材料组成及各组成之间的相对位置有关。土石混合料结构连接方式主要有下列三种情况，如图 4-1 所示。

（1）如图 4-1（a），粗颗粒被细颗粒结合料分离，此时混合料结合力主要由细颗粒土的黏性产生。这种粘附作用比较弱，石质骨架也未完全形成。此时形成的土石混合料不具备较强抗变形能力。

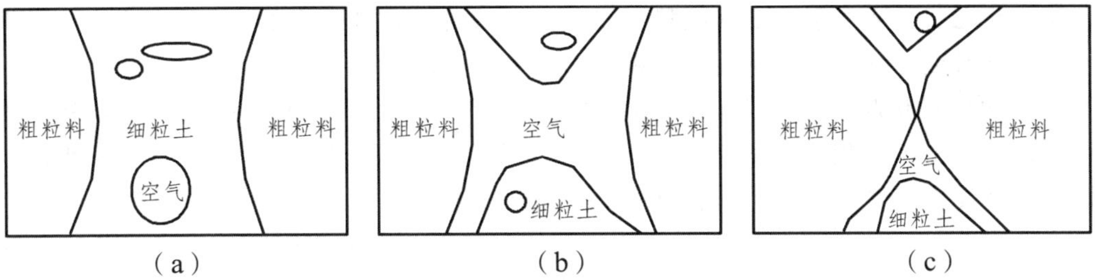

图 4-1 土石混合料结构连接方式

（2）如图 4-1（b），混合料中相邻石料颗粒间附着结合，此时石质间无摩擦力，其抵抗变形能力仍取决于土粒的黏聚力，但是这种作用要强于上种情况。

（3）如图 4-1（c），混合料中石料颗粒间相互接触，其抵抗变形能力主要由石料颗粒间的相互摩擦力、土粒的黏结力和土粒与石质界面间的黏聚力共同组成。该结构既有较强的黏结力，又有较强的石质骨架结构，抗变形能力最强。

3）土石混合料的结构类型

土石混合料的结构是指土石混合料各组成材料之间的相互作用、相对位置分布及其相互关系。土石混合料是由一定级配的粗颗粒和细颗粒所组成的混合物，其强度主要由三方面组成：① 材料颗粒间的摩擦力；② 颗粒间的嵌挤锁结力；③ 粗颗粒与细颗粒之间的黏聚力。

根据其组成比例不同及工程力学性质，其结构可以分为三种类型，分别为骨架-空隙结构、骨架-密实结构以及悬浮-密实结构。

（1）骨架-空隙结构

当粗颗粒含量大于 70%时，因细颗粒不足，粗颗粒被架空，形成骨架-空隙结构。该结构强度主要由粗颗粒极限抗压强度形成。

（2）骨架-密实结构

当粗颗粒含量在 30% 到 70% 之间时，粗颗粒逐渐形成骨架，振动碾压对细颗粒起填充孔隙和胶结作用。该结构强度由粗颗粒骨架形成嵌挤力和细粒料的胶结作用共同形成，该类结构强度较高，水稳性也较好，粗颗粒含量是影响其强度的重要因素。

（3）悬浮-密实结构

当粗颗粒含量小于 30%时，粗颗粒在混合料中形不成骨架，而是悬浮在细粒料中，其压实特性和强度受含水量和细料的土性影响较大。其强度主要以细料与粗料之间的黏结力和填充力为主。

6. 土石混填路基压实机理分析

（1）土石混填路基的压实效果主要取决于两大因素：

① 内部因素：填土性质、最大粒径、含石量、级配组成和含水量等。

② 外部因素：压实机械、碾压遍数、碾压速度和松铺厚度等。

（2）影响土石混填路基压实的主要因素有以下几点：

① 石料的级配对土石混填路堤压实度的影响。土石混填路堤的压实度与石料的粒径分布特征参数之间在量值上表现出很强的关联性，土石混填路堤填料粒径分布越好，压实度越高。

② 石料的破碎程度对压实效果的影响。工程实践经验认为，在路堤填筑碾压过程中，较

大粒径颗粒会发生破碎，颗粒破碎率迅速减少。碾压的能量越高，颗粒破碎率越高，但在达到一定能量的之后，破碎率的增加趋势就不明显。随着颗粒破碎率的增加，填料的密度增加。一般认为，石料被充分破碎压实后，孔隙比可达 0.15 以下。

③ 压实厚度的影响。对于土石混填路堤的压实厚度，目前在施工和设计规范中，没有具体统一的标准。根据工程实践经验，在一般压实强度、保证压实能量充分扩散前提下，土石混填材料的分层填筑厚度一般控制在 0.3 ~ 0.7 m 范围内。

④ 碾压速度与碾压遍数的影响。压路机碾压速度对路堤压实质量及施工效率都有明显影响，在铺层厚度一定时，传递到被压材料内的能量与碾压次数成正比，与碾压速度成反比；碾压速度加倍时，碾压次数也要加倍。如图 4-2 所示。在碾压土石混填路基时，振动压路机的碾压速度在 4 km/h 左右，可获得最佳压实效果。

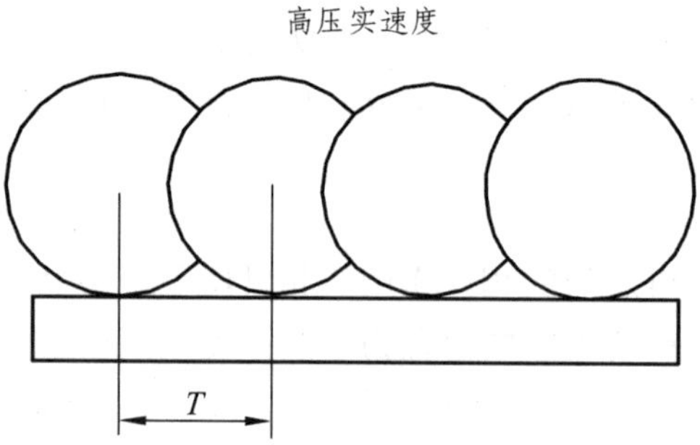

图 4-2　碾压速度与振动间隔之间的关系

4.1.4　高填方路基的工程病害

高填方路堤的破坏主要表现在路堤失稳和不均匀沉降而引起的路面破坏，其主要外观表现为裂缝。而路面结构的损坏有多种表现形式，可以统称为路面病害，主要表现在填挖交界带、半填半挖交界带。高填方路堤的不均匀沉降不但会导致路基本身的损坏，还会因路基顶面的不平整在路面结构内产生附加应力，附加应力本身或与车载等共同作用，将导致路面结构的损坏。此外，路基边坡失稳是路基特定部位不均匀沉降发展到一定程度之后的破坏形式。在施工和通车初期路堤失稳的情况时有发生。

1. 路基裂缝

路基裂缝是指由路基内部发展而成的裂缝。填土裂缝的类型可以从不同的方面加以分类：按部位可以分为堤面裂缝和内部裂缝，按走向可以分为横向裂缝、纵向裂缝和龟裂缝，按成因可以分为变形裂缝、滑坡裂缝和振动裂缝等。其中，对路堤影响最大、出现频率最多的是变形裂缝。如图 4-3 所示。

（a）填土厚度不同产生的裂缝　　（b）半挖半填路基

（c）地基土层厚度差异产生的裂缝　（d）路堤一侧水平应变较大产生的裂缝

图 4-3　高填方路堤纵向变形裂缝

根据裂缝走向与路线走向的交叉关系，高路堤裂缝大致可分为横向裂缝和纵向裂缝（如图 4-4）。

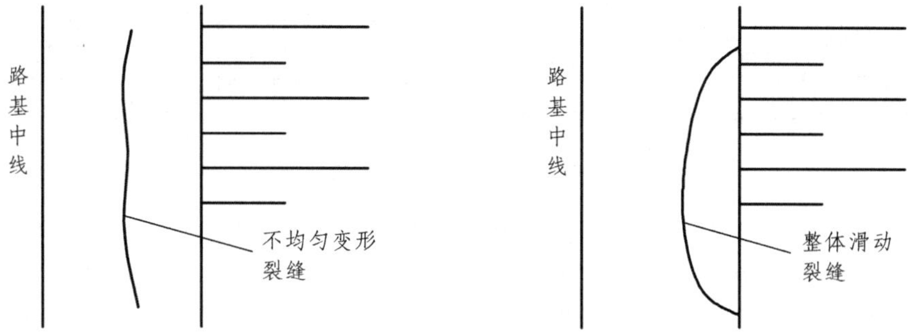

（a）　（b）

图 4-4　纵向裂缝平面发展示意图

路基裂缝一般与路基及地基的不均匀沉降及变形有关，根据其产生的原因可将纵向裂缝分为变形稳定性失稳产生的不均匀变形裂缝，以及强度稳定性失稳产生的整体滑动裂缝两大类。

产生高路堤纵向不均匀变形裂缝的内在因素是路堤填土变形稳定性较差，外在因素是路堤自重较大及动荷载的影响。这类裂缝平面分布近似一直线，平行于路基纵轴线，且相对集中在车辆荷载集中的行车道附近或路基排水不畅的区域，该种裂缝通常垂直向下发展，见图 4-5。

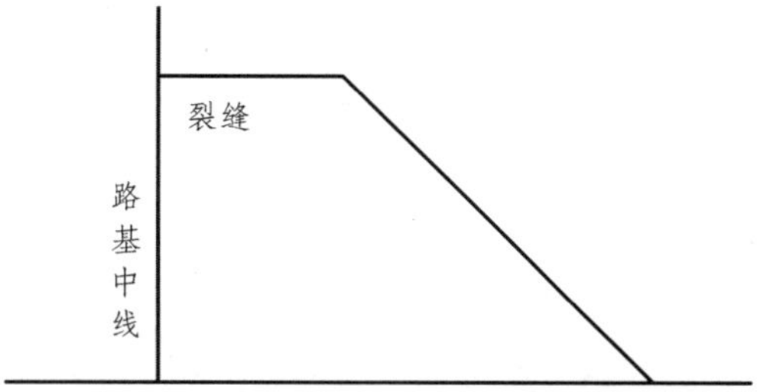

图 4-5　高填方路堤不均匀变形裂缝

滑动裂缝是由高路堤边坡整体滑动失稳产生的，该种裂缝的平面形态呈现为在两端或一端向路缘方向发展，裂缝深度开展形态呈现为向下伸延同时弯向路基边缘的弧形，见图 4-6。

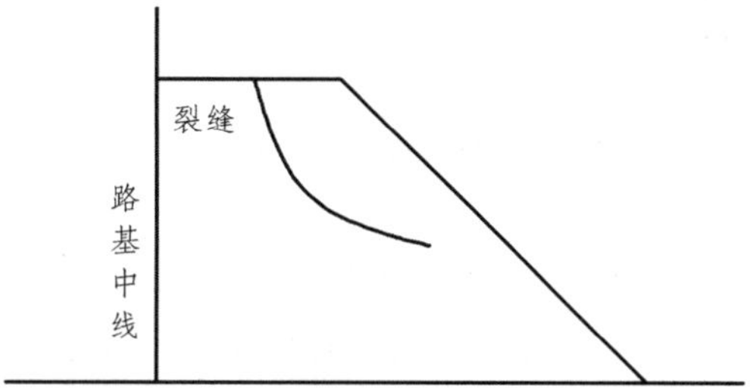

图 4-6　高填方路堤滑动裂缝

2. 路基整体下沉

路基沉陷是指路基表面在垂直方向上产生较大的沉落，如下图所示。路基沉陷有两种情况，一是路基填土本身的压缩、固结沉降，二是由于路基下部天然地基承载力不足，在路基自重作用下产生沉陷或向两侧挤出而造成的，如图 4-7 所示。高填方路堤下沉主要有堤身下沉与地基下陷二种类型，不均匀沉降将造成局部路段的破坏，影响公路交通。

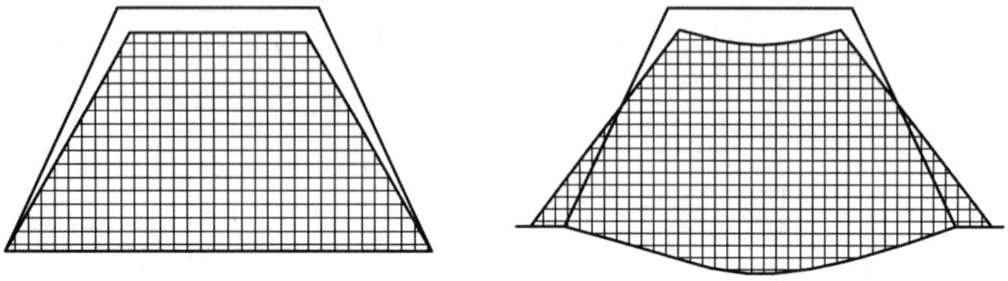

图 4-7　路基整体下沉

由于高填方路堤的整体沉降，在已经投入运营的高等级公路上，在桥涵等构造物顶部明显凸起于前后路面的现象并不鲜见。尤其是处于软土地基上的高填方路堤段，这种现象较为普遍。其特点是无桥涵等构造物段的路面平顺完好，桥头及涵洞前后的路面无局部凹陷，在桥涵和高路堤结合部以及高填深挖路堤结合部路面间有较为明显的错台凸起，并在一定的时间范围内，凸起的高度有不断增大的趋势，严重威胁着道路的安全。

3. 路基边坡失稳

路基边坡滑塌是最常见的路基病害，主要是由路基稳定性不足引起。路堤边坡过陡、压实不足、边坡坡脚被水淘空是路堤边坡滑坡的主要原因。高填方路堤修筑技术还不完备，缺乏相应的设计与施工规范。在参照已有土质路基设计和施工规范基础上，更多的是靠设计和施工人员按照自己的经验来进行的，这些都给路基安全稳定性带来很大隐患（如图 4-8）。

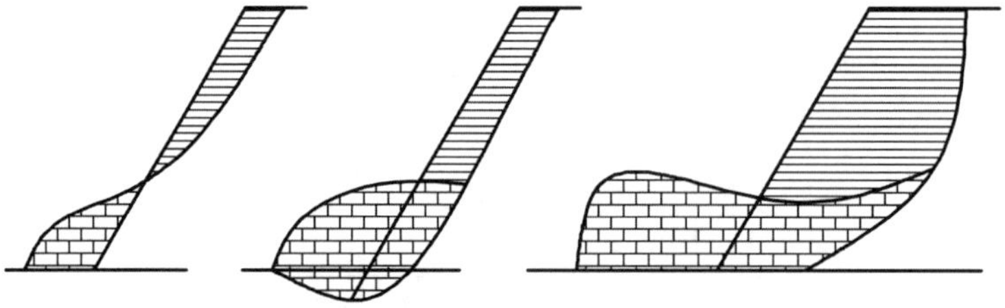

图 4-8　路基边坡失稳

4.2　高填方施工方案

4.2.1　高填方施工工艺及工序流程

1. 施工工艺

路堤填筑施工采用“三阶段、四区段、八流程”的施工工艺平行流水作业。“三阶段”包括准备阶段、施工阶段和整修阶段；“四区段”包括填筑区段、平整区段、碾压区段和检测区段；“八流程”包括施工准备、基底处理、分层填筑、摊铺平整、洒水晾晒、碾压夯实、检验签证和路基整修。

2. 工序流程

高填路堤的施工必须严格按照场地清理→台阶开挖→排水系统→支挡结构→分层用振动压路机压实→冲击碾压补强→铺设土工格栅→铺料分层压实的工序循环进行。

4.2.2 高填方施工方法

1. 施工前先以填高 3 m（达到第 1 层冲击碾压高度）作为填筑试验段

以取得压实设备的类型、最佳组合方式、碾压遍数及碾压速度、工序、每层材料的松铺厚度、材料的含水量等有关数据以指导后续施工。

2. 高填方地段施工前准备工作

施工前仔细对填方区进行现场勘查，掌握填方区地质情况，对于特殊地基，根据设计和施工规范的要求，按特殊地基处理方法进行基底处理；对于一般原地面，先将原地面树木杂草及腐殖土清除，并疏干积水、晾晒、平整，原地面横纵坡陡于 1∶5 的地段挖成宽度不小于 2 m，坡度向内大于 4%的台阶，然后用压路机碾压到规范要求的压实度。

3. 填方区上料

运料前，挖方区的填料经试验合格后使用。采用挖掘机挖装车，自卸汽车运输到填方区。汽车卸料时，安排专人指挥，按每层 30 cm 的松铺厚度计算卸料密度，由远及近进行卸料，一层料卸完后，即停止卸料，进入摊铺和整平阶段。

4. 填方的平整

当填方区上完一层填料后，根据已取得土石混填路堤的松铺厚度控制在 30 cm 以下，采用大型履带式推土机初步摊平，并在初平后的填料上来回碾压，完成初步压实。每层初步平整完成后，并形成一定的路拱以利排水。对局部凹凸部位、顶面出现空隙的地方及机械无法到达边角处采用人工进行找平补填密实。

5. 填方的压实

按已取得的填方质量控制工艺组织施工：推平采用推土机推平、平地机摊平、辅助人工补平；碾压采用 GY622 振动压路机进行碾压，并保证行与行之间应重叠 40 ~ 50 cm，前后相邻段应重叠 100 ~ 150 cm；第 1 遍静压，压路机碾压速度控制在 3.2 km/h ~ 3.4 km/h；第 2 遍弱振，压路机碾压速度控制在 4 km/h；第 3 遍开始为激振，压路机碾压速度控制在 1.6 ~ 1.8 km/h。机械无法到达的边角处采用小型强夯处理。

填筑高度达到设计要求填高度（3 ~ 5 m 高）时，采用冲击碾进行强夯一次，以保证该段路基填筑的沉降，其上路堤每填高 4m 冲击碾压一次，达到底层土工格栅铺设高度时必须用冲击碾补强一次。强夯机吨位、夯点的次数按相关规范要求执行。

6. 压实度检测

采用灌砂法进行检测（压实度指标采用已在试验路段中获取的数据控制），路堤填筑前，每种填料按试验规范要求取样进行土工试验，测定土样的最大干密度和最佳含水量；各填层所测得的压实度必须符合路基填筑压实度规范要求，否则要继续进行碾压，或对填料进行含水量分析，看是否在最佳含水量±2%的范围之内，若偏大或偏少，则分别采取翻松晾晒和洒水湿润等措施进行处理后重新进行碾压，直至符合要求为止。

4.2.3 复杂工程和关键工序的施工

1. 填石路段密实度的保证措施、高填路堤及填方压实度保证措施

填石路基压实时，应采用大吨位推土机整平摊料，经推土机的整平稳定，加强了填料的相互挤压，并用人工找平，并找补细料，使粗细填料混合均匀，表面平整。

整平后的填石路堤应使用重型振动压路机分层压实，要先压两侧，后压中间，有超高曲线段先压内侧后压外侧，压实时继续由人工用小石块填缝，直到压实层顶面稳定，不再下沉，石块紧密，无轮迹为止，压实度的要求应按高速公路的标准执行。

施工中应认真控制压实遍数。

2. 半填半挖及填挖交界处路基处理

1）一般规定

（1）基底清理、压实，对于地基承载力不足时，按照设计要求采取换填或加固处理，经检验合格后，方可开始路基填筑。

（2）半填半挖结合部是路基填筑施工质量控制的重要部位之一，应按照图纸要求采用分层填筑的方式，避免因填筑不当出现路基纵横向裂缝。

（3）路基填筑时从最低处开始挖台阶往高处分层摊铺、碾压。在填挖交接处，做好横向、原地面的拼接，碾压做到密实无拼痕。

2）施工工艺要点

（1）路基段内横向半填半挖及纵向填挖交界路基较多，横向半填半挖路基当填方高度大于 5 m 或处于陡坎时，横向开挖台阶，台阶宽度一般按不小于 2 m 控制。为增强路基横向均匀性，对非岩质挖方一侧路床范围内作超挖处理，超挖宽度视横断面的形式而定：当挖方横断面宽度＞$0.5B$（路基宽度）时，超挖至路基半宽，当挖方断面宽度≤$0.5B$ 时，超挖至路基全宽；纵向填挖交界处的路基，当 10 m 范围内填挖高差大于 5 m 时，在路槽底部作超挖回填处理，超挖回填长度不小于 10 m，同时在地下水发育的路段填挖交界处设置横向排水沟，尽量减少路基的不均匀沉降，延长路面的使用寿命。超挖部分回填的优质填料，以级配较好的卵砾石土、碎石土、硬质石渣等透水性材料为宜。

（2）由于填挖交界处压实较困难，是压实控制中的薄弱环节，为此要求所有填挖交界处，在开挖台阶后每层台阶必须进行重锤排夯处理，沿台阶方向横向宽度不小于 8 m，夯实遍数 3 遍，夯击能不低于 500 kN·m，填方一侧压实度控制提高一个百分点，即上路堤≥95%，下路堤≥94%。

半填半挖路基的挖方半幅应在路槽下超挖 80 cm 后再以优质填料回填，按照横断面 A 实施。

半填半挖路基当填方高度大于 5 m 或处于陡坎时，在路面底 80 cm 下连续铺设两层钢塑土工格栅，间距为 100 cm，见横断面 B；填方一侧覆盖层厚度小于 1 m 时，清表至基岩按照横断面 B 实施。

纵向填挖交界处的路基，应在路槽底部做超挖处理，超挖长度不小于 10 m，厚度为 0.8 ~ 1.5 m，回填应采用优质填料，沿填挖交界开挖台阶处每台阶进行一次重锤夯实，夯实长度 8 m，以减少路基横向不均匀沉降，按照纵断面 A 实施。

纵向填挖交界处的路基，当填方段 10 m 范围内高差大于 5 m 时，除做上述处理外，还应做加筋处理即铺设两层钢塑土工格栅，按照纵断面 B 实施。

对于纵断面 B 和横断面 B 两种情况，每处台阶均需重锤夯实处理，沿台阶方向处理宽度为 8 m。

加设的土工格栅应有效的锚固在原状土样中，地锚孔采用干作业成孔，内注 M30 水泥砂浆，通过格栅孔插入钢筋形成地锚，钢筋采用直径 25 mm 钢筋弯制而成，并做防锈处理，地锚沿路线纵向每 0.5 m 设一处。

土工格栅采用钢塑土工格栅，幅宽 4 m，极限抗拉强度：纵向≥80 kN/m，横向≥50 kN/m，极限延伸率≤3%。

纵向填挖交界处横向渗沟反开挖施工，渗沟纵向同路基横坡，出口接头 0.5 m 用片石加固。

陡坡段路基及“V”形沟及冲沟地段（“鸡爪”地形）路基填筑。

在陡坡地段，当地面陡于 1∶5 时，对基底挖宽度不小于 2 m，阶面设在内向倾斜的 2% ~ 4%的横坡的台阶，在台阶上铺设土工格栅。挖方一侧，台阶应与每个行车道宽度一致、位置重合。

3. 地质条件及地形条件复杂地段的路基基底处理

1）高填方路基的基底压实

高填方路堤的基底应按照《公路路基施工技术规范》的规定进行场地清理，并应按照设计要求的基底承压强度进行压实，设计无要求时，基底的压实度宜不小于 90%。当地基松软仅依靠对原土压实不能满足设计要求的承压强度时，应进行地基改善加固处理，以达到设计要求。

高填方路堤的基底处于陡峻山坡上或谷底时，应按照《公路路基施工技术规范》的规定进行挖台阶处理，并严格分层填筑分层压实。当场地狭窄时，压实工作采用小型的手扶式振动压路机或振动夯进行。当场地较宽广时采用振动压路机碾压。

2）特殊地基的基地压实

地基清表后，要对原地面进行压实，需要特殊处理的地段，按照设计要求进行处理，确保基底压实度和土质符合设计要求。

路堤基底应在填筑前进行压实。路基基底压实度要符合设计和规范的要求；当路堤填土高度小于路床厚度（80 cm）时，基底的压实度不宜小于路床的压实度标。

4.3 高填方路基的施工病害及处置技术

4.3.1 高填方路基施工病害

路基裸露在大气中、由于路基在承受土体自重、行车荷载和各种自然因素的作用下，导致各个部位产生变形，变形又引起路基标高和边坡坡度、形状的改变，严重时造成土体位移，危及路基的整体性和稳定性，造成路基的各种破坏。下面简要介绍几种主要路基病害及其成因。

1. 路基沉陷

路基表面产生较大的竖向位移，引起地基下沉或向两侧挤出，形成不均匀沉陷。形成的原因是由路基填料选择和填筑顺序不当，填筑方法不合理等，如填料中混入种植土、腐殖土或泥沼等劣质土，或土中含有大块土或冻土等，填筑的石料规格不一，性质不匀，空隙大，在汛期可能产生明显的局部下沉；或者填筑时未在全宽范围内分层填筑，填筑厚度不符合规定，填料质量不符合要求，水稳性差，原路边坡没有去除植被、树根，未做台阶处理；不同性质的填料混填，因不同土类的可压缩性和抗水性差异，形成不均匀沉降，路基填料含水量控制不严，又无大型整平和碾压设备，使压实达不到要求；施工过程中未注意排水，遇雨天时，严重积水，浸入路基内部，形成水囊，晴天施工时也未排除积水，就继续填筑，以致造成隐患，施工单位责任心不强，自检控制不到位等因素引起的。

路基陷穴的病害成因：造成洞穴顶部塌陷的主要因素是水的作用和行车荷载作用。洞穴在水的侵蚀、潜蚀作用下和行车荷载的反复作用下，洞顶的岩土结构逐渐遭到破坏，承载力也逐渐丧失，最终突然塌陷。

2. 路基滑坡

斜坡岩土体在重力作用下，沿一定的软弱面或软弱带整体下滑的现象，叫作滑坡。滑坡是山区公路的主要病害之一。滑坡常使交通中断，影响公路的正常运输。大规模的滑坡，可堵塞河道，推毁公路，破坏厂矿，掩埋村庄，对山区建设和交通设施危害极大。

西南地区（云、贵、川、藏）是我国滑坡分布的主要地区，不仅规模大，类型多，而且分布广泛、发生频繁、危害严重。我国其他地区的山区、丘陵区，包括黄土高原，也都有不同类型的滑坡分布。

按受力状态，滑坡裂缝可分为四类：

（1）拉张裂缝：分布在滑体上部，与滑坡壁的方向大致吻合，多呈弧形，因受滑坡体向下滑动的拉力而产生。与滑坡壁或滑坡周界重合的最外面的一条，称为主裂缝。

（2）剪切裂缝：分布在滑坡体中部的两侧，在滑坡体下滑时，滑体与滑床在分界处形成剪力区，区内形成的裂缝即为剪切裂缝的两侧，常伴生有羽毛状的裂缝。

（3）鼓张裂缝：分布在滑坡体的下部。如上部较下部滑动得快，或滑体受阻，则会隆起，并产生张开裂缝，裂缝方向与滑动方向垂直。

（4）扇形张裂缝：分布在滑坡体的中下部。当滑体向下滑动时，滑体的前部向两侧扩散，形成张开裂缝，裂缝方向在滑坡体中部与滑动方向平行，在滑坡体的舌部成放射状。

产生滑坡的病害成因：有内在因素，也有外在因素。内在因素是形成滑坡的先决条件，它包括岩土性质、地质构造、地形地貌等。外因通过内因对滑坡起着促进作用，它包括水的作用、地震和人为因素等。所以，滑坡是内外因素综合作用的结果。

3. 路基崩塌落石

崩塌落石是堑坡或上山坡的岩块土石发生崩塌或坠落造成危害的地质现象。具有突然、快速和较难预测的特点，是地形、地质比较复杂的山区公路十分常见的路基病害，对行车安全危害甚大，经常导致中断行车，甚至行车颠覆。

形成崩塌的原因有：

（1）陡峭高峻的边坡或山体斜坡，坡度大于 45°、高度大于 30 m，特别是坡度在 55° ~ 75°的斜坡，是崩塌多发地段。

（2）由风化的坚硬岩层组成的又高又陡的斜坡，如互层砂岩，稳定性更差，容易形成崩塌。

（3）受地质构造影响严重，有很多结构面将岩体切割成不连续体的斜坡，特别是有两组结构面倾向线路，其中一组倾角较缓时，容易向线路崩塌。

（4）水的作用是产生崩塌的重要因素。绝大多数的崩塌发生在雨季或暴雨之后，因为水的渗入，对岩石产生软化、润滑和动水压力作用，使岩体强度降低，内摩擦力减小，促使崩塌发生。

（5）其他如地震、爆破、人工开挖斜坡及列车震动等，都是诱发崩塌的因素。

4. 基床翻浆冒泥、下沉外挤

基床翻浆冒泥、下沉外挤是路基本体变形而引起的病害。一般发生在基床为黏土类的路基地段，排水不良的路堑和站场比较多见。翻浆冒泥和基床下沉外挤病害，是基床变形不同阶段的表征，翻浆冒泥导致陷槽或碴囊基床下沉，陷槽或碴囊的发展使基床抗剪强度下降，导致路肩隆起或边坡外挤。基床翻浆冒泥引起的路面不平顺，恶化了运行条件，但变形发展缓慢，对行车安全影响不大。而基床下沉外挤，则可能造成行车中断甚至列车颠覆，严重危及行车安全。病害成因：基床排水不良承载力不足或受水浸承载力进一步下降的土质基床在行车荷载反复作用下，将逐渐形成基床翻浆冒泥下沉外挤的病害。水若源于降雨，翻浆冒泥表现为季节性，即雨季发生，旱季不发生；水若源于地下水，则翻浆冒泥表现为常年性，但雨季比较严重。基床土遇水承载力下降，原因比较复杂，如基床土为膨胀土未更换或改良；排水系统不完善；基床未作砂垫层或厚度不足；填土密实度未按规定控制等，都将使基床强度与行车条件不相匹配，以致产生基床病害。

4.3.2 高填方路基病害处治措施

路基压实是保证路基质量的重要环节，路堤、路堑和路基底均应进行压实，且技术等级越高的公路，对路基的压实要求越严格。

路基压实的作用，是提高填料的密实度，减小孔隙率，增加颗粒之间的接触，增大粘聚力或嵌挤力，提高内摩阻力，减少形变，为路基的正常工作提供良好的基础。

1. 影响土质路基压实效果的主要因素

土质路基的压实过程其本质上是土体在压力作用下，克服土颗粒间的内聚力和摩擦力，使原有结构受到破坏，固体颗粒重新排列，大颗粒之间的间隙被小颗粒所填充，变成密实状态，达到新的平衡。在施工作业中，表现为土壤的体积被压缩，而达到一定程度后，这个过程不再持续，这是因为颗粒在重新排列后，土中气体被挤出，由快变缓，最终趋于结束。这时，作用于土体的压力，只能引起弹性变形，而压力过大时，则可能使土壤产生剪切破坏，影响土体强度。

路基压实状况通常用压实度来表。压实度是指土压实后的干密度与标准的最大干密度之比，用百分率表示，亦称干密度系数，或用相对密实度。所谓标准的最大干密度，是指用标准击实试验方法，在最佳含水量条件下得到的干密度。

影响路基压实效果因素是多方面的，有内因也有外因，但与施工作业有关的主要因素有以下几点：

1）土的含水量

任何有黏结力的土在不同的湿度下，用同样压实功能来挤压将获得不同的密实度和不同的强度。如图 4-9 所示为压实土的密实度与土的形变模量、相对含水量的关系曲线。从图中可以看出土中水在压实过程中的作用。

压实开始时，原状土相对湿度低，土颗粒之间的内摩阻力大，因而外力难于克服，故压实的干密度小，表现出土的强度高、密度低；当相对湿度缓慢达到较紧密的程度，表现出密度增大，但与此同时，由于水的作用内摩阻力有所减小，因而强度继续下降。当含水量继续增加，超过图中曲线顶点等最优质时，水的润滑作用已经足够，水分过多，使起润滑作用以外多余水分进入土粒孔隙中，反而促使土粒分离而不易得到良好压实效果，从而降低了土的干密度；又由于土粒间距增大，内摩阻力与黏结力减小，使土的强度随之减小，在压实曲线中出现驼峰形式。这就是说在一定功能的压实作用下，含水量的变化会导致土的干密度随之变化，在某一含水量（最佳含水量）下，干密度达到最大值（最大密度）。各种土的最佳含水量大小不同，见表 4-1。一般情况下，土在天然状态下的含水量值很接近最佳含水量，因此在施工作业中，新卸填土应当立即推平压实。

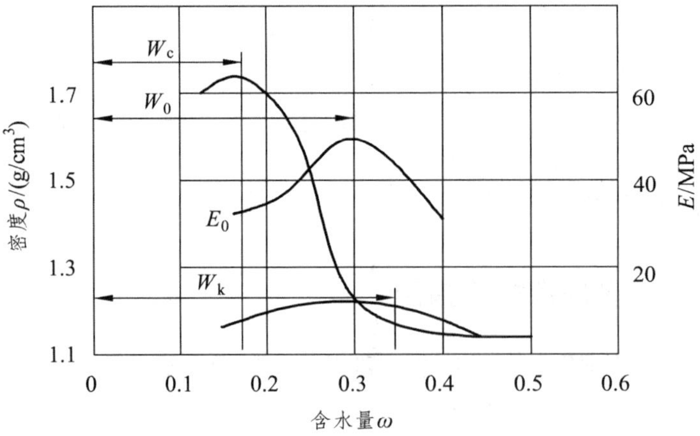

图 4-9　压实土的密实度、形变模量与含水量的关系

2）土的性质

不同土质的压实性能差别较大。一般来说非黏性土的压实效果较好，而且最佳含水量较小，最大干密度较大，在静力作用下，压缩性较小，在动力作用下，特别是在震动作用下很

容易被压实。黏质土，粉质土等分散性土的压实效果较差，主要是由于这些细分散性的土颗粒的比表面大、黏聚力大、土颗粒表面水膜需水量大，最佳含水量偏高，而最大干密度反而偏小。如图 4-10 所示。

表 4-1　不同土的最大干密度及最佳含水量的变化范围

土类名称	塑性指数	重型标准		轻型标准	
		最大干密度 / (g/cm^3)	最佳含水量 / (g/cm^3)	最大干密度 / (g/cm^3)	最佳含水量 / (g/cm^3)
S.SF	<1	1.94 ~ 2.02	7 ~ 11	1.80 ~ 1.989	8 ~ 12
SM	1 ~ 7	1.99 ~ 2.28	8 ~ 12	1.85 ~ 2.08	9 ~ 15
ML	1 ~ 7	1.77 ~ 1.97	15 ~ 19	1.61 ~ 1.80	16 ~ 22
SC、CLS	7 ~ 17	1.83 ~ 2.16	9 ~ 15	1.67 ~ 1.95	12 ~ 20
SCH、CHS、CH	>17	1.75 ~ 1.90	16 ~ 20	1.58 ~ 1.70	19 ~ 23

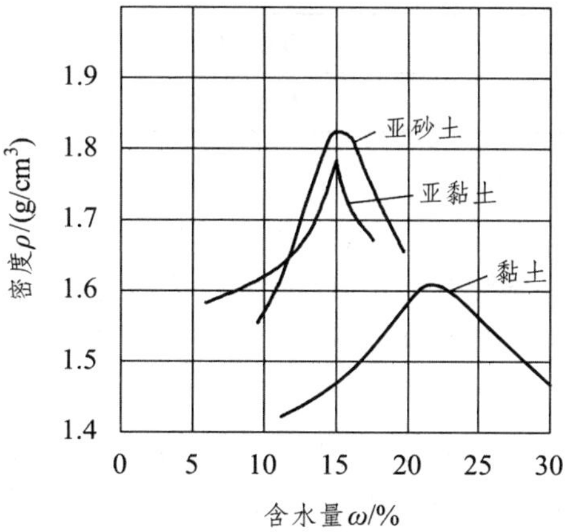

图 4-10　不同土类干密度与含水量的关系

3）压实功能

压实功能是由碾压（或捶击）的次数及其单位压力 P（或荷重）所决定的，若在一定限度内增加压实功，则可降低含水量数值，提高最佳密实度的数值，如图 4-11 所示。

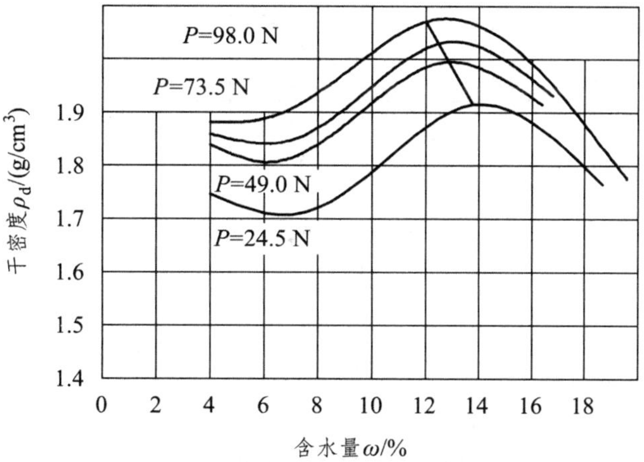

图 4-11　压实功能对最佳含水量、密实度的影响（夯击次数不变，改变锤重）

土在不同压实功能作用下的压实性质，是决定压实工作量和选择机具、选择施工方法的依据。事实上。对任何一种土，当密实度超过某一限值时，欲继续提高它的密实度，降低含水量值，往往需要增加很大的压实功能。而过分加大压实功能，不仅密实度增加幅度小，还往往因所加荷载超过土的抵抗力，即土受压部位承受压力超过土的极限强度，而导致土体破坏，因此，对路基填土的压实，在工艺方法上要注意不使压实功能太大。表 4-2 所示为各种土最佳含水量的极限强度值。

表 4-2　在最佳含水量时土的极限强度

种　类	被碾压强度/MPa		
	滚　压		夯实夯板直径 70 ~ 100 mm
	钢筒式	轮胎式	
低黏质土	0.3 ~ 0.6	0.3 ~ 0.4	0.3 ~ 0.7
中等黏质土	0.9 ~ 1.0	0.4 ~ 0.6	0.7 ~ 1.2
高黏质土	1.0 ~ 1.5	0.6 ~ 0.8	1.2 ~ 2.0
极黏质土	1.5 ~ 1.8	0.8 ~ 1.0	2.0 ~ 2.3

4）碾压时的温度

在路基碾压过程中，温度升高可使被压土中的水粘滞度降低，从而在土粒间起润滑作用，易于压实，但气温过高时，又会由于水分蒸发太快而不利于压实。温度低 0 °C 时，因部分水结冰，产生的阻力更大，起润滑作用的水更少，因而也得不到理想的压实效果。

5）压实土层的厚度

土受压时，能够以均匀变形的深度（即有效压实的深度），近似地等于两倍的压模直径或两倍的压模与土接触表面的最小横向尺寸。超过这个范围，土受到的压力急剧变小，并逐渐趋于零，可认为此时土的密实度没有变化。图 4-12 是钢筒式压路机碾压土时沿垂直方向的压力分布（此时轮子与土的接触面是一个宽度很小的矩形，其宽度可视为压模的最小横向尺寸），当深度大于 $2a$（成为最小横向尺寸）时，传至的压力已经很小，不起压实作用。

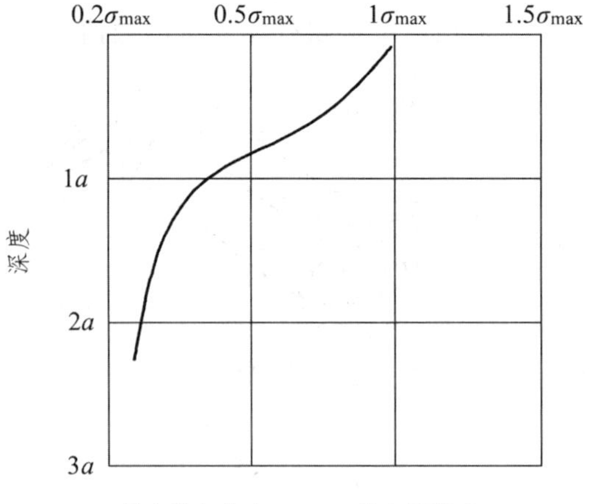

a—最小横向尺寸；σ_{max}—最大压应力。

图 4-12　滚轮垂直方向的土压分布

由此可知，土所受的外力作用，随深度增加而逐渐减弱，当超过一定范围时，土的密实度将与未碾压时的相同，这个有效的压实深度（产生均匀变化的深度）与土质、含水量、压实机械的构造特点等因素有关，所以正确控制碾压层厚度，对于提高压实机械生产率和填筑路基质量十分重要。

6）地基或下承层强度

在填筑路堤时，若地基没有足够的强度，路堤的第一层难以达到较高的压实度，即使采用重型压机或增加碾压遍数，也只能是事倍功半，甚至使碾压土层起“弹簧”。因此，对于地基或下承层强度不足的情况，填筑路堤时通常采取以下措施处理：首先填筑路堤之前，应先碾压地基。然后若地基有软弱层，则应用砂砾（碎石）层处理地基。最后路堑处路槽的碾压，先应铲除 30 ~ 40 cm（根据基底状况可加大换填深度）原状土层并碾压地基后，再分层填筑压实。

2. 碾压机具和方法

应实机具和方法对压实的影响反映在以下几个方面。

（1）压实机具不同，压力传布的有效深度也不同。一般地，夯击式机具的压力传布最深，振动式次之，碾压式最浅。根据这一特性即可确定各种机具的最佳压实度。

然后，同一种机具的压实作用深度，在压实过程中并不是固定不变的。如钢筒式压路机，开始碾压时，因土体松软，压力传布较深，但随着碾压次数增加，上部土层逐渐密实，土的强度应提高，其作用深度就逐渐减小了。

（2）压实机具质量较小时，碾压次数越多（即时间越长），土的密实度越高但密实度的增长速度则随碾压遍数的增加而减小。并且密实度的增长有一个限度，达到达个限度后，继续以原来的压实机具对土体的增加压实遍数，则只能引起弹性变形，而不能进一步提高密实度（从工程实践来看，一般碾压遍数在小于或等于 6 遍时，密实度增大明显，6 ~ 10 遍增长较慢，10 遍以后稍有增长，20 遍之后基本不增长）。压实机具较重时，土的密实度随碾压遍数增加而迅速增加，但超过某一极限后，土的变形急剧增加而达到破坏。机具过重以至超过土的强度极限时，将立即引起土体破坏。

压实机具的质量、作用遍数对压实的影响，可以由图 4-13 得到说明，曲线 P_1，即前述的第一种情况，土的变形随时间的延长而增加，但增加的速度则随压实遍数的增长而逐渐减少。

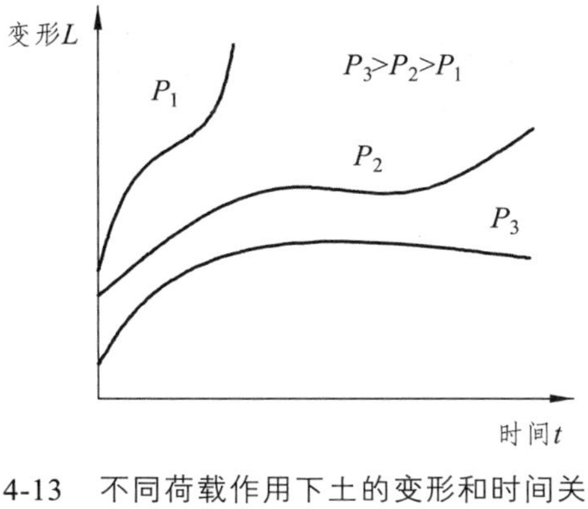

图 4-13　不同荷载作用下土的变形和时间关系

产生这种情况的原因，是土体在荷载作用下逐渐达到密实，强度即随之提高，于是变形就逐渐减小。曲线 P_2、P_3 分别是前述第二、三种情况，曲线反弯点即表明土体已开始出现破坏，亦即已经达到土的强度极限。两曲线反弯点所对应的作用遍数不同，说明破坏时间（从荷载开始作用至破坏时的时间）荷载大小直接有关，荷载越重破坏时间越短。施工中，正是按照这一特性而根据不同的土质来选择机具和确定压实遍数（即压实时间）的。

（3）碾压速度越高，压实效果越差。如图 4-14 所示，图中曲线 1 黏性较曲线 2 黏性小，应力作用速度越高，变形量越小、土的黏性越大，影响就越显著。因此，为了提高压实效果，必须正确规定碾压的行驶速度。

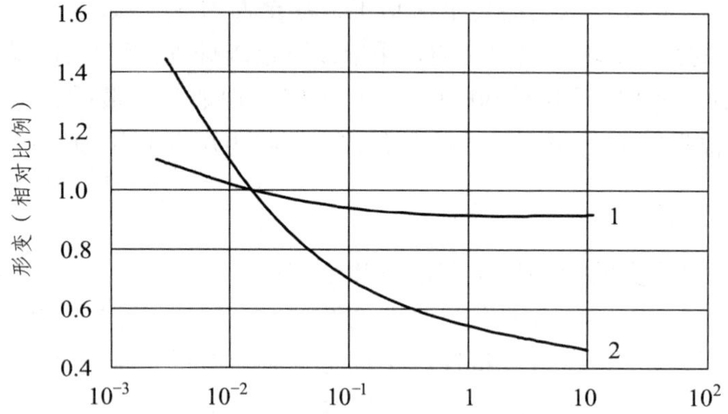

图 4-14　应力作用速度与土的变形量的关系

3. 土质路基压实标准

土质路基压实标准包括两个方面：一是确定采用标准干密度的方法；二是要求 N 的压实度。

关于标准干密度的确定方法，过去沿用的“标准击实试验”是一种轻型击实方法，其实验结果与现代化施工机械能力和车辆载荷相适应，目前推行的主要是与国外公路压实要求相同的重型击实试验，两种方法的不同之处见表 4-3。

表 4-3　重型与轻型击实法对比

击实方法	锤重 /N	锤击面直径 /cm	落差 /cm	试筒尺寸			锤击层数	每层击实次数	单位击实功 /（$N \cdot cm/cm^3$）	备注
				内径/cm	高/cm	体积/cm^3				
轻型	25	5	30	10	12.7	997	3	25	56.3	
重型	45	5	45	10	12.7	997	5	27	247.0	土粒最大直径 25 mm

5 桥头填方路基施工关键技术

随着我国经济快速持续增长，高等级公路得到了长足的发展，但由于我国地形多变，地质复杂，使得高等级公路在修筑、运营及维护当中还有许多问题亟待解决，其中桥头跳车现象一直是困扰广大工程技术人员的难题之一。桥头跳车是指在桥台构筑物与引道路堤填土衔接处产生较大的差异沉降，使得路面纵坡呈台阶显著变化，导致高速行驶的车辆在这一区段产生颠簸跳跃现象。

桥梁由上部结构、下部结构、支座系统和附属设施四个基本部分组成。上部结构通常又称为桥跨结构，是在线路中断时跨越障碍的主要承重结构；下部结构包括桥墩、桥台和基础；桥梁附属设施包括桥面系、伸缩缝、桥头搭板和锥形护坡等，桥面系包括桥面铺装（或称行车道铺装）排水防水系统、栏杆（或防撞栏杆）灯光照明等。

5.1 桥头填方路基常见工程病害

在桥头填方路基施所遇到的软土问题已成工程建设中必须面对的难题，尤其是在处理桥头过渡段软土地基时，为了避免桥头路基变形及跳车现象，一般采用复合地基加固处理方式。然而，通过对已建类似工程调查发现，软土复合地基也存在一定的病害隐患，特别是在处理深厚软土层、砂砾层时，由于在路基坡脚排水不畅，软土层达不到排水固结要求时，使得原有的复合地基局部失效，从而产生二次病害的情况。结合香丽高速公路第十一工区（K94+200～K102+140）过渡段预应力管桩联合塑料排水板软基加固段的现场监测和地质调查，对高速公路桥头软基已加固段的病害原因进行分析，并通过加固过程质量控制，以及加固效果、经济效果的评价，对其工程应用效果进行分析研究，为指导后续类似项目起到借鉴作用。

5.1.1 桥头填方路基危害国内外研究现状

（1）国外早在 20 世纪五六十年代已重视桥头引道与桥台的差异沉降问题，以采用桥头搭板和刚柔过渡尤为多见。

① 欧洲、日本等已广泛应用土工格网、搭板处治高速公路桥头跳车问题，在刚柔过渡方面起一定的作用，但并没从根本上消除或减少台背回填与构造物台墙的塑性变形差，它们都将随着台背回填一起下沉或转动。同时还有可能使跳车点从台背处转移至搭板与路基接头处，也有可能在台背处与搭板和路基接头处两个地点同时出现。

② 大约在 20 世纪 50 年代，以美国为代表，由美国国家公路合作研究计划委员会，国家公路及运输联合会，联邦公路管理委员会，以及国家研究委员会运输研究理事会联合资助的桥头跳车研究，在查阅了有关文献其中包括从各州的各个公路工程师收回的调查表后向人们

揭示了引起跳车的原因有：a）填筑材料的压缩；b）路堤下天然土基的沉降；c）施工方法不当；d）交通负荷大；e）排水不畅；f）填筑材料选用不当；g）冲刷造成填土流失；h）接缝质量差；i）气温的循环变化。美国要求路堤填筑材料采用重型压实标准，顶层达到洲压实度，以下为，世界银行在其投资贷款的公路建设项目中，要求在刚性桥台和柔性路堤间加一长的渐变段，填料级配酌情逐渐变化，到桥头过渡完毕。显然，这些观点及方法无疑会降低差异沉降量，缓解桥头跳车，但是并没有给出明确具体的设计方法，只是笼统地建议对桥头跳车作为一个独立的设计问题，并把预防其产生作为设计目标之一。

（2）国内在这方面也进行了大量的研究并形成了一些自己的经验和成果，主要可以归纳为：

① 对不良地基，如软土地基加固处理采用袋装砂井、超载塑料排水板、超载预压法、粉喷桩、钢渣桩、注浆法、强夯等防治措施。

② 对台背填料进行改良，例如采用石灰土、水泥土、二灰土等，或者选用级配良好的砂石料使得填料的沉降大部分在工期内完成，以尽量减小台背填土的工后沉降量。

③ 加铺土工织物，采用土工织物限制侧填土的侧向位移，增填料层的整体性，高路基承载力，使得路基的沉降在一定范围内平稳过渡，如采用土工格网、土工格室等。我国近几年也开始了对它的理论研究和试验，国内外试验证明台背填土中加入土工格栅能大大减小桥背路基的沉降，将桥背路基与桥头交界处的台阶式跳车沉降变成连续的斜坡式沉降，可以增加土体在相同击实能量下的压实度，提高土体的承载力。

④ 设置桥头搭板，用桥头搭板包括采用水泥桩复合地基加搭板、搭板加桩将刚性桥台与柔性路基连接起来，起到一个平稳过渡的作用，借此来消除桥头跳车的影响，目前在国内此法应用非常广泛。

⑤ 采用轻质填料或人工材料，减小填料本身的自重以及对地基的附加压力，如采用粉煤灰、废矿渣、人工材料泡沫板。

此外，还有加强和改善设计方案，如提高台背压实度增强桥台与沥青路面的接缝处理设置横向排水管或盲沟完善施工工艺和强化施工质量等，但从现场调研的情况看，上述方法虽然在缓解桥头跳车问题起到了一些作用，但效果并不十分理想，没有从根本上解决问题。

5.1.2 桥头填方路基的危害

随着我国公路建设的不断加速，桥头跳车的危害性也日益严重，主要表现在以下几个方面。

1. 影响行车速度

当车辆行至桥头病害处时，为防止车辆的剧烈冲击跳动，司机被迫刹车减速同时车辆的颠簸也影响了行车驱动力的传递，也使车辆的行驶速度受到不同程度的影响。

2. 影响行车安全

当车辆通过路桥过渡段的病害处时，车辆产生跳动和冲击，不仅使司乘人员感到颠簸不适，而且还会对驾驶人员产生不利的心理影响，严重时则会影响其对车辆的正常操作，造成车辆失控，引起行车事故。国内曾多次发生因桥头跳车严重而造成翻车事故。

3. 增加车辆运营费用

因跳车而不得不在桥头频繁变速，以减轻汽车的颠簸，但无论减速行驶还是颠簸现象的发生，都会对汽车机件造成不同程度的损坏和磨耗同时汽车行驶速度的不稳定，无形中既浪费了燃料，又增加了尾气排放量另外，还增加了车辆的行驶时间，这些都会增加车辆的运营成本。

4. 增加了公路养护费用

国内外的资料表明因桥头跳车而增加的道路维修费大得惊人，美国大约 25%的桥梁（约 150 000 座构造物）受到桥头跳车的影响。全国每年为此花费的修理费用预计高达 1 亿美元以上。据统计中国大约有 25%的桥梁受到桥头跳车的影响，全国每年为此花费的修理费用预计高达 8 亿元以上而我国一些经济发展较快的大中城市的公路和城市道路也存在同样的问题，1995—1998 年，上海市制定“上海城市道路管理养护三年计划”，三年来，市区两级政府共投入 13 亿元用于道路养护和管理，修复大庭公路、大叶公路、宝安公路等 40 条公路的近 43 m^2 的“桥头跳车”路段。

目前，该路段（K94+200 ~ K102+140）路床顶面出现了较大的纵向裂缝，管桩托板周边由于脱空造成地基土沉陷现象较严重。

5.1.3 桥头填方路基病害特征

桥头跳车的直接原因是刚性桥台结构物与柔性路堤在行车荷载的反复作用下，由于人工填土的变形或天然土基的自身固结沉降变形而产生相对较大的差异沉降造成的。因为桥台结构物是经过精心设计和加固处理的，全桥呈刚性体系，在正常作用下，其沉降很小，而桥梁构筑物后的路基和路堤由于其地基状况和填料土自身的性质，则会产生一定的沉降变形，这种变形需经过一段时间后才能稳定，所以经过很长时间后，当桥台与路堤间差异沉降超过一定值时，桥头跳车现象必然发生。而且公路建设材料和对象以岩土体为主，具有复杂多变、不确定性和难预知性，因此需要具体问题具体分析。要根本消除路基与桥台间的差异沉降是不可能的，目前虽然采取的大量的预防措施，也取得了一定的效果，但从调研资料可以看出桥头跳车问题仍然很严重，如何治理路桥过渡段病害成了摆在我们面前的新课题。只有归纳出其破坏模式及特征，分析病害机理，才能找出合适的方法达到治理的目的。

1. 破坏模式及病害特征

1）路基整体侧向滑移

路基的整体侧向滑移主要是由于路堤边坡过陡或是受到破坏后，在上部重复荷载作用下形成纵向裂缝或沿坡裂面整体下滑。其破坏模式如图 5-1 所示。

2）路基整体向桥台方向滑移

对于桩柱式桥台，当锥坡受到破坏，且在自重和车辆的冲击荷载作用下，土体有向桥内移动的趋势，形成横向裂缝或整体下滑，使得桥头部位的路基、路面产生较大的竖向位移，从而引起桥头跳车，其破坏模式如图 5-2 所示。

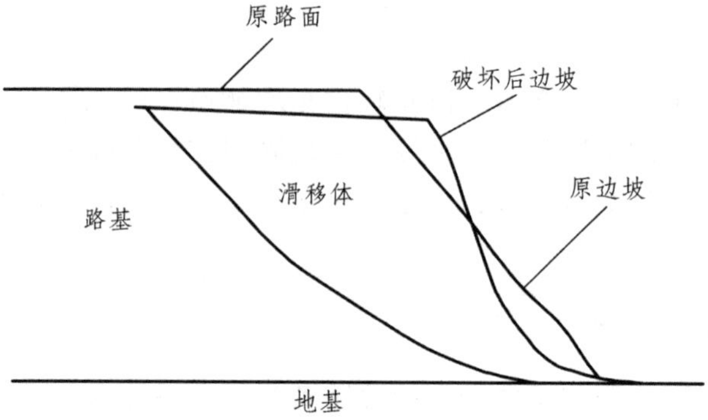

图 5-1　路基整体侧向滑移示意图

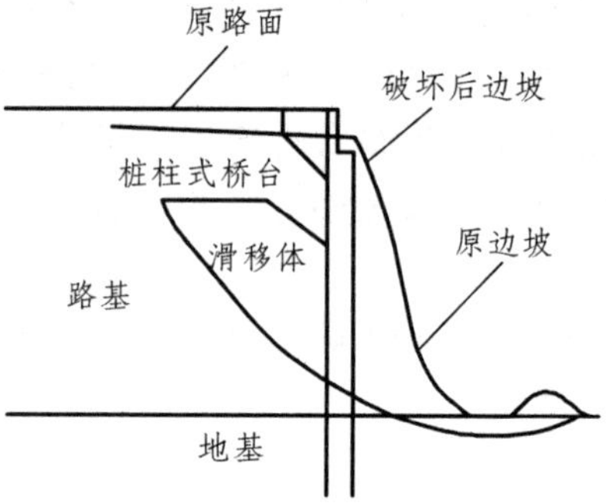

图 5-2　路堤整体向桥台方向滑移

以上两种情况破坏的主要共同特征是：

（1）路堤填土较高，整体性较差。

（2）路基边坡受到破坏或者由于地形的限制使得路基边坡过陡。

（3）路堤边坡的整体或部分沿滑动面下滑引起路面出现纵向错台或裂缝。

2. 路基与桥台间形成台阶

路基与桥台间形成台阶主要表现在：① 局部沉降发生在台背与过渡段结合处，即最大沉降深度距离桥台背很近，形成错台，如图 5-3 所示。② 路基相对路面设计标高整体下沉，当桥台与过渡段结合处的差异沉降达到一定值时，而引起的桥头跳车现象，其破坏模式如图 5-4 所示。

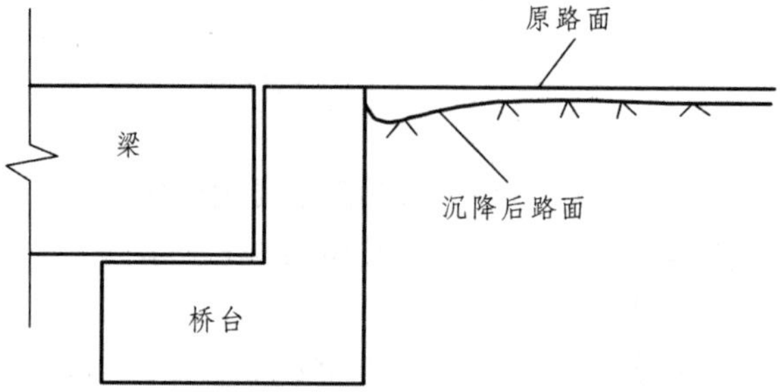

图 5-3　近台背路基沉降过大引起的差异沉降

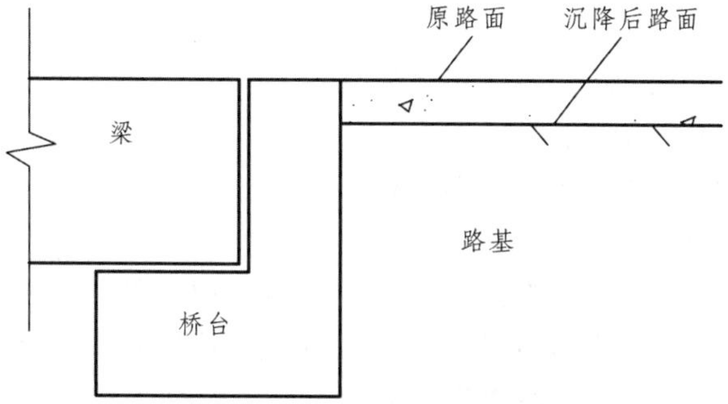

图 5-4　路基整体下沉引起桥台与路基差异沉降

此模式的共同特征是：

（1）台背填土的均匀或者不均匀沉降较大。

（2）沉降差最大值产生在靠近台背处。

3. 路面凹陷

路面凹陷也是公路在运营过程中的一种常见病害，主要是由于路堤或地基的不均匀沉降引起，外部表现特征是路基沉降不均匀、路面破坏严重、凹凸不平。其破坏模式见图 5-5。

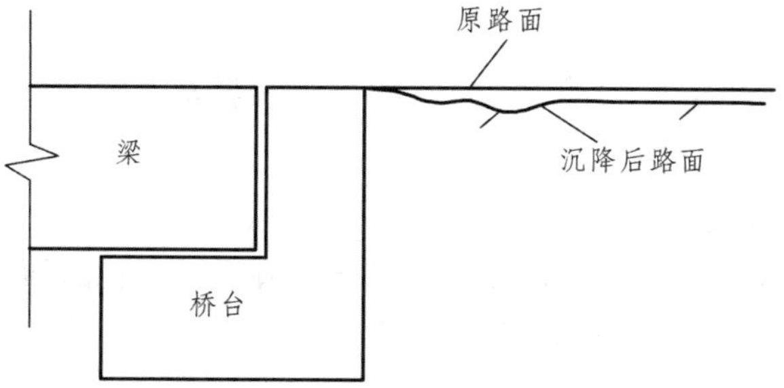

图 5-5　路基不均匀沉降引起的路面破坏

该模式的主要特征是：

（1）过渡段内的路基沉降不均，局部沉降较大，路面出现凹陷。

（2）沉降的最大值处距桥台有一定的距离。

4. 搭板断裂

搭板断裂是采用搭板法预防桥头跳车过程中产生的一种新的病害。其破坏模式如图 5-6 所示：

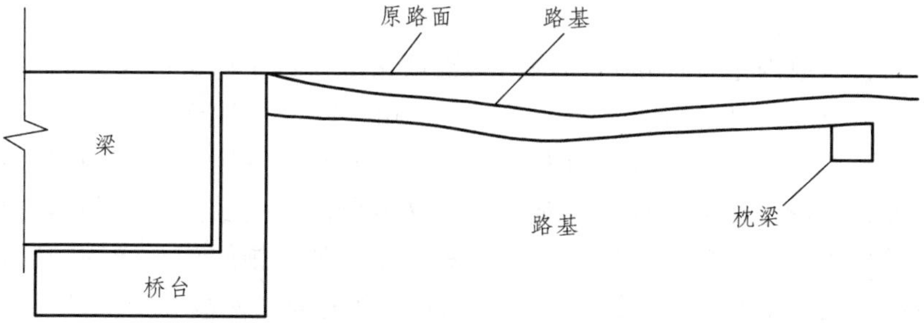

图 5-6　路基不均匀沉降引起的搭板断裂

其病害特征主要表现为：

（1）路基局部发生不均沉降，搭板底部脱空。

（2）枕梁部分及其以外的路基沉降较小。

（3）搭板较薄，不足以单独承受上部荷载。

（4）搭板与路堤形成纵向坡度差。

设置桥头搭板预防桥头跳车，在防止桥头跳车方面取得的较大的进步，成功的实例也很多，但也有其不足之处，其中当台背填土路堤沉降较大或搭板长度不够，搭板与路堤形成纵向坡度差超过一定的范围时，就会在搭板与路堤的衔接处产生转角（如图 5-7 所示），当车辆通过该处时同样会产生类似桥头路车的感觉，即“二次跳车”。

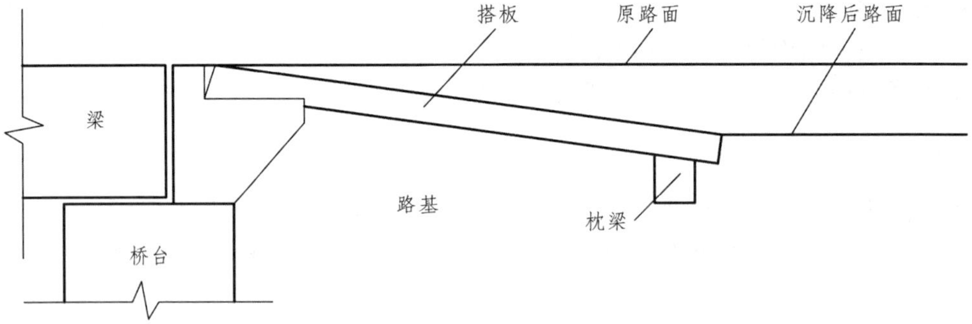

图 5-7　搭板与路堤形成纵向坡度差示意图

此病害的主要特征是：

（1）路基整体沉降过大。

（2）搭板较短，不足以使桥台与路基间的差异沉降实现平稳过渡。

（3）搭板一端简支于桥台沉降相对较小。

5. 搭板末端产生差异沉降

由于路桥过渡处问题比较突出，因此在施工和设计中都采取了一定的措施，比如在设置桥头搭板的同时对搭板的路基还进行的注浆处理，这样过渡段的下沉固然减小了，但同时往往忽略了对搭板以外路基的处理与压实，经过一段时间的运营后在这一部位产生了差异沉降，从而形成新的跳车现象，该破坏模式的主要特征是：① 搭板段路基处治较好，下沉量较小。② 搭板末端路基整体或靠近搭板处路基沉降变形较大。

5.1.4　桥头填方路基病害机理分析

桥头跳车的直接原因是刚性桥台结构物与柔性路堤在行车荷载的反复作用下，由于人工填土的变形或天然土基的自身固结沉降变形而产生相对较大的差异沉降造成的。

造成桥头跳车的原因很多，大致可归纳为主观因素和客观因素，其中主观因素施工、设计、规范等方面前人论述很多，针对客观因素，从调研的资料及以上所归纳的破坏模式可以看出，不管那种病害，都是地基、路堤、路面和其他附加设施间相互作用的结果，因此，主要从土的沉降压缩变形以及其综合因素入手，通过分析地基、路堤、路面的沉降及变形规律，从而说明路桥过渡段的破坏机理。

1. 地基变形机理分析

地基破坏问题主要体现在强度和变形两个方面，由于地基一般在设计和施工过程中均做了相应的处理，因此，主要从沉降变形方面来分析其破坏机理。

桥涵结构一般位于沟壑地段，其地下水位较高，孔隙比大，含水量高，强度低，压缩性大，软基较多。在其上填筑路基肯定会产生较大变形。同时，由于桥头段路堤填筑比一般路段要高，一般 5 ~ 10 cm，有的甚至在 10 cm 以上，其产生的基底附加应力较大，从而引起较大的地基沉陷。

假设天然地基在自重作用下固结已完成，那么在天然地基土上修筑路堤时，由于路堤填土重量及车辆荷载作用，尤其是在桥涵处路基填土较高时，使天然地基承受除自重以外的附加应力，导致天然地基在路堤重量及车辆荷载作用下产生沉降变形，而且变形稳定历时往往持续数年乃至数十年。这种沉降变形的大小受路堤填土的性质及其填土高度影响，相同填土高度时，填土的容重越大，地基沉降变形也越大相同填土容重时，填土高度越大，地基沉降变形也越大。

土体压缩沉降与其他弹塑性材料不同，土体压缩变形的很大部分是由于土体孔隙间的水分在压力下排出，土颗粒相互靠拢所造成的，因此土体压缩变形的速度在很大程度上取决于孔隙水分的排出速度，这便是土体变形的时间效应。这一过程称为土的固结。土体压缩变形的时间效应导致了台背地基土在其上部路堤荷载作用下沉降变形不会立即完成，而是一个逐渐发展的过程。

桥台台背地基多位于受河水水位影响的地方，大部分为饱和地基，因此台背地基的压缩沉降过程可以用饱和地基固结理论来进行说明。在满足太沙基一维固结理论的假定条件下，由于高速公路台背路堤宽度达 30 ~ 40 m，对计算压缩层地基而言相当于大面积荷载。

固结度 $U>30\%$时，U_Z 与时间 T_V 因子的关系可用下式近似表示：

其中：

$$C_V = \frac{k(1+e_0)}{\gamma Wa} \tag{5-1}$$

$$T_V = \frac{C_V t}{H^2} \tag{5-2}$$

式中 C_V——固结系数（m^2/s）；

T_V——时间因子；

e_0——土体初始空隙比；

k——土体渗透系数；

a——土体压缩系数；

H——土层厚度。

从式（5-1）可以看出，地基在一定荷载的作用下，其固结度随时间发展的速度仅与地基土的性质初始孔隙比、渗透系数、压缩系数等有关。为了控制桥头地基在公路竣工后的沉降，法国规定桥头引道的地基固结度应为，德国要求更高。对我国而言，高速公路建设期较短，规范对桥头地基的固结度又没有要求，因此台背地基在固结不足的情况下，在公路竣工后继续发生沉降是不可避免的。

地基的沉降变形如果控制不当就会引发很多病害，如果地基的均匀沉降过大就会引起桥台与路基差异沉降，如果地基产生不均匀沉降则可能引起路基开裂和整体向滑移、近台背路基差异沉降、路面破坏及搭板断裂等破坏模式。

2. 路堤变形机理分析

我国山区公路台背多采用碎石、砂砾以及其他高强度材料回填，但是一般而言，在公路工程中，台背大多数还是采用普通黏性土回填。而且台背填土一般较高，按施工程序，都是在桥涵构造物完成后再填筑两端路堤，这样就在桥头形成一个填土较高、施工面狭窄、工期紧迫的作业段，大型机械很难进场操作，即使小型压路机，在台背碾压时也会有死角碾压不到，给土方压实工作带来很大的困难。而实际施工时，土方往往又不能达到最佳含水量，而且台背一定范围内土方压实往往难以人工夯实，压实度较小，局部密实程度很难达到质量要求。因此，在路堤自重和车辆垂直荷载及冲击振动荷载作用下，路基填料逐渐被压缩，孔隙率降低，密实度逐渐增大，从而在一定期限内产生路堤填土的沉降。

下面主要讨论压实路堤沉降变形机理，其中包括路堤土的附加压缩变形和重复车辆荷载作用下的累计塑性变形。

1）土体的附加压缩变形

土体是一种非线性材料，即使在最佳含水量达到设计规范的要求，当外部条件改变时如浸水、受压等还会产生一定的附加压缩变形。

在用击实土做压缩试验时可以发现，在某一荷载作用下，土样压缩已经趋于稳定后，如果加水使之饱和，土样会在同一荷载下出现明显的附加压缩变形。压缩试验中的体应变值，如表 5-1 所示。

从表 5-1 数据可以看出，当含水量偏高时土样的附加压缩要大一些。从机理上看，土体在饱水后产生附加压缩是因为土颗粒在被水完全包裹后，颗粒之间的黏聚力、摩阻力都下降了，导致土的变形模量下降，在荷载的作用下土样继续压缩。

表 5-1　不同的填筑含水时土样的附加压缩

有效轴向荷载	填筑条件		
	低于最佳含水量 1% Y_d=1.776 g/cm^3	最佳含水量 Y_d=1.784 g/cm^3	高于最佳含水量 1% Y_d=1.776 g/cm^3
175	1.9	1.9	2.3
700	2.9	3.7	4.8
1 225	5.2	5.9	7.6
1 760	6.8	7.8	9.0

据研究，细粒土在饱水状态的变形模量仅为干燥状态下土体变形模量的 10%～90%，变化范围随土的种类和密实程度不同波动很大。

台背回填以及上部结构完成后，在以后的运营过程中回填土处于较为稳定的荷载和不断变化的温度、湿度的综合作用下。所以在公路竣工后，台背回填土或多或少会发生附加压缩变形。文献曾采用基于压缩模量的分层总和法对台背填土在自重荷载下的压缩变形作一个估算，计算中，假定台背回填土体干燥时沉降已经稳定，仅计算因为土体变形模量下降带来的附加沉降量。路面车辆荷载取一个行车道，在 5 m 长路面板上可分布汽车超过 20 辆的荷载（28 t），换算为密度 1.7 g/cm^3，等代土层厚度为 0.65 m，包括上部路面面层、基层的荷载，共计约 1.4 m。以换算土层为外荷载，计算填土沉降量，计算结果如表 5-2 所示。

表 5-2　台背填土饱水后附加压缩量

台背填土高度/m	干燥时土体压缩模量/MPa	压缩模量下降幅度		
		20%	50%	80%
5	30	1.06 cm	4.24 cm	16.9 cm
5	60	0.53 cm	2.12 cm	8.48 cm
8	30	1.45 cm	5.80 cm	23.22 cm
8	60	0.73 cm	2.90 cm	11.61 cm

从表 5-2 中计算结果可以看出，台背填土本身的模量越小、填土高度越大，附加压缩量越大台背填土饱水后模量下降越大，其在路面层、汽车荷载作用下发生的附加压缩量就越大。因为在水和荷载的作用下土的结构也随之发生变化，因此附加压缩变形并不随着土的干燥而恢复，累计下来，形成桥头台阶。

2）台背填土在重荷载下累计塑性变形

土体具有一定的压缩性和密实程度不均匀性，因此路基受力后会有明显的塑性体积变形。土体受荷后产生塑性体应变 ε_v^p 。卸荷后不能恢复到原来状态。

路基在每一次荷载作用后，回弹变形 ε_v^e 立即消失，但是如果荷载已经使得土基产生了塑性变形，那么塑性变形则不能再恢复。随着荷载作用次数的不断增加，土基内产生的塑性累积变形逐渐增大。重复应力值低时，总应变增长的速率近于稳定重复应力值高时，则总应变的增长速率随着重复作用次数的增加而增长，直到剪切破坏为止。此重复应力的临界值同土的类型和状态（湿度和密实度）有关，通常在土的湿度小于 70%液限时，其值为 0.45 ~ 0.55 倍的静载作用强度。在重复应力值低于此临界值的范围内，总应变的累积规律在半对数（或对数）坐标上一般呈线性关系（特别是应力值低时），即可表示为：

$$\varepsilon_1 = a + b\lg N \tag{5-3}$$

式中　a——应力一次作用下的初始应变；

b——应力增长率；

N——应力重复作用次。

一般情况下应力重复作用过程中，回弹应变随着作用次数而基本稳定，但是随着应力值的增大而增大。

从以上分析可知，土体是一种具有弹塑性特征的材料，与采用混凝土浇筑的桥台的刚性相比，台背填土具有较强的柔性特征，二者刚度存在的巨大差异，导致二者在车辆荷载作用下塑性累积变形的差异。

5.2　桥头路基填筑施工工艺

当一条新建的公路，尤其高速公路竣工通车后，桥头锥坡和路基最常见的、最主要的、影响最大的病害是沉降。由于路基和锥坡的沉降使得锥坡砌石开裂破坏，桥头搭板开裂，路顶平面形成凹型曲线面，路面纵横开裂。因此，在营运过程中产生不良的后果一是桥头跳车，行车不安全、不舒适；二是缩短使用年限，增加维修次数，加大维修费用，影响正常行车；三是社会对这种现象舆论纷纷。影响极大。如果能通过设计和施工消除病害的产生，这将会从经济上、营运使用上、社会影响上得到良好的回报。

5.2.1 对桥头锥坡和台后路基沉降的原因分析

1. 从设计方面分析

（1）目前公路桥涵设计中多采用柱式、肋板式桥台，使得在锥坡填土施工中碾压困难，很难达到设计的要求。留下土体沉降滑移的隐患。

（2）设计对桥头的填筑材料没有明确的技术要求。在施工中大多就地取材，并多为黏性土填筑，由于黏性土的内摩擦角小。而且随着含水量增加而减少，会产生下滑力使锥坡前移，造成土体滑塌沉降。

（3）设计对高填方桥头的地基承载力没精心试验后设计。因此，在原地基上土质较差的情况下，由于土的孔隙比大，抗剪强度低，可压缩性比较大，在填土荷载作用下，要经过很长时间才能达到压缩稳定，这样势必在长时间内产生填土的侧向膨胀或滑动和沉陷。

（4）桥头的排水设计大多数没有专门的排水设计，完全靠自然排水，裸露的中央分隔带土路肩及伸缩缝等渗入的雨水增加了土体的含水量，降低了土体内摩擦角，加大了土体的下滑力，甚至破坏锥坡和路基，造成桥头路基的沉降。

（5）有的桥头搭板设计宽与路面行车道同宽，桥头路基的裸露部分为雨水冲刷和渗入留下隐患当路基含水量过大时会降低路基强度产生局部沉降。

2. 从施工方面分析

（1）在填筑材料方面，施工单位不加以重视，仍然用黏性土较多，给桥头沉降留下隐患。

（2）施工单位对桥头填筑的特殊性认识不足，往往分层填筑厚度过厚，有的地方可达 50 ~ 100 cm 一层，这样势必造成根本达不到压实标准。

（3）桥头结构的特殊，带来碾压困难，施工单位没根据特殊性配小型压路机进行辅助作业，使压实不彻底，局部压实度不足。

（4）施工前对填筑范围内的积水排除不彻底；施工过程中又没有设置足够的横坡，将雨水自然排出路基，导致路基含水量过大，尤其雨季施工。

（5）桥台填筑范围内的地表清理不彻底。有的干脆就不清理，有的利用含水甚大的挖基土作为填土，不管合格不合格，就地推平利用，这样做难免造成锥坡和路基沉降。

（6）不良土质地基不作处理，就在其上填土，这种情况下锥坡和路基完成后在土荷载作用下压缩沉降。

（7）由于路基和桥梁施工不能同步进行，台后预留一段路基待桥台台身完成后填筑。但施工单位预留施工段较短，机械作业长度不足影响压实效果。预留路基作业段与已完成的路基相衔接处没有按路基施工技术规范要求分层做成台阶施工作业，造成衔接处土体摩擦力过小，导致桥头上方的前移和沉降。

3. 对桥头设计的建议

（1）桥梁和路基的连接是刚性和不均质弹塑性体的接合建议用半刚性结构连接，其长度不小于 15 m，宽度与路基同宽，厚度不小于 1.5 m。这样使结构从刚性到半刚性最后到弹塑性，三者匹配结构性能会好些。

（2）设计时要对填土范围内地基的承载力进行勘察试验和验算，提出可靠性及可行性的设计。

（3）高速公路双幅桥桥台背墙不分开，应设计连成整体，做好台背排水和防渗水处理，避免雨水冲锥坡或渗水危害路基。

（4）设计填筑材料采用透水性材料和技术性能好的材料。

5.2.2 施工技术

1. 施工准备

（1）不管设计是否指定填筑材料，施工时都应选择较好的填筑材料，尽量采用砂砾、碎石土、矿渣以及开山石渣材料。

（2）桥头填料的最佳含水量最大干容重及其它技术指标应在施工前半个月取具有代表性的试样进行试验确定，施工中如材料有变化，应及时补做试验。重新确定。

（3）桥头锥坡和路基较高，在填筑前应检验基底是否满足设计要求，若不符合要求应申报变更设计处理。

（4）选择具有代表性的桥头锥坡和路基采用不同的施工方案做试验段，以确定不同机具，压实不同填料的最佳含水量，分层松铺厚度和相应的碾压遍数。最佳的机械配合和施工组织。最终选取最佳方案指导其余桥头施工。

2. 选择技术性能好的填筑材料

（1）选择砂砾，因砂砾水稳性好，抗低温，强度高。选用的天然砂砾砾石含量（粒径大于 2.5 mm 以上）应达到 60%以上，最大粒径不大于 80 mm，且具有一定的级配。

（2）选用碎石土，开山石渣，但透水性要好和强度要高，石料的最大粒径不得大于 12 cm（路基填土厚 20 cm 的 2/3）。所用材料应具有相当的级配。

（3）选用的矿渣需用陈年矿渣。并须筛选后用，最大粒径不大于 80 mm，具有相当的级配。

（4）选用其他土类时，尽量避免选用黏性土，尽量选用砂性土。

3. 机械设备的配置

机械设备应满足每一个作业点的需要。推土机、压路机、洒水车、装载机、平地机、手扶式压路机等六种机械缺一不可。因为作业点路段短集中，每层作业时间很短，每种作业机械停置时间短，不容远距离调动。

4. 施工作业组织

施工作业要有严密的组织，生产管理、技术管理、测量试验、机械技工、熟练工等人员要配齐，在生产管理的统一指挥下协调作业。

5. 施工操作程序

（1）填筑前地表处理填筑前清除填筑范围内的施工残土，原地面的有机土、草等，并排除积水和淤泥。随后用推土机、平地机进行整平，平整度误差不得超过 5 cm。最后压路机碾压至压实度达 96%以上。对于原地面有大坑和坑槽应用透水性材料分层填筑碾压找平后。再分层填筑。

（2）分层填筑：桥头锥坡和路基预留长度应小于 80 m。给机械作业考虑方便。为达到均匀压实和达到压实标准，填筑要分层进行，每层压实厚度宜设 20 cm，但任何情况下不得大于 30 cm。碾压前摊铺找平的平整度不应大于 5 cm，不达到要求不得碾压。为保证边坡的稳定性，填筑宽度每侧应宽于填层设计宽度 20 cm。对于薄壁桥台台后路基和锥坡填筑两侧对称同时进行，以防发生偏压力使结构发生破坏。桥头路基与已完路基的衔接处，应按 1∶1.5 的坡度分层留台阶，每级台阶高度为 18 cm，宽度为 0.5 m，并用手扶压路机加以压实。

（3）碾压：碾压前必须对松铺厚度、平整度和含水量进行检查，符合要求后方可碾压作业。当填料含水量不足时，应洒水达到最佳含水量，同时要严格控制洒水量，防止洒水过多对基底和衔接路基的非透水性材料的危害。碾压宽度应大于设计宽度 20 cm，压实后削至设计宽度和保证边坡的稳定性碾压初始静压 2 遍后，开始振动碾压至压实度达 98%为止。由于桥台结构影响压路机碾压不到的地方用手扶式振动压路机辅助补压。每层碾压后应检查压实度和平整度合格后方可转做新的一层。如若选用砂砾填料，可采用饱水振动碾压方法，每层碾压出浆，直至填筑完成，效果很好。

（4）注意排水：施工过程中，每层作业应保证设计纵坡和横坡的标准，2%的横坡任何情况下都要保证。这是规范作业的要求和防止雨水积存路基表面的需要。作业碾压过后保证设计纵坡和横坡排水通畅，雨后很快就能恢复路基施工，否则有十天八天都不能施工的可能，将产生影响工期，影响工程质量，提高成本等不良后果。

（5）质量标准及检查验收：桥头锥坡和路基应属特殊情况下的施工，因此，工程质量标准应要求高些，填土前地表碾压应不小于 96%，分层填筑压实度应不小于 98%。同时，应提高检查频率，应比部颁工程质量检验标准，检查频率提高 2 倍。对于原地面和填料的最佳含水量和最大干容重由试验室抽样击实试验提出，然后由现场施工作试验路段试验检验比较后确定。这样做最能反映真实情况，最佳含水量和最大干容重准确合理，克服试验室做的干容重可能高也可能低的缺陷，为以后施工压实度提供可靠的保证。

5.3 桥头路基填方质量控制手段

桥头路基填方的质量控制主要有：一是保证桥头路基有足够的压实度；二是填方的施工控制；三是控制路基填筑时对桥台桩的影响。

桥头路基的质量对于确保整个大桥的安全，起着重要的作用。为此，必须加强对桥头路基填方的施工质量控制。桥头路基填方的施工质量控制主要有以下几点：

5.3.1 保证桥头路基有足够的压实度

按照路基施工规范规定：原地面压实度不应小于 85%；下路堤压实度不应小于 90%；上

路堤压实度不应小于93%；路床部分压实度不应小于96%。

各层在碾压时都达到了标准，就基本上满足了防止差异沉降的先决条件。对靠近桥台和翼墙边缘大型机械碾压不到的地方，可使用小型冲击夯或轻型压路机仔细压实。当无法满足上述压实标准时，就必须采取有效措施，掺入石灰或水泥，或换填渗水性好的砂砾等。为了防止路、桥衔接处的差异沉降，现在高等级公路的桥涵（指无填土的桥涵）设计均采用加设钢筋混凝土搭板的方式，实践证明这是避免产生错台的行之有效的方法。搭板支承在路基与桥台尾之间，形成一段过渡性梁板，当路基下沉后，搭板随沉降量产生一个小的倾角，从而保证不出现锗台，对搭板的长度应随桥头填土高度而定，一般应为桥头填土高度的1.5~2.0倍。

在软弱地基上，桥梁、涵洞多采用深基础，其沉降量相对较小，而桥头路基往往达不到与桥涵相同的标准，因而沉降就相对大一些，因此两者工后沉降量要求也不相同。目前在高等级公路上，桥头路堤施工后沉降量要求不大于10 cm而路堤施工后沉降要求可达20~30 cm。为使沉降差平顺过渡，不出现错台，除设置搭板外，还应对桥头路堤的地基进行处理。如采用砂桩、碎石桩、石灰桩、粉喷桩等进行加固，其加固范围可与搭板长度配合，通过计算，由多到少形成一个复合地基的过渡段。利用粉喷桩进行桥头地基加固的香丽高速公路，均收到良好的效果。其设计重点是确定桩长、间距、排列，以及向路基方向逐步递减的方式等。但这种方法，工艺复杂，造价高。因此，最好还是采用排水固结法，加上充分的预压时间，这是目前较为经济合理的。

5.3.2 桥头回填土的施工控制

1. 施工准备阶段

1）选好填料

桥涵及其他结构物处的填料一般应用透水性材料如砂砾、碎石、矿渣、碎石土等，当采用非透水性土时，要在土中增加外掺剂如石灰、水泥等；不得超过填料的最大粒径。由于桥头、涵头填土不便于大面积压实机械作业，故准备必要的打夯机以及手推车以备运土。施工中为了保证桥头填土的整体稳定性，把桥涵填土同锥坡填土施工同步进行。技术人员施工前放出锥坡大样，并打上桩标明填土及施工位置。

在桥台以外台背后5~10 m范围内应填筑工程力学性质良好的土，如砂性土、砂砾土等。这些土渗水性好、无孔隙水压、抗压强度高，易压实，且有效地排除土中的自由水。有些地区采用了轻质材料，如粉煤灰、水淬渣等，这些材料质轻、对地基作用小、且排水性能良好。使用效果也很好。也有的地区常采用石灰土回填，使整个台背填土形成板体结构，使桥台填土强度提高，土压力减轻。近年来，还有采用泡沫混凝土、陶土颗粒以及泡沫苯乙烯等工程塑料作为桥头填料的，这与轻质材料具有相似的优点，可以大大减少地基沉降和变形，这将是有潜力的桥台填筑材料。

2）加强桥头路基的排水设计

水对于地基和填方的强度具有非常重要的影响，水可以使土体含水量增加，使地基承载力下降，使边坡土方饱和而坍塌。因此，桥头填方路基更加注重排水设计，要保持桥头排水通畅无积水。在有地下水或地表水渗入时，要设置排、截地下水的渗沟或排水沟。

桥头路基的排水要考虑三个方面：一是地面排水。最通常采用的地面排水设施是边沟、截水沟、跌水、急流槽以及地表的排水管。对于高速公路和一级公路上的排水沟渠，一般都要求铺砌防护。普遍采用浆砌片石加固，而水泥混凝土预制板块也开始广泛应用。高速公路和一级公路通过水网地段的路基，做法在一些地方有了改进，对路线两侧的灌溉沟渠重新系统布置，免去了穿越路线的排灌涵洞，从而提高了路基的工程质量。二是路面排水。路面排水的任务是迅速排除路面范围内的降水，减少水从路面渗入，使其不冲刷路基边坡。路拱横坡应≥2%。雨水排出路面有两种方式。第一种是集中排水，在硬路肩外侧设置水泥混凝土预制块或现浇沥青混凝土的拦水带，以其与硬路肩路面构成三角形的集水槽流水，每隔 20 ~ 50 m 间距设置一个泄水口与路堤边坡急流槽衔接将雨水排到坡脚排水沟中。设超高路段的排水通过设在中央带的圆形开口排水沟或雨水井进行排除。在西部降水量低的地区大多采用在中央分隔带设过水槽排水。第二种是分散排水，多用于西南地区地势平坦，路线纵坡小于 0.3%的长路段，除了硬化路肩和加固路基边坡外，在经过地下水位较高的绿洲地带，也要防止边坡上部的植草向上生长挡住横向排水出路造成路表积水，改进的方法是硬化路肩，设置路肩排水沟，增大沟坡排水。三是地下排水。路基地下排水仍多用暗沟、盲沟、渗沟、渗井等，其特点是以渗透力式排水，当水流量较大，多采用带渗水管的渗沟。传统的砂砾料反滤层多改用有反滤功能的土工织物，几年研制的带有钢圈、滤布和加强合成纤维组成的加劲软式透水管直径 8 ~ 30 cm，很适用于地下排水。

5.3.3 施工实施阶段

（1）各种桥涵土方回填均应在基础混凝土或耳墙端墙翼达到要求强度的 70%方可回填。

（2）台背填土顺路线方向长度：顶部为距翼墙尾端不小于台高 2 m；底部距基础内缘不小于 2 m，涵洞填土长度每侧不应小于 2 倍孔径长度。

（3）填土应接近最佳含水量分层填筑，每层松铺厚度不超过 15 cm，压实度从填方基底或涵洞顶部至路床顶面均为 96%。

（4）自卸汽车不能到达的地方，用手推车运输，采用小型手扶夯实机或手扶振动式压路机压实。

（5）为保证桥头土、涵头土的压实，桥头、涵头的回填应提前施工，预留出足够的沉降时间以避免桥头跳车。所有压实后桥头、涵头填筑均应报请监理工程师批准，并保留完整的施工记录以备后查。

5.3.4 注意路基填筑对桥台桩的质量影响

通过分析桥头错台的危害以及主要成因，对错台量进行模拟与预测，再从路基施工质量控制、检测手段、技术研发等方面对桥头错台现象的预防与治理方面进行综合分析，我们提出了加强施工质量控制和改进施工管控的手段，有效处理了错台以及新材料的应用等相关问题，提高了道路交通安全标准。桥头错台主要是由于公路与桥面二者接缝处的沉降差过大造成的。在实际运营中，错台会影响行车安全和舒适度，严重时导致交通事故的发生，加快路面磨耗，增加养护和管理费用。耗油量增加从而增大车辆行驶成本，造成噪声污染，给交通安全埋下了隐患。国外研究提出了汽车经过跳点，每制动一次平均增加耗油 60 mL，也就是说在一条平均日交通量为 5 000 次的道路上，每个跳点将增加耗油 300 L。国内的研究者就错台产生原因、机理以及处治措施等方面开展了大量的研究。肖益民等介绍了水泥混凝土路面错台产生的原因和处治方法；杨庆国等提出了基于三种基本破坏形式的错台机理；赵茂才等就旧水泥混凝土路面错台对沥青加铺层产生反射裂缝的影响进行了研究。但已有研究未对致使错台产生的原因进行系统的分析和总结。

1. 桥头错台成因分析

1）路堤填料和墩柱材料性质差异

路基土和桥墩、桩基混凝土的刚度差异是客观原因，由于路面和桥面的柔性和刚性结构物接缝时刚度和强度差异过大，增加了黏结的难度。未处理好的接缝容易不同程度地产生地基沉陷或脱空，在填料压实过程中，造成施工不便，而且这样的材料易产生自然变形，并且在路堤渗水或者其他水侵蚀情况下易变形。材料结构的差异还会导致接缝处的传荷能力不足，当承受车辆荷载时，就会造成不均匀沉降。此外，在选择路基填料时，相应材料没有选择恰当的配合比，不合适的配合比造成了填料结构间隙大、密实悬浮结构或者骨架空隙结构，压实度和密实度都达不到要求，最终造成施工效果偏离预期效果且未达标准。

2）施工质量控制不到位

压实度不合格。由于桥头施工作业面小，考虑到对桥台结构的影响，压实度理应控制在96%以上。路基施工压实过程中未采取恰当的方式进行压实，压实度不合格，降低了表观平整度，导致了沉降量增大。

未按设计要求做好排水设施。自然沉降大多是由于地基土石的湿陷性引起的，因此排水就成了首要考虑的条件，但是施工中往往对排水设施没有设计或者设计不当，造成地基排水障碍，促使地下水或者渗透的地表水对地基造成侵蚀，最终造成错台。如果桥体太低，在汛期还会受到水流的直接影响。

偷工减料。施工单位为了追逐利润，据经验而非标准进行施工，偷工减料。即使在施工检验阶段，通过预测方法检测出沉降量过大，错台量超标，会对交通造成影响。施工单位考虑到经济成本，还是没有对问题重视、及时纠正、修缮路基，而是继续施工。

过度追求进度。施工单位为了赶工期，一味追求进度，不顾质量，以次充好。在施工过程中对于软弱地基没有周全考虑采取相应处理措施，而是直接施工。对填料的选择也不按规定实施，贪图便宜劣质的土砂石材料。施工过程中不按施工配合比严格操作，直接采用实验配合比，导致填料压实度达不到质量要求。

未考虑沉降引起的纵坡变化。大多数情况下，很多施工企业考虑了错台的一些情况，忽视了对路基纵坡的影响，实际上，纵坡的影响也是至关重要的。良好的纵坡设计下行车舒缓安全度高，车辆维持正常的动力性能，避免了车辆水箱沸腾，减少了机件磨损。设计路基的填挖高度时采用纵断面设计拉坡，忽视了对纵坡设计和影响的考虑，影响路基稳定性、工程经济性与行车安全性。

3）施工质量管控未及时跟进

施工监督体制不严格。在道路施工过程中各单位与各项负责人未重视桥头错台带来的危害，因此对施工质量把控不严，抱着将就、敷衍了事的侥幸心理，没有严格执行施工相关标准。

2. 桥头错台防治技术

施工质量控制：

（1）在地基处理时，注意清理淤泥、杂草、树根、过硬或软化碎石、垃圾、有机质残渣等影响地基稳定性的物质，同时对地基加固处理。在清理后进行机械碾压并检查基底形状、位置和检测基底承载力，满足设计要求后按照设计规范和要求，铺筑下承层或过渡层。

（2）设置完善的排水系统。由于施工周期长，填方路基要做好必要的临时排水措施，特别是在雨季施工时，可以在路基踱脚位置挖排水沟在填筑过程中修筑盲沟等排水结构物，做好临时排水措施和永久排水措施。

（3）重视路基纵坡设计，排除在设计阶段对预计错台量的影响，根据有关实验和设计规范进行最佳纵坡设计。

（4）压实处理。分层平铺中不同土石混合料水平分层可以保证同一层的强度一致，有利于压实。透水性差的混合料一般宜填筑在下层，表面呈双向横坡，有利于排除积水。在施工过程中应当给出相应的施工方案和施工组织设计，安排好混合料的运输方式、机械组合方式。在碾压过程中注意控制振动频率和振幅、碾压速度和遍数。如果遇到填料因质量不好导致孔隙率增大的情况可以考虑在表层撒土和水最大限度地填充空隙。

3. 施工质量管控手段改进

（1）完善组织机构。业主方和施工单位都应不断完善相应各方面质量管理组织结构，明确责任制度，责权分明。

（2）严格规范施工作业秩序，质量管理要强硬有力，不能拖泥带水，陷入人情关系。

（3）加强施工综合管理，采取“跟踪潜伏式”突击抽查，也可采取“视频监控”，不定时抽查，规避施工过程中的不规范行为。现场检测时，看、摸、敲、照、靠、吊、量、套等八种方式结合，不符合要求的严格返工或重做。

（4）设置合理工程质量评价机制。定时考核施工质量是否达标或者在满足技术经济性的条件下，赏罚分明。

4. 新技术与新材料研发

采用高分子纳米防水材料，优质钢筋浇筑成型，可适用于各种交角类型的加强钢筋支撑的伸缩臂多向设计，粘接依赖两侧的钢构伸缩体而不用任何其他胶粘剂，可使梁体灵活伸缩，避免后期维护。路面结构层自下而上包括底基层、基层和面层；桥头搭板设于路基与底基层之间，其一端搭设于桥台牛腿上；基层与桥台之间设有缩缝，桥台与梁板之间设有伸缩缝。此新型材料成本较高，从长远看，施工建成后的经济效益可观。

5. 错台处治技术

（1）在桥头设置过渡段、搭板等桥涵构造物。在路面与桥面的接缝处，考虑其结构的特殊性，设置过渡段，或者根据实际施工场地情况确定搭板厚度及宽度，减少错台发生。

（2）采用无缝式伸缩缝。

错台现象在许多高速公路中常有发生，主要是在施工过程中控制不到位导致。可以通过加强施工质量管控，改善施工组织设计和应用新材料等措施防治。

6 高边坡路段施工关键技术

6.1 土质路堑开挖

6.1.1 施工内容

（1）K26+500 ~ K26+625 深路堑最大高度约 52 m，在本标段深挖路堑范围内，此深挖路堑提供石方量约 27.2 万立方米；② K28+690 ~ K29+025 深挖路堑工程主要内容包括边坡土方石方开挖、框格梁支护施工，土方量 24 136.6 立方米，石方量 315 567 立方米。土石方开挖与边坡支护施工交替进行。

（2）土石方开挖规划：高边坡土石方工程采取分段分区施工，土方明挖采用液压反铲挖掘机自上而下逐层开挖，开挖分段分区进行。石方明挖：各卸载区采取自上而下分台阶开挖，各台阶从外向内开挖，以宽度 20 ~ 25 m，长度 45 m 作为一个爆破区，爆破深度为 10 m。当开挖工作面展开后，可多台阶同时开挖。

6.1.2 路堑开挖施工特点

从作业程序上说，路堑施工较为简单，无非是按一定目的把土挖掘并运到弃土地点上发生的问题，却大多出在路堑上。例如路堑施工往往成为整个工程的控制工程，影响工期，施工中常发生塌方、落石等事故，在道路使用过程中，路堑地段又是塌方、滑坡、翻浆、冒泥、冻害等路基病害的多发路段，而这些又在很大程度上与路堑施工得当与否有着密切相关。如开挖坡度不合适或弃土太近，使土体失去平衡而发生塌方；由于排水不良造成土体松软发生边坡溜滑；由于没有及时修筑挡土墙等防护工程而发生滑坡现象。目此，在路堑施工中对采取的作业方式、开挖步骤、弃土位置、路堑排水等，应予以充分重视，进行全面规划，保证有较高的质量和效率。

6.1.3 路堑开挖的基本方法

路堑开挖前，应做好现场伐树、除根等清理工作，如进行移挖作填时，还得将表层土壤单独掘弃。路堑的开挖方法根据现场施工条件，可采用以几种基本方法。

1. 全断面开挖方法

从开挖路堑的一端或两端按断面全宽一次挖到设计标高，逐渐向纵深挖掘，挖出的土方一般都是向两侧运送，如图 6-1 所示，这种方法适宜深度不大，且较短的路堑。

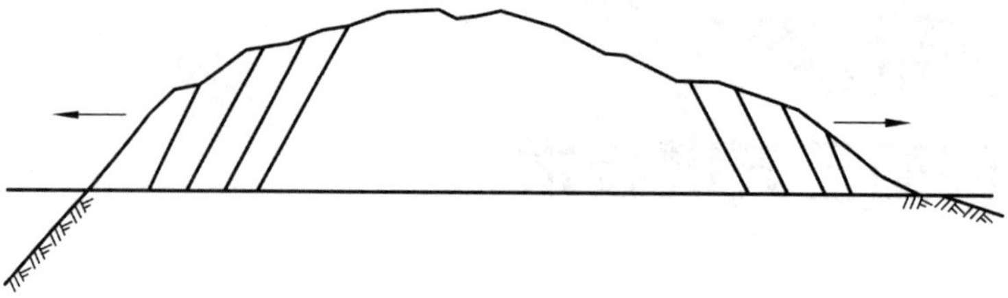

图 6-1　全断面开挖法

2. 分层横挖法

从开挖路堑的一端或两端按横断面分层挖至设计标高。每层都有单独的运土出路和临时排水设施，适用于开挖深的路堑。挖方工程数量较大时，各层应纵向拉开做到多层、多方向出土，可安排较多得劳动女和施工机械，以加快施工进度。每层挖掘深度视工作方便和安全而定。

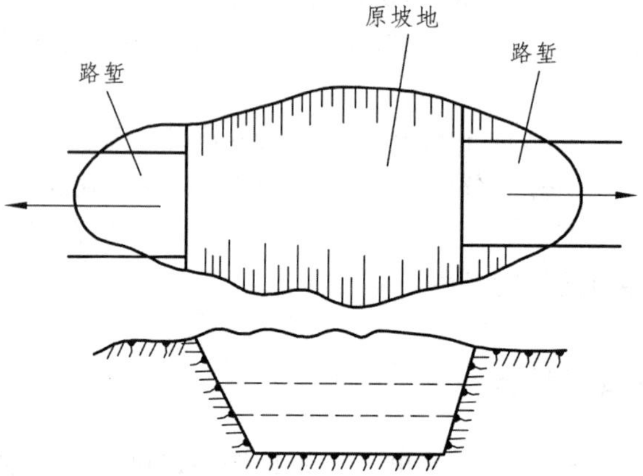

图 6-2　分层横挖法

3. 分段纵挖法

当路堑较长，挖深度不大时，把开挖路堑横断面分成若干段，井沿纵向条形开挖、一般出土于两侧，若是傍路堑，一侧路堑壁不厚，选择一个或几个地方挖穿路堑壁出土。

4. 分层纵挖法

如果路堑宽度及深度都不大，可以纵向分层挖掘，在短距离及大坡度时，可用推土机或挖掘机施工，较长的宽路堑则宜用铲运机作业，如图 6-3 所示。

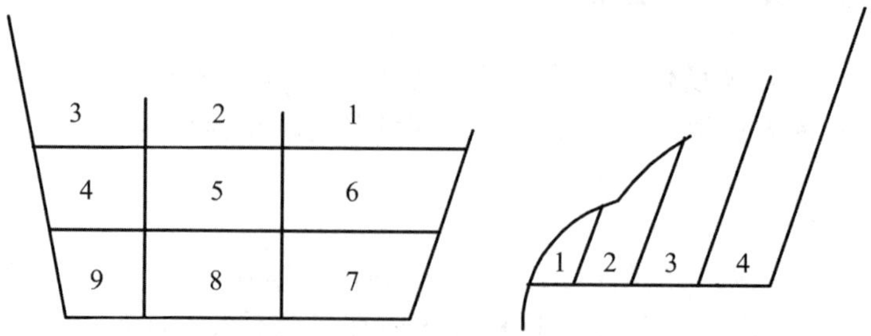

图 6-3　分层纵挖法

5. 通道纵挖法

在开挖路堑全长上，沿路堑纵向先挖出一条通道，然后开挖两旁，这是一种快速施工的有效方法，通道可用于机械通行或运输土料车辆的运土。

6.1.4 香丽高速公路土方施工

1. 施工工艺流程

土方明挖施工工艺如下：

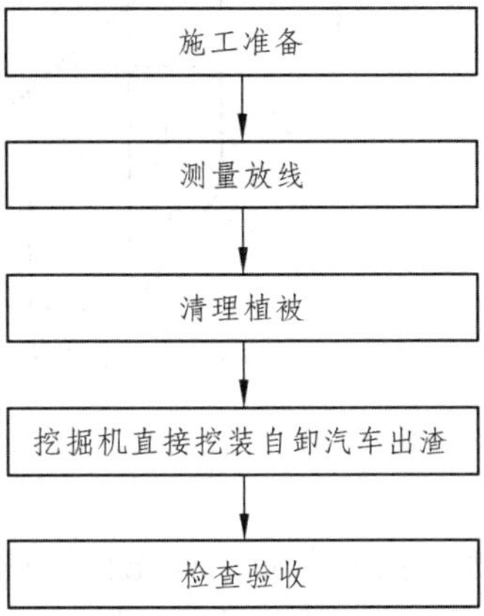

图 6-4 土方明挖施工工艺流程图

2. 施工方法

1）准备工作

（1）深路堑开挖除要求符合土石方开挖的要求外，在施工前应详细复查设计图纸所确定的深挖路堑地段及路堑边坡的工程地质资料。

（2）由于深挖路堑的边坡较高不易控制坡率，因此在施工前必须在坡口位置，先测量放样出坡口桩，经复核后沿坡口开挖出一条 0.2 m×0.2 m 的开口沟（若岩石裸露则采用红油漆等标注），以防施工中边坡错位。

（3）施工时及时做好排水工作，按设计要求开挖截水沟，拦截地面水。对易滑坡、坍塌地段，加强观测并及时做好防护措施。

（4）根据现场地形可采取不同开挖方案，分段落划分开挖工艺。不管采用哪种开挖方式，可采用挖掘机配自卸汽车从上至下一层一层往下开挖，每层开挖深度控制在 3 ~ 4 m 为最佳。先开挖至距设计坡面线约 30 ~ 50 cm 处，后用机械修坡，然后再用人工修坡，坡面线杜绝超挖。框架梁基槽用人工开挖。

（5）土方开挖采用机械配合人工开挖，按照从上到下的开挖顺序逐级开挖，待上一级边坡防护工程全部实施并产生加固作用后方可进行下级边坡的开挖，逐级开挖逐级防护，直至全部符合工程结束。开挖时沿路线方向修筑施工便道，开挖一级，修筑一条施工便道用于机械、材料运输，纵坡应满足自卸车能顺利爬到坡顶。挖掘机从高至低分层分辐开挖，每层开挖深度控制在 3 ~ 4 m，每幅宽度控制在 8 ~ 10 m。每段深挖路堑设置 1 名专职交通员保证交通通畅。

（6）石方边坡开挖顺序基本与土方开挖顺序相同，小面积石方采用机械打眼小炮开挖，大面积石方采用浅孔松动爆破分层开挖，严禁放大炮开挖。爆破作业在施工前进行爆破试验，通过试验进一步修正爆破参数，爆破时严格控制装药量。

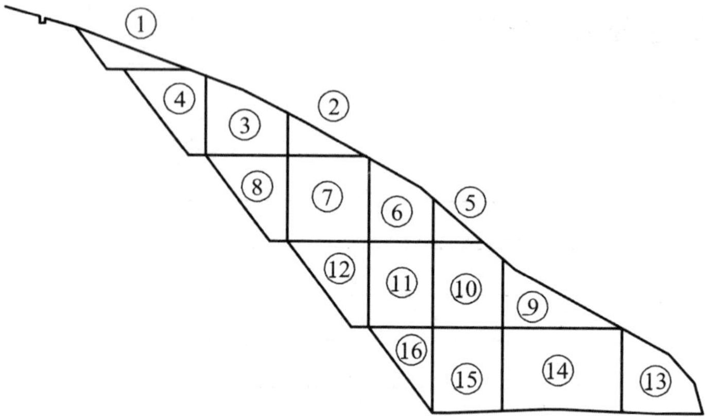

图 6-5　石方爆破开挖施工顺序示意图

（7）进场的钢管、扣件等材料需配有出厂合格证，并由试验室抽检合格后方可使用。

2）测量放线

（1）我公司接到监理提供的施工控制点后，首先在监理的指导下进行控制点的复测，并将复测成果报监理审核批准后进行施工测量。必要时将增加施工控制点。

（2）对施工区内原始地形进行测量，绘制出可供施工使用的断面图，并核算出工程量，报监理审核。

（3）依据复测成果，放出开挖区的上开口线提供给施工队伍进行清理植被，并清坡。

（4）根据施工需要进行开挖边坡放样，检查边坡开挖体形，并完成开挖边坡的竣工断面图，平面图，同时完成工程量的计算。

（5）为工程施工提供必要的控制点，以便放样和施工人员控制施工边线的几何尺寸。

（6）采用全站仪进行测量放样。

3）边坡清理及排水系统修筑

根据测量放出的开挖开口线，向外延伸至少 5 m 进行边坡植被清理；挖出边线外侧 3 m 距离内的树根；对开口线以上进行全面检查，是否有松动浮石。清除上部浮石及不稳定体，解除安全隐患。有必要时在监理认可的前提下可进行加固处理。

在边坡清理的同时视情况及时完成开挖区顶部截、排水沟等排水系统的修筑，以控制坡面流水给开挖边坡造成新的安全隐患。

4）开挖方法

（1）土方开挖按施工图纸所示或监理人的指示进行开挖。开挖从上至下分层分段依次进行，严禁自下而上或采取倒悬的开挖方法。

（2）采用反铲挖机进行挖掘，并将挖出的渣土直接装自卸汽车或甩至弃渣平台。

（3）边坡外侧及沟槽土方用反铲直接挖装，人工配合修坡成型及基础处理。

（4）开挖出的土石方由渣土车从每一级边坡施工时修筑的施工便道运出。

（5）开挖完成后一级后需先进行防护施工，再进行下一级开挖。

5）边坡安全的应急措施

土方明挖过程中，如出现裂缝或滑动迹象时，立即暂停施工，将人员设备尽快撤离工作面。视边坡开裂程度采取不同的应急措施，并及时通知监理工程师，必要时设置观测点，及时观测边坡变化及滚石检查情况，并做好记录。

6.1.5 路堑开挖机械化施工

1. 推土机作业

土抓机具有操纵灵活运转方便，既开挖土方，又能短距离运输土料的特点，在路堑开挖作业中被广应用。

推土机开挖路堑，根据具体情况可有两种施工作业方法。

1）平地上两侧弃土，横向开挖

用推土机横向开挖路堑，其深度在 2 m 以内为宜，如图 5-4 所示。开始时，推土机以路堑中线为界，向两侧用横向“穿梭”推土作业法进行，将路堑中挖出的土送至两侧弃土堆，最后再做专门的清理和平整，当开挖深度超过 2 m 时，则需与其他机械配合作业。不论采用何种作业路线进行路线开挖，都要注意不允许路堑的中部下凹，避免积水，在整个开挖段上，应做出排水方向的坡度以利排除降雨积木。在接近挖至规定断面设计线时，应随时复核路基得标高和宽度，避免出现超挖或欠挖，通常在挖出路堑的粗略外形后，多采用平地机和挖掘机整修边坡和边沟。

2）纵向开挖山坡路堑

纵向开挖傍半路堑，一般多用斜铲推土机进行。开挖时首先由路堑边坡的上部开始，沿线路行驶，渐次由上而下，分段、分层将土推送边坡下填筑路堤处，推土机的水平回转角根据土壤的性质来调整。由于推土机沿山坡施工，要特别注意安全，行驶的纵坡角不宜超过推土机最大爬坡角。

2. 铲运机作业

铲运机开挖路堑也有两种作业方法，一是横向弃土开挖；二是纵向移挖作填。路堑应分层开挖，并从两侧开始，每层厚 15 cm 至 20 cm，这样做既能控制边坡，又能使取土场保持平整，同时还应路堑两侧做出排水纵坡。

3. 挖掘机作业

用挖掘机开挖路堑，一般是与运输车辆配合作业的。

1）正铲挖掘机开挖路堑

正铲挖掘机进行路堑开挖作业，可采用全断面开挖和分层开挖两种方法。如路堑深度在 5 m 以下时，可采用全断面开挖，挖掘机依次向前开挖路堑全宽至设计标高，运输车停在与挖掘机同一平面，或在报掘机后侧。这种方法施工简单，但挖掘机需横向位移才能挖到设计标高。

当路堑深度为 5 m 以上时，宜采用分层开挖，即挖掘机在纵向行程中，先把路堑开通一部分，运输车辆在挖掘机一侧布置，并与开挖路线平行，如此往返几个行程，直至将路堑全部开通。第一开挖道高度，应以停在路堑边缘车辆能够装料为准，其余各次开挖道都可按要求位于同一水平之上，这样可以利用前次挖好的开挖道作为运输车辆的行驶路线。

2）反铲挖掘机开挖路堑

反铲挖掘机最适合挖掘停机面以下的土壤，因此，做开挖路堑作业时，是先停在路堑顶部两侧进行，随着开挖深度增加，机身逐步下移，然后再逐层挖深，不断扩大开挖空间。由于反铲挖掘机功率大、效率高，特别对一些风化软岩或坚硬的碎石头土层，其使用效果更佳。

4. 联合作业开挖土质路堑

在组织大型土石方机械开挖路堑作业时，往往投入作业的机型很多，各自又有不同的应用范畴和作业效果，为多机联合作业提供了可能性，其中，最常见的有下几种组合：

1）铲运机与推土机联合作业

根据不同功率的推土机和不同斗容量的铲运机的适用范围及作业效果，可将中型推土机安排到开挖段的上层，大型推土机在中层，铲运机在下层。为便于排除降水，开挖工作应自坡脚至坡顶进行。为提高推土机的效率，可配备翻松机械进行松土作业。

2）推土机、装载机与自卸汽车联合作业

当运土距离超过推土机和装载机的经济运距时，宜采用推土机、装载机与自卸汽车联合作业。作业宜采用分层纵挖法，用推土机分层分段推土堆积，装载机装土。当土质坚硬时，宜采用带松土器的推土机进行松土推运。

为提高推土机工作效率，并利于排除降水，应自坡脚至坡顶开挖，始终保持推土机下坡推土、运输车空车上坡。

3）挖掘机与自卸汽车联合作业

正，反铲挖掘机挖装作业灵活，回转速度快，工作效率高，特别适用于与运输车辆配合开挖土方路堑。尤其适合土方量大且集中的地段。

运输车辆的运输能力应与挖掘机生产能力相匹配。装车时尽量使车辆分别停放在铲斗卸土所能及的圆弧上，提高装车效率。

4）装载机与自卸汽车联合作业

装载机与运输车辆配合，主要采取以下作业法：

I 字形作业：运输车辆平行于开挖面，装载机垂直于开挖面，前进铲土后，直线后退一定距离，并提升铲斗，此时运输车辆退到装载机铲斗卸土位置，装满后驶离。装载机不需调头，运输车辆多次倒驶。

V 字形作业：运输车辆与开挖面约 60 度角，装载机垂直于开挖面，前进铲土后，在倒车驶离开挖面过程中调头 60 度与运输车辆垂直，然后驶向运输车辆卸土。这种方式需要较宽的工作场地。

L 字形作业；运输车辆垂直于开挖面，装载机垂直于开挖面，前进铲土后，倒退并调转 90 度，然后驶向运输车辆卸土这种方式需要较宽的工作场地。

实践表明，联合作业具有工程质量好，工效高，受降雨影响小，现场管理方便等优点，是一种较好的作业方式。

6.1.6 土质深路堑的开挖作业

路堑边坡高度等于或大 720 m 时称为深挖路口。深挖路堑的施工方法与一般路堑的施工方法基本相同，这里就深挖路堑施工中的一些特殊问题和要求做一介绍。

1. 开挖前的准备工作

深路堑开挖前的准备工作除按一般路堑施工的有关规定进行外，还应特别做好以下准备工作。

1）详细复查设计文件并现场核查

深路堑由于地形、地质条件复杂，边坡较高，易于坍塌，且工程量大，常是影响全线工期的重点工程。因此，开挖前应详细复查地质资料、边坡坡度：工程数量；收集路堑土层结构及土质坚硬程度；对砂类土应了解其颗粒组配、密实程度和稳定角；对细粒土应了解其物理力学性质、地下水及其存在形式等。根据掌握的工程地质情况，工程数量和工期等，认真编制详实的施工组织设计，并据以配备合适的机械设备类别、数量和劳动力，以保证工程质量和按期完工。

2）必要时进行工程地质补探工作

由于深路堑开挖大，而设计文件不可能提供很多地质钻探资料，大部分地质资料是地表 1 ~ 2 m 的探坑资料，有些资料仅根据天然露头地质情况确定工程难易等级。这对保证深路堑边坡稳定的论证是不够的。若设计文件中的工程地质资料缺乏或严重不足，不能据以编制施工组织设计时，应进行工程地质补探工作。对于高速公路、一级公路补做工程地质勘探时应以钻探为主。

2. 深路堑的开挖方法

土质深路堑的开挖方法与一般高度路堑的开挖方法基本相同，不过是多分几层施工。开挖时根据深路堑的长度与边坡形状采用以下几种开挖方法。

1）土质单边坡深路堑的开挖可采用分层横向全宽挖掘法

由于分层台阶较多，更应安排好各层台阶的独立运土道和临时排水设施，以免互相干扰，影响工效和施工安全。

2）土质双边坡深路堑的开挖可采用分层纵挖法和通道纵挖法

若路堑纵向长度较大，一侧边坡的土壁厚度和高度不大时，可采用分段纵开挖法。

3）土质深路堑靠近边坡 3 m 口内严禁采用爆破法炸土施工

当土质坚硬，为加快施工进度，在距边坡 3 m 以外准备采用爆破法炸土施工时，应进行缜密设计，防止爆破时将边坡土炸松，造成后患。

6.2 石方开挖

由于岩石坚硬，石质路堑的开挖往往比较困难，这对路基的施工进度影响很大，尤其是工程量大而集中的山区的石方路堑更是如此。因此，采用何种石方工程机械和开挖方法，是石质路堑开挖需要解决的重要问题。

6.2.1 石质路堑开挖的基本要求

在开挖程序确实之后，根据岩石条件、开挖尺寸、工程量和施工技术要求，通过方案比较，拟定合理的方式。其基本要求：

（1）保证开挖质量和施工安全。

（2）符合施工工期和开挖强度的要求

（3）有利于维护岩体完整和边坡稳定性。

（4）可以充分发挥施工机械的生产能力。

（5）辅助工程量小。

6.2.2 石质路堑开挖的方式

通常，根据岩石的类别、风化程度、节理发育程度，施工条件及工程量大小等选择爆破法、松土法或破碎法等方式进行开挖。

1. 爆破法开挖

爆破法是利用炸药爆炸的能量将土石料炸碎以利挖运或借助爆炸能量将土石移到预定位置。用这种方法开挖石质路堑具有工效高、速度快、劳动力消耗少：施工成本低等特点。对于岩质坚硬，不可能用人工或机械开挖的石质路堑，通常需采用爆破法开挖，爆破后用机械清方，是非常有效的施工路堑开挖方法。

根据炸药用量的多少，爆破法分为中小型爆破和大爆破，其中使用频率最高的是中小型爆破，大爆破的应用则受多种因素的限制，必须通过充分论证后方可使用。

爆破对山体破坏较大，对周围环境有较大影响，因此必须按有关施工规定和安全施工规程作业，严格按设计文件实施。通常应作试爆分析，结果要作为指导施工的依据。

2. 松土开挖

松土开挖是充分利用岩体的各种裂缝和结构面，先用推土机牵引松土器将持岩体翻松，用推土机、装载机与自卸汽车配合，将翻松的岩块搬运到指定的地点。松土法开挖避免了爆破作业的危险性，而且有利于挖方边坡的稳定性和附近建筑设施的安全。凡能用松土法开挖的石方路堑，应尽量不采用爆破法施工。随着大功率施工机械的使用，松土法愈来愈多运应用于石质路堑的开挖，能够用松土法效率也愈来愈高，能够用松土法施工的范围也不断扩大。

松土法的效率与岩体破坏的情况及风化程度有关。岩体越破碎，岩石分隔成较大的块体时，松开效率较高。当岩体破裂成小块或呈粒状时，松土只能劈成沟槽，效率较低。砂岩、石岩、页岩等沉积岩，沉积层越薄越容易松开。片麻岩、片岩、石英岩等变质岩，松开的难易程度要视其破裂的发育程度而定。花岗岩、玄武岩、安山岩等岩浆岩不呈层状或带状，松土比较困难。

3. 破碎法开挖

破碎法开挖是利用破碎机凿碎岩块，然后进行挖运等作业。这种方法是将凿子安装在推土或挖土机上，利用活塞的冲击作用使凿子产生冲击力以凿碎岩石，其破碎岩石的能力取决于活塞的大小，或采用专门的岩石破碎机使岩石破碎。

破碎法主要应于岩体裂缝较多、岩块体积小。抗压强度低于 100 MPa 的岩石。由于开挖效率不高，只能用于前述两种方法不能使用的局部场合，作为爆破法和松土法的输助作业方式。

另外，还有一种膨胀剂作为破岩材料“静态破碎法”。即在炮孔内装人破碎剂，利用药剂自身产生的膨胀力，缓慢地作用于孔壁，经过数小时至 24 小时达到 300 ~ 500 MPa 的压力，使介质开裂，该法适用于在设备附近、高压线下，以及开挖与浇筑过度段等特定条件下的开挖和切割岩石或拆除建（构）筑物。优点是使用安全可靠，没有爆破所产生的公害；缺点是破碎效率低，开裂时间较长。

以上三种开挖方法各有特点，应视施工条件合理选用。

6.2.3 香丽高速公路石方施工

1. 施工流程

施爆区管线调查→爆破设计与设计审批→配备专业施爆人员→爆区放样→用机械或人工清除施爆区覆盖层和强风化岩面→放样与布孔→钻孔→爆破器材检查与测验→炮孔检查与废碴清除→装药并安装引爆器材→布置安全岗和撤出施爆区及飞石、强地震波影响区内的人、畜→起爆→清除瞎炮→解除警戒→测定爆破效果（包括飞石、地震波对施爆区内外构成损伤及损失）→装、运石方与整修边坡→落底至设计高程。如图 6-6 所示。

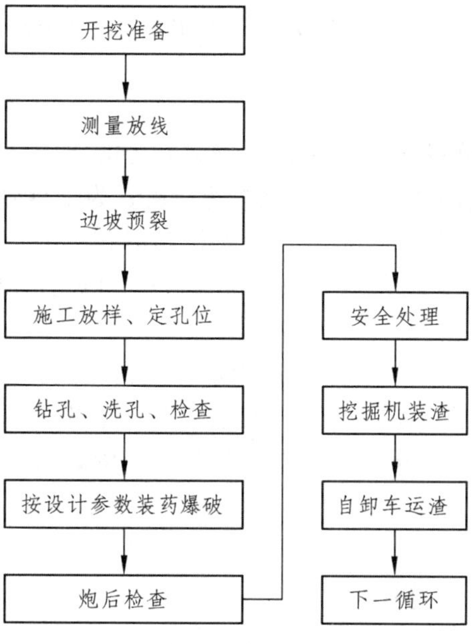

图 6-6　石方明挖施工工艺流程图

2. 石方开挖顺序

石方每级台阶的开挖及支护顺序如图 6-7 所示。石方爆破开挖支护严格多台阶分区段平行流水施工作业。第二级台阶的一、二区段石方开挖及框格梁支护已完成，三区段正进行框格梁支护，四区段在进行爆破开挖，五区段待爆破开挖；此时三级台阶一区段工作面已经展开，可同时进行爆破开挖。各个区段施工作业相互搭接，提供施工效率。每区段宽 20 ~ 25 m，长 45 m。

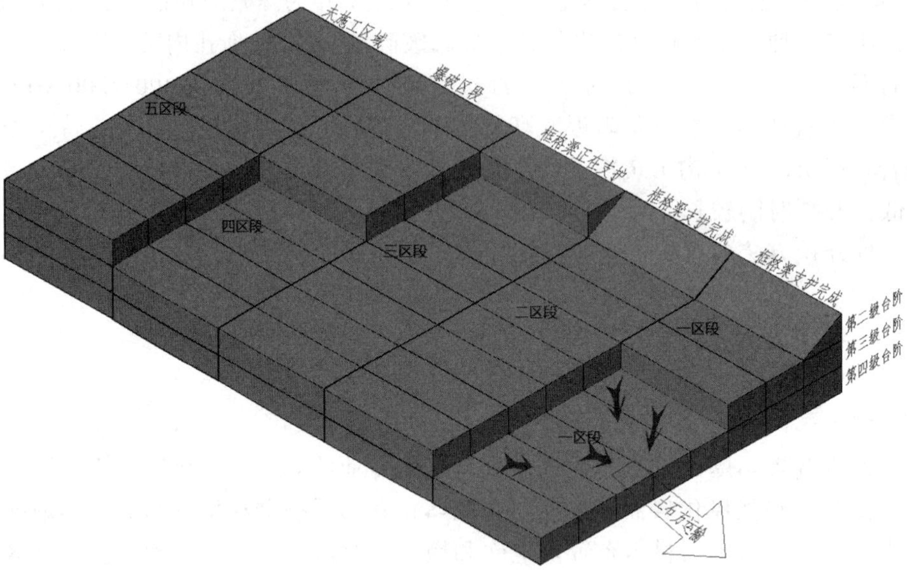

图 6-7　石方开挖顺序图

K26+500 ~ K26+625 段深挖路堑开挖出的废方运至 QTC13 弃土场（K27+300 右侧），K28+690 ~ K29+025 段深挖路堑开挖出的废方运至 QTC14 弃土场（K28+110 右侧）。

3. 爆破参数

结合本工程特点，石方开挖主要采用控制爆破开挖的方式，爆破钻孔机械采用潜孔钻；钻头直径为 100 mm；炸药使用 2 号岩石乳化炸药；雷管为毫秒延期电雷管。

根据本工程的具体特点及要求，拟采用微差控制爆破法进行开挖。主要思路为：卸载区自上而下分台阶进行开挖，每个台阶从外向内进行开挖，以宽度 20 ~ 25 m，长度 45 m 作为一个爆破区。

石方边坡开挖顺序基本与土方开挖顺序相同，小面积石方采用机械打眼小炮开挖，大面积石方采用浅孔松动爆破分层开挖，严禁放大炮开挖。爆破作业在施工前进行爆破试验，通过试验进一步修正爆破参数，爆破时严格控制装药量。爆破施工详见《路基石方爆破专项施工方案》。

6.2.4　石方开挖工程机械

石方机械在公路施工中是一种不可缺少的机械，目前使用较多的有松土器及各种凿岩钻孔机械等。

1. 松土器

1）松土器的技术性能

松土器是牵引式松土器的改进和变型，它由拖拉机（推土机）、松上器和操纵机械三大部分组成。松土器用固定架连接在拖拉机上，常用的固定架有铰铁式机构平行四边形连杆结构和可调整平行四边形连杆结构三种基本形式报。

2）松土器的选用

多齿松土器适用于松动较破碎的岩体，单齿松土器则适用于松动较坚硬的厚层岩体。松土器型号及松土间隔应根据岩石的强度、裂隙情况、推器劈松试验来确定。遇到较坚硬的岩石，松土器难以贯入，引起推土机后部翘起或履带打滑时，可用另一台推土机在松土器后面顶推。坚硬完整的岩石难于翻松，可进行适当的潜孔松动爆破，再进行松土作业。

针对具体施工条件选择适当的松土器是一项重要的工作，选用时应考虑以下几个因素：

（1）松土器刀尖凿入力

这是决定松土器能否凿入岩石，并在工作中保持凿入深度的能力。为此必须考虑用材与岩石的硬度，凿入岩石的硬度，凿入岩石后刀的铲角和加压的压力大小等。

（2）发动机的功率

这是决定拖拉机能否牵引被松上器凿裂的岩土翻松和拉开的能力。

（3）拖拉机的质量

这是决定拖拉机是否有足够的附着力，在松土器工作时稳定自如地来充分发挥发动机的功率。

2. 凿岩钻孔机械

凿岩钻孔机械包括凿岩机、钻孔及其辅助设备，它们都是在爆破作业中使用的钻凿饱孔的石方机械，分别用于小、大直径饱孔的钻凿。

1）凿岩机

凿岩机按照工作动力可分为以下几种：

（1）风动凿岩机

适用于任何硬度的岩石，主要特点是结构简单、质量轻、工作安全可靠、操作维修方便，但由于采用压缩空气为动力，故能量利用率低，设备使用费用高。

（2）液压凿岩机

液压凿岩机是近几年来发展起来的一种新型凿岩机，有动力单一、且动力消耗低、凿岩速度快、可以实现一人多机操纵，还可按工作条件调整性能参数，是一种作业效率较高的凿岩机。按杆头凿岩方式不同，已有冲击旋转式和旋转式两种。

（3）电动凿岩机

电动凿岩机与风能凿岩机相比，电动凿岩机结构简单，能量利用率高，使用成本低，噪音和振动小，但其使用的可靠性、耐久性较差，目前应用尚不普遍。

（4）内燃凿岩机

内燃凿岩机由汽油发电机、空压机、凿岩机组成，作业时污染严重，操纵人员工作条件差，且结构复杂，一般仅用于缺乏电力或压缩空气时、工作量不大的钻凿作业。

2）钻孔机

钻孔机按碎岩方式不同。分为冲击钻机、潜孔钻机、牙轮钻机和回转钻机四种。

（1）冲击钻机

适用于砂砾石和硬度不大的岩石的钻空作业，生产效率低，但由于其结构较为简单，使用可靠，故使用较为普通。

（2）潜孔钻机

潜孔钻机是一种回转式钻机，冲击器直接潜入孔底冲击钎头进行凿岩，钻具的回转由专门的回转机构驱动，具有较高的凿岩效率，适用于任何硬度的岩石钻孔作业。

（3）牙轮钻机

牙轮钻机是一种回转式钻机，因其采用特殊的三牙轮钻头而得名。作业时钻头一方面向孔底施加较高的轴压，一方面旋转，牙轮既统钻头轴线公转，又绕牙轮自身轴线自转，各个齿团上的牙齿依次对孔底各点进行冲击，完成破岩过程。它具有较高的钻孔效率，适用于中硬及以上岩石的钻孔作业，但由于整机质量较大，其应用受到一定的限制。

（4）回转钻机

回转钻机是通过钻头回转来切削岩石进行钻孔作业。根据所采用钻头种类的不同，适应于不同硬度的岩石。

6.3　高边坡施工加固措施

6.3.1　高边坡加固施工方案

1. 总体施工原则及准备

边坡应遵循从上往下，从两侧向中间分级分段施工的原则，每开挖一级加固一级，再向下开挖；每施工一段加固一段，再开挖邻段。切忌全段一次开挖，避免灾害事故的发生。

1）施工调查

路堑工程开工前，首先熟悉核对设计文件，测设线路中线和开挖边线，复核横断面；调查自然状态下山体稳定状况，分析施工期间边坡稳定性；清表，做好堑顶截排水设施；组织劳动力，设备进场。

2）设计桩位交接

（1）桩位交接工作由业主组织，勘测、设计及监理单位向项目部测量组负责人交桩，交接时要有桩位平面图及相关控制点数据并进行实地交桩，并办理交接手续。

（2）接桩时应察看点位是否松动或被移动，如桩点有破坏应及时向勘察设计单位提出补桩的申请。

（3）接桩时应逐一记录现场点位，做好桩位标记和保护。

（4）接桩后应立即进行标桩保护，混凝土加固，砌筑保护井等措施。容易被车撞轧的控制点应该及时设置钉防护栏。

3）测量放样

（1）接桩后依据设计图纸和交桩资料进行桩位复测，把复测成果与交桩资料进行比对，发现问题及时与交桩单位进行联系并解决，并把比对后的成果向监理工程师提交，待监理工程师复核无误后，把桩位测设最终成果递交给业主及监理单位。

（2）坐标复测采用 GPS 导线测量，高程测量采用 GPS 高程测量结合附合水准测法进行复测。

4）布设施工控制网

（1）平面控制网采用沿线路方向的 GPS 控制网，并对 GPS 控制网进行附合导线加固密，高程控制用附合水准线路或三角高程测量。

（2）控制桩必须采取有效的措施保护。

5）平面放样和轴线控制

（1）控制桩应尽可能分布在比较固定且通视良好的地方，但不宜太高，以便较好地架设仪器，并用混凝土固定。

（2）平面放样采用 GPS 放样和极坐标放样，应注意给放样带来误差的各种因素，如：对中误差、前后视距、比值、仪器操作等各方面。放样点标记分为钢钉、木桩和小铁钉、油漆标三种，根据不同情况采用。放样后在施工范围内做好标记保护，并做好记录，便于恢复。

（3）根据业主所交的导线桩，以 GPS 测量和全站仪极坐标的方法进行复测，复测成果经监理工程师的认可。按照施工需要进行导线控制网的设置，所有控制点设置在施工作业范围以外。控制点设置在位置稍高、通视良好的位置。每个控制点保证三个点以上的通视，控制点位置选定后，用全站仪经过实测和导线闭合差计算确定各控制点坐标，编制成果表报监理复核。

6）高程控制

（1）一般临时水准点间距按 200 m 左右设置，满足水准仪测站即可进行标高测量的要求。临时水准点应布在通视良好、稳定性好、干扰少的地方。

（2）标高测设必须按照纵断面图，横断面图来进行放样工作，必须充分考虑坡道线型是直线坡还是曲线坡（竖曲线），横坡是单线的还是双向的，落水方向如何，路脊线的两侧是否对称等因素来选择标高点的位置和密度。

7）控制网成果的上报审批

进场准备开工前，必须完成控制网的复测工作，控制网精度须满足测量规范要求，并上报监理工程师审批。

6.3.2 边坡加固的传统技术

1. 减重和反压

上部减重对推动式滑坡，在上部主滑地段减重可减小下滑力对其他性质的滑坡，在主滑地段减重均能起到减小下滑力的作用。对滑坡床为上陡下缓，滑坡壁两侧有稳定的岩土体的滑坡，效果明显。当滑带土或滑体有卸荷膨胀或受地下水侵蚀后抗滑力减小的滑坡不宜用减载法。减载法增大了岩土体暴露面，应加强治水，采用防止岩石风化的措施。

下部反压在抗滑地段和滑坡外边缘堆积土石加载，做成堤坝等，增大抗滑力来稳定边坡。同时做好地下排水工程。

还可根据设计计算，同时采用对上部减重和在下部反压来治理滑坡。减重后应验算滑面从残存滑体薄弱部位剪出的可能。

2. 支挡工程

根据滑坡性质，可用以下支挡工程治理滑坡：

（1）抗滑石垛用片石干砌或竹笼，木笼堆成，用于滑体不大，自然坡度较小，滑动面位于路基附近、坡脚下部较浅处的滑坡。

（2）抗滑挡土墙依据滑坡的性质、滑体结构、滑面层位、层数、滑体的推力及基础的地质情况修建抗滑挡土墙，如重力式抗滑挡土墙。对多级滑坡分级支挡。

（3）锚杆挡土墙有柱板式锚杆挡土墙，竖向预应力锚杆挡土墙及锚杆加固等技术。柱板式锚杆挡土墙由预制或就地灌注的钢筋混凝土立柱、挡土板构成的墙面、水平或倾斜的钢锚杆钢筋联合组成。滑坡推力作用在挡板上，由挡板传给立柱，再由立柱传给锚杆，由锚杆的锚固段产生的抗拔力来维持结构和墙后岩土体的稳定。竖向预应力锚杆挡土墙是将竖向锚杆的一端用水泥砂浆锚固在岩质地基中，另一端砌筑在混凝土或浆砌片石墙内，并设锚具与污工联系，最后以张拉锚杆的弹性回缩对墙身施加竖向预应力，以代替部分挡土墙污工重力，减少污工断面，节省材料。适用于岩石地基及墙身所受推力较大情况。锚杆加固利用锚杆的抗拔力、抗剪力和滑动岩层间摩擦力来阻止岩块的下滑。如对于边坡的顺层滑动，可采用楔缝式锚杆进行加固。

（4）抗滑桩是承受侧向荷载用以治理滑坡的支撑建筑物，它穿过滑体在滑床的一定深部处锚固，利用桩周土体对桩的钳制作用来抵抗滑坡的推力。抗滑桩按制作材料分为混凝土桩、钢筋混凝土桩及钢桩。按断面分为圆桩、管桩、方桩。按布置形式分密排桩、间隔桩、单排式及多排式。按桩的施工方法有打入法、挖孔法、钻入法等。

对于浅层滑坡或路基边坡滑动，可用混凝土桩或混凝土钻孔桩。对于岩层整体性强，滑动面明确的浅层或中厚层滑坡，当因修建抗滑挡土墙污工量大或因开挖，坡脚易引起滑动时，可在滑坡前缘设置混凝土或钢筋混凝土钻孔桩。对于大型滑坡，采用大截面的挖孔桩，分排间隔设置或与轻型抗滑挡土墙结合，以分散滑坡推力，减少每级抗滑建筑物的污工体积。

土钉支护是在土体内放置一定长度和分布密度的土钉体，与土体共同作用以弥补土体自身强度不足的技术，它提高了土体整体刚度，又弥补了土体的抗拉和抗剪强度低的弱点，其作用如同重力式挡土墙，所以被称为土钉墙。土钉支护属于一种原位加固技术，适用于地下水位低于开挖层的情况。土钉墙设备简单，施工方便，费用低，变形小，可显著提高边坡整体稳定性和承受坡顶超载的能力。

土钉在长期的使用中要求抗腐蚀性强，应采用防腐技术处理。英国用于矿山中的岩锚技术，使用不可腐蚀的聚酯织带，它是一种能提供长期承载力的高模量聚酯纤维，目前在地面工程中应用广泛。

6.3.3 预应力锚固技术

岩土锚固技术是一种把受力锚杆索埋入地层以锚固岩体和土层的加固技术，有预应力锚固和非预应力锚固。预应力锚固是一种主动加载技术，以预应力锚杆索技术为例，其结构见图 6-8。用锚固设施将预应力作用于坡体，不存在基础开挖问题。预应力锚固能充分发挥岩土能量，提高了岩土的自身强度及自稳能力，大大减轻结构自重，确保工程安全和稳定，具有明显的经济效益和社会效益。目前，预应力锚固技术几乎遍及岩土领域的各个方面，尤其在边坡工程中应用广泛。

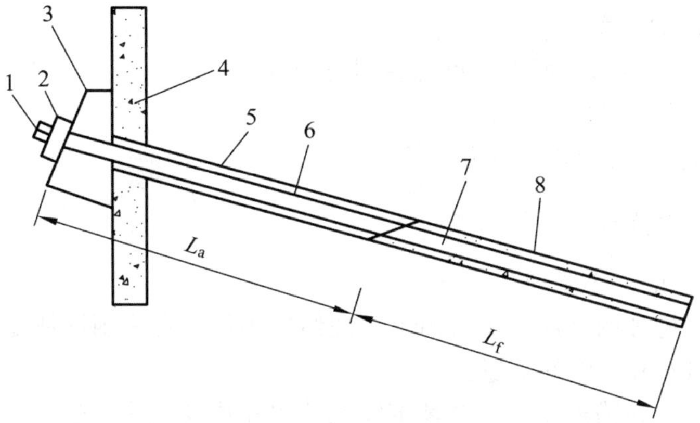

1—锚具；2—承压板；3—台座；4—支挡结构；5—钻孔；6—自由隔离板；7—预应力筋；8—注浆体；L_a—自由段长度；L_f—锚固段长度。

图 6-8　预应力锚杆索结构示意图

1. 预应力锚杆索的基本原理与力学作用

1）基本原理

预应力锚索作用有悬吊作用、组合梁作用、挤压加固作用。依靠锚杆索周围地层的抗剪强度来传递结构物的拉力或保持地层开挖面自身的稳定。岩土锚固使被锚固地层产生压缩应力区，给被穿过的岩土起加筋作用。加固并增加地层强度，也相应地改善了地层的其它力学性能。当锚杆索穿过被锚固结构时，能使结构本身产生预应力。通过锚杆索，使结构与岩石连锁在一起，形成一种共同工作的复合结构，让岩石能更有效地承受拉力和剪力。

2）力学作用

边坡工程中对锚索张拉时的预加应力分解为垂直破坏面的正应力、平行滑动方向的抗滑力，加固作用积极有效。抗滑作用如图 6-9 所示锚杆加固后边坡的安全系数一般取值为一可用下式表示：

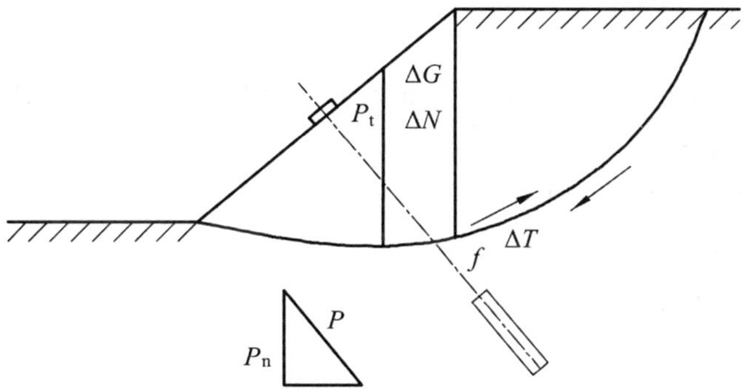

图 6-9　预应力锚杆索抗滑作用图

$$k=\frac{f(\Sigma\Delta N+P_n)+\Sigma c\cdot\Delta L}{\Sigma\Delta T\pm P_t} \tag{6-1}$$

式中　ΔN——作用在一条剪切面上的重力的垂直分量；

$f=\tan\varphi$，是剪切面上的黏结力；

c——剪切面上的单位黏聚力；

ΔL —— 剪切面的宽度；

ΔT —— 作用于一条剪切面上的重力的切向分量；

P_n —— 锚杆索锚固力的垂直分力；

P_t —— 锚杆索锚固力的切向分力。

2. 预应力锚杆索的设计

1）三种锚杆类型的工作原理

圆柱形锚杆索：施加的预应力由自由端传递给锚固体，再由锚固体上端往下传递。工艺简单，适用于各种岩石和坚硬的土层。

端部扩大形锚杆索在锚索钻孔钻至预定深度使用爆炸及叶片切削施工方法扩孔，扩孔叶片与上端连接，扩孔后叶片置留孔底，作为加强锚固结构之用。

连续球体型锚杆索是利用锚杆索的自由端与锚固段交界处的密封带和许多环圈的套管对锚固段进行高压注浆处理，或对锚固段进行二次或多次注浆处理，使锚固段形成一连串球体状，与周围土体有更高的嵌固强度。很适合于淤泥质粘土地层或要求较高锚固力的土层的锚固。

2）锚杆索设计

锚杆索设计前首先进行工程地质勘探及有关的岩土力学性能试验，提供锚固工程范围内岩土性状、抗剪强度、水文地质等资料。确定施工用临时锚固还是永久锚固，依据锚固工程的安全性、经济性、可行性，计算锚固力、单根锚杆承受的拉力和锚杆类型设计。

3）最优锚固角的确定

锚杆的锚固角 α 一般不小于 13°，不大于 45°，以 15 ~ 35°为佳。最优锚固角的确定如下：

锚索提供的抗滑力 $T'_{抗}=T'\sin\alpha\tan\varphi+T'\cos\alpha$，对 α 求导，并令其等于零，得 $a=\varphi$，此时锚索可获得最大抗滑力 $T'_{抗\max}=T'/\cos\varphi$，但锚索过长；当 $\alpha=90°$ 时，锚索最短，但提供的抗滑力最小。

经证明，最优角为：

$$\alpha_{优}=45°-\varphi/2 \tag{6-2}$$

最经济的锚固角：$\theta=\alpha_{优}-\beta$，β 为滑面倾角。考虑到施工方便，选择锚固角为 25°。

4）锚固力及锚固体长度计算

以圆柱体型锚杆索的计算为例。

锚杆索的极限锚固力：

$$P=\pi Ldq_r \tag{6-3}$$

锚固体长度：

$$L=\frac{KN_t}{\pi dq_r} \tag{6-4}$$

式中 P —— 锚杆索的极限锚固力；

N_t —— 锚杆索的设计轴向拉力值；

K —— 安全系数；

q_r —— 锚固体表面与周围岩土间的黏结强度；

L，d —— 锚固体长度和直径，直径一般取 8 ~ 15 m。

锚固体表面与周围地层间的黏结强度受多因素影响，应由试验确定。

锚索预应力筋可采用钢绞线、高强度精杂螺纹钢筋等。

采用锚杆索承受的最大拉力 $R_{t\max}$ 与锚杆索设计轴向拉力从之比为锚杆索的稳定安全系数 K_s，一般为 1.5。

锚固体、自由段、锚头根据需要作不同的防腐设计及长期的防腐处理。

6.3.4 格构锚固法

目前，支挡加固措施正向复合化，轻型化，小型化和机械化施工方向发展，格构锚固法就是满足上述特点的边坡加固技术，它将护坡与支挡有机地结合在一起，成为现代边坡加固的先进技术之一，尤其适合松散堆积层滑坡的治理。

1. 原　理

格构锚固法是利用浆砌块石、现浇混凝土、预制预应力混凝土形成框架梁护坡，并用锚杆或锚索固定、预应力加载的一种新型边坡综合防护措施，也叫作框架梁锚固法。

格构锚固最初使用毛石、卵石或预制的空心砖在人工开挖的软质边坡面上，按正方形或菱形等形状干砌形成格状骨架，格架中间种草以减少地表水土流失，达到护坡的目的。目前已将格架与锚杆索结合在一起，防治边坡滑动。它施工时对边坡扰动小、安全、快捷、美化环境。

2. 格构锚固法分类

（1）浆砌块石格构锚固法利用浆砌块石格构护坡，锚杆固定，起到固定表层的作用。适用于整体稳定性好、前缘坡度较小的边坡。

（2）现浇钢筋混凝土格构锚固法利用现浇钢筋混凝土格构梁护坡，锚杆索穿过带来阻滑，布置灵活，与坡面密切接触，对基础变形的协调能力强，能较好地适应地形变化，与浆砌块石相比整体刚度提高很大，适用于稳定性较好、前缘出现溜滑、塌陷、坡度较大的边坡整治。

（3）预应力锚索框架梁加固法现浇钢筋混凝土格子框架与预应力锚索联合使用加固法，是高陡边坡加固、支挡防护的首选加固措施。框架梁不仅起护坡作用，还有传统意义上的锚墩作用，它与地基的有效接触面积比一般的锚墩大，适合岩体抗剪力较差、整体稳定性差、进一步削坡受到限制、前缘坡面须防护的疏松介质边坡的整治，措施得力，加固效果可靠。

（4）预制预应力混凝土格构锚固法将预制的预应力混凝土构件与穿过滑带的预应力锚索组合应用于抗滑动的格构锚固法，它可避免预应力过大拉裂格构梁的缺陷。适用于整体稳定性差，下滑推力过大的松散堆积层滑坡前缘的支挡加固。预制预应力混凝土构件仍有传统锚墩的作用，而且能比钢筋混凝土构件传递更大的锚固力，且便于安装、施工快捷、安全性好，但要求机械化程度较高。

（5）以框架锚固法以框架锚固是利用框架护坡，用预应力锚索补强的加固措施。框架是将预先在工厂组装好的矩形钢筋笼按矩形或菱形布置于边坡上，然后在钢筋笼上喷射混凝土形成。以框架在工厂预先组装好箍筋折叠起来，在现场打开即可使用。构件能任意变形，且自重较轻，所有框架都是连续的，抵抗岩体变形破坏的能力增强，是一种经济快速的护坡加固方法。

3. 预应力锚索框架梁的内力计算原理

预应力锚索框架梁用于边坡加固时，锚索一端固定于深层岩石中，另一端固定于抑制件上，地梁作为抑制件置于坡面上。根据地梁的不同形式，有单梁型单片顺坡纵梁和框架梁纵梁与横梁共同组成的框架梁。在一个框架单位中，纵、横梁可以有一定外延，锚索均匀地布设于单梁上、纵梁与横梁的交点处。

（1）地梁内力计算的基本假定梁的内力计算方法较多，有用经验类比法来估算地梁的内力的方法、按建筑基础的方法计算地梁内力方法、按框架梁上锚索张拉阶段及框架工作阶段分别计算地梁内力的方法等。现场常采用建筑基础的方法来计算梁的内力，其计算基于以下假定：

① 当地梁主动作用于坡体时，$P=ky$，其中 P 为坡体反压力，k 为相应的地基基床系数，y 为坡面在地梁压力作用下产生的垂直于地梁底面方向的位移。

② 不考虑纵梁和横梁的扭转效应，即在纵、横梁交点处简化为铰支连接。

③ 不讨论框架梁结构与岩体地基的相对刚度对地基压力的影响，认为框架地梁具有一定的刚柔度。

（2）地梁受力分析基于纵、横梁之间为铰支连接的假设，将地梁框架“分解”开，拆成纵梁和横梁分别单独进行受力分析。

预应力锚索地梁的受力状态处在锚索张拉阶段，为简化分析，张拉阶段仅指张拉刚刚完成的阶段。此时，作用于纵、横地梁上的外力主要有锚索张拉力、梁下岩体的反压力、地梁重力、梁底摩擦力。由于后两者相对于前两者非常小，故这里只考虑作用于地梁上的两个主要外力锚索张拉力、梁下岩体的反压力。于是，地梁在形式上可以看成一个倒扣在坡面上的连续梁，锚索抑制点即为连续梁的“支座”，而在连续梁的下表面上作用着指向梁的地基反压力。

（3）地梁受力计算原理将预应力锚索框架梁置于坡面上，在外力作用下，地梁一地基系统都必须满足个力学相容关系静力平衡和变形协调。对地梁来说，首先在各外力作用下要满足静力平衡条件其次在外力作用下要使地梁底面与坡面始终保持接触，即地梁产生的挠度要等于坡面产生的相应方向的位移。由于纵梁与横梁组合成整体框架型式，所以还应满足的一个变形协调条件，即在纵、横梁交点处纵梁挠度 ω_1 与横梁挠度 ω_2 相等，即 $\omega_1=\omega_2$ 纵横梁交点处分别作用于纵、横梁上的压力 $F_1'=F_1''$ 可按由张拉力分别分配而来，即 $F=F_1'+F_1''$。依据假定和基本力学相容关系，建立力的平衡和变形协调方程式，可以得到梁的挠度、弯矩、剪力、地基反力的表达式。运用叠加原理，将纵梁与横梁分别计算，于是，纵梁和横梁挠度 ω_X、弯矩 M_x、剪力 V_x 及相应地基反力 q_x 均可得到解答。

（4）预应力锚索框架梁施工顺序先按设计坡率开挖坡面，钻预应力锚索孔、清孔、下锚、注浆、锚索施工、现场浇筑地梁，然后按设计程序张拉锚索并锁定。

6.4 高边坡施工监测技术

6.4.1 高挖方路基施工过程监控目的

（1）指导性控制：通过施工安全监控，对开挖边坡沉降、位移进行实时监控，以了解由于工程扰动等因素对坡体的影响，便于采取更为合理、有效的支护措施，及时指导工程施工。

（2）预见性控制：由于开挖深度较大，为评价在开挖过程中的边坡稳定性，为业主、施工单位及监理单位提供参考数据，以便及时做出预测预报，以达到安全、快速的施工。

6.4.2　高挖方路基监测内容及布置断面

（1）边坡变形观测桩：根据深挖路堑边坡长度情况，按照 40 m 间距进行埋设于断面边坡坡口线外 2 m 处。

（2）施工安全监测：根据深挖路堑边坡长度情况，沿路线中轴线按照 30 ~ 50 m 间距埋设于各级开挖平台及坡脚处。在安全监测同时辅以人工巡查，如：坡顶、坡面坡脚裂缝、变形，边坡渗水情况，监测点维护等。

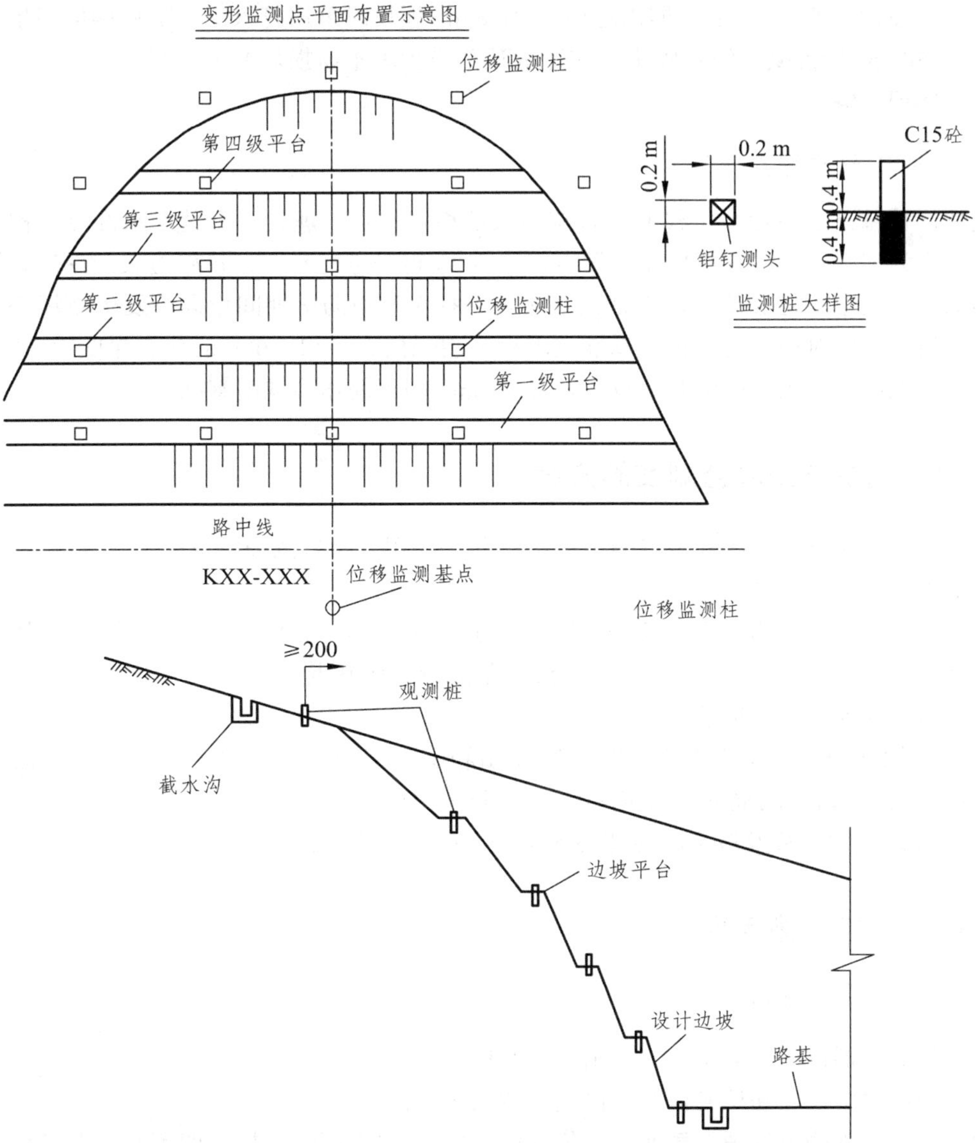

图 6-10　高挖方路基变形观测点布置图

6.4.3 监测元件布置和埋设

1. 监测元件布置、埋设原则

同一路段不同监控项目的测点布置在同一断面上，这样有利于测点看护，便于集中观测，统一观测率，更重要的便于个观测项目数据的综合分析。测点及观测元件的埋设位置应符合设计要求，且埋设准确、埋设稳定。观测期间对观测点采取有效的保护措施，防止机械的碰撞，人为因素的破坏，务必使观测工作善始善终，取得满意成果。

2. 地表水平位移边桩埋设

位移边桩一般埋设在坡顶外 2 m 及破脚外 1 m 处，边桩采用 20×20×80 cm 的 C15 砼预制桩，边桩埋设深度为 0.7 m，露出地面为 10 cm。埋设时采用打入法，桩周围应回填密实。桩周采用 50 cm 用混凝土浇筑固定。在边桩顶部应预埋不易损坏的金属测头。此外，位移边桩应做好标记并编号。

3. 边坡变形监控点埋设

边坡位移基准点在边坡位移变形影响不大的稳定地点，埋设三个基本水准点，构成基本水准网，作为沉降观测的起算依据。测点采用 Φ20 钢筋进行布置，每层边坡开挖后即用铁锤将其须插打到边坡一定深度，以保证其在边坡开挖至边坡防护期间稳固不发生破坏为准，同时注意在施工期间对测点的保护。基准点埋设采用先挖直径约 1.0 m 的孔，深度约 1.2 m。在孔内浇筑水泥墩，于水泥墩中间埋设直径为 20 mm 的钢筋作为观测基准点。

6.4.4 高挖方路基监测实施方案

（1）采用全站仪检测各固定点的坐标、高程、利用直尺量测裂缝宽度变化情况。

（2）工作基点的布设：

为满足沉降变形观测精度要求，按照“控制点位置沿路线布设，距路中心的位置大于 50 m 小于 300 m，同时应便于观测”的原则布设控制测量工作基点。

（3）检测周期及控制标准：

① 检测周期为每隔 7 天观测一次。若遇强降雨及突发性暴雨应在雨后增加一次观测，随时观察边坡顶路基横向 150 m 范围内有无地面开裂现象。

② 若发现边坡位移及坡顶出现开裂现象应立即停止边坡施工作业。

6.4.5 监控注意事项

1. 水平角注意事项

（1）确保仪器设备性能正常，否则不得使用。

（2）测站对中误差和反光镜对中误差不应大于 2 mm。

（3）水平角观测过程中，气泡中心位置偏离中心不宜超过 1 格。四等及以上等级的水平角观测，当观测方向的垂直角超过±3°的范围时，宜在测回间重新布置气泡位置。

（4）当观测数据超限时，应重测整个测回，如观测数据出现分群时，应分析原因，采取相应措施重新观测。

（5）如受外界因素（如震动）的影响，仪器的补偿器无法正常工作或超出补偿器的补偿范围时，应停止观测。

（6）在成像清晰的情况下才观测，否则不观测。

（7）因为变形观测精度要求较高，故在观测过程中，切忌为了方便而用简易对中器代替光学对中器。特别是建立导线控制网时务必使用光学对中器。

（8）施测时采用木制三脚架而非铝合金三脚架，特别是在炎热的天气下更要注意，以防三脚架受热变形，影响观测精度。

2. 测距注意事项

（1）测站对中误差和反光镜对中误差不应大于 2 mm。

（2）当观测数据超限时，应重测整个测回，如观测数据出现分群时，应分析原因，采取相应措施重新观测。

（3）四等及以上等级控制网的边长测量，应分别量取两端点观测始末的气象数据，计算时应取平均值。

（4）因为变形观测精度要求较高，故在观测过程中，切忌为了方便而用简易对中器代替光学对中器。特别是建立导线控制网时务必使用光学对中器。

（5）施测时采用木制三脚架而非铝合金三脚架，特别是在炎热的天气下更要注意，以防三脚架受热变形，影响观测精度。

6.5.6 高挖方路基监测质量控制

对高挖方路基监测，务必保证监测质量。须严格执行各项技术要求以及相关技术标准、精度要求外，还须严格执行如下事项。

1. 监测作业原则

各期的变形监测，为了将观测中的系统误差减到最小，从而达到提高精度的目的，应满足下列作业原则：

（1）在较短的时间内完成。

（2）采用相同的观测路线和观测方法。

（3）固定使用同一仪器和设备，每次观测前须对使用仪器和设备进行检查和校正，此外须定期进行检查，且作出详细记录。

（4）观测人员相对固定。

（5）在基本相同的环境和观测条件下工作。记录相关的环境因素，包括荷载、温度降水、水位等。

（6）对工作基点与基准点定期进行校核。当对沉降观测成果发生怀疑时，随时进行复测校核。

（7）建立沉降控制网或沉降施测过程中的转点使用尺垫，严禁用砖石或不设尺垫作为转点。

2. 监测桩的控制

1）水平位移边桩的控制

按照设计要求制作水平位移边桩，确保无影响观测精度的缺陷。在埋设时不仅位置要符合设计要求，而且要采用措施进行保护。

2）基准点和工作基点控制

定期对水准基点和工作基点进行复测检查，原则上每半年复测一次，当对沉降观测成果发生怀疑时，随时进行复测校核。

3. 监测数据的控制

（1）专人负责，建立沉降观测数据库，按时整理、分析沉降数据，指导设计与施工。

（2）采用统一基准处理数据，采用统一的路基沉降监测记录表格，做好监测数据的记录与整理。监测资料应齐全、详细、规范，符合设计及细则要求。所有测试数据必须真实准确，不得造假；记录必须清晰，不得涂改；测试、记录人员必须签名。

（3）各种原始测量记录应真实、可靠，并有可追溯性；计算成果和图表清晰、签署齐全，并妥善保存。

（4）人工测试数据，必须在观测当天及时输入计算机，核对无误后在计算机内备份；沉降变形观测资料及时输入管理信息系统，以保证各相关单位在观测过程中时时监控。观测中有沉降、变形异常情况应及时通知有关各方及时处理。

（5）按照提交资料要求及时整理、汇总、分析，按有关规定整编成册，报送有关单位进行沉降分析、评估。

（6）路基填筑过程中应及时整理地表水平位移量，当观测数据表明地表水平位移每昼夜≥5 mm/d 或有其他迹象表明路堤可能失稳时，须立即停止填筑施工，待稳定后再恢复填土，必要时采用卸载措施。

7 高原寒区边坡绿化施工关键技术

7.1 高原寒区边坡绿化施工特殊性

我国是一个地域辽阔，山地众多的国家。近年来，随着国家经济建设的蓬勃兴起，基础设施建设得到迅猛发展。与此同时，公路、铁路、水利、电力、煤炭、城镇等基础设施建设中不断出现了大量高原寒区边坡。而在以往相当长的时间内，岩土边坡尤其是高原寒区岩石边坡，片面强调其强度功能，大多采用石料及混凝土等刚性防护措施，从而忽视了高原寒区护坡措施与周边环境的协调性与生态功能性。建成后虽然保证了工程安全、防治了土沙流失，但由于高原寒区坡面生态环境遭到严重破坏，硬化边坡渗透性能差，水流集中。因此对坡面下端冲刷严重，高原寒区边坡景观亦产生了较大改观与周边环境格格不入。

随着我国经济实力的快速增长和人们生活水平的提高，社会各界对生态与环境保护的意识日趋增强，人们对生存环境提出了更高的要求。，工程建设已不再只局限于对主体工程功能与安全的考虑，工程环境质量也逐渐开始被人们所重视，生态高原寒区护坡技术逐渐在我国工程建设中开始应用。

高原寒区边坡按坡体质地可分为高原寒区土质边坡、高原寒区岩质边坡和高原寒区混合质边坡；按成因分为高原寒区自然边坡和高原寒区人工边坡；高原寒区按坡度分为缓坡、陡坡、高陡坡、垂直坡和反坡：高原寒区按边坡表面情况可分为裸土坡、裸岩坡等类型。一般开发建设形成的高原寒区边坡陡峭，植物生长环境条件恶劣，植被自然恢复能力差。高原寒区边坡绿化工程即是把仅凭借自然恢复能力实现植被再生困难的边坡作为研究对象，积极地创造有利于植物生长的环境和引进植物、推进植被再生的一种技术手段。本文将对高原寒区边坡绿化工程技术的主要内容进行论述。

7.1.1 高寒地区边坡绿化的功能

1. 高原寒区护坡不足之处

高原寒区护坡有坡面防护和支挡结构防护两类。坡面防护常用的措施有灰浆或三合土等抹面、喷浆、喷混凝土、浆砌片石护墙、锚喷护坡、锚喷网护坡等。此类措施主要用以防护开挖边坡坡面的岩石风化剥落、碎落以及少量落石掉块等现象。所防护的边坡，应有足够的稳定性，对于不稳定的边坡则先支挡再防护。支挡结构的类型较多，如挡土墙、锚杆挡墙、抗滑桩等。这些支挡结构既有防护作用。又有加固坡体的作用。采用工程措施护坡，往往过分追求强度功效，破坏了生态自然，景观效果差，而且随着时间的推移，混凝土面、浆砌片石面会风化、老化，甚至造成破坏，后期整治费用高。

2. 高原寒区边坡绿化的功能

这是使用有生命的植物来实现护坡的，其功能体现在以下几个方面。

1）保土功能

植物的垂直根系可穿过坡体浅层的松散风化层，锚固到深处较稳定的岩土层上，起到预应力锚杆的作用。禾草、豆科植物和小灌木在地下 0.7 ~ 1.5 m 有明显的土壤加强作用，乔木根系的锚固作用可影响地下更深的岩土层。浅根性的草本植物，其根系在土中盘根错节，使边坡土体成为土与草根的复合材料，草根犹如带预应力的三维加筋材，使土体强度大大提高。边坡的失稳与坡体水压力的大小有着密切关系，降雨是诱发重力侵蚀的重要因素之一。植物通过吸收和蒸腾坡体内水分、降低土体的孔隙水压力，提高十体的抗剪强度，进而促进边坡体的稳定。具有植被覆盖的坡面，降雨在到达坡面之前，就被植被截流，植被茎叶对降落的雨滴和集中固流，可有效地防止坡面水蚀。植被的覆盖还可有效地防止风沙灾害。

2）改善环境功能

植物的个体或群落随着时间的推移，功能不断加强，通过自身变化为其他动植物提供生存条件，改善周围的生态环境。譬如，增强土壤保水性，为动物、昆虫等生物提供生活空间，缓解小气候、净化空气、降低噪音等。

3）提高保健、文化水平

通过不同植物品种和不同造型的配置，可表现出不同的生态景观效果。植物群落形成的景观能使人们感受心理稳定、镇静、优雅、舒适等。

总之，采取工程加固措施，对减轻坡面修建初期的不稳定性和侵蚀效果较好，作用显著，然而，随着时间的推移、岩石的风化、混凝土的老化、钢筋的腐蚀，强度降低，效果也越来越差。而采用植被护坡则恰恰相反，开始时的作用弱，但随着植物的生长、繁殖，强度增加，对减轻坡面不稳定性和侵蚀的作用会越来越大。除此之外，植被护坡还有一个显著的优点，它能够恢复因工程建设所破坏的生态环境。

再有，采用植物群落固坡、保持土壤的作用是有一定限度的，它不能涉及深层土壤的坍塌或极其厚重土层的滑动。对于高陡边坡，若不采取工程措施，植物生长基质则难以附于坡面，植物便无法生长。因此，植被护坡技术必须是植物措施与工程措施相结合，发挥二者各自的优势，才能有效地解决边坡工程防护与生态环境破坏的矛盾，既保证了边坡的稳定，又可实现坡面植被的快速恢复，达到人类活动与自然环境的和谐共处。

7.1.2 高寒地区坡绿化工程技术体系

高原寒区实施边坡绿化时，应首先整治、创造出植物适宜生长的环境条件，其次是为了形成目标群落根据环境条件采用适切的方法导入植物，再根据绿化目标对植物进行有效管理。其体系由“绿化基础工程”“植被建植工程”“植被管理工程”三部分构成。

1. 高寒地区绿化基础工程

目前，高寒地区工程绿化技术本身虽有较大发展，但基于自然营力的植物的生长发育并没有发生变化。为此，在导入植物时，为使植物稳定持续地生长。必须整治打造出植物适宜的生长环境。绿化基础工程主要是通过土木工程手段来稳定和改善植物的生长基质，通过设置工作物使不稳定的生长基质变得稳定，创造和改善生长基质，即为在缺乏土壤养分的岩石或硬质土壤地上，打造出植物能够生长的基质，同时改善现有基质的通气性、土壤硬度、保水性、透水性、土壤酸度等；缓和小气候条件，即避免因低温、土壤冻结、大风、风沙等灾害使植物遭受体伤、淹埋、树根松动、侵蚀、过度蒸散等危害。

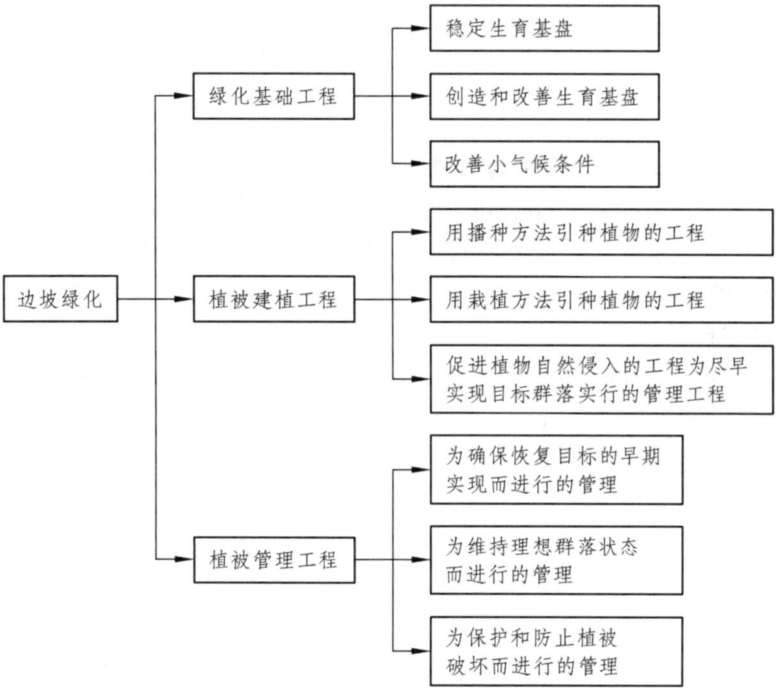

图 7-1　边坡绿化工程技术体系

根据发挥的作用不同可将高寒地区绿化基础工程分成以下几类：

1）以稳定生长基质为目的的工程种类

栅栏工程、加筋工程、水平带栽植工程、框架工程、挡土工程、石笼工程、排水工程等。

2）以创造和改善生长基质为目的的工程种类

栅栏工程、加筋工程、水平带栽植工程、框架工程、排水工程、开沟工程、凿穴工程、客土工程等。

3）以缓和小气候条件为目的的工程种类

铺设工程、张网工程、防风工程等。

2. 高寒地区植被建植工程

实施植被建植工程的目的就是根据绿化目标，将植物引至施工场地，来防止种子、生育土壤的流失和表层土壤的侵蚀，进而促进植物群落的形成。在建植植物群落的系列作业中，植被建植工程紧随绿化基础工程之后，对目标植物的引进、种子发芽以及初期的生长发育具有促进作用。

引进植物的方法有播种法、植苗和栽植大棵植株等，此外，尚有促进植物自然侵入、定居的方法，植被建植工程包括播种工程、栽植工程、植被诱导工程。

1）播种工程

播种工程就是使用种子来创建植物群落，播种方法有人工播种、机械播种、面状播种、线状播种等多种形式，具有以下特征：a）适宜创建富有自然性和多样性的植物群落；b）可在短时间内覆盖地表，有效地防止水土流失；c）即使在栽植困难的地段也能引入植物；d）材料购买、储藏、运输方便；e）可利用机械施工，省力、工效高。播种工程作为边坡绿化主要的工程种类，包括种子散播、客土喷播、基材喷附、植被席、植被垫、植被袋、植被土包、注入客土等。

2）栽植工程

栽植工程即是通过植苗和栽植大棵植株创建植物群落的一种方法，具有以下特征：a）短期内可形成立体绿化；b）通过栽植，可真正形成目标植物种。不适合在急陡坡面、无土壤以及硬质土壤地段使用。栽植工程主要包括植苗工程、大棵植株栽植工程，除此之外，还有压埋或扦插萌发力强的枝条、铺草皮等。

3）植被诱导工程

植物被诱导工程是通过诱导周边成活植株侵入或采取含有植物种子的自然土壤使其发芽生长，从而创建植物群落的一种方法，具有以下特征：a）能够形成富有自然性的植物群落；b）便于促进乡土植物的建植。植被诱导工程包括潜在表层土壤种子播种工程。

3. 高寒地区植被管理工程

植被管理工程是将引进植物或自然生成植物按照绿化目标，通过培育、防灾、改善自然环境、形成景观等工作，诱导其形成优良植物群落的一种作业。绿化工程效果并不是随着工程的完工立即能够发挥作用，而是通过管理功能逐渐加强，管理好坏对效果有直接影响。

植被管理工程在植物生长初期阶段和目标群落形成过程中、形成之后都需要进行管理，主要管理作业种类有：a）生长初期有追肥、补种、补植、除草、修剪；b）群落形成过程中为补植、除伐、修剪、割蔓草、处理倒木；c）群落形成后是修剪、割蔓草、处理倒木、整枝、砍伐。

7.1.3 高寒地区边坡绿化工程的规划与设计

绿化工程实施前，应首先明确绿化目标，重要的是从土木工程规划确定阶段就应有所反映。如果土木工程计划确定后再进行绿化工程规划，对于创建具有多种功能的绿色植被就很困难。土木工程规划与绿化工程规划之关系及作业流程如图 7-2 所示：

1. 高寒地区绿化目标群落的设定

高寒地区绿化工程规划由绿化基础工程、植被建植工程、植被管理工程组成。须根据一定的技术流程来进行，为此，必须事先确定具体的绿化目标。绿化目标分别由群落形态和群落功能构成。如果绿化目标不明确，应付差事容易，但很难真正达到绿化工程的效果。

绿化目标中的植物群落形态有以下几种类型。a）森林型：以乔木、亚乔木为主要组成树种而形成的群落；b）灌木林型：以灌木为主要组成树种而形成的群落；c）草原型：以草本植物为主要组成种构成的群落；d）特殊型：由特殊植物种构成的群落，如攀援植物、花木、草花等。

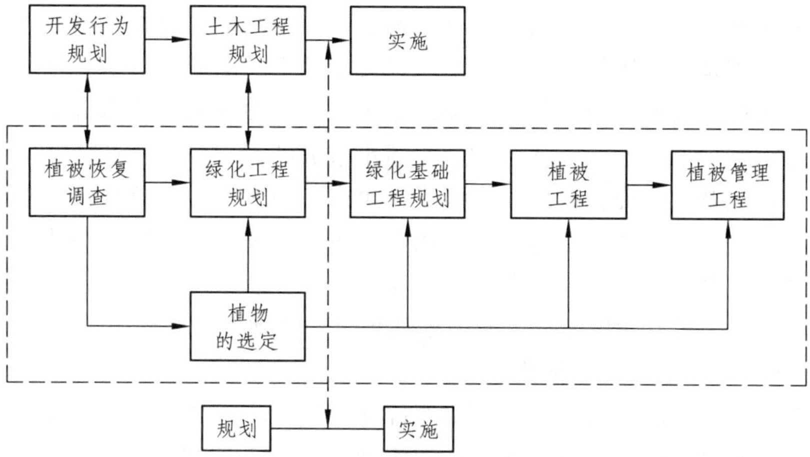

图 7-2　土木规划与绿化规划关系图

目标植物群落从功能角度可分为：a）高稳定性的群落：由高大植物构成的防灾功能强的群落；b）协调周围环境的群落：能有效地保护景观和改善周同环境的群落；c）对生态系统恢复有效的群落：可有效地促进生态系统的早期恢复；d）管理工作量少的群落：管理经费和管理作业少的群落。

2. 绿化的基本技术路线

为达到绿化目的，必须充分利用植物群落能够改善环境条件这一基本技术。为此。规划时应注意以下几点。

1）人工辅助自然恢复

植物群落的创建是依靠自然营力进行的，人工辅助植物群落进行自然恢复就是绿化工程。如果将表层土移动的裸露地放置不采取措施，则植物的侵入和定居就很难进行。在表土移动减缓或停止后植物才能侵入，但在这种条件下植物未必能持续稳定地生长。此时，必须考虑采用各种方法，整治出植物生育或易于发挥自然恢复力的环境条件。

2）创建自然群落

在植物难以侵入或定居的场所，必须积极地引进植物。此时，种子植物能够更好地适应环境，可恢复接近自然状态、能够形成充分发挥各种功能的植物群落。进行绿化规划时，尽可能不要进行非自然绿化。

3）采用近自然法创建植被

从促进植物迁移角度考虑绿化工程非常重要。植物迁移中植物种的变化，是对养分要求从低到高、植物尺寸从矮到高、生长寿命从短到长的递进过程。植物群落根据自然养力不同在发生变迁，与自然环境协调的植物群落的创建必须按照大自然的规律进行。因此，必须在尊重自然规律、不违背规律的前提下考虑群落的再生问题。

3. 绿化规划设计应注意的问题

1）把握生育环境

确定绿化目标时必须考虑施工地的地形、地质、气候等条件，从斜坡稳定性、植物可持续性、与周围环境的协调性、施工经济性等角度研究适宜的施工方法。须注意下列事项：适用工种应考虑防止坡面侵蚀、土层坍塌，并与地域环境相协调，绿化基础工程和植被建植工程尽可能并用。特别是只使用植被工程不能确保坡面稳定的地形、地质条件下，必须并用强固的绿化基础工程稳定坡面；急陡坡面容易发生由流水、渗透水、涌水等引发的地表侵蚀和土层坍塌，对于该类坡面，必须防止处理由渗透水造成的剪切强度降低，选择能够有效防止侵蚀、防止土层坍塌及危害面扩延的工程种类。再有，需对周边环境做特殊考虑的场合，应努力使绿化基础工程和植被建植工程协调地组合；植物一般在土壤肥沃的地段生长良好，而在缺乏土壤的斜坡、岩石地、硬质土壤地等则生长不良，难以实现可持续生长。在此类坡面，应选择能创造和改善生长基础以及能够有效地维护生长基础的工程种类。

2）重视绿化基础工程的立地条件

规划设计时，下列情况的施工地必须重视绿化基础工程。硬质土壤、无土壤岩石地带：山中式土壤硬度计测得硬度指标超过 25 mm 的斜坡。必须创建和改善生长基础，适合该区域的主要工程种类有框架工程、排水工程、开沟工程、穿孔工程、张网工程等。急陡边坡、无土壤地带：在采石迹地、建造水库的石山、水库大坝周围等看到的陡坡一般都是缺乏土壤的斜坡，为了创造和维持生长基础必须实施绿化基础工程，主要工程种类有框架工程、客土工程、张网工程等；积雪寒冷地带：在寒冷或高山地带，因积雪、冰柱、冻结、融雪等经常引发植物生长灾害。为避免此类灾害必须实施绿化基础工程，主要工程种类有栅栏工程、框架工程、排水工程、覆盖工程、张网工程等。山坳地：在山坳地，冬季寒冷期长，因冰柱、上冻、溶化等容易造成十层坍塌。此外，急陡斜坡多，必须重视稳定生长基础和缓解气候的绿化基础工程。主要工程种类有栅栏工程、加筋工程、框架工程、排水工程、覆盖工程、张网工程等；风口地带：在风口地段，可能因过度蒸散、上冻、冻结等引起植物生长灾害，为防止该类灾害须重点实施绿化基础工程，主要工程种类有覆盖工程、张网工程、防风工程等；期望形成较好植被景观的场所：从保持景观和严格地保存植物来看。在追求生态系统的早期恢复时，需要实施创造、改善生长环境的绿化基础工程，主要工程种类有栅栏工程、加筋 T 程、框架工程、张网工程等；软弱不良地基段：填埋或抽水等地段，地下水位高，地质软弱，透气性著，在这种场所引进植物，必须实施改善排水和透气性的绿化基础工程，主要工程种类有排水工程、客土工程等。

3）引进植物及其生长发育

为形成可持续性的群落，引进适合当地自然条件和施工条件的植物非常重要。引进植物时须注意以下几点：

（1）土壤性状：植物的发芽生长、定居需要诸多外界条件，其中最重要的是水分、温度、氧气，具备了以上条件也就拥有了良好的生长基础。与水分、氧气、养分密切相关的是土壤，土壤性状、稳定性对植物发芽生长具有直接影响。适宜植物发芽生长的土壤性状是有机物和土粒子适度结合形成的多孔隙体，它具有、保持水分和养分的能力。但是，绿化施工地的土壤大多数不具备上述条件，多数情况需对土壤进行改善。土壤的硬度与植物的生长关系，一般利用山中式土壤硬度计测得的硬度指标来表示，硬度 11 ~ 20 mm 最适合植物发芽和生长，26 mm 以上不利于植物生长。此外，硬度 10 mm 以下的软质土，由于引发土壤干燥和水土流失也不利于植物生长。表 7-1 为土壤硬度与植物发芽生长的具体关系。

表 7-1　土壤硬度与植物发芽生长

土壤硬度	对发芽和生长的影响
10 mm 以下	由于干燥不利于发芽
13 ~ 20 mm	最适合发芽和生长，根系生长和草丛的生长量大
23 ~ 25 mm	发芽、生长良好，外来草本植物早期衰退
26 ~ 30 mm	生长良好、早期衰退，根系伸入土层困难
31 mm 以上	发芽、生长困难

注：土壤硬度系由山中式硬度计测得的硬度指标。

土壤酸碱度对植物发芽、生长也有一定影响。通常，pH 4.0 以下容易造成发芽、生长不良。pH 3.0 以下任何植物发芽和生长都很困难。如今，绿化工程中采用的采本科植物，在 pH 4.5 以上植物发芽生长一般不受影响，而在弱酸性至弱碱性（pH 5.5 ~ 6.5）是植物生长最佳环境。豆科植物在微酸性至中性的环（pH 6.0 ~ 7.0）发芽生长良好，pH 5.0 以下发芽生长能力显著下降。这是因为酸性土壤抑制了根瘤菌的活动造成的。

（2）施工时期：施工时期通过温度、水分、发芽后的生长期等影响植物生长，是决定绿化成败的重要环节。因此，播种和栽植须在适当的施工时期进行。但实际施工时不可能全部处于适施期，不得已须在非适施期施工时，必须施以防止干旱和生长基础滑落等措施，辅助植物发芽生长。

4）引进植物的选择

选择植被建植工程所用植物，须注意以下事项：充分了解植物的适生性：在选择植物时，应充分了解各种植物的发芽期、初期生长速度等，采用对生长基础适应性高的植物种类；选择水土保持功能强的植物：除对环境的适应能力外，形态上、功能上还期望水土保持功能强。如，能像多年生植物那样即使在冬天也能覆盖地表，发芽率高、初期生长快，繁殖力旺盛，耐旱、根系发达，能利用地下茎进行繁殖等；尽量采用施工地周边自生植物或与其相类似的种类；施工地周边自生植物称为“乡土植物”，经过长期对环境的适应，成活率高。此外。由“乡土植物”组成的植物群落，在自然植被维护上省时、省力，是人们所期待的一种植物群落。

至今，引进植物优先考虑的是尽早形成植被覆盖率，将发芽和生长缓慢的“乡土植物”敬而远之。随着施工技术的进步和新材料的开发，能够弥补发芽和生长迟缓的方法不断增多，因此，“乡土植物”的适用性也在不断扩大。

5）引进植物的搭配

在绿化工程中，引进单一植物种的情况较少，通常是几种植物组合引进，其中有纯草本类组合引进和草本类与木本类组合的引入。草本植物个体数量多、早期生长快、防侵蚀效果好。此外，能够早期形成覆盖层，恢复生态系统的初期效果较好。木本植物根系粗大，具有刚性，对土壤的束缚力强，与草本植物相比对土壤移动等物理外力的控制力强。为使其充分发挥防侵蚀与防崩塌的效果，灵活运用草本植物和木本植物各自的优势，即可创建防灾性能强的植物群落。下面列举给出需要进行复数组合的理由及适宜场所：

（1）期望形成多种保护功能植物群落的场所。

（2）有助于目标植物群落中主要构成种生长发育的场所。

（3）利用形成的复层群落确保地上与地下土体稳定、防护效果好的场所。

（4）由于使用不同特性的植物可提高植被稳定性的场所。

将草本植物和木本植物混合播种，有利于形成可持续性高的群落，保护土地、保护环境。一般，木本植物的发芽和初期生长比草本植物慢，因此，被生长快的草本植物侵压而枯死的危险性较大，至今的混播技术很难使木本植物生长成林。但是。通过最近的实验和研究，由于使用了适合植物发芽生长的施工方法、控制草本植物初期生长的施肥方法、调整播种密度、改善生长基质等，草本植物和木本植物混播成林才得以实现。

6）播种量的计算

植物群落整体生长量，在播种后初期生长阶段与形成密度成正比，但随着植物的继续生长，生长量与密度就变得无关了，对于个体植物，密度小即播种量少，则生长量就大。但是，为了防止施工初期表层土壤侵蚀，必须确保一定量的生长密度，于是，播种量在一定程度上还应增多。另外。必须注意由木本植物形成的群落，如果不考虑播种量和播种比例，由于种间竞争和种内竞争的存在，就不能形成较好的目标群落。

7）播种方法

近年来进行的绿化工程，以播种为主的施工占多数。种子即使长时间处于干燥状态也难以失去发芽能力，但在适宜湿度下一旦进入发芽状态，根系尚未完全伸展，此时如果持续干旱就容易造成发芽障碍或旱灾。因此，在充分注意保持水分施工的同时，还应选择绿化初期防御旱灾的植被建植工程和适宜的施工时期。

施工后，为了防止植物生长不良、停止或早期衰退等必须补给必要的养分。植被工程施工时施用的肥料，1～2 个月左右时间内大部分将被吸收或流失，因此，播种时，尽可能将能够保持肥效的植物生长基质与缓效性肥料结合使用。

8）植被管理监测

进行植被管理，应充分了解植物群落的需求功能，重要的是看准现状功能的发展状况和迁移方向。特别是如果植被迁移发生偏向、停止或退化，就不能获取防灾效果，也就难以形成所期待的目标群落。为避免上述情况出现，进行日常检测非常重要，并以此为基础实施必要的管理作业。检测项目及着眼点分为平时开展的普通检测和发生灾害时实施的检测，如表 7-2、表 7-3 所示。

表 7-2　平时进行的监测项目及着眼点

种类	检测项目	着眼点
草本植物	活力	叶色、茎叶的生长状况等
	繁茂	茎叶过密、生长障碍等
	病虫害	发生状况、种类等
	损伤	有无枯死、损伤、程度、原因
木本植物	活力	叶色、生长状况等
	繁茂	过密现象、生长障碍、通行障碍、景观障碍等
	病虫害	发生状况、种类等
	损伤	有无桔死、损伤、程度、原因等
生长基础	地基	基盘出露、稳定性等
	排水	积水、涌水、溢出等
	崩塌	龟裂、塌陷、崩塌等

表 7-3　发生灾难时的检测项目与着眼点

灾害种类	检测项目	着眼点
暴雨 地震	排水	积水、涌水、溢出、排水设施堵塞、破损发生处、范围、程度等
	崩塌	土沙流失、表层脱落、侵蚀、龟裂、鼓起、塌陷、坍塌、绿化基础工程的破损的发生处、范围、程度等
	损伤	生长基础被冲失、枝干损伤、倒木等发生处、范围、程度等
火灾	损伤	火灾发生处、范围、程度等
旱灾	损伤	旱灾发生处、范围、程度等

9）植被管理方法

植被管理必须按绿化目标进行，下面列举了植被管理的主要作业及其适应场所、时期和方法。

（1）追肥：在植物生长有衰退现象、有可能产生裸露地的场所进行追肥。但是，对改善生长基础、引入植物做过充分考虑的场所则不必追肥。追肥时期一般以植物生长活动开始的春天至生长旺盛的夏天之间最适宜。通常，肥料的种类包括三要素，注意使用含氮成分多的肥料会使木本植物被草本植物侵压。

（2）追播：由于引入植物衰退、枯死或表层土壤滑落等引起斜坡裸露的场所需进行追播。此时，应充分研究形成裸露地的原因，如存在土层稳定和土壤性状等问题，对这些问题应充分研讨对策之后再进行追播。

（3）补植：主要是在引入木本植物发生枯死的场所进行补植。补植时，对枯死原因、同类树种补植后生长发育的可能性进行充分研究。

（4）除伐：对形成目标群落有害或不适宜保护景观的场所需进行除伐。

（5）除草、修剪：在期待形成特定植物造型或需保护景观的场所进行除草、修剪。

（6）割蔓草：在葛藤或多花紫藤等藤类植物蔓延对植物的生长和群落的形成产生危害时需进行割蔓草。

（7）处理倒木：当倒木具有破坏斜坡的可能性或造成管理障碍时进行倒木处理。

（8）树木的整枝、砍伐：在妨碍主要树种生长或明显造成景观保护障碍的场所进行整枝、砍伐。

7.2　高原寒区边坡绿化施工技术

高原寒区边坡绿化工程是使用工程措施与植物措施相结合的方式来达到护坡目的，与单纯的工程护坡相比，不仅具有保持水土的功能，还可以改善环境和景观，提高保健、文化水平。因此，随着我国经济实力的快速增长和人们生活水平的提高，对工程建设中出现的大量边坡要求实施生态防护。

7.2.1　高原寒区边坡绿化方法

1. 挖方边坡

根据挖方边坡的不同岩性的特点和边坡的分级情况，采取不同的绿化方法。

（1）一级、二级挖方边坡一般采取客土喷播的方法进行绿化防护，同时结合边坡的情况点缀栽植勒杜鹃、黄蝉等花灌木。

（2）三级挖方边坡：第一级边坡采取挂网客土喷播（喷 6 cm 厚）进行绿化防护，第二、三级边坡一般采取客土喷播进行绿化防护，同时结合第一级边坡的情况点缀栽植勒杜鹃、黄蝉等花灌木。

（3）四级（含四级）以上挖方边坡：第一、第二级边坡一般采取挂网客土喷播（喷 6 cm 厚）进行绿化防护，第三级（含三级）以上边坡一般采取客土喷播喷 3 cm 厚）进行绿化防护，同时结合第一级边坡的情况点缀栽植勒杜鹃、黄蝉等花灌木。

（4）第一级边坡每延长 100 m 点缀栽植勒杜鹃、黄蝉各 10 株，栽植方式 3 ~ 7 株一丛，平均每丛间距约 25 m。

2. 填方边坡

（1）在土路肩以下 1 m（坡面斜长）的填方边坡范围内满铺台湾草皮，以抵抗初期雨水径流对边坡的冲蚀。

（2）填方边坡整体采取客土喷播进行绿化防护。

7.2.2 植物选择的原则

（1）乡土植物，或已适应本地气候条件的外来植物；（2）抗逆性强，特别是抗风能力强，抗旱、热，贫瘠性强；（3）根系发达，生长速度快，覆盖能力强；（4）绿化与美化相结合，营造自然舒适的视觉效果；（5）多年生，有自我更新能力，效果长久，一劳永逸；（6）周年常绿，适应粗放管理；（7）乔、灌、藤、草相结合。

7.2.3 高原寒区边坡绿化施工工艺

1. 客土直播

客土直播是把原来喷播植草的施工工艺上进行改进和优化。施工后，灌木等种子一旦生长起来，灌木的生命周期和对生态环境的恢复都比草本要好很多，这道施工工艺关键是植物种子的选择。

（1）客土直播工艺将按配比的有机材与土壤、种子、其他添加剂及水等按比例搅拌均匀后，经过施工机械喷射到岩面上，在坡面形成植物生长机质层之后，用 12 ~ 13 g/m^2 的无纺布进行覆盖。

（2）边坡养护喷播完毕后，种子发芽、成坪期的养护工作至关重要。由于夏季施工，在种子萌发期内应加强水肥管理，苗木生长正常后（大约 3 个月）逐渐减少浇水次数，锻炼植物的适应能力，经过半年的养护，覆盖率可达到 95%。

（3）植物选择与配置边坡植被恢复仅依靠单一植草会枯黄，甚至死亡而达不到近自然植被恢复的效果，必须采取灌、藤、草相结合。植草主要是保证前期效果，后期效果主要依靠灌、藤植物的生长。植物选择的原则以达到了边坡治理永久为目的，同时满足一定的景观要求。

（4）植物种子配比草本：矮生百慕大，5 g/m^2；柱花草，6 g/m^2；糖蜜草，4 g/m^2。

2. 客土喷播

客土喷播是一种适合风化程度较高的岩土边坡和矿渣边坡绿化的新技术。它利用特制喷射机将有机基材喷射到坡面上，有机基材在压力的作用下与坡面紧密结合，形成一层可供植物生长发育的基质层，在喷射中加入灌木、藤本、草本种子，基质层改善边坡土质条件，绿化效果良好。

（1）客土喷播工艺边坡修整：对整治坡面进行清理、修整，根据边坡情况可开挖浅沟。客土喷射：按比例将有机基材、黏土、粘结剂、植物种子等材料加水搅拌后利用客土喷播机将其均匀的喷射到施工工作面，施工平均厚度 3 cm，用 12 ~ 13 g/m^2 的无纺布进行覆盖。

（2）边坡养护喷播完毕后，种子发芽、成坪期的养护工作至关重要。由于夏季施工，在种子萌发期内应加强水肥管理，苗木生长正常后（大约 3 个月）逐渐减少浇水次数，锻炼植物的适应能力，经过半年的养护，覆盖率可达到 95%。

（3）植物选择与配置边坡植被恢复仅依靠单一植草会枯黄，甚至死亡而达不到近自然植被恢复的效果，必须采取灌、藤、草相结合。植草主要是保证前期效果，后期效果主要依靠灌、藤植物的生长。植物选择的原则以达到了边坡治理永久为目的，同时满足一定的景观要求。

（4）植物种子配比草本：矮生百慕大，5 g/m^2；柱花草，6 g/m^2；糖蜜草，4 g/m^2。

藤本：大翼豆，5 g/m^2。灌木：银合欢，7 g/m^2；山毛豆，5 g/m^2；多花木兰，3 g/m^2；胡枝子，5 g/m^2。点缀种植花灌木：勒杜鹃和黄蝉。

3. 挂网客土喷播

挂网客土喷播是一种新型的喷播绿化方式。它利用特制的喷混机械，将按一定比例混合并充分搅拌均匀的有机基材、长效肥、速效肥、保水剂、粘接剂、植物种子混合物，加水喷射到铺挂铁丝网坡面上。由于粘接剂的粘结作用，混合物可在坡面表面形成一个既能让植物生长又不易被冲刷的多孔稳定结构（即一层具有连续空隙的硬化体），种子可以在空隙中生根、发芽、生长，从而达到恢复植被、改善景观、保护环境的目的。为了兼顾短期迅速覆盖坡面及长期恢复植被的效果，在植物选择上选用草本、灌木、甚至乔木种子进行混播，并在坡面上加种灌木、藤本苗木。

（1）挂网客土喷播工艺清理边坡→铺挂铁丝网、锚杆固定→喷有机基层→盖无纺布→养护。边坡修整：按要求在稳定的边坡进行生态整治，施工边坡基本稳定，对坡面上的浮石加以修整就可达到施工的要求。打锚杆、挂网：在坡面上铺挂铁丝网进行护坡，防止坡面坍塌，增强护坡能力，对有机材料层起到“加筋”的作用。铁丝网选用机编铁丝网。规格为 6.5 cm×6.5 cm，铁丝规格为 Φ0.22 cm。将铁丝网沿坡面顺势铺下，铺设时应拉紧网，铁丝网与坡面保持平顺，再用钻孔机在坡面上打孔，然后用锚杆将铁丝固定。锚杆选择 Φ14 mm，短锚杆 L=25 cm，长锚杆 L=45 cm，锚杆的深度和密度控制原则是 1 根/m^2，长短锚杆交替锚固。喷射：将按配比的有机材与土壤、种子、其他添加剂及水等按比例搅拌均匀后，用喷混机械将喷射到施工坡面上，施工喷射的平均厚度为 6 cm。用 12 ~ 13 g/m^2 的无纺布进行覆盖。

（2）边坡养护喷播完毕后，种子发芽、成坪期的养护工作至关重要。由于夏季施工，在种子萌发期内应加强水肥管理，苗木生长正常后（大约 3 个月）逐渐减少浇水次数，锻炼植物的适应能力。在旱季视天气情况对其进行定期护理，使其顺利进入生长旺盛期，经过一年的养护，植物覆盖率可达到 95%。

（3）植物选择与配置边坡植被恢复仅依靠单一植草会枯黄，甚至死亡而达不到近自然植被恢复的效果，必须采取灌、藤、草相结合。植草主要是保证前期效果，后期效果主要依靠灌、藤植物的生长。植物选择的原则以达到了边坡治理永久为目的，同时满足一定的景观要求。

（4）植物种子配比草本：矮生百慕大，5 g/m^2；柱花草，6 g/m^2；

7.2.4　需注意的几个问题

（1）确保客土喷播所用草种适应本地气候条件和客土喷播工艺，种子具有良好的发芽率，发芽后能够正常生长发育。

（2）在客土喷播之前，清理边坡，做好喷播的准备工作。按照施工技术要求采用质量优良的原材料加工有机基材。

（3）客土喷播工作由有经验的专业施工人员操作，由专职管理人员做指导，确保工程质量。

（4）采用各项检测仪器实时检测，确保施工中的质量控制。

（5）定期浇水、施肥及防治病虫害，确保植物正常、健康生长。

（6）在施工之前，以设计图纸为依据，按质按量挂好铁丝网，责任落实到人。按照施工技术要求，采用质量优良的原材料加工有机基材。

（7）确保所用草种适应本地气候条件和客土喷播工艺，种子具有良好的发芽率，发芽后能够正常生长发育。

（8）边坡施工工作由有经验的专业施工人员操作，由专职管理人员做指导，确保工程质量。

（9）及时进行缺陷修补、养护工作。如果在施工过程中，由于客观原因影响了边坡的绿化效果，需及时进行缺陷修补工作，确保工程的质量和景观的效果。

机械设备的正常运转，在客土喷播和喷混植生中，良好的设备是至关重要的，因此保证机械设备的良好运转是重要保证。工程施工过程可能遇到多雨、台风季节，常常出现大到暴雨，甚至台风的影响。由于在野外施工，天气因素对施工产生比较明显的影响，为了施工的顺利如期进行，需制订周详的施工进度计划，并严格按照施工计划执行。进入施工现场，安全设施及施工器具必须配备齐全，佩带合乎规范要求。在边坡上施工的工作人员必须头戴安全帽，系好保险带、绑好安全绳，杜绝使用有安全隐患的装备。

7.2.5　高寒地区边坡绿化养护

1. 边坡绿化技术的功能

（1）提高边坡的稳定性边坡绿化技术主要是采用植被种植技术来对边坡进行防护，起到保持水土和稳定边坡的效果。植被可以有效地拦截雨水、固结土壤以及减缓径流，降低降雨对边坡的冲击，使土壤的透水能力加强，减少地面径流。植被在土壤表层形成的网状构造物可以缚紧周围土壤，提高边坡稳定性。

（2）恢复植被，保护环境边坡绿化技术可以迅速恢复自然植被，保护边坡的自然环境，防止水土流失，维持当地的生态环境。边坡植被可以通过光合作用来吸收二氧化碳，制造和释放氧气，保持边坡沿线空气的清新，达到吸收尾气和飘尘，净化环境以及改善空气质量的目的。

（3）形成成熟的生态系统边坡绿化技术通过对植被的规划和种植，可以带动其他植物以及土壤微生物在坡岸的相继生长，原始的初级生物量可以得到持续的增长，成熟稳定的生态环境得以建立，这样的生态环境还可以维护当地生态环境的多样性。

（4）高速公路的大量的挖方填方形成了边坡，因为边坡是裸露在外的，这将导致如水土流失、滑坡、泥石流等许多环境问题。原有地带的生态平衡也由于边坡的形成导致破坏，边坡土壤环境、水土保持能力差，依靠自然环境自身的修复功能难度很大，需要花漫长的时间。因此经过绿化过的公路边坡首先必须达到的要求就是要有利于水土保持，从而避免地表径流对公路边坡的冲刷，同时补充的绿化植被也有利于高速公路边坡自身的生态环境恢复。在种植植被时，我们应该根据土壤的结构选择适宜的植被，以便植被能在恶劣的环境下生存。选择土方时也应注意，充分考虑植被生长的环境，给植被提供充足的养分。根据环境因素，土壤的结构最好比较细小，并保持土壤原生态，避免遭到人为的破坏，土壤的营养要足够丰富，保证植被健康生长。

2. 植物配置模式

高寒地区边坡绿化随着经济社会发展和科技进步，产生了多种植物配置模式。具体可以分为草花型、灌草型、草灌乔混播型、悬垂与爬藤型，一般都要满足根系发达、耐旱、耐贫瘠等要求。

1）草花型

通常高速公路边坡上采用的草坪植物主要为禾本科和豆科的高羊茅、狗牙根、草地早熟禾，百喜草、弯叶画眉草、白三叶、紫花苜蓿等。作为花卉点缀的通常为二月兰、波斯菊等菊科和十字花科植物。

2）乔灌草型

灌草型在草花型的基础上引入了灌木，通常采用的播种乔灌木有胡枝子、截叶胡枝子、、锦鸡儿、柠条、紫穗槐、多花木兰、伞房决明、黄荆、小叶女贞和盐肤木等。移栽灌木有海桐、松树等。灌草型可以在短期内实现成坪，植被全覆盖，随着时间推移，乔灌木取代先锋草本植物，经过长期演化，最终完全被乡土植物取代。

3. 养护管理

养护工作的好坏与重视是一项工程设计、施工质量后的关键一步，是体现各种成果的重要指标，是关系城市文明、社会发展程度的重要参数。三分种七分养，养护是一门科学、理论、实践相结合的工作，养护管理人员必须具备专业性、责任性、创新性为一体的素质。养护管理工作可以简单分为浇水、施肥、病虫害防治等内容。

1）浇水灌给

专业人员必须了解熟悉植物特性，气候状况，以及施工时现场地形地貌等，分析土壤的结构，调节土壤水分是护坡工作的重要工作，水多容易烂根死亡，水少容易导致干旱，土壤板结，对植物生长不利。合理安排控制浇水量与时间，避开中午高温时节段工作，根据植物干旱程度，实行不干不浇、浇则浇透的原则，对新施工的草地与灌木浇水更要注意其水量大小，严禁冲刷。留用优质水源，切忌含油、污染或化学成分的水进行灌给。

2）施　肥

有利于植物的成长与抗性的增大，是成果快速呈现的坚强后盾。市场上有天然有机肥与无机肥料之分。天然有机肥如人类、动物的粪尿、堆肥泥碳合成，富含氮磷钾三要素，还有其他微量元素，使用有机肥料有助于土壤团粒结构的形成，改善土壤理性指标，使用时还需熟化处理，才能被植物健康吸收，否则，及易伤害根系，造成财产损失。复合肥是市场上普遍应用，氮磷钾三种主要元素以外，不但价格便宜，运输简单，而且使用效果理想。一般采取根部施肥或者叶面追肥。

3）病虫害防治

植物病害分生理性与传染性病害。虫害一般分地上害虫与地下之分。生理性病害主要表现叶子变色、畸形、生长缓慢、矮小、枯黄萎缩等。传染性病害分为真菌感染与细菌感染、病毒感染等。真菌感染部位产生不同颜色的粉状物，如白色粉末、黑粉、绣粉，霉变如青霉、赤霉、灰霉等症状，病原部产生各种形状、大小、有颜色小颗粒、或者分生包子，子座等特征。病毒感染主要表现由于病毒侵入而退色、变形，导致植物丛枝，开花、卷叶、矮化等症状。如多年生黑幕麦草花叶病、高羊茅花叶病等。病虫害防治通过物理防病治和化学防治为主。常用的化学药剂有：杀菌剂、杀虫剂、杀线虫剂及熏蒸剂，使用方式有喷雾、喷粉、常见的杀菌剂为保护剂与内吸杀菌剂。地下害虫与地上害虫之分，使用不同化学防治及物理预防处理效果明显。化学农药根据昆虫不同使用不同药物治理，保护生态鸟类，控制害虫扩张。

高寒地区边坡绿化主要起到护坡、稳定路基、减少水土流失和丰富路域景观的目的，在对边坡绿化时，设计要与安全、美观、环保和防护功能结合起来，多采用植草种花和衬砌进行护坡。在施工时，要满足施工技术要求，注意边坡环境与植物生长环境相结合，工程措施与植物措施相结合。施工完成后，加强养护管理。高速公路边坡绿化工艺的研究对于边坡防护、生态恢复、景观营造具有重要意义，使生态效益、社会效益和经济效益高度统一，创造真正的生态环境。

第三篇

路面篇

8

高原寒区高速公路路面施工关键技术

8.1 级配碎石底基层施工

路面结构方案：工程项目行车道、路缘带及硬路肩面层采用三层结构。面层形式为上面层：4 cm 改性沥青玛蹄脂碎石 SMA-13；中面层：6 cm 中粒式 SBS 改性沥青混凝土 AC-20C；下面层：8 cm 粗粒式沥青混凝土 AC-25C；下封层：6 mm 改性乳化沥青稀浆封层。基层采用 15 ~ 39 cm 水泥稳定碎石，底基层采用 15 ~ 20 cm 厚的级配碎石，路缘带及硬路肩路面结构与行车道相同。

8.1.1 准备工作

1. 准备下承层

路槽不论路堤或路堑，采用不小于 70 吨的重型压路机进行碾压强压检验。在碾压过程中，如发现土过干、表层松散，应适量洒水；如土过湿、发生“弹簧”现象，采取挖开晾晒、换土、掺石灰或粒料等措施进行处理；对路槽强度（可通过压实度和弯沉测定结果判定）不符合设计要求的路段，根据具体情况，分别采用补充碾压、换填好的材料、挖开晾晒等措施，使路槽强度达到标准。

底基层铺筑前，对路基的高程、中线、宽度、横坡度和平整度等外形进行全面检查，对于采用预压处理地基的路段，当预压期末，高程低于路床顶面设计高程超过 10 cm 时，则采用 8%石灰处治土碾压至设计高程（压实度大于 96%），以使路基能满足设计要求。

2. 材　料

级配碎石采用预先筛分的几组不同粒径碎石及 4.75 mm 以下的石屑组配而成，级配碎石采用的集料应石质坚硬、清洁、不含风化颗粒。集料质量技术指标要求见表 8-1。

表 8-1　级配碎石集料质量技术要求

检验项目		技术要求
石料压碎值	不大于/%	30
针片状颗粒含量	不大于/%	20
细集料水洗法（0.075 mm 颗粒含量）	不大于/%	7
软石含量	不大于/%	5

3. 测　量

在下承层上恢复中线。直线段每隔 10 ~ 20 m 的距离设置一个桩，平曲线线段 5 ~ 10 m 设一桩，沿路面中心线和路面两侧边缘处置样桩，标出混合料的松铺厚度和标高的控制基准线。

8.1.2 拌 制

在正式拌制级配碎石混合料之前，先调试所用的拌合设备，使混合料的颗粒组成和含水量都达到规定的要求。

8.1.3 运 输

每天开工前，检查车况，装料前将车厢清洗干净。保证运输车辆数量能满足拌和出料与摊铺需要，并略有富余。运输过程中将车上的混合料覆盖，以减少水分损失。

8.1.4 摊 铺

（1）摊铺前将底层适当洒水湿润。

（2）摊铺前检查摊铺机各部分运转情况，而且每天坚持重复此项工作。

（3）严格控制厚度和高程，保证路拱横坡度满足设计要求。

（4）摊铺机宜连续摊铺，禁止摊铺机停机待料。级配碎石混合料摊铺采用两台摊铺机梯队作业，一前一后应保证速度一致、摊铺厚度一致、松铺系数一致、路拱坡度一致、摊铺平整度一致、振动频率一致等，两机摊铺接缝平整。

（5）摊铺机的螺旋布料器应有三分之二埋入混合料中。

（6）在摊铺机后面设专人消除粗细集料离析现象，铲除局部粗集料“窝”，并用新拌混合料填补。

8.1.5 碾 压

底基层整形后，当混合料的含水量等于或略大于最佳含水量时，立即用振动压路机或重型压路机进行碾压，碾压工艺为：稳压（静压、遍数适中，压实度达到 90%）→轻振动碾压→重振动碾压→胶轮稳压（压至无轮迹为止）。

碾压过程中，做到稳压充分，振压不起浪、不推移。直线段由两侧路肩开始向路中心碾压，在有超高的路段上，由内侧路肩开始向外侧路肩进行碾压。在已完成的底基层上用灌砂法进行压实度检验并按规范规定进行实测项目的检测，在各项指标均符合规范要求后进行下道工序的施工。

8.1.6 横缝的设置

级配碎石混合料摊铺时，宜连续作业不中断。每天收工之后，第二天开工的接头断面设置横缝；每当通过桥涵，特别是明涵、明通，在其两边设置横缝。

横缝的处理方法：第一段摊铺后预留 5 ~ 8 m 不进行碾压，第二段施工时，前段留下未压部分与第二段一起拌和后进行碾压，当含水率较低时应适当洒水进行碾压。

8.1.7 交通管制

施工完成的级配碎石采取交通管制，避免雨天时载重车辆通行。

8.2 水泥稳定碎石基层施工

水泥稳定碎石施工时，按流水作业法组织，使各工序紧密衔接。控制重点是要尽量缩短从拌和到完成碾压之间的延迟时间。在施工前做延迟时间对强度影响的试验，以确定合适的延迟时间。

8.2.1 准备工作

1. 准备下承层

（1）清除作业面表面的浮土等杂物，并将作业面表面洒水湿润。

（2）开始摊铺的前一天要进行测量放样，按摊铺机宽度与传感器间距，一般在直线上间隔为 10 m，在平曲线上为 5 m，做出标记，并打好导向控制线支架，根据松铺系数算出松铺厚度，决定导向控制线高度，挂好导向控制线。

（3）下层水泥稳定碎石施工结束 7 d 后方可进行上层水泥稳定碎石的施工。两层水泥稳定碎石施工间隔不长于 30 d。施工时也可以采用分两层摊铺碾压，同步养生的方法。

（4）若上下基层不连续摊铺施工，层间喷洒水泥浆以加强粘结，水泥浆用量为 1.0 ~ 1.5 kg/m^2。

2. 材　料

1）水　泥

水泥选择初凝时间 3 h 以上和终凝时间较长（大于 6 h）的普通硅酸盐水泥，且各项指标满足要求的强度等级为 32.5、42.5 的水泥。不得使用快硬水泥、早强水泥及受潮变质的水泥。

采用散装水泥，在水泥进场入罐时，要停放 7 d，安定性合格后才能使用；夏季高温作业时，水泥温度不能高于 50 °C，否则，采取降温措施。

2）碎　石

水泥稳定级配碎石粗集料采用预先筛分的几组不同粒径碎石及石屑组配而成，采用石质坚硬、清洁、不含风化颗粒的集料，选用反击式破碎机扎制的碎石，碎石的最大粒径为 31.5 mm，宜按粒径 9.5 ~ 31.5 mm、4.5 ~ 9.5 mm、2.36 ~ 4.75 mm 和 0 ~ 2.36 mm 四种规格备料。

碎石压碎值≤28%，粗集料针片状含量应不大于 18%（宜不大于 15%）、碎石中小于 0.6 mm 的颗粒必须做液限和塑性指数试验，要求液限小于 28%，塑性指数小于 9。合成碎石的颗粒组成应符合表 8-2 中的规定。

表 8-2　水泥稳定碎石混合料中合成碎石的颗粒组成

筛孔	31.5	19	9.5	4.75	2.36	0.6	0.075	液限/%	塑性指标/%
组成	100	68 ~ 86	38 ~ 58	22 ~ 32	16 ~ 28	8 ~ 15	0 ~ 5	＜28	＜9

3）水

凡饮用水皆可使用，如遇到不明水源，应委托有关部门化验鉴定。

8.2.2 拌　和

（1）开始拌和前，拌和场的备料应能满足 5 d 以上的摊铺用料。

（2）每天开始拌和前，检查场内各处集料的含水率，计算当天的配合比，外加水与天然含水率的总和要比最佳含水率略高。

（3）每天开始拌和之后，按规定取混合料试样抽查级配和水泥剂量；随时在线检查配合比、含水率是否变化。高温作业时，早晚与中午的含水率要有区别，要按温度变化及时调整。

（4）拌和机出料配备带活门漏斗的料仓，由漏斗出料直接装车运输，装车时车辆前后移动，至少分 3 次装料，避免混合料离析。

8.2.3 运　输

运输车辆在每天开工前检查车况，装料前应将车厢清洗干净。保证运输车辆数量满足拌和出料与摊铺需要，并略有富余。混合料拌成后尽快运送到铺筑现场。运输过程中对混合料进行覆盖，以减少水分损失。当车内混合料不能在初凝时间内运到工地摊铺压实，必须予以废弃。

8.2.4 摊　铺

（1）摊铺前应将底基层适当洒水湿润。对于下承层表面，应喷洒水泥净浆。

（2）摊铺前应检查摊铺机各部分运转情况，而且每天坚持重复此项工作。

（3）严格控制基层厚度和高程，保证路拱横坡度满足设计要求。

（4）摊铺机宜连续摊铺，禁止摊铺机停机待料。根据经验，摊铺机的摊铺速度一般宜在 1.5 m/min 左右。

（5）基层混合料摊铺采用两台摊铺机梯队作业，一前一后应保证速度一致、摊铺厚度一致、松铺系数一致、路拱坡度一致、摊铺平整度一致、振动频率一致等，两机摊铺接缝平整。

（6）摊铺机的螺旋布料器应有 2/3 埋入混合料中。

（7）在摊铺机后面应设专人消除细集料离析现象，特别应该铲除局部粗集料“窝”，并用新拌混合料填补。

8.2.5 碾　压

水泥稳定碎石基层压实机械为 CA30、CA25D 压路机。混合料整型后立即用振动压路机进行碾压。碾压工艺为：稳压（遍数适中，压实度达到 90%）→轻振动碾压→重振动碾压→胶轮稳压（压至无轮迹为止）。碾压完成后用灌砂法检测压实度。

8.2.6 横缝设置

水泥稳定碎石混合料摊铺时，应连续作业，如因故中断时间超过 2 h，则设置横缝。每天收工之后，第二天开工的接头断面也要设置横缝。横缝与路面车道中心线垂直设置，接缝断面应是竖向平面。

8.2.7 养生及交通管制

（1）应将麻布或透水无纺土工布湿润，然后人工覆盖在碾压完成的基层顶面。覆盖 1 h 后，再用洒水车洒水。在 7 d 内应保持基层处于湿润状态，14 d 内正常养护。养生结束后，必须将覆盖物清除干净。

（2）用洒水车洒水养生时，洒水车的喷头要用喷雾式，不得使用高压式喷管，以免破坏基层结构，每天洒水次数应视气候而定，整个养生期间应始终保持水泥稳定碎石层表面湿润。

（3）基层养生期不应少于 7 d。养生期内洒水车必须在另外一侧车道上行驶，工人手持水龙带，跨过中分带喷洒养生水。

（4）在养生期间采取封闭交通。

8.3 透层、封层、粘层施工

8.3.1 材料要求

1. 改性乳化沥青

封层采用改性乳化沥青稀浆封层。下面层与中面层、中面层与上面层之间均喷洒粘层沥青，采用改性乳化沥青，其技术指标应符合表 8-3 的要求。

表 8-3 改性乳化沥青技术要求

<table>
<tr><th colspan="3">检验项目</th><th>单位</th><th>技术要求</th></tr>
<tr><td>筛上剩余量（1.18 cm）</td><td colspan="2">不大于</td><td>%</td><td>0.1</td></tr>
<tr><td colspan="3">电荷</td><td></td><td>阳离子（+）</td></tr>
<tr><td colspan="3">破乳速度试验</td><td></td><td>慢裂</td></tr>
<tr><td rowspan="2">黏度</td><td colspan="2">思格拉黏度 E25</td><td></td><td>1～0</td></tr>
<tr><td colspan="2">道路沥青标准黏度计 C25.3</td><td>s</td><td>10～25</td></tr>
<tr><td>蒸发残留物含量</td><td colspan="2">不小于</td><td>%</td><td>53</td></tr>
<tr><td rowspan="5">蒸发残留物性质</td><td colspan="2">针入度（25 °C，100 g，5 s）tn</td><td></td><td>80～130</td></tr>
<tr><td>软化点</td><td>不小于</td><td>°C</td><td>50</td></tr>
<tr><td>延度（5 °C）</td><td>不小于</td><td>cm</td><td>30</td></tr>
<tr><td>弹性恢复（25 °C）</td><td>不小于</td><td>%</td><td>60</td></tr>
<tr><td>动力黏度（60 °C）</td><td>不小于</td><td>Pa·s</td><td>500</td></tr>
</table>

续表

检验项目			单位	技术要求
储存稳定性	5 d	不小于	%	5
	1 d	不小于	%	1
与矿料的黏附性，裹覆面积		不小于		2/3
低温储存稳定性（-5 °C）				无粗颗粒或结块

附注：根据已建高速公路有关科研项目的研究成果，为提高下封层或粘层的乳化 SBS 改性沥青的施工性能（以利喷洒及增加喷洒均匀性）及与下卧层的粘结性能（增加一定的渗透性），蒸发残留物针入度调整为 80～130（规范规定值为 40～100）。

2. 乳化沥青

为使沥青面层与水泥稳定碎石基层结构连续以及整体受力，各类基层都喷洒透层油，透层油采用 PC-2 阳离子乳化沥青，其技术标准应符合下表 8-4。

表 8-4　乳化沥青技术要求

检验项目			单位	技术要求	试验方法
				PC-2	
筛上剩余量（1.18 cm）	不大于		%	0.1	T0652
电荷				阳离子（+）	T0653
破乳速度试验				慢裂（透层）	T0658
黏度	思格拉黏度 E25			1～6	T0622
	沥青标准黏度计 $C_{25,3}$		s	8～20	T0621
蒸发残留物含量	不小于		%	50	60
蒸发残留物性质	针入度（25 °C，100 g，5 s）tn			50～300	T0604
	软化点	不小于	°C		T0606
	延度（15 °C）	不小于	cm	40	T0605
	溶解度（二氯乙烯）	不小于	%	97.5	T0662
储存稳定性/%	5 d	不大于	%	5	T0655
	1 d	不大于	%	1	
与粗集料的黏附性，裹覆面积		不小于		2/3	T0654

8.3.2　稀浆封层施工

稀浆封层施工前，应彻底清除原路面的泥土、杂物，修补坑槽、凹陷，较宽的裂缝宜清理灌浆，施工垃圾、松散粒料等清扫干净，用鼓风机将表层无法清扫的松散粒料、灰尘、水等吹干净，油污用清洁剂清理干净。稀浆封层的最低施工温度不得低于 10 °C，严禁在雨天施工，摊铺后尚未成型的混合料遇雨时应予铲除。稀浆封层两幅纵缝搭接的宽度不宜超过 80 mm，横向接缝宜做成对接缝。稀浆封层铺筑后的表面不得有超粒径料拖拉的严重划痕，横向接缝和纵向接缝处不得出现余料堆积或缺料现象，在破乳后，用胶轮压路机进行碾压，使封层密实、不渗水，具体碾压开始时间根据施工现场实际情况确定。经养生和初期交通碾压稳定的稀浆封层在行车作用下保证不飞散和完全密水。

8.3.3 透层施工

喷洒透层油前应清扫路面，遮挡防护路缘石及人工构造物以避免污染，透层油宜采用智能型沥青洒布车喷洒，并选择合适的喷嘴，洒布速度和喷洒量保持稳定，且必须洒布均匀，如有花白遗漏应人工补洒，喷洒过量的立即撒布石屑或砂吸油，必要时作适当碾压。透层油洒布后不能在表面形成能被运料车和摊铺机粘起的油皮，透层油达不到渗透深度小于 5 mm 要求时，应更换透层油稠度或品种。

8.3.4 粘层施工

粘层油采用智能型沥青洒布车喷洒，并选择适宜的喷嘴，洒布速度和喷洒量保持稳定。气温低于 10 °C 时不得喷洒粘层油，路面潮湿时不得喷洒粘层油，用水洗刷后需待表面干燥后喷洒。喷洒粘层油须成均匀雾状，在路面全宽内均匀分布成一薄层，不得有洒花漏空或成条状，也不得堆积喷洒不足的要补洒，喷洒过量处应刮除。喷洒粘层油后，严禁除运料车外的其他车辆和行人通过。粘层油宜在当天洒布，待乳化沥青破乳、水分蒸发完成，或稀释沥青中的稀释剂基本挥发完成后，紧跟着铺筑沥青层，确保粘层不受污染。

8.4 沥青混凝土面层施工

8.4.1 沥青路面施工前的准备

面层施工前做好下承层的检查与清扫，检查下承层的高程、平整度、平面线形、宽度等工程质量，对下承层局部质量缺陷按规定进行修复。将下层表面浮动矿料扫至路面以外，表面杂物清扫干净，灰尘冲洗干净。施工前对施工机具进行全面检查、调整，保证设备处于良好状态，特别是拌和楼、摊铺机、压路机及计量设备。配备有充分的电源和备份设备，保证在一个施工工作日内不会因停电或某一设备的故障而造成生产中断。

8.4.2 混合料的拌制

（1）拌和场规划完备的排水设施，各种集料分仓储存，细集料设防雨顶棚，料场机场内道路做硬化处理，避免泥土污染集料。

（2）沥青混合料采用间隙式拌和机拌和，拌和机安装防止矿粉飞扬散失的密封性能及除尘设备，并设检测拌和温度的装置和自动打印装置。在拌和过程中应逐盘打印沥青及各种矿料的用量、拌和温度，并定期对拌和楼的计量和测温进行校核。每天应用拌和总量检验矿料的配比和沥青含量的误差，并对照抽提沥青用量数据每天提供书面报告，报告由监理签认。

（3）间歇式拌和机宜备有保温性能好的成品储料仓，储存过程中混合料温降不得大于10 °C，且不能有沥青滴漏。普通沥青混合料的储存时间不得超过 72 h，改性沥青混合料的储存时间不得超过 8 h。

（4）沥青混合料的拌和应保证沥青结合料先于矿粉进入搅拌仓。

（5）AC-20 混合料拌和时，在添加集料的同时将抗车辙剂投入拌锅搅拌均匀，尽量采用自动称量添加设备，也可以采用人工投放方式，但用量必须控制准确。

（6）混合料拌和以均匀为准，拌和时间按下表控制。

表 8-5 混合料拌和时间要求

混合料类型	干拌时间	每盘拌和时间
SMA-13	不少于 10 s	不少于 55 s
AC-20C（添加抗车辙剂）	不少于 10 s	不少于 55 s
AC-25C	不少于 5 s	不少于 50 s

（7）严格控制混合料拌和温度，各类型混合料拌和温度参见下表 8-6。

表 8-6 混合料拌和温度要求

混合料类型	沏青加热温度/°C	矿料加热温度/°C	出料温度/°C
SMA-13	155 ~ 165	150 ~ 160	150 ~ 16CTC
AC-20C（添加抗车辙剂）	160 ~ 170	175 ~ 185	155 ~ 175

（8）在施工过程中，每日取样 2 次进行混合料检验。

（9）混合料应均匀一致、无花白料、无结团块或严重的粗细料分离现象，不符合要求不得使用。

8.4.3 混合料的运输

（1）沥青混合料运输车宜采用大吨位自卸汽车运输，运量应较拌和能力和摊铺速度有所富余，摊铺机前方应有五辆运料车等候卸料。

（2）采用数字显示插入式热电偶温度计（必须经常标定）检测沥青混合料的出厂温度和运到现场温度。插入深度要大于 150 mm。

（3）拌和机放料时，汽车应前后移动，按前、后、中的顺序分三堆装料，以减少粗集料的分离现象。

（4）运输时，运料车用完整无损的双层蓬布覆盖（下层紧贴混合料，上层将车厢顶部、两侧及后部包裹严实），以达到保温防雨和避免污染环境的效果。车厢底部涂刷一层油水（柴油：水=1：3），以防止混合料粘在车厢底板上，但不得有余液积聚在车厢底部。

（5）连续摊铺过程中，运料车在摊铺机前 10 ~ 30 cm 处停住，不得撞击摊铺机。卸料过程中运料车挂空挡，靠摊铺机推动前进。运料车卸料时保持篷布覆盖。

8.4.4 混合料的摊铺

（1）采用两台摊铺机梯队摊铺，以提高摊铺层均匀性和压实度。摊铺机的摊铺速度根据拌和机的产量、施工机械配套情况及摊铺厚度，按 2 ~ 3 m/min 予以调整，做到缓慢、均匀、不间断地摊铺。前摊铺机过后，摊铺层纵向接缝上应呈斜坡，后面摊铺机应跨缝 10 ~ 20 cm 摊铺。两台摊铺机距离不超过 10 m。

（2）摊铺机应调整到最佳工作状态，调试好螺旋布料器两端的自动料位器，并使料门开度、链板送料器的速度和螺旋布料器的转速相匹配。摊铺前应将熨平板预热至规定温度（不低于 100 °C），摊铺时熨平板应采用中强夯等级，使铺面的初始压实度不小于 85%。摊铺机熨平板必须拼接紧密（可临时平整焊接），不许存有缝隙，防止卡入粒料将铺面拉出条痕。

图 8-1　两台摊铺机梯队作业

（3）摊铺时，上面层及中面层采用非接触式平衡梁装置控制摊铺厚度，下面层采用钢丝引导控制高程。

（4）混合料未压实前，施工人员不得进入踩踏。

（5）摊铺选择在当日高温时段进行，路表温度低于 15 °C 时不宜摊铺。摊铺遇雨时，立即停止施工，并清除未压实成型的混合料。遭受雨淋的混合料应废弃，不得卸入摊铺机摊铺。

8.4.5　混合料的碾压

混合料的压实，按初压、复压、终压（包括成型）三个阶段进行，初压采用钢轮振动压路机（静）紧跟摊铺机后进行，以稳定混合料。复压用压路机紧接在初后进行，以使混合料稳定、密实。终压用压路机紧接在复压后进行，以消除轮迹，压实成型。每个阶段，接沥青混合料摊铺平整后，应及时碾压。碾压分初压、复压、终压各阶段的不同目的和要求，分别采用不同碾压方式，各阶段碾压应紧密衔接，不得中途停顿。

（1）碾压应遵循紧跟、慢压、高频、低幅的原则进行。混合料摊铺后必须紧跟着在尽可能高温状态下开始碾压，配备足够数量的压路机，压路机数量不宜少于 5 台。遇气温低、风大、碾压层厚度小时，适当增加压路机数量。

（2）碾压段长度控制在 20 ~ 30 m 范围，同类压路机并列成梯队压实，不宜采用首尾相接的纵列碾压方式。

图 8-2　沥青混合料碾压

（3）碾压温度应符合《公路沥青路面施工技术规范》（JTG F40—2004）的要求，不得在低温状态下反复碾压，防止磨掉石料棱角、压碎石料，破坏石料嵌挤。

（4）压路机应匀速碾压，碾压速度随初压、复压、终压及压路机的类别而不同，可参照表 8-7 通过铺筑试验路段确定。

表 8-7　压路机碾压速度　　单位：km/h

压路机类型	初压		复压		终压	
	适宜	最大	适宜	最大	适宜	最大
钢轮式压路机	2 ~ 3	4	3 ~ 5	6	3 ~ 6	6
轮胎压路机	2 ~ 3	4	3 ~ 5	6	4 ~ 6	8
振动压路机	2 ~ 3（静压）	3（静压）	3 ~ 4.5（振动）	5（振动）	3 ~ 6（静压）	6（静压）

（5）压实遍数：

① 初压，采用钢轮压路机静压 1 ~ 2 遍，若摊铺后初始压实度较大，可减少初压遍数。

② 复压，压实遍数应达到 4 ~ 6 遍，相邻碾压带重叠 1/3 ~ 1/2 的碾压轮宽度。其中改性沥青 SMA-13 路面采用钢轮压路机碾压，碾压遍数不低于 4 遍，以玛蹄脂不上浮为标准，严禁使用轮胎压路机碾压。改性沥青 SMA-13 路面采用振动压路机碾压时，压路机轮迹的重叠宽度不应超过 20 cm，当采用静载压路机时，压路机的轮迹应重叠 1/3 ~ 1/4 碾压宽度。

③ 终压，选用双钢轮压路机碾压 2 遍以上，至无明显轮迹为止。最后用 1 台钢轮压路机在重压温度以上完成消迹碾压。

（6）对松铺厚度、碾压顺序、碾压遍数、碾压速度及碾压温度设专岗检查。改性沥青 SMA-13 路面应严格控制碾压遍数，在压实度达到马歇尔密度的 98%以上，或者路面现场空隙率不大于 6%后，不再作过度碾压。如碾压过程中发现有沥青马蹄脂上浮或石料压碎、棱角明显磨损等过碾压的现象时，应停止碾压。

（7）压路机均设有自动喷水装置，由专人负责。不得向压路机轮表面喷涂油类或油水混合液，需要时可喷涂清水或皂水。

（8）路面压实完成 24 h 后，方能允许施工车辆通行。

8.4.6 施工接缝的处理

（1）纵向施工缝：对于采用两台摊铺机成梯队联合摊铺方式的纵向接缝，应在前部已摊铺混合料部分留下 10 ~ 20 cm 宽暂不碾压作为后高程基准面，并有 5 ~ 10 cm 的摊铺层重叠，以热接缝形式在最后作跨接缝碾压以消除缝迹。上中层纵缝应错开 15 cm 以上。

（2）横向施工缝：全部采用平接缝。用 3 m 直尺沿纵向位置，在摊铺段端部的直尺呈悬臂状，以摊铺层与直尺脱离接触处定出接缝位置，用锯缝机割齐后铲除；继续摊铺时，应将接缝锯切时留下的灰浆擦洗干净，涂上少量粘层沥青，摊铺机熨平板从接缝后起步摊铺；碾压时用钢筒式压路机进行横向压实，从先铺路面上跨缝逐渐移向新铺面层。

（3）横向施工缝应远离桥梁伸缩缝 20 m 以外，不许设在伸缩缝处，以确保伸缩缝两边路面表面的平顺。

8.4.7 交通管制及其他

（1）沥青路面应待摊铺层完全自然冷却到周围地面温度时（最好隔夜），才可开放交通。

（2）当摊铺时遇雨或下层潮湿时，严禁进行摊铺工作，对没经压实即遭雨淋的沏青混合料（已摊铺）应全部清除更换新料。

（3）在 SMA 路面碾压成型过程中，路面可能会出现油斑，当油斑直径大于 5 cm 时，应及时在油斑区域铺洒机制砂。摊铺后即出现的油斑，应在碾压之前铲除、换填。油斑的产生可能是纤维掺加剂拌和不均匀所致，因此需检查纤维加入量是否正确，拌和时间是否够长；当由于碾压过度产生油斑时，应正确掌握碾压遍数及振动力的大小；过高的用油量也会产生油斑，因此要及时检查拌和楼沥青计量器的准确性；拌和料（特别是纤维掺加剂）及路表含有一定的水分，也会产生油斑，因此掺加剂必须干燥。

8.5 路面排水及路缘石施工

1. 中央分隔带排水

渗沟中纵向埋设 ϕ80 mm 塑料滤水管，采用碎石作为透水材料，其余部分采用回填土填筑，渗沟顶部铺设反虑土工织物，沟底及周壁包裹隔渗土工织物隔渗层，以免渗入水携带的细粒将渗沟堵塞。横向排水管采用 ϕ110 mm HDPE 密闭不透水塑料管，坡度不得小于 3%，设置间距 50 m。在路面底层压实达到要求后施工，为保证排水管不被车辆或施工机械压裂，其管底应与基层底面齐平。

2. 超高路段路面排水的施工

主线超高路段内侧路面排水，设置矩形集水沟。集水沟采用 C25 砼现浇，盖板为 C30 砼预制，每块长 50 cm。集水井联接横向排水管将纵向渗沟与纵向集水沟水排出路基，设置间距为 75 m。沥青路面层施工前先盖上盖板，防止沥青材料落入沟中，路面施工完毕，重新撬开盖板并彻底清理干净。主线超高路段外侧路面排水时，超高地段路面水，流进设在超高外侧路缘带内的纵向排水沟，汇入集水井，通过 ϕ40 cm 横向排水管，经急流槽流入排水沟。

3. 路缘石

路缘石集中在预制场内预制，用自卸汽车运送至施工现场。

路缘石采用水泥砂浆砌筑安装，安装时必须挂线施工，安装后勾 0.5 cm 宽的缝。水泥砂浆采用 0.35 m^3 移动式搅拌机拌制，随拌随用。采用挤浆法砌筑，要求砂浆饱满。路缘石标高一致，线形顺畅，无折角，顶面平整，不得阻水。

路缘石安装完成，经过养生后，进行中央分隔带种植土回填和路肩回填。后天是适当补充含水量，压实采用手扶式小型压路机压实，保证压实密度。

8.6 高原寒区高速公路路面养护技术

8.6.1 路面养护管理的意义

路面在使用过程中由于车辆荷载作用、气候影响或路面本身的老化，会逐渐出现损坏，其使用性能逐渐变坏。为使路面经常处于完好状态，或者使出现局部损坏的路面恢复原状，所采取的预防性或修补性措施称作路面养护。路面的好坏，直接影响到公路运输效益和行车安全。因此，必须做好预防性和经常性养护，发现缺陷，要弄清原因，及时采取维修措施，以保持路面状况的完好，降低车辆的运行费用和保证行车安全。

路面管理是应用系统分析的方法，综合考虑技术、经济、社会和政治等方面的因素，协调各项路面管理活动。它是从道路有关数据的采集、整理和分析，到根据具体情况建立相关的数学模型，最后提出和编制相应的道路维修、养护乃至改建计划，并使计划得以实施的整个过程。路面管理的目标是在有限的资源（资金、劳动力、材料、能源等）下，以最低的消耗提供并维持路面在预定使用期内具有足够的服务水平，充分发挥道路的使用功能。

8.6.2 路面养护管理的对策

1. 重视日常养护管理工作

长期以来，人们对路面的日常养护管理工作重视不够，使道路路面的使用效益没有充分发挥，造成国家资源的浪费。特别是对于水泥混凝土路面，往往认为可以“一劳永逸”，二三十年内不需要养护，有的甚至把水泥混凝土路面的养护费用移作它用，以至需要经常养护维修的内容，例如接缝的填缝、接缝材料的更新、缝中杂物的清除、裂缝及边角损坏的修补等得不到及时的养护和维修，而造成水泥混凝土路面的早期损坏。

水泥混凝土路面的养护工作量小、费用低是其优点。但工作量小，不等于不需要养护；费用低，不等于可不安排养护所必需的费用。实践和研究表明，路面过早的破坏在很大程度上是由于水渗入路面基层，导致基层湿软、冲刷、强度降低而引起的。因此，一定要把日常的养护工作抓好，以免“因小失大”。

2. 制订养护维修计划

在现有的道路路面中，有部分路面，特别是早期修建的路面，不能适应当前繁重的交通，需要更新。为提高养护费用的投资效益和合理利用资金，养护部门应建立起路面养护管理信息系统，并根据养护管理系统所提供的静态数据、路面损坏程度、范围和位置等，以及对路面今后的使用要求、交通量增长和养护资金等，本着轻重缓急的原则，制定局部维修和大、中修计划。同时，要对各种养护维修方案进行技术经济比较，以选择经济合理、切实可行的维修方案。

3. 进一步加强养护维修新技术、新材料、新工艺的研究和推广应用

尽管近几年来路面的维修养护技术有了较大进步，一些性能优良的新型路面修补材料得到了较大范围的推广应用，修补工艺也有很大改善，但有些路面病害的处理，如裂缝修补、断板处治、罩面后的反射裂缝防治等仍需进一步开展研究。已有的一些经过实践验证过的研究成果，要大力推广应用。路面的修补，应以操作简单、成本低廉、尽可能不中断交通或缩短限制交通时间为目标，尽快提高路面养护维修的技术水平，延长路面的使用寿命。

4. 组织编写路面养护维修手册

为了给从事路面养护维修的技术人员和工人提供切实可行的工作指南，应组织力量，根据 JTG H10—2009《公路沥青路面养护技术规范》规定的原则和要求，以及新技术、新材料、新结构、新工艺的发展，在路况调查、使用性能评定、损坏原因分析、维修养护经验总结的基础上编写养护手册，对路面的维修养护内容、方法、材料和技术措施等做出更为详细的规定，以提高路面养护维修的质量。

5. 逐步实现维修养护机械化

目前，我国路面的养护维修，基本上是手工作业，劳动强度大，施工速度慢，而且有些工艺手工作业难以做到。为此，要根据我国的财力、物力，因地制宜，有计划、有步骤地逐步实现养护维修机械化，以降低劳动强度，提高工作效率和养护维修的质量。

8.7 水泥混凝土桥面沥青铺装层施工关键技术

SMA 路面比传统的沥青混凝土路面有着更好的骨架结构。但是在桥面铺装的过程中也出现了不少问题，究竟是什么原因引起其破坏的，归结起来主要就是施工质量。由于细粒式 SMA-5 粒径小、厚度薄、散热快、沥青含量高，又使用了改性沥青与纤维稳定剂，所以，SMA 路面的施工技术从混合料的拌和生产到摊铺再到碾压都与传统的沥青混凝土有着较大区别。施工技术的主要控制点如下：

（1）与防水粘结层结合的处理措施在进行桥面面层摊铺时，必须清扫防水粘结层表面地有机杂物，并用强力吹风除尘设备吹净表面尘土，使路面保持清洁无尘埃。

（2）温度控制由于SMA-5铺装层厚度较薄，且粗集料含量较多，因此在施工的时候热量散发较快，所以各个环节的温度控制都应当比规范规定的要求稍加提高。同时在室内试验过程中，发现SMA-5混合料的拌合成型对温度非常敏感，试验过程中成型温度稍微偏低一些，所成型的试件空隙率就很大（通常在4.5%左右）。所以在进行施工时，建议石料加热温度为175～185 °C，改性沥青加热温度为170 °C左右，拌和温度在175 °C左右；沥青混合料出料温度要求为165～175 °C，其中以170 °C为最佳目标温度，高于180 °C或是低于160 °C，都必须作为废料予以处理。从而控制好各道工序的温度，以保证混合料到达设计的空隙率及压实度。具体要求见表8-8。

表8-8　矿物纤维改性沥青SMA-5的施工温度

工序	温度/°C	测量部位
改性沥青加热温度	175左右	沥青加热罐
集料加热温度	建议175～185	热料提升斗
混合料出厂温度	165～175，目标170	运料车
混合料最高温度（废弃温度）	180	运料车
混合料最低温度（废弃温度）	160	运料车
运到现场温度	不低于160	运料车
摊铺温度	不低于165，低于140作为废料	摊铺机
初压开始温度	不低于150	摊铺层内部
复压最低温度	不低于130	摊铺层内部
碾压终了温度	不低于110	摊铺层内部
开放交通路表温度	不高于50	路表面

（3）混合料的生产。

SMA-5混合料的拌制应注意以下几点：

① SMA沥青混合料的生产应当采用配备有纤维稳定剂投料装置的间隙式沥青拌和机。

② 加强对原材料的保质管理，将材料放置在硬质地面上且室内环境应当保持通风干燥，按照“平堆竖放”分层堆放的方式进行储料，防止由于原材料受潮而出现变质现象。

③ SMA-5粗集料用量较大，占到了矿料总量的48%左右，为防止出现等料、溢料和材料分配不均等情况的发生，应当设置好各料仓的筛孔。

④ 由于SMA-5沥青混合料中矿粉的用量比较大，必须要保证拌和机输送矿粉的能力，同时对于稳定剂的添加也要十分精确。

⑤ 由于采用直投式改性沥青，所以在进行生产SMA沥青混合料时要注意控制拌和机的拌和温度，防止由于温度过低或过高，使沥青未能充分搅拌均匀或发生沥青老化现象。

（4）混合料的运输与摊铺SMA-5混合料的运输与摊铺应注意以下几点：

① 由于SMA-5沥青玛蹄脂的黏性比较大，在运输前应当在车厢及车板上涂抹隔离剂，使其不会与车厢粘结。

② 运料车在运输过程中，要做好各方面的防范措施包括保温、防水等，任何情况下，运料车在运输及卸料过程中都应加盖完整无损的苫布，直到卸料结束，以防表面混合料降温粘

结成硬壳及避免环境污染，从而保证摊铺过程中能够顺利进行。

③ 运料车到达现场后，应严格检查沥青混合料的温度，保证其不低于摊铺温度。

④ 由于 SMA-5 路面为细粒式沥青混合料，其压实的余地比较小。所以在摊铺前，先测定厚度，确定松铺系数。

⑤ 为了保证摊铺质量和平整度，摊铺机行走速度控制在 3 m/min 以内且应适当增加运料车数量，尽量减少摊铺机停顿次数。

⑥ 摊铺过程中难免会出现边缘粗料偏多的现象，而此处也是碾压较薄弱的地方，为防止日后出现病害，要专门安排施工人员对边缘碾压薄弱处进行处理。

（5）SMA-5 路面的碾压成型：

碾压质量控制与压路机的频率、碾压速度、碾压方式以及碾压机组合有着很大的影响，其中碾压机配合是否较好直接决定了路面压实度的大小。本试验段拟采取以下碾压组合进行碾压效果试验。采用双钢轮震动压路机，其后紧跟摊铺机，碾压速度为 2 ~ 3 km/h 双机并行，初压 4 遍，第一遍为静压，后三遍振动压。复压时也是双机并行，碾压速度可适当提高为 3 ~ 5 km/h，振压 4 ~ 6 遍。终压采用一台双钢轮压路机静压至少 2 遍，速度为 3 ~ 6 km/h。

SMA-5 路面的压实工艺主要应注意以下几个方面：

① 为了防止沥青玛蹄脂的上浮出现油斑，造成构造深度降低，甚至泛油等问题。必须采用刚性碾压机进行碾压，不能采用轮胎压路机。

② SMA-5 混合料的摊铺速度应当与供料车的供料速度相适应且摊铺的速度必须缓慢、均匀、连续不间断地摊铺，摊铺过程中切忌停顿或变换速度。由于改性沥青或 SMA 生产影响拌和机生产率，摊铺机的摊铺速度应放慢，通常在 2 ~ 3 m/min 范围内予以调整，不超过 3 ~ 4 m/min，容许放慢到 1 ~ 2 m/min。

③ 碾压时应当从路中间向两边进行错轮碾压，并要在刚摊铺完的混合料上进行错轮碾压，防止混合料温度降低影响路面压实度。

④ 高温碾压：SMA 沥青混合料采用了改性沥青和纤维，使沥青玛蹄脂黏度较大，粗集料含量较多，散热速度快，如果温度稍低，都会影响到最终的压实效果。

⑤ 紧跟碾压：为了保证 SMA 能在有效的压实温度下充分碾压，在摊铺机运行之后大概十米左右就要紧跟压路机进行碾压。总之，SMA 路面的碾压工艺最主要的就是要控制好碾压成型的温度。并保证压路机遵循十字方针（高频、低幅、紧跟、慢压、少水）进行碾压，同时注意控制好压实温度就可以使细粒式超薄 SMA-5 路面得到充分压实。

（6）接缝由于路面加铺方式是采用不中断交通运行的半幅铺筑方式进行，所以纵向接缝采用冷接缝，在碾压完成后进行槽钢拆除。横向工作缝采用平接缝，在铺设混合料冷却但尚未硬结时进行用直尺对接头处检测，对不平处全部凿除，以便接缝顺平，同时记住摊铺机仰角，使缝仰角一致。

8.8 钢桥面沥青混凝土铺装施工关键技术

8.8.1 桥面铺装技术研究

对于铺装层而言，一般是从感官和性能上做出要求，铺装是整个人行桥施工结束后最后一道重要的工序，首先要美观，和桥梁要有很好的相容性，防水性要好，也要足够耐磨，好的铺装层，桥梁结构会很稳定，也能很好地抗冲击。

1. 铺装材料研究

（1）彩色沥青混凝土铺装材料

钢结构人行桥采用的彩色沥青混凝土铺装层基于彩色沥青，结合浅色混合石料，最后加入一定的添加剂经过混合搅拌形成。

① 细集料

彩色沥青混凝土桥面的细集料质量要求硬度大、强度高且坚实耐磨；细集料须干净无杂质；采用表面粗糙度较高的石屑；砂当量不小于 45%，水吸收率小于 1.25%的光滑砂比例不超过 50%。细集料质量要求见表 8-9。

表 8-9　细集料标准质量要求

指　标	要　求
表观相对密度/（t/m^3）	≥2.50
坚固性（>0.3 mm 部分）/%	≥12
含泥量/%	≤3
砂当量/%	≥60
亚甲蓝值/（g/kg）	≤25
流动时间/s	≥30

② 粗集料

粗集料在物理性质和力学性质上都需要符合相应的要求，具体要求见表 8-10。

表 8-10　粗集料标准质量要求

指　标	标准要求
压碎值/%	≤26
视密度/（t/m^3）	≥2.45
吸水率/%	≤2
胶结料粘附性	不小于 4 级
坚固性/%	≤12
软石含量/%	≤3
磨光值/bpn	≥40
洛杉矶磨耗损失/%	≤28
细长扁平颗粒含量/%	≤15

③ 彩色沥青

胶结料彩色沥青胶结料选用市场产品，相比普通沥青，其韧性、弹性较大，且黏结性较强。采用的彩色沥青胶结料技术性能要求见表 8-11。

表 8-11　彩色沥青胶结料性能要求

指　标	要　求
针入度（25 °C）	40 ~ 60
黏结强度/MPa	＞2.0
黏结强度/MPa	＞3.5
成型时间/h	6 ~ 10
闪点	在空气中不会燃烧
剪切强度/MPa	＞2.0

（2）填料

选用Ⅱ级粉煤灰。粉煤灰检测结果见表 8-12。

表 8-12　粉煤灰检测结果

试验项目	粉煤灰指标			实测值
	Ⅰ级	Ⅱ级	Ⅲ级	
细度（0.045 mm 方孔筛筛余）/%	≤12	≤25	≤45	18.9
需水量比/%	≤95	≤105	≤115	101
烧失量/%	≤5	≤8	≤15	7.2
含水率/%	≤1	≤1	≤1	0
三氧化硫/%	≤3	≤3	≤3	

（3）颜料

彩色沥青混凝土材料可供选择的颜色有红、绿、黄、蓝、白、黑、灰，该桥铺装选择绿色色彩。彩色沥青混凝土的颜料一般是无机材料。

2. 透水混凝土铺装材料

首次混凝土铺装原材料：

铺装原材料包括水泥、砂、碎石、掺和料、外加剂和水。

水泥选用秦岭 PO42.5；砂为Ⅱ区中砂；碎石选用 5 ~ 25 mm 碎石；掺和料为Ⅱ级粉煤灰；外加剂为 MAD-J2 泵送剂。

（1）水泥性能检测采用水泥净浆搅拌机、水泥胶砂搅拌机、振实台、水泥压力机和水泥自动抗折机进行监测。结果见表 8-13 和图 8-3。

表 8-13　砂质量检测结果

检验项目	表观密度/（kg/m^3）	堆积密度/（kg/m^3）	紧实密度/（kg/m^3）	含泥量/%	泥块含量/%
检验结果	2 650	1 600	1 830	1.7（Ⅱ类）	0.5（Ⅱ类）

所检项目符合 GB/T14684—2011 标准Ⅱ区Ⅱ类砂要求。

（2）碎石检测结果见表 8-14。碎石含泥量及筛分试验见图 8-4。

（a）砂的表观密度测试

（b）砂的含泥量测试

图 8-3　砂质检测试验

表 8-14　碎石质量检测结果

检验项目	表观密度/（kg/m^3）	堆积密度/（kg/m^3）	紧实密度/（kg/m^3）	含泥量/%	泥块含量/%
检验结果	2 670	1 510	1 620	0（Ⅰ类）	0（Ⅰ类）

所检项目符合 GB/T14685—2011 标准Ⅱ类（5 ~ 25 mm）连续级配碎石要求。

（a）碎石含泥量测试

（b）碎石筛分试验图

图 8-4　碎石检测试验

（3）掺和剂检测结果见表 8-15。

表 8-15　掺和剂检测结果

试验项目	粉煤灰指标			实测值
	Ⅰ级	Ⅱ级	Ⅲ级	
细度（0.045 mm 方孔筛筛余）/%	≤12	≤25	≤45	19.7
需水量比/%	≤95	≤105	≤115	100
烧失量/%	≤5	≤8	≤15	6.3
含水率/%	≤1	≤1	≤1	0
三氧化硫/%	≤3	≤3	≤3	

粉煤灰所检项目符合Ⅱ级粉煤灰标准要求。

（4）砼泵送剂检测结果见表 8-16。

表 8-16　砼泵送剂检测结果

试验项目	标准值	生产厂控制值	实测值
含固量/%	生产厂控制值±6%内	31±2	32.1
密度/（g/cm^3）	生产厂控制值±0.02 内	1.16±0.02	1.172
净浆流动度/mm	不小于生产厂控制值 95%	≥200	210

所检项目符合 GB/8076—2008 要求。

（5）混凝土配合比。

3. 混凝土性能测试

检验项目：抗压强度。

检验依据：JTGE30—2005。

主要仪器名称编号：微机控制电液伺服万能试验机 Y-1、游标卡尺 G-1 等。

环境条件：温度 20 °C，湿度 50%。

结论：送检混凝土试件 28 d 抗压强度均满足设计要求。

图 8-5　混凝土抗压强度试验

4. 二次透水混凝土铺装原材料

透水混凝土不能采用人工搅拌方式，必须借助搅拌机，其容量首先取决于工程量大小、其次取决于施工的顺序和进度，搅拌机也必须符合运输工具对参数的要求，搅拌机运行的地点到达施工地点的运输时间一般小于半小时。

按照相关规定，透水混凝土中各原材料配比的允许误差如下：水泥±1%、增强料±1%、骨料±2%、水±1%、外加剂±1%。采用普通混凝土搅拌机进行搅拌，物料投放时不能随意投放，应该有一定的比例和顺序，先将胶结料和碎石、水泥搅拌约 30 s 后，使其初步混合，再将规定量的水分 2 ~ 3 次加入继续进行搅拌，搅拌时间宜控制在 120 ~ 300 s。

透水混凝土由胶结料、强化料、水泥、碎石、水、彩色封闭剂等组成。透水混凝土的性能应符合表 8-17 中规定。

表 8-17 透水混凝土的性能规定

项　目	要求
透水系数/（mm/s）	0.5
强度等级	C30
连续孔隙率/%	≥10
抗压强度（28 d）/MPa	≥30
抗拉强度（28 d）/MPa	≥3.5

（1）透水混凝土专用胶结料、强化料采用市场上生产的一种专用材料。该材料是以高强度等级的硅酸盐水泥为基料，配以多种助剂增加强度与黏结力组成的粉状料。

（2）水泥采用强度等级不低于 42.5 级的硅酸盐水泥或普通硅酸盐水泥，质量应符合现行国家标准。采用水泥胶砂搅拌机（HRYQ009）、维卡仪（HRYQ037）、分析天平、煮沸箱、电动抗折抗压试验机、全自动恒应力抗折抗压试验机、水泥净浆搅拌机、勃氏透气比表面积仪、电子天平、水泥胶砂振实台对水泥进行性能检测，试验环境温度为 20 ~ 21 °C，相对湿度为 41% ~ 64%。

试验依据为 GB/T8074—2008、GB/T1346—2011、GB/T176716—1999、GB175—2007。

（3）透水混凝土用的碎石应具有技术要求，必须使用质地坚硬、耐久、洁净的碎石料，粒径为 2.4 ~ 15.2 mm。碎石性能指标应符合《建筑用卵石、碎石》（GB/T14685）中二级要求。采用二级品标准的高石，其物理性能指标见表 8-18。

表 8-18 碎石的物理性能指标表

序号	指标名称	指标
1	压碎指标/%	＜15
2	针片状颗粒含量/%	＜15
3	含泥量/%	＜1
4	表观密度/（kg/m^3）	＞2 500
5	紧装堆积密度/（kg/m^3）	＞1 350
6	空隙率/%	＜47

碎石颗粒也有一定的要求，按其颗粒大小范围分 1#、2#、3#号，具体的颗粒范围见表 8-19。

表 8-19 碎石按颗粒分号（2 级）

碎石的分号	1#	2#	3#
粒度范围/mm	2.4 ~ 4.75	4.75 ~ 9.5	9.6 ~ 15.2

采用电子秤、静水天平、电热恒温干燥箱对碎石性能进行了检测，检测结果见表 8-20。碎石压碎值试验见图 8-6。

表 8-20　碎石性能检测结果

检验项目	技术要求	检验结果
表观密度/（kg/m^3）	＞2 500	2 768
紧实堆积密度/（kg/m^3）	＞1 350	1 540
堆积孔隙率/%	＜47.0	44
含泥量/%	＜1.0	0.9

检测结果满足 CJJ/T135—2009 标准要求。

图 8-6　碎石压碎值试验

（4）水：采用普通自来水。

原材料配合比采用填充理论及体积法确定各种原材料的配合比，公式如下。

$$(M_g/\rho_g)+(M_c/\rho_c)+(M_w/\rho_w)+(M_z/\rho_z)+P=1 \tag{8-1}$$

式中　M_g——1 m^3 透水混凝土中粗集料的用量（kg）;

M_c——1 m^3 透水混凝土中水泥的用量（kg）;

M_w——1 m^3 透水混凝土中水的用量（kg）;

M_z——1 m^3 透水混凝土增强料的用量（kg）;

ρ_g——粗集料的表观密度（kg/m^3）;

ρ_c——水泥的表观密度（kg/m^3）;

ρ_w——水的表观密度（kg/m^3）;

ρ_z——增强料的表观密度（kg/m^3）;

P——设计孔隙率。

每立方米透水混凝土中材料的推荐用量为：

胶凝材料：300 ~ 450 kg（增强料与水泥）。碎石料：1 300 ~ 1 500 kg。水胶比：0.28 ~ 0.32。16 cm 透水混凝土素色层配合比（按质量计）为（kg/m^3）水：水泥：胶结剂：碎石=113：310：100：1 520。面层 C30 青灰色透水混凝土配合比（按质量计）为（kg/m^3）水：水泥：强化剂：碎石=113：400：200：1 700。

基层水泥稳定砂砾性能测试基层水泥稳定砂砾含量为 P.C 32.5 水泥 50 kg，砂砾 200 kg。采用表面振动击实仪（HRYQ205）、电液伺服万能试验机（HRYQ054）、台秤（HRYQ029）和电子天平（HRYQ016）进行测试。

8.8.2　铺装关键施工工艺

1. 人行钢桥铺装施工工艺

人行钢桥采用彩色沥青混凝土进行桥面铺装，防水层采用 2 mm 的 YN 高分子聚合物防水涂料，铺装层采用 65 mm 的彩色沥青混凝土。该人行管线桥的铺装施工工艺流程见图 8-7。

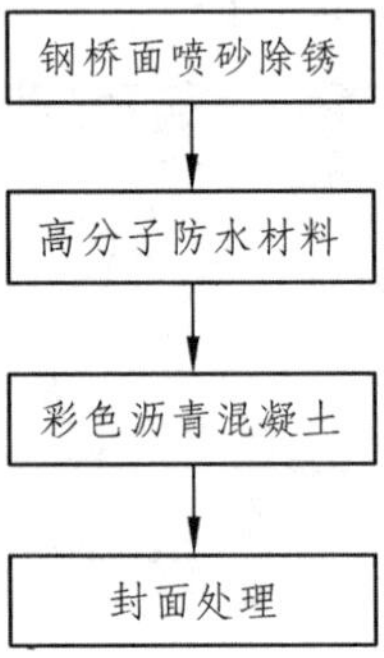

图 8-7　桥面铺装工艺流程图

1）钢桥面的清理

钢结构桥梁防腐保护标准主要根据 TB1527《铁路钢桥保护涂装》和 JTT722《公路桥梁钢结构防腐涂装技术条件》的规定进行施工。所谓钢桥面板的清理即指钢桥面板的喷砂除锈。主要需要去除锈蚀、油脂、盐分、氧化皮、沙粒及灰尘等，从而保证合适的表面粗糙度。

2）施工的作业条件

喷砂除锈作业应避免阴天潮湿的气候条件，选择适宜的空气温度及湿度，时间段应尽量选择在白天不容易结露的时段。为了保证防水涂料的施工需要，晴好天气应预留 10 h 以上，雨雪天严禁作业。

实行封闭式施工，无关人员禁止直接进入作业面，作业人员应佩戴专业的作业帽及手套等，尽可能避免随身的细小杂物掉落于喷砂作业面上。

（1）钢桥面板的清洗。为了保障底层和铺装层的密实性，喷砂除锈前首先要进行面板的清洗，保证钢板干燥无污染，要检查并确保表面上没有飞溅物、焊瘤、飞边毛刺及针孔等。若有，一定要通过打磨等方式去除。利用专门的清洗剂清洗钢桥面板上残留的油垢油脂，并凿除前工序施工留下的水泥浆等浮渣。

（2）喷砂机械的选用。采用自动式无尘打砂机及手提式打砂机相结合的方式，其中手提式打砂机主要应用于自动式打砂机无法处理的泄水孔及边角等部位。相邻 2 台喷砂机作业宽度大于等于 5 cm。

2. 拌和胶结料及彩色沥青混凝土

胶结剂采用机械搅拌，搅拌时间在 15 min 左右，搅拌速率为 20 r/min，搅拌时间和搅拌速率都需要严格控制，搅拌速率过小，胶结料搅拌不均匀；搅拌速率过高会引起胶结料升温，导致水量蒸发，胶结料会在搅拌过程中固化失效。

将各种石料按照相关级配要求进行掺配，掺配后将混合料加入到搅拌机中，与此同时，加入定量计算出一定配比的颜料，当颜料和混合石料混合均匀以后再加入上述拌和好的胶结料，搅拌最终状态是保证颜料和沥青胶结料可以将石料裹住，搅拌时间大约 20 min。

3. 防水层施工

分为打底层和防水层施工两个步骤，施工前首先要去除施工表面的浮灰，表面平整且干燥。打底层和防水层中液料、粉料和水采用不同的比例。过程中采用滚筒及刮板涂覆，按照底层—中层—面层的顺序逐层完成，下一层涂覆开始时，上一层的涂覆必须已经干固且不粘手，涂覆要保证达到要求的厚度，施工结束后要将防水层中的气泡排出。防水涂料共布设 1 197 m^2。

4. 钢筋网的加工以及安装

该人行钢桥铺装的彩色沥青混凝土抗压强度要求较高，铺装前，需设双层钢筋网。钢筋网质量为 5 280 kg，钢筋直径为 6，采用点焊形式固定。

5. 彩色沥青混凝土的摊铺

将搅拌好的彩色沥青混凝土通过自卸汽车运往钢桁架桥施工地点，卸料时一定不能把黏度高的彩色沥青混凝土残留在车斗内，导致混凝土结团。选用人工摊铺，摊铺过程中应设警示牌，禁止行人进入施工场地，为了后续更好地收浆，应该保证布料高度略大于实际的铺装高度。过程初步耙平后，用刮尺（铝合金材质）将面层刮平，先粗略用直尺检查平整度，收面的时候由专业人员进行精平。如图 8-8 所示。

图 8-8　彩色混凝土铺装图

6. 最终的封面处理及养护

众所周知，彩色混凝土长期受到外界的侵蚀后容易出现颜色退化，所以为了避免这一现象产生，在铺装面层完全干燥后需进行最后的封面处理，即粉刷保护剂。工作开始前首先对面层进行清除杂物，之后用滚刷均匀的涂刷，之后严禁踩压，本次采用最常用的封面保护剂，即不会变黄的透明密封剂。桥面养护采用纯净的水质。由于该工序在夏天进行，养护后采取了一系列的遮挡措施，避免水分蒸发。

8.9 隧道复合式沥青路面施工关键技术

8.9.1 施工工艺

与普通水泥混凝土相比，RLC 的施工工艺具有共同性又存在一定的特殊性，主要体现在使用了轻集料、橡胶颗粒和具有高韧性特征这三个方面。轻集料对施工工艺的影响表现为轻集料性能变异性相对较大，并且在施工前需要预湿处理，以及拌和物在运输、振捣过程中更容易发生离析等。橡胶颗粒对施工工艺的影响表现为橡胶属于有机高分子材料，其表面惰性强，与水泥浆基质粘结性差，施工前需要进行改性处理。高韧性特征的影响表现为混凝土质量对原材料的性能稳定性，以及施工操作各环节影响质量因素的变化更加敏感，所以要求施工控制和管理更加严格。正因为如此，为了使实际应用中的混凝土和试配出的混凝土具有相同的材料组成和性能，保证施工质量的稳定，必须注意加强 RLC 的施工管理和质量控制。

另外，考虑到 PCC-RLC 复合路面功能和受力的特殊性，PCC-RLC 复合路面的施工，除应满足常规的水泥混凝土路面施工工艺要求外，还应根据 PCC-RLC 复合路面的施工特点和要求进行，以保证路面的施工质量。根据大量的复合路面施工实践，在参照相关技术规范和有关研究成果的基础上，就 PCC-RLC 复合路面施工的有关技术要求总结如下：

（1）橡胶颗粒在 RLC 上面层的混合料中，应有良好的分散性和均匀性，这是保证 RLC 上面层低弹模高韧性的关键。

（2）分层浇捣过程中在保证 RLC 上面层和 PCC 下面层各自强度的前提下，应确保上、下面层间有效的结合，防止层间离析的发生。

（3）上、下面层分层振捣过程中，应避免上、下面层骨料和橡胶颗粒的相互混杂。

（4）在保证路面混凝土具有一定的设计强度外，应使混凝土混合料有良好的和易性，以便于施工。因为在混凝土混合料中掺入橡胶颗粒和聚合物后，会降低混合料的和易性。

（5）有良好的路面表面性质。以下依照 PCC-RLC 复合路面的施工次序分别探讨 RLC 的施工工艺。

8.9.2 养护工艺

轻集料内部所含水分在一定程度上可供 RLC 养护之用，并能减少混凝土的收缩变形。当混凝土表面蒸发时，这些水分从骨料向基体转移，水分的连续移动，在一个时期内自动地维持着水化的进行。这个时期长短视周围气候条件而定，在温和的气候下，可保证适宜的水化，而不必采用防止蒸发的外部绝缘体如湿麻袋或喷湿的塑料薄膜。但在炎热的气候条件下或风速较大的情况下，仍然有必要加强养护以防比表面失水干燥，在这种情况下，连续的潮湿养护是防止过度蒸发和收缩开裂的最有效方法。养护期间如果温度显著下降，就要特别注意，以防止冷缩引起的开裂。由于 RLC 所用的集料吸水率一般都比较低，因而仍然要加强养护，如在混凝土达到要求的强度和刚度时宜尽早拆模进行养护；当仅以水泥作为胶凝材料时，一般情况下养护时间不少于 7 d；当掺加了粉煤灰、磨细矿渣和硅灰等活性矿物掺合料时，应适当延长养护时间。

第四篇

隧道篇

9

隧道洞口段、明洞施工关键技术

隧道结构由主体结构和附属结构两部分组成。主体结构是为了保持围岩体的稳定和行车安全而修建的人工永久建筑物，通常指洞身衬砌和洞门构造物。洞身衬砌的平、纵、横断面的形状由道路隧道的几何设计确定，衬砌断面的轴线形状和厚度由衬砌计算决定。在山体坡面有发生崩坍和落石可能时，往往需要接长洞身或修筑明洞。洞门的构造型式由多方面的因素决定，如洞口地形地貌、山体的稳定性、美观要求以及自然环境等。附属结构物是主体结构以外的其他建筑物，是为了运营管理、维护养护、给水排水、供蓄发电、通风、照明、通信、安全等而修建的构造物。隧道洞口段应结合地形、地质、洞口排水以及道路交叉等情况均设置长度不等的结构段。采用钢筋混凝土整体式衬砌结构，为保证洞口稳定性和减少洞口开挖，隧道洞口围岩段设置超前管棚作为辅助进洞措施。洞口位置本着“早进洞、晚出洞”的原则，并尽可能地降低洞口边坡及仰坡的开挖高度，以保证山体稳定，同时减小对洞口自然环境的破坏，根据“弱化人工痕迹，融入自然风貌”的理念，综合考虑地形、地质条件等因素，施工时遵循“管超前、严注浆、短开挖、强支护、快封闭、勤量测、弱爆破”二十一字方针。

9.1 边仰坡开挖支护技术

由于工程地质条件、水文地质条件及人为等因素影响，隧道施工过程中易出现各种各样的地质灾害，隧道工程和边坡密切相关，隧道洞口滑坡包括仰坡和边坡便是隧道施工中常见的地质灾害之一。由于隧道洞口的安全关系到隧道能否顺利进洞并进行安全施工，是隧道施工中的重中之重，因此，隧道洞口的边仰坡安全一直来都受到了隧道工程师们的极大关注。

目前，隧道洞口段边坡支护的研究方法主要还是沿用工程地质中边坡支护的研究方法。长期以来，在隧道设计和施工中多采用极限平衡理论和有限元数值模拟计算分析洞门边坡的支护。隧道洞口段边坡的支护与隧道洞口段施工方法、洞门的结构形式、位置、埋深、地层岩性等众多因素有关，而且由于岩土体的复杂性，岩土力学尚具有半经验半理论的特点，在特殊地质条件下岩土体的变形机理仍未清楚，隧道边仰坡的破坏模式和破坏发展阶段等仍未十分明了。如今，在隧道边仰坡研究领域，随着数值方法的成熟，数值计算的结果可信度提高，应用有限元法计算边坡内部的应力，然后假定滑动面，考虑了土的应力应变关系，开辟了边坡支护分析的新途径。

采用极限平衡法分析，无论是采用条分法还是利用有限元法进行过程模拟，都要事先假定滑移面的位置，而事先假设的圆弧形滑面或者其他类型滑动面往往与实际边坡破坏面的形状不符，有限元强度折减法的优点是安全系数可以直接迭代得出，不需要假设滑裂面的位置和形式，通过折减的过程就可以得到。本课题采用有限元强度折减法对某隧道洞口边坡开挖支护的安全系数进行分析。

9.1.1 边仰坡开挖稳定性研究现状

隧道洞口段一般处于受地表水侵蚀严重、风化裂隙发育的斜坡面上，加上在洞口段隧道埋深往往较浅，结构上部岩土体难以形成承载拱，所以洞口仰坡地表坡面容易受拉开裂、经地表水侵入，其稳定性就很难得到保证。隧道洞口段经常是引起坍塌、构筑物开裂破坏的地段之一。因此，洞口段边坡的稳定性是隧道设计和施工时必须认真对待的问题。

隧道洞口段边仰坡稳定性的研究方法主要还是沿用工程地质中边仰坡稳定的研究方法。长期以来，在隧道设计和施工中多采用极限平衡理论计算分析洞门边仰坡的稳定性。如《日本土木工程手册·隧道》规定覆盖土浅时用库仑土压公式深则用科默累尔公式。我国铁路隧道自 20 世纪年代开始编制标准设计起，就将洞门结构视作挡土结构，采用条分法设计。《铁路隧道设计规范》规定洞门可视作挡土墙，检算强度、稳定性及基底应力。

张梅等用利用存在软弱面的平面滑动理论编制计算机程序，对试刀山隧道洞口滑坡稳定性进行了分析；姚福海等，王振环等采用楔体分析法对导流洞洞口边坡进行了稳定安全系数计算，对边坡稳定性进行了评价；俞剑勇等详细讨论了引水洞进口段边坡工程地质特征，以岩体结构控制理论分析了岩体主要变形破坏模式。通过各种计算模型的建立，分别按平面问题和空间问题，对引水洞进口段边坡进行了稳定性分析计算，给出稳定量评价结果；孙红月、尚岳全、金云弼等采用块体极限平衡法对洞口岩石边坡进行了稳定性分析，对其稳定性进行了评价；徐明毅等采用三维刚体极限平衡法对小湾水电站进水口边坡进行了分析，计算了边坡开挖成型后加固和不加固两种情况下的稳定安全系数；蒋楚生利用反算分析法来确定最危险滑面，对二郎山隧道出口滑坡进行计算分析；俞剑勇等、杨培忠等、李洪分别利用了不平衡推力传递系数法，对洞口段的高边坡进行了稳定性分析，为边坡的处理提供了理论指导；钱康、肖万春、土耳其 Kockar 等采用赤平投影分析法和极限平衡分析法对隧道洞口边坡进行了稳定性分析，计算出了洞口边坡的安全系数；邓念元采用多种方法监测了二滩水电站泄洪洞进口边坡的变形，通过分析找出了边坡变形的内在条件和外部环境；刘小兵将多种土质的圆弧破坏面转动平衡分析方法运用于隧道洞口边仰坡的稳定分析中，对各种影响因素进行综合评价，并根据瑞典条分法和简化毕肖普法编写程序，确定最危险滑动面，为确定洞口段工程措施提供了依据。沈怀至采用概率法，计算了不同破坏模式下，边坡发生失稳的概率；陶志平、高雄鹰针对目前国内常用的滑坡推力计算方法传递系数法存在的不足，提出了改进算法。改进的传递系数法同时考虑了滑体重量增加和滑面强度降低两个不利因素，较好地解决了目前强度储备法计算出的滑坡推力偏小和超载法力学含义不明确的问题；张庆飞等对于黄土地区隧道边仰坡，基于有限元强度折减法，通过比较边坡体的稳定安全系数，对隧道洞门结构修建后，路堑边坡的稳定性和不同洞门位置下边仰坡体的稳定性进行了分析和评价。此外，我国隧道建设者们还结合自身实践经验总结，得出了“早进晚出”的设计原则，尽量减少对原来洞口边坡的刷方，不破坏原边坡体的稳定性。

20 世纪 70 年代以来，随着计算机技术的发展及应用，数值模拟法越来越多的应用于隧道结构设计，尤其是在断面较大、地质条件复杂的情况下。邹启新等、林正伟等隧道洞口边坡进行了二维有限元分析，得出了边坡变形和应力的变化规律，对加固效果进行了评价；沈春勇等对江西柘林水电站进水口边坡建立了三维有限元模型，将计算结果与现场监测的变形量对比，数值基本一致；朱合华等、陈敏林等应用有限元软件法对洞口段隧道施工进行全过程三维弹塑性有限元模拟，分析了施工对隧道围岩变形的影响和施工中洞口边坡的稳定情况。祁生文等、徐卫亚等应用有限差分软件对洞口边坡在各种工况下的变形状况和稳定性进行了分析。

由于隧道洞口段边仰坡的稳定性与洞门的结构形式、位置、埋深、地层岩性及洞口段施工方法等众多因素有关，而传统的极限平衡计算方法对这些因素的模拟就显得无能为力了，所以数值模拟法将越来越多的应用于隧道洞口段的边坡稳定性研究中。

9.1.2 不同隧道洞口适合边仰坡类型

隧道边仰坡的设计构思是隧道设计的重要环节。公路隧道边仰坡结构目前有所突破和创新，如削竹式、墨镜式等，而且还将建筑学、园林学、桥梁美学的一些理论、原则和观点应用到边仰坡设计中，收到了景观美化的效果。人们对隧道边仰坡的绿化和景观美化往往是直观的，除了考虑其景观视觉方面的要求外，更为重要的是考虑其边仰坡及周边边仰坡的受力特征，能够支持山体、稳定边坡并承受该处地层的土压力。根据隧道边仰坡的类型传统的隧道边仰坡主要分为一般隧道边仰坡、明边仰坡、特殊边仰坡三大类，但是都脱离不了端墙、柱墙和翼墙的原型，此外目前运用的比较多的，特别是在山区和桥隧相连较多的地区，新型无端墙隧道门一削竹式隧道边仰坡，可以减少边仰坡附近的刷坡，甚至不刷坡。

1. 洞门框

称洞口环框，即只镶饰隧道衬砌两端部分。它适用于隧道洞口仰坡极为坚固，岩层坚硬整体，节理不发育且无特殊排水要求时。其结构似一框形的洞门，厚度一般为 30 cm，以加固洞口。洞门框应与洞口环衬砌采用同一材料整体砌筑或衔接。

2. 端墙式洞门

端墙式洞门俗称一字式洞门，适用于自然山坡陡峭，洞口地形开阔，岩层较为坚硬完整，山体压力很小，开挖坡度 1∶0.3～1∶0.5 的洞口地段。这种洞门具有结构简单、工程量小、施工简便的特点，在岩层较好时使用最为经济，也是最常见的一种洞门。当洞门顶排水条件较差，若横向山坡一侧较低时，宜开挖沟槽横向引排。

3. 柱式洞门

柱式洞门是从端墙式洞门发展起来的，它实际上也是一种端墙形式的洞门。当岩层有较大主动侧压力时，如仍像端墙式洞门那样采用同一厚度的端墙则过于安全、浪费污工。为此，区别受力大小，设计成横向不等厚，最厚部位即呈柱形的柱式洞门。柱式洞门适用于洞口地形较陡，岩层有较大侧压力的地段，或洞口处地位狭窄，设置翼墙无良好基础时，其仰坡开挖坡度一般为 1∶0.5～1∶0.75。此外，在城市、风景区或有建筑艺术装饰要求的地区，采用柱式洞门较为雄伟美观。柱式洞门工程量较翼墙式洞门大，造价较高，施工也较为复杂，是其缺点。还有柱式洞门两侧与路堑边坡接触处需嵌入岩层内以期稳固，其嵌入深度及形式可视岩石情况而定。

4. 翼墙式洞门

翼墙式洞门俗称八字式洞门，是在端墙式洞门两侧或一侧加设翼墙挡墙而成。翼墙起支撑端墙及保持路堑边坡稳定的作用，同时对减少洞口开挖高度和压缩端墙宽度均为有利。翼墙顶面一般与仰坡的延长面一致，其上设置水沟，将仰坡和洞顶汇集的地表水排至路堑侧沟。当路堑开挖坡度缓于1∶0.75，岩层较差时，如采用端墙式洞门，由于边坡较缓，端墙宽度增加很多，相应须加大工程量，不经济，不如采用翼墙式洞门。由于翼墙和端墙很大一部分面积相接触，设计时考虑共同作用可以节省大量污工，且能增加洞门的抗滑和抗倾覆稳定性。因此，当地质条件较差，边仰坡较缓时，通常均采用翼墙式洞门。

5. 耳墙式洞门

耳墙式洞门即带有耳墙的翼墙式洞门，将翼墙式洞门端墙两侧各接出一个耳墙至边坡内，呈带耳墙的结构。这种洞门结构对于排泄仰、边坡地表汇水，阻挡洞顶风化落体，效果良好，并可大大减少对坡面的冲刷，洞口显得宽敞，结构样式美观，而且对于边、仰坡坡度不一致的洞口，设计时亦便于处理。

6. 台阶式洞门

傍山隧道洞口，地面横坡较陡，为了适应地形，减少开挖，多采用台阶式洞门。此种洞门一般配合偏压隧道衬砌使用，故亦称偏压隧道门。它在靠山侧通常需设置挡墙以降低边坡开挖高度。低山坡一侧，如地质较差，地面较高，也可采用短挡墙。

7. 斜洞门

当线路与隧道斜交时，如采用以上的几种正洞门，可能出现低山侧洞门端墙上部露空，或者高山侧因自然坡面陡而开挖很高。为了避免此种现象，通常将隧道门近于平行等高线设置，修建成斜交隧道门，简称斜洞门。由于洞门与线路的中线斜交，因而洞口环节衬砌跨度加大，受力复杂，为简化起见，此种洞门仅用于Ⅳ类或者Ⅳ类以上围岩、山体压力较小的洞口地段，并要求洞门端墙与线路的夹角不应小于45度。

8. 明洞门

明洞门主要配合明洞结构类型设计，明洞有拱形明洞和棚洞之分，相应明洞门也分为拱形明洞门和棚式明洞门两大类。棚式明洞门并不单独设置，通常即在棚洞洞口端横向顶梁上，加设端墙，以拦截落石，避免其坠入线路影响行车安全，故一般阐述的明洞门形式多是指拱形明洞门。

拱形明洞门可分为路堑式和半路堑式两类。路堑式明洞门有端墙式（常用柱式）和翼墙式两种，与一般的隧道洞门形式相类似。半路堑式明洞门多用于傍山线路，其山侧与原地层相接，为了适应傍山、横向面坡陡的地形，一般也多以台阶形式加高端墙，并在山侧设置挡墙支挡边坡，降低开挖高度。对外侧有覆盖填土的偏压明洞，为了支挡填土，设置较低的翼墙，并将洞门顶水沟的水经由翼墙顶引排。

9. 削竹式洞门

随着人们环境保护意识的日益提高，近年来出现结合隧道洞门绿化和景观效果的新型洞门结构，其中代表性的就是斜切式洞门，也叫削竹式洞门。目前这种洞门型式运用的非常多，特别是在山区和桥隧相连较多的地区。其洞门的结构形式就是衬砌结构伸到仰坡以外，可以形成突出的环框也可以根据仰坡坡度选取削切坡度减少洞口附近的刷坡，甚至不刷坡，保护了周边环境，这种洞门造型美观，表现大方，符合我国隧道设计提出的“早进晚出”的原则，也成为新型隧道门研究的重要型式。主要有正削竹式隧道门、倒削竹式隧道门和弧形挡墙隧道门，都各有自身特点正削竹式隧道门可以适应地形需要确定削切坡度，保护生态环境倒削竹式隧道门可以适用于洞口地形险峻，围岩条件较好的地带。弧形挡墙隧道洞门，挡土挡水效果较好，两边的弧形挡墙与前方的路堑边坡挡土墙相连，形成整体。

9.1.3 隧道洞口边仰坡破坏模式

1. 岩质边坡的破坏机理及破坏模式

研究岩质边坡的破坏机理和模式，由于岩体结构包括结构面和结构体两要素，岩体中结构面的存在，是影响岩质边坡稳定性的重要因素之一。尤其在这些部位又常常是物理力学变动和物理化学作用的强烈反应地带，因此往往是有可能成为危及岩质边坡稳定性的严重隐患。岩体中结构面的存在，降低了岩体的整体强度，增大了岩体的变形性能，加强了流变力学特性和其他的时间效应，以及加深了岩体的不均匀性、各向异性和非连续性等性质。大量的岩质边坡工程失事证明，不稳定岩体往往是沿着一个适宜的结构面或多个结构面的组合边界的剪切滑移，张拉破裂和错动变形等而造成边坡岩体的失稳。

1）岩质边坡的破坏机理

岩质边坡和土质边坡的在破坏模式上有很大的差别，在岩质边坡中可以看到各种类型的张裂缝。岩体沿着先前存在的或新的剪切面运动，可能会形成一个或多个线性或弓形张裂缝。在片节理的花岗岩或大体积的砂岩构成物中，弓形张裂缝先于岩体平板移动而分开，并且在岩体板层张拉断开处形成弓形。张裂缝的形成意味着先前通过岩体的拉应力来维持的抵抗力已经消失，而被逐渐增加的滑面的剪力取代。滑体刚开始时沿节理打开，并且从这些“释放表面”分离，在这种情况下，节理的打开取代在非节理材料中的新的张裂缝形成，但是结果不同的是，由于释放的节理不能承受拉应力，所以不能增加滑面的剪应力。

2）岩质边坡的破坏模式

通过观察边坡岩体的外部特征，可以大概的推断出边坡的稳定程度以及其曾经发生的变化。虽然有些边坡可能是经过长时间的发展，逐渐破坏的，但大部分滑坡都可以通过观察到的现象推断其破坏模式。只有正确的判断边坡的破坏模式，才能采取合适的加固方法来治理边坡。

由于边坡岩体构造复杂多样，岩质边坡的破坏模式有许多种。在大部分岩石力学及岩石边坡稳定方面，岩质边坡的简化破坏形式主要分为平面破坏、楔体破坏和倾倒破坏。平面破坏和楔体破坏是比较常见的破坏形式，但是倾倒破坏是一种很重要的破坏形式。还有许多其他破坏形式，如侵蚀破坏、由于岩体松散解体而引起的破坏，溃屈破坏、断裂破坏等等，而每一种又有许多不同的其体表现形式。另外，在岩体比较软弱和岩体节理异常发育或已经破碎如在废石堆中，也可发生圆弧破坏。

2. 土质边坡的破坏模式

土质边坡因其所处的地形地貌、地层岩性及水文环境等的不同，失稳破坏的类型也不同，而经过开挖后形成高陡边坡，由于其应力调整，将发生一系列的变形，如果边坡设计合理，则变形向趋于稳定方向发展，即减速变形，如果其设计值不能满足土的自稳要求，或边坡中存在诸如不利结构面、地下水等因素，变形进一步发展，将会使边坡处于不稳定状态，甚至破坏。因此有必要对土质边坡的破坏模式进行总结分析，以期对边坡治理以及土质边坡隧道洞口的稳定分析提供必要的技术资料，土质边坡的破坏规律及模式主要有以下几种类型：滑塌、滑坡的破坏模式、崩塌模式、坡面破坏模式、错落模式。

9.1.4 隧道边仰坡稳定性影响因素

影响边仰坡稳定性的基本因素是多种多样的，对于一个具体的隧道边坡，首先要从隧道所处地质的结构状况、力学特性出发，再结合具体的工程因素和自然因素等综合分析，寻求各因素的影响特点和祸合关系。主要有以下几个方面的影响：地质结构的影响、地应力的影响和其他因素的影响。

1. 地质结构的影响

结构面的表面性质有粗糙起伏程度、含泥质充填物程度，“岩桥”（锁固段）所占的比例、表面硬度等。结构面部位往往是物理力学变动和物理化学作用的强烈反应地带，结构面的存在降低了岩体的整体强度，增大了岩体的变形性能，加强了流变力学特性和其他的时间效应，以及加深了岩体的不均匀性、各向异性和非连续性等性质。而且不同级别的结构面对岩质边坡稳定性的影响和作用不同，不稳定岩体往往是沿着一个适宜的结构面或多个结构面的组合边界的剪切滑移、张拉破裂和错动变形等而造成岩体边坡的失稳。对于地处土质地区的隧道，黄土怕水，这是目前很多从事黄土研究的专家学者们的共识。黄土边坡的破坏，无不与地表水的冲刷、侵蚀有关，大气降水是影响黄土边坡的最主要因素。而黄土自身的凝聚力对边坡稳定的影响最大，结构密实，强度较高，抗风化能力强的老黄土构成的边坡比新黄土边坡稳定得多。

2. 地应力的影响

地应力包括自重应力、地质构造应力、地震应力、温度应力以及有关物理化学作用所引起的应力等。而这些应力在长期的地质历史年代里，随环境条件的变化而变化，存在着一个相当复杂的初始地应力状态。由于隧道的开挖，工程活动形成的二次应力场的叠加、干扰和调整问题，破坏了边坡岩土体的相对平衡的应力状态，进而进一步加剧了岩体的物理力学状态的复杂性，初始应力状态重新分布，不仅表现在应力释放方面，而且表现在应力几种方面，这对于洞口处的边坡稳定是很不利的。

3. 其他因素的影响

大气降水及地下水的影响：在工程施工的过程中，由于隧道的开挖，可能破坏原有的稳定控制界面，将原有的控制界面带间的水流秘鲁系统破坏，形成渗流通道，使得界面上的黏性参数大幅降低，导致边坡的滑移破坏。大气降水是地下水的一种补给源，地下水相对比较稳定，可以传递静水压力并能在自重应力下移动，服从水力学定律。如果边坡上有黏土层，那么它是导致滑坡又是隔水层，边坡的稳定性将非常差。因此，除边坡的地质构造外，边坡的文水条件将是影响稳定性的重要因素。

气候和天气变化的影响：气候是各种气象要素的综合表现，气候要素几乎经常对边坡稳定性系统产生影响。如果将岩土体强度的季节变化、大气降雨渗透部分的重量、雪载和风载、大气压力等纳入计算，则对之影响可做定量评价。气候对边坡影响最重要的因素是湿润条件和温度条件，也即是水的影响。

植被的影响：在天然边坡上，植被几乎是产生滑坡的环境中必然存在的要素，在隧道的施工过程中，洞口部位原有植被的破坏，对于洞口边坡的稳定性分析将会产生一定的影响。

时间的影响：由于隧道洞口的开挖，洞口原有的围岩产生应力重分布，随着时间的增长，洞口边坡的应力应变将产生和时间有关的流变。其中对隧道仰坡稳定性影响较大的是岩体的蠕变，土的蠕变不仅与应力大小有关，还与温度有关，因此在实际工程中应该考虑这一因素。

9.1.5 隧道边仰坡支护技术

1. 施工准备

隧道边仰坡治理的工艺流程为：测量放线→边坡开挖及修整→初喷约 4cm 厚的混凝土封闭坡面→砂浆锚杆施工→钢筋网片施工→喷射混凝土施工→养护。

在工程施工前，首先对要开挖的边仰坡位置做施工放样，对隧道中需要开挖的边仰坡部位进行表面土层松动以及人工清除石块的工作。同时，在开挖和修整边仰坡前，还应当结合地形设置截水沟，以有效地避免由于水流造成边仰坡塌方的事故。另外，由于采取喷射混凝土处理坡面，所以要准备好喷射混凝土所需的材料及设备，便于开挖边坡后及时采取喷射混凝土防护处理。

2. 边仰坡开挖及修整

边仰坡的开挖施工是重要的施工环节之一。开挖施工前，应当掌握隧道的实际情况，结合设计参数对其采取分层分段开挖施工处理。同时，为了避免事故，应边开挖边防护，上层开挖面未作防护的情况下，不得继续开挖下层。对于隧道边仰坡开挖，禁止采取大爆破形式，可结合实际的地质条件选取光面爆破，人工配合进行边坡修整。根据工程经验，为了确保边坡岩体的完整性，尤其是对于临空设计坡面 3 ~ 5 m 范围内开挖的岩层，宜采取小药量爆破。为了避免爆破施工造成边坡岩层松动，应严格控制边坡上方的土体爆破。雨季进行边仰坡开挖施工时，应做好开挖坡面的防水处理。另外，对于开挖坡率等参数应当结合设计图纸要求，综合施工现场情况确定。边仰坡开挖完成后，结合边仰坡平台与坡面，搭设施工架来进行边、仰坡钻孔、挂网、喷射混凝土。

3. 边仰坡防护施工

隧道边仰坡开挖完成后，应及时对其采取防护处理，通常的做法是：先封闭坡面，然后进行喷锚支护处理。在初喷混凝土处理后，应及时进行锚杆钻孔。应保证钻杆与岩面垂直。钻孔施工时，首先应根据设计图纸要求进行孔位标记，确保孔位偏差小于 15 mm，锚杆的外露长度和人岩深度应满足设计要求。在锚杆施工完成后，还应抽取锚杆数的 1%进行抗拔力试验。单根锚杆的最小锚固力不能小于设计值的 90%，28 天抗拔力平均值应大于设计抗拔力。

锚杆施工完成后，进行混凝土喷射。从工程实施效果来看，为避免粉尘污染并提高喷射混凝土的质量，宜采用湿喷工艺。在混凝土中掺加速凝剂，掺量为水泥用量的 2% ~ 4%。施工中，结合采用的施工工艺所需的凝结时间来合理定取出外加剂的最佳掺量，同时还应合理配置混凝土的配合比。

9.2 隧道进洞施工关键技术

9.2.1 洞口段基本开挖方法及比选

隧道洞口段基本开挖方法的确定取决诸多因素，如地质条件、地形条件、施工机具配备情况、隧道自身构造特点等。当围岩发生变化时，相应的施工方法要做适当调整或者变更，这样可以避免工程失误和减少工程投资。当前隧道洞口开挖方法有很多种类，总体上概括起来主要是台阶法和分部开挖法两大类。

1. 台阶法

1）台阶法开挖顺序

开挖顺序是先上台阶开挖，等上台阶开挖到一定长度后同时再进行下台阶开挖，最后上、下台阶同时进行开挖。台阶的长度必须根据围岩地质条件、隧道断面跨度、初期支护形成闭合断面的时间要求、上部施工所需要空间大小等因素来确定。如果围岩条件较差，台阶长度可缩短，宜为 5 ~ 8 m。

2）台阶法施工程序

台阶法施工开挖施工工艺及施工现场见下框图、示意图及施工图（图 9-1、图 9-2）。

3）工艺改进

在软弱围岩中采用台阶法开挖，可以考虑与预留核心土、临时仰拱等方法相结合。在上台阶开挖时预留在核心土的支护下迅速完成拱部的开挖，再进行初期支护。在开挖好下部台阶时，设置好临时仰拱，以此对上部和两侧开挖及支护起到保护作用。

4）台阶法开挖优缺点

（1）台阶法的优点是作业面宽广且开挖速度较快，对掌子面的稳定性也提供了保证，关键是上部开挖支护后，下部作业就会相对较为安全。

（2）其缺点是采用台阶法开挖会增加对围岩的扰动次数，当上下台阶施工作业相互干扰时，应注意下台阶施工作业时对上台阶稳定性的影响。

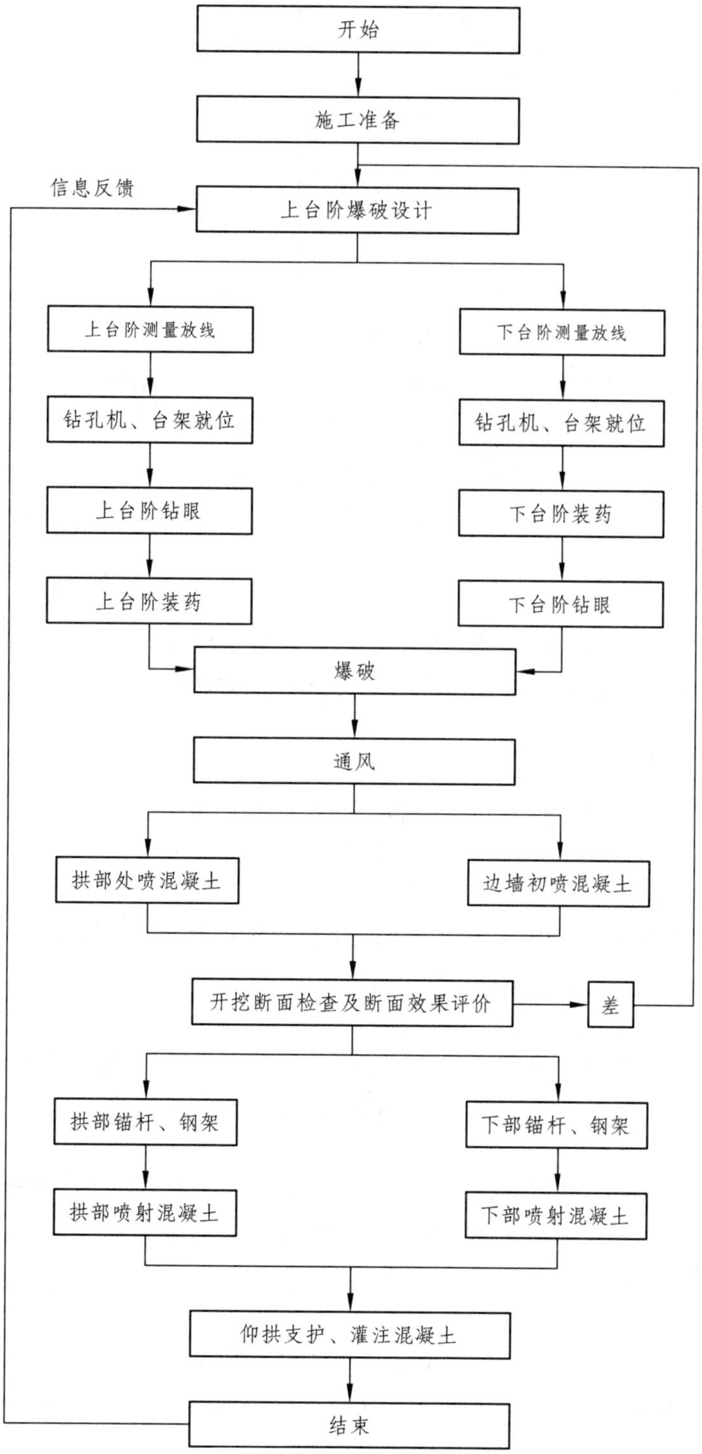

图 9-1 台阶法开挖施工工艺图

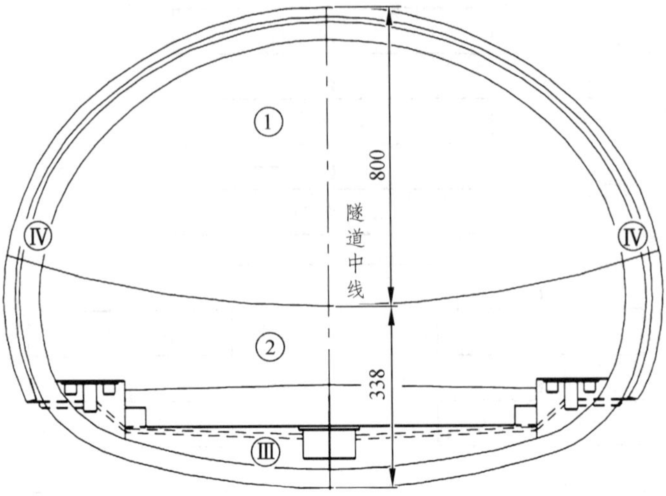

图 9-2　台阶法示意图

2. 分部开挖法

分部开挖法是将隧道断面先分部开挖然后再逐步完成设计形状，通常是将某一部分超前开挖，也称为导坑超前开挖法。常见隧道洞口分部开挖方法包括：环形开挖留核心土法、四步 CD 法和双侧壁导坑法。

1）环形开挖留核心土法

环形开挖留核心土法对一般土质或软弱围岩及断面较大的隧道施工较适应。开挖过程中开挖次序是环形拱部、上部核心土、下部台阶。

本方法的主要优点是：

（1）因为在掌子面开挖过程中上部的预留核心土能够支承着开挖面，所以能够及时地对拱部施作初级支护，保证了掌子面的稳定安全。

（2）因为在拱部初级支护保护下进行预留核心土和下部开挖，所以现场施工安全得到保障。与台阶法相比，下台阶的长度可以适当加长，以减少上、下两部分施工干扰。与下边要介绍的双侧壁法相比，施工机械程度可相对提高，施工速度可加快。

2）双侧壁导坑法

双侧壁导坑法是分四块进行开挖：左、右两侧导坑、上部核心土、下台阶。在开挖时左、右侧导坑是要错开的，而错开的距离是依据一侧导坑的开挖对围岩扰动发生应力重分布不影响另一侧已成导坑的原则。

本方法的优缺点：

双侧壁导坑法的每个分块在开挖后都能自行闭合，所以在施工过程中几乎不会产生变形。但是其开挖断面时分块多，对围岩扰动大，初次支护闭合时间长，而且开挖进度较慢，成本也比较高。

3. 隧道洞口段开挖方法比选

施工方法的选择主要依据是地质条件、工期、结构类型、断面尺寸以及施工技术力量等综合考虑。开挖过程中也要考虑到当地质条件发生变化时，那么此种开挖方法就不适应了，应该变更为另一种开挖方法。合适的开挖方法对隧道洞口段的开挖是非常重要的，不仅可以减少对原来地层的扰动来提高施工过程中和开挖后洞口的安全，还可以很好的提高施工效率，减少工程投入，增加经济效益。现将各种方法的比较列于表 9-1。

表 9-1 施工方法比选

围岩条件	Ⅳ级围岩	土质软弱围岩	浅埋软弱围岩	偏压
沉降	一般	一般	较大	大
工期	短	短	较短	长
防水	好	好	好	效果差
初期支护	无	无	小	大
拆除量				
造价	低	低	偏高	高
施工机械	中大型	中型	中小型	小型
施工技术难度	低	高	较高	较高
施工工序	简单	多	较多	复杂
掌子面的稳定性	差	好	较好	较好
配合辅助支护措施	很容易	容易	一般	一般
对关键部位支护的有效性	一般	好	较好	较好

当隧道洞口段处于浅埋、强分化和软弱松散等复杂地层中时，可以采用以下施工方法：

（1）对于围岩级别较好的双线隧道洞口，一般是以台阶法为主，而不宜采用全断面施工。因为对大断面的隧道采用全断面开挖时，开挖对围岩的扰动很大，会导致围岩出现松动，导致发生地表开裂甚至发生局部坍塌的可能。并且很难进行结构支护，势必会增加工程的成本。

（2）在土质类地区的隧道洞口段，采用三台阶临时仰拱法比较适合，当工期不紧时，预留核心土法就比较安全适用，遇到特殊情况可采用 CD 法或双侧壁导坑法。

（3）当洞口处于浅埋段、破碎段、全风化地层时，最先考虑的应该是预留核心土法。当对地表沉降要求比较高或者开挖断面较大时，预先考虑 CD 法或双侧壁导坑法。

综上所述，结合杨给隧道洞口的工程地质状况及施工条件，此隧道采用双侧壁导坑法进行开挖。

9.2.2 洞口段主要支护方法机理

1. 抗滑桩作用机理

抗滑桩也称作锚固桩，其作用原理是将桩穿过滑坡体的潜在滑动面，使其发挥桩与周围岩土的共同作用，抵抗下滑力达到稳定边坡的作用。在浅层和中厚层的滑坡中该处理措施是主要的支护措施。当滑坡体受到外界扰动下滑时就会受到抗滑桩的阻挡，保证了桩前滑体继续保持稳定状态。现今公路隧道建设中，抗滑桩作为治理隧道洞口滑坡的工程应用还比较少，有关抗滑桩的研究至今仍在继续和加强。

2. 钢支撑作用机理

钢支撑是利用自身的刚度来支撑岩土体，起到控制岩土体变形的作用。一般在掌子面开挖完后或者施作仰拱时，按设计间距立即进行安装，架设后就能立即承载，稳定岩土体。多设立在软弱破碎围岩等需要立即控制围岩变形的场合[18]。钢支撑在隧道开挖中有两种结构形式，其一是用钢筋做的格栅钢架，其二是用型钢做的工字钢，通常钢支撑是和混凝土、锚杆、钢筋网一起使用从而保证了围岩的稳定。

3. 旋喷桩加固机理

旋喷桩是利用钻机将旋喷注浆管及喷头钻置于桩底设计高程，将预先配制好的浆液通过高压发生装置使液流获得巨大能量后，再从注浆管边的喷嘴中高速的喷射出来，组成一股高压液流，从而使得土体破坏，在喷射的过程中，钻杆应该是边旋转边提升，使浆液与土体充分搅拌混合，最终形成一定直径的柱状固结体，使地基得到加固。适用于淤泥素填土等松散地基层。其具有能使之与周围土颗粒混掺，凝结，硬化而成桩，以加固松软地基优点而广泛被施工单位所采用。

4. 管棚作用机理

隧道在开挖过程中势必会导致地表下沉和围岩松动，加上地层的自重应力，岩土体就会产生很大的侧向压力，从而导致隧道内会发生坍塌，进一步前方地层就会发生陷落。因此隧道在向前开挖时要沿开挖掌子面的上半断面周边施作厚壁钢管，构筑成临时承载棚，这样就能有效地减小岩土体的侧向压力，从而使得前方地层保持稳定。管棚支护在水平方向起支承拱的作用，在沿隧道中心线的方向起梁的作用，以改变岩体的完整性。在强风化的软弱围岩洞口，其超前支护加固岩土体的能力是极其明显的。

9.2.3 隧道进洞施工关键技术

1. 施工方法及安全技术措施

隧道进洞前必须先做好洞外路堑边坡支护，完善洞外排水系统。洞口段开挖后及时做好洞口段模筑衬砌，以防坍塌。

严格按照“管超前、严注浆、短进尺、强支护、早封闭、勤量测、衬砌紧跟、稳扎稳打、步步为营”的原则，巩固洞口环节，确保进洞安全。

2. 施工工艺流程

测量放线→洞口开挖（截水天沟→洞口土石方开挖）→边仰坡刷坡与防护→套拱施工→超前大管棚施工→暗洞施工→回填。

1）成洞面加固

隧道洞口工程选择在雨水比较少的旱季开始施工，在进行开挖过程中，边坡防护与边坡开挖同步进行，开挖到成洞面附近时预留核心土体，洞口成洞面加固挂网锚喷支护，采用长 5 m 间距为 1 m 梅花形 Φ22 的加固锚杆，挂 Φ6 的钢筋网片，网格间距为 20×20 cm 然后喷射 10 cm 厚的 C20 砼支护。加固锚杆使松动区的节理裂隙、破裂面等得以联结，因而增大了锚固区围岩的强度，有助于裂隙岩体和松动区形成整体，成为“加固带”，预防洞顶围岩崩塌和坠石。

2）长管棚超前支护施工

隧道洞顶覆盖层较薄山体严重偏压，为了保证进洞施工的安全，在进洞口先做套拱，采用片石砼做套拱基座，套拱内埋设 U25 型钢浇注 C20 砼，套拱作为长管棚的导向墙。长管棚长 30 m，环向间距 50 cm，共计 30 根管棚采用热轧无缝钢管壁厚 6 mm，节长 4 m 及 6 m。钻孔孔径比管棚钢管直径大 22 ~ 30 mm，钻孔顺序由高孔位向低孔位进行。钢管前端加工成尖锥状，尾部焊接加劲筋补强。有孔钢花管上入岩部分梅花形布置 10 mm 注浆孔，注浆孔间距 20 cm，交错布置。钢管方向与路线中线平行，钢管倾角为仰角 2 度，超前长管棚注浆支护作为浅埋段施工辅助措施。

（1）长管棚施工方法如下：

长管棚注浆水灰比：0.5∶1。浆液扩散半径：不小于 0.5 m。注浆压力：0.5 ~ 1.2 M。管棚施工采用 C20 砼，套拱作为长管棚导向墙，套拱在洞口衬砌外轮廓线以外施作，套拱内埋设 U25 型钢，型钢与管棚钢管焊成整体。管棚套拱施工时要预留核心土，用钻机钻孔，并顶进长管棚钢管。管棚按设计位置施工，先打有孔钢花管，注浆后再打无孔钢管，无孔钢管可作为检查管脸查注浆质量。钢管接头采用丝扣连接丝扣长巧保证受力的均匀性钢管接头纵向错开。

（2）长管棚超前支护在隧道施工过程中主要起梁的作用，壳的作用和改变地质条件的作用，从而克服隧道浅埋和偏压的不利因素。

梁的作用表现为长管棚超前支护的结构是一个沿隧道纵向的梁结构发挥一个刚性梁的效果河以保证安全、快速进洞施工。

壳的作用表现为长管棚超前支护在施工工作面前方形成一个壳结构，结构的厚度和刚性可以保证隧道施工的工作面及周边岩石的稳定。

改良地质条件的作用即长管棚将隧道施工工作面周围围岩的强度加以改善。

9.2.4 隧道进洞施工实例子分析

1. 工程实例概述

香格里拉至丽江高速公路第十一项目部古那湾 2 号隧道位于玉龙县龙蟠乡境内，与香格里拉经济技术开发区隔金沙江相望。古那湾 2 号隧道为分离式隧道，左右幅隧道间净距约介于 18 ~ 45 m，左幅长度 1 693.96 m，起讫里程 K94+386.04 ~ K96+080，右幅长度 1 650 m，起讫里程 YK94+415 ~ YK96+065，合计全长 3 343.96 m，单个隧道内轮廓净空宽度 11.00 m，净空高度 7.1 m。隧道进口轴线方向坡度 20°左右，整体地势比较平缓。隧道紧贴山脚洞口段的围岩为第四系全新统洪坡积层，主要由块石夹碎石土组成，呈中密或密实状，岩体多为散体或碎裂结构，稳定性极差，地下水丰富。所以，在制定这一隧道施工进洞计划方案时必须把施工安全作为首先考虑的因素。

2. 隧道进洞施工方案的选择

左洞原设计方案边、仰坡刷坡后挂网喷锚，在刷坡时发现左侧边坡多为碎砾石堆积体，自稳性极差，无法达到预期刷坡的高度，且雨水丰富，易诱发山体坍塌。但在洞口处施作明洞，则两侧土方开挖量较大，而且加大了对洞口周围土体的扰动，特别是左侧刷坡高度更高，若边、仰坡防护不当，将引起洞口土体滑塌，以致施工周期延长，不利于尽早进洞。明拱暗墙法（即拱部明挖、墙部暗挖），则可避免在覆盖层较薄的条件下进行全部暗挖极易发生塌方的可能性，同时又可大大减少对洞口地表自然土体的扰动范围，所以，这是最适合隧道的施工进洞方案。这一进洞施工方案从洞口段开始，确定长 10 m 的范围，对这一范围内拱脚附近放坡明挖并及时对仰坡、边坡进行挂网锚喷防护，在紧靠掌子面 2 m 范围内架设拱部型钢钢架，并施作锁脚锚杆。由于洞口段地质条件较差，覆盖层仅有 2 m 左右，因此，采用了 40 m 长管棚超前预支护。对洞口明拱部分安置拱架及置模灌注混凝土。此后，并按洞口初始设计的环形结构向下进行台阶开挖、初期支护施作，直至二次衬砌封闭，最后在明洞拱顶进行回填植被，恢复原地貌。

3. 隧道进洞施工流程

在完成隧道进洞区域地质状况调查与进洞施工方案的选择、确定以后，进洞施工正式开始。隧道采用明拱暗墙法进行施工时，需要严格遵照一定的工艺流程步序来完成。采用明拱暗墙法的隧道进洞施工方案首先需要进行仰坡坡面支护还要在上部断面区域进行明挖施工，而后对边坡坡面、成洞面进行同样的支护，接着对隧道洞口拱部环形区域做管棚施工。中台阶和下台阶按开挖、初期喷混凝土、安置拱架、锁脚锚杆的次序进行作业。最后在进洞区域做混凝土二次衬砌与防护施工。

4. 隧道进洞施工关键技术的分析与研究

当进洞施工步序确定之后，需要对整个隧道进洞的施工作业进行整理，在这个过程中常常会遇到各式各样的施工难点或是与实际地质条件发生冲突的情况，这就必须及时并合理调整施工材料和施工措施，以保证施工工程的质量与安全。下面对该施工方案几个关键技术及控制点进行分析与讨论。

1）设置洞顶截水沟

基于隧道施工区域水量丰富的情况，为确保明拱开挖施工过程中临时边、仰坡的稳定，防止拱脚遭雨水浸泡的可能，在进洞施工前必须在边、仰坡坡边以外 5 m 处施作洞顶截水沟（选用浆砌片石），将地表水引至施工区域之外。

2）明拱开挖与边、仰坡的防护必须同期结合进行

隧道进洞中的明拱部分的施工必须与开挖、人工刷坡、挂网锚喷结合进行，这在避免左侧边坡的侧压力对隧道洞口产生挤压作用方面有显著的效果。

3）初期管棚套拱的施工

管棚套拱施工距离不宜过长，紧靠掌子面连续设立环形工字钢拱架，将拱架与明拱开挖时引入的边、仰坡锚杆进行焊接固定，然后在环形拱架的端头和内部环形轮廓内安置木模板，浇注套拱混凝土，形成初期隧道进洞施工较为稳固的受力体系。

4）长管棚施工

长管棚施工采用 Φ108 mm、40 m 长管，管的环向间距 30 cm，在隧道进洞施工实践中，最大的难题是长管棚的施工工艺。隧道进口处地层为第四系全新统洪坡积层，主要由块石夹碎石土组成，作业中不但卡钻与坍孔现象十分严重，成孔困难，而且施工进度十分缓慢，将延长整个隧道的施工工期，作者认为过去一次成孔法的施工模式并不适用，需要采用麻花钻

头冲孔及套管跟进的施工工艺。值得注意的关键技术要点如下。

（1）冲孔必须选择麻花钻头冲击钻相结合的方法，钻机从早先明拱暗墙施工中预留的孔口管进入，由此完成钻孔施工。

（2）钢管与钻杆必须在顶驱液动锤的作用下完成回转冲击，并经过孔口管钻入隧道顶部前端。

（3）顶进钢管必须保持一定倾角（实际操作时不小于5°），以防止钢管端部进入隧道净空，造成侵限。

（4）钢管分段连接时要保证接头强度，且同一截面接头率不得大于50%。

（5）钻孔完成后应及时注浆，浆液采用水泥—水玻璃双液浆，水灰比1∶1，水玻璃浓度40Be（3～4级波美度）；注浆压力0.8～1.2 MPa，终压控制在2.0 MPa；注浆顺序从两侧拱脚向拱部跳跃进行，务必保证钢管周边土体裂隙中浆液饱满，形成管棚固结体，具有一定强度，此举是保证周边土体稳定的重要举措。

（6）管棚施工结束后，采用短台阶法（预留核心土）进行隧道开挖，管棚搭接长度不得小于2.5 m。

5）拱下暗挖及快速封闭成环

拱部混凝土灌注完成并达到一定强度后，墙部暗挖在拱的防护下采用短台阶法开挖，上台阶开挖环向进行预留核心土以稳定掌子面临空面土体，中、下台阶开挖时，须迅速做好上台阶拱脚处钢架的连接，并及时打设锁脚锚杆和注浆，横断面左右错开分步进行开挖和初期支护，及时封闭土体临空面，并做好注浆管的预埋，以便进行初期支护背后回填注浆，减少拱部沉降和土体侧向变形，各部循环进尺1.5 m/d。暗挖进行时，实时进行监控量测，以便及时掌握支护变形。墙部开挖一定距离后，应及时施作墙部初期支护，紧接进行仰拱开挖和初期支护闭合，防止墙体脚部向内移动。应不失时机地及时完成二次衬砌的施工。保证同一横截面的初期支护和二次衬砌各自尽早封闭成环，对于抵抗周边土压具有十分重要的意义。

9.3 不良地质条件下隧道进洞施工关键技术

9.3.1 不良地质山岭隧道施工概述及国内外研究现状

1. 不良地质条件隧道概述

1）隧道施工四大理念

目前业内在隧道施工中普遍存在有四大理念，可归纳为：“爱护围岩”、“内实外美”、“重视环境”和“动态施工”。

“爱护围岩”有两层含义：一层含义是不损伤或少损伤遗留围岩的固有支护能力，这可以通过采用机械开挖技术和控制爆破技术予以解决；另一层含义是通过各种手段和方法，如采用支护技术、加固或预加固技术以及各种辅助施工技术增强围岩的自支护能力等。这些技术形成了隧道施工的核心技术。

“内实外美”，关键是内实。而内实的关键是要做到“四密实”，即混凝土密实、喷混凝土密实、喷混凝土与围岩密实、二次衬砌与初期支护密实。

“重视环境”，一层含义是指施工作业环境，另一层含义是指对周边环境的影响。重视环境是时代的要求，许多环境技术都是因时代的变迁而得到发展，许多基准都是因环境的要求而制定的。

根据暴露出来的围岩状态采取对策，是隧道施工的基本原则。所谓“动态施工”是指：隧道施工过程中的地质条件是不断变化的：其力学状态也是不断变化的，因此，施工过程就不可能是一成不变的。我们在施工过程中采用的各种施工方法和技术都是为了适应这种“状态”变化的。因此，隧道施工的各种决策都要在施工阶段的地质技术、施工阶段的量测技术和施工阶段的质量控制技术基础上进行管理的。

改革开放以来，我国铁路、公路、水电站等山岭隧道工程的发展进入了一个新的时期。除隧道的数量增加以外，隧道的长度也有所突破。另一项突破表现在施工技术上，如秦岭的Ⅰ线隧道是采用直径 8.8 m 的全断面掘进机修建的，这标志着我国铁路隧道施工技术的进步和成熟。在长期的工程实践中，我国已经积累了相当丰富的经验和理论，逐渐形成了具有中国特色的隧道施工方法体系。在加强铁路、公路建设的新高潮中，不同长度、不同类型的山岭隧道大量涌现，因此，隧道技术的发展，正面临着一个新的机遇和挑战。

2）国内外研究概况

（1）国内研究概况

近十年来，针对公路隧道建设的现状，我国交通部门每年投入大量科研经费，围绕隧道工程的实际问题展开了科学研究，如“公路长大隧道纵向通风研究”、“公路隧道施工技术规范编制”、“公路隧道通风技术研究”、“特长公路隧道修筑技术研究”等，在隧道的施工、管理、通风、不良地质地段施工等领域取得了针对性成果，这些研究成果有力地支持了我国公路隧道的建设。

依托项目解决问题是我国隧道科研取得成功的法宝，如：依托中梁山隧道和缙云山隧道，研究长隧道通风技术；依托青海大坂山隧道的高海拔隧道研究防冻、防水技术；依托川藏公路二郎山隧道研究高地应力处治技术：这些项目都汇集了众多的国内外隧道专家，均取得了可喜的成果。

由于我国在隧道科研上的不断投入，我国公路隧道在标准、规范、计算理论、结构分析、模型试验、材料科学、施工工艺、施工设备、施工控制、检测技术、大型专用机械等方面的综合技术取得了较大进步，逐步形成了具有中国特色的成套技术。

（2）国外情况

国外发达国家，由于其基本建设已基本完成，就隧道建设而言，已经形成了一套完整体系，并且不同国家都各具其特色。如日本、美国、欧洲等国家和地区研究内容集中在通风、防灾方面，研究突出以人为本的特色，依托研究成果，其在隧道的建设、改建等方面都提出了改善措施，大幅度提高了通风、消防救灾系统的投资所占比重。

我国隧道建设技术与国外先进水平相比，目前尚存在很大的差距，具体表现在：一是新技术应用率较低，建设费用和维修费用相当高：二是超长公路隧道的关键技术问题，如通风问题还没有完全解决，特硬岩层隧道开挖技术和施工机械配套等也须进一步深入研究，报警监控系统的应用也制约了高等级公路的发展；三是我国公路隧道在照明、通风、防灾、消防和报警以及火灾自动检测系统、紧急电话系统、隧道通信系统、电视监控系统、交通检测控制系统等方面还不符合标准规范的有关要求。

3）课题研究的目的和意义

伴随公路建设不断在我国西部地区展开，公路隧道的规模也朝着长大的方向发展，其长度大于 3 km 的隧道也越来越多。这些特长隧道往往覆盖层厚、地质条件复杂，施工条件十分恶劣，对环境与生态保护要求很高。目前其施工基本上是参照已有的少数长、大铁路隧道进行，尽管已经在部分隧道开展了少数科研项目，但是其研究成果适用面相对较窄，整体性、系统性不强，特别是相对于特长隧道而言，缺乏对系统内各个环节的关键技术的综合研究，这是亟待解决的问题。

目前我国的很多山岭隧道在施工阶段地质判释技术不完善，缺乏有效的判释方法和手段，一旦出现不良地质条件地段出现施工灾害，有时束手无策。有些隧道所通过的地区经历多期构造、变质、岩浆活动及混合岩化作用，地质构造和地层岩性十分复杂，全隧道断层有数十条，地质的复杂多变性，给隧道掘进增加了极大的困难。有些隧道的围岩石质完整、坚硬，岩石干抗压强度 82 ~ 325 MPa，绝大部分为 150 ~ 300 MPa，这样大区段的坚硬岩石在国内隧道施工史上是不多见的。由于各种原因，某些隧道往往不可避免地需要穿越高地应力地段、破碎断层带等软弱围岩段以及在洞口段穿越堆积体等。在穿越这些不良地质地段常易发生岩爆、热害、涌水、塌方等地质灾害，这无疑会对施工带来的不良影响。

软弱围岩具有松、散、软、弱的基本特点。在高应力软岩环境下开挖的隧道洞室一般表现为非对称性环向受压。洞室开挖后不仅拱顶变形大，容易冒落，隧底也产生强烈底鼓，侧墙的水平收敛变形也会非常严重。高应力软岩由于原始应力高且以形变围岩压力为主，开挖卸载迅猛，来压快，变形量大，如不及时加以控制很快就会发生岩块冒落，开挖洞室破坏。采用传统的支护方式控制围岩变形，很难把握好衬砌施作的时机，而且对支护质量要求高，若要满足控制围岩变形的受力要求，衬砌往往需要达几米厚才可以取得较好的控制效果，且施作难度大，施工质量尤其是拱顶衬砌质量很难保证。

要做到安全顺利通过这些特殊围岩段，就要采用较为先进的工艺方法，增加一些辅助施工措施，加强施工管理，科学合理地组织施工，才能达到预期的目的。因而目前有必要研究不良地质条件下隧道的钻爆技术和施工技术，有针对性地对此这类隧道给予指导，以减少工程灾害，降低工程风险，安全快速地穿越这些不良地层，这也必将产生巨大的经济效益、社会效益。

4）主要研究内容和研究方法

为减少地质（灾害）对施工的影响，降低工程风险，以及指导今后的长大隧道施工，针对此类工程的地质情况和工程特点，结合川藏公路二郎山隧道工程和西康高速公路终南山隧道等进行以下主要研究内容。

（1）隧道施工方法的选择

在隧道施工中最重要的是选择合理的施工方法，特别是在不良地质地段，隧道施工能否快速和安全，与选用的施工方法有很大关系。应从隧道的工程地质、水文地质条件、埋置深度、结构跨度、工期等方面考虑，不同围岩应采用不同的施工方法。

对于大断面隧道和软弱围岩段，为预先了解其工程特点，掌握施工过程中围岩变形特点与塑性演化规律，把握支护结构的应力转换规律，从而减少施工盲目性，增加施工的安全性和监测工作的针对性，在施工前有必要进行动态施工过程的优化分析，用有限元数值分析的方法来确定合理的开挖顺序和适时有效的支护方案。

（2）不良地质地段综合处治技术

研究地质灾害段施工方法，针对洞身断层破碎带和岩爆等不良地段地质情况，分析不良地质发生原因及对施工危害，认识断层破碎带和岩爆的发生机理和发生的规律，提出超前预报、超前支护及加强支护等措施。

鉴于地下工程受力的特点和复杂性，特别是在不良地质地段隧道施工进行重点监控量测，用现场监控量测的方法来判定围岩和支护的稳定性，评估计算结果，进而检验和修改设计，指导施工。

特硬岩层隧道钻爆开挖技术：

针对有些山岭隧道岩层强度高、硬度大的特点，研究特硬岩层的光爆技术和掏槽技术，提高炮眼利用率和钻爆进尺，以便安全快速地顺利通过。

采用的主要研究方法为：

本研究在查阅已有文献资料的基础上，结合施工经验并参考其他类似工程的设计和施工来确定施工技术措施，综合了理论分析、数值模拟计算、现场试验和监控量测等多种研究方法。

2. 隧道施工方法的选择

隧道施工能否快速和安全，与选用的施工方法有很大的关系。在同样地质条件下，一般讲，工序简单的施工方法，速度较快，但安全性较差，工序复杂的施工方法，速度较慢，但安全性较高。因此，选择既快又安全的施工方法是施工组织设计中关键的一步，可以说在隧道施工中最重要的就是选择合理的施工方法。隧道施工过程和方法是多种多样的，在长期的工程实践中，我国已经积累了相当丰富的经验和理论，逐渐形成了具有中国特色的隧道施工方法体系。

目前山岭隧道常采用的矿山法中大致有全断面法、台阶法和分部开挖法三大类。在当前的施工实践中，采用最多的方法是台阶法，其次是全断面法。在大断面隧道中，单侧壁导坑和双侧壁导坑采用较多。由于施工机械的开发、钻爆技术的发展和辅助工法的采用，施工方法有向更多地采用全断面法，特别是全断面法与超短台阶法结合的发展趋势。也就是说，施工方法有向全地质型方法转变的趋势。因此，目前选择施工方法，并不完全决定于地质条件。地质条件仅仅是选择施工方法的一个因素，而更应强调的是：施工方法必须复合快速、安全、质量及环境的要求。其中环境因素有时成为选择施工方法的决定性因素。

因此，选择施工方法时需要考虑的基本因素大体可归纳为：

（1）施工条件：实践证明，施工条件是决定施工方法的最基本因素，它包括一个施工队伍所具备的施工能力、素质及管理水平。

（2）围岩条件：也就是地质条件。其中包括围岩级别、地下水及不良地质现象等。围岩条件对施工方法的选择起着重要的甚至决定性的作用。

（3）隧道断面积：隧道尺寸和形状对施工方法的选择也有着一定的影响。目前隧道断面有向大断面方向发展的趋势，在这种情况下，施工方法必须适应其发展。在单线和双线的铁路隧道、双车道公路隧道中，越来越多地采用了全断面法及台阶法；而在更大断面的隧道工程中，先采用各种方法修小断面的导坑，再扩大形成全断面的施工方法极为盛行。

（4）埋深：在同样地质条件下，由于埋深的不同，施工方法也将有很大差异。

（5）工期：施工工期在一定程度上会影响基本施工方法的选择。

（6）环境条件：当隧道施工对周围环境产生如爆破震动、地表下沉、地下水条件的变化等不良影响时，环境条件也会成为选择隧道施工方法的重要因素之一。

在长期的工程实践中，不管采用哪种方法，都必须正确地坚持隧道施工的基本原则和四大理念。

9.3.2 几种不良地质条件下的隧道施工技术

在修建隧道中，常遇到一些不利于施工的特殊地质地段，如膨胀土围岩、黄土、溶洞、断层、松散地层、流沙、岩爆等，在开挖、支护和衬砌过程中，由于各种因素的影响都可能发生土石坍塌，坑道支撑变形，衬砌结构断裂，严重影响施工进度、安全和质量。

1. 膨胀土围岩

膨胀土系指土中黏土矿物成分主要由亲水性矿物组成，同时具有吸水显著膨胀软化和失水收缩硬裂两种特性。穿过膨胀土地层的隧道，常常可以见到开挖后不久围岩因开挖而产生变形，或者因浸水而膨胀，或因风化而开裂等现象。使坑道的顶部及两侧向内挤入，底部膨起，随着时间的增长导致围岩失稳，支撑、衬砌变形和破坏。在膨胀土地层中开挖隧道，除了认真实施设计文件所提出的技术要求外，在施工过程中应对围岩压力及其流变情况进行充分的调查和量测，分析其变化规律。在施工中应以尽量减少对围岩产生扰动和防止水的浸湿为原则，所以宜采用无爆破掘进法，如采用掘进机、风镐、液压镐等开挖。在开挖过程中尽可能缩短围岩暴露时间，并及时衬砌，以尽快恢复洞壁因土体开挖而解除的部分围岩应力，减少围岩膨胀变形。开挖方法宜不分部或少分部，多采用正台阶法、侧壁导坑法和“眼镜法”。正台阶法适用于跨度小的隧道，它分部少，相互干扰小，且能较早地使支护（衬砌）闭合。侧壁导坑法和“眼镜法”较适用于跨度较大的隧道，它具有防止上半断面支护（衬砌）下沉的优点但全断面闭合时间较迟，必须注意防止边墙混凝土受压向隧道内挤。隧道开挖后，膨胀土围岩风干脱水或浸水，都将引起围岩体积变化，产生胀缩效应。因此，隧道开挖后及时喷射混凝土，封闭和支护围岩。在有地下水渗流的隧道，应采取切断水源并加强洞壁与坑道防、排水措施，防止施工积水对围岩的浸湿等。如局部渗流，可采用注浆堵水阻止地下水进入坑道或浸湿围岩。

2. 松散地层

松散地层结构松散，胶结性弱，稳定性差，在施工中极易发生坍塌。如极度风化破碎已失岩性的松散体，漂卵石地层、砂夹砾石和含有少量黏土的土壤以及无胶结松散的干沙等。隧道穿过这类地层，应减少对围岩的扰动，一般采取先护后挖，密闭支撑，边挖边封闭的施工原则，必要时可采用超前注浆改良地层和控制地下水等措施。下面简述几种主要施工方法。

1）超前支护

隧道开挖前，先向围岩内打入钎、管、板等构件，用以预先支护围岩，防止坑道掘进时岩体发生坍塌。

（1）超前锚杆或超前小钢管。采用这种方法是爆破前，将超前锚杆或小钢管打入掘进前方稳定的岩层内。末端支撑在拱部围岩内的悬吊锚杆或格栅拱支撑上。使其起到支护掘进进尺范围内拱部上方，有效地约束围岩在爆破后的一定时间内不发生松弛坍塌。超前锚杆宜采用早强型砂浆锚杆，以尽早发挥超前支护作用。

（2）超前管棚法。此法适用于围岩为砂黏土、粘砂土、亚黏土、粉砂、细砂、砂夹卵石夹黏土等非常散软、破碎的土壤，钻孔后极易塌孔的地层。在采用此法时，管棚长度应按地质情况选用，但应保证开挖后管棚有足够的超前长度。为增加管棚刚度，可在钢管内灌入混凝土或设置钢筋笼，注入水泥砂浆。于是在地层中建立起一个临时承载棚，在其防护下施工。

2）超前小导管预注浆

超前小导管预注浆是沿开挖外轮廓线，以一定角度打入管壁带孔的小导管，并以一定压力向管内压注水泥或化学浆液的措施。它既能将洞周围岩体预加固，又能起超前预支护作用。此法适用于自稳时间很短的砂层、砂卵（砾）石层等松散地层施工。

3）降水、堵水

在松散地层中含水，对隧道施工的危害极大。排除施工部位的地下水，有利于施工。降水、堵水的方法较多，如降水可在洞内或辅助坑道内井点降水。在埋深较浅的隧道中，可用深井泵降水，在洞外地面隧道两侧布点进行。

在地下水丰富，而且排水条件或排水费用太高，经过技术、经济比选，可采用注浆堵水措施。注浆堵水又分地面预注浆和洞内开挖工作面预注浆。二者采用哪种方法，应根据隧道埋深、工程地质和水文地质情况，钻孔和压浆设备能力，以及技术、经济、工期等方面进行综合分析后采用。

3. 溶　洞

溶洞是以岩溶水的溶蚀作用为主，间有潜蚀和机械塌陷作用而造成的基本水平方向延伸的通道。溶洞是岩溶现象的一种。岩溶是指可溶性岩层，如石灰岩、白云岩、白云质灰岩、石膏、岩盐等，受水的化学和机械作用产生沟槽、裂缝和空洞以及由于空洞的顶部塌落使地表产生陷穴、洼地等类现象和作用。我国石灰岩分布极广，常会遇到溶洞。因此，在这些地区修建隧道，必须予以注意。隧道通过岩溶区，应查明溶洞分布范围和类型，岩层的完整稳定程度、填充物和地下水情况，据以确定施工方法。对尚在发育或穿越暗河水囊等地质条件复杂的岩溶区，应查明情况审慎选定施工方案。对有可能发生突然大量涌水、流石流泥、崩坍落石等，必须事先制定措施，确保施工安全。隧道穿过岩溶区，如岩层比较完整、稳定，溶洞已停止发育，有比较坚实的填充，且地下水量小，可采用探孔或物探等方法，探明地质情况，如有变化便于采取相应的措施。如溶洞尚在发育或穿越暗河等岩溶区时，则必须探明地下水量大小、水流方向等，先要解决施工中的排水问题，一般可采用平行导坑的施工方案，以超前钻探方法，向前掘进。当出现大量涌水、流石流泥、崩坍落石等情况时，平导可作为泄水通道，正洞堵塞时也可利用平导在前方开辟掘进工作面，不致正洞停工。岩溶地段隧道常用处理溶洞的方法，有“引、堵、越、绕”四种。

4. 流　沙

流沙是沙土或粉质黏土在水的作用下丧失其内聚力后形成的，多呈糊浆状，对隧道施工危害极大。由于流沙可引起围岩失稳坍塌，支护结构变形，甚至倒塌破坏。因此，治理流沙必先治水，以减少沙层的含水量为主。宜采取以下措施进行治理：施工中应调查流沙特性、规模，了解地质构成、贯入度、相对密度。粒径分布、塑性指数、地层承载力、滞水层分布、地下水压力和透水系数等，并制定出切实可行的治理方案。开挖时必须采取自上而下分部进行，先护后挖，密闭支撑，边挖边封闭，遇缝必堵，严防沙粒从支撑缝隙中逸出。也可采用超前注浆，以改善围岩结构，用水泥浆或水泥水玻璃为主的注浆材料注入或用化学药液注浆加固地层，然后开挖。流沙地段，拱部和边墙衬砌混凝土的灌筑应尽量缩短时间，尽快与仰拱形成封闭环。这样，即使围岩中出现流沙也不会对洞身衬砌造成破坏。

9.3.3　不良地质条件下浅埋隧道进洞技术

1. 浅　埋

（1）浅埋隧道进洞时，洞口一般处于山脚处，隧道施工会遇到浅埋情况。浅埋问题主要是由于隧道覆盖层较薄或覆盖层较薄围岩地段距离较长，围岩无法自稳，围岩作为松散体全部施压到衬砌结构上，预支护措施效果可能不够明显。由于埋深较浅，隧道易受外界环境因素变化的影响，如降雨等，引起围岩迅速恶化，导致初期支护开裂甚至塌方。

浅埋隧道进洞采用的做法主要有：放坡开挖、接长明洞盖挖法（图 9-3）等。放坡开挖围岩暴露时间长，开挖影响范围大，但施工简单，待隧道通过浅埋地段时，修筑明洞，进行回填，恢复地表，因对环境产生的影响较大，现已逐渐淘汰了此种进洞方法。盖挖法是将修筑城市隧道工程时采用的盖挖法应用到山岭隧道中，可以减少临时边坡的刷坡范围和刷坡暴露的时间，待拱形盖板施作完成后，进行回填恢复地表，实施暗洞开挖。

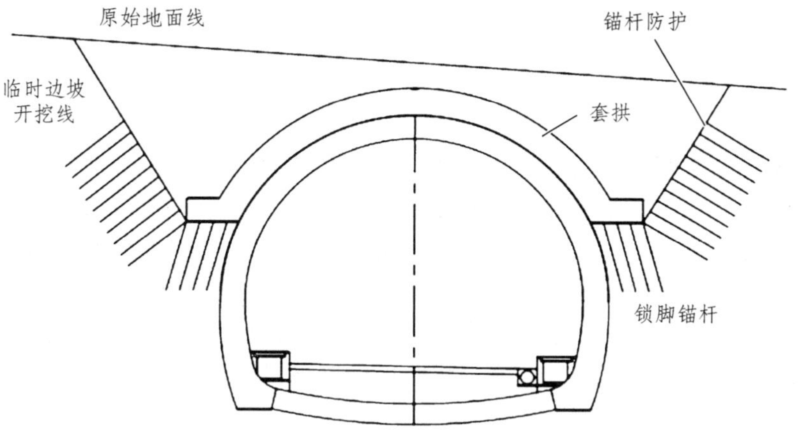

图 9-3　浅埋隧道拱形盖挖法

（2）拱部盖挖方法适用于如下两种情形：

① 隧道进洞段地形平缓，地面线略高于隧道拱顶，浅埋段较长，暗挖进洞隧道无法自稳，采用大范围地表加固费用较高，放坡开挖影响范围大，覆盖层在 2 ~ 5 m，护拱基础围岩良好时可以采用。

② 隧道进洞段通过山间凹地，洞顶覆盖层较薄，暗挖安全隐患大，放坡开挖，边坡刷坡高，边坡防护量大，可以采用拱部盖挖法。

拱形盖板法具体施工步骤为：

a）在施工范围外，施作截水沟，按一定坡度刷坡，进行坡面防护。

b）施作拱形盖板基础及拱形盖板，将盖板基础施作在稳定的岩体之上，扩大拱脚基础并施作锁脚锚杆支护。

c）待拱形盖板达到设计强度之后，进行分层回填压实，并在拱形盖板上施作防水措施。

d）在拱形盖板的保护下进行暗洞开挖施工。当隧道进洞段地基基础较差，拱形盖板基础无可靠的支撑条件，无法满足安全施工时，可以变拱形盖挖法为桩基础套拱方法，如图 9-4 所示，此方法即能增强地基承载力也可以稳定隧道开挖前方围岩，同时可以对周边地下水进行阻隔，增加暗挖施工的安全性，桩基础也可以发挥挡墙作用，平衡山体偏压。

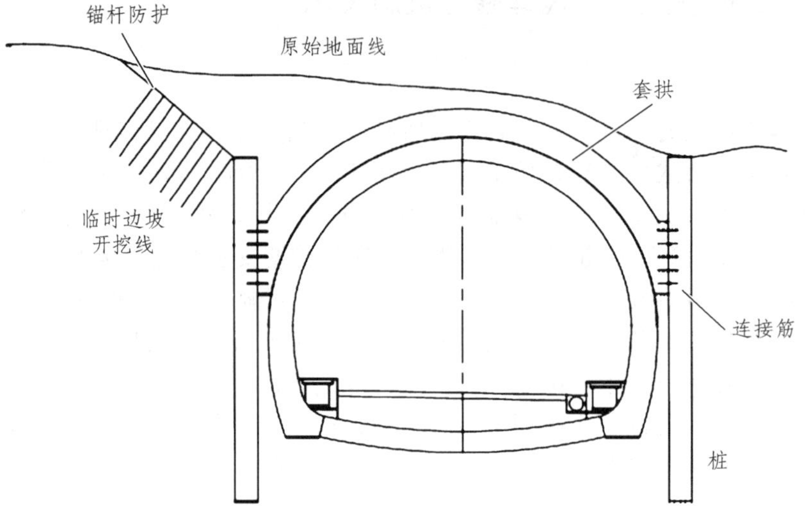

图 9-4　浅埋隧道桩基础盖挖法

2. 偏　压

引起隧道偏压主要有三种情况：① 地形偏压；② 地质偏压；③ 施工引起的偏压。在隧道进口段，偏压问题主要是地形和地质偏压引起的，隧道进洞前应采取的各项预加固与预支护措施解决这类问题，施工原因引起的偏压主要是开挖方式不合理引起的，因此偏压隧道进洞时采用合理的开挖方法可以有效减少衬砌结构所受偏压的不利影响。

对偏压隧道主要是采用工程措施平衡山体偏压作用，确定采取何种开挖方式和加固方式。避免由于偏压处理不当引起的工程灾害或大范围的刷坡。

1）地形偏压对策

地形偏压主要是由于山体地形等高线与隧道轴线斜交，山体横坡较大，隧道洞身两侧埋深不同，会产生不平衡的水平推力。应对偏压隧道的基本思路是利用支档结构平衡山体偏压带来了影响。采取的措施主要有设置偏压挡墙、加大浅埋侧拱脚，回填反压措施。

2）地质偏压对策

地质偏压主要是由于隧道两侧围岩状况差距较大，或围岩中存在软弱夹层导致的偏压。其处理措施可通过注浆加固围岩较差一侧或软弱夹层，增强其强度；也可施作超前大管棚注浆，在局部施作注浆小导管及超前锚杆加固。

3）施工引起的偏压对策

施工引起的偏压主要由于没有根据隧道地形、地质情况，采取了不合理的开挖方式和方法。在进洞施工时，应根据地形、围岩状况、开挖跨度等选择合理的开挖方式。对于小净距和连拱隧道等在施工期间左右洞存在相互影响的特殊隧道结构形式，错开左右洞开挖进尺以降低双洞之间的相互影响。

3. 富　水

隧道洞口一般处在山脚处易出现富水情况，富水会引起围岩恶化，使衬砌结构受力增大，不利于隧道洞口段的稳定，同时含水量过大会引起隧道边、仰坡的失稳，引起边、仰坡的开裂、拱顶下沉过大甚至冒顶等工程问题。洞口段采取截水沟和排水沟等引流地表水和降雨，地表注浆既可以加固隧道洞口段围岩也可以起到隔绝地下水的影响。对于隧道开挖进洞困难地段，采用超前核心土加固法加固隧道开挖面前方的围岩，文献介绍了台湾某隧道，在浅埋、富水条件下，采用大管棚及盖挖回填等常规方法无法实现安全进洞时，参考岩土控制变形理论，采用超前核心土加固法配合大管棚支护，实现了安全进洞的案例，是个良好的借鉴。

4. 围岩破碎

围岩软弱破碎，是洞口段常遇到的问题，岩石软弱破碎主要采取预加固措施，加固围岩，提高其黏聚力和自身承载力。根据围岩条件可以采取：超前管棚注浆、超前小导管注浆或超前管棚配合超前小导管注浆进洞，文献提出采用联合支护，即将洞口段套拱内的钢拱架与初期支护的钢拱架用连接筋连接在一起，并加强初期支护钢拱架之间的纵向连接，使整个洞口段的支护结构连接成一个整体，共同作用，可以减少喷射混凝土的开裂与地表沉降。在一种预支护或预加固措施不能满足工程安全的条件下，可以根据围岩具体的地质情况和围岩性质选择几种合适的加固方法进行加固。

9.4　明洞施工关键技术

9.4.1　浅谈隧道洞口、明洞施工控制要点

1. 概　述

隧道洞口工程施工除要给洞内施工创造条件外，还要稳固因隧道施工可能引起坡面出现失稳现象，尤其当洞口坡面存在较大规模滑动、坍塌、落石等可能时，必须采取相应的施工质量和安全措施，严格按照设计文件及规范要求即时施作工程防护设施，以免产生严重的工程事故。一般包括洞外土石方开挖、截水沟修砌、边仰坡防护、洞口辅助施工措施、明洞及洞门修筑等工程。

2. 洞口工程及明洞工程施工中常见的质量通病

（1）边坡、仰坡防护施工一般采用锚喷防护，在施工中常见质量通病：① 边坡及仰坡虽按自上而下开挖，但刷坡坡度未严格按设计要求进行，出现坡度较陡或较绞现象；② 锚杆数量、长度未严格按设计要求进行布置，存在少布置情况，且未严格按设计及规范要求进行注浆或不注浆；③ 某些隧道工程由于施工存在仓促性，拌和设备未进场的情况下，采用路拌法进行拌和，存在拌和不均匀，最终导致混凝土强度不符合设计要求的现象。且喷射混凝土采用干喷工艺施工。

（2）洞口施工辅助措施，常采用超前长管棚进行施工，对后续进洞后控制围岩变形及地表下沉效果明显。在施工中，常出现以下质量通病：① 钻孔深度未严格施工至设计孔深；② 长管棚安装长度和数量未能按设计要求进行施工，存在数量和长度不足现象；钢管之间的连接未采用设计要求的连接方式，而是图施工方便采用临时焊接；③ 对管棚注浆时，浆液未严格按设计要求进行拌和，随意性较大，导致水泥用量偏小，注浆质量达不到设计要求；④ 管棚注浆时，未严格按设计要求的注浆压力和注浆量进行控制便结束注浆工作。

（3）明洞混凝土施工存在常见质量问题：① 钢筋制作与安装工作中，常出现焊缝不饱满、长度不足现象；② 混凝土浇筑过程中，未按设计要求进行浇筑，且振捣不密实；③ 拆模后养生不到位或不进行养生，导致混凝土出现收缩裂纹。

（4）明洞回填常见质量通病：① 填料不符合设计要求；② 未严格进行分层回填，分层厚度较大；③ 碾压方法未不符合设计及规范要求，甚至出现不采用压实机械进行碾压，而采用挖掘机或装载等操作的行走方式进行碾压，导致压实度不足。

（5）质量意识不足：① 施工项目经理部部分施工管理技术人员质量意识不高，存在侥幸心思，或施工经验不足，未严格进行质量控制，使“三检”制度形同虚设，未严格执行；② 部分监理人员由于经验不足或责任心较差，未严格按设计要求进行验收。未进行巡视检查；或需要旁站的关键工作，如锚杆注浆、超前管棚注浆等未进行旁站监理。导致施工方的偷工减料行为有机可乘。

3. 质量控制要点

为避免出现质量问题，严格按设计及规范要求进行施工，须按以下要求进行质量控制。

1）明洞开挖控制要点

① 洞口开挖施工应避开雨季。② 采用明挖法施工时，应自上而下分阶段、分层进行开挖。第一阶段挖至设计临时成洞面，并视围岩情况，结合暗洞开挖方法，预留进洞台阶；第二阶段开挖其余部分，形成永久边仰坡。不得掏底开挖或上下重叠开挖。③ 洞口边、仰坡排水系统应在雨季之前完成。

2）锚喷加固质量控制要点

① 喷射混凝土施工不得采用干喷工艺。② 锚杆类型、规格、技术性能应满足设计要求，并且严格按规范要求进行注浆工作。③ 锚喷加固应按坡面开挖顺序由上至下分层实施。④ 喷射混凝土前，尽量将坡面平整，清除松动的岩石与浮土。⑤ 锚杆垂直坡面安置。也根据坡体的结构面组合实际情况，对其方向做适当调整，使锚杆能加固更多的岩石层面。⑥ 在进行第一次喷射混凝土初喷后，即可铺设钢筋网，与喷射混凝土层密贴，并与锚杆连接牢靠，再进行后续喷射混凝土施工，混凝土层应覆盖钢筋网。

3）洞口施工辅助措施工质量控制措施

① 洞口施工辅助工程措施所用钢管长度和钢管外径应满足设计要求。② 严格按设计及规范要求的环向间距、方向等布设参数布设超管棚钢管，以及锚固所用材料。③ 管棚注浆前认真分析围岩性质，可通过试验，选择合理的注浆设备和注浆工艺，确定合理的注浆初始压力、终止压力以及注浆量。在施工过程中应认真做好注浆记录，单孔注浆压力和终止压力以及单孔实际注浆量必须真实。管棚的安装和注浆必须要有影像资料。

4）明洞衬砌施工质量控制措施

① 模板：台车模板长度和宽度均不宜过大。模板长度过大容易造成板块刚度不足，宽度过大不利于衬砌的弯曲过渡。长度一般可取 100 cm，最大不应超过 150 cm，其宽度一般为 50 cm，并配若干块较窄的模板，宽度为 30 cm。② 衬砌钢筋制作与安装：环向钢筋和纵向钢筋的交叉的每个节点均必须进行绑扎或焊接，建议采用绑扎；钢筋焊接搭接长度必须满足双面焊不小于 5 d，单面焊不小于 10 d（d 为钢筋直径），及焊缝应满足设计要求；同一钢筋的两个焊缝间距距离不应小于 1.5 m；相邻主筋的焊缝位置应错开，错开距离不应小于 1.0 m；钢筋制作的其他要求应符合相关规范的规定。③ 衬砌混凝土施工：混凝土配合比应通过试验进行确认，以应满足设计要求和施工要求。混凝土应采用混凝土搅拌运输车运输，确保在运送过程中不产生离析、撒落、及混入杂物。混凝土衬砌应连续浇注，在初凝前完成浇注，砼由下至上分层、左右交替、从两侧向拱顶对称灌注。④ 混凝土应采用振动器振捣密实，并应采取确实可靠的措施确保混凝土密实。振捣时，不得使模板、钢筋、防排水设施、预埋件等移位。⑤ 养生：应配备养护喷管，拆模前冲洗模板表面，拆模后喷淋混凝土表面，在寒冷地区，应做好混凝土防寒保温工作；混凝土养护时间不低于 14 d。

5）明洞回填施工质量控制措施

① 在拱圈混凝土达到设计强度、拱墙背防水设施完成后，方可回填拱背土方。② 顶部回填土方应对称分层夯实，每层厚度不得大于 0.3 m，两侧回填的土面高差不得大于 0.5 m；底部应铺填 0.5 ~ 1.0 m 厚碎石并夯实；回填至拱顶后应分层满铺填筑，顶层回填材料宜采用黏土以利于隔水。明洞黏土隔水层应与边坡、仰坡搭接良好，封闭紧密。③ 先用人工填筑夯实回填至拱顶以上 1.0 m 后，方可使用机械回填施工。④ 明洞回填密实度要满足图纸要求。

4. 加强质量管理意识

① 项目经理部在施工前，应分别对施工管理人员及作业班组进行技术交底，增加施工管理技术人员以及作业人员的质量意识。② 项目监理部应加强内部监理培训工作，使监理人员熟悉施工工艺流程、质量控制要点，以提高监理人员业务水平，严格按设计及规范严格进行监理。对责任心不强的监理人员，可予以通报批评、内部处罚、开除的处分。

9.4.2 明洞衬砌

古那湾 2 号隧道进口端左幅 SFma 型、右幅 SFmb 型明洞钢筋采用钢筋棚集中加工、现场拼装施工，内模采用台车模板，外模使用木模板。衬砌施工前需在监理见证的情况下使用触探仪对仰拱基础进行地基承载力实验并做记录，若地基承载力小于 250 kPa，根据实际情况采取加固措施。

整个施工过程中，采取划区定人、定位、定时间的岗位责任制，既有利于操作人员熟悉自己所担负的操作位置、规范、工序、流程等工作，提高支护、衬砌效率，也可避免忙乱和相互干扰。按工序不同进行分类管理，可以大大提高施工效率。

整个施工过程中，采取划区定人、定位、定时间的岗位责任制，既有利于操作人员熟悉自己所担负的操作位置、规范、工序、流程等工作，提高支护、衬砌效率，也可避免忙乱和相互干扰。按工序不同进行分类管理，可以大大提高施工效率。

9.4.3 钢筋制作安装

钢筋加工加工前除锈调直，按照设计图纸进行放样、试加工、拼装、焊接，根据最理想的试拼效果进行批量生产。将加工完成的钢筋使用车辆运至洞口进行拼装、焊接。安装前，先用墨斗按 20 cm 间距弹出仰拱主筋布设线，其次进行仰拱双层 Φ22 主筋安装，而后安装同一环向 Φ22 主筋，Φ22 主筋须采用双面焊接方式连接，焊缝长度不小于 5 d，使用钢筋沿隧道纵向将主筋点焊准确定位，防止主筋网架变形或偏移倾倒。及时沿隧道环向按 20 cm 间距绑扎拉筋，要求所有拉筋必须绑扎到位。按设计图纸安装洞门端墙预埋钢筋。以 4 ~ 5 块/m^2 的密度安装保护层垫块，检验合格后进行模板安装。

9.4.4 模板工程

衬砌内模采用模板衬砌台车进行施工，台车长度为 10.5 m，台车上设有滚轮，可以在纵向长度为 24 m 长的 P43 钢轨上滑行，钢轨下每隔 80 cm 横向垫一根 20×20×100 型枕木，整个台车通过行车钢轨及枕木传力到初支地面上。通过电动系统和液压系统控制台车前后移动及升降，使台车就位，形成隧道标准衬砌断面；外模采用 5×20×400 cm 跳板制作，外模支设过程中严格按照衬砌外弧施工，用钢筋穿孔拉结的方法加固外模，模板加固钢筋与衬砌钢筋牢固焊接，同时沿外模环向以 50 cm 每道的间距使用 Φ18 及以上规格钢筋加固，环向钢筋与穿孔钢筋有效焊接。明洞衬砌混凝土灌注厚度 0.6 m，一次浇筑成型。洞门端墙应在明洞衬砌施工后 7 d 且混凝土强度达到设计要求方可施工。

9.4.5 混凝土浇筑

1. 准备工作

（1）对中线、高程和断面尺寸都在灌筑前重新校核，精确测量隧道中线，严格控制拱顶、起拱线、水沟底面标高，按设计要求使衬砌模板台车就位。

（2）拱圈边墙的纵向端头外露的，立模时设置挡头板，挡头板必须与岩面紧密接触，防止跑浆。

（3）在立模前要严格将边墙脚的浮渣、淤泥积水清除干净，以防止基脚下剩余残渣引起下沉使拱部开裂。

（4）根据设计要求在将二次衬砌的模板台车范围内安装好预埋件。

2. 混凝土拌和与运输

（1）混凝土由商品混凝土公司集中拌和供应，4 辆混凝土罐车运输至现场。

（2）浇筑防水混凝土，根据图纸规定的级别和抗渗要求，通过试验配制报监理工程师批准。

（3）浇筑混凝土前，检查开挖断面尺寸。隧道衬砌混凝土的浇筑方法和程序，必须经监理工程师批准。

3. 混凝土浇筑

明洞衬砌混凝土浇筑分三部分施工：① 仰拱拱圈 C30 混凝土采用罐车接溜槽放料方式浇

筑；② 仰拱填充 C15 混凝土采用罐车接溜槽放料方式浇筑；③ 边墙及拱部 C30 防水混凝土采用 HBT60 型输送泵浇筑。仰拱必须先于衬砌浇筑前完成。

1）混凝土浇筑及施工要点

采用 HBT60 型输送泵浇筑时，采用先墙后拱法浇注，从模板预留窗口灌注入模，砼必须对称浇筑，高差不大于 50 cm，浇筑过程必须采用有效措施防止模板侧移、上浮、模板变形，并连续完成一模混凝土浇筑。振捣方式采用插入式振捣器振捣。浇筑混凝土时，自由倾落高度不宜超过 2 m，超过 2 m 需要使用简易溜槽辅助施工。

混凝土分层浇筑每层厚度 300 ~ 400 mm，相邻两层的间隔时间不超过 2 h；混凝土分层浇筑时，做到在下层混凝土初凝前浇筑上层混凝土，以免在振捣上层混凝土时，破坏下层混凝土初步形成的内部结构，而降低混凝土强度。

浇筑混凝土时，采取措施防止混凝土倾倒在模板外侧，如撒落或倒在模板外侧时，及时予以清除。

混凝土的振捣时间每点振捣时间以 20 ~ 30 s 为宜。振捣时，混凝土表面平整没有明显下沉，表面泛出水泥浆，不再有气泡冒出时，表明振捣恰到好处，停止振捣。

浇筑施工要不间断地进行，若必须终止则不超过砼初凝时间，否则作间歇灌筑处理。隧道衬砌禁止纵向施工缝。

混凝土施工前，将模板或上次施工混凝土残渣及粉尘清除干净，并洒水润湿。浇筑混凝土必须振捣密实，防止收缩开裂，振捣时不损坏防水层。

必须充分重视衬砌砼外观质量，模板表面光滑、不漏浆、不变形，挡头板与初喷砼缝隙必须嵌堵紧密，脱模剂必须采用优质的高效脱模油，砼外观一致，工作缝等结合良好。

2）衬砌拱圈施工要求

衬砌拱圈灌筑顺序必须从两侧拱脚向拱顶对称进行，砼输送一定高度后向另一边输送，以防止台车单边倾斜。

衬砌拱圈封顶必须随拱圈灌筑及时进行，以有利于结构稳定。

3）养护与拆模

混凝土的相对湿度大于 90%时，不洒水养护；相对湿度为 90% ~ 60%，洒水保养 7 ~ 14 d；相对湿度小于 60%时，洒水保养 14 ~ 21 d。

拆模时间：衬砌混凝土强度达到 5 MPa（常温下 18 h，5 ~ 10 °C 时 24 h）时即可拆模。

4. 防衬砌混凝土开裂措施

（1）采用较大的骨灰比，降低水灰比，合理选用外加剂。

（2）合理确定分段灌筑长度及浇筑速度。

（3）混凝土拆模时，内外温差不得大于 20 °C。

（4）加强养护，混凝土温度的变化速度不宜大于 5 °C/h。

9.4.6 浆砌片石回填及挡墙

明洞衬砌强度达到设计要求 75%后及时进行洞口横向浆砌片石回填和洞身侧面重力式浆砌片石挡墙施工，浆砌片石强度均为 M7.5。

砌体石料必须质地坚硬、新鲜，不得有剥落层或裂纹，片石边长及厚度不小于15 cm，卵形片石不得使用。石料从采石场专门开采，表面的泥垢等杂质，砌筑前应清洗干净。施工人员严格按照试验人员提供的配合比，用搅拌机拌制砂浆，砂浆应具有适当的和易性。砌筑时石料应大面朝下、平铺卧砌，坡脚坡顶等外路面应选用较大的石料，并加以修整。采用坐浆法并分层分段进行砌筑，砌石顺序为先砌角石，再砌面石，最后砌腹石，石块砌于砂浆之上，相邻各层砌石交错咬接，并保证石块固定就位，砂浆饱满，无空洞，粘结牢固。镶面石外露面必须进行修凿平整，凿痕方向统一并与水平线成45°，每10 cm有3～4道5 mm深凿痕，外露面四周稍作修凿，确保镶面石方正。砌筑完成在外露面统一勾凸缝，要求勾缝平顺，缝宽3～4 cm、缝高1 cm为宜。浆砌片石及时养生。

9.4.7 明洞防排水及回填

1. 防排水施工

明洞衬砌防水由两层400 g/m^{2}规格的土工布夹一层1.5 mm PVC防水板组成，明暗洞交界处设环向排水管，渗水通过纵向排水管集中至隧道内排水沟排出。

先在明洞衬砌外铺装第一层土工布。标出土工布拱顶中线，防水卷材中线与拱顶中线一致，从拱顶向两拱脚、边墙对称铺设至高于排水沟底20 cm处并预留30 cm包裹纵向排水管，土工布搭接长度不小于0.5 m，纵向、环向搭接头错开1 m以上，土工布应平整铺设，防止卷边、褶皱，用射钉固定，间距拱部0.5 m、拱腰0.7 m、边墙1 m，凸凹处适当增加固定点。进行PVC防水板和第二层土工布铺装搭接，各层搭接头错开1.5 m以上，PVC防水板搭接长度12 cm。

制作并安装固定环向DN75HDPE单壁打孔波纹管，波纹管外包裹土工布防渣。贴防水层外固定DN110HDPE双壁孔波纹管，使用防水层土工布包裹，通过三通管连接纵向和环向波纹管，通过预埋倾斜的横向排水管连通至隧道内排水沟形成完整的排水通道。

2. 明洞回填

（1）明洞回填应在洞外防水层施作完成且衬砌混凝土达到设计强度后施工。使用碎石土回填并设0.5 m厚黏土隔水层。

（2）回填碎石土应从结构两侧分层、同时对称填筑并夯实，层厚控制在30 cm内，回填至与拱顶平齐后再分层满铺压实，压实度不小于93%，碎石土回填高度不低于洞顶1 m，明洞回填土表面纵横坡可根据实际情况调整，不小于5%，以利于表面纵横向排水。回填黏土隔水层按要求压实，隔水层应与边、仰坡搭接平顺、密封紧密，防止地表水下渗。反挖洞顶排水沟槽，砌筑M7.5浆砌片石洞顶排水沟，将坡顶、洞顶截水沟与洞口排水沟连成整体，将谁排到排水渠，形成完善的明洞排水系统。

10

双连拱隧道施工关键技术

随着我国现代化建设的发展，我国的双连拱隧道建设也在不断完善。双连拱隧道工程是我国建设中的一个重要施工阶段，考虑到双连拱隧道结构的复杂，对其施工的技术要求更是严格，怎样在双连拱隧道工程中提高预加固技术则成为施工单位所研究的热点，希望能够通过革新预加固技术，来使双连拱隧道洞口的稳定性达到最强的状态，这样能为双连拱隧道工程正常施工提供基础保证。在双连拱隧道建设中，现在成为了施工过程中的一个重要环节，在双连拱隧道的施工过程，是一项巨大复杂的工作。需要运用良好的施工技术，才能够保证双连拱隧道工程的质量。主要探讨下双连拱隧道预加固技术，针对预加固技术进行深度的解析。

日本对于连拱隧道的研究开始较早，连拱隧道的型式也较多，既有整体曲中墙也有分层曲中墙，分层曲中墙在国内目前的设计中已经逐渐成为主流，但连拱隧道在日本总的数量并不多，从所发表的文章来看，所做研究更多地侧重于连拱隧道的施工技术，至于设计方面并没有成熟的系统的理论和方法。

国内有关双连拱隧道的研究始于 20 世纪 90 年代，1991 年 5 月，北京市第四市政工程公司与北京市市政工程研究院、铁道部隧道工程局设计院等单位紧密合作，开展城市排水隧道三跨连拱结构暗挖工法研究，工程和试验研究工作于 1991 年 5 月正式开始，1991 年 12 月完成，是有关地下连拱结构较早的研究；1992—1993 年，由铁道部第四勘察设计院设计的白云山双连拱隧道，是国内有关双连拱隧道较早的报道；靳水明、关向群等介绍了单跨五连拱的北京天外天地下商场的设计和施工；王世平、董淑棉研究了北京地铁王府井车站三拱两柱双层结构的顶拱初期支护施工技术；有关双连拱连拱隧道的介绍和研究于 1999 年大量出现，杨建民介绍了沪（上海）蓉（成都）双连拱万县梁平段金竹林双连拱隧道的设计计算，杨晖、俞波介绍了猫山双跨连拱隧道的设计与施工，柏松平、周建昆介绍了云南省玉（溪）元（江）高速双连拱上的练江双连拱隧道，陈斌、李泳伸、伍祥林等介绍了国道 108 线四川广元段石梯沟双连拱隧道的施工。目前，连拱隧道的支护措施、设计计算、结构选型、裂缝与防排水、动态施工力学、结构动力学、施工方法、现场监测等内容都是人们关注与研究的重点，具体进展如下：

1. 连拱隧道支护措施

以古那湾 1 号隧道为背景，通过计算分析提出中墙材料应采用钢筋硅及隧底应设仰拱。申玉生等通过现场量测提出连拱隧道中墙底部宜设计为梯形，以减小基底压力、增加中墙的稳定性。林峰、伍振志通过三维有限元分析对连拱隧道的初期支护参数提出了建议。

2. 连拱隧道结构计算

连拱隧道的结构计算中荷载—结构法与地层—结构法均有采用。对于连拱隧道的荷载结构模式的研究目前主要参照单洞隧道的荷载模式取半结构进行计算。杨建民采用 ARCZ 程序对金竹林双连拱隧道进行了结构分析；夏才初、刘金垒采用 SAP93 对相思岭连拱隧道中墙内力进行了计算分析；苏江川、张志强等采用 ANSYS 对大扁山双连拱连拱隧道结构内力进行了分析。

在日本，佐田富敏行、石川靖治、松田哲夫、登里荣吉等都采用地层—结构法对连拱隧道结构内力进行了计算分析。在国内，袁勇、刘贵应、余晓琳等也采用此法做了一些工作。目前，设计部门也多采用此法进行连拱隧道结构内力计算。

3. 连拱隧道结构选型

连拱隧道选型包括两方面：一是与分离式隧道及小净距隧道进行比选；二是选定连拱隧道后，中隔墙、边墙及仰拱型式等的比选，即连拱隧道断面型式的比选。高世军、刘洪洲等简述了连拱隧道的优点及应用条件，刘伟结合小净距隧道的研究工作，比较完整地讨论了分离式隧道、小间距隧道以及连拱隧道的比选问题。在连拱隧道断面型式的比选上尚无系统的研究。连拱隧道与分离式隧道的主要区别在于中墙，目前已经采用或提出的主要有以下四种型式：整体直中墙、分层直中墙、整体曲中墙、分层曲中墙，国内已建成的连拱隧道多采用整体直中墙，日本多采用曲中墙，既有整体式也有分层式。目前，也有人提出了中空中墙的连拱隧道型式，但各种连拱隧道中墙型式分别适用于何种条件尚缺乏系统分析。刘小兵从施工方法、结构受力、防排水等方面对比分析了整体式中墙连拱隧道与分层式中墙连拱隧道的优缺点，认为分层式中墙连拱隧道优于整体式中墙连拱隧道，但其对夹芯中墙的作用及夹芯中墙宜直不宜曲的认识笔者认为有待商榷。

4. 连拱隧道裂缝与防排水

在我国目前已经建成的连拱隧道中渗漏水问题相当严重，从较早建设的多跨连拱地下结构到双跨连拱隧道，都有相当严重的裂缝和渗、漏水问题。对于整体式中墙连拱隧道，拱墙结合部位存在纵向通缝形成防水薄弱环节，中墙顶部空间狭小防水层铺设困难施工质量难以保证，中墙顶部凹槽的存在又为地下水的汇集提供了条件。因此，中墙顶部的渗漏水问题特别严重。若不解决整体式中墙连拱隧道的这一固有缺陷，很难从根本上解决连拱隧道的渗漏水问题。另外，连拱隧道的渗、漏水问题又和隧道裂缝密切相关。因此，研究连拱隧道裂缝产生原因并采取相应的整治措施是解决连拱隧道渗漏水问题的一个重要方面。

5. 连拱隧道动态施工力学

由于连拱隧道施工工序复杂，对围岩扰动次数多，矿山法施工中还存在爆破震动的影响，施工过程中支护体系受力状态在不断发生着变化和调整，围岩经过多次扰动后变形产生多次叠加。所以，动态掌握开挖过程中围岩及支护结构的稳定性非常重要，以便采取必要的工程措施对施工过程进行控制。目前，对于连拱隧道动态施工力学的研究主要通过模型试验与数值模拟分析进行。日本开展了一些连拱隧道模型试验研究，国内西南交通大学的林刚等以金丽温高速双连拱连拱隧道为背景进行了室内大比例尺寸模型试验，研究了不同施工方法下隧道体系的力学特性。吴梦军等利用交通部重庆双连拱科学研究院研制的“双连拱隧道结构及围岩综合实验系统（CTSSRH）”研究了赣定高速双连拱大老地连拱隧道围岩位移、变形发展规律。室内模型试验能较好地模拟隧道现场开挖，揭示围岩位移的真实时空变化特性，但室内模型试验费用高，且由于是比例试验存在尺寸效应，试验材料与围岩也有区别，使得结果与实际有偏差。

6. 连拱隧道结构动力分析

隧道动力学是隧道力学的重要分支，主要研究在地震、战时武器爆炸、邻近工程爆破以及列车在铁路隧道或地下铁道内行进等各种动力因素作用下，隧道围岩和支护衬砌内产生的应力、应变、位移、速度、加速度以及裂缝和破坏等等力学和振动效应问题。由于岩土介质和动载性态的复杂性，研究隧道动力学的手段，最重要的是进行动力试验和原位实测，包括实验室和现场的许多工作。目前，有关双连拱隧道进行的动力分析研究成果非常之少。由于连拱隧道左右洞相连，因此，后行洞爆破开挖对先行洞支护结构及围岩稳定的影响不容忽视。刘勇，张兴明，朱永全（进行了双跨连拱隧道的爆破振动测试，王晓放，李存德，宋玉香则简略地进行了双跨连拱隧道侧导洞扩挖的动力分析，得出了中墙的最大震动速度。

7. 连拱隧道施工方法

连拱隧道的设计与施工是紧密结合在一起的，目前对连拱隧道施工方法的研究较多。日本的宫野前俊一等通过有限元分析研究了三种工法下连拱隧道结构与围岩受力及变形特征。目前国内外连拱隧道施工方法已基本成熟，主要有以下四种：三导洞施工法、中导洞施工法、单洞施工法及双洞全断面平行施工法。

8. 连拱隧道现场试验

现场试验是对地下工程进行研究的主要手段之一，是验证、补充和完善理论分析成果、修正设计参数的重要手段。连拱隧道结构在国内外都是一种比较新颖的结构形式，从设计到施工都还处于摸索阶段，因此，对连拱隧道进行现场试验是十分必要的。

连拱隧道的现场监控量测国内已做了不少。纂志富、孙波介绍了广州木强三车道连拱隧道现场监控量测内容与结果，通过对量测数据的分析提出了施工中应采取的应对措施；刘招伟、何满潮等详细介绍了京珠高速双连拱某连拱隧道采用三导洞法施工过程中变形的现场监测结果，提出了抑制围岩过大变形的措施；夏才初等实测了福泉高速双连拱相思岭连拱隧道的中墙应力，通过与理论计算结果的比较，提出在相思岭连拱隧道所处围岩状况下计算中墙应力时围岩压力计算宜采用经验公式法；袁勇等对金竹林连拱隧道现场监测结果进行了分析，得出了一些有益的结论；申玉生等介绍了宜水高速双连拱鞋底坡偏压连拱隧道的监控量测，通过对量测结果的分析，认为隧道围岩变形影响最大的工序发生在隧道施工由单侧过渡到双侧施工时；王军等介绍了马宅顶不对称连拱隧道新奥法施工过程中现场监测的项目、手段及方法，基于监测结果，分析了不对称连拱隧道围岩和支护系统的变形及受力特点，为支护体系的优化提供了依据。

10.1 双连拱隧道的预加固技术

10.1.1 双连拱隧道的加固原理

1. 我国双连拱隧道概括

我国的国土面积中山地及丘陵占了很大部分，而双连拱建设及施工在过去往往采用了盘山双连拱及高填深挖等方式来适应山地及丘陵等自然环境，对于双连拱隧道这种方式采用的比较少。但是，面对山地及丘陵地区的双连拱建设、尤其对于我国南方丘陵众多、地形起伏较大、沟谷深涧等曲折的地区更适合修建双连拱隧道而不是修建盘山双连拱及对路面进行高填深挖。因为，双连拱隧道的修建更能缩短双连拱的里程，有效地改善双连拱的运输条件，提高车辆通行的速度。但是，由于资金及技术的限制，我国前期修建的双连拱隧道并不多，因此对于地形崎岖的地方总是习惯修建盘山双连拱，不但降低双连拱建设的技术等级，而且对我国生山区的生态环境破坏较大，还大大增大了投资及双连拱养护等费用。

在大力发展高等级双连拱的带动下，很多山区路段采用了新技术，采用双连拱隧道来改善低等级双连拱的建设，缩短双连拱的路程及车辆通行时间，提高双连拱建设运营的总体效益。对于不适用隧道的地段，例如双连拱隧道地段地区构造为软岩地层时，合理采用双连拱隧道预加固技术进行地质预加固，改善双连拱隧道施工过程中遇到的各种复杂地质环境及条件。

2. 双连拱隧道预加固设计原理

在双连拱隧道的建设施工中主要采取注浆加固技术对地层进行加固，提高双连拱隧道地段的力学强度及抗液化的能力。

在双连拱隧道的建设施工中，遇到软岩即沉积岩中的泥质岩及低强度的软弱夹层就可以利用注浆加固技术，运用气压、液压、电化学等原理，把能同化的浆液注入到介质中的裂缝及孔隙处来改善被注浆介质的物理性质，以便适宜双连拱隧道建设的需要。这种对于软弱岩层的进行的预加固的科学技术就称为注浆加固技术。注浆机理主要有五种基本机理构成：渗透注浆、压密注浆、劈裂注浆、电化学注浆及高压喷射注浆。

由于软岩层的岩石硬度有所欠缺，不利用双连拱隧道工程的建设，因此对于施工等外力的承受力较弱，因此，对于软岩来说其外荷的承受及抗变形的能力都比较差。软岩层的注浆加固主要包括了沉积岩中泥质岩的沉积层面、软弱夹层面、节理面、不连续的裂隙面、颗粒及粒团的排列和接触方式、微裂隙等层面结构。由于双连拱隧道的建设环境有着独特的成岩地质结构及环境。因此，对于类似软岩等需要预加固技术的岩体的结构面主要可以分为 5 种，即沉积岩结构面（层面、层理、沉积间的断面、沉积软弱夹层）、火成岩结构面（原生节理、流纹面，凝灰岩夹层）、变质岩结构面（片麻理、片理、板理）、构造结构面（断层面、劈理、节理等）、次生结构面（风化裂隙、卸荷裂隙等）。

双连拱隧道预加固中注浆加固方式主要通过两种方式：渗透注浆方式及压密注浆方式。渗透注浆方式主要是在注浆压力的作用下，通过浆液来克服各种阻力从而进入软岩等岩面的空隙让软岩土层的空隙及裂缝中的气体和水等物质被充分的排挤出去，使大量浆液填满软岩层的空隙从而形成密实的固化体，减少双连拱隧道地层的渗透性，提高整体地层的强度。压密注浆方式主要采用钻孔向双连拱隧道的土层中压入浓浆，并压密土体挤入浆液。使双连拱隧道施工地段软岩中的土体被充分压密并在压浆点的周围产生灯泡形的浆泡，经过浆泡充分挤压土体，使得土体的承载力大大提高。并且，在浆液的挤压等作用下会产生呈辐射状的上抬力会使得双连拱隧道局部的地层隆起，这一原理还可以纠正双连拱隧道地面的建筑物出现不均匀沉降等问题。

3. 双连拱预加固方法

在隧道浅埋暗挖法施工中，经常遇到砂砾土、砂性土、黏性土或强风化基岩等不稳定地层。这类地层在隧道开挖过程中自稳时间短暂。往往在初期支护尚未来得及施作，或喷射混凝土尚未获得足够强度时，拱墙的局部地层已开始坍塌。为此需采用地层预加固、预支护的方法，以提高周围地层的稳定性。在城市浅埋暗挖隧道施工中，衡量隧道开挖的稳定性与否，应当有两方面的指标。一方面是施工中成洞的稳定性指标，即隧道在开挖过程中围岩不发生局部坍落或塌垮，内空变位量在容许范围内且其达到稳定的时间不能过长；另一方面是地表下沉量指标，即隧道在施工过程中地表下沉量应控制在不造成工程公害的容许值范围内。但对浅埋暗挖法隧道，由于开挖时工作面有一段无支护空间，因此相对于盾构法，其开挖中的隧道稳定性更难以保证。

为阐明地层预加固的机理，首要的是必须把握浅埋暗挖地铁隧道工作面开挖的地层响应规律，这是地层预加固机理研究不可或缺的条件。惟有深入地研究隧道工作面应力与应变的分布规律，才有可能比较深入地认识和阐明隧道在开挖条件下，地层的影响以及不同区域内地层的响应规律。只有在准确了解并分析地层动态运移的基础上，才有可能揭示地层结构的形成与否以及地层结构的动态变化模式，从而正确解释地层、支护与预加固三者之间的相互作用关系，以达到揭示预加固机理的目的。就目前，尽管在现场量测、数值模拟分析以及模型试验研究方面，对浅埋暗挖地铁隧道工作面的地层响应研究的文献很多。但对浅埋暗挖法来说，限于地质条件的复杂性以及经费、人员等条件的限制，与盾构法相比，其全面系统分析的文献并不多见。无疑物理模型试验在研究中占据极重要地位，但限于土的复杂性、不确定性以及难于控制和操作，一般多采用离心模型试验。

10.1.2 双连拱隧道的围岩破坏模式

1. 引　言

隧道的围岩破坏模式是研究隧道稳定性的重要内容，同时是隧道施工和支护的理论依据，这也是隧道工程长久以来研究的主要课题。早在 20 世纪初期，就有了深埋隧道的普氏塌落拱理论，后来使用与浅埋隧道稳定性分析的泰沙基破坏模式，这些都是经验为主的分析模式，主要是为了确定隧道围岩压力，为隧道支护设计提供参数。随着岩体理论的完善，近些年理论研究隧道围岩破坏开始发展起来，特别是随着计算机的应用，采用计算软件，诸如有限元，有限差分和边界元方法分析隧道围岩破坏机理流行起来。隧道围岩的破坏模式与岩体的力学性质以及工程性质相关，而由于围岩性质的复杂性和工程特征的多样性，围岩破坏机理的揭示目前还未有统一的定论，近几年，基于岩体的力学性质，利用塑性极限分析，发展和提出了多种新的隧道围岩破坏模式。根据浅埋隧道的力学性质和破坏特征，

近年来，随着计算机技术的发展，一些学者开始使用有限元、有限差分、边界元和离散元等数值方法对隧道塌方的破坏机理进行研究，并得出了一些有益的结论。然而，这些数值软件在计算过程中需要输入一系列的参数，而有的参数是现场勘测中很难获得的，必须依靠研究人员的经验来选取。因此，参数的选取对数值模拟结果的精度有很大的影响。此外，采

用数值计算方法对隧道的破坏面进行分析时，只能根据计算结果中的应力、位移和塑性区的分布大致地推断破坏面的位置，这样得到的结论受到主观因素的影响，不够精确。而极限分析上限定理根据破坏机制中的虚功方程构建出包含速度间断线方程的目标函数，通过对此目标函数进行优化，可以得到隧道顶部围岩破坏面的解析表达式。采用这种方法，不但能够绘制出破坏面的精确形状和范围，而且克服了数值分析方法中的参数选取问题，为隧道拱顶塌方的分析和研究提供了一个新途径。

2. 传统的浅埋隧道围岩破坏模式

传统的破坏模式研究，主要是以计算隧道围岩压力为目的而建立的破坏模式，主要有以下几种。

1）岩柱理论（比尔鲍曼理论）破坏模式

对于隧道埋置深度极浅，或者是开挖时采用明挖法时，在进行围岩计算时通常采用岩柱理论。此时，把隧道上覆岩层的全部重量当成作用在隧道到支护上的压力：

$$p=\gamma H \tag{10-1}$$

式中 p——隧道顶部的围岩压力；

γ——岩体的容重；

H——隧道的埋置深度。

按照式（10-1）计算的隧道围岩压力，隧道跨度的大小不会影响围岩的压力，而围岩压力的大小仅仅与埋置深度相关。但实践表明，较大的埋置深度时，按照此式子计算得到的围岩压力大于实际的 E 力，所以必须考虑岩柱的应力传递，需要建立考虑摩擦力和黏结力的岩柱计算简图，如图 10-1，此理论也称比尔鲍曼理论。

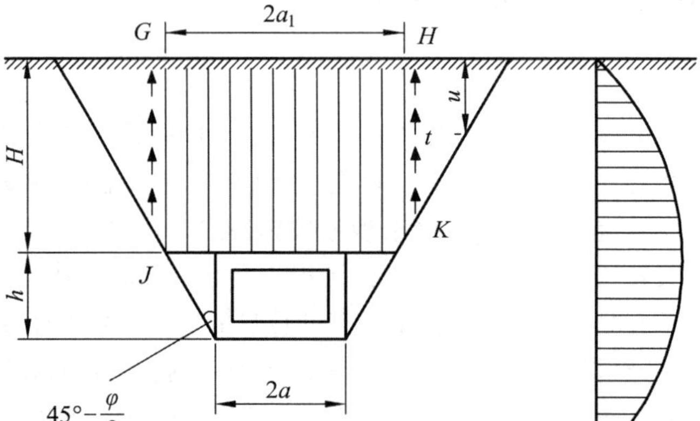

图 10-1　考虑摩擦力和黏结力的岩柱计算简图

2）国家隧道规范规定的浅埋隧道破坏模式

规范中浅埋隧道的围岩破坏模式主要考虑两种情况：其一埋深（H）小于或等于等效荷载高度 h_q 时，荷载视为均布垂直压力，采用全岩柱理论；当埋深大于 h_q 小于等于 H_p 时，采用图 10-2 的破坏模式进行计算。

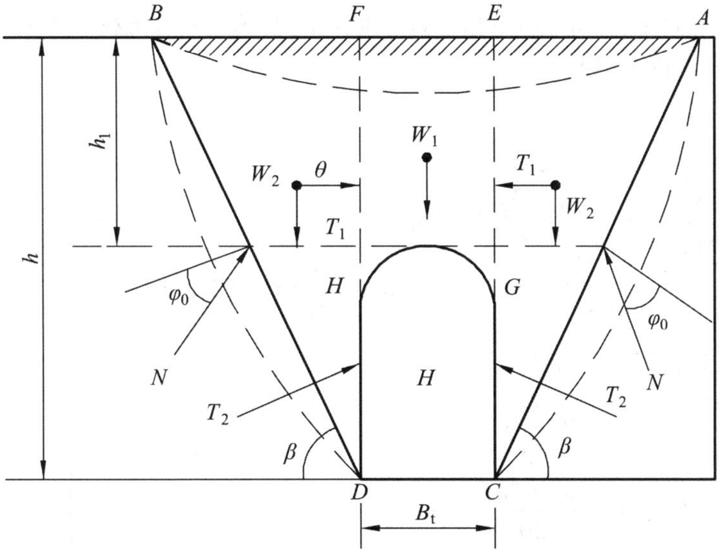

图 10-2　浅埋隧道围岩松动压力示意图

10.1.3　双连拱隧道力学特征分析

通过对双连拱隧道横断面选型进行了研究分析，提出了不同双连拱隧道分类方案。本节通过有限元数值分析，对不同断面型式双连拱隧道的力学特征进行分析与比较。为了便于比较各种断面型式的双连拱隧道的力学特性，所有隧道断面的结构均采用同一埋深条件下的荷载，对各断面得出的结果具有一定的可比性。

1. 隧道等效节点荷载的确定

作用于结构上的外荷载和内力都只能通过节点进行传递，因此，作用在隧道结构上的任何荷载，都必须转换为节点荷载（等效节点荷载）。而等效节点荷载的计算是通过静力等效原则来实现的，所谓等效荷载原则是指原荷载与等效节点荷载在任何虚位移上所做的虚功相等。地下结构所受荷载较为复杂，其单元的等效节点荷载，可以分解成平行于 x 轴和 y 轴的荷载作用，假定单元 ij 受图 10-3 所示平行于整体坐标系的 x 轴的梯形分布荷载和平行于 y 轴的梯形分布荷载作用。设平行于 x 轴的单元两端的荷载集度分别为 e_1 和 e_2，平行于 y 轴的单元两端的荷载集度分别为 q_1 和 q_2，单元 ij 长度为 1，并假设单元扩和整体坐标系的夹角为 α 。

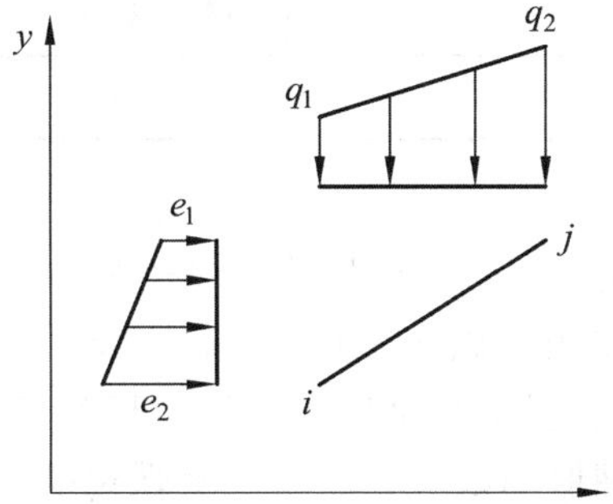

图 10-3　复杂荷载下的等效节点荷载

根据结构力学有关知识，可以推导出节点 i 和节点 j 的等效节点荷载公式[式（10-2）和（10-3）]：

i 节点的等效节点荷载列阵为：

$$\begin{Bmatrix} F_{xi} \\ F_{yi} \\ M_i \end{Bmatrix} = \begin{Bmatrix} -\dfrac{7e_1+3e_2}{20}\left|y_j-y_i\right| \\ -\dfrac{7q_1+3q_2}{20}\left|x_j-x_i\right| \\ \dfrac{1}{60}(y_j-y_1)^2(3e_1+2e_2)-\dfrac{1}{60}(x_j-x_i)^2(3q_{1+2q_2}) \end{Bmatrix} \tag{10-2}$$

j 节点的等效节点荷载列阵为：

$$\begin{Bmatrix} F_{xj} \\ F_{yj} \\ M_j \end{Bmatrix} = \begin{Bmatrix} -\dfrac{3e_1+7e_2}{20}\left|y_j-y_i\right| \\ -\dfrac{3q_1+7q_2}{20}\left|x_j-x_i\right| \\ \dfrac{1}{60}(y_j-y_1)^2(2e_1+3e_2)-\dfrac{1}{60}(x_j-x_i)^2(2q_1+3q_2) \end{Bmatrix} \tag{10-3}$$

式中 F_x——该单元 i 端所受水平方向荷载，其他依次类推；

X——该单元 i 端的 x 坐标值，其他依次类推：

e_1，e_2——该单元平行于 x 轴的荷载集度；

q_1，q_2——该单元平行于 y 轴的荷载集度。

2. 数值分析模型概况

1）两种施工方法的数值模拟

对隧道开挖后的应力场和位移场运用 ANSYS 进行数值模拟，通过三导坑开挖法和上下台阶开挖法来进行分析，比较两种开挖方法的优劣，分析它们对岩层的扰动情况。

2）计算参数平面数值模拟计算所采用的计算参数

按表 10-1 选取。

表 10-1　平面模型材料计算参数

类别	γ/（kN/m³）	φ/（°）	C/GPa	E/GPa
围岩	21	27	0.3	1.35
一次支护	24	32.5	0.8	23.32
二次衬砌	25	55	2.74	211.22

3）计算采用的计算准则

计算采用弹塑性平面应变模型。岩土材料的非线性按 DP 材料处理，在 ANSYS 程序中，DP 材料选项使用 Druck-Prager（DP）屈服准则，此屈服准则对 Mohr-Coulomb 准则给予近似，以此来修正 Von Mises 屈服准则。其流动准则可以使用相关流动准则也可以使用不相关准则，其屈服面并不随着材料的逐渐屈服而改变，因此没有强化准则，然而其屈服强度随着侧限压力（静水压力）的增加而相应增加，其塑性行为被认为是理想弹塑性。另外，作为岩体的两个重要的参数黏聚力 C 和内摩擦角 φ 都能通过材料数据表输入。

Drucker-Prager 屈服准则的表达式为：

$$\alpha J_1 + \sqrt{J_2'} = K \tag{10-4}$$

$$\alpha = \frac{2\sin\varphi}{\sqrt{3}(3-\sin\varphi)} \tag{10-5}$$

$$K = \frac{6c\cos\varphi}{\sqrt{3}(3-\sin\varphi)} \tag{10-6}$$

4）单元的杀死与激活技术

为了模拟隧道开挖的施工步骤，需要使用 ANSYS 中的单元杀死与激活技术，它可以模拟材料的消去和添加。为了实现这一个过程，程序通过用一个非常小的乘以单元的刚度，并从总质量矩阵消去单元的质量来实现“杀死”一个单元。无活性的单元单元荷载（压力、热通量、热应变，等等）被设置为零。但必须在前处理中定义所有可能的单元：不能在求解过程中产生新的单元。

对于那些要在分析的后面阶段中“出生”的单元，在第一个荷载步前应当被杀死，然后在适当的荷载步中开始被激活，当单元被激活时，它们具有零应变状态，且（如果大变形选项打开的话）它们的几何形状（长度，面积等等）被修改来与它们的现偏移位置相适应。对于 ANSYS 的这一特性，用来模拟隧道的开挖和后来浇注的中隔墙非常适合（使用单元的杀死来模拟岩体的开挖，使用单元的激活来模拟后来浇注的中隔墙和回填土）。

5）边界条件

均采用位移边界条件，上边界去至地面，为自由面，两侧及底边均受法向约束，在底边中点有一固定约束。

6）计算内容

分别计算两种开挖方法引起的拱顶位移下沉、钢拱架的弯矩和轴力、围岩扰动后的应力场和位移场。

3. 三导坑开挖法开挖支护的动态数值模拟

以这种施工方法开挖的主要施工步骤如下：

a）中导坑开挖及支护；b）施筑中隔墙以及右侧壁导坑的开挖及支护；c）左侧壁导坑的开挖及支护；d）右主洞的开挖及支护；e）左主洞的开挖及支护。

1）应力场分析

按照施工步骤，一步一步地进行计算分析，得出开挖后的整个岩体扰动后的应力图。由于岩体破碎，且埋深较小，计算荷载主要是岩体的自重。应力场的分析也主要考虑竖向应力。着重对两个拱腰、拱顶和拱脚进行分析，可以得出如下结论：

（1）中导坑的开挖就是一般的小洞径单洞开挖它的受力形态完全符合已经对单洞的研究成果。在拱腰的两个位置出现一定的应力集中，两个拱腰的竖向应力分别为 0.547 MPa 和 0.579 MPa。是没有形成洞室的 1.52 倍和 1.61 倍。在拱顶，由于开挖应力的释放，竖向应力比原来减小。

（2）浇注中隔墙后，M 中隔墙并没有承受围岩体的竖向压力。这与中隔墙在中导坑趋于稳定过后再浇注的施工方法一致。右侧导坑开挖时，对中隔墙也几乎没有什么影响。

（3）左右侧导坑的开挖，对周围岩体的影响非常有限，基本上没有改变围岩体的应力场分布。只是在右侧壁导坑开挖时，侧壁的应力比没有形成洞室之前稍有提高。

（4）右主洞的开挖，使应力场有了较大的重分布。中隔墙所受的压力急剧增大，两个拱腰和拱顶附近的应力却出现减小的态势，两个拱脚处的应力增大。

（5）左主洞的开挖使得洞室形成对称结构。整个应力场的分布也以中隔墙的轴线左右对称分布。中隔墙的压力进一步增大。拱腰和拱顶的应力都比原来要小，拱脚附近应力增大。

为了更清楚地了解应力场的变化。特地取拱顶、拱腰和拱脚等几个具有代表的点进行分析。其各点应力随施工步骤变化的趋势如表 10-2 和表 10-3。

表 10-2　三导坑开挖法不同工序右洞各关键点的应力变化　　单位：MPa

施工工序	左拱腰	拱顶	右拱腰	拱脚
开挖前	−0.381	−0.344	−0.381	−0.47
右侧导坑开挖	—	—	—	−0.476
左侧导坑开挖	—	—	—	−0.478
右主洞开挖	−0.428	−0.106	−0.509	−0.637
左主洞开挖	−0.61	−0.126	−0.546	−0.666

表 10-3　三导坑开挖法不同工序左洞各关键点的应力变化　　单位：MPa

施工工序	拱脚	左拱腰	拱顶	右拱腰
开挖前	−0.47	−0.381	−0.344	−0.381
左侧导坑开挖	−0.475	—	—	—
右主洞开挖	−0.481	—	—	—
左主洞开挖	−0.704	−0.566	−0.127	−0.631

注：两个拱腰位置是与主洞中心线形成 45°的地方

从表 10-2 和 10-3 中可以看出，拱脚位置在进行左、右侧壁导坑开挖时，应力变化很小，左、右洞分别知比原始值增大 0.05 MPa 和 0.08 MPa。在开挖左侧壁导坑时，对右侧壁导坑的拱脚应力几乎没有什么影响。开挖右主洞对各点的影响都很大，拱脚和两个拱腰位置的应力变化显著，分别增长了 0.167 MPa、0.047 MPa 和 0.128 MPa。拱顶的应力却从 0.344 MPa 减小到 0.106 MPa。说明随着洞室半径的增大，围岩体扰动也相应的增大，围岩体的地应力产生较大的重分布。当开挖左主洞时，左主洞各点的应力变化和开挖右主洞时右主洞各点的变化相似，拱脚和拱腰位置出现较大的应力增长，增长值在 0.185 MPa，0.250 MPa 之间。拱顶的应力从 0.344 MPa 减小到 0.127 MPa。同时，左主洞的开挖对已经开挖的右洞影响有限，主要是临近左主洞的那个拱腰位置变化较大，应力增长了 0.182 MPa，对右洞其他各点的影响微乎其微。

从以上的数值分析中，可以看出，双连拱隧道开挖后的应力场分布与两个单洞隧道是不同的。最大应力场主要分布于三个部位：中墙上部及左、右主洞外侧的拱腰部位。值得注意的地方是，中墙顶附近区域，先开挖的部分受到后开挖部分的影响比较大。

2）中隔墙应力分析

中隔墙作为双连拱隧道核心构件，其主要作用是承受围岩传递的压力。它的受力状态稳定与否直接关系到整个隧道结构的稳定，是施工质量的重中之重，也是双连拱隧道区别于其它类型隧道的本质之所在。

中隔墙几乎没有受到来自围岩体的压力，墙身的竖向应力与自重应力相当。如，从墙顶向下 3 m 的地方，按照材料力学理论计算公式得出 $\delta_y = 2.5\times10^3\times10\times3 = 7.5\times10^4$ Pa，与数值计算值 8.34×10^4 Pa 很接近。这与中隔墙是在中导坑开挖及支护稳定后再浇注是相对应的。

当右主洞开挖和支护后，中隔墙承受了很大的压力，同时还出现了偏压。墙身的左半边只有 0.963 MPa，而右半边却承受了更大的压应力，达到了 2.85 MPa，是左边的 2 倍多。其中在中隔墙墙顶的右边出现应力集中，高达 4.44 MPa。当左主洞也开挖支护完成后，整个中隔墙的压力进一步增大，达到了 2.88 MPa，但是中隔墙的偏压现象也消失了。整个中隔墙完全承受着竖向压力。墙顶和墙底的应力集中仍然存在，而且增大到 5.21 MPa，比上一工序增大了 0.77 MPa。

从计算的结果看，中隔墙还是以承受压应力为主，在施工过程中也出现一定的偏压，但没有形成较大的侧向位移和推力，对结构没有什么影响。而且隧道完成后，偏压现象消失。所以中隔墙是安全的。

3）位移场分析

同应力场的分析一样，位移场的分析也主要考虑开挖后围岩体竖向位移的大小。着重对拱腰和拱顶进行分析。研究它们在各个施工步骤中位移的增量。

随着洞室的一步一步的开挖，围岩也在朝着开挖的洞室内方向移动。左、右侧壁导坑的开挖，由于开挖的洞径较小，引起围岩体竖向位移也相对较小，影响的范围也有限。当左、右主洞开挖时，位移出现明显的增大，尤其在拱顶位置。表 10-4 和表 10-5 列出了拱顶、拱腰、拱脚位置处的位移值。

表 10-4　一三导坑开挖法不同工序右洞各关键点的位移变化　　单位：mm

施工工序	左拱腰	顶	右拱腰	脚
右侧导坑开挖	—	—	—	602
左侧导坑开挖	—	—	—	641
右主洞开挖	3 434	225	3 680	800
左主洞开挖	3 693	470	3 807	879

表 10-5　三导坑开挖法不同工序右洞各关键点的位移变化　　单位：mm

施工工序	脚	左拱腰	顶	右拱腰
左侧导坑开挖	520	—	—	—
右主洞开挖	573	—	—	—
左主洞开挖	762	3769	447	3845

从表 10-4 和 10-5 中可以看出，洞周位移最大值发生在左、右洞拱顶位置，位移值分别为

4.470 mm 和 4.447 mm，其中先开挖的右洞拱顶下沉位移又比左洞拱顶下沉位移略微大一点。从各个点来看，随着洞室的开挖，位移值都在增长。先开挖的侧壁导坑位移增长缓慢，主洞的开挖对它的影响也不大，这和它先开挖后，应力已经释放，变形基本稳定有很大关系。随着主洞的开挖，拱顶和拱腰位置处的位移显著增加。从表中的数据还可以看出，后开挖左洞对已经支护后的右洞影响不大，左洞的开挖知导致右洞各点位移值最大才增加 0.259 mm，而且离左洞越远的位置增加的位移量越小。

4）钢拱架轴力、弯矩分析

（1）钢拱架轴力分析。钢拱架是隧道初期支护的主要受力构件，它工作的状态稳定与否直接关系到隧道支护的有效性。表 10-6 和表 10-7 分别列出了右洞和左洞钢拱架关键位置在各施工工序下的轴力和弯矩。

表 10-6　三导坑开挖法不同工序右洞钢拱架各关键点的轴力变化　　单位：kN

施工工序	左拱腰	顶	右拱腰	脚
右侧导坑开挖	—	—	—	810
左侧导坑开挖	—	—	—	815
右主洞开挖	-864	500	-476	1 270
左主洞开挖	-1 186	597	-1 148	1 284

表 10-7　三导坑开挖法不同工序左洞钢拱架各关键点的轴力变化　　单位：kN

施工工序	脚	左拱脚	顶	右拱腰
左侧导坑开挖	923	—	—	—
右主洞开挖	928	—	—	—
左主洞开挖	1 359	1 099	596	1 108

注：负值表示钢拱架受压。

从表 10-6 和 10-7 中可以看出，整个钢拱架从一开始就处于受压状态，没有出现拉力。右洞拱脚位置在开挖左侧导坑和左主洞时，对它的影响都较小，分别比上一个工序只增长了 5kN 和 14 kN。而在开挖右主洞时，拱脚位置轴力却增长很多，达到了 455 kN。左主洞的开挖对已经衬砌完成的右主洞钢拱架的两个拱腰位置的轴力影响很大，使它们的轴力分别增加了 422 kN 和 672 kN。这一点与前面分析的围岩体场应力和场位移不同。当整个隧道初期支护完成，钢拱架形成了完整的环断面，从表中可以看出，左、右洞相对应的位置的轴力基本对称，这和结构与荷载都对称相一致。

（2）钢拱架弯矩分析。表 10-8 和表 10-9 是右洞和左洞各关键位置在各个工序下的弯矩值。从表中可以看出，侧导坑的开挖对钢拱架造成的弯矩不大。右边就 2.33 kN · m，左边更小，只有 1.30 kN · m。随着右主洞和左主洞的开挖，在中隔墙墙顶的拱腰处出现了很大的弯矩。分别达到了 16.15 kN · m 和 13.12 kN · m，分别是最小弯矩值的 10.48 倍和 13.12 倍。

表 10-8　三导坑开挖法不同工序右洞各关键点的应力变化　　单位：kN·m

施工工序	左拱腰	拱顶	右拱腰	拱脚
右侧导坑开挖	—	—	—	−2.14
左侧导坑开挖	—	—	—	−2.33
右主洞开挖	−12.67	2.37	−1.15	−2.35
左主洞开挖	−16.15	2.5	−1.35	−2.45

表 10-9　三导坑开挖法不同工序右洞各关键点的应力变化　　单位：kN·m

施工工序	拱脚	左拱腰	拱顶	右拱腰
左侧导坑开挖	−1.27	—	—	—
右主洞开挖	−1.3	—	—	—
左主洞开挖	−2.16	−1.81	−2.34	15.01

10.1.4　双连拱隧道的三导坑施工关键技术

双连拱隧道由于跨度较大，结构复杂，开挖与支护交错进行，使得围岩应力变化和支护荷载转换变得尤为复杂。当前可借鉴的工程经验相对较少，设计和施工方法及施工力学等尚需要深入的研究。对地处软弱围岩的连拱隧道施工宜先贯通中导洞，既起到地质超前预报作用，又能改善洞内施工环境，同时施工中的监控量测又是确保隧道施工安全的必要手段。针对不同的地质情况，选择合适的开挖方案，无疑是对隧道施工安全、质量的又一重要保证。

所谓的“三导洞法”是将连拱隧道整体开挖面分为三个小洞室超前掘进（一个中导洞和两个侧导洞）中导洞超前施工，两侧导洞滞后 22 ~ 30 m，左右洞室施工也错开一定的距离施工。其中，中导洞是解决连拱隧道的交点支撑问题，两个侧导洞的超前是为了解决边墙脚支撑问题。

双连拱隧道与单幅隧道相比，其最大特征是存在中墙，而中墙上方的围岩是薄弱环节，施工过程中在中导坑开挖及左右洞室拱部施工时先后至少有三次扰动，需要及时进行压浆加固及中墙上方的污工回填。在左右洞室不对称开挖过程中易造成中墙受力不均，产生施工偏压荷载，在施工过程中只有采取合理的施工方法才能解决双连拱隧道整体结构受力稳定问题。双连拱隧道中墙一侧的围岩由于受到中洞及其另一侧的相邻洞室两次开挖的扰动，岩石力学物理力学指标将大大降低，危及中墙的稳定。

双连拱隧道的特点是双洞间岩柱被混凝土取代，形成双洞拱墙相连的结构型式。其施工工序相对来说比较烦琐。由于隧道结构型式所限，施工步序较难简化，工期较长，结构受力状态在施工过程中频繁变化，其质量控制点较多。

双连拱隧道三导洞法施工的特点：

（1）三导洞超前掘进，可起到超前地质预报的作用，并疏排未开挖围岩中的水分，明显改善开挖条件。

（2）三导洞建立初期支护后，为后续施工建立了稳固的支撑面，从而可及早实施二次衬砌。另外，大跨度隧道的稳定性得以保证，有利于隧道施工安全。

（3）机动灵活，可增加工作面，进度稳定，工期保障性强。

（4）无须大型机械设备，投入少，操作性强，易推广。

10.2 双连拱隧道的中导坑施工技术

中导洞拓展法是指隧道中导洞先施工后，然后向两侧拓展新洞室的开挖方法。此方法一般适用于围岩条件较好的Ⅳ级以上围岩中。

1. 中导洞-正洞台阶法

① 中导洞开挖及支护；② 中墙施工；③ 中墙顶回填；④ 左洞上台阶施工及支护；⑤ 右洞上台阶施工及支护；⑥ 左洞下台阶施工及支护；⑦ 右洞下台阶施工及支护；⑧ 左洞仰拱及二衬施工。

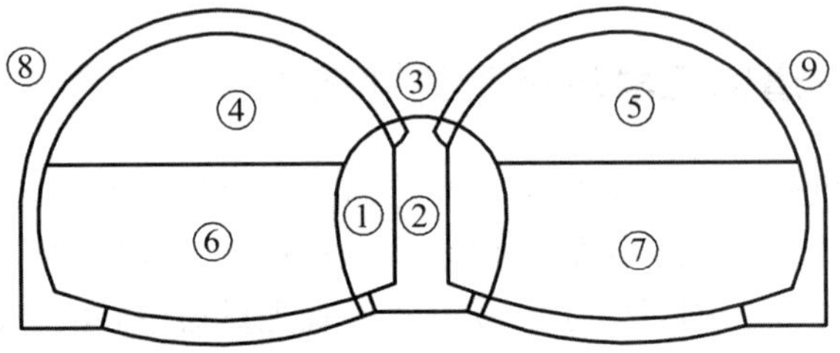

图 10-4　双连拱隧道中导洞-正洞台阶法施工工序图仰拱及二衬施工

此方法一般适用于围岩条件较好的 W 级以上围岩中。两侧洞室的开挖面要错开一定距离施工，每一个洞室的施工与单幅隧道台阶法施工类似。根据隧道台阶的长度的不同，可划分为长台阶法、短台阶法和超短台阶法三种。在施工中台阶法的选择要根据以下两个条件决定：

（1）对初期支护形成闭合断面的时间要求，围岩越差，要求闭合时间越短。

（2）对上部断面施工所采用的开挖、支护、出碴等机械设备所需要施工场地大小的要求。

在软弱围岩中以第一个条件为主兼顾第二个条件，以确保施工安全，在较好围岩中主要考虑如何更好发挥机械设备的效率，创造更大的经济效益，以第二个条件为主。在隧道下台阶施工中，一般采用纵向跳槽开挖边墙马口掘进方法，以充分发挥大中型施工机械的作业效率，加快施工进度，降低工程造价。此方案在宜宾至水富高速公路鞋底坡双连拱隧道中被成功采用。

2. 中导洞-正洞全断面法

一般在Ⅲ级以上整体性较好的围岩中采用该施工方法，围岩应具备从全断面开挖到支护前这段时间内保持短期内稳定的条件。在双连拱隧道施工过程中，两侧洞室的全断面开挖与单幅隧道全断面施工类似。全断面开挖有较大的工作空间，适用于大型配套机械化施工，施工速度较快，便于施工组织和管理。但是开挖面大，围岩物理力学参数降低，且循环工作量相对较大，因此要求施工单位具有较强的开挖、出碴能力和相应的支护能力。

① 中导洞开挖及支护；② 中墙施工；③ 中墙顶回填；④ 左洞施工及支护；⑤ 右洞施工及支护；⑥ 左洞仰拱及二衬施工；⑦ 右洞仰拱及二衬施工。

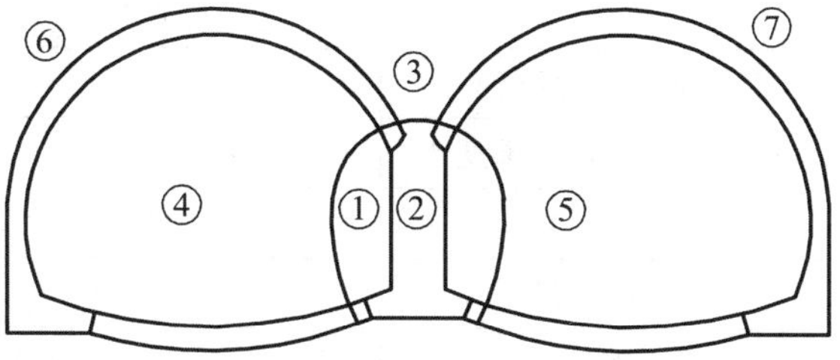

图 10-5 双连拱隧道中导洞-正全断面法施工工序图

在双连拱隧道中采用中导洞一全断面法施工，因为隧道围岩经过多次扰动，必须注意加强辅助施工方法的设计和作业检查，以及对支护后围岩的动态量测与监控。此方案在邵阳至怀化高速公路洞口塘双连拱隧道中被成功采用。

10.3 无中导双连拱隧道施工关键技术

10.3.1 无中导双连拱隧道发展状况及研究现状

1. 连拱隧道发展概况

我国公路隧道，在解放前因隧道断面较小时单洞双向错开行驶，后来在一些断面较大的隧道内允许双向同时行驶。1949 年后，尤其是改革开放以来，公路交通量的迅猛增加和安全行驶的需要，公路隧道发展用双洞上下行分离式隧道行驶。经过一段时间运营后，发现在一些特殊地形条件下，线路分离困难，或占用土地太多，民房拆迁量大，分离式隧道线路建造价格昂贵，于是产生了双连拱隧道形式。我国最早成型的公路连拱隧道，是建于 1993 年的广州市白云山三车道连拱隧道，其跨度达到 31.5 m。

连拱隧道严格地说是隧道侧墙相连，这里选用了工程上的习惯叫法。其最大优点是双洞轴线间距可以较小，可减小占地，便于洞外接线。同时，连拱隧道较独立的双洞设计、施工更为复杂，工程造价更高、工期更长，从各地采用连拱隧道的经验看，主要用在 500 m 以下的隧道居多，1 000 m 以下的中隧道也偶有使用，如浙江温州尖牛山隧道长 700 m，而长和特长隧道一般不采用这一结构形式，但在洞口狭窄地段也可采用从连拱隧道并最终过渡到小净距和独立双洞的隧道，如重庆莱袁路龙家湾隧道长 762 m，就采用了从连拱到小净距和独立双洞的结合形式。但总体看连拱隧道主要适宜于中、短隧道。

从设计经验总结，认为高速公路或一级公路 500 m 以下的公路隧道，若地质条件允许，连拱隧道方案为宜，500 ~ 750 m 的隧道应结合引线工程、占地等问题同分离式隧道方案作比较，而 750 m 以上的隧道分修双洞为宜。

有人将公路连拱隧道与分离式及小净距隧道的特征进行了对比，列于表 10-10 中。

表 10-10　公路连拱隧道与分离式及小净距隧道特征对比表

序号	对比项目	连拱隧道	分离式隧道	小净距隧道
1	双洞边墙间距/m	0	大于 15	3～15
2	结构和受力	结构复杂，受力不稳定	简单，稳定	较简单，较稳定
3	工序、工期和难度	工序多，工期长，难度大	少，短，小	较少，较短，较小
4	围岩扰动次数	多	少	较少
5	地质条件	差，浅埋，偏压	好差都有	较好
6	隧道长度	中短型，很少长的	不限，长的显优越性	中短型为主
7	与线路连接	线型最好	差	较好
8	可容交通量	大，可用多连拱隧道	较小	较小
9	适用范围	城市和山丘	山区	较广
10	占地面积	最少	多	较少
11	地下空间利用	最好	差	较好
12	人文景观和环保	最有利	不利	较有利
13	运营管理	最有利	不利	较有利
14	造价	每延米造价高，总价划算	每延米造价低，连接线高	有利
15	高跨比	小于 0.5		大于 0.5

连拱隧道在最初多是以双连拱二车道结构为主，后来由于交通量增加，不断出现三车道结构的连拱隧道，如京珠高速公路广东段的五龙岭隧道。在城乡交接部位人流量和交通运输量更大，更多城市发展用三车道连拱隧道和四连拱隧道，如武汉市马鞍山三车道连拱隧道，以及广东深圳科苑立交和福州市二环路象山的四连供隧道等。

连拱隧道的建造数量在我国发展迅猛，20 世纪 90 年代我国只有为数不多的十余座连拱隧道，但进入新世纪以来连拱隧道的数量迅速增多，在我国西南的云、贵、川和东南的鲁、苏、浙、闽、粤、桂，以及中部的赣、湘、鄂、豫、陕、晋、皖等省区，已先后得到广泛使用。据不完全统计，全国已建和在建的公路连拱隧道有 200 余座，是世界上连拱隧道最多的国家。如四川广元的石梯沟连拱隧道、万县的金竹林连拱隧道、宜宾的鞋底坡连拱隧道，云南玉元、大保、昆石、元磨高速公路的练江、砖房、老苍山、水磨房、清水沟、岔河、南溪河等 25 座连拱隧道，广东京珠高速公路五龙岭、猫山大跨连拱隧道，浙江宁海县境内的岵岫岭隧道，沪蓉路广邻高速冯家娅口隧道，延塞高速墩山隧道，江鹤高速公路莲花山连拱隧道，浙江金丽温二期高速公路的双港口一号、双港口二号、太平港、里东等 20 座连拱隧道，福建相思岭连拱隧道、马宅顶不对称连拱隧道，广贺高速公路砂塘坑、护坑、犁公顶大跨连拱隧道等。

在国外，日本是采用连拱隧道较多的国家。1974 年日本在伊祖隧道（冲绳县）首次采用了双连拱隧道方案，到目前为止包括高速公路及城市公路在内，日本已修建了 30 多座双连拱隧道，如小束山隧道、御前崎隧道、飞鸟山隧道、福冈隧道等。其中最大跨度的连拱隧道为大代古填连拱隧道，跨度为 37.4 m，中墙类型为整体曲中墙。日本对其国内近 30 座连拱隧道的基本特征进行了调查，平均双连拱隧道长度约 220 m，并且长度小于 300 m 的隧道约占 70%

以上，95%以上的双连拱隧道长度不超过 500 m，都是在短区间采用。意大利、奥地利、瑞士、法国等欧洲国家也先后建成一批连拱隧道，在连拱及连拱形结构物修建方面已有相当多的设计施工经验。

表 10-11　部分公路连拱隧道一览表

序号	名称	埋深/m	长度/m	跨度/m	中墙结构形式	建成时间/年
1	白云山（广东）	2～40	242	1月31日	整体式直中墙	1993
2	象山（福建）	2～23	217	35.4	整体式曲中墙	1996
3	莲花山（广东）	100	400	23.4	整体式直中墙	1997
4	金竹林（重庆）	100	445	22.6	整体式直中墙	1998
5	五龙岭（广东）	3～40	200	32.5	整体式直中墙	1999
6	石梯沟（四川）	3～23	320	21.8	整体式直中墙	1999
7	相思岭（福建）	50	400	24.2	整体式直中墙	2000
8	水磨房（云南）	57.6	308	24.76	整体式直中墙	2000
9	小关（贵州）	75	273	23.9	整体式直中墙	2002
10	小曼萨河（云南）	63.96	235	25.24	整体式直中墙	2003
11	龙山（安徽）	13	87	31	整体式直中墙	2004
12	麻地河 4 号（云南）	7.10～46.2	220	24.8	复合式曲中墙	2005
13	松山岭 1 号（云南）		220	25.1	复合式曲中墙	2006
14	吴家庄（河南）	17～71	340	32.6	复合式曲中墙	2007
15	老虎岭沟（陕西）	30	100	28.9	复合式曲中墙	2008

2. 国内外研究现状

在我国，由于近年来公路连拱隧道迅猛发展的需要，有关建设单位、研究单位、设计院、高校和施工单位抽调专门人员共同组织联合研究体形式，对设计施工中存在的一些实际问题，及时进行了研究，解决了一些技术难题。如 2001 年浙江省金丽温高速公路建设指挥部、西南交通大学和贵州桥梁工程公司联合展开了连拱隧道综合修建技术研究。湖北省在 2002 年开展了高速公路复杂地层双连拱隧道施工控制工艺研究与应用的交通科研。2002 年 7 月云南省公路规划勘察设计院、同济大学、云南思小高速公路建设指挥部、贵州省交通规划勘察设计研究院和四川省交通厅公路规划勘察设计研究院联合承担了西部交通建设科技项目：连拱隧道建设关键技术研究，对云南、贵州、四川等地的连拱隧道的设计、施工中的关键技术进行了系统研究。江西省赣（州）定（南）高速公路建设指挥部、天津大学、武汉广益工程咨询有限公司和重庆交通科研设计院联合，在 2004 年完成了公路连拱隧道设计施工综合技术研究。

目前地下工程领域的研究方法主要有理论分析、计算机数值模拟、现场试验（量测）和室内相似模型试验等。这些研究方法各有其优点和不足，在大型科研项目中单纯地运用某种研究方法很难得出全面准确的结论，如果综合运用以上研究方法，就能避免研究中的不足甚至错误，将研究成果相互印证，得出全面准确的结论。

在理论与数值分析方面，杨建民采用 ARCZ 有限元程序将万梁高速公路金竹林双连拱隧道结构简化成直杆杆系结构用矩阵位移法进行了二维分析，得出了结构的内力、位移和安全度；夏才初、刘金磊采用有限元程序和荷载—结构模式对福泉高速公路相思岭双连拱隧道结构进行了二维分析，得出结构的内力大小与弹性抗力系数的取值大小密切相关的结论；陈少华、李勇采用 2D-δ 有限元程序和围岩与支护结构的连成模式对同三线黄云岭双连拱隧道各个施工阶段围岩的稳定性、初期支护和二次衬砌的受力状态等进行了二维分析，得出了为使结构应力分布合理，初期支护和仰拱应尽早施作的结论；周玉宏、赵燕明等采用 ANSYS 有限元程序和围岩与支护结构的连成模式对云南元磨高速公路桥头偏压双连拱隧道三种不同的施工顺序进行了二维分析，得出了先开挖外侧主洞，后开挖内侧主洞的合理施工顺序；彭定超、袁勇等采用 ANSYS 有限元程序和围岩与支护结构的连成模式对万梁高速公路金竹林双连拱隧道中墙在施工全过程的力学行为进行了三位有限元分析，得出整个施工过程中墙一直处于偏压状态以及中墙的应力和位移分布规律；日本的上川裕之、大本英辉、武藤修之等采用二维有限元软件对大代古填超大断面的市区双连拱隧道的各种可能的施工方法进行了有限元分析，最后得出了大代古填隧道先填后挖的施工方法；市橘清功、佐藤映、松长刚等对九里浜田浦线的阿部仓双连拱隧道的施工方法、结构形式、加固区范围和爆破的设计参数等进行了数值模拟，得出了阿部仓双连拱隧道的优化施工方法、结构形式、加固区范围和爆破参数；石川靖治、上村正人、米田裕榭、中川浩二采用二维有限元程序对北九州市的下到津超大断面的市区双连拱隧道进行研究，经过研究将整体式中墙结构修改为分片式中墙结构；松田哲夫、豊里荣吉、五十嵐瑞穗等采用二维有限元程序对第二神明高速公路改建工程中的小束山双连拱隧道进行研究，得出了中墙荷载与隧道埋深以及围岩等级之间的关系；宫野前俊一、森田篤、梨本裕、闕顺一等采用二维有限元程序对双连拱和小间距隧道进行了比较研究，提出了不同围岩条件下应选择的合理隧道结构形式。不但在双连拱隧道方面，在三连拱等多连拱结构也有不少的研究，如张胜、王文通采用二维有限元程序将结构简化成直杆杆系结构对福州市的象山四连拱隧道进行了研究，得出了结构的内力大小和分布；日本的五十嵐寛、山崎刚采用二维有限元程序对特殊的三连拱盾构隧道进行了研究，得出了结构内力及地层应力、应变等结论，为特殊结构的盾构连拱隧道的理论作出了贡献。

在现场试验（量测）方面，王建秀等通过对云南元墨高速公路小曼萨河隧道边坡变形的三维监测及洞内变形监测，得出边坡变形规律，应用此规律对隧道边坡稳定性进行分析以及后期治理；王彦武介绍了陕西省太旧高速公路北茹隧道进行围岩变形监测的手段及监测结果，并提出了通过收敛变形计算拱顶下沉的公式，通过隧道拱顶下沉量来预测围岩的失稳和评价支护效果；刘洪州将工程实测数据与边界元结果进行对比，分析了围岩位移的影响因素；李泳伸等介绍了应用地表沉降观测和收敛观测，指导隧道施工取得良好效果的实例；王建秀、朱合华等通过对隧道地表下沉及收敛变形的观测，分析了隧道产生裂缝的原因，并分别对各种裂缝提出了相应处理措施；周玉宏、赵燕明等对云南元磨高速公路桥头偏压双连拱隧道进行了现场施工监控量测，并将量测结果与有限元分析结果比较，得出了偏压双连拱隧道的合理施工工序；李德宏对云南元磨高速公路岔河隧道进行了较全面的量测，并将结果与弹性地基梁的荷载—结构模式进行比较，得出了结构安全、经济、合理的结论；中铁十四局对采用三导洞施工方法的城市地下超浅埋双连拱隧道进行了较全面的监控量测，为城市地下超浅埋双连拱结构三导洞施工工法理论提供了有力的基础数据；王先堂对北京城铁 14 标轻轨工程的双连拱隧道进行了现场监控量测，得出了整个施工阶段地表和拱顶的沉降曲线，通过对沉降曲线的分析，提出了每个施工循环的合理长度和初期支护的调整意见；日本的松田哲夫、豊里荣吉、五十嵐瑞穗等对第 2 神明高速公路改建工程中的小束山双连拱隧道的中墙进行了重点现场监控量测，并与有限元结果进行相互验证，以此提出结论；上川裕之、大本英辉、武藤修之等对大代古填超大断面的市区双连拱隧道的中墙也进行了全面量测，其中包括中墙两侧及底部的内力、中墙底部的土压力，中墙钢筋内力等。

在室内相似模型试验方面，林刚、何川通过相似模型试验，对Ⅱ、Ⅲ、Ⅳ级围岩条件下采用三导洞法、中导洞半断面法和中导洞全断面法修建 4 车道双连拱公路隧道进行了研究，并通过对试验结果的研究分析，提出了在不同级别围岩条件下 4 车道双连拱公路隧道安全、经济、合理的施工方法；肖林萍、赵玉光、申玉生结合广州 2 惠州高速公路小金口双连拱隧道工程的修建，在Ⅱ、Ⅲ类围岩条件下，对双连拱隧道的施工方法和结构内力样式及围岩稳定进行了深入的研究工作，通过模型试验研究提出了一种新的施工方法—中导坑拓展法；刘涛，沈明荣等以云南省元磨高速公路的一座连拱隧道作为工程背景，按弹性阶段相似原则进行连拱隧道室内模型试验，模拟连拱隧道的施工工况，采用压力盒、数码摄像、沉降板等仪器量测施工过程中隧道围岩应力和位移分布，得出施工过程中隧道围岩位移、应力和塑性区分布规律。总之，用模型试验的方法对隧道及地下工程的研究，国内外已经取得了不少的成果，其理论与方法日臻完善。但由于室内模型试验费用较高，技术难度大，目前在一般的隧道中很难广泛应用与推广。

10.3.2　无中导双连拱隧道设计施工技术

目前，公路连拱隧道因其占地少、有利于路线穿越不良地形、开挖量小、对环境破坏小等诸多优点越来越受到设计和建设单位的青睐，在公路工程中得到广泛应用。

虽然连拱隧道有很多不可替代的优点，但也存在一些缺陷，导致工程界对采用连拱隧道还有一些争议。从目前国内已建成的连拱隧道工程看，施工中常常不同程度地出现了围岩坍塌、衬砌产生大面积裂缝、衬砌接头处严重渗漏水等问题，且随着连拱隧道工程的增多，新问题也不断涌现，许多方面仍待优化、完善和改进。

针对以上问题，国内许多学者对连拱隧道设计、施工和监控方面进行过大量研究，但这些研究主要是针对现行规范设定的连拱隧道结构形式来进行的，而目前连拱隧道结构形式是否合理，还有待隧道建设者考虑。笔者认为，传统连拱隧道结构形式复杂，施工步骤繁琐，存在安全隐患的步骤较多，导致隧道施工进度慢，运营过程中病害严重。

连拱隧道施工流程比选：

1. 传统工艺

传统连拱隧道施工主要按照以下几个步序进行，如图 10-6 所示。第 1 步：开挖中导洞；第 2 步：中导洞支护；第 3 步：全隧道中导洞贯通后修建中隔墙；第 4 步：中隔墙墙背回填；第 5 步：开挖及支护先行主洞（根据围岩情况选取开挖方式）；第 6 步：先行洞 2 次衬砌（与后行洞掌子面保持一定的距离)；第 7 步：开挖及支护后行主洞；第 8 步：后行主洞 2 次衬砌（施工完成）。

传统施工方法的不利因素如下：① 中隔墙与中导洞顶部衬砌不密贴，中隔墙基本在中导洞应力完全释放的条件下施工，最终导致松散土体范围较大。这些土体都是作为荷载作用于衬砌上，未能充分发挥围岩的自稳能力，对隧道受力不利。② 开挖一侧主洞时，土体夯击不够密实，木楔没有紧塞，在主洞拱架推力的作用下可能导致中隔墙失稳。在夯填土石和钢管紧塞过程中，施工作业空间狭小，施工质量难以得到保证。③ 中隔墙顶部与中导洞支护之间一般难以达到回填密实要求，若施工中未对该位置的土体采取有效堵水措施，则后期运营过程中最容易出现漏水等现象。④ 施工中临时支护费用高，特别是中导洞修建时大量临时支护最终被拆除，存在一定程度的浪费。

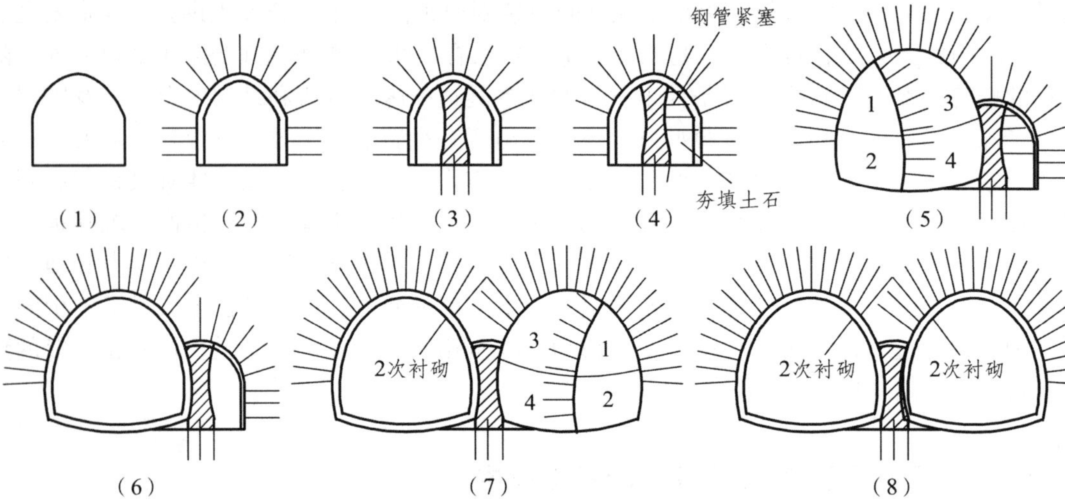

图 10-6　连拱隧道传统施工步序

2. 优化方案

针对传统连拱隧道施工工艺出现的施工质量和安全问题，提出改进工艺，即无中导洞连拱隧道设计施工技术。优化工艺主要采取 2 种施工方案。

1）方案 1 主要施工步

第 1 步：采取分布开挖方式将中导洞和先行主洞开挖，并完成初期支护的施工；第 2 步：中隔墙与先行主洞 2 次衬砌 1 次浇筑完成（与后行主洞掌子面保持一定距离)；第 3 步：后行主洞的开挖和支护；第 4 步：后行主洞 2 次衬砌（施工完成)。

2）方案 2 主要施工步

第 1 步：开挖中导洞及主洞的一部分并支护；第 2 步：施作中隔墙；第 3 步： 开挖并支护先行主洞；第 4 步：拆除临时支护；第 5 步：先行主洞 2 次衬砌浇筑完成（ 与后行主洞掌子面保持一定距离)；第 6 步：后行主洞的开挖及支护；第 7 步：后行主洞 2 次衬砌（施工完成)。

无中导洞连拱隧道设计施工技术主要有以下优点：

（1）中导洞和一侧主洞一起开挖和支护，可减少施工步，加快施工进度；整个施工过程中不存在明显的薄弱环节，施工安全性得到提高。

（2）省工、省料，如中导洞的支护材料，浇筑中隔墙的模板材料，中隔墙墙背回填材料，若采用这种工艺则更为经济。

（3）中隔墙顶部与围岩能密贴，可避免大范围的松动土体，施工质量容易得到保证。

（4）方案 2 相对于方案 1 的改进主要体现在中导洞先行浇筑上，采取这种方式可使先行主洞开挖断面减小，对施工过程中先行洞衬砌结构的受力比较有利，但施工组织相对麻烦，实际工程中可根据围岩情况选取其中一种开挖方式。若围岩条件较好，建议选用方案 1；反之，选用方案 2。

10.3.3 无中导双连拱隧道施工步骤

无中导连拱隧道的施工方法，包括如下步骤：开挖右幅隧道，施作初期支护和二次村砌，将右幅隧道的初期支护的外表面设计为阶梯形接触面，且设计为粗糙面，并在每一个阶梯内浇筑加强筋，加强筋一部分浇筑在初期支护内，另一部分裸露在外；开挖左幅隧道，施作左幅隧道初期支护和二次衬砌；将左幅隧道初期支护表面设计为与右幅隧道的初期支护的外表面相配合的阶梯形接触面，与右幅隧道的阶梯形接触面相契合，且喷射时，将上述步骤裸露在外的加强筋全部浇筑在左幅隧道初期支护内；形成整体受力体系。

1. 技术背景

在山区修建高速公路时，线路时常穿过哑口、鸡爪地形，或沿溪、沟谷布设线路，在这种情况下，相比路堑、分离式隧道和小净距隧道，连主共隧道往往具有隧道西端对地形要求不高，占地面积小，布线方使，接线工程量小，线性顺畅，利于环保等优势，因而获得了隧道建设者的青睐。

传统连拱隧道左右幅共用中墙，断面形式呈“M”形，其结构形式的差别主要是取决于中墙的形式不同。根据中墙断面形式不同，连拱隧道可分为直中墙式和曲中墙式，直中墙和曲中墙又有整体式、中空式和分层式（复合式）三大类之分。

一般情况下，连拱隧道为中、短隧道，相应的隧道埋深浅，地质条件差，围岩以Ⅴ、Ⅳ级居多。根据地质情况不同，传统连拱隧道洞身施工可分为三导洞和中导洞施工法。对于Ⅴ级围岩，常采用三导洞施工法，即中导洞超前开挖，中导洞贯通后，浇筑中墙混凝土，左、右侧导洞交错开挖及支护，左、右正洞上台阶开挖及支护，左、右正洞核心土及下台阶开挖，左、右正洞二次衬砌及仰拱、浇筑，施工过程中左右正洞均需前后错开一定距离。根据边墙衬砌施作先后顺序不同，三导洞施工法可分为先做边墙和后做边墙施工法。对于Ⅳ级围岩，连拱隧道常采用中导洞施工法，即中导洞超前开挖，中导洞贯通后、、浇筑中墙混凝土，然后采用上下台阶法开挖左右正洞，最后分别浇筑左右幅二次村砌及仰拱，施工过程中左右正洞均需前后错开一定距离。

然而，传统连洪隧道三导洞和中导洞施工法常存在以下问题：

（1）施工时采用先开挖中导洞、支护，待中导洞贯通后再浇筑中墙混凝土，然后再开挖主洞的施工工序，而中导洞开挖断面小，施工作业面狭窄，加上施工工序多、烦琐，导致施工进度缓慢，甚至影响工期。

（2）施工开挖工序多，导致对围岩多次扰动，扩大了围岩塑性、松弛范围，增加了衬砌荷载。

（3）中墙顶部混凝土密实程度难以控制，施工质量难以保证。

（4）中墙在施工过程中受力转换复杂。中墙在施工过程中承受了顶部支护的不平衡压力或二次衬砌所带来的不平衡推力，容易引发中墙的偏移和开裂，影响隧道安全使用和耐久性。

（5）中导洞临时支护后围岩产生的变形不能及时得到抑制，导致围岩变形加剧，易产生塌方、冒顶现象。

（6）中导洞采用临时支护，开挖主洞时需要将其拆除，产生废置工程，不经济。

（7）整体式和中空式中墙连拱隧道中墙顶与主洞结合部，易出现渗漏水；由于应力集中，直中墙与拱部连接处、边墙墙脚常出现裂缝，也会产生渗漏水现象。

连拱隧道自身结构复杂，施工工序多，使结构受力状态频繁变化，质量控制点多而困难，稍有疏忽就会出现病害，同时现有的连拱隧道，如果取消其中墙结构，往往会存在两个拱形之间的连接结构不稳定、不牢固的缺点，同时现有的混凝土强度均偏低，且耐候性差，在长期的使用过程中会导致开裂等情况的发生。

2. 改进内容

基于上述分析，改进了传统的双连拱隧道中导坑施工方法，采用无中导施工工艺，该工艺具有施工工序简单、速度快，且连接结构稳定等优点。

为实现上述目的，改进之后采取的技术方案为：

无中导连拱隧道的施工方法，包括如下步骤：

（1）开挖右幅隧道，施作初期支护和二次衬砌，将右幅隧道的初期支护的外表面设计为阶梯形接触面，且设计为粗糙面，并在每一个阶梯内浇筑加强筋，加强筋一部分浇筑在初期支护内，另一部分裸露在外。

（2）开挖左幅隧道，施作左幅隧道初期支护和二次衬砌；将左幅隧道初其明支护表面设计为与右幅隧道的初期支护的外表面相配合的阶梯形接触面，与右幅隧道的阶梯形接触面相契合，且喷射时，将步骤（1）裸露在外的加强筋全部浇筑在左幅隧道初期支护内；形成整体受力体系。

其中，根据单洞断面大小和隧道地质情况，左幅隧道和右幅隧道施工采用台阶法、CRD法、CD法或几者之间的组合。

其中，所述台阶法为上下台阶法或三台阶法。

其中，右幅隧道的初期支护和左幅隧道初期支护外侧均设置有防渗帷幕。

其中，所述防渗帷幕的材质为沥青。

其中，所述加强筋外表面涂抹有三七灰土层。

其中，所述初期支护包括高强度混凝土和锚杆，高强度混凝土由以下重量份的原料制备而成：硅酸盐水泥 400 ~ 500 份，砂 600 ~ 800 份、碎石 850 ~ 950 份、粉煤灰 30 ~ 120 份、硅灰 55 ~ 95 份、玄武岩纤维 20 ~ 50 份、减水剂 3 ~ 7 份、钢纤维 10 ~ 25 份、水 185 ~ 300 份、红外反射二氧化钛 5 ~ 10 份。

其中，所述钢纤维的长度为 30 mm，直径为 0.5 mm。

本次改进具有以下有益效果：

（1）减少了对围岩的扰动次数，避免了中导洞施工对抑制围岩变形不及时的情况，减小了衬砌荷载，衬砌安全性提高，同时采用高强度混凝土进行初期支护，提高了支护结构的整体强度。

（2）取消中墙，避免了传统连拱隧道中墙体混凝土密实度难以控制的缺点，施工质量更易得到保证，同时两个拱形隧道之间通过阶梯形接触面进行完美的卡合，并采用粗糙面的设计，使得接触面积增大，进一步的加固了两者的连接牢固性。

（3）左右幅隧道连接结构牢固稳定，避免了传统连拱隧道中墙在复杂的受力状态下易出现中墙偏移和开裂的缺点。

（4）取消中导洞施工，减少了中导洞临时支护，更加经济。

（5）左右幅隧道形成各自独立封闭的防排水体系，衬砌渗漏水问题得到很大改善。

11 小间距隧道施工关键技术

11.1 小间距隧道的预加固技术

隧道工程的环境越来越复杂，只有对隧道工程的环境有了详细的了解，隧道工程的设计和施工才能针对性地采取相应的措施，才能保证工程的安全性和经济性。

11.1.1 概 述

小间距隧道是指普通隧道中两洞室间的间距小于某一标准值的特殊隧道型式，是介于目前所定义的普通分离式隧道与连拱隧道之间的一中新型的隧道结构型式。与一般分离式隧道相比，小间距隧道有受地形条件和总体路线线型限制较小等优势；较之连拱式隧道，其又有施工工艺较简单、建造成本低、施工过程中的水较易控制等优势。然而，由于小间距隧道两洞室的间距的特殊性，使其中间岩柱的稳定性比较差，而且在施工过程中，左右两洞的开挖都会对中间岩柱产生影响。所以对小间距隧道支护的研究显得尤为重要。

在目前的小间距隧道支护中，其理论和支护方式都沿用于普通隧道，所以大多以锚杆为主要的支护措施，其主要通过对围岩的约束和锚固，使破碎带围岩原有的二维的受力模式转换为三维的受力模式，围岩体的应力分布状态也发生了实质性的改变，进而充分发挥围岩体自身的承载能力，以提高围岩体的整体强度、控制围岩体的变形、防止围岩体的塌落，从而提高了洞室的稳定性，起到了加固的效果。

据腾中健，徐招才所翻译的《岩石锚杆支护实用手册》记载，锚杆于 1872 年首次在英国使用，20 世纪初，锚杆支护技术才传入美国，并在其矿井支护方面得到了广泛的应用。1950 年以前，锚杆支护技术只是作为施工工程中一种临时的性的支护措施。20 世纪 50 年代中期，国外的隧道工程中就开始广泛采用永久性的喷锚支护技术（锚杆和喷射混凝土联合使用的支护技术）代替以往的隧道衬砌结构。

20 世纪 50 年代中后期，我国才开始在煤、铁矿的开采等工程中使用锚杆支护技术。1960 年以后，我国除矿井巷道等工程外，国防工程、铁路隧洞、人防工程以及大型水利水电工程中也都采用了锚杆支护技术。据程良奎在《中国岩土锚固技术的应用与发展》中对煤矿巷道工程和金属矿山巷道工程的初步统计，从 1960 年到 1995 年的 35 年间，我国锚杆支护的使用量已累计超过 3 500 km。特别是 20 世纪 80 年代后，锚杆支护技术无论在理论上还是在应用范围上，都有了很大的发展。

11.1.2 隧道围岩的稳定性研究

岩体作为地质体的一部分是由各种岩石组合而成，而岩石的主要成分则是各种矿物质，然而，由于地质构造作用，风化、腐蚀作用，水流的冲刷作用等原因，使岩体在形成时，其内部有许多结构面，把岩体分成了形状和大小不一的岩块，由于长期的沉淀，在无外力作用时，整个岩体会处在一个相对平衡的初始应力状态。这里的初始应力状态是指隧道在未开挖前岩土体的初始应力场。它的形成与岩体的构造、成分、埋藏条件、地质构造运动历史等有密切的关系。在隧道开挖时，外力的作用就打破了岩土初始的应力平衡状态，并且隧道周围一定范围内的岩体也会受到影响，同时因为应力的作用，整个岩土体又要形成一个新的平衡，此时，岩体就会发生变形或者移动，继而形成应力重分布的岩土体，即称之为围岩。如果施工过程中围岩的强度足够大，就不会因应力重分布而发生变形或破坏，反之，围岩则会因重分布的应力的作用而发生破坏。

围岩的稳定性是指隧道开挖后在无支护条件下围岩的自稳能力。由围岩的形成可知，隧道围岩稳定性不仅与岩石的性质、围岩的结构特性、初始应力状态、地质构造的作用、地下水等内在的地质环境因素有关，而且还与隧道的设计，施工，支护的措施和时间等外外部环境因素有关。其中起主要作用的还是岩石的性质、围岩的结构状态、初始应力状态等地质环境因素。

1. 小间距工况下影响隧道围岩稳定的因素

影响隧道围岩稳定性的因素主要有两个方面，一是内在因素，即地质环境因素，其主要包括：初始应力状态、岩体的性质、围岩的结构特性、地质构造的作用、地下水等；二是外在因素，即人为因素，其主要包括：设计、施工方法、支护形式、时间等。

1）影响隧道围岩稳定性的地质环境因素（即内在因素）

岩体的初始应力状态因素：

对于岩体的初始应力而言，其主要受两类因素的影响：一类是岩体周围的地形地貌、岩体的力学性、、构造应力、重力以及温度等。另一类是地壳运动、地下水、人类活动等。在上述的两类因素中，构造应力和重力是影响岩体初始应力的最主要的因素。所谓构造应力，是指由地质体系在变化铸型过程中所产生的应力；而重力则指的是岩体的自重应力。因此，初始应力主要由两种应力组成，即：

$$\delta = \delta_t + \delta_\gamma \quad (11\text{-}1)$$

式中　δ_t——构造应力；

δ_γ——自重应力。

构造应力：地质构造运动不仅改变了应力场，使各种构造形态得以释放，而且还形成了构造应力，聚存在岩体中。这种积蓄在岩土体内部的构造应力主要表现出以下两个特点：一是构造应力的方向大多近似水平，且它的值往往大于自重应力的水平分量，对隧道围岩稳定性的影响非常大；二是构造应力具有不均匀性、不确定性和明显的区域性，所以目前的构造应力主要是通过某些测量结果加以分析总结而来。

自重应力：在研究岩体的自重应力时，先假定岩体具有水平成层且地面平坦，所以的物性参数在想 x、y 平面内匀质（如图 11-1）。

此时，距地面任意深度 h 出的自重应力为：

$$\delta_z = \int_0^h \gamma_z \mathrm{d}z = \delta_z(z) \quad (11\text{-}2)$$

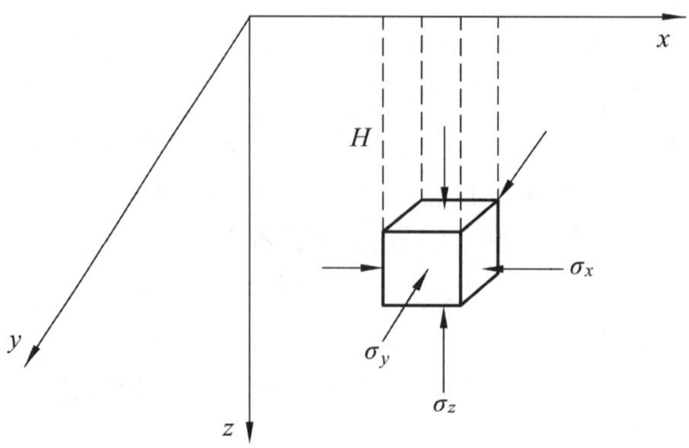

图 11-1　自重应力单元体分析图

$$\left.\begin{aligned}\delta_{\mathrm{x}} &= \delta_x(z)\\ \delta_y &= \delta_y(z)\end{aligned}\right\} \tag{11-3}$$

$$\tau_{xy} = \tau_{yz} = \tau_{zx} = 0 \tag{11-4}$$

式中　$\gamma(z)$——单位体积岩土体的自重，单位为 kN/m^3 由弹性力学中的 Hooke（胡克）定律：

$$\left.\begin{aligned}\varepsilon_x - \frac{1}{E}\left[\delta_x - \mu(\delta_y + \delta_z)\right]\\ \varepsilon_y - \frac{1}{E}\left[\delta_y - \mu(\delta_x + \delta_z)\right]\\ \varepsilon_z - \frac{1}{E}\left[\delta_z - \mu(\delta_x + \delta_y)\right]\end{aligned}\right\} \tag{11-5}$$

可导出水平应力分量：

$$\delta_x = \delta_y = \frac{\mu}{1-\mu}\delta_z \tag{11-6}$$

式中　μ——泊松比；

$\frac{\mu}{1-\mu}$——侧压力系数。

对于不同岩体的多层叠加，式（11-6）还可以表示为：

$$\delta_z = \sum_{i=1}^{n}\gamma_i h_i \tag{11-7}$$

式中　h_i，γ_i——第 i 层岩体的厚度和重度。

由上述自重应力数学分析式的推导可知，岩体的自重应力随岩层深度的变化而呈现线性变化，且水平应力小于垂直应力。但事实上，岩体的地质构造没有我们假定的那么简单，因此，对岩体初始应力的研究，有待进一步加深。

隧道在修建工程中，围岩失稳主要是因为应力要重分布后需要重新达到平衡，如果此过程中所产生的应力超过了围岩的强度或者造成是围岩的变形过大时，围岩就有可能发生失稳，这些重新达到平衡所产生的应力就是隧道的初衬结构需要承担的围岩压力。围岩的初始应力是引起围岩失稳变形、破坏的根本作用力，是隧道围岩稳定性分析的前提条件，同时也是岩体运动的作用力之一。2002 年张乐文指出，初始应力是岩体本构特征的控制因素之一。在隧道开挖前，岩体处于相对平衡的应力状态，岩体的本构特征与岩体赋存的初始应力状态密切相关，岩体所受的初始应力越大，其承载能力也就越大。许多低围压下呈现脆性破坏的岩石，在高围压下却呈现出剪塑性破坏。然而高地应力地区的硬岩隧道在开挖时，有可能会产生岩爆、剥落等脆性破坏；高地应力区的软岩隧道，在隧道开挖时可能会因围岩的变形过大而失稳。所以，初始应力对隧道围岩的稳定有利也有害。

2）岩体的性质因素

岩体的性质对隧道围岩稳定性的影响主要体现在岩体的力学性能方面，其主要包括：岩体的塑性、脆性、各向异性、扩容性、流变性和膨胀性等。对于塑性岩体如：黏土质岩体、松散破碎岩体、吸水膨胀的岩体等，由于其具有强度低、遇水极易软化、膨胀而且极易风化等不良性质，所以对隧道围岩的稳定极为不利；而脆性岩体如：各类自身强度较高的坚硬、半坚硬岩体，由于其坚硬程度远远高于结构面的强度，所以此类岩体对隧道稳定性的影响主要取决于岩体结构。

3）围岩的结构特性因素

围岩的结构特性对隧道围岩稳定性的影响主要是指：围岩的完整性、围岩结构面组合状态和围岩结构面性质等，是由于长时间的地质构造运动形成的，是岩体破坏形态的控制因素，同时也是影响隧道围岩稳定性的关键因素。

（1）围岩的完整性

围岩的完整性通常用其破碎程度来表示，其包括：组成岩体的岩块大小和岩块的组合形态。而岩体的破碎程度在一定程度上可用裂隙的密集度（岩体的破碎程度可用结构面上沿法线方向，单位长度内结构面的数目即裂隙率、或沿法线方向结构面的平均间距即裂隙间距等指标描述）来表示。在长期地质构造运动的作用下，岩体原始状态会发生错动、变形、断裂等，使其原有的完整性产生不同程度的破坏。因此，围岩的完整性或者破碎程度，可以反映出岩体受地质构造运动作用的程度。在岩性条件相同的情况下，围岩的完整性越差，在隧道开挖工程中围岩就越容易失稳。

（2）围岩结构面性质

结构面的性质对围岩稳定性的影响的研究，目前主要是在软弱结构面方面的研究。软弱结构面是指：完全割断岩块与其两侧岩土体结构面间的联系，或者岩块与其周围的岩土体结构面间夹杂着黏土层，或者岩块与其周围的岩土体结构面虽有联系，但其间的物质软弱松散等。对于隧道的稳定性而言，其围岩失稳往往发生在摩阻力较小的结构面上，所以软弱结构面就成为了围岩失稳的控制因素之一。

（3）围岩结构面组合状态

对于隧道而言，单一的围岩结构面通常不会影响其稳定性，但是，当几种单一的结构面相组合，且其组合面与隧道轴线的关系对围岩的自身摩阻力不利时，结构面就会对隧道的稳定性有较大的影响。例如水平层围岩，其虽有很多水平裂缝，但对隧道侧壁围岩稳定的影响并不大，但是对于拱顶围岩稳定性的影响却很大。如图 11-2 所示，裂隙把岩体切割成三角形、梯形，川字形等形状。对于岩体被裂隙切割成三角形岩块的结构而言，岩体的承载力最差，顶部岩块很容易脱落，其隧道顶部围岩稳定性也最差；对于岩体被切割成梯形岩块而言，因其被“卡“住，拱顶的围岩比较稳定；对于岩体被切割成川字形岩块的结构而言，当拱顶承受压应力，且结构面的摩阻力大于川字形岩体的自重时，隧道顶部的围岩趋于稳定，反正，则容易造成拱顶塌方，对隧道围岩的稳定也不利。对于隧道边墙而言，走向平行于隧道轴线、倾向隧道内的裂隙对围岩的稳定性影响最大，特别是当其与其他软弱结构面组合成分离体时，就很容易造成边墙滑移。

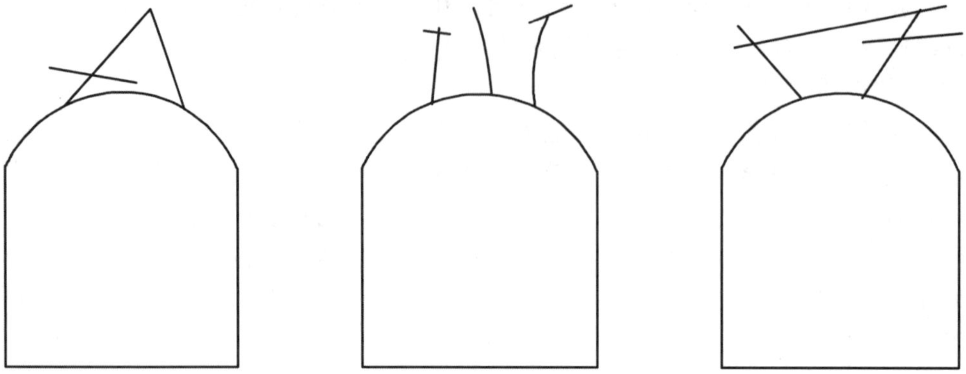

（a）三角形　　（b）川字形　　（c）梯形

图 11-2　隧道拱顶的典型结构型式

（4）地下水因素

隧道的修建环境中存在的地下水会使岩块夹层软化、岩块间的摩擦力减小、岩质软化等其不仅对隧道岩土体的应力状态产生不利影响，而且还会使隧道围岩自身的强度降低，严重影响隧道围岩的稳定性。大体上来讲，地下水对隧道围岩稳定性的影响主要表现在以下四个方面。一是：在隧道开挖后，岩土体原来的平衡被破坏，并且形成了新的自由面，由于要形成新的平衡，围岩体就会产生一些裂隙，致使围岩有了一定的透水能力，其周围的地下水就有了新的排泄通道，同时，隧道开挖又是地下水在隧道周围产生了渗压梯度，从而加大了隧道周围岩体向洞内运动的应力；二是：隧道周围赋存的地下水会形成静水压力，而静水压力作用会使原始岩体中的有效应力减小，进而使围岩体的抗剪强度减小，如图 11-3 所示，$\tau=(\delta-\delta_0)\tan\varphi+C<\tau=\delta\cdot\tan\varphi+C$，式中 δ_0 表示静水压力；三是：地下水的活动会使岩体的含水量增加，使某些岩体膨胀（如泥质岩），屈服点下降，从而降低了岩体的强度和变形模量，对于原有的结构面而言，地下水起到了润滑作用，降低了岩体间的摩擦系数和黏聚力，因而加剧了隧道围岩的失稳；四是：地下水的流动加速了对围岩的腐蚀和泥化，而且还能携带搬运某些矿物质和被腐蚀的岩体，从而引起系列的物理、化学变化，降低隧道围岩的稳定性。

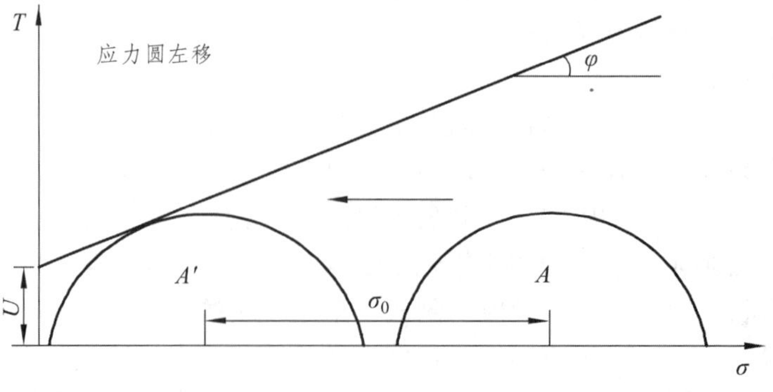

图 11-3　静水压力下的剪力示意图

2. 影响隧道围岩稳定性的外在因素（即人为因素）

1）设计因素

设计对隧道围岩稳定性的影响主要表现在：一是设计人员对支护理论的理解不够全面；二是由于建设的工期短，导致隧道的地质勘查报告不能客观地反映出隧道所建地的地质状况；三现在的设计主要是根据经验但有些设计人员完全照搬其他隧道的设计，没有针对性的设计方案。对其详细表述如下：隧道的设计对围岩稳定性的影响主要表现在：隧道的形状、隧道的尺寸、隧道的埋深等。理论和实践都表明，影响隧道围岩稳定的本质因素是隧道围岩的应力重分布，然而抛开内在因素，影响隧道围岩的内力重分布特点的决定性因素则是隧道的横断面形状和尺寸，尤其是隧道的跨度对围岩稳定性的影响最为明显。理论和实践都表明，在相同的地质条件下，隧道的跨度越大，围岩的破坏应力也就越大。在隧道设计过程中，不同形状的隧道，所考虑的隧道周边围岩的应力状态也不同。一般而言，圆形、椭圆形隧道围岩主要考虑压应力，而压应力则有利于隧道围岩的稳定性；对矩形或者梯形隧道而言，其主要是以拉应力为主，特别是顶板处，其围岩可能因较大的张拉应力而形成张拉破坏，目前隧道的主要形状还是以圆形或者椭圆形为主，所以矩形或梯形隧道对围岩稳定性的影响研究比较少。

隧道的埋深主要影响隧道围岩的初始应力状态，进而影响隧道围岩的稳定性。一般而言隧道的埋深越大，初始应力就越大，对隧道围岩稳定性的影响就越大。

2）施工因素

隧道施工对围岩稳定性的影响主要表现在隧道的开挖和支护连个核心的工序上，开挖方法、支护方式、支护时机等都对隧道围岩的稳定有很大的影响。

目前隧道的开挖方法主要有盾构法、矿山法（新奥法）沉管法、TBM 法（隧道掘进机）明挖法。这些施工方法对隧道围岩的稳定性的影响基本都反映在对岩土体的扰动程度上，不同的施工方法对隧道岩土体的扰动程度不同。例如，在同一岩体中，控制爆破法比普通爆破法对围岩体的扰动小，盾构法比矿山法对岩土体的扰动性小等。如前所述，对原始岩土体的扰动程度越小，则隧道围岩的稳定性越好。

支护方式和支护时机对隧道围岩稳定性的影响也很大，所选的支护方式不同，对围岩稳定性的影响也不一样，例如，在锚杆支护时，所选的锚杆的长度、数量、角度等都会影响到围岩的稳定性。另外，隧道开挖后都有一段自稳时间，围岩的自稳时间也就是我们准许其在无支撑的条件暴露的时间，同时也是围岩体应力释放的过程，不同的地质环境，围岩的自稳时间也不尽相同，所以要抓住支护时机及时地进行支护。

3. 隧道两洞间的间距对围岩稳定性的影响

上述主要对一般隧道围岩稳定性的影响做了总结，然而对于小间距隧道围岩稳定性而言，除了上述影响因素外，还有隧道两洞室间的间距。对于小间距隧道而言，两洞室间的相互影响是其有别于分离式隧道的根本特征。小间距隧道两洞室间的距离对其围岩稳定性的影响可以分为两个方面：一是小间距隧道相连两洞室间因间距较小而在施工过程中直接引起的位移和变形；二是小间距隧道两洞室的距离较近，致使围岩条件恶化影响相连洞室的围岩稳定性。

4. 小间距隧道锚杆支护的情况分析

由于小间距隧道围岩的稳定性有上述这些特殊的影响因子，所以在进行小间距隧道支护时，其支护重点应为中间夹岩墙。

11.1.3 隧道围岩稳定性的基本判据

隧道工程是围岩与支护体系的综合体。隧道的支护结构与其周围一定范围内的岩体构成一个支护系统。整个系统的稳定性问题，即隧道工程围岩的稳定性问题，一直是岩土工程界的重点研究内容，而隧道围岩稳定性评价结果的合理与否，直接影响会影响隧道工程的成败，因此为能确保质量安全、快速合理的施工，必须有相应的判据对隧道围岩及其支护体系的稳定性作出合理的评价。目前隧道围岩稳定性的判据可分为以下两类。

1. 围岩强度判据

围岩强度判据是基于强度破坏理论提出的，即在低约束应力的前提下，当岩体内某结构面的剪切应力超过了破坏理论所给定的滑动界面范围时，岩体就会产生剪切极限破坏。如前所述，围岩失稳是指应力重分布而产生的应力超过了岩体强度值的某一范围，最后岩体产生了变形，形成了滑动面或者塑性区，进而将可能产生过大的位移，因此，隧道围岩稳定性的评价实质上就是对围岩体应力和变形的分析。根据隧道开挖二十四小时后围岩的塑性区和应力分布情况，就可以按以往的施工经验来定性判断围岩的破坏机理。

当围岩某结构面的应力超过其围岩的屈服极限时，围岩就进入了塑性状态，而且这些应力极值基本上都会出现在隧道的周边上，但是由于整个隧道的地质条件很复杂，应力在隧道周边的分布也不均匀，所以围岩的强度判据很难确定，所以强度判据对于围岩的失稳准则只有理论指导意义，却很难应用于实际工程中。

2. 围岩变形量或变形率判据

隧道工程是隐蔽工程，无论其内部岩体和支护结构的作用机理如何复杂，其经过各种作用后，都会体现在周边或者最外层结构的位移或变形上。所以围岩失稳最终会表现为围岩的变形或位移超过其极限变形或位移。所以目前隧道失稳以位移或变形为依据的判据分别是：极限容许位移、容许位移速率、位移加速度与变形速率比值等，具体分析如下。

1）极限容许位移值

极限容许位移值是指：自隧道开挖起到围岩变形趋于稳定为止，拱顶的最大容许沉降量或隧道净空收敛的最大容许值，在隧道施工过程中若监控量测发现隧道的最大位移超过了其极限容许位移值，则说明此隧道围岩不稳定，必须加强支护。

在法国，对于隧道断面面积为 50 ~ 100 m^2 的洞室，规定其拱顶沉降最大容许值标准如表 11-1 所示；在日本新奥法设计施工指南中，规定的隧道极限容许位移与围岩类别的关系见表 11-2；表 11-3 也列出了我国某些隧道工程的容许位移值。可以看出，隧道的极限容许位移在不同国家、不同工程中，标准也不同。有时为了能反映各种条件下隧道开挖施工过程中隧道的净空收敛情况，也常用位移相对值作围岩稳定的另一判据。

2）容许位移速率

容许位移速率是指：在保证隧道围岩稳定情况下，隧道单位时间内的位移值，即隧道发生位移的速度的最大容许值。实践表明，隧道在刚开挖时，其位移速率最大，然后会随着时间的推移而降低，一般情况下，当收敛率 d_u/d_t 趋向于零式，表明位移速率呈现递减趋势，且最终会趋于稳定，当 d_u/d_t 趋于常数时，则说明位移处于发展阶段，需要继续进行监测。

表 11-1　法国拱顶下沉量控制标准

隧道埋深/m	拱顶最大容许沉降量/cm	
	硬质围岩	软质围岩
10 ~ 50	1 ~ 2	2 ~ 5
50 ~ 100	2 ~ 6	10 ~ 20
＞500	6 ~ 12	20 ~ 40

表 11-2　围岩类别与净空变化值　　单位：mm

围岩类别	单线隧道	双线隧道
Ⅰ-特 S	＞75	＞150
Ⅰ	25 ~ 27	50 ~ 150
Ⅱ-Ⅴ	＜25	＜50

表 11-3　我国隧道工程的容许位移值　　单位：mm

工程名称	地质条件	拱脚收敛位移（水平位移）/cm	拱顶下沉/cm
古楼铺隧道	含水膨胀性黏土	8	3
腰帆河隧道	黄土	1.32	1.05
下坑隧道	软弱千枚岩	4.5	
南岭隧道	断层切割薄盖坡积层	8	

日本新奥法设计施工指南中指出，当位移速率 $V>20$ mm/d 时，隧道围岩需要进行特殊支护。在法国，新奥法施工标准中指出：当位移速率 $V<0.23$ mm/d 时，隧道围岩基本已达到稳定状态。

3）位移加速的、变形速率比值

在隧道开挖和初期支护工程中，围岩的变形、变形速率，在一定程度上可以判断出围岩的稳定性，但是对围岩的稳定性判断主要还是由位移加速度决定。由于隧道围岩环境的复杂性以及围岩自身的力学特性，使得围岩稳定性的判断限值差别很大，所以不同地区，不同工程围岩稳定性的判断还要根据具体的地质条件、施工环境等具体分析。可通过位移速率，位移加速度等综合考虑进行判断。

11.1.4　隧道围岩失稳破坏的形态分析

自隧道开挖开始，岩体原有的应力平衡状态就被打破，围岩应力以及隧道围岩本身就在发生一系列的变化，围岩应力重新分布，部分围岩或其结构面强度锐减，成为与母岩脱离的分离岩块和松散体，它们在重力的支配下，克服围岩间较小的摩阻力，产生冒落和塌滑运动。隧道结构的收敛变形及破坏则是这一系列变化的必然结果。隧道围岩失稳破坏按其破坏形态可分为以下五种。

1. 隧道围岩的局部坍塌

据前文隧道围岩稳定性的影响因素所述，在隧道开挖后，由于应力重分布，使围产生变形，岩体的结构面被切割后构成不同形状的不稳定岩块，这些不稳定岩块在应力的作用下向洞内滑移而发生坍塌。这种坍塌易发生在Ⅱ级围岩及Ⅱ级以上的硬质围岩中，其高度一般在0.5 m至2.5 m左右。据统计资料显示，在Ⅱ级围岩中局部坍塌占总塌方的36%，在Ⅲ级围岩中局部坍塌占围岩总塌方的62%，在Ⅴ级围岩中局部坍塌占总塌方的75%。

埋深、岩质、受力结构等复杂的内在因素以及开挖方式、支护措施、支护时机等外在因素，使得隧道在施工过程中容易发生局部坍塌的部位主要集中在：隧道洞口、隧道拱脚、隧道墙脚、隧道拱部、隧道与隧道的交叉部位（如主洞和支洞交叉的部位，也就是通常说的交叉三角区）隧道水平或近似水平的岩层中等，且主要发生在大块状岩土体中。预防这些坍塌的有效方法是采用超前小导管注浆或局部锚杆和加喷射混凝土，并及时进行二衬支护。

2. 围岩的拱形塌方

隧道工程在开挖后，拱部的竖直向应力陡降为零，随着变形的发展，洞径的减小等，使得拱部切向应力远大于径向应力，从而对隧道产生较强的侧向挤压作用，另外，经历了先压后张的围岩体，其力学性能已经产生了较大的衰减，所以其稳定性差，从而，易形成拱形塌方。隧道围岩的拱形塌方较易发生在碎块状岩体或层状岩体中。其主要分为两类：其一是在径跨范围内，隧道的塌方仅出现在拱部；另一类则包括侧壁崩塌在内的塌方范围扩大的拱形塌方。拱形塌方常出现在Ⅱ级围岩以下的松软地层中，对于浅埋隧道，塌方往往通顶；对于深埋隧道，因为易形成摩擦拱，其塌方高度一般在4 m到20 m不等，且发生的规模较大。

目前使用比较广泛的预防拱形塌方的主要方法是：充分发挥两侧围岩的自稳能力，采用超前小导管注浆支护；格栅支撑、锚杆、喷混凝土进行加固，同时初期支护要及时，二次衬砌要紧跟等，并需进行严密的监控测量。

3. 围岩的异形破坏

由于隧道在开挖过程中遇到特殊的地质条件（例如：溶洞、陷穴、浅埋、偏压等），从而发生了异形破坏。异形破坏没有固定的形态，它的破坏形态和地质条件有着密切的关系。在有上述缺陷的特殊地质环境中进行隧道施工时，应注意查明溶洞、陷穴等地质缺陷的规模其与隧道的关系，同时还要了解填充物的性质。在调查研究的基础上选择正确合理的设计方案和施工方法是防止此类破坏的关键。在浅埋、偏压隧道施工时，必须先对拱顶进行加固。

4. 大变形失稳和岩爆

在隧道施工过程中，由于挤出作用或者膨胀作用使隧道产生较大的变形，从而导致隧道围岩失稳，目前国内外对隧道大变形失稳还没有统一的界定。岩爆是指地应力较高地区围岩脆性破坏时应变能瞬间释放而造成的围岩失稳现象；是埋深大且地应力高的隧道工程在施工过程中常遇到的地质灾害。其多发生在岩质坚硬、结构完整、质脆、干燥无水且储存有高弹性应变能的片层状结构围岩体中。在隧道施工过程中岩爆往往发生在横通道与主洞的交叉处、洞室群等应力集中的部位。而且完全是一种由于人类活动而诱发的地质灾害。

5. 膨胀岩隧道破坏

膨胀岩主要是指岩体在遇水时发生一系列的化学反应使其物理性能变化而引起其体积膨胀的岩石，常见的膨胀岩主要有：泥灰岩、黏土岩、泥岩、蛇纹岩、页岩、玢岩、片岩、受热液变质作用的安山岩、花岗片麻岩、含大量硬石膏无水芒硝的结晶岩等。因为膨胀岩有很高的膨胀压力，而且膨胀会使围岩的摩擦应力和抗剪强度减小，所以当膨胀应力作用在隧道的支护结构上且超过了支护结构的极限承载力时，隧道围岩就会失稳，发生破坏。

在建设膨胀岩隧道时，为防止膨胀岩隧道塌方，其设计应遵守以下原则：首先应尽量减小膨胀岩的风干和含水量的变化；其次隧道施工时要能尽快形成径向约束，以求能恢复洞壁因岩层开挖而消除的围岩压力；其三是支护应适应围岩的膨胀特性，即不仅能适当地约束其膨胀变形，而且又能承受围岩的部分膨胀压力；其四膨胀岩隧道应采用合理的断面形式，以减少应力集中等。在膨胀岩隧道施工时应先喷射混凝土作围岩的先期支护，以增加膨胀岩的自稳时间，接着施作初衬和二衬，使其及时地形成闭合的承压环，从而确保膨胀岩隧道的稳定。

6. 小间距隧道的破坏形态

对于小间距隧道而言，因受到两洞室间的相互影响，其围岩的失稳除了单洞可能会发生失稳外，还有隧道两洞间中间夹岩墙的破坏，其破坏形态除上述的情况外，还有中间夹岩墙的倒塌。由于隧道两洞的间距较小，中间夹岩墙在水平方向可以视为自由端，因应力从分布而蓄存在中间夹岩墙中的应力主要由初期支护（锚杆）承担，当初期支护不及时或者蓄存的应力大于初支结构的承载力时，小间距隧道的中间夹岩墙就容易向隧道内倒塌。所以在建设小间距隧道时，要特别根据上节所提出的，影响小间距隧道两洞间中间夹岩墙稳定的因素，有针对性地对中间夹岩墙进行加固，目前使用最广泛的加固方法主要是全长粘结式锚杆喷射混凝土加固，如果遇到软弱围岩，还可以使用超前小导管注浆联合加固，以确保中间夹岩墙的稳定。

7. 小间距工况下隧道全长粘结式锚杆支护模拟研究的必要性

通过上节的分析，小间距隧道特殊的破坏模式要求我们在研究其围岩稳定性的同时，必须考虑中间夹岩墙，防止其倒塌，不同建设区的不同隧道，其差异性很大；就算是同一区域，小间距隧道两洞间距不同，锚杆支护设置的方式也不尽相同；同时，锚杆支护施工的方法不同、支护的时机不同等，都会影响锚杆的作用效应。因此锚杆设计的合理性和相应的支护效应非常值得我们研究。

11.1.5 隧道锚杆的支护作用

目前，我国隧道支护工程中，使用较多的锚杆主要是水泥砂浆锚杆、花管锚杆、管缝锚杆（又称摩擦锚杆）螺纹锚杆等，这些锚杆的安装使用大多都需要某种特殊的条件，但不论是在土体中还是在岩体中，锚杆支护的主要作用就是增加岩体的整体性且将围岩中的应力传递给岩土体。由于锚杆应力传递的力学机理可能是由锚杆的位移趋势造成的也可能是岩土体的位移趋势造成的，根据这两种位移趋势的不同，锚杆可以分为主动型锚杆和被动型锚杆。按锚杆与粘结体之间的传力方式的不同，锚杆又可分为压力型锚杆和拉力型锚杆；按其粘结范围的不同，锚杆又可分为全长粘结式锚杆和部分粘结式锚杆；按是否施加预应力，锚杆又可分为非预应力锚杆和预应力锚杆；按其锚固形态的不同，锚杆又可分为连续球形锚杆、端部扩大型锚杆和圆柱形锚杆。

1. 锚杆的支护（锚固）方式

锚杆的种类很多，按照不同的分类条件可以分成很多类型，目前国内采用的较为普遍的分类方式是按其锚固方式的不同进行分类。

1）端头锚固式

端头锚固式锚杆是指：锚杆端部的锚头固定在围岩中，而杆体的另一端则由垫块与围岩表面接触，并且通过拉或拧的方式使其达到支护的效果。此类锚杆均属于机械锚固中的点状锚固式锚杆，其主要靠锚杆的两端与围岩联系在一起。这种锚杆的锚固力是通过固定在围岩中的锚头和与围岩表面接触的垫块施加给围岩，当围岩发生变形时，锚杆会通过锚头和垫块之间的位移来协调随之发生的锚杆的变形，以起到支护的作用。在端头锚固型锚杆的支护过程中，锚杆的端头和垫块处会同时对围岩施加一个对应的作用力，因此，杆体中的应力分布是均匀的。

此类锚杆的特点是：施工工艺简单，施工完成后立即能起到支护作用，但由于其杆体在围岩中与周围的岩体间存在间隙，所以容易被腐蚀，不移长久使用。

2）粘结锚固式

粘结锚固式锚杆是指通过胶粘材料（如水泥砂浆、树脂胶等）与围岩粘结在一起的锚杆，其可分为端部粘结型锚杆和全长粘结型锚杆。

国内隧道锚杆支护中使用最多的是由钢筋和水泥砂浆组成的全长粘结式砂浆锚杆（如图11-4所示）。这类锚杆没有锚头，在支护时，通常先用高压注浆机向锚杆孔内注射水泥砂浆（一般为早强水泥砂浆），然后插入锚杆使之与围岩粘结在一起，限制围岩的变形，以达到增强围岩稳定性的目的。

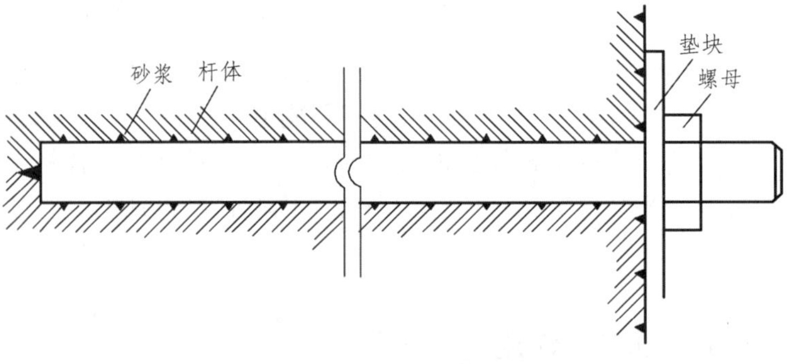

图 11-4　全长黏结式砂浆锚杆示意图

此类锚杆的特点是：锚杆的整个杆体都与围岩紧密连接，不易被腐蚀，且锚固力较高，对围岩的适应性强。但其受施工的影响比较大，例如，锚杆孔的砂浆未注射饱满、注射的砂浆强度不够，砂浆未达到强度就被扰动等，都会大大降低支护的效果。这些也是目前粘结锚固式锚杆所要控制的关键因素。

3）摩擦锚固式

摩擦锚固式锚杆是指：锚杆通过杆体与围岩壁间的摩擦力来传递围岩内的应力，其原理是将锚杆强行打入围岩内（先在围岩上钻孔孔径小于或等于锚杆直径的空），使围岩受到挤压，围岩壁和杆体间就形成了轴向的摩擦力，即摩擦锚固力，阻止围岩的变形，以达到增强围岩稳定性的目的。

2. 锚杆的支护作用机理

锚杆的支护机理研究经历了三个阶段：一是建立在结构工程概念之上，基于“荷载-结构”模式（把围岩自重和其他应力视为荷载，由支护结构承担）的锚杆支护作用机理，其锚杆支护理论包括悬吊理论、组合梁理论、承载拱理论等；二是建立在岩土工程概念之上的锚杆支护作用机理，其主要强调，充分发挥围岩的自稳能力和自身强度；三是建立在地质工程概念之上的锚杆支护作用机理，其不仅要考虑隧道围岩体的自稳能力，而且还考虑环境因素的作用。

11.2 小间距隧道的微震爆破与变形控制技术

11.2.1 爆破方案设计原则

根据隧道开挖技术特点，以及使隧道开挖成形良好，尽量减少超挖量，减少爆破对围岩的破坏，确保地表建筑及地下管线安全，在开挖中采用光面爆破技术以及减震爆破技术。以上二指导思想同时贯穿于小间距隧道全部钻爆施工中。

（1）在确保高质量的隧道开挖断面和进尺的同时，将爆破震动控制在允许范围内，以保证隧道支护结构地表建筑物的安全，并尽量减少对居民生活的干扰。

（2）采取有效的控制爆破技术，减少震动与降低噪声，同时要求成形效果好，采用光面爆破。根据地质条件，开挖断面、开挖进尺、爆破器材、震速要求等条件编制爆破设计。

（3）根据围岩特点合理选择周边眼间距 E 及周边眼的最小抵抗线 W，辅助炮眼交错均匀布置，周边眼与辅助炮眼底在同一垂直面上。

（4）根据《爆破安全规程》（GB6724—2003）的规定，交通隧道安全振动速度标准按 $V \leqslant$ 10 cm/s。在下穿房屋爆破施工时爆破振动速度控制在 1.5 ~ 2.0 cm/s。

（5）雷管选用微差毫秒雷管，每段间隔大于 50 m/s，避免地震波的叠加，减轻震动。

（6）严格控制周边眼的装药量，借助导爆索、竹片进行间隔装药，使药量沿炮眼均匀分布，以确保隧道周边成型良好，并减少对围岩的扰动。

（7）根据钻爆效果，调整掏槽眼形式及爆破参数，并适当加深掏槽眼深度（比其他眼深约 20 ~ 30 cm），以保证掏槽眼效果。合理分布辅助眼，以达到炮眼数量最少、材料最省、同时砟块又不致过大。

（8）合理选择循环进尺，不同级别的围岩根据结构安全要求及循环施工能力等因素来综合考虑。

11.2.2 最大段药量的确定

我国爆破安全规程采用保护对象所在地质点峰值振动速度作为爆破振动判据的主要物理量指标，按下式计算爆破时产生的地面质点峰值振动速度：

$$V = K\left(\frac{Q^{1/3}}{R}\right)^{\alpha} \tag{11-8}$$

式中 V——地面质点峰值振动速度（cm/s）；

Q——炸药量（kg）；齐发爆破为总药量；延迟爆破为最大一段药量；

R——观测点到爆源的距离（m）；

K，α——与爆破点至计算点间的地形、地质条件有关的系数和衰减指数。

我国《爆破安全规程》（GB6724—2003）规定：地面建筑物的爆破振动判据，采用保护对象所在地质点峰值振动速度和主振频率；水工隧道、交通隧道、矿山巷道、电站中心控制室设备、新浇大体积混凝土的爆破振动判据，采用保护对象所在地质点峰值振动速度。安全允许标准如表 11-4。

表 11-4　爆破振动安全允许标准

序号	保护对象	安全允许振速/（cm/s）		
		＜10 Hz	10 ~ 50 Hz	50 ~ 100 Hz
1	土窑房、土坯房、毛石房屋	0.5 ~ 1.0	0.7 ~ 1.2	1.1 ~ 1.5
2	一般砖房、非抗震的大型砖块建筑物	2.0 ~ 2.5	2.3 ~ 2.8	2.7 ~ 3.0
3	钢筋混凝土结构房屋	3.0 ~ 4.0	3.5 ~ 4.5	4.2 ~ 5.0
4	一般古建筑与古迹	0.1 ~ 0.3	0.2 ~ 0.4	0.3 ~ 0.5
5	水工建筑	7 ~ 15		
6	交通隧道	10 ~ 20		
7	矿山巷道	15 ~ 30		
8	水电站及发电厂中心控制室设备	0.5		
9	新浇大体积混凝土 龄期：初凝 ~ 3 d 龄期：3 ~ 7 d 龄期：7 ~ 28 d	 2.0 ~ 3.0 3.0 ~ 7.0 7.0 ~ 12		

注：表列频率为主振动频率，系指最大振幅所对应波的频率；频率范围可根据类似工程或现场实测波形选取，选取频率时亦可参照下列数据：洞室爆破＜20 Hz；深深孔爆破 10 ~ 60 Hz；浅孔爆破 40 ~ 100 Hz。

（1）选取建筑物安全允许振速时，应综合考虑建筑物的重要性、建筑质量、新旧程度、自振频率、地基条件等因素。

（2）省级以上（含省级）重点保护古建筑与古迹的安全允许振速，应经专家论证选取，并报相应文物管理部门批准。

（3）选取隧道、巷道安全允许振速时，应综合考虑构筑物的重要性、围岩状况、断面大小、埋深大小、爆源方向、地震振动频率等因素。

（4）非挡水新浇大体积混凝土的安全允许振速，可按本表给出的上限值选取。

另外，铁道部门提出的隧道及地表建筑物地面振速安全控制标准参考值，见表 11-5。

表 11-5　隧道及地表建筑物地面振速安全控制标准参考值

<table>
<tr><th colspan="2">适用条件</th><th>地质特征及建筑物特征</th><th>振速控制值/（cm·s⁻¹）</th></tr>
<tr><td rowspan="6">隧道内距掌子面 1 倍洞径处</td><td rowspan="4">软岩</td><td>Ⅱ～Ⅲ类围岩整体性好，开挖后自稳时间 4 h 以上</td><td>5</td></tr>
<tr><td>Ⅱ类围岩整体性差，开挖后自稳时间 4 h 以上</td><td>3</td></tr>
<tr><td>Ⅱ类围岩整体性极差，开挖后自稳时间较短</td><td>1.5</td></tr>
<tr><td>Ⅱ类围岩（偏低），整体性差，自稳时间极短</td><td><1</td></tr>
<tr><td>中硬岩</td><td>Ⅳ类围岩整体性好，Ⅴ类围岩整体性差一些</td><td>10</td></tr>
<tr><td>硬岩</td><td>Ⅴ类围岩整体性好，及Ⅴ类围岩以上</td><td>1.5</td></tr>
<tr><td colspan="2" rowspan="3">地表建筑物</td><td>比较坚固的砖砌楼房</td><td>≤2.3</td></tr>
<tr><td>一般砖砌建筑物</td><td>≤1.5</td></tr>
<tr><td>质量差的陈旧建筑物</td><td><0.8</td></tr>
</table>

（5）主要爆破减振措施：

① 微差分段爆破

微差爆破是指在爆破施工中采用一种特制的毫秒延期雷管，以毫秒级时间间隔按顺序起爆各个药包的爆破技术。微差爆破的分段延时爆破理念可显著降低爆破地震效应，能够有效防止对周围建筑物造成破坏，实践表明，采用微差爆破后，与齐发爆破相比可降震约 50%，微差段数越多，降振效果越好。根据爆破工程经验，隧道爆破的延时间隔大于或等于 50 ms 时，一般不会出现振动波形叠加。

② 控制段最大药量

控制段最大药量目的是控制炸药释放能量的规模，在隧道地质条件和地表建筑物不能人为随意改变的客观条件下，控制段最大药量能够显著降低震动效应，达到控制爆破振速的目的。控制段最大药量也是最主要的爆破振动控制方法之一。但是，它必须与微差分段爆破方法结合使用才能发挥最大效应。

③ 增加自由面

增加自由面的开挖方式，一方面能够起到分部爆破的效果，减小最大振动效应。另一方面，更重要的是能够降低周围地层对开挖岩土体的夹持作用，从而实现减少药量以达到减振的效果。增加自由面法有多种方法，如台阶左右分布开挖方法，掌子面超前小导洞法等等。实践证明，增加自由面法是一种非常有效的减振开挖方法，可以实现爆破减振 30%，炸药量也比全断面爆破减少 5%～10%，炮眼利用率可达到 100%，开挖速度提高 2～3 倍，线形超挖小于 10 cm。

④ 预裂爆破

预裂爆破法是指在未进行正式主体爆破之前，率先在爆破区外围采用光面控制爆破进行小药量爆破，以形成一定宽度的贯穿裂缝。通过预裂爆破产生裂缝来达到截断爆破振动波传播的目的，从而起到减振效果。其原理是爆破地震波在传播过程中，遇到沟槽或裂缝时，产生反射和折射，透射部分减少，使得地震波的强度大大降低。

⑤ 调整周边眼装药布置

在开挖断面的周边炮眼，密集钻孔间隔装药（两个装药孔中间的孔不装药，为空孔，主要起切缝导向的作用)，可显著降低爆破振动。

11.2.3 炮眼布置及爆破参数

爆破施工时，炸药采用防水乳化炸药，圆柱体，单个药卷质量 0.15 kg，采用塑料导爆管和毫秒微差非电雷管起爆。由于爆破振速控制主要是针对上台阶开挖，所以爆破方案只关注断面的上台阶。

打孔采用手持风钻进行打孔，辅助自制简易台架。孔打好之后，用高压风管吹净爆孔内的碎岩屑之后，再开始装药。装药采用不符合方式装药，以降低爆破振动对隧道围岩及上部建筑物的影响，用炮泥堵孔。

本工程小间距左洞上台阶的爆破进尺采用 2 m，炮眼布置见图 11-5，爆破参数见表 11-6。

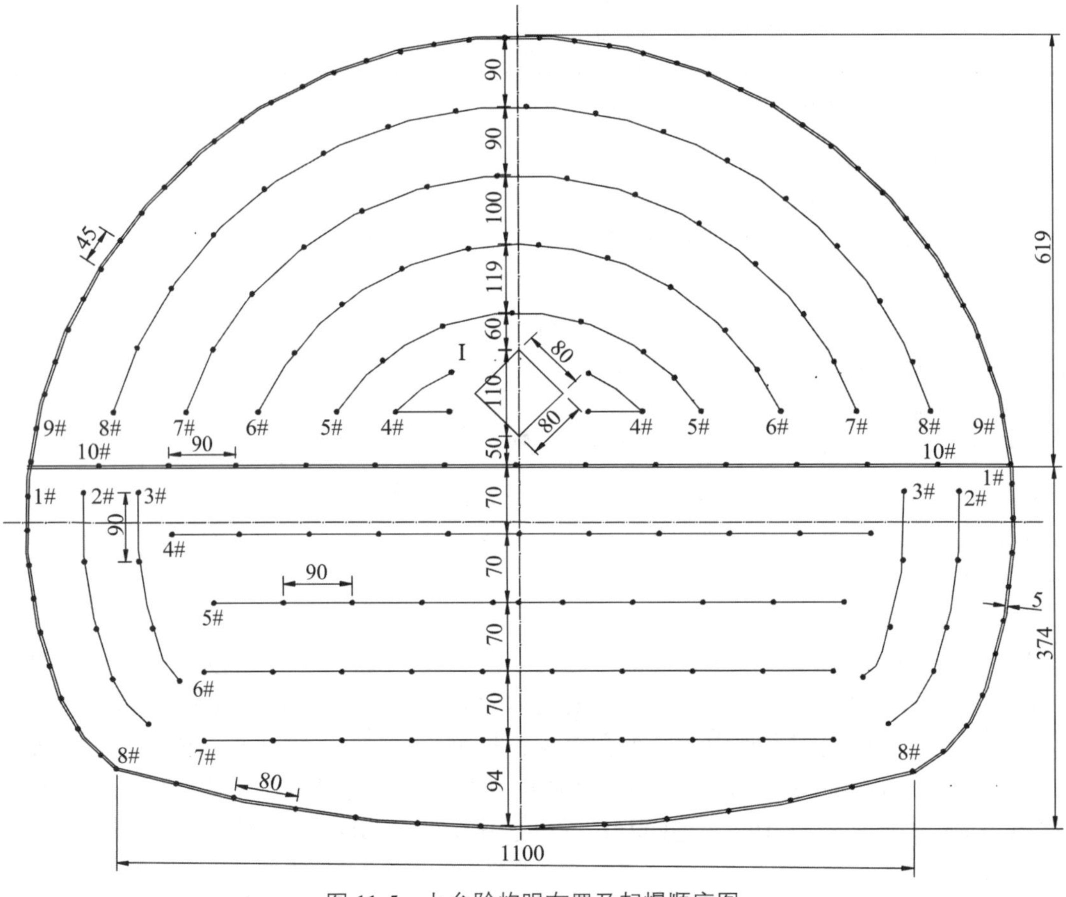

图 11-5 上台阶炮眼布置及起爆顺序图

表 11-6 小间距隧道左洞上台阶爆破参数

炮眼分类		炮眼数	雷管段数/段	炮眼长度/cm	炮眼装药量			备注
					每孔药卷数/卷	单孔装药量/kg	合计药量/kg	
上台阶	掏槽眼	6	1	160	3	0.45	2.7	不耦合装药形式，堵孔
	掏槽眼	4	3	220	4	0.6	2.4	

续表

炮眼分类		炮眼数	雷管段数/段	炮眼长度/cm	炮眼装药量			备注
					每孔药卷数/卷	单孔装药量/kg	合计药量/kg	
上台阶	掏槽眼	6	5	250	5	0.75	4.5	
	扩槽眼	38	7，9，10，11，12，13	270～300	4	0.6	22.8	
	崩落眼	40	14，15，16，17	220	3	0.45	18	
	底板眼	21	18	220	4	0.6	12.6	
	周边眼	44	19	220	2	0.3	15.2	
	合计	159					76.2	

11.3　小间距隧道的施工工序与施工支护技术

11.3.1　格栅支护下施工工法研究

1. 试验段现场施工工序

1）短台阶七步开挖法（如图 11-6）

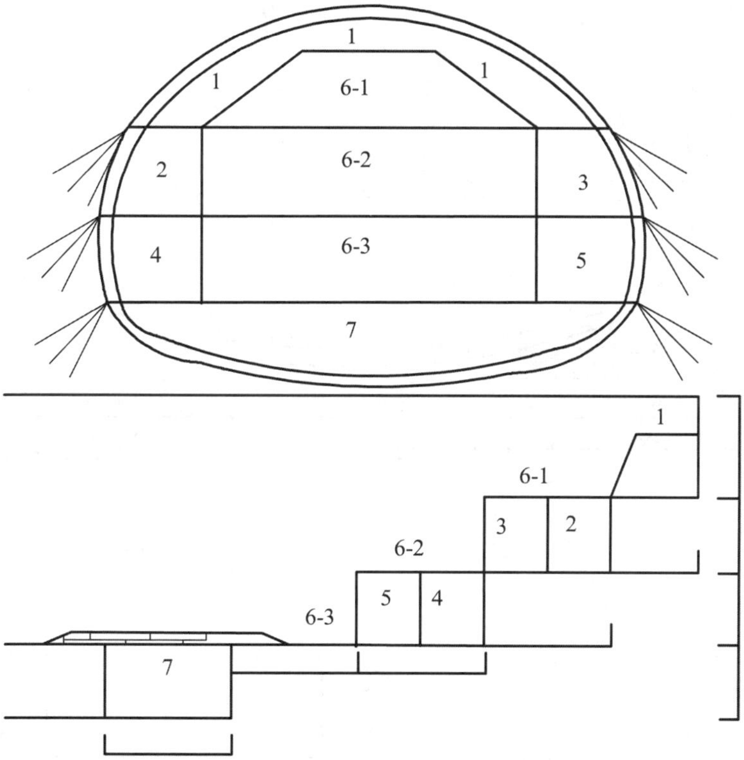

图 11-6　短台阶七步开挖法施工步序图

开挖顺序：

步骤一：开挖一部土体，施作周边初期支护，每循环进尺 0.5 m。

步骤二：滞后 1 部 5 m 距离，开挖 2 部土体，施作初期支护，每循环进尺 0.5 m。

步骤三：滞后 2 部 2.5 m 左右开挖 3 部土体，施作初期支护，每循环进尺 0.5 m。

步骤四：滞后 3 部 2.5 m 左右开挖 4 部土体，施作初期支护，每循环进尺 0.5 m。

步骤五：滞后 4 部 2.5 m 左右开挖 5 部土体，施作初期支护，每循环进尺 0.5 m。

步骤六：滞后 5 部 5 m 左右距离开挖 7 部土体，初期支护，每循环进尺 1 m。其中 6 部土体根据施工机械通行、操作情况开挖。

施工控制要点：

（1）环形开挖预留核心土法开挖，人工开挖环形部分，开挖后及时施作初期支护，打设好锁脚锚管。

（2）2、3 部土体错开开挖，开挖宽度以满足施工操作空间为宜，施工中严格控制进尺，按要求打设锁脚锚管。挖掘机配合人工开挖，接近开挖轮廓线 30 cm 左右时应采用人工修整。

（3）4、5 部土体施工同 2、3 部。将初期支护封闭成环与掌子面的距离控制在 30 m 以内，否则喷射混凝土封闭掌子面。

2）双侧壁法（如图 11-7）

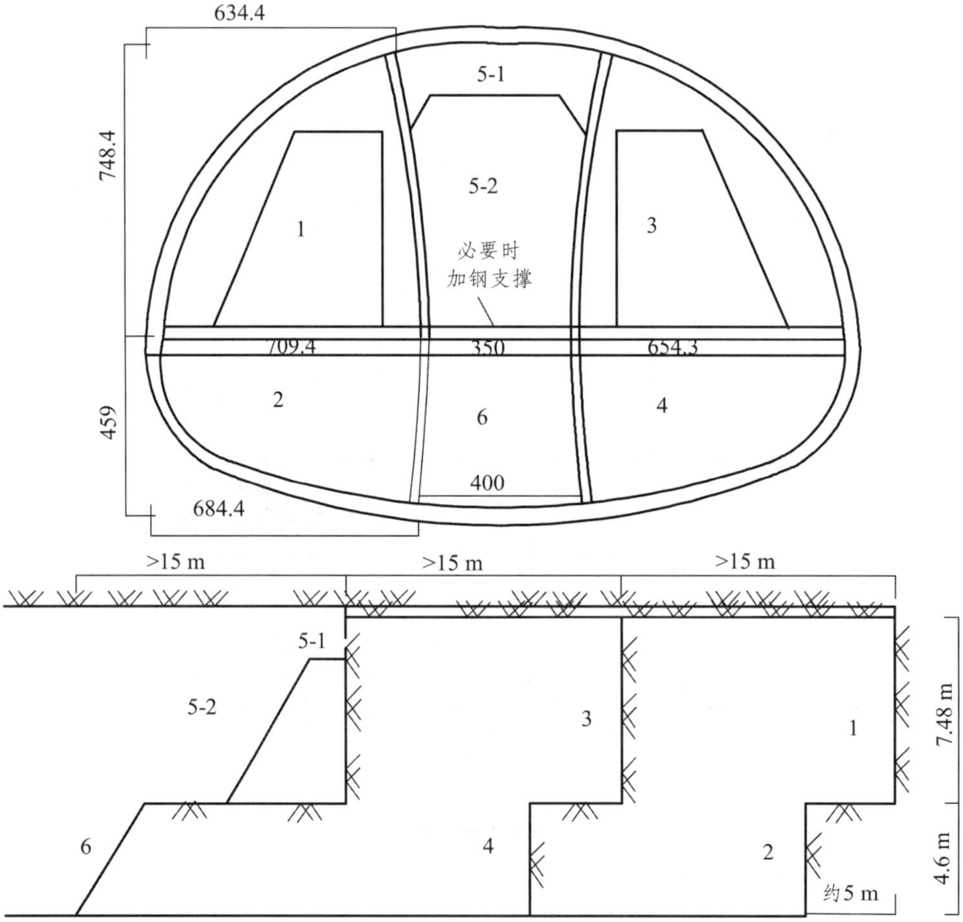

图 11-7　双侧壁法施工步序图

（1）环形开挖预留核心土法开挖 1 部土体，人工开挖环形部分，其中环形部分高度以适宜人工施作初期支护为准，但应注意保证核心土长度 3 ~ 4 m，开挖后及时施作初期支护及临时支护，首先进行初喷混凝土，初喷厚度不小于 4 cm，架设支护钢架。钢架连接板应进行包裹，并将螺栓、螺母安放好，螺母放在靠近未开挖土体一侧。人工掏一个凹槽，将钢架安放好后，复喷混凝土，每循环进尺 0.5 m。核心土在 2 部土体开挖时采用挖掘机挖除，临时钢支撑滞后 1 部核心土开挖 1 ~ 2 m 的距离，以利挖掘机施工。

（2）2 部土体采用挖掘机配合人工开挖，滞后 1 部 5 m 左右距离。开挖过程中注意接近开挖轮廓线 30 cm 左右采用人工修整，避免挖掘机接触钢架，致使拱脚失稳。开挖后立即进行初喷混凝土，初喷厚度不少于 4 cm。施作初期支护及临时支护钢架，注意钢架各单元连接牢固，并打设锁脚锚管。将锁脚锚管与钢架烧接牢固使其形成整体。为避免 2 部土体开挖造成施工机械无法通行，左侧导洞支护闭合成环后，回填土体以利施工机械通过。

（3）左侧壁导洞施工方法同左侧壁导洞，但滞后左侧壁导洞不小于 15 m 距离。

（4）5 部土体拱部采用人工开挖，开挖高度以适宜施作初期支护为准，但不超过 2 m。开挖后及时进行初喷混凝土，厚度不小于 4 cm，架设钢架，注意与左右侧壁导洞初期支护钢架的连接应紧密、牢固。

（5）滞后 5 m 左右距离，挖掘机配合人工开挖 6 部土体，开挖后及时施作初期支护，初期支护闭合 5 m 后，拆除临时支护并及时施作仰拱衬砌、填充。

2. 对比试验的步骤

1）试验段断面布置

为了分析台阶法和双侧壁法在浅埋大跨小间距隧道中的施工情况，选取古那湾 1 号隧道出口段。

2）检测断面测点布置

（1）拱顶沉降测点布置图（如图 11-8）

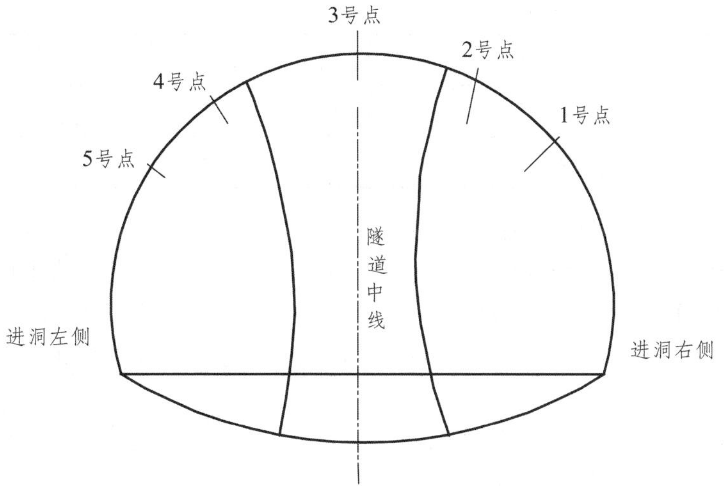

图 11-8　拱顶沉降测点布置图

（2）围岩-初期支护接触压力测点布置图

下图接触压力测点布置：围岩—初期支护接触压力采用双模压力盒检测，双模压力盒以隧道中心对称布置，“Y1 ~ Y9”表示 9 个压力测点。

3. 格栅试验段的测试结果

1）测试成果汇总

格栅试验段总共布置了两个断面，测试成果汇总如表 11-7、11-8。

表 11-7 格栅试验段拱顶及拱脚沉降测试成果汇总

项目		K37+184	K37+179	K37+174	K37+169
拱顶沉降	累计值/mm	213	216	115	130
	最大速率/（mm/d）	42	19	10	18
	最终速率/（mm/d）	1	1	1	1
	历时/d	33	23	43	43
拱脚沉降	累计值/mm（左侧）		186		120
	累计值/mm（右侧）		185		122
	历时/d		23		43

表 11-8 格栅试验段钢架压力与土压力测试成果汇总

项目		K37+180	ZK37+170
钢架应力	内侧最大压应力/MPa	86.43（左拱肩）	97（拱顶）
	内侧最小压应力/MPa	4.19（右拱脚）	5.4（仰拱右）
	外侧最大压应力/MPa	106.56（拱顶）	6.8（仰拱右）
	外侧最小压应力/MPa	4.45（右拱脚）	75（边墙右）
	历时/d	82	53
土压力	最大值/kPa	246.3	67.5
	最小值/kPa	7	18.9
	历时/d	82	53

2）从时态曲线图可以看出问题

（1）台阶法施工初期支护的拱顶沉降在−199 ~ 216 mm，双侧壁法施工拱顶沉降在−115 ~ 131 mm，双侧壁法施工相比台阶法施工对大跨度大断面道控制沉降显著。

（2）两种施工工法拱顶与拱脚沉降关系曲线相近，说明钢架整体沉降明显，施工应着重加强拱脚处理。

（3）断面封闭前拱顶沉降占总沉降的 91.5% ~ 93.2%，平均为 91.9%，封闭后拱顶沉降占总沉降的 6.8% ~ 8.5%，平均为 8.1%。

（4）双侧壁法施工沉降随开挖推进逐渐增大，最终收敛，中间没有像台阶法施工出现的跳跃式增长趋势，表明各阶段工序的空间效应影响比较平均。

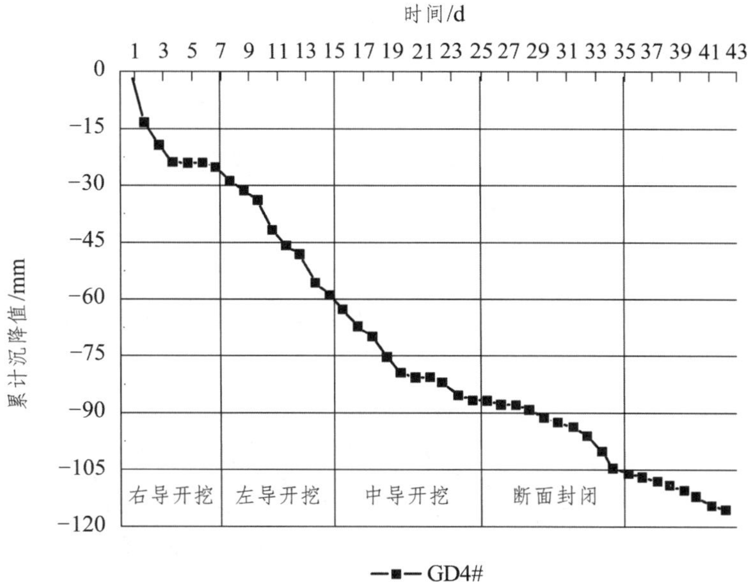

图 11-9　ZK37+174 断面拱顶沉降时态曲线

3）格栅钢架应力分布规律

量测断面时态曲线图断面 ZK37+180、ZK37+170 的钢架表面应力时态曲线分别如图 12-23～15.26 所示，图中 WG 表示为拱架外侧测点，NG 表示为拱架内侧测点；WG1～WG5、NG1～NG5 为拱部测点；WG6～WG7、NG6～NG7 为边墙测点；WG8～WG9、NG8～NG9 为仰拱测点。量测时间持续两个多月。

从时态曲线及应力分布图可以看出：

（1）格栅应力分布不均匀，拱部应力大于边墙和仰拱应力，拱肩部位应力较大，仰拱部位应力较小。

（2）格栅外侧压应力最大值为-106.6 MPa，内侧最大值为-100.29 MPa；外侧最大拉应力为 5.82 MPa。以上应力均未达到 Q235 钢材的拉、压极限强度（375 MPa）。

（3）在施工过程中，格栅的仰拱出现拉应力，除左仰拱一点为拉应力外，其余为压应力，说明隧道支护横截面轴线设计较为合理。

（4）台阶法施工格栅应力比双侧壁法稍大，双侧壁法格栅应力分布相比台阶法分布较均匀，受力效果更好。

4. 土压力分布规律

本次设置了两个断面，即 ZK37+180、ZK37+170，对围岩_初期支护接触压力进行了监测，监测累计值见表 11-9、11-10，其中表中数值为监测结束数值。

表 11-9　钢格栅段 ZK37+180 断面初支：围岩压力量测值　　单位：kPa

量测部位	Y1	Y2	Y3	Y4	Y5	Y6	Y7	Y8	Y9
累计值	7	44.3	59.5	246.3	225	84.2	114.5	150	114.3
说明	Y1-Y3 历时 82 d（06-8～10-28），Y4 历时 73 d（06-17～08-28），Y5 历时 76 d（06-14～10-28），Y6 历时 27 d（10-02～08-28），Y7 历时 39 d（07-21～10-28），Y8 历时 38 d（07-22～10-28），Y9 历时 31 d（07-27～10-28），其中 Y1 于 6 月 14 号破坏，Y2 于 8 月 11 号破坏								

表 11-10 钢格栅段 ZK37+170 断面初支：围岩压力量测值 单位：kPa

量测部位	Y1	Y2	Y3	Y4	Y5	Y6	Y7	Y8	Y9
累计值	35.7	18.9	57.2	32.9	31.2	55.1	67.5	50.5	46
说明	Y1 历时 17 d（07-23～10-28），Y2、Y4 历时 49 d（07-13～08-30），Y3、Y5 历时 54 d（07-08～10-30），Y6、Y8 历时 30 d（010-01～08-30），Y7、Y9 历时 27 d（010-04～010-30），其中 Y1 于 8 月 8 号破坏								

两研究断面基本稳定后的围岩-初期支护接触压力分布见图 11-10，各测点的围岩-初期支护接触压力时程曲线如图 11-11。

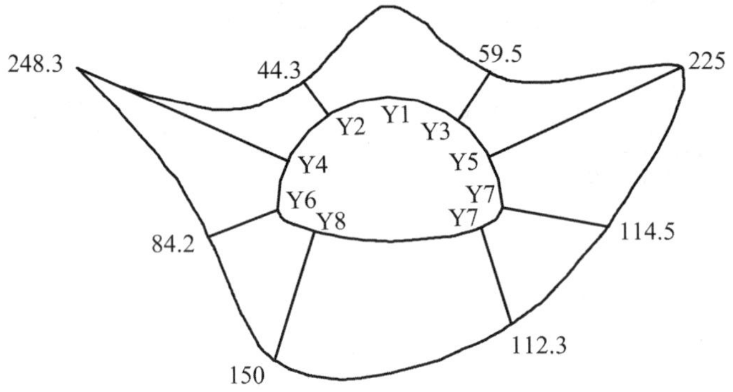

图 11-10 K37+180 断面围岩—初期支护压力分布图

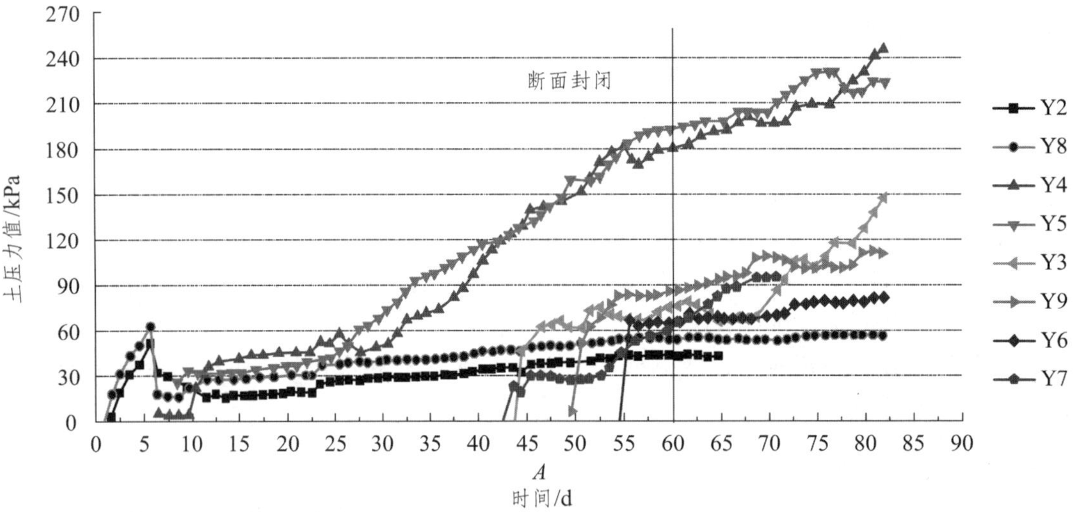

图 11-11 K37+180 断面围岩—初期支护压力时程曲线图

从围岩压力分布图及时态曲线图可以看出：

（1）初衬背后土压力普遍偏小，最大的为 246.3 kPa，最小的只有 7 kPa，而且分布没有规律性，但总的来说拱顶、拱肩及左拱脚的土压力较大。

（2）两研究断面的岩层-初期支护接触压力数值相差较大，ZK37+180 采用的是台阶法，并且有中间停工影响其最终围岩-初期支护接触压力值比用双侧壁法施工的 ZK37+170 断面大出很多，且围岩压力分布不均。

（3）拱部测点压力前几天发展较快，拱脚以下测点压力在封闭后增长较大。

11.3.2 台阶法与双侧壁法施工对比分析

1. 拱顶沉降的对比分析

本次将格栅钢架与型钢钢架两试验段的拱顶沉降进行对比分析。现将各测点的时程曲线绘于图 11-12，其中，图中的字母 GS 表示"格栅钢架试验段，字母后面的数字为断面的里程编号，封闭时的拱顶沉降值对比见表 11-11。

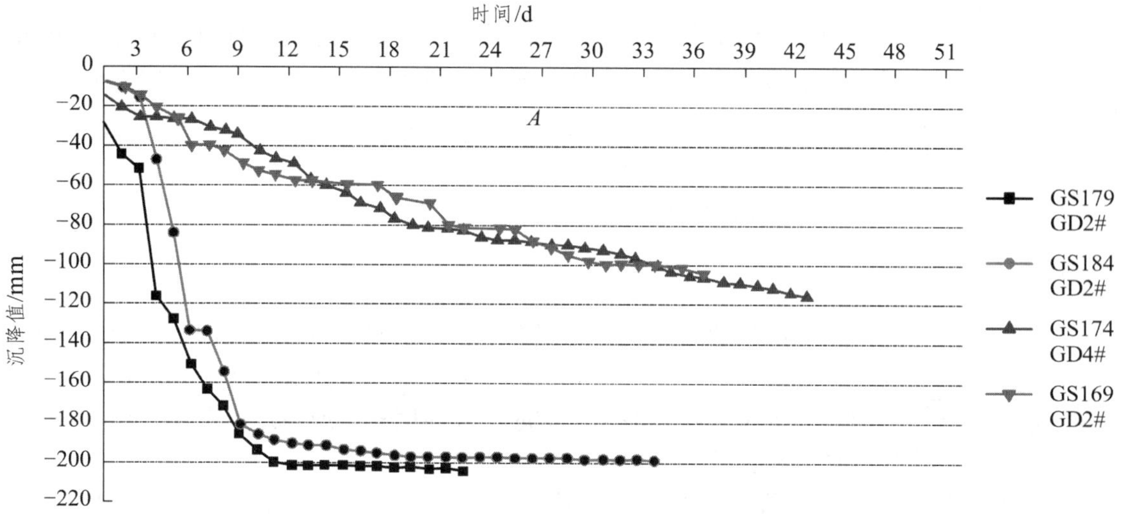

图 11-12 格栅与型钢研究断面拱顶沉降测点对比分析

表 11-11 两种工法各研究断面封闭时拱顶沉降值　　单位：mm

试验段	隧道断面	GD2#	GD4#
台阶法施工	ZK37+184	-199	-213
	ZK37+179	-203	-206
双侧壁法施工	ZK37+174	—	-115
	ZK37+169	-104	-130

由图 11-12 及表 11-11 可见：

（1）仰拱封闭时，采用台阶法施工与采用双侧壁法施工，其初支沉降值相差 45%左右，说明大断面黄土道施工双侧壁法对控制沉降明显。

（2）从沉降增长趋势来看，双侧壁法施工沉降增长趋势平稳且各工序引起的沉降值均匀，台阶法有跳跃式增长趋势，每一开挖工序台阶法引起的沉降激增明显，说明双侧壁法施工工序比台阶法在控制沉降上效果更好。

2. 拱顶沉降量

台阶法施工初期支护的拱顶沉降在仰拱封闭时为-201.5 ~ -209.5 mm，平均值为-205 mm。

双侧壁法施工初期支护的拱顶沉降在仰拱封闭时为-115～-117 mm，平均值为-116 mm。综上所述，双侧壁法比台阶法在沉降控制上效果显著，可以减少约45%的沉降量。

3. 钢拱架应力

从最后量测累计值来看，台阶法施工断面钢拱架应力稍大于双侧壁法，但台阶法在各开挖工序引起的拱架压力激增非常明显且压力值很大，而双侧壁法在整个开挖过程中增长平稳。从应力分布来看，双侧壁法比台阶法更为均匀。总体来看，双侧壁法施工钢架受力效果较好。

4. 初期支护与围岩的接触压力

从台阶法施工与双侧壁法施工各工序所引起的接触压力发展趋势及量值来看，台阶法激增明显、量值很大且分布不均，双侧壁法发展平稳且量值小，说明两者在开挖应力释放方面台阶法释放量大且迅速。

11.3.3 初期支护钢架选型研究

1. 研究思路

目前隧道施工初期支护的钢架类型基本为型钢或格栅钢架，为了研究两种支护形式的优缺点，着重从现场实测对比及数值三维模拟对比两方面对两种钢架展开研究。以往分析研究钢架和喷混凝土受力时，很少考虑喷射混凝土的时间硬化因素，或者进行简单处理，因此其数值分析得出的支护效果并不能反映其真实情况。

为了分析格栅和型钢在隧道中的作用效果，选取道出口段，试验段里程为 K37+175～K37+125，长 50 m。试验段内地质条件一致，埋深为 27 m（自轨面算起）左右。断面布置情况如表 11-12 所示。

表 11-12　格栅与型钢试验段断面布置情况表

段落长度	格栅钢架试验段 15 m			型钢钢架试验 10 m		
里程	K37+174	K37+170	K37+169	K37+134	K37+130	K37+129
施工方法	双侧壁法			双侧壁法		
开挖进尺	0.5 m（一榀格栅），每天约两循环			0.5 m（一榀型钢），每天约两环		
测试频率	初期：每天测 2 次 后期：每天测 1 次			初期：每天测 2 次 后期：每天测 1 次		

在表 11-12 中：

（1）ZK37+174、ZK37+169、ZK37+134. ZK37+129 为位移监测断面，在测点处埋设反光膜片。

（2）ZK37+170，ZK37+130 两个断面监测项目包括围岩-初期支护接触压力、钢架应力。

2. 格栅与型钢试验对比段的测试结果

试验段总共布置了两个断面，测试成果汇总如表 11-13、11-14。

表 11-13 对比试验段拱顶及拱脚沉降测试成果汇总

项目		ZK37+174	ZK37+169	ZK37+134	ZK37+129
拱顶沉降	累计值/mm	115	130	153	135
	最大速率/（mm/d）	10	18	5	6
	最终速率/（mm/d）	1	1	1	1
	历时/d	43	43	55	52
拱脚沉降	累计值/mm（左侧）		120		118
	累计值/mm（右侧）		122		120
	历时/d		43		52

表 11-14 对比试验段钢架压力与土压力测试成果汇总

项目		ZK37+170	ZK37+130
钢架应力	内侧最大压应力/MPa	97（拱顶）	100.5（左拱肩）
	内侧最小压应力/MPa	5.4（仰拱右）	20.07（右仰拱）
	外侧最大压应力/MPa	6.8（仰拱右）	93.14（右拱肩）
	外侧最小压应力/MPa	75（边墙右）	7.06（拱顶）
	历时/d	53	61
土压力	最大值/kPa	67.5	86.7
	最小值/kPa	18.9	23.8
	历时/d	53	61

3. 拱顶及拱脚沉降规律

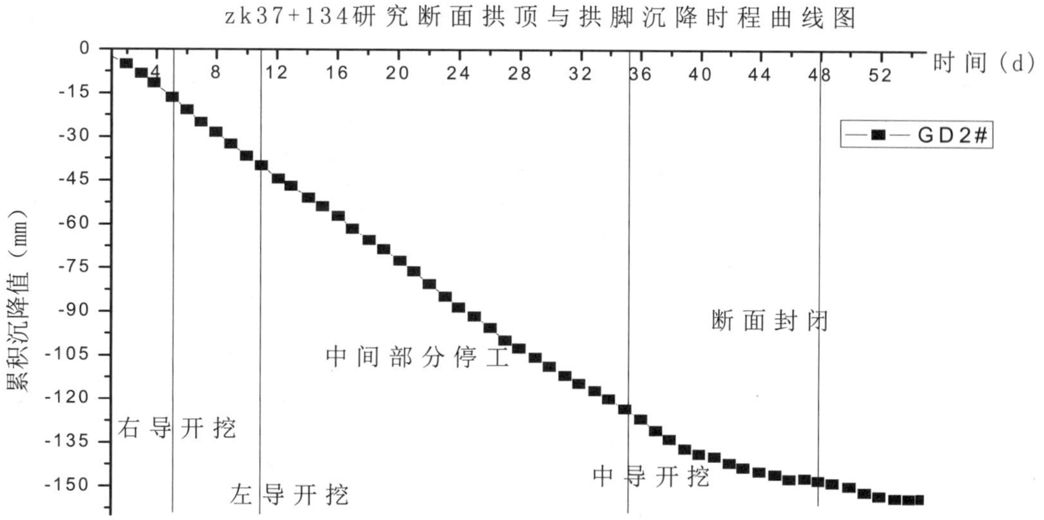

图 11-13 ZK37+134 断面拱顶沉降时态曲线

从时态曲线图 11-13 可以看出：

（1）格栅支护与型钢支护拱顶与拱脚沉降关系曲线相近，说明钢架整体沉降明显，施工应加强拱脚沉降控制。

（2）格栅支护断面封闭前拱顶沉降占总沉降的 91.5%～92.2%，平均为 91.9%，封闭后拱顶沉降占总沉降的 7.8%～8.5%，平均为 8.1%；型钢支护断面封闭前拱顶沉降占总沉降的 92.7%～93.6%，平均为 93.2%，封闭后拱顶沉降占总沉降的 6.4%～7.3%，平均为 6.9%。

（3）两种支护施工沉降随开挖推进逐渐增大，最终收敛，中间没有像台阶法施工出现的跳跃式增长趋势，表明各阶段工序的空间效应影响比较平均。

4. 钢架应力分布规律

量测断面时态曲线图，从时态曲线及应力分布图可以看出：

（1）型钢应力分布不均匀，拱部应力大于边墙和仰拱应力，拱肩部位应力较大，仰拱部位应力较小。

（2）型钢外侧压应力最大值为：93.14 MPa，内侧最大值为：100.5 MPa，外侧拉力最大值为 7.06 MPa 以上应力均未达到 Q235 钢材的拉、压极限强度（375 MPa）。

（3）在施工过程中，型钢的拱顶、仰拱出现拉应力，随着施工的往前推进，其最后都未受压，说明道支护横截面轴线设计较为合理。

5. 土压力分布规律

K37+170 研究断面监测累计值见表 11-15，稳定后的围岩-初期支护接触压力分布见图 11-14，时程曲线图见图 11-15；型钢 K37+130 研究断面监测累计值见表 11-15，围岩-初期支护接触压力分布见图 11-14，各测点的围岩-初期支护接触压力时程曲线如图 11-15。

表 11-15　塑钢段 ZK37+130 断面初支-围岩压力量测值　　单位：kPa

量测部位	Y1	Y2	Y3	Y4	Y5	Y6	Y7	Y8	Y9
累计值	23.79	47.19	86.71	37.08	43.32	48	53.55	67.9	41.2
说明	Y1 历时 21 d（11-23～12-14），Y2，Y4 历时 64 d（10-12～10-14），Y3、Y5 历时 58 d（10-18～12-14），. Y6，Y8 历时 20 d（11-24～10-14）								

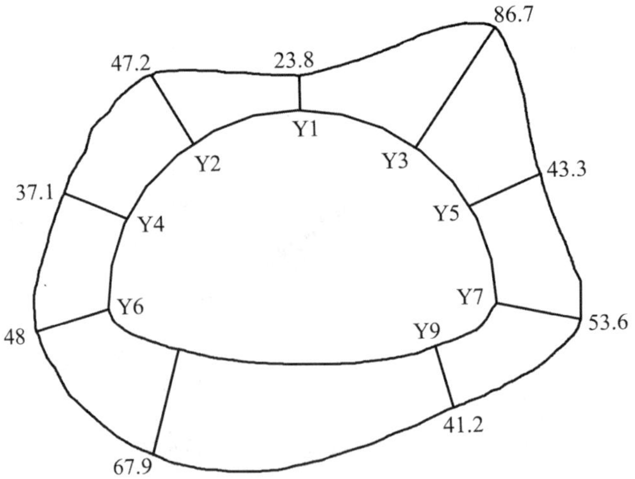

图 11-14　K37+130 断面围岩—初期支护压力分布图

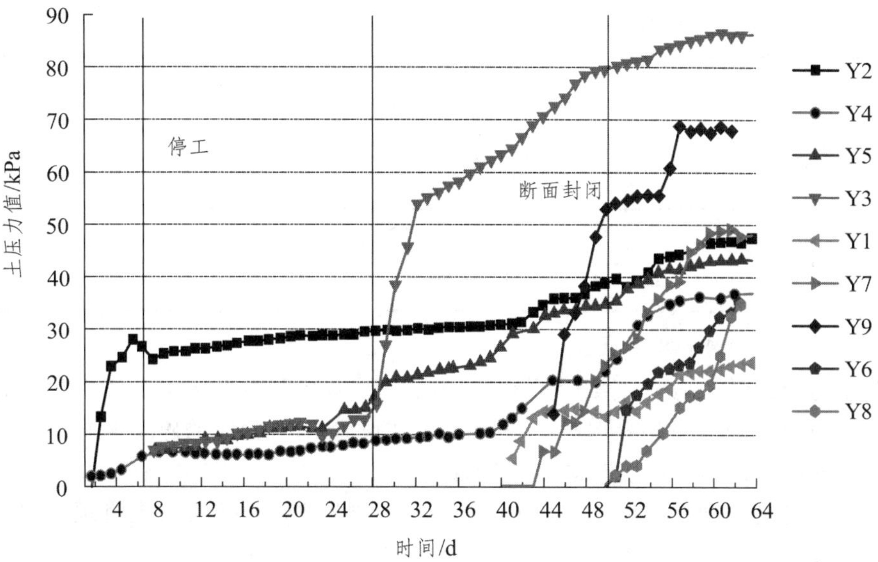

图 11-15 ZK37+130 断面围岩—初期支护压力时程曲线图

从围岩压力分布图及时态曲线图可以看出：

（1）初衬背后土压力分布较为均匀，最大的为 86.7 kPa，最小的为 23.8 kPa，而且分布没有规律性，但总的来说拱肩及拱脚的土压力较大。

（2）双侧壁法施工中间停工对围岩-初期支护接触压力影响较小。

（3）拱部测点压力前几天发展较快，拱脚以下测点压力在封闭后增长较大。

11.3.4 格栅与型钢试验段测试结果对比分析

1. 拱顶沉降的对比分析

本次将格栅钢架与型钢钢架两试验段的拱顶沉降进行对比分析。现将各测点的时程曲线绘于图 11-16，其中，图中的字母 XG 表示“型钢钢架试验段”，GS 表示“格栅钢架试验段”，字母后面的数字为断面的里程编号，封闭时的拱顶沉降值对比见表 11-16。

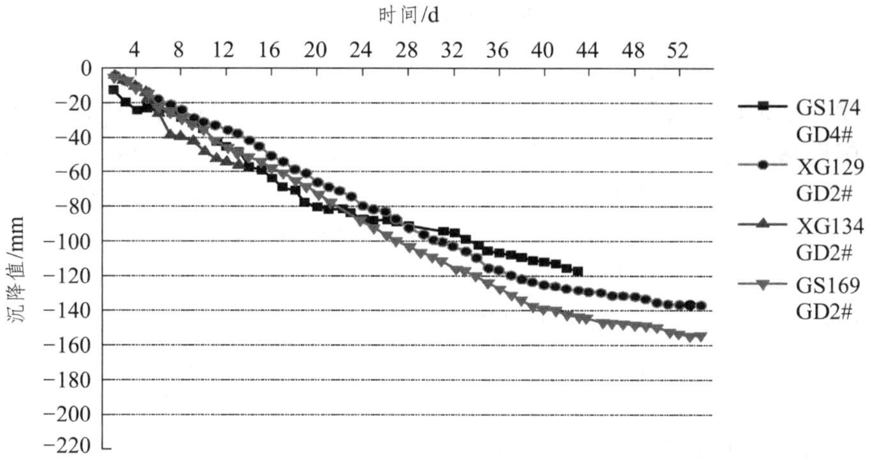

图 11-16 格栅与型钢研究断面拱顶沉降点对比分析

表 11-16　格栅与型钢钢架各研究断面封闭时拱顶沉降值　单位：mm

试验段	隧道断面	GD2#	GD4#
格栅钢架段	ZK37+174		-115
	ZK37+169	-104	-130
型钢钢架段	ZK37+134	-153	
	ZK37+129	-135	-151

由图 11-16 及表 11-16 可见：

（1）格栅与型钢试验段初支沉降值对比，由于现场型钢段现场施工停工影响，其采用格栅支护与采用型钢支护沉降相差 15%～35%，若去除型钢试验段的停工影响因素，可认为格栅支护与型钢支护对控制整体沉降差别不明显。

（2）型钢与格栅钢架对沉降控制作用相当。两试验段双侧壁法施工拱顶沉降曲线趋势一致。沉降曲线增长趋势平稳无跳跃激增，说明各施工工序引起的沉降比较均匀，钢格栅与型钢在各工序对沉降的控制方面作用基本相当。

2. 钢拱架应力对比分析

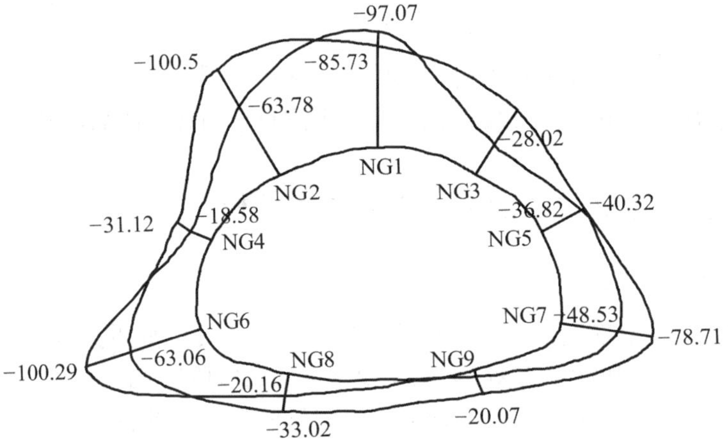

图 11-17　钢格栅与型钢内侧应力分布对比

由图 11-17 对比分析可得：

（1）格栅与型钢试验段钢架应力分布都不、均匀，拱部应力普遍大于边墙和仰拱应力。但两者对比格栅钢架的受力比型钢钢架小且分布更为均匀，说明格栅钢架受力更为有利。

（2）格栅钢架试验段钢架外侧压应力最大值为-75.01 MPa，内侧最大值为-100.29 MPa，内外侧的最大的拉应力为 5.82 MPa。型钢钢架试验段钢架外侧压应力最大值为-93.14 MPa，内侧最大值为-100.5 MPa，内外侧的最大的拉应力为 7.05 MPa。型钢与格栅拱架应力均小于《钢结构设计规范》（GB50019—2003）中规定的 Q235 钢材的抗拉、抗压极限强度 375 MPa。

（3）格栅钢架试验段在施工过程中，钢架除边墙一个测点为较小拉应力外，其余全部为压应力。型钢钢架试验段在施工过程中，型钢的拱顶外翼缘一点出现拉应力，从截至初期的应力来看，其余全为压应力。两者比较来看，格栅与型钢钢架试验段钢拱架受力状态相似且都合理。

3. 土压力对比分析

由于监测断面的围岩-初期支护接触压力的离散性较大，对格栅与型钢钢架试验段的各测点围岩接触压力利用最大值包络图进行比较。

（1）从分布形式看，型钢与格栅钢架试验段的围岩：初期支护接触压力分布都是不均匀的，但型钢钢架试验段的围岩：初期支护接触压力分布更为不均。

（2）从量值看，型钢钢架试验段的围岩：初期支护接触压力略大于格栅钢架试验段的围岩初期支护接触压力。

4. 格栅与型钢支护数值计算对比

1）模拟方法及模型

围岩采用有限实体单元进行离散化处理。对于初期支护格栅钢架与型钢钢架单元模拟处理：格栅钢架因为对支护组合体刚度贡献小，格栅钢架组合体的模拟按喷混单独考虑；型钢钢架因为具有相对较强的刚度，数值模拟中将其按抗弯刚度等效折算为实体单元，折算后的实体单元与型钢翼缘宽度相等，厚度与喷混凝土相等，折算等效如图 11-18 所示。等效公式为

$$E_s I_s = E'I' \tag{11-9}$$

式中 E_s，E'——型钢真实弹模及折算后的弹模；

I_s，I'——型钢抗弯惯性矩及折算后的惯性矩。

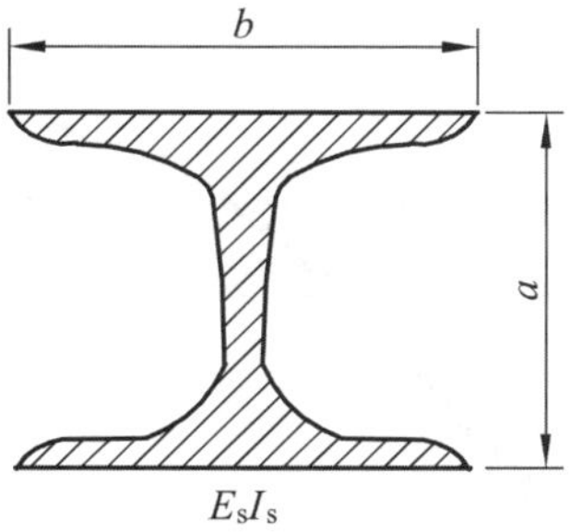

图 11-18 型钢等效示意图

模型的建立采用 ANSYS，计算采用有限差分软件 FLAC3D，初期支护采用实体单元。数值模型计算范围选取为：模型沿隧道纵向（y 轴）取 30 m，沿隧道横向（X 轴）取 120m，竖直方向（Z 轴）向上取至地表，向下取 40 m。认为边界满足隧道开挖对周边土体的影响范围。

2）计算参数

试验段力学计算参数根据土工试验参数如表 11-17 所示。

表 11-17 算参数表

工法	围岩级别	密度/（g/cm^3）	弹性模/MPa	泊松比	黏聚力/kPa	内摩擦角
双侧壁法	V	1.8	300	0.33	28	26.5°

3）计算支护位移

在数值模拟计算中，严格按照现场施工工序以 0.5m 的循环进尺推进。计算结果如下所示。

支护位移曲线中，左拱顶沉降为双侧壁法开挖先行洞拱顶沉降值，右拱顶为后行洞拱顶沉降值。如图 11-19 所示。

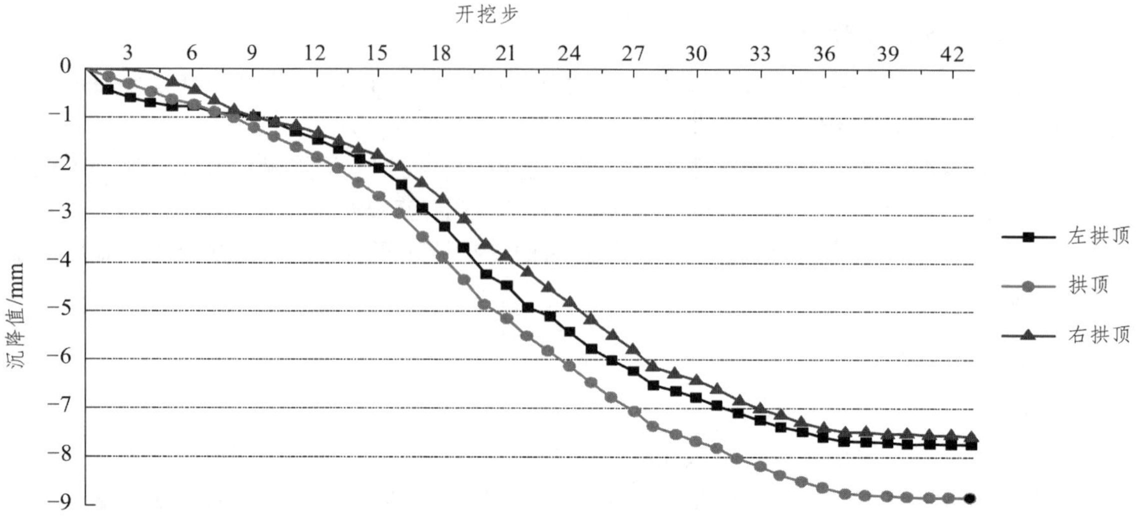

图 11-19　格栅支护拱顶沉降曲线图

4）计算结果对比

在计算结果对比中，为凸显型钢与格栅的对比支护效果，不直接比较位移绝对值大小，而只比较相对值大小。以格栅的支护位移为基准，型钢采用比例系数表示。其对比情况如图 11-20 所示。

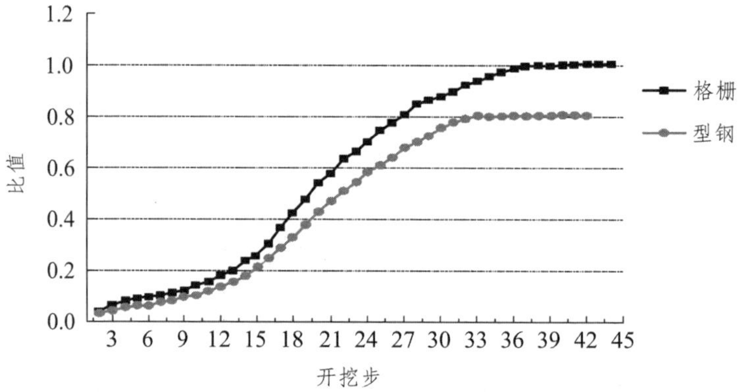

图 11-20　格栅支护与型钢支护左拱顶沉降对比曲线图

计算结果表明：

（1）随着开挖步推进，沉降收敛逐渐增长；断面封闭以后沉降收敛趋于稳定。

（2）由于开挖跨度大，故收敛距离约为 $2D$。

（3）格栅支护与型钢支护对比，型钢支护的位移更小；较之格栅，型钢支护拱顶沉降减小 16%～18%，边墙收敛减小 23%，拱脚沉降减小 18%。

12 分岔隧道施工关键技术

12.1 分岔隧道概况及研究现状

12.1.1 背景与意义

自 20 世纪 50 年代末，我国隧道及各类地下工程建设取得了长足的进展。诸如：京广铁路复线工程中的大瑶山隧道、秦岭隧道、南岭隧道、公路隧道、城市地下铁道与越江海底隧道、水电站地下厂房、地下商场、地下车库、矿山井巷工程等地下工程的兴建。当前随着我国经济建设重点转向开发大西北、拓展西部路网，许多新隧洞正在或即将兴建。可以说，地下空间的开发和利用已成为一种可贵的自然资源，它是当代现代生活进步的具体体现和反映。截至目前，我国内地已建成铁路隧道 7 400 多座，总延长 4 200 km；公路隧道 1 790 余座，总长度近 1 000 km。从最近几年的建设速度和规模看，我国内地隧道及地下工程建成规模和数量都名列世界前茅。

西部大开发战略决策的实施，促进了西部地区高等级公路建设的迅猛发展，穿越山岭地区的公路隧道也越来越多。在山区或半山区修筑的公路，由于过去公路建设资金严重短缺，多以盘山公路为主。这种公路不仅等级低，绕行里程长，占用可耕地多，而且能耗高，安全隐患多，生态环境破坏大等，因而造成巨大经济损失和人员大量伤亡。随着经济的迅速发展，人民生活水平的大幅度提高，公路交通建设规模日益扩大，技术进步达到新的水平，公路隧道建设不仅在山区和丘陵地区公路建设中，而且在东部江河桥隧跨越方案比选中，对公路隧道的选择和建设，日益引起重视，并有很大发展。

如果依据规范设计成双洞分离的形式，其洞口两端引线长度与隧道长度相比，在土地利用和工程量上显得很不经济。此外，当土地征用受到严格限制时，也难以设计成满足规范要求的分离式双洞隧道。由于地形条件的限制和减少工程造价的考虑，彪水岩隧道左幅采用分岔式形式。分岔式隧道目前在国内外建成并投入使用的例子并不多，由于涉及分离段、小间距段、连拱段和大拱段施工，复杂的受力结构、频繁的工序转换给施工带来了一定的难度。

12.1.2 研究现状

1. 隧道设计计算理论

隧道设计计算理论的发展，大致可以分为以下几个阶段：① 刚体力学法，即刚性结构设计阶段。② 结构力学方法，包括弹性结构设计阶段，考虑弹性抗力设计阶段，弹性地基梁设计阶段，它们仅仅对衬砌结构进行计算，而无法计算围岩的应力及变形。③ 连续介质力学方法，即连续介质设计阶段（包括解析法和数值法）。④ 现代复合支护设计与优化设计阶段。

2. 施工支护理论

地下工程支护结构理论的发展离不开围岩理论的发展，它主要分为 3 个阶段：在 20 世纪 20 年代以前，主要是以朗金和金尼克理论为代表的古典的压力理论阶段：50 年代发展为以太沙基为代表的松动压力理论；自 20 世纪 60 年代，奥地利的莱布希维兹等人提出新奥法（NATM）的全新设计和施工理论以来，形成了现代支护理论，从此，隧道的设计和施工有了较大的发展。新奥法的特点在于充分利用围岩的自承能力，采用柔性支护，借助现场量测对围岩和衬砌进行动态监测，并据以指导开挖和支护结构的设计与施工，开创了隧道“信息化设计和施工”的先河。此外，1978 年提出的基于量测的/收敛约束法以及基于围岩分类的挪威隧道施工法（NTM）可以认为是对新奥法的补充和发展，已经用于指导实践。随着新奥法的不断发展和完善，隧道设计和施工的研究进入了新的阶段。

由于地下工程围岩介质多为非线性介质，而对其进行开挖支护的施工，是一个在时间和空间上都在不断变化的过程。实质上是一个不断地对围岩进行反复加、卸载的复杂过程。因此，这时围岩的稳定性就不仅与最终状态相关，而且还与过程相关（朱维申，李术才）。因此，隧道施工力学分析的主要任务在于反映隧道施工方法、施工顺序及施工速度对围岩稳定和支护（或衬砌）内力的影响以及支护的最佳时机，以确保施工安全、结构可靠。

3. 隧道稳定性研究方法

1）解析方法的研究

围岩的应力场和位移场是评价隧道稳定性的主要指标，其中数学解析方法是研究围岩应力场和位移场的重要手段之一。该方法具有力学原理清晰，参数取值简单的特点。由于圆形隧道由于几何条件明确，对其研究也最为深入和成熟。国内外许多的学者为隧道力学的解析方法做出了贡献，研究了均质各向同性和各向异性围岩简单的弹性解、弹塑性解直到黏弹性解、黏弹塑性解，以及应用复变函数求解较为复杂洞形，在考虑围岩和支护共同作用的分析中，芬勒-塔罗勃解是较为著名解答。黏弹塑性解将施工过程中的时间因素考虑进去，进而将隧道施工的时空效应完全地反映出来。隧道工程由于周围岩土介质的复杂性及工况、几何条件的不规则性，理想的假设条件的限制，力学上的封闭解很难甚至不可能完全满足实际工程的需要。而且，用解析方法求解隧道周边的应力重分布，尤其是围岩和衬砌的相互作用分析，在数学推演与计算分析上是复杂的。对于隧道施工的三维问题，解析解的作用显得十分有限，有时很难甚至根本得不到严密的解答。

2）数值模拟的研究

隧道施工的复杂性以及围岩条件的离散性等特有的性质使数学解析方法遭遇到无法克服的困难，这一客观现实促进了在隧道施工问题的数值模拟研究。由于电子计算机的更新和岩土本构关系的进展，计算方法进入到以有限元为代表的数值分析方法时代。近年来数值分析方法有了新的进展，有限差分法（FDM）、无网格法（Element Free Method）、边界单元（BEM）、离散单元（DEM）、半解析法、块体理论（Block Theory）、反演分析（Back Analysis）、流行元（MEM）等也在隧道的力学分析中得到广泛应用。国内外流行的大型计算软件有 ANSYS，ABAQUS，MARC，NASTRAN，ANDIA，FLAC，UDEC，3DEC，2D-δ，3D-δ 等。国内许多学者也开发了许多程序：刘怀恒的 NCAP，殷有泉的 NOLM，周维垣、杨若琼开发的 TFINE，李术才、张强勇等学者开发的三维弹塑性损伤断裂有限元分析程序（3DEPDF）等。

总之，随着计算机的发展，以固体力学理论为基础，以数值方法为手段的有限单元法，由于其显著的特点，在工程实践中至今应用得最为广泛、发展得最成熟，它可用于处理很多复杂的岩土工程问题，如岩土材料的非线性问题、岩体中节理、裂隙等不连续面对分析计算的影响、分步开挖施工对围岩稳定性的影响等等。

3）模型试验的研究

地质力学模型试验能较好地模拟复杂工程的施工工艺，以及荷载的作用方式及时间效应等，能研究工程的受力全过程，从弹性到塑性，一直到破坏。尤其重要的是它可以比较全面真实地模拟复杂的地质构造，发现一些新的力学现象和规律，为建立新的理论和数学模型提供依据。因此，用这种试验不仅可以研究工程的正常受力状态，还可以研究工程的极限荷载及破坏形态。同时，与数值计算结果相比，它所给出的结果形象、直观，能给人以更深刻的印象。正是由于地质力学模型试验技术具有上述独特的优越性，才被国内外岩土工程界广泛重视和应用。

总之，用模型试验的方法对隧道及地下工程的研究，国内外已经取得了不少的成果，其理论与方法日臻完善。模型试验的缺点是费用较高，技术难度大。应用地质力学模型试验研究分岔式隧道国内外还没有先例。

纵观人们对隧道的认识和研究，理论不断进步，方法和手段多种多样，但解析方法、数值方法、室内试验和现场量测仍然被认为是当前分析隧道施工状态的主流。

12.2 分岔隧道的施工变形特性

12.2.1 分岔隧道地质力学模型试验研究

1. 概　述

地质力学模型试验是根据一定的相似原理对特定工程地质问题进行缩尺研究的一种方法，主要用来研究各种建筑物及其地基、高边坡、地下洞室等结构在外荷载作用下的变形形态、稳定安全度和破坏机制等。这些模型可定性或定量地反映天然岩体受力特性和与之相联系的建筑物的相互影响，可与数学模型相互验证。尤其重要的是它可以比较全面真实地模拟复杂的地质构造，发现一些新的力学现象和规律，为建立新的理论和数学模型提供依据。

地质力学模型试验能较好地模拟复杂工程的施工工艺，荷载的作用方式及时间效应等，能研究工程的受力全过程，从弹性到塑性，一直到破坏。与数值计算结果相比，它所给出的结果形象、直观，能给人以更深刻的印象。正是由于地质力学模型试验技术具有上述独特的优越性，才被国内外岩土工程界广泛重视和应用。国内外许多学者不少的学者应用物理模拟（模型试验）的方法研究了大拱隧道、连拱隧道和小间距隧道。本节应用大型三维地质力学模型试验的方法研究了分岔隧道大拱段至小间距段的施工全过程的稳定性，并得出了隧道的超载安全度，并与数值计算方法进行了对比分析。

2. 地质力学模型试验相似原理

地质力学模型试验是根据相似原理由原型来塑造的。相似理论包含必须遵守的 3 个相似定理：① 相似第一定理（相似正定理）；② 相似第二定理（Ⅱ定理）；③ 相似第三定理（相似逆定理）。模型试验中，只有按此三定理去考虑试验方案、设计模型组织实施试验以及将试验所得的数据换算到原型上去，才能获得符合客观实际的结果。

1）相似判据的推导

二根据弹性理论的基本方程和边界条件求相似判据。设模型与原型各同类物理量间的相似常数如下：

应力相似常数：

$$C_\sigma = \frac{\sigma_P}{\sigma_m} = \frac{\tau_p}{\tau_m} \tag{12-1}$$

应力相似常数：

$$C_\varepsilon \frac{\varepsilon_p}{\varepsilon_m} = \frac{\nu_p}{\nu_m} \tag{12-2}$$

位移相似常数：

$$C_\delta = \frac{\mu_p}{\mu_m} = \frac{\nu_p}{\nu_m} = \frac{\omega_p}{\omega_m} \tag{12-3}$$

时间相似常数：

$$C_t \frac{t_p}{t_m} \tag{12-4}$$

分布荷载相似常数：

$$C_p = \frac{P_p}{P_m} \tag{12-5}$$

单位体积力相似常数：

$$C_f = \frac{f_p}{f_m} \tag{12-6}$$

2）由平衡微分方程求相似判据

对原型的三个静力平衡微分方程写成张量的形式为

$$\left[\delta_{ij} + f_i\right]_p = 0 \tag{12-7}$$

当然，模型也应满足上述三个平衡微分方程。如将原型与模型相应各物理量间的关系代入上式，并考虑到方程中微分号不改变其物理意义，则有

$$\frac{C_\delta}{C_l}\left[\sigma_{ij,j} + C_f f_i\right]_m = 0 \tag{12-8}$$

对比式（12-7）和式（12-8），各有关的物理量都要用相同的关系方程来描述，并应使其相似指标等于 1，即

$$\frac{C_\sigma}{C_l C_f} = 1 \tag{12-9}$$

则相似判据为：

$$\pi_1 = \frac{\sigma}{lf} \tag{12-10}$$

3）由物理方程求相似判据

弹性变形范围内应力状态下的应力应变关系为：

$$(\varepsilon_{ij})_p = C_{ijkl}\sigma_{kl} = \left(\frac{S_{ij}}{2G} + \frac{1-2\mu}{E}\sigma_m\delta_{ij}\right)_p \tag{12-11}$$

式中 $\left.\begin{aligned}\sigma_m &= \frac{1}{3}\sigma_{ij} \\ S_{ij} &= \sigma_{ij}\frac{1}{3}\sigma_{kk}\delta_{ij}\end{aligned}\right\}$

将有关相似常数代入式（12-11）应力应变方程组的第一式，即得模型的应力应变关系式

$$C_\varepsilon(\varepsilon_x)_m = \frac{1}{C_E C_\varepsilon}[C_\sigma\sigma_x - C_\sigma C_\mu(\sigma_y + \sigma_z)]_m \tag{12-12}$$

整理后为

$$(\varepsilon_x)_m = \frac{1}{E_m}\left[\frac{C_\sigma}{C_E C_\varepsilon}\sigma_x - \frac{C_\sigma C_\mu}{C_E C_\varepsilon}(\sigma_y + \sigma_z)\right]_m \tag{12-13}$$

因相似指标等于 1，有

$$\frac{C_\sigma}{C_E C_\varepsilon} = 1\text{；}\ \frac{C_\sigma C_\mu}{C_E C_\varepsilon} = 1 \tag{12-14}$$

为使模型与原型相似，必须同时满足上式，即须使 $q=1$，则相应的相似判据为

$$\pi_2 = \frac{\sigma}{\varepsilon E} \tag{12-15}$$

4）由几何方程求相似判据

根据三维问题的六个几何方程，对于原型的线应变和剪应变有

$$(\varepsilon_{ij})_p = \frac{1}{2}(\mu_{i,j} + \mu_{j,i})_p(i, j = x, y, z) \tag{12-16}$$

将有关的相似常数代入上式的任一式，所求得的相似判据均相同，由第一式可得表示模型的线应变公式

$$C_\varepsilon(\varepsilon_x)_m = \frac{C_\delta}{C_l}\left(\frac{\partial u}{\partial x}\right)_m \tag{12-17}$$

因相似指标为 1，即

$$\frac{C_\delta}{C_\varepsilon C_l} = 1 \tag{12-18}$$

则得相似判据为

$$\pi_3\frac{\delta}{\varepsilon l} \tag{12-19}$$

5）由边界条件求相似判据

原型的三个边界条件为

$$(P_i)_p = (\sigma_{ij}l_j)_p(i, j = x, y, z) \tag{12-20}$$

同理，将相应的相似常数代入上式中任一式，均可求得相同的相似指标和相似判据，因模型边界上的作用力方向与原型上边界作用力方向保持相同，即在边界点上 x、y、z 坐标轴与外法线 N 的夹角余弦保持同一数值，则有

$$\frac{C_p}{C_\sigma}(P_x)_m = (\sigma_x l + \tau_{xy} m + \tau_{xz} n)_m \tag{12-21}$$

其相似指标为

$$\frac{C_p}{C_\sigma} = 1 \tag{12-22}$$

相应的相似判据为

$$\pi_4 = \frac{P}{\sigma} \tag{12-23}$$

3. 地质力学模型试验相似理论

总之，地质力学模型试验所应用的相似理论如下：

（1）应力相似比尺 C_σ、容重相似比尺 C_r 和几何相似比尺 C_L 之间的相似关系：

$$C_\sigma = C_r C_L \tag{12-24}$$

（2）位移相似比尺 C_δ、几何相似比尺 C_L 和应变相似比尺 C_ε 之间的相似关系：

$$C_\delta = C_\varepsilon C_L \tag{12-25}$$

（3）应力相似比尺 C_σ、弹模相似比尺 C_E 和应变相似比尺 C_ε 之间的相似关系：

$$C_\sigma = C_\varepsilon C_E \tag{12-26}$$

（4）地质力学模型试验要求所有无量纲物理量（如应变、内摩擦角、摩擦系数、泊松比等）的相似比尺等于 1，相同量纲物理量的相似比尺相等，即：

$$\left.\begin{aligned} &C_\varepsilon = 1, C_f = 1, C_\phi = 1, C_\mu = 1 \\ &C_\sigma = C_E = C_c = C_{\sigma_c} = C_{\sigma_t} \end{aligned}\right\} \tag{12-27}$$

12.2.2　分岔隧道施工变形监测分析研究

根据分岔段隧道的结构特点、施工工艺以及地质情况，监测断面沿隧道轴线的平面布置如图 12-1 所示。其中断面（1）~（3）布置在大拱段内，间距 20 m；断面（4）~（7）布置在连拱段内，间距 25 m；断面（8）~（12）布置在小净距段内，间距 40 m。周边位移收敛和拱顶下沉断面布置在同一断面内，以使量测结果能互为对照，相互检验。在连拱段及小净距段，隧道左右洞断面尽量布置在轴线的同一位置，以利于观察隧道在施工过程中的动态响应。

1. 测点控制

由于分岔隧道同时具备大跨度隧道、连拱隧道和小净距隧道的特点，因此测点布置充分考虑到各段的实际情况而有所不同。该隧道大拱段最大净宽达 24.70 m，最大高度达 14.10 m，是国内大跨度隧道之一，因此在测点布置时充分考虑到该段隧道的尺度，周边收敛测点布置

形式采用 5 点 6 线形式，如图 12-2 所示，其中 *A* 点位于拱顶，同时也是拱顶下沉测点布置位置。水平线 *BC* 根据上台阶水平确定。*DE* 布置在距离底板 1.0 m 高度处。连拱段测点的布置采用 3 点 3 线的布置形式，*A* 点的布置方法与大拱段相同，水平线 *BC* 布置在距底板 1.5 m 高度处，如图 12-3 所示小净距段测点的布置如图 12-4 所示，也采用 3 点 3 线的布置形式，*A* 点的布置方法与大拱段相同，水平线 BC 布置在距底板 1.0 m 高度处。

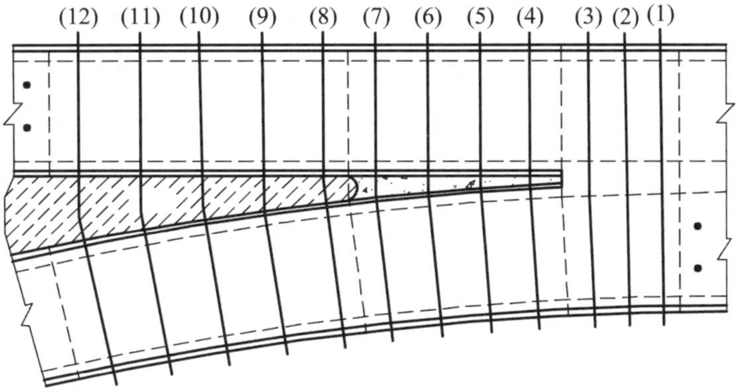

图 12-1　隧道分岔段监控量测平面布置图

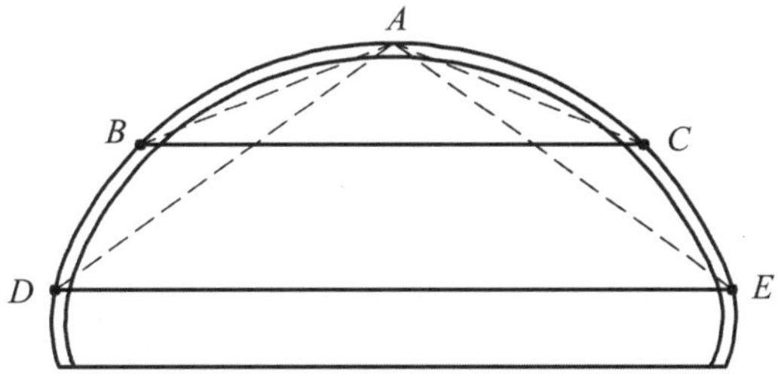

图 12-2　拱段监控量测测点布置图

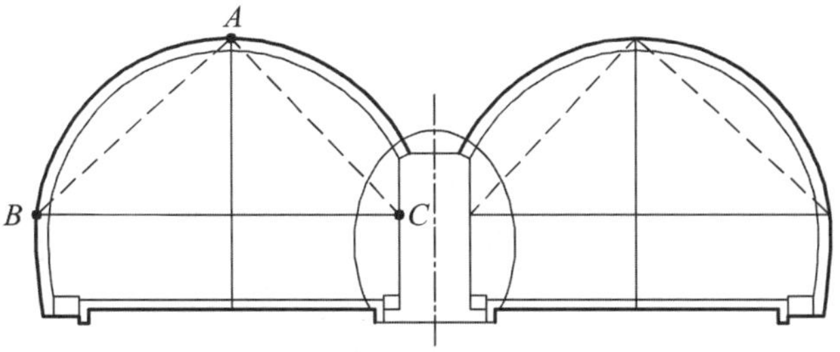

图 12-3　拱段监控量测测点布置图

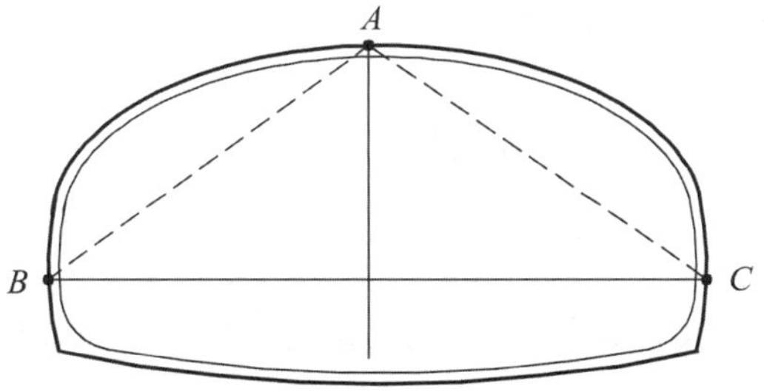

图 12-4　净距段监控量测测点布置图

2. 监测频率

各项目通常的观测频率为：在隧道开挖完毕或支护后的半个月内，每天观测 1 ~ 2 次；半个月到一个月内，或是工作面推进到观测断面大于 2 倍洞径的距离后，每 2 天观测 1 次；随后每周观测 1 ~ 2 次。在实施过程中，要求根据实际情况和设计要求做出适当调整。

3. 隧道纵向变形特征

图 12-5 为彪水岩隧道的纵向变形曲线，横轴表示断面距离隧道出口的距离，因此曲线综合反映了隧道在空间上的稳定状况。图中收敛曲线选择隧道右线的 BC 测线作为典型曲线，各个断面收敛值和拱顶下沉值均取最终稳定值。

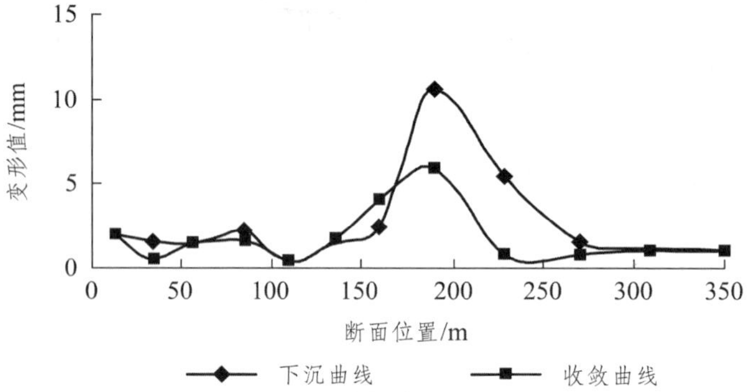

图 12-5 纵向变形曲线

由图 12-5 可知：位移收敛曲线和拱顶下沉曲线变化趋势基本一致；位移收敛和拱顶下沉曲线在隧道连拱段和小净距段交界处值较大，说明在当前支护和施工方案条件下，该部位是整个隧道稳定性的薄弱部位；相邻部位受薄弱部位影响稳定值也较大，但影响范围有限；隧道的整体稳定性较好，即便是在断面（8），位移收敛和拱顶下沉的稳定值分别只有 5.985 mm 和 10.48 mm，远小于《公路隧道施工技术规范》（JTJ042—94）要求。

4. 大拱段施工动态响应特征

在隧道大拱段的施工中，采用了台阶法施工。具体施工工序为：开挖上半断面Ⅰ，施作相应部分初期支护Ⅱ；开挖中部核心土Ⅲ；左右交叉开挖拱脚Ⅳ和Ⅵ，施作相应部分初期支护Ⅴ和Ⅶ；稳定后全面施作二次支护。台阶法的采用，使隧道伴随着开挖和支护的交互作用，经历一个反复加卸载的过程。从施工过程力学角度分析，这一过程是一个不可逆的非线性演化过程，它的最终状态不是唯一的，而是与过程相关，或者说是与应力路径或应力历史有关。

图 12-6 为断面（1）位移收敛和拱顶下沉与时间关系的曲线，其中位移收敛曲线选用了可以反映整个过程的 BC 测线。

从图 12-6 可以看出曲线可以分为 4 个阶段：① 上台阶开挖影响区（0 ~ 9 d）：特点表现为收敛值和沉降值均不断增加，但速率变小；② 下台阶核心土开挖影响区（10 ~ 26 d）：主要表现为收敛和沉降速率突然增大，但一段时间后逐渐变小，并趋于稳定；③ 拱脚开挖影响区（27 ~ 33 d）：收敛和沉降速率小幅增加，但几天后又逐渐趋于平稳；④ 稳定区（34 d 以后）：收敛和沉降速率趋于 0。

这 4 个阶段分别对应上台阶开挖和支护施作、下台阶核心土开挖、拱脚开挖和初期支护施作和最终稳定的整个过程。监测结果合理地反映了围岩的施工动态响应特征。

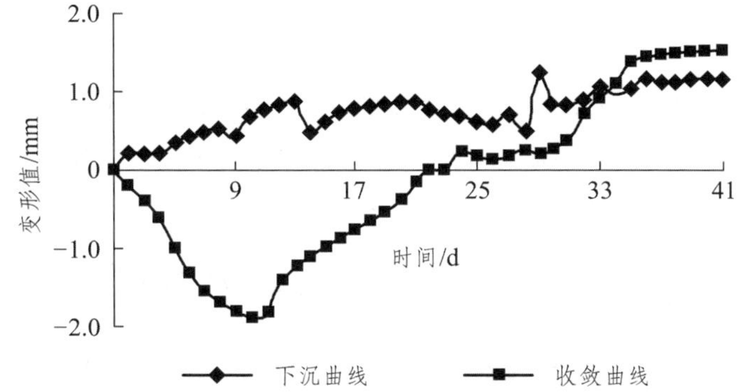

图 12-6　位移收敛及拱顶下沉时间变化曲线

5. 连拱及小净距段开挖面的空间效应特征

在隧道连拱及小净距段施工中，采用全断面开挖方法。为连拱段施工工序图，具体工序为先全断面开挖左洞，然后进行相应的围岩支护；再开挖右洞并进行围岩支护。左右洞掌子面严禁同时爆破。为小净距段施工工序图，其具体的工序为先全断面开挖右洞并进行相应的围岩支护，再进行左洞开挖、支护，最后在中间岩墙部位设置预应力筋。且先期开挖的右洞施工面必须超前左洞 20 m 以上。

隧道开挖过程中，开挖面具有空间效应，表现为开挖面对洞周变形的约束作用。在此约束作用下，开挖面附近一定范围内在无支护情况下得以保持一定时间的相对稳定。由于开挖面的空间约束作用，隧道开挖完后围岩的应力释放不是在瞬间完成的，而是逐步释放的，直到开挖面的空间约束效应完全消失，围岩应力才能得以全部释放。漆树槽分岔隧道连拱及小净距段左右洞最小间距不足 3 m，因此左右洞开挖面不仅表现出较强的空间效应，而且空间效应的相互作用明显。

图 12-7 为典型断面拱顶下沉随开挖面推进关系曲线。从图 12-7 不难看出，开挖面的空间效应明显：连拱段断面（4）左洞（先行侧）在工作面推进距离超过 4*D* 洞径，小净距段断面 8 右洞（先行侧）在工作面推进距离超过 5*D* 后趋于稳定。但与单洞隧道开挖面影响范围 3*D* 相比，分岔隧道连拱和小净距段开挖面影响范围明显增加。究其原因，首先，左右开挖面空间效应的相互影响不可忽视：对于某一个特定断面来讲，其稳定性不但受到先行侧隧道开挖面的空间效应的影响，也受到后行侧开挖面的不断推进产生的空间效应影响，从而导致断面空间约束效应的解除距离比一般隧道长。

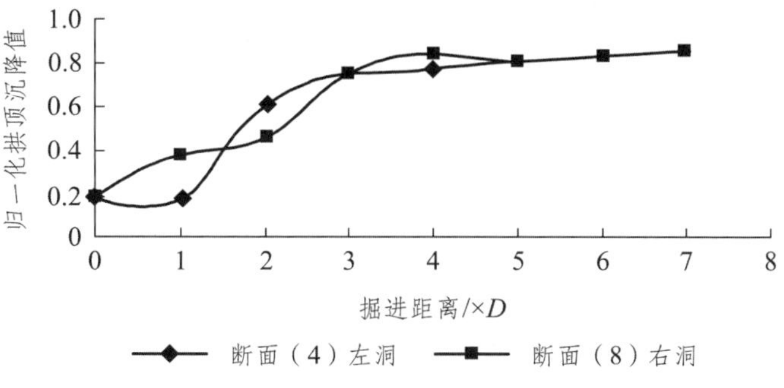

图 12-7　典型断面拱顶下沉随开挖面推进关系曲线（*D* 为洞径）

图 12-8 为小净距段断面（8）左右洞的拱顶下沉曲线。从图中可以看出两个开挖面空间约束的叠加效应：先行侧隧道开挖并支护完毕后，经过一段时间的应力调整，拱顶下沉趋于稳定，但由于位于后行侧隧道开挖面空间约束效应的影响范围，围岩应力状态及变形经历了新的调整。表现为：伴随着后行侧隧道开挖面的推进，先行侧隧道端面（8）拱顶下沉曲线在 4 月 21 日出现一个陡增，下沉速率明显加大，经历了大约 10 d 后，其影响逐渐减小，最后下沉曲线趋于稳定。

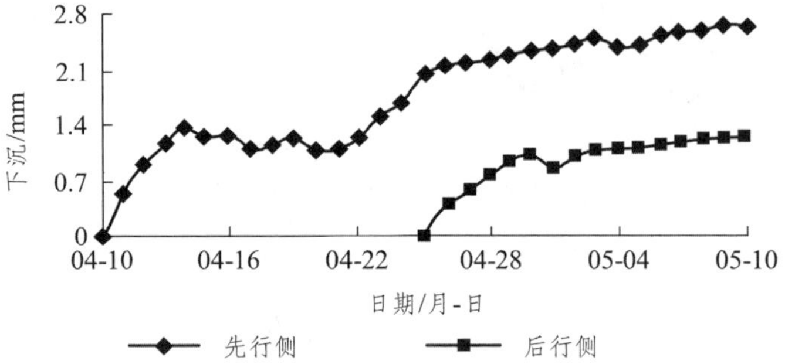

图 12-8 小净距段断面左右洞拱顶下沉与时间关系曲线

12.3 分岔隧道的爆破与变形控制技术

12.3.1 引 言

随着社会经济的迅速发展，山区公路及城市隧道等地下交通设施急需修建，而由于城市隧道大多处于闹市，具有埋深偏浅、地表建筑物密集等特点，施工爆破受制因素颇多，因此多采用非爆破手段来开挖完成。山区公路隧道进出口多为浅埋段，而对于复线隧道，如果洞口存在桥隧连接展线问题，复线隧道一端不得不设计成 4 车道大拱，或者双跨连拱，因此大断面开挖爆破对浅埋段地表震动的危害问题日趋严重，浅埋大跨段施工爆破的安全控制问题亟待解决。

目前国内对爆破震动危害的研究多集于衬砌结构破坏、连拱中墙稳定以及临近隧道爆破荷载动力作用分析上，极少有关于浅埋大跨隧道施工爆破地表震动效应的研究。为控制爆破震害，隧道开挖多采用振动监测来采集地震强度信息，并基于监测数据的回归分析，反复调整爆破参数以提高施工质量。然浅埋大跨隧道掘进爆破引起的地表震动特性较为复杂，尤其是对于埋深小于 30 m，净跨约 20 m 的隧道洞口，其已开挖洞身的上覆浅层岩体受爆破地震的危害更大。

12.3.2 爆破振动监测

1. 爆破条件及测试方案

现场爆破振动测试选取庙垭分岔隧道浅埋大跨段，最大开挖跨度为 26 m，开挖高度为 13 m，其中洞口段埋深仅 3 m。浅埋大跨段隧道围岩大部分属Ⅲ、Ⅳ级，多分布微晶灰岩夹薄层页岩，薄—中层厚层状，局部夹泥。岩层为单斜构造，岩层倾角为 10° ~ 30°，可爆性较好。

考虑到洞口支井河特大桥施工通道的需要，以及上断面爆破时地表震害较为严重，隧道开挖采用先行贯通中导坑的台阶法施工，上断面采用矩形直眼掏槽的掘进爆破方法，而下断面则采用水平孔拉槽爆破以降低爆破对上断面混凝土衬砌及地表的危害。

现场爆破震动测试以采集掘进爆破时的地表振速为主，辅助以洞内衬砌振速监测综合分析地震波衰减规律。中导坑的开挖虽然避免了大断面爆破的震害，但其余部开挖爆破时地表的地震效应仍大于下断面水平孔的拉槽爆破。下断面开挖爆破的震害多集中在混凝土衬砌上，通过其不同部位的振速实测来调整拉槽爆破参数。对于地表，已有的研究结果表明，浅埋隧道成形后岩体的整体结构发生改变，成洞区的地表振速进一步放大，即所谓的“空洞效应”，但对于洞口高边坡的大跨隧道仍需进一步研究，因此现场测试以爆破掌子面为交叉中心，在地表沿隧道轴线及其垂直方向布置测点，共布置 9 个，间距为 3 m，测点布置如图 12-9 所示。

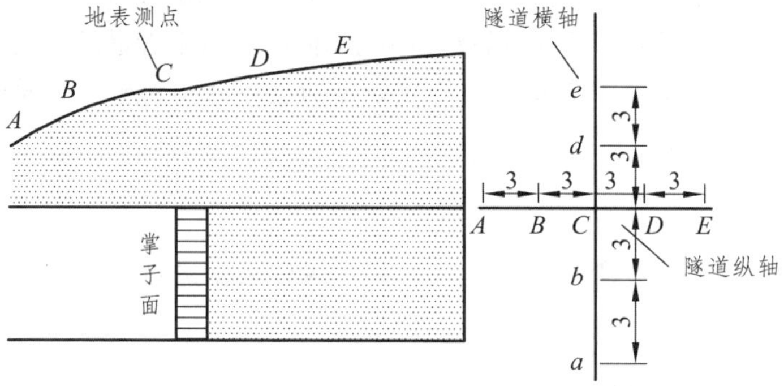

图 12-9　速测点布置示意图

考虑到地表测点位于爆破点上方，掌子面掘进爆破时，地表质点的垂向振速较大，地表振速主要采集隧道轴向测点的垂向振速波形，局部进行三维振速测试以比较其大小。而洞内混凝土衬砌振速则全部进行三维振速波形的采集，以全面了解隧道爆破时不同段别爆破孔地震效应的强弱。

2. 爆破测试系统及原理

爆破振动监测系统由 IDTS3850 爆破振动记录仪、速度传感器、PC 机和打印机等组成。IDTS3850 爆破振动记录仪采样速率为 200 ks/s，可分 8 段同步三维记录 8 次爆破波形。数据处理软件可直观地显示波形、谱图以及波形的各种特征参数。参照同类围岩爆破测试实况，本次爆破测试中的测点振速估计在 10 cm/s 左右，为保证记录到完整的振速波形，经过现场反复调试，设置采样率 1K，满量程 2 V，预触发−4K，触发电平 5%V_{max} 及上升沿触发模式。其工作原理见图 12-10。

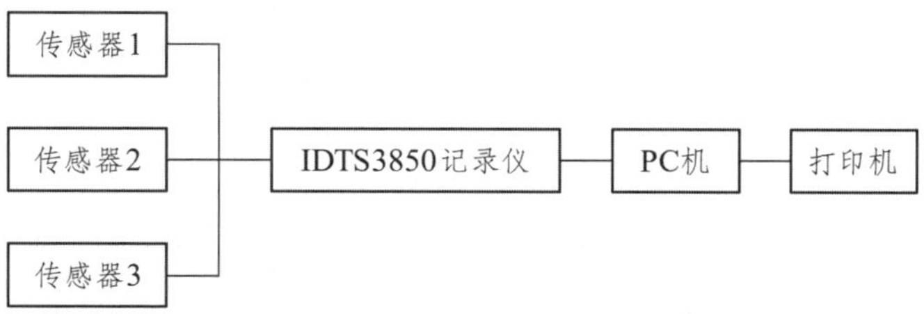

图 12-10　系统示意图

现场爆破测试之前，将三维（两个采集纵向波、一个采集横向波）速度传感器相互独立地粘贴在测点上，并启动采集装置，掌子面起爆时炸药在围岩中产生应力波并在其中传播，其结果导致测点发生振动，速度传感器把爆破地震波转换成电压信号，通过 A/D 转换为数字信号，记录到仪器中的存储器中，经自身的 RS323 串行口和计算机通信，由 EXP3850 Seismograph 数据处理软件对采集信号进行三矢量合成分析、萨道夫斯基衰减公式回归和安全判据分析等等。

12.3.3 爆破测试成果分析

爆破振动测试除部分测点因记录仪参数设置问题未被触发外，其余均正常触发，共采集到有效数据 45 组，其中洞内衬砌振速测试 2 次，地表振速测试 3 次，多集中在洞口段，地表沿隧道纵轴的测点布线随爆破爆源的位置而变化，并在 C 点附近借地势高低增设辅助测点，尽量位于爆源正上方，根据施工进展对监测数据分别进行回归分析，为及时调整爆破设计方案提供依据。

1. 监测数据回归分析

目前国内外多采用萨道夫斯基经验衰减公式对爆破数据进行回归分析，建立数学模型来预测爆破震动传播与衰减规律为

$$V = k(Q^{1/3} / R)^{a} \qquad (12\text{-}28)$$

式中 V——质点振动速度（cm/s）；

k，a——场地因素及衰减指数；

Q——爆破药量（kg）；

R——爆源与测点之间的距离（m）。

本次爆破振动测试部分数据情况见表 12-1。

表 12-1 表测点振速测试数据

位置	药量/kg	爆心距/m	垂向振速 V_V/（$cm\cdot s^{-1}$）	切向振速 V_H/（$cm\cdot s^{-1}$）	径向振速 V_{HL}/（$cm\cdot s^{-1}$）
A	18.8	15.2	6.836	0.158	0.324
B	18.8	12.5	7.03	0.386	0.59
C	18.8	10	6.836	0.024	0.059
D	18.8	13.6	6.836	0.2	6.835
E	18.8	17.2	3.748	0.314	6.836
a	18.8	12	1.978	0.055	0.313
b	18.8	13.2	3.226	0.162	0.381
d	18.8	11.8	3.158	0.235	0.558
e	18.8	15.1	1.5	0.489	0.783

由于受覆岩较薄所限，沿爆源同一径向采集振速较为困难，近距离范围内取爆破横断面

地表上相临较近的垂向振速 V_v 进行回归分析可最大程度上降低误差。依据上述监测数据，地表质点振速峰值与比例药量之间的经验公式：$V_v = 85(Q^{1/3} / R)^{1.309}$。依据该式反算相应装药量情况下垂向振速随距离的变化，并与实测掏槽眼爆破振速进行对比，如图 12-11。

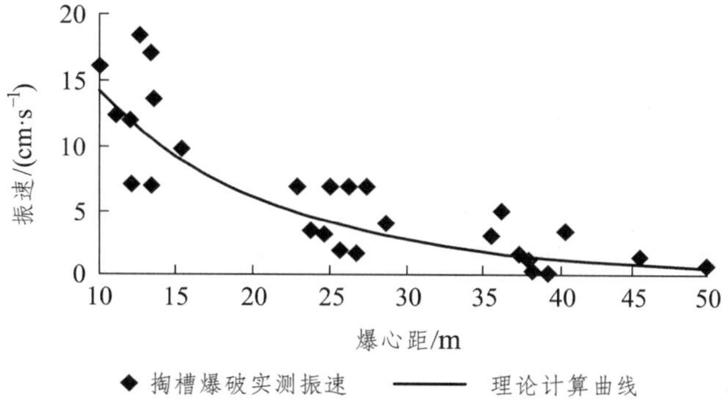

图 12-11　振速与理论计算值对比图

隧道上断面掘进爆破进程中，由于掏槽孔与爆破自由面的夹角较大，使得岩体爆破的夹制作用增大，因而掏槽爆破产生的地表地震效应最大，但并不随其装药量的增加成正比增长，辅助眼和周边眼由于药量、抵抗线等影响因素，其地震效应相应较弱，因此，地表震害控制主要是降低掏槽眼爆破药量。

2. 爆破地震地表振速分析

地表振速测试共采集有效数据 37 组，从表 12-7 中可以看出，同一测点中通常垂向振速最大。以爆破掌子面正上方为中心，隧道横断面上方地表测点的振速基本对称分布，隧道纵轴向测点振速则体现了其浅埋特征，自成洞区向未开挖区过渡呈现递减趋势，隧道开挖使得地表架空，地震波在浅埋结构中传播途径发生改变，导致成洞区地表振速通常大于未开挖区部分，3 次测试振速的对比见图 12-12。

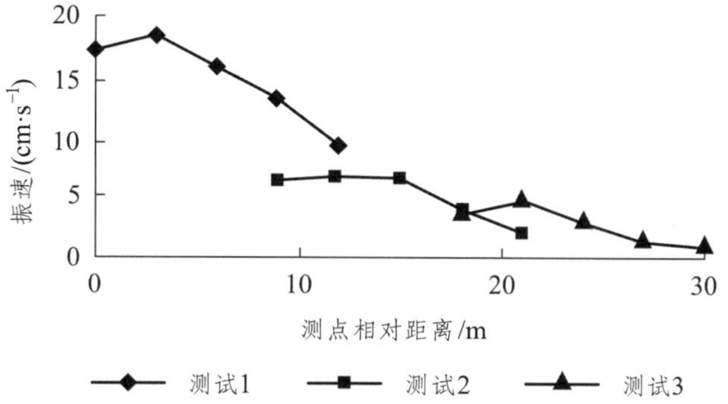

图 12-12　大跨隧道地表振速特征曲线

在首次爆破振速测试中，由于上覆岩石厚度仅 3 m，掏槽孔单段药量高达 22.5 kg，开挖区上部地表振速严重超标，造成洞口边坡带混凝土开裂，地表覆土局部松散。随后掏槽孔药量调整为 18.8 kg，地表振速测试值得到控制，最高为 7 cm/s。在爆破冲击荷载作用下，由于波阵面波头压力很高，冲击波波阵面到达隧道正上方地表测点的路程最短，附近振速瞬间上升到极大值，又由于阻尼的存在而迅速衰减。在 3 次测试中，地表振速峰值均出现在 B 点，即爆破掌子面成洞区附近的地表。因此对于浅埋大跨隧道掘进爆破振速的安全控制，应以成洞区靠近掌子面附近的地表振速为准。

3. 爆破地震主振频率分析

隧道掘进爆破产生的地震波是由不同频率、不同能量的波形叠加而成的，爆破振动各个子波同时作用于结构体，而各频段波形的能量最大值却不是同时出现的，地震危害也不是由某一个最大能量单独作用的结果，因此单一的振速峰值安全判据存在不足。根据以往经验，在频谱分析中超标而又未发生工程事故的情况是：爆破地震频率成分分布较为均匀而且分散。而产生工程问题的地震波由于某种原因造成爆破地震波频率成分分布集中在某些频率段，而且包含或接近结构体或子结构体的固有频率，显著作用频率段同样体现这一点。随着传播介质的不同，爆破地震波传播特性具有可变性与多样性，尤其对于浅埋地表的覆土及洞内的混凝土衬砌，其频谱特性及相互差异必须给予考虑。图 12-13 次爆破测试不同距离质点振速主频的分布图。

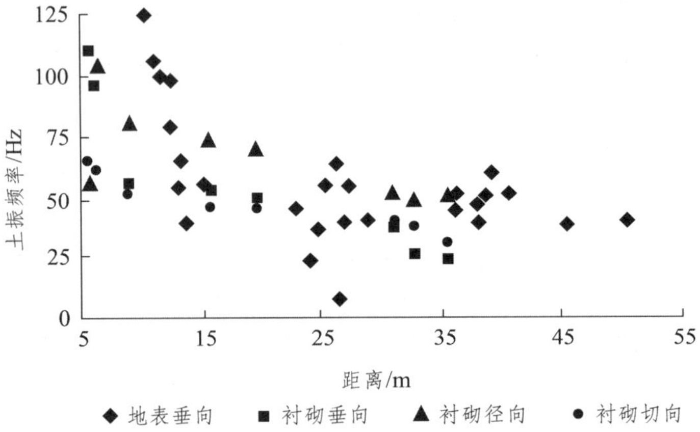

图 12-13　距离质点振速主频分布图

爆破地震波在岩土介质体内传播时，介质体的内阻尼使地震波幅值衰减，尤其对高频震动阻尼作用更大。从地表及衬砌不同距离的质点振速主频分布图来看，高频成分极不丰富，质点振动主频主要分布在低频段，以 30 ~ 65 Hz 为集中频段，但这一频段仍比隧道衬砌结构固有频率高很多，因此不会因产生共振而开裂。一般而言，岩石、土壤对较高频率地震波的衰减作用较大，低频成分则极少被滤出。由于地表存在一定厚度的覆土，使得主振频率随距离的增加而减小的趋势并不明显，仅在较近距离内有所体现。同样，由于洞内测点布置在隧道混凝土衬砌上，与原岩存在一厚度为 26 cm 的混凝土，所形成的地质分界层极大程度上抑制了爆破地震波的高频成分，质点的垂向、切向及径向的主振频率均集中在低频段，但集中程度的分布范围有所不同。与地表测点不同的是，洞内测点总体上存在着主振频率随距离的增加而下降的态势。

12.3.4　浅埋大跨爆破减震技术

由于开挖断面大、爆破强度高，地表及衬砌受震频繁，隧道开挖爆破减震措施应兼顾浅埋地层稳定及大跨成洞的开挖质量。结合现场爆破测试及以往类似工程经验，提出以下减震措施控制浅埋大跨段的施工爆破，并取得了预期效果。

（1）中导坑减跨降震。浅埋大跨段最大开挖宽度为 23.9 m，高 11.9 m，隧道开挖采用中导坑先行减跨的台阶法施工。中导坑开挖宽约 6 m，高约 5.8 m，爆破成洞后加强支护待其自稳后，进行上断面余部的扩挖，这样上断面分大小 4 次爆破成形，掏槽爆破单段药量大幅度下降，爆破地震效应随之减弱。

（2）浅埋地层预加固。对于洞口浅层地表，采用超前自进式锚杆进行开挖前预支护，并结网锚喷，必要时对松散地表注浆加固，洞身则选用 6 m Φ25 mm 预应力锚杆进行整体围岩加固，施加初始预应力后注浆，二次张拉后封锚。基于洞内及洞外的联合加固，最大程度上保护浅层地表的原岩。

（3）严格控制爆破参数。爆破减震的关键是控制总装药量和单段最大起爆药量，同时合理选取炮眼间距及起爆时间间隔，防止地表地震波叠加，并且加强炮眼堵塞，使爆破后岩碴块度均匀，降低飞石对衬砌的破坏。

（4）合理的减震掏槽形式。一般情况下，由于掏槽孔没有足够的爆破临空面，其爆破地震强度比辅助眼、周边眼等炮孔爆破时都要大。为降低爆破震害，掏槽眼采用矩形直眼掏槽，中间布置中空眼以增加爆破临空面，且掏槽眼炮眼深度比辅助眼炮眼深 10 cm，以降低辅助眼爆破时的地震效应。

（5）爆破质量监测反馈。爆破前在洞顶设置沉降观测点，结合地表振速监测反馈地层震害现状。爆破后检验爆破效果，确保周边炮眼痕迹保存率 90%以上，且在开挖轮廓线上均匀分布，两茬炮衔接时台阶高差不大于 15 cm。同时对爆破地震波进行频谱分析，避免衬砌结构随爆破低频带振动波发生共振而开裂。地表及洞内衬砌振速应小于安全振速，否则停止开挖，并以爆破监测数据的回归分析为基础，对爆破参数进行适当的调整。

（6）降震性能的爆破器材。炸药和雷管等爆破器材也是影响爆破震动的因素。根据爆轰理论，炸药爆轰速度直接影响质点的振动速度。因此爆破中选择小直径药卷和低爆速炸药，采用毫秒微差雷管有序起爆。对于光面爆破的周边眼，更是采用低爆速、低密度、低猛度、小直径、传爆性能好的炸药，爆破时选择分段多、起爆同时性好的毫秒雷管或导爆索等起爆。

12.4 分岔隧道的施工工艺与施工支护技术

12.4.1 引 言

西部大开发战略决策的实施，促进了西部地区高等级公路建设的迅猛发展，穿越山岭地区的公路隧道也越来越多。由于地形条件的限制，出于减少工程造价的考虑，正在施工建设的沪蓉西高速公路隧道工程中有 3 座隧道将采用分岔隧道这种新的结构型式。其实，除了典型的分岔隧道外，已经建成的喇叭口或 Y 形隧道在国内是存在的。例如，成昆铁路关村坝隧道断面随线间距变化而由小逐段变大，最后分成两管隧道，由此构成了铁路隧道建筑中的喇叭口断面。内昆线青山隧道呈 Y 形结构，由岩柱减薄试验段和大跨试验段组成。西康铁路沿线分布有长短不等的单座隧道或隧道群，其中双线、双线车站和双线喇叭口隧道 15 座，如太峪隧道、青岔隧道等。分岔隧道目前在国内外建成并投入使用的例子并不多，由于涉及分离段、小净距段、连拱段和大拱段施工，复杂的受力结构、频繁的工序转换给施工带来了一定的难度。

国内外不少学者研究了分离隧道、连拱隧道和小净距隧道，如刘伟将分离隧道、小净距隧道和连拱隧道 3 种结构型式的一些技术指标进行了对比。

由于小净距隧道在中间岩壁的处理上仍存在一定的技术难度，因此，连拱隧道在可靠性、经济性和工期上与小净距隧道有较大可比性。陈文辉等通过对比分析得出，中墙夹岩厚度为 5 m 左右的小净距隧道在工程造价、工程进度方面相对于连拱隧道而言，具有相当的可比优势。无论哪一种隧道结构型式，都有其自身的优缺点和适用条件。因此，杨明举和张世文提出隧道组合设计的方案，便于线路连接，减少了引线占地面积，将这 3 种隧道型式的优势充分加以利用，扬长避短。

赵秋林和张芬兰给出了分岔隧道平面布置图及相关尺寸参考值。目前国内外对分岔隧道的相邻隧道施工时其受力分析、施工顺序、控制爆破等尚处于总结和经验积累阶段，尚无相应的设计、施工技术规范和标准。随着我国西部大开发方案的实施，在高山峡谷地段，为节省桥梁的工程投资，修建分岔隧道结构已经在所难免。因此，开展分岔隧道稳定性及施工优化研究显得尤为重要。

12.4.2 中墙稳定性判据及合理厚度

1. 中墙稳定性判据

分岔隧道中墙的合理厚度和在施工过程中的稳定性是应该重点研究的问题。国内外不少学者采用理论公式、模型试验、数值计算和现场监测等方法研究了中墙的应力和稳定性。常用的理论公式有以下 3 种：综合经验公式法、直接荷载确定法和普氏法。林刚和何川提出了浅埋连拱隧道中墙设计荷载的确定公式。乔春江和朱光仪研究了小净距隧道中墙的设计。夏才初和刘金磊研究了相思岭连拱隧道中墙应力，提出采用经验公式法确定中墙荷载较为正确。张志强和何川提出了中隔墙设计的作用荷载计算表达式，采用的是“全覆土自重”荷载。但在实际情况下，中墙所承受的荷载并不是“全覆土自重”荷载。一些学者采用模型试验、数值计算和现场监测的方法研究了连拱隧道的中墙受力，但这些方法费用高，周期长，过程复杂。因此，有必要研究中墙承载模型和稳定性判据。

如表 12-2 所示，设定连拱隧道和小净距隧道中墙承受的荷载与左、右两隧道中线之间上覆岩体所受重力相关。

$$P=\gamma H(a+2b)L \tag{12-29}$$

式中 γ——上覆岩层的平均容重（MN/m^3）；

H——上覆岩层厚度；

b——一侧隧洞中线至中墙的距离；

a——中墙宽度；

L——中墙长度。

表 12-2　隧道型式的比较

结构形式	双洞最小净距	占地宽度	接线难度	施工难度	工期要求	工程造价	质量控制	爆破振动	环境保护	适用条件
独立双洞隧道	（1.5～5.0）B	（2.5～7.0）B	较大	较小	T	M	较易	基本不控制	山区狭窄地带可能出高边坡	各种隧道
连拱隧道	0	$2B$+3m	较小	较大	（2.0～3.0）T	（1.5～3.0）M	较难	控制	山区狭窄地带可降低边坡	短隧道
小净距隧道	（3 m～1.5）B	（3 m～1.5）B	较小	中等	（1.0～1.5）T	（1.3～2.0）M	中等	控制	山区狭窄地带可降低边坡	短隧道或围岩条件较好的中长隧道

注：B 为隧道单洞宽度，T 为工期，M 为工程造价。

则中墙所受应力为：

$$\sigma = K\frac{\gamma H(a+2b)L}{aL} = K\gamma HA \tag{12-30}$$

式中　K——中墙应力修正系数；

$A=\dfrac{a+2b}{a}$。

应用数值方法分别计算不同上覆岩层厚度 H、不同中墙宽度 a 时的中墙应力值，与 γHA 的比值即为应力集中系数。通过多项式回归得到中墙应力修正系数 K 与 A 的关系如下：

$$K = -0.2768\ \text{In}A + 1.0791 \tag{12-31}$$

由式（12-30）和（12-31）即可确定作用在隧道中墙上的最大应力。

根据经典的岩体强度理论中的最大正应力理论，当下式成立时，结构稳定，否则结构失稳：

$$\sigma < [\sigma] \tag{12-32}$$

式中　$[\sigma]$——极限强度。

将连拱隧道混凝土中墙简化为一个上下加载的单轴试件，即以混凝土极限强度 R_b 作为极限强度$[\sigma]$。将式（12-30）代入式（12-32），则混凝土中墙的稳定性判据为：

$$K\gamma HA < R_b \tag{12-33}$$

根据极限平衡准则，小净距隧道中墙的极限强度为：

$$[\sigma] = \frac{2c\cos\varphi}{1-\sin\varphi} + \frac{1+\sin\varphi}{1-\sin\varphi}\left(\eta\gamma H + \frac{P}{RL}\right) \tag{12-34}$$

式中　c——黏聚力；

φ——内摩擦角；

η——水平侧压系数；

P——锚杆支护的预应力；

R，L——中墙贯穿对拉锚杆的排距和间距。

对于小净距隧道，由式（12-30）和（12-34）联立可得其稳定性判据为：

$$K\lambda HA < \frac{2c\cos\varphi}{1-\sin\varphi} + \frac{1+\sin\varphi}{1-\sin\varphi}\left(\eta\gamma H + \frac{P}{RL}\right) \tag{12-35}$$

式（12-35）表明，通过加固措施调整中墙的 c，φ 值及采用贯穿中墙的预应力锚杆增加中墙的侧压等措施可提高小净距中墙的稳定性。

至此，得到了连拱隧道和小净距隧道的稳定性判据，根据公式可以求得中墙的合理厚度。

2. 中墙合理厚度

现以云南古那湾一号分岔隧道连拱段和小净距段说明其应用。隧道单洞的开挖宽度均为 12.35 m，侧压系数取 0.5；隧道围岩密度为 2 780 kg/m^3，黏聚力 c 为 1.3 MPa，内摩擦角 φ 为 43°；由于开挖扰动的影响，小净距中墙岩体的黏聚力 c 降为 1.0 MPa，内摩擦角 φ 降为 38°。连拱隧道中墙采用 C30 混凝土，极限强度 R_b 为 21 MPa；小净距中墙无预应力锚杆支护。

12.4.3 施工过程数值模拟研究

1. 设计模型

建立了分岔隧道的真三维大型模型，共划分单元 20 710 个，节点 22 280 个。采用八节点六面体等参单元，模型底部和前后滑动约束，左、右施加侧压系数为 0.5 的侧压，上部自由。

采用编制的弹塑性损伤软化有限元 D-FEM 计算。文中的塑性屈服准则采用 Mohr-Coulomb 模型来模拟。岩分级为 II 级，连拱段中墙采用 C30 强度等级混凝土，衬砌采用 C25 强度等级混凝土。锚杆支护采用等效弹性模量法，将支护范围围岩的强度和弹性模量提 20%。

2. 施工过程

稳定性分析数值模拟的施工过程与模型试验相同，下面是计算结果分析。

1）位　移

图 12-14 为断面 2 拱顶和中墙关键点位移随施工步的变化曲线。左、右洞拱顶最大位移为 4.8 mm 左右。

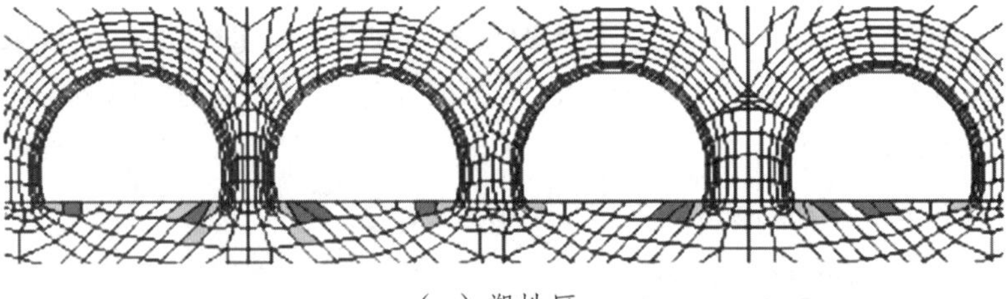

（a）塑性区

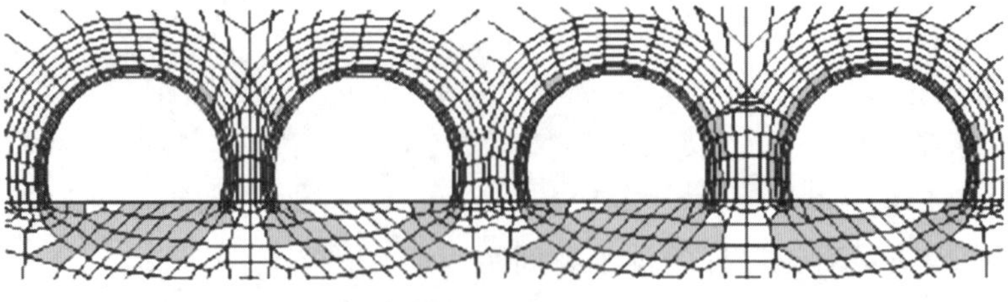

（b）损伤区

图 12-14　断面 1 和 4 塑性区和损伤区分布

2）应　力

数值计算的关键点应力参见图 12-14。图中数值计算结果和模型试验结果一致，中墙压应力集中，最大压应力达到 6.5 MPa。

3）损伤屈服区

图 12-14 隧道断面 1（连拱）和 4（小净距）围岩的塑性区和损伤区分布。

从图 12-14 可知，连拱段和小净距段的围岩塑性区分布面积不大。围岩主要发生剪切破坏，且主要分布在隧道拱腰、拱肩、拱角，在底板处产生拉破坏。由于隧道上部围岩支护，损伤区主要分布在底板。连拱段主要分布在拱腰，中墙部位损伤区分布不大；小净距段主要分布在拱腰和中墙处。

3. 施工过程优化

1）左、右两洞开挖面合理间距

一侧洞开挖完后再开挖另一侧隧洞，随着另一侧隧洞的开挖推进，先开挖隧洞拱顶也逐渐下降。从图中可以看到，后开挖隧洞开挖面距离先开挖隧洞监测断面的距离越长，先开挖隧洞监测断面的位移受先开挖隧洞的影响越小，距离后开挖隧洞掌子面前方 32 m 的先开挖隧洞的变形基本稳定。因此，左、右洞开挖面的合理间距最小应为 32 m。

2）施工工序确定

连拱段和小净距段中墙中部和上部的水平位移随施工步的变化。由于左侧水平应力较右侧大，连拱段中墙和小净距段中墙的水平位移都朝向右洞。不论连拱中墙还是小净距中墙，中墙上部和中部产生的最终水平位移都是左洞超前比右洞超前要小，尤其在开挖阶段，小净距中墙中部的水平位移相差较大。

两种开挖方式下，中墙内的损伤区及屈服区分布见图 12-16，左洞超前 32 m 较右洞超前 32 m 时中墙内的损伤区及屈服区略小。

根据位移和中墙损伤屈服区的分析，最终确定先开挖左洞利于隧道稳定。因此，分岔隧道最优施工方案应该为左洞超前最少 32 m，左、右洞同步开挖的施工方案。

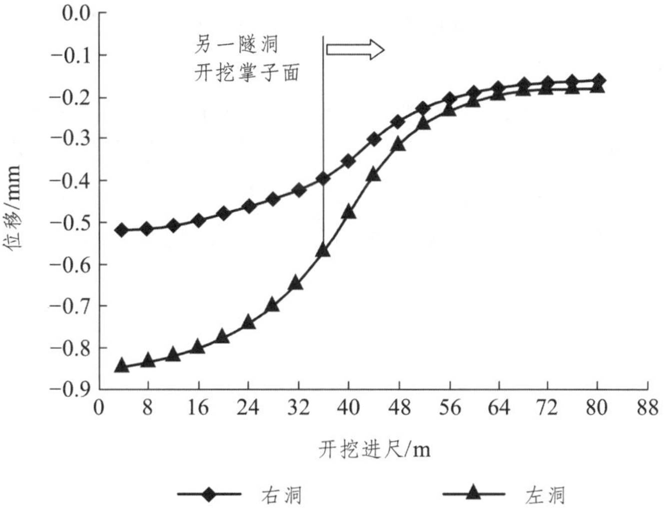

图 12-15　开挖隧道对先开挖隧道的影响

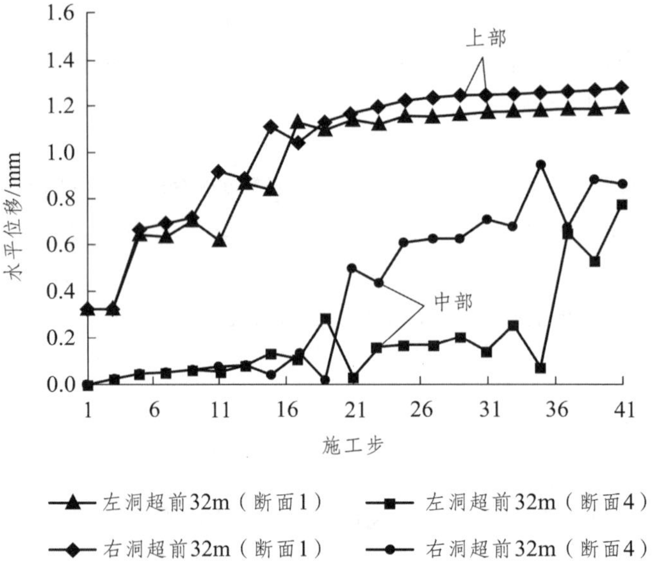

图 12-16　隧道中墙水平位移随施工步的变化

12.4.4　施工优化建议

云南古那湾一号分岔隧道大拱段设计开挖方式采用多步开挖方式，采用锚网喷支护，并施作二次衬砌和中墙；连拱段和小净距段设计中采用了上下台阶留核心土法开挖，并且先挖右洞，连拱段采用锚网喷、二次衬砌和混凝土中墙支护；小净距段采用锚网喷、二次衬砌支护围岩，并采用贯穿预应力锚杆支护中墙。

设计的开挖支护方式过于繁琐，不利于快速施工，并且由于开挖步较多，对围岩造成多次扰动，不利于围岩的稳定。

根据模型试验和数值计算结果，隧道的施工设计可进行如下优化：

（1）在轴向上，采用左洞最少超前 32 m，左、右隧洞同步开挖的方式；在断面上，大拱段采用上下台阶开挖，连拱段和小净距段采用左、右隧洞上下台阶或全断面开挖。

（2）大拱段支护措施去掉施作中墙的工序，节省了投资，加快了施工速度。

（3）连拱段隧道拱肩最易破坏，应重点加强肩部的锚杆支护，可适当减少拱腰处的锚杆数量；中墙上部的岩体要重点支护，特别是直中墙的上部和底部、曲中墙的上部要加强配筋。

（4）小净距段隧道的中墙是支护重点，可采用预应力贯穿锚杆增加中墙的侧压。对于靠近连拱段的小净距段隧道，应特别注意。在围岩较差地段可采用超前导管、注浆加固的措施支护。

13 特殊地质段隧道施工关键技术

13.1 炭质板岩地段隧道施工关键技术

13.1.1 炭质板岩隧道大变形机理

1. 围岩大变形的原因

1）大变形的岩性条件

目前研究表明，隧洞在软岩地层中发生大变形是一种常见现象。《公路随道设计规范》采用定量法分析，将围岩饱和抗压极限强度为 5 ~ 30 MPa 的岩石称为软岩，常见的软岩包括以炭质页岩、炭质千枚、炭质板岩、千枚岩等，同时地下水、高地应力、岩体结构等条件也会对大变形产生重要影响，当围岩中含有高岭石、伊利石、蒙脱石等黏土矿物岩在受到水的侵蚀后，围岩中弱结合水含量迅速增加，增大了颗粒间的距离，同时削弱了颗粒间的联结，因此使岩体体积增大，这就是岩土膨胀性的基本原因。黏土矿物、地下水是岩石产生膨胀型大变形必须具备两个基本条件。

2）大变形的环境条件

目前学者认为围岩大变形多发生在两种环境下：一是软岩中含有黏土矿物，在地下水作用下发生膨胀变形；二是围岩在高地应力条件下发生挤出变形，与此同时大变形还受到岩体结构的控制。因此，可认为产生大变形的环境条件包括地下水、岩体结构和高地应力。

（1）地下水

对于发生大变形的软岩隧道应考虑地下水与地应力的双重作用，在隧道开挖至软弱破碎段时，即使不是高地应力地区，但由于地下水侵蚀和软化作用，使岩体的强度迅速降低，进而使岩石强度应力比减小，围岩发生塑性变形，随着时间累计变为大变形。

在隧洞的开挖过程中，围岩会产生应力重分布，形成局部松动区或者塑性区，当局部塑性区的影响范围未进入板岩区时，板岩中的地下水不能进入塑性区，此时地下水不会进入隧洞；而当初期支护强度不足或者初期支护不及时，围岩的自身承载力或者初期支护难以抵抗塑性区的变形，局部塑性区的范围将进一步扩大，一旦塑性区域延伸至板岩层时，地下水将迅速渗入塑性区，而多数板岩，尤其是炭破坏。

（2）岩体结构

当隧道轴线与岩层走向以小角度相交时，由于地应力的作用，拱腰向临空面挤压导致岩层发生翘曲，这种翘曲一般是空间多个方向受力共同造成；另外在薄中—厚层软质岩中，拱腰内的岩层常常发生倾倒变形；当隧洞开挖处有高地应力作用，板岩层间由于水平应力的作用而发生错动，岩层表面的剪切强度会变低，促进了岩层发生弯曲变形和离层，严重时发生隧洞大变形。

（3）地应力

根据相关资料，炭质板岩、泥岩和千枚岩等的饱和抗压极限强度一般为 10 ~ 30 MPa，当地应力大于 16 MPa，对软岩隧道来讲，其已处于相对较高的地应力状态，实际上发生大变形的隧道开挖后发现其岩石饱和抗压极限强度大多不足 10MPa，特别是含炭质的岩石，其强度相对更低，由于软岩一般有相对高地应力特征，大多数随道在埋深相对较浅条件下，开挖段出现了围岩塌方、松动，板岩夹层产生大量塑性弯曲等，这些现象都是明显高地应力标志。

当隧道开挖段正处于断层带时，岩体通常破碎严重，在地应力的作用下产生如下几种结构变形：

（1）当围岩承受水平方向的构造应力时，隧道围岩水平收敛大于拱脚挤出变形和拱顶沉降等，表现为围岩出现大量层间错动，并且剪切节理面裂痕明显；

（2）当围岩承受垂直方向的构造应力时，隧道围岩水平收敛小于拱顶沉降，当隧道纵向与剪切节理面或岩层的层面以锐角相交时，拱顶沉降变形将较大。

对于炭质板岩、云母片岩、千枚岩等变质岩，其组成成分中含有绢云母和绿泥石等，因此其抗压强度较低，遇水浸泡后强度骤降，在隧道开挖后，围岩各方面压力总和超出围岩自身的承受能力，局部软弱范围扩大和增多将成为围岩发生大变形的导火索，此外对岩体的强度影响较大的因素包括岩体的结构面及其风化程度等，在分析隧洞产生大变形机理时，这些方面的影响也不容忽视。

李天斌等人对诸多产生大变形的隧洞进行深入研究，分析了围岩地质情况以及各大隧道的变形特征，将大变形的原因分为三种情况，为受围岩岩性控制的大变形、受围岩结构控制的大变形、受人工采掘扰动影响的大变形；并从围岩发生大变形的力学机理出发，将其分为六个方面：围岩的膨胀变形、塑性楔体的剪切滑移、结构性流变、板梁的弯曲变形、围岩的宿流、围岩移动变形。

2. 陈宗基教授将围岩收敛变形机理分为五个方面

1）塑性楔体

隧洞开挖后，岩体逐步卸载，围岩进入应力重分布阶段，其径向应力减小，切向应力增加，当应力重分布达到围岩的屈服点以后，围岩进入塑性状态，进而质板岩遇水侵烛后会出现软化现象，使围岩塑性区岩体强度进一步降低，从而使塑性区范围更大，与此同时又促进地下水进一步发育，地下水的发育和塑性区的增大互相作用、互相促进，使围岩稳定性的条件急剧下降，导致围岩产生各种发生局部范围内的塑性变形，同时围岩应力将进一步调整。在此过程中围岩形成的剪切滑移面被分割成许多小型塑性楔体，楔体部位向临空面发生剪切滑移，导致局部范围内围岩产生破坏。

2）围岩膨胀

膨胀性岩石、水和不平衡应力是岩石膨胀的必要条件。地下隧洞开挖后，切向应力增加，径向应力减小，在无支护情况下洞壁达到了围岩膨胀应力条件；同时新产生的裂隙和原生裂隙为水的进入提供了通道，两者共同作用下围岩发生了膨胀变形，作用在支护结构上的荷载逐步增加。

3）流动变形

地下隧洞开挖后，软弱岩体变形以及应力重分布在很长一段时间内持续变化，如法国一意大利的隧道，修建过程中一直良好，直到几十年后才出现了局部开裂。随着岩石力学理论的丰富发展，基于连续介质理论对软岩的流变性研究还在研究之中，岩体流变的重视程度越来越高，对表现出流变性的节理化围岩视为等效连续介质，作为软岩处理。

4）挠　曲

层状岩体在高地应力条件下变形破坏机制为挠曲变形，地下洞壁的径向应力降低，切应力迅速增加，层状岩体可视为板在横向受弯作用下发生的挠曲变形。

5）扩　容

岩石在破坏过程中的扩容是其内部裂纹不断扩充和发展造成，它造成的围岩体积变化比应力引起的弹性体积变化大很多。对地下隧洞而言，由于开挖后围岩应力重分布，周边围岩卸载，围岩应力差增大，结构面或者节理面发生剪切滑移破坏，引起剪胀扩容。

由于围岩大变形是由于挤出作用和膨胀作用引起，因此研究者关心的是挤出作用和膨胀作用各自分别对大变形的影响作用的大小。Terzaghi 认为挤出作用和膨胀作用是完全可以分开的，岩石膨胀性是有水参与的化学反应过程，而岩石向临空面挤出是属于物理过程，且有水参与的化学反应过程所需要的时间比物理过程长很多。然而现在很多学者研究发现，在隧洞施工过程中，围岩大变形案例中很少由单一的挤出变形或膨胀性引起，即通常是挤出与膨胀的共同作用，但膨胀作用在围岩大变形中常占有次要位置，挤出变形相对影响较大，因此挤出作用是围岩大变形的主要变形机制。

综上所述，隧道围岩大变形可视为以挤出变形为主，兼有地下水作用产生膨胀变形的耦合过程。

13.1.2　隧道大变形控制理论

1. 炭质板岩隧道的支护原理

炭质板岩属软岩，炭质板岩隧道之所以具有大变形、难支护的特点，是由于炭质板岩破坏过程中包含多种变形力学机制，即多样的变形力学机制，使得软岩隧道变形和破坏变得十分复杂。

有效控制板岩随道大变形主要从两方面入手：一是选择合理的开挖施工工法，这是控制围岩大变形的最根本方法，一般发生大变形的地段地质条件较差，应根据其地应力分布特点，在有效控制其变形的前提下尽量减少对围岩的扰动，维持其原有的地质结构；二是选择合理的支护方式，能有效地控制住变形，既节约成本，又不影响经济效益的方法；在一些发生大变形特殊地带，经常从以上两个方面同时入手，既调整施工开挖工法又采用强刚度的支护方式才能有效地控制大变形的发生。

软岩隧道支护原理和硬岩隧道支护原理完全不同，主要是由它们的本构关系不同决定的。硬岩隧道的是支护原理不允许围岩进入塑性状态，因为进入塑性状态的硬岩将完全丧失承载能力；而软岩隧道围岩允许其一部分进入塑形状态，并且其巨大的塑性能必须以某种形式释放出来。

假设隧洞开挖之后，驱动围岩向临空区挤出的各种力（包括重力+膨胀力+水作用力+构造应力+工程偏压力等）的合力为 P_{T}，则隧道支护原理可用下式表示：

$$P_T = P_D + P_S + P_R \quad (13\text{-}1)$$

式中　P_D——以围岩变形产生工程力，包括黏弹性转化（与时间有关）膨胀力的渐变（与时间有关）弹塑性转化（与时间无关）；对于炭质板岩来讲，工程主要是弹塑性能以变形的形式得以释放；

P_R——围岩自承能力，即围岩本身具有一定强度，可承担部分甚至全部荷载；

P_S——工程支护力；

P_T——挖掉随道岩体后使围岩向临空区运动的合力，其包括重力+水作用力+膨胀力+构造应力+工程偏应力等。

上式表达的意义如下：

（1）工程支护力 P_S 并非全部承担隧道开挖后引起围岩向临空区运动的合力 P_T，而是由以下几部分共同分担。首先，P_T 由软岩的弹塑性能以变形的形式释放一部分，亦即 P_T 中部分力转化为围岩的形变；其次，P_T 的另一部分由岩体自承载力承担，假如岩体强度很高，则 $P_R > P_T - P_D$ 则隧洞本身可以实现自稳，工程支护力 P_S 不再需要；而对于炭质板岩，P_R 一般较小，因此 $P_R < P_T - P_D$，故隧道需要进行工程支护即加上 P_S 才能稳定。为要求工程安全，需要 $(P_R + P_S)$ 值要大于 $(P_T - P_D)$ 的值。

（2）一个最优的设计应该尽可能地同时满足三个条件：① P_R-Max；② P_D-Max；③ P_S-Min。

实际上，P_R 和 P_D 是不可能同时达到最大的，当 P_D-Max，P_R 就不能达到最大；当 P_R-Max，P_D 就不能达到最大，因此优秀的设计要求同时使 P_D 和 P_R 尽可能增大且合理即可。

2. 最佳支护时间和最佳支护时段及其意义

1）最佳支护时间和最佳支护时间段

工程实践和理论分析表明，随着隧道开挖，围岩变形会逐渐增大，变形速度可划分三个阶段：加速变形阶段、近似线性的恒速变形阶段、减速变形阶段。当围岩进入变形加速阶段时，自身结构发生破坏，产生新裂纹，强度明显降低，这不符合优化设计。

2）最佳支护时段的意义

隧道开挖以后，围岩进入应力重分布状态，呈现为切向应力增加，而径向应力减小，并在洞壁周围达到极限，周边局部围岩将进入塑性工作状态，发生塑性变形，此区域称为塑性区；此时若不及时进行支护约束，临空面塑性区将增大而出现松动破坏区，塑性区与松动破坏区的一个区别是：塑性区有承载能力，而松动破坏区没有承载能力。塑性区又分为稳定塑性区和非稳定塑性区，出现松动破坏之前的塑性区称为稳定塑性区，出现了松动破坏之后的塑性区称为非稳定塑性区，与之相对应的围岩变形称为稳定变形和非稳定变形 T_S 正是这两种变形的分界点，T_S 出现之前的是稳定变形，之后的是非稳定变形，所以最佳支护时段的意义在力学上就是最大限度地发挥塑性区承载能力而又不出现松动破坏时所对应的时间段。

13.2　断层破碎带隧道施工关键技术

13.2.1　隧道穿越断层破碎带施工安全控制技术研究

在隧道的开挖进程中，穿越断层破碎带时，经常会出现塌方、突泥突水等风险，如何进行有效的控制和预防是当前亟待解决的问题。

1. 超前地质预报

隧道进行超前地质预报是保证穿越断层破碎带的隧道施工安全的保障，地质条件复杂的_道应坚持隧道洞内探测与洞外地质勘探相结合、地质方法与物探方法相结合，开展多层次、多手段的综合超前地质预报，并贯穿施工全过程。

对于穿越断层破碎带的隧道，首先对隧道进行地质调查，根据隧道已有的勘察资料、指标补充地质勘察材料、洞内开挖工作面地质素描，通过地层层序对比、地层分界线以及构造线地下河地表相关性分析、断层要素与隧道几何参数的相关性分析、临近道内部两地质提的前兆分析等，利用地质理论、地质作图和趋势分析等工具，推测开挖工作面前方可能揭示的地质情况。在开挖过程中根据隧道的超前地质预报情况进行随时补充，确认隧道即将穿越的断层破碎带的地层、岩性，并详细了解断层破碎带的位置、产状、破碎带宽度。

2. 地质预报措施

对于穿越断层破碎带的隧道超前地质预报，应成立专门的地质预报队伍，制定严格的实施细则，选择经验丰富的工程技术人员负责，采用地质素描，配合先进的地质预测预报仪器（如 TSP203 地震波反射法，地质雷达，红外探水）和超前钻探相结合的手段进行综合探测。地质预测、预报的频率可按以下规定执行：

（1）地质素描应随开挖进行，每个循环进行一次，包括掌子面、左右侧墙、拱顶和隧底。

（2）在通过地质勘测以及长距离的 TSP 预报测出前方可能会穿越断层破碎带时，应采用长短结合的方式进行超前地质预报，即 TSP 以及地质雷达等方法进行超前地质预报。

（3）超前水平孔，最好是每 30 ~ 50 m 循环一次。断层破碎地层每个循环钻 3 ~ 5 个孔。进行连续预报时，前后两循环的钻孔应重叠 5 ~ 8 m。

（4）地震反射波法、超声波反射法，需要连续预报时，前后两次的重叠长度应大于 5 m。

（5）红外探测每次预报的有效探测距离宜为 10 m，进行连续预报时，前后两次的重叠长度应大于 5 min。

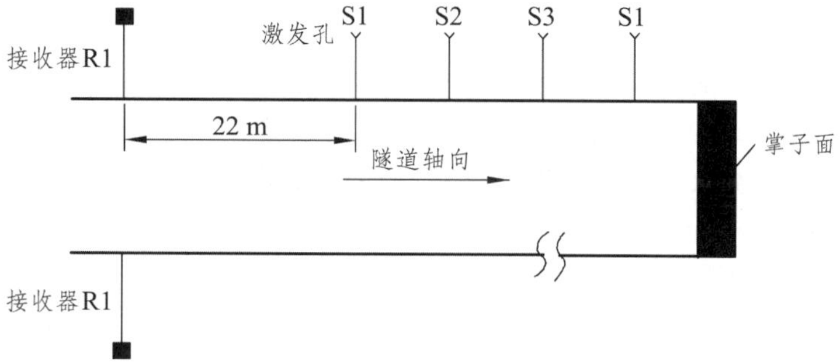

图 13-1　TSP 超前地质预报示意图

13.2.2　断层破碎带隧道施工措施

1. 开　挖

隧道开挖方法主要有全断面法、台阶法、环形开挖留核心土法、中隔壁法、双侧壁导坑法及中导洞法等其他施工方法。应根据隧道长度、断面大小、结构形式、工期要求、机械设备、地质条件等选择适宜的开挖方案，并应具有较大适应性。

台阶法可用于Ⅲ～Ⅳ级围岩的中小跨度穿越断层破碎带的隧道，Ⅴ级围岩的中小跨度穿越断层破碎带的隧道在采用了有效的预加固措施后亦可采用台阶法开挖。

通过数值模拟的结果可以得出隧道在穿越断层破碎带采用两台阶开挖时，应符合下列规定：

（1）上台阶高度不宜过大，装渣机械应紧跟开挖面，减少扒渣距离。

（2）控制上台阶钢架下沉和变形，可采用扩大拱脚和加强锁脚铺杆，加设临时仰拱等措施。

（3）当岩体不稳定时，应缩短进尺，先施工边墙支护，后开挖中间土体，左右错开或拉中槽后再挖边帮，并及时施工仰拱。

（4）应解决好上、下部施工干扰问题，下部应减少对上部围岩、支护的干扰和破坏。

2. 支　护

隧道穿越断层破碎带时，及时合理的支护措施可以避免灾害的发生。针对隧道断层破碎带围岩成洞条件情况，结合超前地质预报、监控量测的结果，对支护参数和开挖方法进行调整，本着弱爆破、短进尺、少扰动、强支护、仰拱和二衬紧更的施工处理原则。

1）超前小导管支护

对穿越断层破碎带的隧道一般采用超前小导管等方法进行超前支护。超前小导管支护方法，是隧道工程掘进施工过程中的一种支护方法，主要用于自稳时间段的软弱破碎带、断层破碎带等地段的预支护和隧道不良地质地段超前开挖使用。采用将导管插进围岩里，然后对导管注浆，待导管内轮达到设计要求强度后，再进行隧道开挖。超前小导管注莱加钢支撑是隧道施工辅助稳定开挖的一种方法，简称小管棚施工工艺在隧道开挖前或开挖中采用该辅助施工方法与稳定措施，以加强隧道围岩稳定它能将隧道开挖释放的荷载向前传递给前方围岩，向后传递给刚度较大的初支，以保证隧道在穿越断层破碎带时开挖过程的稳定。超前小导管注装是沿隧道纵向在拱上部开挖轮廓线外一定范围内向前上方倾斜一定角度的密排注装钢花管。较大管棚施工，具有相对简单便捷，经济实效的特点。因此，目前隧道穿越断层破碎带一般采用超前小导管注装加钢支撑辅助开挖的施工工艺。

2）帷幕注装

超前小导管注装，对围岩加固的范围和加大处理的程度是有限的，作为隧道穿越断层破碎带施工的一项重要辅助措施，它占用时间和循环次数较多。隧道在穿越断层破碎带时，当隧洞出水较严重时，为确保隧道安全顺利通过断层或断裂带，防止涌突水首先应对断层或断裂带采取全断面围幕注装预加固。

隧道超前帷幕注装方式：

（1）在穿越断层破碎带前，掌子面前方水压低，水量不大时，因岩体较完整，岩体结构可保证开挖安全，则采取开挖后对洞身周围进行全断面径向注浆堵水，或超前局部预注浆。根据实际情况分别采用。

（2）在穿越断层破碎带时，根据地质综合评判及超前探水，当掌子面前方存在高压富水区，具有较大规模的涌水、突水可能，或水压虽相对较低但岩体结构性能较弱，开挖可能导致岩壁失稳而诱发涌水、突水处，应采用超前帷幕注浆。

（3）注浆后，判定开挖后围岩自稳能力情况，若不能自稳，则再预注浆。

（4）注浆后流量仍大于控制排水量，注浆固结圈综合渗透系数大于设计控制值或仍有局部出水点时，实施补注浆，根据超前地质预报及揭示地质条件予以调整。

3. 施工注意事项

隧道在穿越断层破碎带时，施工条件复杂多样，极易出现突发事故，因此在隧道施工时，应注意以下事项：

（1）开挖前要严格按照设计进行超前小管棚及小导管的施工支护效果必须达到设计要求，否则不得进行开挖作业。

（2）隧道在断层或断裂影响带处施工，实行弱爆破，采取控制爆破震动的方法和措施，严格控制爆破震动对岩体的影响。

（3）在施工过程中根据围岩类别严格控制爆破进尺，防止支护不及时，造成过度变形和坍塌。

（4）隧道开挖完成后应及时进行喷锚网喷作业，严格按照设计进行施工，确保施工质量，及时封闭围岩，尽快发挥初期支护的作用。

（5）施工中建立监测系统，采集围岩和结构安全信息，认真进行分析处理和反馈，实行信息化施工。

（6）隧道在断层或断裂带处的二次衬砌施工应适时紧跟开挖作业面，以尽快发挥其主要承载作用，确保隧道施工安全。

（7）若有突泥涌水可能性，有设计则按设计方案进行处理，若设计无针对性施工方案，立即上报监理部设计院及业主等，要求设计院设计相应的施工方案，防止突泥涌水的发生。

（8）专职质检员应加强预注装超前小管棚及小导管初期支护施工工序的质量控制，安全员应加强初期支护变形情况的日常检查，发现隐患，及时整改，预防事故发生用，并应尽快封闭成环，改善支护结构受力条件。

4. 监控量测

1）监控量测的目的

监控量测可在施工期了解施工情况，确保施工安全和质量，为工程施工服务。认识各种因素对隧洞受力和变形等的影响，有针对性地改进施工工艺和修改施工参数。主要体现在以下几个方面：

（1）对开挖过程控制，调整开挖坡度、梯度、进尺、钻爆法施工参数等，为安全施工提供可靠依据。经对监测资料分析和反馈后，再进一步修改设计和施工方案，确保安全，加快施工进度。

（2）了解支护效果，并根据监测数据反馈分析预测下一步的支护结构的受力和变形，根据受力和变形发展趋势和建筑物情况，决定是否需要采取其他保护措施，为优化经济合理的支护参数提供依据；并为其他隧道的安全施工、运行提供依据和参照。

（3）分析各种因素对地表和围岩变形的影响，以便有针对性地改进施工工艺和施工参数，预测、预报施工安全和隧道结构稳定性，减小地表和围岩变形，保证工程安全。

2）重要性

隧道穿越断层破碎带的情况要比普通隧道的开挖情况复杂得多，隧道的围岩稳定性会发生很大的变化，一些不可预测的情况极有可能发生。

隧道开挖之前的地质条件、岩体形态等不易完全掌握，通过施工期的监测，能够直接显示获取隧道性状变化，及时了解隧道穿越断层破碎带围岩稳定性的变化及时调整支护参数。

当隧道支护后，隧道支护结构由于周边围岩应力卸荷将产生应力重新分布，支护结构将产生较大的变形和应力，需要通过监测设施来了解隧道支护结构的应力、变形等监测物理量的变化规律，判断支护结构工作是否正常，以便采取措施。建立预警机制，保证工程安全，避免发生结构和环境安全事故。

3）监控量测应注意的问题

（1）在穿越断层破碎带时，应适当增加量测断面及量测频率。

（2）及时了解拱顶沉降情况，防止塌方情况出现。

5. 监控量测方案

1）周边位移监测

监测断面数量及其测线数见表 13-1。

表 13-1　周边位移量测断面的测线数

开挖方法	一般地段	断层地段		
		洞口附近	埋深小于 $2B$	有膨胀压力洞口附近埋深小于 $2B$
全断面开挖	一条水平线		三条或六条	
短台阶法	二条水平线	四条或六条	四条或六条	四条或六条
多台阶法	每一台阶一条水平测线	每一台阶三条水平测线	每一台阶三条水平测线	每一台阶三条水平测线

2）数据处理分析

（1）若隧道开挖方向经过断层前发现地表位移量过大或下沉速度无稳定趋势时，对下部结构应采取补强措施：增加喷混凝土厚度，或加长加密锚杆，或加挂更凑密更粗的钢筋网；提前施作二次衬砌，要求通过反分析校核二次衬砌强度；提前施作仰拱。

（2）在整理资料时，若发现地表下沉速度具有稳定趋势时，应据此求出隧道结构初期支护及二次衬砌上的最终荷载，以便对结构的安全度做出正确的判断。

（3）经过对各种量测数据联合反分析后，若发现初期支护或二次衬砌结构安全系数较大，在经过设计人员同意后，可对下一段与此地质类型相近的支护参数做适当调整。

6. 监控量测信息反馈

监控量测的原始数据不能直观反映围岩动态和支护结构工作状态的力、应力和位移等情况，需要对数据预处理，以此进行各种情况的分析和处理。但在数据处理时一定要严格将温度的影响纳入考虑范围。根据处理出来的数据要进行分析以求指导隧道施工。

1）周边位移分析及反馈

隧道拱顶下沉和水平收敛是判断围岩稳定性的主要项目。根据公路隧道施工技术规范 Un（42-94）规定，隧道周边相对允许位移值如下表 13-2。

表 13-2　隧道周边相对允许位移值表

围岩级别	覆盖层		
	＜50 m	50 ~ 300 m	＞300 m
Ⅱ、Ⅲ	0.1 ~ 0.3	0.2 ~ 0.5	0.4 ~ 1.2
Ⅳ	0.15 ~ 0.5	0.4 ~ 1.2	0.8 ~ 2.0
Ⅴ	0.2 ~ 0.8	0.6 ~ 1.6	1.0 ~ 3.0

注：（1）相对位移值是指实测位移值与两测点距离之比，或拱顶下沉与隧道宽度比。
（2）脆性围岩取表中较小值，塑性围岩取表中较大值。
（3）Ⅴ、Ⅵ级围岩可按工程类比初步选定允许值范围。
（4）本表所列数值可在施工过程中通过实测和资料积累做适当修正。

为了更好、更直观地判断周边位移随时间和空间的变化趋势，通常采用非线性回归的方法，给出相应的变化趋势线，并不断用新实测数据修正该趋势线，最后根据趋势线变化急剧、缓慢判断围岩的稳定性，推断最大变形量，对下一步施工提出建议。

根据实测资料，还可进一步确定周边位移变化速度等指标，然后根据《公路隧道施工技术规范》的要求，作为二次衬砌实施与否判断指标。

2）地表下沉分析与反馈

地表下沉监测对于地面有建筑物的浅埋隧道地段和城市地下工程尤为重要。若量测结果表明地表下沉量较大，或出现增加的趋势，则应采取加强支护和调整施工措施，可考虑适当加喷混凝土、增设锚杆、加挂钢筋网、加钢支撑、超前支护、或缩短开挖循环进尺、提前封闭仰拱、甚至预注浆加固围岩等。

另外，在穿越断层地段隧道可能发生横向地表位移加下沉，处理较为复杂，应加强量测分析与治理穿越断层破碎带的隧道工程的对策与量测的研究。

3）地下管线沉降分析与反馈

对于地下管线沉降过大或出现增加的趋势，则应采取加强支护和调整施工措施，可考虑适当加强初期支护和缩短开挖循环进尺。

4）地下水位及孔隙水压力监测分析与反馈

通过分析地下水位及孔隙水压力的变化来分析作用在隧道支护结构上的水压力的动态变化，同时结合相同断面上其他监测项目数据，来判断隧道支护结构的稳定性。

5）锚杆应力量测数据分析与反馈

锚杆轴向力是检验锚杆效果与锚杆强度的依据，可根据锚杆极限抗拉强度与锚杆应力的比值 K（安全系数）做出判断。锚杆轴向应力越大，则安全系数 K 值越小。一般认为锚杆局部段的 K 值稍小于 1 是允许的，因为锚杆有一定的延伸性。锚杆的局部段的 K 值稍微小于 1 的允许程度，应该是不超过锚杆的屈服强度。若锚杆轴应力超过锚杆的屈服强度时，显然应首先考虑改用高强钢材加工的锚杆。当然，增加锚杆数量或加粗直径也可以降低锚杆轴应力值，使 $K>1$。

6）围岩压力分析与反馈

由量测数据所得围岩压力分布曲线，可了解围岩压力的大小及分布状况。而围岩压力大小与围岩位移量（即变形）及支护结构的刚度密切相关。

围岩压力大，则作用于初期支护结构的压力也大。分析有两种情况：一是围岩压力很大并且变形量也很大，此时应加强支护，以限制围岩变形和控制围岩压力的增长；另一种情况是围岩压力较大，但变形量并不很大，这表明支护时机和支护的封底时间可能过早或支护尺寸及刚度太大，这时应做适当的调整——修正支护设计参数。但是，当测得的围岩压力很小，而其变形量却很大时，则围岩将会失去稳定，此时应立即停止开挖，加强围岩支护和采取辅助施工措施进行加固处理。

7）喷层内应力分析与反馈

喷射混凝土层应力是指其切向应力（喷层的径向应力一般较小）。喷层应力值与围岩压力值及位移量大小有密切关系。喷层应力大的原因是围岩压力和位移量大及支护力度小。

在实际工程中，一般喷层不允许有明显的裂损、剥落、起鼓等现象。若喷层应力太大，或出现明显裂损或剥落、起鼓等现象，则应采取处理措施，一般是适当增加初始喷层厚度。如果喷层厚度已较厚，却仍然出现明显裂损、起鼓等，则不应再增加喷层厚度，而应改变锚杆参数（加长、加粗等）、改变封底时间、调整施工措施，选择二次支护衬砌的最佳时机等，并仍然要继续加强量测监控。

8）松动圈监测分析与反馈

松动圈的形成和发展是导致围岩碎胀变形增大的主要因素，锚杆支护抗力能克服该变形力，能使围岩保持稳定，或限制围岩变形在一定的允许范围内，最终趋于稳定。所以通过松动圈的监测，并结合隧道的周边位移监测结果来判断隧道支护结构的稳定性，预测二衬施工时间。由于隧道穿越断层破碎带时施工的特殊性和复杂性，采用信息化施工是必要的、可行的，可以在一定程度上克服地质资料的缺陷，这种施工既可以做到安全施工，也可以带来经济效益和社会效益。

14 隧道洞身施工关键技术

14.1 光面爆破施工关键技术

研究光面爆破机理及其爆破参数的确定和装药结构，并将光面爆破技术运用于大坪尾隧道爆破开挖工程，计算隧道光面爆破参数，给出炮孔布置和施工工艺。结合工程实践，探讨光面爆破设计与施工中应采取的技术保证措施，并提出在光面爆破中使用水袋进行炮孔填塞的建议。

隧道光面爆破是支撑新奥法原理的重要技术之一，它通过正确选择爆破参数和合理的施工方法，在隧道开挖轮廓线上布置密集炮孔，采用不耦合装药或填低威力炸药，在主爆孔起爆之后起爆，以形成平整轮廓的控制爆破技术。光面爆破的目的在于控制爆破作用范围和方向，尽量减少爆破作用对围岩的扰动，减少超欠挖，使爆破后的隧道围岩壁面平整、光滑，满足隧道设计要求。隧道光面爆破可分为全断面一次爆破和预留光爆层爆破两种情况。通常当开挖断面较大时多采用预留光爆层爆破法，而全断面光面爆破方法能够有效控制光爆孔爆破作用，减少对围岩的扰动范围，有利于保持围岩稳定和施工安全，又能减少超欠挖，提高施工质量。因此，全断面光面爆破技术在隧道、地铁等开挖过程中得到了比较广泛的应用。

研究首先阐述光面爆破技术原理及其参数设计，随之将其应用于大坪尾隧道掘进工程中，并分析爆破效果，提出保证光面爆破效果的技术措施。

14.1.1 光面爆破机理

光面爆破技术通过合理选择爆破参数、提高钻孔精度、采用合理装药结构、改变布孔形式等方法，使爆破后的隧道形成平整、光滑的壁面，以减少超欠挖。

最大限度保持围岩自身强度，从而可以提高隧道的安全稳定性。光爆爆破的原则是在隧道开挖轮廓上多打眼、少装药，并且在主爆起爆之后起爆，以保证光爆孔起爆后能够沿着其炮孔连心线贯通并形成规整、光滑的壁面，仅有光爆层尚未起爆时的炮孔布置。光面爆破力学前提条件是降低炮孔壁上的压力峰值，使光爆孔装药起爆后在孔壁上产生的爆轰压力低于岩石的抗压强度，而由此产生的切向拉应力要超过岩体的抗拉强度。为此，要使光爆孔形成不破坏孔壁而又能沿着预定方向形成贯通裂隙，则炸药爆炸产生的压力必须满足如下三个力学条件。

$$\sigma_{压} < [\sigma_{动压}] \tag{14-1}$$

$$\sigma_{拉} < [\sigma_{动拉}] \tag{14-2}$$

$$\sigma_{合压} > [\sigma_{动压}] \tag{14-3}$$

式中　$\sigma_{压}$—— 单个炮孔装药爆炸产生的径向应力；

$\sigma_{动压}$—— 岩石的动态极限抗压强度；

$\sigma_{拉}$—— 单个炮孔装药爆炸产生的切向拉应力；

$\sigma_{动拉}$—— 岩石的动态极限抗拉强度；

$\sigma_{合压}$—— 相邻炮孔在炮孔连心线上产生的合拉应力。

为了满足此力学条件，通常光面爆破采用不耦合装药结构，从而可以大大降低孔壁最大切向应力，同时可以通过装药量控制使在相邻炮孔连心线垂直方向上的合拉应力得到加强，使之大于岩石的动态极限抗拉强度，在沿炮孔连心线方向产生裂缝。与此同时，在爆轰气体膨胀压力作用下进一步加强而形成贯通裂缝，确保壁面规整与光滑。

对于光面爆破作用成缝机理问题，到目前为止，科技工作者做了大量的研究工作，也得出了许多结论。主要有以下几种观点：应力波干涉观点、高压气体准静态作用观点、应力波与高压气体联合作用的观点。但最经得起推敲而且又和实际情况吻合最好的是应力波与高压气体联合作用使岩石破裂的理论。工程实践证明，只有减弱冲击波的动压作用，使高压气体和冲击波的准静态作用成为主导，才能获得较好的光面效果。

炸药起爆完成后，首先产生爆炸冲击波，透过装药间隙的气体作用于炮孔内壁上，然后又由于相继产生的高压气体作用于内壁上，共同作用于岩石，光爆这个过程可以看作衰减后的冲击波和高压气体对孔内壁的准静态作用过程。

由于装药间隙中的空气层的缓冲作用，使得透过去的冲击波大大减弱，从而保护了孔内壁，避免产生破碎圈，同时衰减后的冲击波作用于孔壁后以应力波的形式在岩石中传播，在和相邻孔中爆炸加载的应力波相遇叠加后，会在相邻孔的连线上形成最大主拉应力区，且方向垂直于连线，为一个应力集中区，同时高压气体作用于孔壁，亦会对此应力集中区起应力叠加的作用。

由于岩石一般是受拉破坏。从断裂力学的观点来看，由于最大主拉应力的应力集中作用，孔连线上各点沿连线方向最易产生断裂现象（此应力集中现象同日常生活中撕开相连 2 张邮票，邮票沿小孔连线断开现象类似）。

炮孔起爆后，在相邻孔连线上，炮孔近区先达到最大主拉应力极值，而炮孔连线中点区附近后达到，且到达时间永远迟于炮孔近区的时刻。因此，由于炸药爆炸冲击波的作用，炮孔边缘附近出现裂纹后，高压气体充填其内，像楔子一样作用于裂纹的内表面上，即“气刀”作用，此作用加强边缘裂缝向相邻孔连线中点发展，最终在高压气体和冲击波的准静态主导作用下形成贯穿裂缝。

因此，当光爆孔同时起爆时，由于应力波叠加和爆生气体准静压力的共同作用，炮眼连心线上切向拉应力超过岩石动抗拉强度而首先产生贯通裂缝并片落而向自由面方向移动，也抑制了孔壁上其它方向裂缝的产生，同时可以达到围岩不受扰动的目的。

14.1.2　光面爆破参数设计

影响隧道光面爆破效果的主要参数包括炮孔间距（E）、炮孔密集系数（m）、线装药密度（q）、最小抵抗线（W）、不耦合系数（D），而它们之间又是相互联系的。所以，合理确定光爆参数，特别是选择 E 和 W 的值，使其处在某一正确、协调的范围内，才能达到理想的光爆效果。

1. 炮眼直径

炮眼直径的确定直接关系到施工的效率和成本，应综合考虑岩石特性、现场机械设备情况及工程具体要求进行选择。

一般情况下，主要应依据爆破的现场和钻工机具确定。如在地下小断面的巷道实施光面爆破时，孔径取 32 ~ 45 mm；而在露天情况下实施光面爆破时，孔径则可取大些。

2. 炮眼间距

孔距的取值主要受到所选用炸药的性质、不耦合系数和岩石的物理力学性质的影响。根据光面爆破机理分析，光面爆破的实质是使炮眼之间产生贯通裂隙，以形成平整的岩壁断裂面，可利用理论公式近似地计算光爆孔孔距：

$$E = 54.297\,6k_p d_b \tag{14-4}$$

式中　k_p——与岩石普氏系数 f 有关的岩石抗屈服系数，一般地 $k_p = 0.04f$；

d_b——装药直径（cm）：对于不耦合连续装药结构，d_b 为装药直径；对于间隔装药结构，折算为等效装药直径 d_e。

Langefors 给出的确定孔距的经验公式为 $A = \pi r^2$

$$E = (8 \sim 12)d_b \quad (d_b > 60\ \text{mm}) \tag{14-5}$$

$$E = (9 \sim 14)d_b \quad (d_b < 60\ \text{mm}) \tag{14-6}$$

3. 最小抵抗线

对于光面爆破，其最小抵抗线也就是光爆层厚度。若已知单孔装药量，则最小抵抗线可由下式确定

$$W = \frac{Q}{C_q EL} \tag{14-7}$$

式中　C_q——装药系数（kg/m³）：对于 $f = 4 \sim 15$ 的岩石，$C_q = 0.2 \sim 0.5\ \text{kg/m}^3$；

L——炮孔深度（m）；

Q——单孔装药量（kg）。

4. 炮孔密集系数

炮孔密集系数又称为炮孔临近系数，用于描述孔距与最小抵抗线之间的关系。光面爆破中的炮孔密集系数是光面爆破参数中一个关键性参数，是指孔距 E 与最小抵抗线 W 的比值，即

$$m = \frac{E}{W} \tag{14-8}$$

在工程中，一般情况下 $m = 0.8 \sim 1.0$。当 $m > 1$ 时，爆破后容易出现炮孔间裂隙而成偏斗爆破；当 $m=1$ 时，爆破后光爆孔间容易形成比较好的贯通裂缝。文献认为，m 的合理取值是 0.7 ~ 1.3，最佳取值为 0.8 ~ 1.13。从工程实践出发，m 的取值应根据岩石性质、地质构造和开挖跨度等条件，通过现场爆破试验确定。

5. 不耦合系数

不耦合系数 K 是指炮孔直径与装药直径之比，它反映了药包与孔壁间的接触情况。由于光面爆破所用药包直径小于炮孔直径，所以不耦合系数 $K>1$。研究表明，不耦合系数与孔壁上的最大切向应力呈指数关系。

6. 线装药密度

线装药密度亦即装药集中度，是指单位长度炮孔中的装药量，根据光面爆破力学条件，光爆孔的装药量应该是刚好能克服岩石的抵抗阻力以形成拉伸贯通裂隙，而不造成围岩破碎或粉碎。对光面爆破有：

$$q_0 = x = \frac{\pi}{4} d_1^2 \Delta = \frac{\pi}{4K'^2} d_2^2 \Delta \tag{14-9}$$

式中 q_0——线装药密度（kg/m³）；

d_1——药卷直径（m）；

Δ——炸药密度（kg/m³）；

K'——不耦合系数，采用环向不耦合连续装药结构时，$K' = d_2 / d_1$；

d_2——炮孔直径：当采用不耦合、空气间隔装药结构时，对于光爆孔直径为 35 ~ 45 mm 时，一般线装药密度为 0.1 ~ 0.3 kg/m³，其中软岩为 0.07 ~ 0.12 kg/m³，中硬岩为 0.1 ~ 0.15 kg/m³，硬岩为 0.15 ~ 0.25 kg/m³。为克服岩石对孔底的夹制作用，孔底段应加大线装药密度到 2 ~ 5 倍。

14.1.3 影响光面爆破效果的主要因素

1. 不耦合系数

不耦合系数 K_d 是指炮眼直径 d_b 与药卷直径 d_c 之比，即：

$$K_d = \frac{d_b}{d_c} \tag{14-10}$$

当 $K_d > 1$ 时，此时药卷与炮眼壁具有一定的空隙。则当炸药爆炸时，它可衰减爆轰波激起的空气冲击波波头压力，缓冲作用眼壁上的初始冲量，将其猛度作形式功转换为爆力做功形式，这样就可减少炮眼周围的粉碎区，消除围岩的炮震裂缝，有效地保护围岩的稳定，达到光面爆破的效果。

在不耦合装药条件下，炮眼壁上产生的冲击压力 p_2 为：

$$p_2 = \frac{p_0 D^2 n}{8K_d^6} \tag{14-11}$$

式中 p_0——炸药的密度；

D——炸药的爆速；

n——压力增大倍数。

上式表示不耦合系数与炮眼壁上产生的冲击压力之间的关系，可以看出，当 $K_d = 1$ 时，p_2 最大，$p_2 = \frac{p_0 D^2 n}{8}$；而随着 K_d 的加大 p_2 迅速减小，所以在光面爆破施工中，一定要注意合理地选择药卷直径，要与炮眼直径相配合，使其既能克服较大的岩石抵抗，炮眼内壁周围岩石少受或不受破坏，同时还能保证稳定的爆轰。实践证明，不耦合系数 K_d 的大小因炸药和岩石的性质不同，一般选为 1.5 较为适宜。

2. 周边眼的抵抗线和眼距

周边眼的抵抗线（W）和眼距（E）是光面爆破的两个重要参数，具有一个合适的比例关系，并依围岩的岩性而有所变动，同时还应考虑眼深和装药结构的影响。目前，已有一些经验的和半经验的公式来确定这些参数，但主要还得通过试验来确定。周边眼眼距大小一般随岩石性质变动于 400 ~ 500 mm 之间，眼距与抵抗线之比值（$\frac{E}{W}$），一般在软岩中 $\frac{E}{W} \leqslant 0.8$，在硬岩中 $\frac{E}{W} = 0.9 \sim 1.0$ 为宜（详见表 14-1）。

表 14-1 光面爆破参数表

岩石性质	周边眼距/mm	周边眼距抵抗线/mm	密集系数	周边眼装药量/（g · m^{-1}）
坚硬岩石 f=8 ~ 10	450 ~ 500	450 ~ 500	0.9 ~ 1.0	120 ~ 170
中硬岩石 f=6 ~ 8	400 ~ 450	500 ~ 600	0.8 ~ 0.9	100 ~ 150
较软岩石 f=4 ~ 6	350 ~ 400	550 ~ 650	0.7 ~ 0.8	70 ~ 120

3. 合理的装药量和装药结构

合理的装药量是保证光面爆破质量的关键，一定要改变多装药放大炮的习惯，有时宁可减少眼距也比多装药为好。合理的装药量应依岩性和岩层嵌在赋存条件通过试验来确定，一般在 $f = 4 \sim 6$ 的软岩中每米炮眼装药量在 70 ~ 120 g/m，$f = 6 \sim 8$ 的中硬岩中为 100 ~ 150 g/m，$f = 8 \sim 10$ 的硬岩中为 120 ~ 170 g/m。

光面爆破周边眼一般采用以下几种装药结构：

（1）空气间隔分节反向装药，见图 14-2。其特点是分节反向装药，眼内的炸药用导爆索连接，施工操作比较麻烦。

（2）单段空气柱连续反向装药，见图 14-3。其特点是施工操作简单，炸药爆炸后靠空气柱的缓冲作用，延长了眼内爆生气体做功时间而且使被爆岩体均匀受载，可有效地防止爆破时出现较多残眼现象。

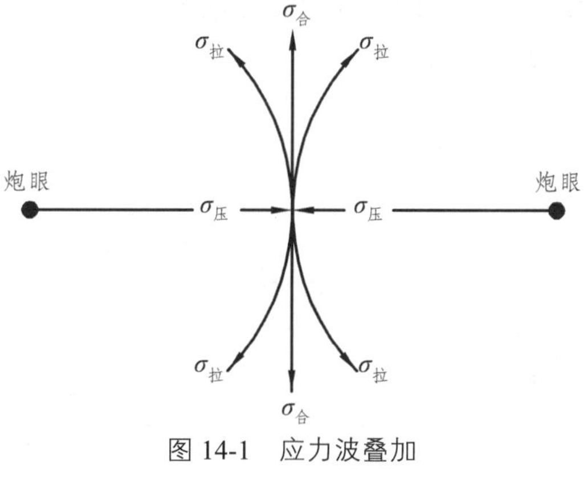

图 14-1 应力波叠加

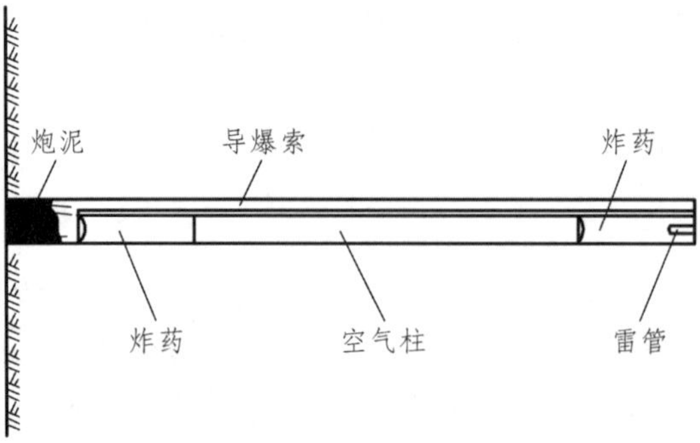

图 14-2　空气间隔分节反向装药

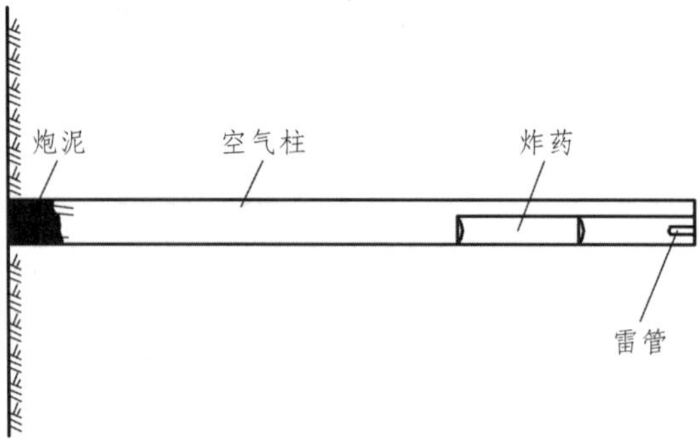

图 14-3　单段空气柱连续反向装药

4. 施工质量对光面爆破效果的影响

除了因光面爆破参数选择不合理直接影响光面爆破效果以外，还有一些在光面爆破参数选择合理情况下影响光面爆破效果的因素。

5. 炮眼的规格质量

必须保证打眼的规格质量，特别是周边眼的质量，应达到“平、直、齐”，即各炮眼互相平行，平行于巷道轴线，周边眼顺直钻进不带角度，各眼眼底落在同一个平面上，周边眼的眼距应保持相等，这样爆破后，才能使巷壁沿设计断面轮廓线光滑平整。

1）周边眼的起爆时差

当两眼不是同时起爆时，相当于各个炮眼的单独作用，形成各自的爆破漏斗，极易形成不平整的切断面。因此，保证周边眼同时起爆是保证光面爆破效果的主要条件，尽可能减小周边眼的起爆时差，应使用同段别的雷管。

2）炮泥的封堵质量

用炮泥封堵炮眼眼口，可衰减炸药爆炸时产生的爆轰波波头压力，避免使围岩遭到明显破坏，还可以克服眼口部分岩石抵抗，防止其崩落不下来。

6. 增强光面爆破效果的措施

1）预留光爆层

在大断面巷道和硐室掘进时，可采用预留光爆层的分次爆破，如图 14-4 所示，采用超前掘进小断面导硐，然后刷大至全断面。预留光爆层的厚度就是周边孔的最小抵抗线，一般为

700 ~ 800 mm，拱顶部位光爆层的厚度，应随跨度的增加而相应加大。而开挖轮廓曲率小的地方（如拱基小弧处），为了减少岩石对爆破的夹制作用，炮眼间距和光爆层厚度都应减小。预留光爆层的厚度，还应根据岩石性质及地质构造加以调整。岩石坚韧、可爆性差的光爆层应薄些，岩石松软、易破碎的光爆层应厚些。

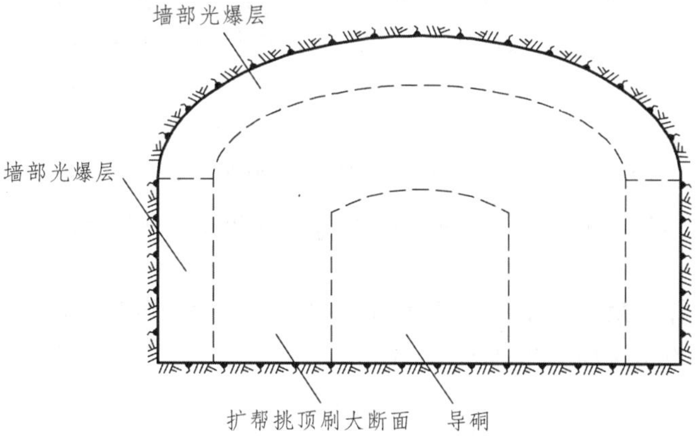

图 14-4　预留光爆层示意

预留光爆层爆破的优点是根据最后留下光爆层的具体情况调整爆破参数，这样可以节约爆破材料，提高光爆效果和质量。其缺点是巷道施工工艺复杂，增加了辅助时间。

2）刻槽孔爆破

为了控制炮孔中产生裂缝的起始部位和扩展方向，使光面爆破效果更为理想，在研究试验中提出了槽孔爆破。所谓刻槽孔，即按预定的开裂方向，爆破前在炮孔壁开凿两条纵向槽，爆破后由于在刻槽部位产生应力集中，则沿刻槽部位发生断裂。在相同的条件下，采用刻槽孔爆破，孔距可以加大，从而减小了孔数。一般孔距可增大 40% ~ 80%。这种方法的光爆效果是明显的，但困难在于如何实现刻槽。目前已进行试验的有钻孔与刻槽一次完成的刻槽工具。

3）切缝药包爆破

切缝药包是炸药装于带有纵向切缝的外壳内，以不耦合装药结构整体将切缝药包装于炮孔内。炸药爆炸时，爆轰波及爆生气体在切缝处直接作用在孔壁上，使该处首先形成裂缝，而后在爆生气体膨胀压力下使该裂缝扩展，其他方向的裂缝受到抑制。试验结果表明，该法可精确控制断裂面，孔间距可增大 50%左右，具有应用前景。

4）采用了胶合板木模的施工工艺

采用胶合板木模，具有尺寸组合灵活，梁柱节点拼接方便，施工速度快的优点。在此基础上，项目监理组把模板施工质量作为质量控制点，达到了混凝土平板顶棚直接批腻子刷涂料的效果，既节约抹灰材料又减少了安全隐患。

14.1.4　光面爆破技术在隧道掘进工程中的应用

1. 工程概况

杨给隧道为普通分离式隧道，起讫里程为 K5+695（YK5+688）~ K6+300（YK6+290），右线隧道长 602 m，左线隧道长 605 m。杨给隧道洞口段为部分小净距，进口净距 18.25 m，出口净距 16.39 m。

2. 光面爆破参数的确定

1）孔径与孔深

依据爆破中各个炮孔的作用，可将隧道爆破炮孔分为光爆孔、光爆辅助孔、主爆孔和掏槽孔。根据工程进度计划，炮孔深度为 3.2 m，炮孔直径 $d=48$ mm；掏槽孔超深为 0.1 m。

2）孔　距

根据光面爆破机理，由岩石抗压强度知岩石的普氏系数 $f=12$，所以岩石的抗屈服系数 $K_p=0.04$，$f=0.48$。由式（14-4）计算得光爆孔孔距为 $E=52.125\,\text{cm}$。由式（15-6）计算光爆孔孔距为 $E=37.8\sim58.8\,\text{cm}$。通过试爆孔距调整，实际取 $E=50\,\text{cm}$。

3）最小抵抗线

由式（14-7）计算得最小抵抗线范围为 0.8 ~ 1.56 m。参考式（14-8），$m=0.7\sim1.2$，因此 $W=0.35\sim0.6$。通过试爆确定 $W=1.2E=0.6\,\text{m}$。

4）单孔装药量

由式（14-7）计算得出的线装药密度往往偏大，根据岩体力学性质和试爆效果，线装药密度取 $q=0.15\sim0.25$ kg/m 比较合理，由此确定单孔药量为 0.5 kg。

隧道全断面法开挖光面爆破基本参数和药量分配情况见表 14-2。

表 14-2　光面爆破炮孔药量分配

序号	炮孔类型	爆破顺序	炮孔数/个	孔深/m	线炸药密度/（kg/m）	单孔装药量/kg	小计/kg
1	中心空孔	—	2	3.3	—	—	—
2	掏槽孔	1	6	3.3	0.8	2.64	15.84
3	掏槽孔	2	6	3.3	0.7	2.31	13.86
4	扩槽孔	3	4	3.3	0.7	2.31	11.24
5	辅助孔	4	6	3.2	0.6	1.92	11.52
6	辅助孔	5	13	3.2	0.6	1.92	24.96
7	辅助孔	6	21	3.2	0.6	1.92	40.32
8	辅助孔	7	23	3.2	0.6	1.92	44.16
9	辅助孔	8	27	3.2	0.6	1.92	51.84
10	辅助孔	9	12	3.2	0.6	1.92	23.04
11	辅助孔	10	10	3.2	0.6	1.92	21.2
12	辅助孔	11	6	3.2	0.6	1.92	11.52
13	崩落孔	12	11	3.2	0.6	1.92	23.12
14	崩落孔	13	30	3.2	0.6	1.92	57.6
15	内圈孔	14	13	3.2	0.7	2.24	211.12
16	周边孔	16	43	3.2	0.16	0.5	22.016
合计							395.356

隧道光面爆破中光爆孔通常采用不耦合、间隔装药结构，不耦合系数一般为1.5～2.0。受限于工地药卷直径和钻孔设备配备，该光爆孔的不耦合系数为1.5，根据线装药量计算得出的药量合计为3卷多药包。其他炮孔均采用连续装药结构。为了保证光面爆破效果，光爆孔采用导爆索齐发爆破网路。光爆孔装药结构如图14-5所示。光面爆破网路采用由内向外的多段微差爆破网路，光爆孔采用导爆索起爆网路，全断面光面爆破网路起爆顺序为：掏槽孔—辅助孔—底板孔—崩落孔—光爆孔。

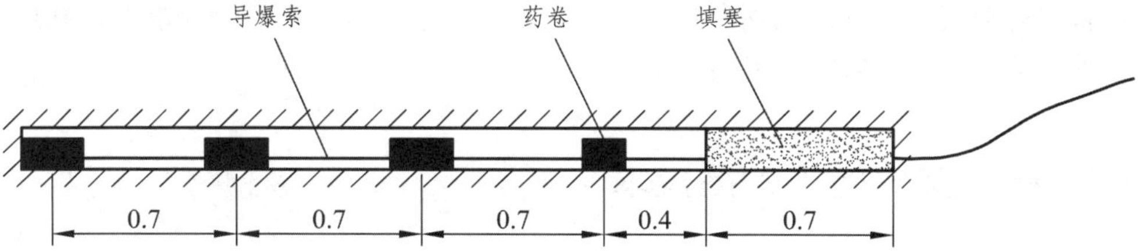

图14-5 光爆孔装药结构（单位：m）

3. 光面爆破施工工艺

隧道掘进光面爆破施工工艺环节主要有工作面上放样布孔、钻孔、炮孔检验与清洗、炮孔装药、连接起爆网路、起爆、检查爆破效果。具体光面爆破施工工艺过程如图14-6所示。

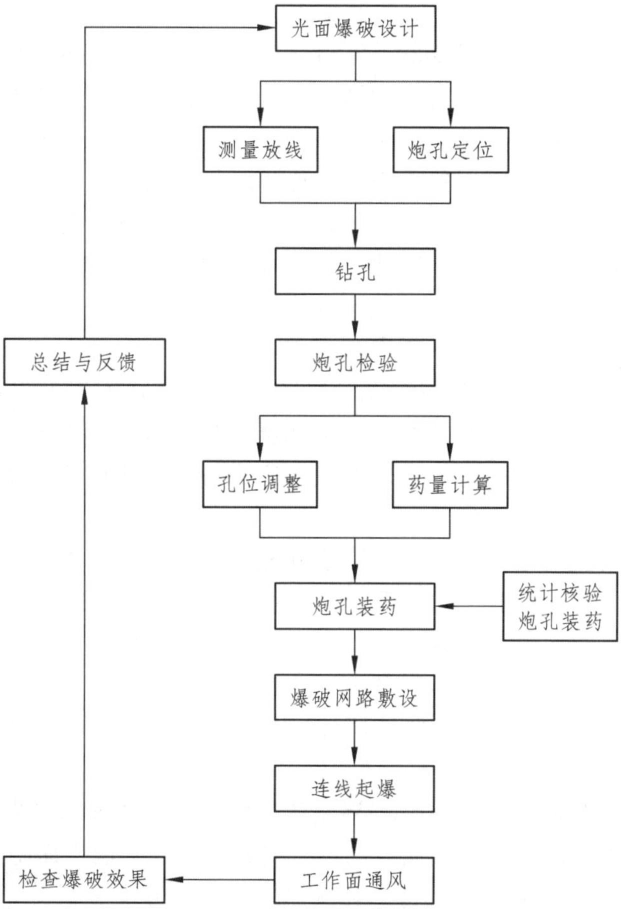

图14-6 光面爆破施工工艺

光面爆破的另一关键问题是掏槽孔与光爆孔的钻孔准确性。为了确保光面爆破效果，施工要求是：

（1）掏槽孔方向应尽量垂直于层理，其深度比其他眼加深 10 cm。

（2）光爆孔严格按设计开挖轮廓线布置，开眼位置在设计断面轮廓线上的间距误差不得大于 5 cm；光爆孔外斜率控制在 5 cm/m 内，孔底超出开挖断面轮廓线控制在 10 cm 内，爆落孔至光爆孔的抵抗线误差控制在 5 cm 内，对于软岩，光爆孔孔底应落在设计轮廓线上。钻孔结束，应依据光面爆破设计图纸逐一检查成孔并做好记录，对于不符合要求的炮孔应调整或补孔。此外，辅助孔尽量均匀分布到工作面上。

14.2　初期支护施工关键技术

14.2.1　隧道初期支护概述

隧道工程内部地质情况复杂，受到工程地质与水文地质条件的影响大。在隧道工程设计与施工中，隧道初期支护结构是重点。隧道初期支护结构施工隧道开挖后第一道支护体系，是保证隧道内围岩稳定的基础。隧道初期支护结构是承受围岩变形变位荷载的主要结构，在隧道总体结构中起着不可或缺的作用。其主要作用有：

（1）承受围岩压力，减少围岩变形。隧道初期支护结构是隧道工程体系中的主要受力单元，也是隧道开挖后的第一道完整的支护结构。围岩开挖后，经过机械设备和炸药爆破的扰动，使其失去原有的天然平衡，逐渐发生变形变位。其主要的破坏力来源是隧道自身的重力。由于隧道结构为马蹄形形状，围岩的重力沿隧道边缘切向的分力对隧道没有破坏作用，破坏力主要来源于沿隧道径向的分力，是主要的破坏力。由于在越靠近拱部其分力越大，所以其破坏力也越大，拱顶位置达到极值。因此，在对隧道初期支护结构设计与施工中，应全面考虑其受力，必要时建立力学模型，采用理论计算验证法进行分析。设计中应根据围岩情况全面考虑其受力状况，选择合适的支护参数。

（2）封闭围岩空隙，减轻围岩风化。围岩开挖后，裸露在大气中，其表面水分迅速流失，很容易产生风化。风化后的围岩极易失稳，出现层片状脱落，甚至小面积塌方。因此，初期支护的施工时机十分重要，按规范要求开挖后即应进行第一次初喷，主要目的就是为了封闭围岩表面，减少风化。

（3）减轻渗漏水对隧道结构的危害。隧道开挖后，会有不同程度的渗漏水出现，这主要与当地的水文地质条件和气候有关。对于埋设较大的隧道，容易穿过地下水层，如上层滞水、层间水等。对于埋深较浅，气候干燥地区的隧道，主要受裂隙水影响较大，表现为雨季水量大，干旱季节水量小。经过理论计算，隧道衬砌达到一定强度后，可有效地防止渗漏水现象的发生。但是，我国现阶段隧道施工常采用 C25 的喷射混凝土，其防渗漏效果一般，仅能减轻隧道渗漏水的危害。

（4）保证隧道建筑限界。隧道建筑限界是隧道内部供车辆通行的空间，不可侵入。保证隧道建筑限界主要是通过隧道支护结构控制围岩变形，使其不侵入净空达到的。

（5）给空气流通提供光滑平面。这主要从空气动力学方面分析，光滑的表面更容易空气流通，对提高隧道施工中的通风效果有一定作用。

14.2.2 隧道初期支护常见质量问题

1. 隧道开挖后初期支护施工严重滞后

隧道开挖后，围岩裸露，由于破坏了原有的天然平衡，自稳能力差的围岩将会出现较大变形。同时，裸露的围岩会加速风化，增大产生塌方的风险。因此，应在开挖后即开始初期支护施工，使隧道结构尽快封闭成环，构建完整的受力体系，防止围岩变形。

2. 锚杆施工质量差

锚杆是加固围岩，将初支结构与围岩连接成一个整体。施工中锚杆出现的主要问题有：数量不足、长度不足、角度不对、没有进行注浆处理，没有安设垫板等等。另外，锁脚锚杆存在长度不足，注浆不饱满甚至不注浆，没有按要求与钢架连接等问题。锚杆施工中重视程度严重不足，所出现的问题也最多。

3. 钢筋网片施工质量问题

钢筋网片的加工和现场施工都存在很多问题，具体如下：

（1）网片加工中网格尺寸不合格，间距偏大。

（2）网片加工采用点焊，焊接质量差。

（3）网片现场施工搭接长度不足。

（4）喷射混凝土厚度不足引起钢筋保护层厚度不够。

4. 钢拱架施工质量问题

（1）钢拱架加工质量不合格，包括焊接质量差、偏差超限等。

（2）钢拱架间距过大，拱架背后有空洞等。

（3）拱架背后填充片石。

5. 喷射混凝土施工质量问题

（1）平整度差，个别施工现场喷洒混凝土呈肋骨形，表面凹凸不平。

（2）喷射混凝土不密实，拱背后有空洞。

（3）厚度不足，个别喷射混凝土表面出现开裂，强度不足。

14.2.3 隧道初期支护施工技术要点

1. 锚杆施工

锚杆施工质量是施工中最容易被忽视的，应从总体结构与支护作用等方面进行全面控制。

（1）系统锚杆施工质量控制。系统锚杆是沿整个隧道径向设置的锚杆，通过安装和注浆后将围岩与初期支护连接为一个整体，对整体支护结构进行加固。施工中应从锚杆间距、数量、长度、钻孔深度、注浆等方面进行质量控制。但在施工中由于重视不足，系统锚杆少打，甚至不打的现象比比皆是。

（2）锁脚锚杆的作用至关重要，可有效提高拱架的稳定性。施工中应严格控制锁脚锚杆的长度、施工角度、注浆饱满程度及其与拱架的连接。

2. 钢拱架施工

钢拱架一般设置在围岩稳定性较差的Ⅳ级以下围岩，一般与锚杆、钢筋网片构成联合支护形式，可有效提高初期支护结构的稳定性。

（1）有效控制钢拱架的间距，在施工过程中进行质量控制的同时，施工完成后也要进行无损检测。钢拱架造价高，很多施工单位为节约成本，人为放大钢拱架的间距，使其施工质量受到很大影响。

（2）钢拱架施工中应对其倾斜度、拼装偏差等进行实地测量，确保其偏差在允许范围内。

（3）钢板连接处是最容易出现问题的地方。施工中出现连接螺栓数量不足、连接钢板数量不够、连接钢板间隙过大等质量问题。尤其是在下导坑和仰拱钢拱架施工中，类似的问题最严重。

3. 钢筋网片施工

钢筋网片的施工质量要从钢筋网片的加工和施工两个方面进行控制。网片加工过程中应严格控制网格尺寸，网格应尽量采用绑扎，避免采用点焊连接。现场施工中发现点焊连接的钢筋网片连接质量差，经常出现开焊的现象。现场施工中应严格控制钢筋网片的搭接长度、与锚杆或拱架的连接等方面。

4. 喷射混凝土施工

喷射混凝土施工初期支护强度的主要来源，也是将钢质骨架结构联结成一个整体，提高支护效果的关键。

（1）喷射混凝土应选择有效的施工方法，最好采用湿喷。在现阶段施工现场施工中，由于湿喷设备购置成本高，很多施工单位依然采用潮喷，产生的回弹和粉尘的量很大。

（2）控制喷射混凝土的厚度和平整度。现场控制喷洒混凝土的厚度可采用埋设钢筋棍的形式，测量喷后露出的长度即可。喷射后的混凝土表面进行人工修正，以保证其平整度，这其中应考虑混凝土收缩产生的变形。

（3）防止产生空洞。空洞是喷洒混凝土存在的最大问题，施工中施工单位为节约混凝土，人为采用石棉瓦等遮挡拱背，造成空洞。另外，超挖也是产生空洞的主要原因之一。

14.3 二次衬砌施工关键技术

14.3.1 工程概况

关防隧道位于冲江河右岸，是一座分离式长隧道，左线里程 ZK45+805 ~ ZK47+415（全长 1 610 m），右线起止里程 YK45+795 ~ YK47+440（全长 1 645 m），隧道单幅合计 3 255 m，其中洞身Ⅲ级围岩占 46%，Ⅳ级围岩占 38%，Ⅴ级围岩占 16%。隧道进口左、右线均为端墙式洞门。

14.3.2 二次衬砌结构承载特性及破坏机理研究

1. 引　言

新奥法为基础进行设计和施工的复合式衬砌结构体系（包括辅助工法，初期支护，二次衬砌），近几年在国内外隧道工程中得到了普遍的应用。在隧道设计时，主要依据围岩级别、地形条件，以破损阶段法进行衬砌结构验算，并结合工程类比与施工条件等因素综合确定随道二次衬砌参数。计算时，对于Ⅳ、Ⅴ、Ⅵ级别的围岩考虑初期支护和二次衬砌共同承载，其中二次衬砌一般承担 50%～70%的荷载，而针对Ⅱ、Ⅲ级围岩初期支护仍为主要承载结构，二次衬砌所承担的荷载仅为围岩荷载的 30%左右，二次衬砌主要作用在于提高衬砌的安全度。设计方案上，《隧规》规定，Ⅳ、Ⅴ、Ⅵ级别的围岩中，二次衬砌采用钢筋混凝土结构，而在Ⅰ、Ⅱ、Ⅲ级围岩中则采用素混凝土结构。

然而，上述方法、规范多是基于相似工程经验类比法确定，缺乏系统的可靠的理论指导，这就导致二次衬砌结构设计与施工上存在诸多问题与困惑。初支、二次衬砌究竟如何分担荷载；二次衬砌是承载结构的一部分还是作为安全储备，如果作为承载结构，它的作用机理如何描述，如果作为安全储备，它的安全性如何评价；二次衬砌配筋的作用是什么，是否可以减少甚至取消配筋，等等。并且，在计算围岩荷载时对围岩自稳能力的考虑有所欠缺，将围岩压力按松散荷载处理的方法明显趋于保守。对性质较好、完整性高的Ⅱ、Ⅲ级围岩而言二次衬砌并非是必选项，视具体情况在满足承载条件的前提下完全可以由单层衬砌体系来代替原有的复合支护体系，而对于相对破碎的Ⅳ、Ⅴ、Ⅵ级围岩而言对二次衬砌进行“瘦身”无疑也是可行的，但“瘦身”后的二次衬砌必须满足一定的承载条件，然而要进行这些改进就必须搞清楚现有二次衬砌结构的承载机理。

本节研究针对双线 350 km/hV 级围岩高速铁路二次衬砌标准断面，分别建立钢筋混凝土二次衬砌及素混凝土二次衬砌模型，通过比较分析两种结构在不同地应力条件下的极限承载能力、典型破坏过程，归纳总结出二次衬砌的承载机理以及结构配筋的适用性，并通过理论方法验证本节分析的可靠性。

2. 二次衬砌受载特点

初期支护施作不仅在时间上早于二次衬砌，在空间位置上也更靠近围岩，工程中不仅可以使二次衬砌联合初期支护共同发挥约束围岩变形和抵抗水头压力的作用，而且也可以通过支护时机、支护措施以及必要时辅助工法的施作来实现初期支护和围岩承受全部荷载，这时二次衬砌完全作为安全储备。由于二次衬砌并不与围岩直接相接触，其所受的荷载完全由初期支护提供而初期支护的变形方式与荷载释放速率完全不同于围岩，因此这样的边界条件必然致使二次衬砌的承载特点不同于初期支护，但其中相互作用的关系同时也决定了彼此之间必然存在着千丝万缕的联系，明确初期支护二次衬砌之间的相互作用关系是研究二次衬砌结构的变形与承载能力的前提，通过分析相关研究可知：

（1）不同围岩级别下由于二次衬砌均在初期支护变形稳定后施作，初支、二次衬砌间接触力大致在相同的水平上。

（2）初支、二次衬砌之间的接触压力随时间的变化表现为：先增大后减小再缓慢增加并逐渐趋于稳定。拆模时，初支、二次衬砌间接触 H_i 力最大，在该时刻二次衬砌结构受力最不安全。

14.3.3 施工方法

隧道衬砌要遵循“仰拱超前、墙拱整体衬砌”的原则，初期支护完成后，为有效地控制其变形，仰拱与掌子面距离不得超过 35 m，仰拱和仰拱填充采用栈桥平台以解决洞内运输问题，并进行全幅一次性施工。仰拱施作完成后，利用多功能作业平台人工铺设防水板，绑扎钢筋后，采用液压整体式衬砌台车进行二次衬砌，采用拱墙一次性整体灌注施工。混凝土采用拌和站集中拌和，混凝土搅拌运输车运至洞内，混凝土输送泵泵送入模。

1. 主要建筑材料及参数

（1）模筑混凝土。拱部及边墙：C35 钢筋混凝土；仰拱：C35 钢筋混凝土；仰拱填充混凝土采用 C20 混凝土；水沟、电缆槽身采用 C25 混凝土，水沟电缆槽盖板采用 C35 钢筋混凝土；踏步板：C20 混凝土。

（2）钢筋。HRB335 钢筋及 HPB235 钢筋。隧道衬砌环向受力钢筋接头设置在受力较小处，受拉钢筋采用套筒机械连接方式，其他钢筋采用绑扎搭接；隧道衬砌拱部及边墙钢筋接头不得采用焊接。

（3）支护参数。拱墙厚度 45 cm，仰拱厚度 55 cm，混凝土等级 C35。

2. 衬砌的施工工艺

衬砌的施工工艺流程见图 14-7。

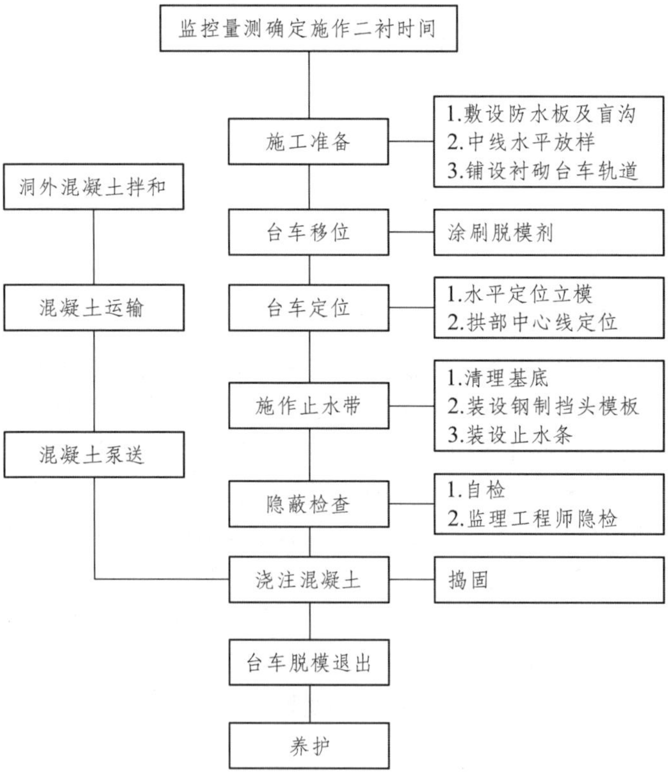

图 14-7 衬砌施工工艺流程图

1）衬砌模板

模板衬砌台车必须按照隧道内净空尺寸进行设计与制造，钢结构及钢模必须具有足够的强度、刚度和稳定性。衬砌台车经项目部同监理单位验收合格后方可投入使用。模板台车长 9～12 m，台车半径在 w=0 隧道断面基础上加大 50 mm。模板安装必须稳固牢靠，接缝严密，不得漏浆。模板表面要光滑，与混凝土的接触面必须清理干净并涂刷隔离剂。模板的安装允许偏差和检验方法见表 14-3。

表 14-3　模板安装允许偏差和检验方法

序号	项目	允许偏差/mm	检验方法
1	边墙角	±15	尺量
2	起拱线	±10	尺量
3	拱顶	+10、0	水准测量
4	模板表面平整度	5	2 m 靠尺和塞尺
5	相邻浇筑段表面高低差	±10	尺量

2）衬砌钢筋

钢筋加工弯制前应调直，并将表面油渍、水泥浆和浮皮铁锈等均应清除干净；加工后的钢筋表面不应有削弱钢筋截面的伤痕；利用冷拉方法矫直伸长率：Ⅰ级钢筋不得超过 2%，Ⅱ级钢筋不得超过 1%。

3. 二次衬砌施工程序

拱墙二次衬砌采用全断面整体钢模衬砌台车、混凝土搅拌运输车运输、泵送混凝土灌注，振捣器捣固，挡头模采用钢模或木模。混凝土浇筑要左右对称进行，防止钢模台车偏移。混凝土生产采用自动计量拌合站拌和，混凝土拌合站设置应满足夏季、雨季施工要求。

（1）二次衬砌施工要求：① 深埋隧道二次衬砌施作一般情况下在围岩和初期支护变形基本稳定后进行，变形基本稳定符合：隧道周边变形速率明显下降并趋于缓和；或水平收敛（拱脚附近 7 d 平均值）小于 0.2 mm/d，拱顶下沉速度小于 0.15 mm/d；或施作二次衬砌前的累积位移值，已达到极限相对位移值的 80%以上；或初期支护表面裂隙（观察）不再继续发展。② 围岩及初期支护变形过大或变形不收敛，又难以及时补强时，可提前施作二次衬砌，以改善施工阶段结构的受力状态，此时二次衬砌应予以加强。

（2）进行中线、高程测量放样。

（3）根据中线和标高铺设衬砌台车轨道，要求使用标准轨枕（轨枕高度 150 mm）和鱼尾板；轨距与台车轮距一致，左右轨面高差＜10 mm。起动电动机使衬砌台车就位。涂刷脱模剂。

（4）起动衬砌台车液压系统，根据测量资料使钢模定头模板，按设计要求装设橡胶止水带，并自检防水系统设置情况。

（5）清理基底杂物、积水和浮砟；装设钢制或木制挡头模板，按设计要求装设橡胶止水带，并自检防水系统设置情况。

（6）自检合格后报请监理工程师对隐蔽处进行检查。

4. 二次衬砌结构外形尺寸允许偏差和检验方法

二次衬砌结构外形尺寸允许偏差和检验方法见表 14-4。

表 14-4　二次衬砌结构外形尺寸允许偏差和检验方法

序号	项目	允许偏差/mm	检验方法
1	边墙平面位置	±10	尺量
2	拱部高程	+30，0	水准测量
3	边墙、拱部表面平整度	15	2 m 靠尺检查或自动断面仪测量

5. 二次衬砌防排水

1）洞身防水

2）洞身排水

（1）止水带施工

止水带安装在每个施工截断、明暗洞交接位置、衬砌类型变化位置以及洞身每隔 50 m 间距设置一道变形沉降缝，缝宽 2 cm，全断面安装并用沥青麻絮填缝。

（2）洞内排水沟施工

本隧道路面两侧设纵向排水沟，以便将渗漏到洞内的地下水、运营清洗污水和路基内的积水，顺着线路方向排出洞外。施工中采用 C30 钢筋混凝土预制块现场安装，每个预制块长 1 m。安装时水沟底用砂浆找平，同时由测量人员严格控制线形、标高。

（3）洞口防排水

隧道在洞口设置截水沟和排水沟，边坡、仰坡采取防护措施，防止地表水的下渗和冲刷；明洞衬砌外侧采用“双工一膜”（350 g/m^2 无纺土工布+1，2 mmEVA 防水板+350 g/m^2 无纺土工布）作为防水层，在上面覆盖 2 cm 厚 M20 水泥砂浆，回填土顶面设置 50 cm 隔水黏土层，并深入边、仰坡不少于 20 cm，确保搭接良好。洞口排水结合地形在洞顶边仰坡开挖线 5 m 外设置截水天沟，洞门顶设置 50 cm×50 cm 的方形排水沟。

14.4　隧道防排水施工关键技术

在复杂地质条件下，影响深埋特长公路隧道的主要地质灾害有高地应力、高地温地下水等，其中，地下水问题尤其突出。隧道构筑在地表之下，处在各种地下水的包围之中。地下水无孔不入，由于隧道设计、施工或运营过程中的有害扰动而造成的隧道防排水体系的任何缺陷，都可能引起隧道渗漏水。现阶段我国虽然具有修筑长大隧道和地下铁道等地下工程的能力和经验，但是，从工程结构的防水角度来看，尽管设计时有所考虑，但总的防水效果不是很理想。目前国内已竣工营运的隧道普遍存在隧道衬砌结构渗漏水的情况。据资料显示在全国的铁路隧道中，有近 1/3 的隧道存在着衬砌结构的渗漏水问题。近年来南方山岭地区因交通事业的需要，修建了很多公路隧道，但绝大部分隧道仍有不同程度的渗漏，成为我国公路工程的常见病害之一。渗漏水病害的表现形式主要有拱顶渗水、滴水、拱脚处渗水、淌水，伸缩缝部位渗水、淌水，侧墙的渗水、淌水、局部涌水、涌泥，道床积水等，在冬天则表现为顶部形成冰挂，侧墙形成冰柱，在道床形成冰堆、冰坡等。目前，国内有的隧道的渗漏状况还相当严重，如于 1995 年 12 月竣工通车的大茅隧道，由于地质构造、施工等各种原因，目前隧道结构出现了较为严重的病害问题。其中最主要的问题之一就是全隧道范围内大部分衬砌表面存在不同程度的渗漏水现象，特别是原施工中发生过大坍方的地段和施工缝处及公路隧道两端渗漏水严重，出现隧道衬砌漏水甚至涌水现象，对安全行车构成极大威胁。

隧道渗漏水与其他病害是密切相关的。由于水的可流动性和水压的传递性，隧道的衬砌结构往往都要承受较高的水头压力，在这样的条件下，衬砌中的任何缺陷和病害都可能成为渗漏水的通道。反过来，渗漏水又会加速各类病害的发生和发展，影响隧道的使用性能和使用寿命。因此，隧道渗漏水实际上是隧道各种病害的综合反映。因此，隧道防排水工程的设计与施工极为重要，其质量的好坏直接关系到隧道建成后的运营环境、结构的坚固性和耐久性、运营成本和运营安全。

14.4.1 隧道防排水研究现状

公路隧道作为一类地下建筑，它的防排水技术经过几十年的发展，已有了许多成功的经验。目前国内外对隧道的施工主要有沉埋法、新奥法和盾构法三种：沉埋法常用于水下隧道的施工；新奥法主要用于山岭隧道：而盾构法常用于城市地下工程，如地下铁道等。隧道防水技术主要有三种类型，一是从围岩、结构和附加防水层着手以防为主的水密型防水，二是从疏水、泄水着手以排为主的泄水型或引流自排型防水，三是防排结合的混合型防水。主要做法有：

1. 复合衬砌

由一次支护、二次模注混凝土以及防水层组成，防水层常采用 PVC、ECB（乙烯一醋酸乙烯与沥青共聚物）EVA（乙烯一醋酸乙烯共聚物）LDPE（低密度聚乙烯膜）及 HDPE 等材料。复合衬砌防水是隧道新奥法施工的基本形式，被广泛应用于国内外大量隧道工程。如日本的北陆新干线一獭隧道、东京湾渡海公路海底隧道、北京西单折返线隧道以及京九铁路五指山隧道等等，都采取复合衬砌防水。复合衬砌的防水层设于一次支护与二次模注之间，表面光滑，除了防水，它还能减少喷射混凝土与二次衬砌模注混凝土之间约束应力，防止二次模注混凝土产生裂缝。但复合衬砌也存在许多问题，主要是：

（1）初期支护难以保护。

（2）施工期长，施工工艺复杂。

（3）防水层材料难以选择：PVC 板及 HDPE 膜做防水层时，PVC 板幅宽仅 1 m，接缝多，板间接缝采用热楔焊，焊缝严密性差，防水可靠性降低；防水板用射钉穿破，固定于喷射混凝土上，防水整体性遭破坏；PVC 板间接缝焊接时分解出有害气体，对人体危害极大；HDPE 膜幅宽 9 m，接缝虽少，但铺设困难，且接缝需用专用焊枪焊接，要用与膜同材质的专用焊条，成本较高。专用焊枪重达 20 kg，在隧道拱顶部操作使用不便，连接方式不易得到保证，焊接工艺要求高。

（4）二次衬砌施工时易将防水板撞破。

2. 二次衬砌防水

二次衬砌防水是盾构隧道的一种防水技术，在盾构隧道内侧，增加二次衬砌，使隧道内的水分和氧气与一次衬砌隔绝，这样不但可以防水，而且可以对一次衬砌接头的金属构件和螺栓起防腐作。

3. 单一衬砌防水

单一衬砌防水可认为是新奥法的一种延伸，分内防水和外防水两种。

4. 排水法防水

这种方法通常与其他防水方法结合使用，很少单独使用。

5. 注浆防水

注浆能起到提高隧道围岩整体性、有利于改善衬砌所受压力，它属于隧道介质防水，其有效性可以通过注浆后达到的渗透性来评价。

14.4.2 国内隧道防排水技术发展

我国起步较早的是铁路隧道，20 世纪 70 代之前的铁路隧道都采用矿山法修建，料石衬砌，没有采取任何防水措施，隧道的漏水量完全取决于地下水本身水量的大小及其渗流方式；70 年代后，新奥法逐渐引入我国，一些隧道开始采用混凝土衬砌，但由于在衬砌的施工缝处未采取任何防水措施，加上衬砌的各种裂缝比比皆是，隧道的渗漏状况较之以前并未得到多大改善；80 年代后，随着电气化机车的广泛使用和一些长大铁路的出现，对铁路隧道的防水提出了新的要求，铁路隧道的防渗漏问题得到普遍重视，公路隧道自 20 世纪 80 年代起，才逐渐增多。由于当时公路隧道的建设经验不足，对公路隧道的特点缺乏认识，公路隧道的设计理念和施工方法都照搬铁路隧道的经验。由于公路隧道断面大且形状扁平，按当时的技术水平，公路隧道的施工难度较铁路隧道的施工难度大，因而先拱后墙施工法在当时的公路隧道施工中相当盛行，这种方法在拱墙接茬会形成水平施工缝，成为隧道渗漏的主要发生点。

20 世纪 80 年代中后期起，工程界对公路隧道的防排水技术提出了更高的要求，不仅提出了与铁路隧道相似的防排水系统和施工工艺，还对防排水材料提出了比铁路隧道更为严格的要求。我国《地下工程防水技术规范》（GBJ1010—87）对地下工程的防水提出了总的治理原则，即“防、排、截、堵相结合，因地制宜、综合治理”。《公路工程技术标准》（JTJ 01—88）要求根据综合治理原则，对地表水和地下水作妥善处理，对高速公路和一级公路上的隧道，应有可靠的防排水措施，保证行车安全及隧道结构和设备的正常使用。而《公路隧道设计规范》（JTJ 026—90）规定一般公路隧道的防水应做到：拱部不滴水、边墙不滴水；路面不冒水、不积水、设备箱洞处不渗水；冻害地区隧道衬砌背后不积水，排水沟不冻结。我国隧道及地下工程推广新奥法施工二十多年来，其结构防水一般在喷混凝土层和二次衬砌之间设置防水层来解决防水问题，普遍被认为是比较合理的方法。这与 1988 年 10 月开始施行的“铁路隧道新奥法指南”（TBJ 3—85）中规定的防排水原则是一致的。目前构筑防水层主要有下列方法：

（1）喷涂防水膜。在初期支护与二衬之间喷涂防水膜，这样形成的防水膜要求初期支护的底层比较平整，否则将影响防水膜的附着力，降低防水效果。所以这种防水膜只适用于没有涌水和滴水的隧道，此法的不足之处在于防水膜的厚度较难控制；此外，由于这种防水层完全隔断水的渗漏而不能把水疏导排出，所以二次衬砌结构要承受外水压力。

（2）设置防水隔板。在初期支护与二衬之间设置平板或带肋板。平板材料为聚乙烯或聚酯。采用平板做防水层的优点是：能在涌水条件下施工，质量易于保证，对初期支护底层的平整度的要求比喷涂防水膜法低。采用带肋板做防水层的特点是：不仅可以隔断渗漏水或者滴水，并且还可以把隔断在板后面的水疏导排出，即在墙基部位设置集中导水管把水排出。因此用此法时，二次衬砌一般不会受到外水压力的作用，这在很大程度上就克服了因隧道超挖而造成的防水难题。但是，必须指出，这种防排水方法在欧洲的法国、德国、意大利等国家已有二十多年的经验；日本、韩国也有十多年的经验。因这些国家多采用全断面掘进机和机械预切槽的施工方法，即便是钻爆法，其光面爆破效果好，再经找平，也能使其防水板与喷混凝土层基本吻合。加上接缝采用机具，焊缝均匀牢固，固定点又加橡胶垫圈，会达到较好的效果。而我国的许多隧道由于其光面爆破效果不佳，喷混凝土面难以吻合；加上接缝采用电烙铁，焊缝不均匀、不牢固，防水板很容易产生空鼓开裂：因局部超挖过量，回填又不好，这样就会使塑料防水板的防水效能无法发挥。另外，因有的施工单位一味追求施工速度，忽视二次衬砌质量，施工上粗心大意，混凝土配合比掌握得不好，浇筑时不按要求施工，也不捣固，结果必然造成混凝土内部空隙、衬砌表面不光滑，对排水设施不按要求砌筑而是随意设置，施工缝、沉降缝及穿墙管、锚杆露头、预埋件等的防水工序处理不当，做工不精，这些都会使地下水丰富地区的隧道造成严重的渗漏水。

随着高等级公路的发展，我国隧道防排水设施吸取国外标准，除了在洞内外进行防排水设置外，对衬砌自防水、二次衬砌铺设复合式防水层、注浆堵水和施工缝、沉降缝、伸缩缝的止防水等方面也日益引起重视，大量采用复合式防水层、软式透水管、弹簧引水管、HOPE波纹网管和 PVC、EVA、LDPE、PE 等各种防排水板材与卷材。基于上述高分子聚合物防水材料的新型法拉格（FLAC）防水材料体系在我国也开始得到借鉴、运用。FLAC 防水体系主要由结构层、找平层、排水层、防水层、保护层、紧固件、分隔体系、检察和注入体系等八部分组成，防水效果好，但费用较高，目前还未得到普遍推广。

14.4.3 国外隧道防排水技术发展

随着隧道新奥法（NATM）设计施工技术的逐步推广和应用，在隧道初期支护与二次衬砌之间敷设防水隔层材料成为一种效果良好的防水形式。西德在 1967 年至 1976 年间的铁路与公路隧道修建中，防水采用装配式衬砌的合成树脂垫片、防水混凝土结构接头处止水以及合成树脂和多层沥青的防水膜等技术。之后，瑞士、奥地利、西德等国家相继采用聚氯乙烯和聚乙烯防水材料，在世界各地普遍得到推广。20 世纪 90 年代以来，国外在隧道防排水技术上采用了① 渗透灌浆（Permeation Grouting），给钻孔中灌浆形成一个地下帷幕从而拦截地下水，② 喷射灌浆（Jet Grouting），往孔内高压喷射水泥浆或水泥浆混合物阻隔地下水并具有支撑土层作用，及③冷冻截水等一些新方法。防水等级上，英国 CIRIA（建筑工业研究和情报协会）的隧道防水等级标准是率先提出的防水等级标准，也是公认为比较科学、合理的分级指标，它将防水分为 7 个等级，0 级代表无可见的渗水，A 级最大渗水量为 1 L/（d · m^2）。此外，国际上权威的防水技术研究机构——德国地下交通设施研究协会（STUVA）的标准也很有意义：不仅规定整条隧道的平均漏水量，更注重单位长度内每昼夜、每平方米的平均渗漏量。日本专家提出日本城市道路隧道防水等级为第3级，与我国的相当。

法国于1992年1月出版实施的《法国公路工程技术手册》，汇集了地下结构防水工程标准。标准主要包括四类产品：①工地结构物内侧使用的涂刷或喷射掺聚合物材料；②填土结构物外侧使用的聚合物沥青防水土工膜；③外防水合成材料板；④构内侧使用的防水水泥。1998年法国对该《地下工程防水技术标准》进行了修订，将20世纪70年代以来运用的膨润土与膨推土板、硅段压缩缝与水膨胀缝两种施工缝和双层防水系统（在二次衬砌之间议无纺布保护层与防水土工膜，并在外面再设一层防水保护层）的技术产品作了改进。

日本的防水设计考虑的因素十分周到，对不同类型的隧道往往采用不同的方法。如山岭隧道的防水采用以排为主，堵排结合原则；对海底隧道和城市隧道等则是以堵为主，堵排结合原则，但在防水设计、施工的指导思想上都是要求把防水一次做好，不留后患，严格要求施工质量，隧道及地下工程的防水皆由专业公司承担设计、施工，每道工序都有人检查把关，严格做到按图施工。日本的防水材料先进，有专门的研究单位从事材料的开发和生产，如为解决混凝土施工缝的防水问题，日本开发生产了异丁基橡胶止水板，这种材料中夹钢片，易于施工，效果可靠，我国目前尚未有类似产品。当前，日本随着都市地下工程不断深层化，对高水压下的防水材料的性能要求也不断提高，在隧道防水方面，已经不再局限于防水措施之类的就事论事的方法，而是从地下工程的结构与整体设施的全局考虑。日本隧道施工技术的发展现状是：电脑技术已经广泛用于隧道及地下工程，对作业面实施自动记录、监理、绘图；应用激光导向和光电传感器，与微机联网，自动采集数据，分析、绘图。日本很重视新技术的开发，也善于吸收和引进别国的先进技术。

当前，国外隧道防排水技术出现了如下发展趋势：

（1）由多道设防向一道设防方向发展。多道设防效果好、费用高，一道设防可以胜任较高防水要求、造价较低、施工方便，如新加坡隧道东北线的防水设计施工就是采用一道设防的。

（2）防水材料开发与施工工艺要求相结合。防水材料要便于施工、经济可靠、质量控制。如国外近几年研发的新型土工合成防水材料膨润土防水毯，原材料成本低；防水性能好，在同比条件下，膨润土防水效能可达传统的五层防水，且耐久性能优良；自我愈合能力强；安装、施工方便。目前在世界上许多重要工程中使用，并证明具有很好的防水防渗效果。

（3）结构自防水是防排水效果的基础，难题在于衬砌结构施工缝的防水，水一般不会通过喷射混凝土本身，而是通过施工缝或钢筋嵌入处渗出。有资料显示：在衬砌施工缝处采用聚氨醋基喷涂防水膜是最具潜在动向的优势之一，特别是对于永久性喷射混凝土衬砌，虽然这种产品目前仅在矿井的岩石支护上得到成功运用。

（4）复合式防排水材料的发展。国外的橡胶止水条多采用氯丁橡胶和水膨胀材料的复合型。发挥两种材料各自的作用，取得良好的经济效益和工程效益。

14.4.4 隧道施工涌水地质预报

不良地质条件预报与处理，实际上就是不良地质涉及地段可能发生的隧道施工地质灾害的防治，即分为超前预报和综合治理两部分。在超前预报方面，主要是通过对不良地质的宏观预报，洞身不良地质体长期、短期超前地质预报，超前钻探和施工地质灾害的临近警报来完成。在综合治理方面，主要是在上述预报的基础上，针对不良地质体的性质、类型和可能发生的施工地质灾害，实施不同的处理方案和处理措施。

1. 超前地质预报

在各类隧道设计中，由于收集资料的技术手段和勘察设计精度的限制，加上地质体本身的复杂性，设计院提交的隧道地质条件资料并不能与实际完全吻合，在有涌（突）水、突泥、软弱破碎带、高地应力岩爆等的隧道施工中，这种设计与实际的不吻合往往造成较大的灾害。因此在实际隧道施工过程中，对于掌子面前方地质状况究竟如何，是好是坏，设计提出的支护强度够不够，会不会出现塌方、突水突泥等施工地质灾害，必须经超前地质预报得出准确详细的资料，分析后提出预防及处理方案。

1）超前地质预报的目的和步骤

通过不同层次的超前地质预报技术手段，基本查明施工掌子面前方主要不良地质情况的性质、类型、位置和规模；基本确定施工掌子面前方遇到的各种不良地质发生涌水突泥、围岩强烈变形、塌方和岩爆等施工地质灾害的可能性。主要包括：基本查明涌水、特别是大于20 L/s的突水区段和突水点、突泥点等不良地质的性质、类型、位置和规模；查明在高地应力作用下易造成围岩变形、坍塌甚至塌方的不良地质的性质、类型、位置和规模；基本查明可能发生岩爆的地层层位、岩性、区段或位置。超前地质预报的步骤是：工程区工程地质分析与不良地质宏观预报—施工掌子面前方 100 m 范围内的主要不良地质长期超前预报—施工掌子面前方 20 m 范围内的不良地质短期超前预报—施工掌子面前方 20 ~ 40 m 范围内的重点不良地质超前钻探—施工地质灾害临近警报。

2）超前地质预报的方法和手段

不良地质道段施工的一项重要工序是超前地质预报，特别是对深埋特长隧道而言，涌（突）水点多，压力高，施工风险较大，更应坚持以预报为主、根据预报成果确定施工方案，防患于未然。

2. 地质分析与不良地质宏观预报技术

隧道所在地区不良地质宏观预报，是以深入的地面地质调查为基础，通过区域不良地质分析方法，宏观预报隧道施工可能遇到的不良地质类型、规模、大约位置和方向，宏观预报发生施工地质灾害的类型和发生的可能性。只有在宏观预报的原则指导下，才能更准确、更有效地实施隧道不良体地质超前预报和施工地质灾害监测。所以，宏观预报是超前地质预报不可或缺的第一道工序。

1）重点区段隧道地面地质调查

它是以设计院提供的地质资料为基础，通过对重点区段的深人地面地质调查，为隧道所在地区的工程地质分析提供更加准确的地质资料，它是宏观预报的基础。

2）隧道区域不良地质分析技术

它是隧道所在地区不良地质宏观预报的依据。因为：大多数隧道不良地质体本身就是区域地层、地质构造或岩溶地质体的一部分。对于涌水来说，最重要的是岩溶水文地质分析，特别是赋水构造和地下岩溶结构的分析。

3）隧道所在地区不良地质宏观预报

隧道不良地质宏观预报是隧道施工地质灾害超前预报工作的前提和基础。在隧道区域地质条件分析的基础上进行隧道不良地质宏观预测预报，可以了解隧道施工可能遇到的不良地质类型、规模、大约产生的部位和方向，以及了解这些不良地质诱发施工地质灾害的可能性和发生施工地质灾害的类型、强度以及对隧道施工的影响。

3. 长期超前地质预报技术

隧道洞身不良地质体超前预报是隧道施工地质灾害超前预报的第二道工序。按预报的距离，分为长期（即长距离（下同））超前地质预报和短期（即短距离（下同））超前地质预报两种技术方案。长期超前地质预报所采用的方法和技术手段，目前，国内外大多只是采用TSP（隧道地震波勘探（下同））等仪器探测一种手段，最近已成功开发和研制出地面地质体投射法和断层参数预测法等两种长期超前地质预报新技术。在预报实践中，最好是两种或两种以上方法和手段的综合运用，以达到取长补短、相互验证、提高预报效果的目的。长期超前地质预报是在隧道所在地区不良地质分析和宏观预报的基础上进行的。它的主要任务是较准确地预报掌子面前方100 m或更远距离范围内的主要不良地质体的性质、位置和规模，粗略地预报围岩的级别和地下水的情况。采用不同的预报方法和技术手段，预报的距离、精度和效果也不同；若至少采用前述的两种或两种以上的方法和技术手段，实施综合长期超前地质预报，应当达到的一般技术指标如下：

预报的距离，一般可达掌子面前方150 ~ 200 m以上；预报断层破碎带等大多数不良地质体的性质，可达基本正确；预报不良地质体的位置，精度可达90%以上；预报不良地质体的规模，精度可达85%以上；可以预报富水带的存在，但不能预报地下水体的性质；可以预报围岩相对变好变坏，不能准确预报围岩级别。

4. 短期超前地质预报技术

短期超前地质预报的预报距离，一般为掌子面前方 15 ~ 20 m 以内，最大距离也不超过30 m。短期超前地质预报所采用的方法和技术手段，目前，国内外大多数，也只是采用地质雷达、红外线和声波探测仪等仪器探测一种手段：国内还常常应用掌子面编录预测法和隧道不良地质前兆预测法进行短期超前地质预报。同样，在预报实践中，最好是两种或两种以上方法和手段的综合运用，以达到取长补短、相互验证、提高预报效果的目的。短期超前预报是在长期超前预报的基础上进一步开展的预报工作，所以，短期超前地质预报的主要任务是在掌子面前方15 ~ 20 m、最多30 m范围内更准确地预报：可能出现的岩层，已经邻近的不良地质体的性质，地下水体的可能性质，掌子面及其附近实见的不良地质体向掌子面前方延伸的情况和围岩的级别。同样，采用不同的预报方法和技术手段，预报的距离、精度和效果也不同；若至少采用前述的两种或两种以上的方法和技术手段，实施综合短期超前地质预报，应当达到的一般技术指标如下：

预报距离，可达掌子面前方 20 m；预报断层破碎带等大多数不良地质体的性质，完全正确；预报不良地质体的位置，精度可达95%以上；预报不良地质体的规模，精度可达90%以上，既可以预报富水带的存在，又能预报地下水体的性质；既可以预报围岩相对变好变坏，又能较准确预报围岩级别。

1）地质雷达探测法

地质雷达属于电磁波物探技术。电磁波通过天线向地下发射，遇到不同阻抗介面时，将产生反射波和透射波。接收机利用分时采样原理和数据组合方式，把天线接收的信号转化为数字信号，主机系统再将数字信号转化为模拟信号或彩色线迹信号，并以时间剖面的形式显示出来，供解译人员分析。

2）掌子面编录预测法

这种短期超前地质预报方法是常用的技术手段，又称地质素描法，属于短期超前地质预报的一种方法和技术手段。地质素描是超前地质预报的基本方法。每一循环进尺后由地质专业人员对掌子面的岩石、节理、断层和出水情况进行素描，然后按经验和地质规律对下一循环地质情况进行预报。根据地质素描进行推断，制定支护方案。

3）不良地质前兆预测法

其基本原理是：在隧道掘进过程中，在出现断层破碎带、溶道、暗河、岩溶陷落柱和道穴淤泥带之前，一般都会出现各自的明显或不明显的前兆标志；这些标志的出现，常常预示前述不良地质体已经临近了。因此，不良地质前兆预测法，一方面有助于掌子面前方不良地质体的性质的鉴别，更有助于对不良地质体临近的判断。

14.4.5　隧道防排水

1. 施工计划

古那湾 2 号隧道防排水计划开工日期 2016 年 3 月 15 日，计划完工日期 2017 年 8 月 30 日，工期共计 17 个月半。

2. 施工材料计划

如表 14-5。

表 14-5　施工材料计划表

序号	项目名称	规格型号	单位	数量	备注
1	土工布	400 g/m^2	m^2	105 454	
2	防水板	PVC-1.5 mm 厚	m2	85 543	
3	单壁波纹管	DN75HDPE	m	8 442	
4	双壁波纹管	DN110HDPE	m	8 216	
5	Ω 型弹簧	Φ50 mm	m	49 830	
6	PVC 管	DN50	m	16 610	
7	三通管		m	2 708	
8	橡胶止水带	30×0.8×R2.5	m	1 298	
9	遇水膨胀止水条	2×3 cm	m	8 972	
10	混凝土	C30 水	m^3	4 589	
11	HRB 钢筋	Φ16、12	kg	107 862	

续表

序号	项目名称	规格型号	单位	数量	备注
12	HPB 钢筋	Φ10、8	kg	135 580	
13	Q235 钢板	600×78×1 cm	kg	1 470	
14	钢管	Φ102×5 mm	m	280	
15	级配碎石		m^3	403	
16	浸沥青木丝板		m^3	16	

3. 机械设备计划

如表 14-6。

表 14-6　机械设备计划表

序号	项目名称	规格型号	单位	数量	备注
1	手动焊枪		台	8	
2	爬焊机		台	4	
3	发电机	500 kW	台	2	
4	钢筋切割机	J3G2	台	4	
5	钢筋切断机	GQ40	台	4	
6	钢筋弯曲机	GW	台	4	
7	钢筋调直机	4-14	台	2	
8	注浆机		台	8	
9	电焊机	ZX7-400	台	8	
10	栈桥	15×1×0.5 m	套	8	
11	钢筋安装台车		套	4	

4. 施工工艺技术

隧道施工过程中遇到腐蚀性的地下水，对隧道的支护尤其是二衬衬砌，会造成衬砌钢筋混凝土腐蚀，影响衬砌强度，减少使用年限，所以隧道防排水施工意义重大，施工中必须予以足够重视。

隧道排水系统主要由衬砌防水层和纵、横、环向排水管、沟组成。

整个施工过程中，采取划区定人、定位、定时间的岗位责任制，既有利于操作人员熟悉自己所担负的操作位置、规范、工序、流程等工作，提高支护、衬砌效率，也可避免忙乱和相互干扰。按工序不同进行分类管理，可以大大提高施工效率。

5. 防水层施工

1）施工流程

工艺流程见图 14-8。

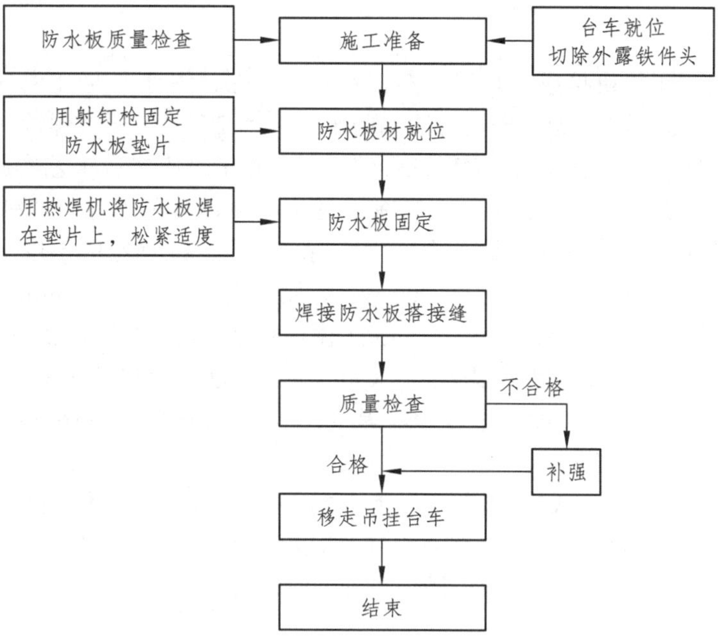

图 14-8　防水层施工工艺流程图

2）施工条件

防水板材在铺设过程中，不能有任何孔眼穿透防水板或拉裂，以确保防水板整体性、完整性、防水性。施工应注意：

（1）喷层表面应平整，无疏松、空鼓、裂缝，无大量渗水现象，在铺设之前认真清扫喷层上的所有杂物，喷层上锐利棱角，附着的大颗粒石子及突出的岩包均应敲掉和凿除，凿除后刃角应敲平。

（2）喷层混凝土应满足设计要求，不足者应予以补喷。当壁上凹坑深度与跨度比大于 1/6 时，或凹处连续出现塌方、掉块处应作回填平整。

（3）对穿出基层的金属构件，如钢筋头、锚杆头等，应切除并用砂浆抹平，不能切除的金属构件，如锚头等，必须采用砂浆抹成圆弧，其圆弧半径应大于 30 cm。

3）防水层施工方法及要求

首先用作业台车将单幅无纺布固定到预定位置，从环向从一侧到另一侧铺土工布，用塑料垫片及射钉将土工布沿环向固定在喷射混凝土表面，塑料垫片间距：纵向 1.25 m、拱部 0.5 m、拱腰 0.7 m、边墙 1 m，凸凹处适当增加固定点。土工布的搭接边宽不得小于 5 cm，搭接边用手动焊枪电焊连接。无纺布与喷砼表面密帖，铺设应平顺、无隆起、无褶皱。安装完毕，检查垫片是否完好，确定能否达到防水板安装要求，如不合要求，需补钉垫片。

沿环向从一侧到另一侧将 PVC 防水板与塑料垫片——点焊，防水板接头尽量减少。点焊方法：用手动焊枪加热，电压（V）220 V，功率（P）500 W，加热温度 0 ~ 450 °C，由下至上循环热熔固定，开始时焊枪发热较慢，半小时后发热正常，压焊每块热熔垫片需 3 ~ 5 min，焊机热熔头适宜温度为 300 ~ 400 °C。手动焊枪与防水板之间采用隔热布垫层，防止加热时损坏防水板。使防水板焊接在固定无纺布的专用热熔垫片上。为防止喷射混凝土表面凹凸不对称而造成防水板拉伸破坏或产生空洞，在安装防水板时，防水板、土工布应视情况留一定余量。

6. 搭接防水板

防水层的搭接用爬焊机接成双焊缝，搭接宽度 12 cm，焊缝宽度 1.5 cm，两条焊缝间距 2 cm，焊缝两边 3.5 cm 不作处理。搭接时四幅防水板严禁十字街，两条焊缝间距不小于 0.3 m；土工布接缝应错开防水板焊缝 1 m。为保证焊缝质量，施工时应严按工艺实施：自动双缝防水板爬焊机温度控制部分采用自动恒温 PID 控制；速度控制部分采用脉宽调制（PWM）自动稳压稳速电路；直流伺服电机驱动，输出力矩大，行走平稳。按预定的温度、速度焊接，电压（V）220 V，频率（Hz）50 Hz，功率（P）800 W，焊接速度（V）0.5 ~ 5 m/min，加热温度（T）：0 ~ 450 °C。焊接环向单道接头需要 25 ~ 30 min（循环长度 28 m 左右），温度需要操作员调控，按实际施作需求掌握调接，适宜温度为 350 ~ 400 °C。焊接前先除尽防水板表面的灰尘再焊接，焊接时注意搭接 12 cm 宽准确度，不能偏斜焊接，不能起包焊接，要平顺焊接，由上至下循环焊接；确保接缝的密实度。

焊缝必须用气压泵打压检查，检查气压为 0.25 MPa，15 min 压力下降值不大于 10%为合格，否则应查找漏点及时修补；短接缝及损坏修补用手动焊接，焊缝用平口螺丝刀沿焊缝外边缘检查是否有虚焊、漏焊，如果有应做记录并及时修补。

7. 施工缝、变形缝防水

二次衬砌环向施工缝每模一道，设置中埋式遇水膨胀止水条，施工时待浇一侧用塑料条（与止水条尺寸一样）固定在端头模板上，预留出止水条凹槽。待混凝土凝固后拉出塑料条，在进行下一循环混凝土浇注准备工作时，将止水条嵌入预留凹槽中，并每隔 100 cm 两侧打固定针，然后用细铁丝固定即可。

变形缝为通缝，沿衬砌全环设置，间隔 80 m 设一道，在衬砌结构变化处也应设置，采用中埋式橡胶止水带。变形缝施工方法：

（1）在变形缝位置上方安装环向排水管及作防水板。

（2）二衬施工时沿环向在挡头板位置以 40cm 间距交错设置箍筋和钢筋卡，同时安装橡胶止水带，沿挡头板面弯折相邻衬砌中的止水带。

（3）下一环二衬施工时将弯折的橡胶止水带整平并安装钢筋卡和箍筋。拆模后在变形缝内填浸沥青木丝板。

为保证施工质量，变形缝和施工缝应尽量避开富水地段，如不能避开，则应适当预留注浆管，通过注浆进行加固。

第五篇

桥梁篇

15 桥梁预制、钢筋加工施工技术

为了缓解日益突出的城市交通问题，城市路桥建设的需求量不断增加，这就要求城市桥梁建设要寻求一种技术新，速度快，施工方便和经济的施工方法。在城市桥梁建设中，箱梁节段在工厂预制后再到施工现场拼装的施工方法被广泛采用，这种施工工艺降低了桥梁施工对城市日常交通的影响，提升了城市高架桥工程的技术水平，并且桥梁在施工时无噪声，无粉尘，这样就减少了对施工周边居民的影响，加强了对周边环境的保护。

20 世纪 60 年代早期，欧洲首先出现了现今称为节段预制拼装钢筋混凝土箱梁的施工技术。该工法在 70 年代传到美洲，由于该技术有着较好的经济效益和美学效果，从而逐渐推广到世界各地。这种施工技术到 80 年代被引入到我国香港，并且结构型式呈现复杂多样化的趋势。于 2001 年投入使用的上海浏河大桥也是国内采用节段预制拼装施工工艺的典型大桥，之后的苏通大桥、集美大桥和厦门快速公交系统 BRI 等工程中都采用了此工艺。

预制节段逐跨拼装施工就是将桥梁上部结构划分为若干标准节段，在工厂内逐块预制完成后，现场逐跨进行拼装，并施加预应力使之成为整体结构的施工方法。

节段预制拼装的原理就是借助预应力束施加于混凝土上的压力，使节段间的接触面紧密粘贴，形成整体共同承担荷载。箱梁节段预制拼装技术摒弃了以往现浇箱梁的支架搭设方法，其优点在于梁体分段预制可以很好的控制梁体质量，箱梁节段美观大方，梁体几何线形容易控制，施工速度快，工期短，拼装施工占地小，对桥梁施工周围的环境影响小，是现代化的绿色施工方法。

15.1 T 梁预制技术

15.1.1 T 梁预制施工与质量控制

在对桥梁进行施工中，原料的选择是非常关键的，通常选择强度高、轻质、低成本的原料。材料的选择直接影响着桥建筑的质量与投资成本，目前应用较多的还是传统的钢材和混凝土，只是在工艺上会有所改进。起初，在使用混凝土时，会因为混凝土的收缩变形而使桥梁的受力不均匀，造成变形裂缝等现象，但是通过大量的实践研究，将会提高混凝土的艺。除此之外，在设计以及施工上也是非常重要的，尤其是 T 梁中模板的设计，在设计时要根据桥梁的特点，进行细致的分析与研究，最后设计出与之适合的图纸。在对 T 梁预制进行施工时，要注意每一个环节的质量问题，加强质量控制，因为 T 梁的预制施工是一项相对较为复杂的施工，每个施工细节环环相扣，只要有一项没有做好，便会影响到整个 T 梁预制工程的质量。

1. T 梁预制施工的原材料质量控制

在桥梁建筑中，原材料的选择是最为关键的，是提高质量减少投资成本的关键之举，下面对 T 梁预制施工原料质量问题进行有效的控制。

1）集料质量的控制

在混凝土中，集料属于其原料的组成部分，且集料在混凝土原料中占据着重要的位置，集料的粗细、配比等对混凝土最终的性能是较为严重的，所以要想提高混凝土的性能，必须控制集料的质量。可以从以下几方面进行：不同的集料在进行存放管理时，应该分别堆放，避免混乱而影响质量。进行分别堆放时，还应该在不同集料之间设置相应的间隔，防止不同粒径的集料混合；在进行现场存放时，应该将存放现场整理干净，避免其它杂质混淆到集料中，影响集料的质量；采用集料对混凝土进行配置前，应该先对集料进行抽样的检查，通过检查将不满足混凝土性能要求的集料舍弃，选择满足性能要求的集料入场；在进行配置前，还应该对集料的含水量进行测试，只有了解集料的含水量，在混凝土配比时，才能更好、更及时地调整，使得满足混凝土配比的要求。

2）水泥质量的控制

在 T 梁预制施工中，水泥起着胶结的作用，所以水泥的质量对混凝土的性能以及其他方面的性能都有着很大的影响，是 T 梁预制施工质量的基础保障。在对混凝土进行搅拌时，对水泥的选择要格外慎重，要对进场的水泥进行检查，看其强度、规格、型号等是否统一，是否满足混凝土的强度要求标准，要选择质量好、信誉好的供应商；在对水泥进行存放时，存在阴凉、干燥的地点，避免水泥受潮。

3）钢筋质量的控制

在对钢筋进行质量控制时，应该对钢筋的强度、抗拉度、接口的焊接等进行严格的控制与检查，避免因人为因素造成钢筋接口出现问题；T 梁预制施工前，对进场的钢筋进行抽样的检查，确保其量与安全性，符合工程施工标准的可以入场；钢筋在存放上，也要加以注意，将进行相同规格的捆绑存放，不同规格的钢筋禁止放在一起，存放钢筋时要选择干燥的地点，避免出现锈腐；桥梁建筑中，对钢筋弯曲度要求是非常高的，所以在进行钢筋的选择时，要特别注意其弯曲度的质量；对钢筋存放垫铺时，要使用混凝土块，避免使用碎石。在 T 梁预制施工中，还会用到其他材料，如锚具、管等材料，所有材料在投入到施工使用时，都应该根据施工的要求对其质量进行控制，严格地进行检查工作。

2. T 梁预制施工的质量控制

在施工过程中，质量的控制是最为重要的，通过监督管理，对各个环节进行质量的控制，可以对以下施工环节进行严格的控制：

1）对模板的设计以及制作的质量进行控制

工程施工中，对模板质量要求是非常严格的，在投入施工使用时，要确保其安装与拆卸都较为方便、快捷，使用时稳固、强度能够满足设计的要求，各个接缝位置要严密，且表面要平整。在进行模板使用时，要根据 T 梁施工的要求对其进行分段处理，通常情况下，每一段的长度要在 2.5 m；对模板进行设计时，应该从工程的实际情况出发，对工程中承载的压力、注入混凝土时的负载冲力等，这些都是在模板设计前所考虑的因素，与此同时，还应该考虑到对混凝土进行振捣时所产生的向外作用力，这些因素是决定模板类型的选择，通常情况下，

T 梁预制施工中使用的模板是 10 mm 的纲模板。为了确保混凝土底部的密实性，在振捣时会使用附着式振动器，所以在进行地膜设计时，要考虑到这一点，通常这时候会使用 6 mm 的钢槽框架。

2）对钢筋骨架施工的质量控制

在对钢筋骨架进行质量控制时应该从两个方面进行：对钢筋的成型进行质量控制；对钢筋骨架的安装进行质量控制。在对钢筋骨架进行塑造时，要根据 T 梁的梁体进行，在进行骨架塑造前要对钢筋的质量进行检查与处理，对其进行调直、安装、储存、裁剪等。在对钢筋进行安装时，通常按照以下步骤进行：固定底部的模板，然后再将钢筋网片上的定位线与底部模板捆绑结实，横梁以及其它钢筋要通过焊接来达到连接与定位，在骨架上确定出锚板的位置，然后再对其进行捆绑，将波纹管进行处理，最后将钢绞线穿绑。

3）对波纹管以及钢绞线的施工质量进行控制

波纹管在施工过程中通常是边使用边进行加工，在进行波纹管套接时，要选择大一号的波纹管作为套接工具，通常情况下，套接的长度在 10 mm。套接结束后，要对每一个接缝进行处理，防止有灰尘进入管内，出现堵塞情况；对波纹管进行检查时，要从前向后逐一进行，严格按照设计图纸的要求进行波纹管的定位，并确保安装时的稳固。在对钢绞线进行捆绑时，应该在混凝土浇筑前进行，并且要由人工进行捆绑，钢绞线长度的确定要根据施工现场的实际情况来进行裁剪。

3. 混凝土浇筑的质量控制

混凝土的质量是关系桥梁整体质量的重要环节，所以要加强对混凝土质量的控制，在对混凝土进行搅拌时，应该将其集中。如果有些施工地点较远，可以使用混凝土运输机进行运输，另外混凝土的入模可以使用高吨位的龙门。对梁底以及梁肋的混凝土进行振捣时，应该使用附着式振捣工具，对顶部以及翼板上的混凝土进行振捣时，则使用插入式振捣器。对混凝土进行配比时，要严格按照图纸的设计要求进行，以此可以确保混凝土的强度；在对混凝土进行浇筑时，要严格控制坍落度，通常情况下 80 mm 左右，浇筑时应该选择分层浇筑，分层浇筑时，每一层的高度都应该控制在 30 cm 以下；进行混凝土浇筑时应该采用从一边向另一边浇筑的顺序进行，但是当距离尾部 3 m 左右时，就应该从反方向进行浇筑，这样可以提高混凝土底板的密实程度；混凝土浇筑达到一定高度时，要将预应力进行处理，防止混凝土或者是砂浆进入，将其堵塞；混凝土浇筑完后，要对混凝土进行覆膜养护，控制混凝土内外的温度差，有必要还要对其进行浇水处理；在进行覆盖时，要对混凝土的表面进行处理，确保其整洁干净。

4. 梁张拉力质量的控制

对 T 梁进行张拉要选择合适的时间，通常情况下在混凝土的强度满足设计的 95。以上时即可。在对混凝土进行张拉时，要控制好力度，避免因张拉过大而造成混凝土结构受损，张拉的全过程都要严格按照设计标准进行。在张拉过程中，将张拉的数据做好记录，为日后检查提供证据；在对混凝土进行张拉时，如果最后的张拉长度与设计长度相差在 6 cm 以上，这时候就要停止张拉，应该是某一个环节出现问题，要根据张拉过程中提供的记录，进行细致的分析与检查，找出原因，并提出相应的解决措施。

15.1.2　T 梁施工方案

1. 施工方法

预制模板采用定型整体钢模，钢筋在专用的平台上加工，在底座上进行绑扎，采用预埋塑料波纹管成孔，真空辅助压浆工艺，混凝土由集中拌和站供应，罐车运输，插入式振捣器辅以附着式振捣器振捣，预应力应在混凝土强度达到其设计强度的 100 且混凝土弹性模量 $E_c \geqslant 3.45 \times 10^4$ MPa，龄期＞14 d 之后方可张拉，孔道压浆强度达到后移梁存放。

2. 施工工艺流程

T 梁预制工艺流程为：底座布设、钢筋下料绑扎、立模、混凝土浇筑、拆模、张拉梁体预应力钢束、封锚、压浆、封端。

3. 施工工艺

1）清理台座

清除台座底模上的所有杂物，并擦拭干净，均匀涂刷脱模剂。对于底模钢板的缺损部位及时进行修补找平，以免影响浇筑出的梁体底板的平整度。

2）钢筋加工安装

钢筋在钢筋加工场加工。

（1）钢筋存放采用下垫上盖法，下面用混凝土每隔 2.5 ~ 3 m 浇筑一道高 40 cm，宽 25 cm，长 3 m 的横梁，材料进场后吊装到横梁上面，最后用彩条布覆盖。不同钢筋分类堆放并标示。

（2）钢筋焊接及加工在钢筋棚内进行，分批焊接钢筋，根据焊接时间的先后，遵守先焊的先用，后焊后用的原则，分批焊接分批使用。

（3）钢筋半成品分类堆放在钢筋棚内，并进行标示，根据加工的先后顺序排放，使用时遵守先加工先用，后加工后用的原则。

钢筋加工前应调直和除锈，调直和除锈应符合下列要求：

（1）钢筋的表面应洁净，使用前应将表面油渍，漆皮，鳞锈等清除干净。

（2）钢筋应平直，无局部弯折，成盘的钢筋和弯曲的钢筋均应调直。

钢筋加工严格按设计图纸要求施工。钢筋绑扎在台座上进行，台座均匀涂抹脱膜剂后，先绑扎底层和腹板钢筋，再安装预应力预留孔道。预留孔道采用预埋管道法，预应力管道采用塑料波纹管，波纹管内外表面清洁无油污，无孔洞和不规则的折皱，保证不被砼挤压变形，接头紧密，定位钢筋间距、位置严格按设计要求施工。管道安装前检查管道质量及两端截面形状，遇到有可能漏浆部分割除、整形和除去两端毛刺后使用。接管处及管道及喇叭管连接处，用胶带或冷缩塑料密封；安装时必须严格按照规定位置固定就位，并保持管道顺畅。要求钢束定位钢筋孔径大于波纹管外径不超过 2 mm，方孔本身误差为±1 mm。钢束定位钢筋按布置间距不得大于 50 cm 布置。钢束竖向坐标为钢束中心至梁底的距离，定位钢筋必须牢靠固定，以保证预应力管道的准确。为避免发生堵管现象，圆形波纹管在浇筑前穿入比波纹管内径小 1 cm 的塑料软管。在砼浇筑过程中与混凝土初凝前经常来回轻缓抽动管芯，以防止波纹管漏浆堵塞波纹管。

3）钢筋制作和绑扎注意事项

钢筋下料时先核对钢筋种类、直径、尺寸、数量、计算下料长度，然后用钢筋切断机截断。钢筋弯曲时在弯曲机侧搭一个平台，然后按 1：1 的比例放大样，弯制后的钢筋经检查符合后挂牌分堆存放，以防不同规格型号的半成品钢筋混堆。

钢筋骨架绑扎前先在台座边上划好钢筋间距线，以控制布筋间距，然后绑扎底板纵筋及箍筋，从中间向两端绑扎腹板钢筋，最后绑扎端头筋。定位时，首先确定梁中为原点建立坐标，根据图纸钢束竖向坐标值（钢束中心至梁底的距离），确定孔道底部距梁体各断面的空间位置，按空间位置焊接架立筋，安装波纹管，焊接固定波纹管的钢筋。钢束定位钢筋孔径大于波纹管外径不超过 2 mm，方孔本身误差为±1 mm。钢束定位钢筋按布置间距不得大于 50 cm 布置。在安装波纹管接头处时，用接头管（一般大于波纹管 0.5 mm）波纹管套接，用胶带缠住，最终达到管道安装牢固、接头密合、弯曲圆顺（注意：尽量避免接头管安设在梁体同一截面上），绑扎结束后要检查波纹管定位钢筋的位置，准确率要达到 100%。

钢筋的预埋。梁体各种预埋件和简支端伸缩缝预埋钢筋位置、间距准确，数量不能少，施工前一定要熟悉设计图纸，严格按照设计图纸施工。

保护层采用混凝土垫块，垫块与钢筋扎紧，并相互错开，对钢筋的保护层加以控制。垫块在结构或构件侧面和底面所布设的数量不小于 3 个/m^2，重要部位适当加密。垫块与钢筋绑扎牢固，且其绑丝的丝头不应进入混凝土保护层内为保证设计断面的完整性，同一断面内的垫块相互错开。

4）钢筋连接

（1）钢筋接头采用搭接电弧焊时，两钢筋搭接端部应预先折向一侧，使两结合钢筋轴线一致。接头双面焊缝的长度不应小于 $5d$，单面焊缝的长度不应小于 $10d$（d 为钢筋直径）。钢筋接头采用绑条电弧焊时，绑条应采用与主筋同级别的钢筋，其总截面面积不应小于被焊钢筋的截面积。绑条长度，如用双面焊缝不应小于 $5d$，如用单面焊缝不应小于 $10d$（d 为钢筋直径）。

（2）凡施焊的各种钢筋必须有材质证明书或试验报告单。焊条必须有合格证，各种焊接材料的性能应符合现行《钢筋焊接及验收规程》（JGJ20—2012）的规定。主筋焊接必须采用 5 字头焊条进行焊接。各种焊接材料应分类存放和妥善管理，并应采取防止腐蚀、受潮变质的措施。

（3）施工操作：

① 操作人员必须持证上岗。

② 操作前的准备工作：钢筋端头的锈皮、泥沙、油污等杂物清理干净。

5）钢筋的绑扎

钢筋的交叉点采用直径 0.7 ~ 2.0 mm 的铁丝扎牢，必要时可以采用点焊焊牢。绑扎采取逐点改变绕丝方向的 8 字形方式交错扎结，对直径 25 mm 及以上的钢筋，采取双对角线的十字形方式扎结；结构或构件拐角处的钢筋交叉点全部绑扎；中间平直部分的交叉点可交错绑扎，但绑扎的交叉点占全部交叉点的 40。以上；钢筋绑扎时，除设计有特殊规定者外，箍筋与主筋垂直；钢筋绑扎的铁丝丝头不应进入混凝土保护层内。

6）模板加工及安装

T 梁模板分为底模和侧模，底模已设置在底座上，侧模为专业厂家加工的定型钢模。模板制作的原则是既要保证整体刚度及表面平整度，而且要便于安装和拆卸。

模板到现场后应先在底座上试拼装，主要检查模板是否有足够的刚度，强度和稳定性，接缝是否严密，各部尺寸是否满足设计和规范要求。试拼无误后对其面板进行打磨，涂油，防止锈蚀。侧模及芯模用油漆编号，便于安装模板。

梁肋钢筋安装完后，进行横隔板钢筋的安装，待钢筋绑扎安装、预应力管道经监理工程师复检合格后，进行模板的安装，模板安装时必须定位准确且安装牢固。侧模安装前为防止底板漏浆，在台座侧面贴上橡胶软条。模板用龙门吊吊装，吊装时遵循、慢吊，轻放、的原则，防止模板碰撞变形。侧模从中间向两边对称拼装，先拼装台座中间两块侧模，定好后，连接台座对拉杆和梁顶对拉杆。对拉杆连接后，复核此模板高度，合格后可向两边对称拼装侧模。两块模板面板连接处采用双面胶填塞，待面板夹紧，双面胶挤压变形堵住面板之间的空隙，能有效防止漏浆。固定在模板上的预埋件和预留孔洞不得遗漏，安装牢固，位置准确。

安装梁端头模板时注意预制梁的长度，控制方法为：从台座中间向两端分别控制预制梁端头模板位置，梁端头模板安装调整好后安装端头锚垫板，锚垫板和端头模板采用螺丝固定，注意锚下垫板必须与预应力钢束垂直，垫板中心、螺旋筋中心必须对准管道中心。

全套侧模拼装完毕后，现场技术员应对模板线形、高度、内部尺寸、模板间的连接、模板的整体稳定性等指标进行检查。

表 15-1　模板安装允许偏差

项　目	允许偏差/mm）
模板高程	±10
模板内部尺寸	+5，−0
轴线偏位	10
模板相邻两板高低差	2
模板表面平整	5
预埋件中心位置	3
预留孔洞中心线位置	10
预留孔洞截面内部尺寸	+10，−0

模板安装好之后，马上进行顶板钢筋（梁翼缘板钢筋）的安装，待翼缘板钢筋安装好之后进行自检，检查合格后报监理工程验收，合格后，方能进行下一道工序。

每次模板安装前用脱模剂均匀涂抹。侧模安装定位好后在模板外脚上间隔打斜撑控制整体垂直度及稳定性，端模采用斜撑支撑。每次脱模后先清理干净后涂脱模剂。安装拆除时严禁重敲重击，严禁电焊氧割随意挖孔。

7）混凝土的浇筑

T 梁混凝土为 C50、钢筋、波纹管安装完成后，对模板进行全面检查，确保波纹管、锚垫板、喇叭管、螺旋筋等位置准确，定位牢固。同时检查伸缩缝、护栏、吊装孔、支座钢板等预埋件及预留泄水孔的位置和数量。自检合格后，报监理工程师验收合格后方可进行浇筑。砼在拌合站集中拌制，砼罐车运输，随时检查砼的坍落度和和易性，运输到现场的砼坍落度应严格控制在 160 mm 左右。混凝土进入料斗后，由龙门吊提升卸入模板内，料斗下口距梁顶面不大于 50 cm，保证 T 梁砼在浇筑过程中不发生离析现象，插入式及附着式振捣器振捣。

混凝土采用龙门吊提升的方式布料，T 梁混凝土浇筑按照斜向 45°分层，水平推进，三层浇筑完成的方式由一端向另一端推进，在接近另一端时，为避免梁端砼产生蜂窝等不密实现象，应改从一端向相反方向投料，而在距该端 4 ~ 5 m 处合龙。上一层必须在下一层初凝之前开始。第一层浇至马蹄部位，第二层浇至腹板顶，第三层浇顶板。当白天气温高于 30 °C 以上时，则在晚上低温时开始施工。

混凝土振捣采用插入式振动棒配合附着式振动器为主；采用启动附着式振动器加强振动，促使砼坍落，但一次振动时间不能超过 40 s。

马蹄部位振捣以外模上安装的高频附着式振动器为主；腹板上部和隔板以 Φ50（30）振动棒振捣为主，并以钢筋插扦辅助检查，腹板振捣采用 Φ50（30）振动棒、快插慢拔 30 s，插入间距为 30 ~ 40 cm。振动棒的移动间距不超过振动棒作业范围的 1.5 倍，与侧模保持 5 ~ 10 cm 距离，上层砼振捣时应插入下层砼 5 ~ 10 cm 左右，以砼不在下沉，无显著气泡上升，砼表面泛浆为标准。严格控制振捣时间，防止漏振和过振。在浇完腹板浇顶板前依次从梁头到梁端再振动一次，时间控制在 10 ~ 15 s，然后浇筑顶板和翼缘板，利用 Φ30 振动棒和 Φ50 振动棒拖振，对锚下钢筋密集处、隔板、腹板交界处等以振动棒重点插捣，顶面砼以搓板收平搓毛，以使在铺装连续桥面时能与桥面砼较好的结合，夏雨季、风季注意覆盖。

分层下料、振捣，每层厚度不宜超过 30 cm，上下层浇筑时间不宜超过 1.5 h（当气温在 30 °C 以上时）。上层砼必须在下层砼振捣密实后方能浇筑，以保证砼有良好的密实性。

预应力砼梁的马蹄部分钢筋较密，为保证质量，可先浇完马蹄部分，后浇腹板。其横隔板的砼与腹板同时浇筑，浇筑时应分层，平行作业。

为避免腹、翼缘板交界处因砼沉降而造成纵向裂纹，可在腹板砼浇完后略停一段时间，使腹板砼能充分沉落，然后再浇筑翼缘板。但必须保证在腹板砼初凝前将翼板砼浇筑完毕，并及时整平、收浆。

混凝土浇筑过程中应注意以下事项：

（1）下料要均匀、连续，不宜集中猛投而造成挤塞。在钢筋、孔道密集部位可短时间开动插入式振捣器辅助下料。

（2）混凝土振捣：附着式振动器频率必须一致，以避免产生干扰，减小振动力。附着式振捣器按梅花形布置，以便振捣均匀。振捣的时间以砼不再明显下沉，无气泡上升，砼表面出现均匀的薄层水泥浆为止，宜短时多次开动振动器，以减小振捣器的损坏。振捣的同时，应配合插钎排气。另外应加强振动锚垫板部位使之密实，而且波纹管下面混凝土应加强振动，以免出现空洞、蜂窝和麻面现象。

（3）浇筑过程中随时检查砼拌和质量，混凝土掺适量的减水剂，严格控制水灰比，以避免过大的收缩、徐变，保证砼的质量。施工时严格控制砼坍落度，塌落值最好控制在 16 cm 左右。

（4）每片梁做试件 3 组，标准养护作为梁体砼强度检验的依据，另做一组与梁体同条件养护试件，作为梁体张拉强度控制的依据。

（5）在混凝土浇筑过程中应避免振捣棒触击波纹管使其破裂，造成堵塞事故。

（6）翼缘板顶面横向拉毛。

（7）浇筑过程中派专人看护模板，发现漏浆或拉杆松动时，立即堵塞和拧紧。

（8）高温天气浇筑尽量安排在傍晚、夜间进行，初凝后要不停向模板洒水降温。

（9）浇筑过程中及完成后 3 ~ 4 h 内，经常抽动塑料管，以防进浆凝固。

根据气候和梁体预制的工期安排，养护采用土工布覆盖自动喷淋养护。根据试块抗压强度及混凝土性质对梁体养护至少 7 d，梁体与试件养护期间，使混凝土外露面始终处于润湿状态。遇上寒冷天气，按混凝土冬季施工措施进行蒸汽养生。

当梁体达到设计强度的 50%后，即可拆除侧模板。拆模时，自一端向另一端进行，先将法兰螺栓卸掉，然后松掉调整丝，通过龙门吊上的电动葫芦并用导链配合将模板拆除，两侧同步进行。拆模时，严防碰撞梁体，并采取支撑措施，以免梁体倾倒。并及时对梁端、横隔板、翼缘板两侧进行凿毛，梁肋预埋钢筋及时凿出扳直，翼缘板凿毛注意不要破坏边角。拆除端头模板时注意顶板波纹管外露宜控制在 30 ~ 50 mm 范围内，严禁沿端头平面折断。拆模过程中注意不要碰撞横隔板底部支撑。

8）混凝土的养生

本预制梁场混凝土养生龄期为不少于 7 d，待 T 梁拆模完毕，将喷淋养生管架与 T 梁翼缘板钢筋上，调节好喷嘴位置，连接好 T 梁两端的养生控制箱的进水管和出水管，开启供水阀门后，连接电路，开始对 T 梁腹板喷水养生。对于养生系统不能覆盖的位置，采用人工喷水养生的方式加强，喷淋时间设置原则为满足混凝土表面充分湿润的要求，根据现场的实际情况，单次喷淋时间以 8 ~ 10 min 为宜，喷淋时间间隔设置原则为保持 T 梁表面湿润的要求，根据本地的气候条件以及现场的试验，时间间隔定为 30 min，如气温较高，时间间隔可适当调小。

T 梁顶面养生：采用覆盖土工布，人工喷淋的方式进行养生，待 T 梁侧模的拉杆拆除完毕后，即在 T 梁顶面覆盖好土工布，进行人工喷淋养生。考虑到香格里拉昼夜温差较大，冬季施工期间搭设保温棚，具体详见《冬季施工专项施工方案》。

9）预应力筋安装

预应力钢绞线应满足国家现有技术规范，有出厂合格证书及质量说明书。钢绞线运抵现场后应垫高放置，遮盖并防止锈蚀。同时严格进行检查，从每批钢绞线（质量≤60 t）中任取 3 组进行表面质量、直径偏差和力学性能试验等。

预应力钢绞线的下料长度，应为孔道的净长、工具锚的长度、锚固端钢绞线外露长度和张拉端千斤顶张拉所需长度之和。预应力束的切断宜采用砂轮切割机，以保证切口平整，线头不散，不允许采用电焊或气焊切割下料。

编束时，保持每根钢绞线之间平行不缠绕，每隔 1.0 ~ 1.5 m 用 20 铁丝绑扎，在每束的两端 2.0 m 范围内，保证绑扎间距不大于 50 cm。将一根钢束中的所有钢绞线编束后装入管道中。穿束前应检查锚垫板和孔道，锚垫板应位置准确，孔道内应畅通，无水和其它杂物。亦可采用穿束机逐根将其穿入孔内，但保证其在孔内不发生相互缠绕。

10）预应力张拉

（1）张拉前准备工作

对所有锚具及钢绞线，按材料检验批准批量抽检，严禁使用无部级以上级别技术签定和产品签定的材料。材料要有厂方提供的质量说明书和出厂时间。钢绞线、锚具要防止生锈和影响水泥粘结的油污。

油表、千斤顶使用前，经国家授权的法定计量技术机构标定后，方能投入使用。每套千斤顶、油表在使用时间超过 6 个月或张拉次数超过 300 次，要重新配套标定方可再次使用。

当预应力混凝土强度达到其设计强度的 100%，且混凝土弹性模量 $E_c \geq 3.45 \times 10^4$MPa，龄期＞14 d之后方可张拉。张拉采用张拉力及延伸量双控，并注意梁体两端同步进行。

将锚垫板上混凝土清理干净，清除预应力筋上的泥浆，安装工作锚、夹片。安装时应注意理顺钢绞线，不能出现打绞现象，锚垫板表面应干净和压浆孔畅通。安装好夹片后要用2cm内径的钢管套进钢绞线将夹片打紧，固定锚圈位于锚垫板内槽口内。

张拉机标定后应进行理论伸长值的计算，并根据标定的回归方程计算各张拉机相应张拉力时的油表读数，并上报监理工程师，经批准后方可进行T梁的张拉。

根据后张法预应力筋理论伸长值及预应力筋平均张拉力的计算公式：

$$P_p \times L[1-e^{-(kx+\mu\theta)}] \tag{15-1}$$

$$\Delta L_L = A_p \times E_p P_p = P \times kx + \mu\theta \tag{15-2}$$

式中　ΔL_L——预应力筋理论伸长值（mm）；

P_p——预应力筋平均张拉力（N）；

L——从张拉端至计算截面孔道长度（m）；

A_p——预应力筋截面面积，取 A_p=140 mm²；

E_p——预应力钢筋弹性模量，取 E_p=1.95×105 MPa；

P——预应力筋张拉端的张拉力（N）；

θ——从张拉端至计算截面曲线孔道部分切线的夹角之和（rad）；

k——孔道每米局部偏差对摩擦的影响系数，取 k=0.001 5；

μ——预应力筋与孔道壁的摩擦系数，取 μ=0.155。

根据以上已知参数即可计算出平均张拉力 P_p 和理论伸长值 ΔL_L。

（2）梁钢束张拉顺序及张拉程序

N1张拉至100%→N2（左）张拉至50%→N2（右）张拉至100%→N2（左）张拉至100%。

张拉程序：

初张拉力 P_0（P_0=0.15P）→持荷5 min→测引伸量→张拉至总吨位 P→持荷5 min→测引伸量→锚固。

每根钢绞线的断、滑丝数不得超过1根，且每断面不超过钢丝总数的一定比例，不允许整根钢绞线拉断。

所有预应力张拉均要求引伸量与张拉力双控，以张拉力为准，通过试验测定 E 值，校正设计引伸量，要求实测引伸量与设计引伸量两者误差在标准以内。测定引伸量要扣除非弹性变形引起的全部引伸量。否则暂停张拉，待查明原因采取措施加以调整后，方可继续张拉。

（3）张拉注意事项

张拉前检查梁体混凝土是否达到张拉强度，锚垫板下砼是否密实。清除锚垫板上的混凝土，并检查是否与孔道垂直，如超过3 mm，则需加扁垫板补平。

在确定千斤顶的拉力时应考虑锚口摩阻、孔道摩阻等因素的影响，这些增加的损失以增加的控制应力解决。

所有预应力钢绞线张拉采用伸长量与张拉力双控，并以张拉力为准，应校核预应力钢绞线的伸长值，预应力钢绞线的实际伸长值，宜在初应力为15% σ_{con} 时开始量测，但必须加上初应力以下的推算伸长值。

张拉顺序遵循对称分批、先上后下的原则。

锚具用锚环和夹片使用前应进行硬度试验；千斤顶、油泵、压力表按要求作定期校验标定，张拉力按标定曲线取值或按回归方程计算。

张拉前认真检查张拉系统，做到安全可靠，千斤顶后禁止站人，并制定详细的安全措施和操作规程。

张拉时两端应同步同束，一次到位。夹片均匀平齐，松紧程度一致。

卸荷时要均匀缓慢，滑丝、断丝数量不得超出规范要求，否则应放张更换钢绞线重新张拉，钢绞线回缩量不宜超过 6 mm。

钢绞线用砂轮切割机割除并保证外露长度不小于 30 mm，且不小于 1.5 倍预应力筋直径。严禁用电弧焊切割，同时不得损伤锚具。并进行封锚处理，用水泥净浆包封。

预应力钢束和粗钢筋张拉完毕，严禁撞击锚头和钢束。预应力筋在张拉控制应力达到稳定后方可锚固。对夹片式锚具，锚固后夹片顶面平齐，其相互间的错位不宜大于 2 mm，且露出锚具的高度不大于 4 mm。锚固完毕并经检验确认合格后方可切割多余的预应力筋。

11）孔道压浆

管道压浆采用的水泥浆强度为 50 MPa，在预应力钢筋张拉完成和监理工程师同意压浆后立即进行，且应在 24 h 内完成，否则采取避免预应力筋锈蚀的措施。

（1）水泥浆拌制

压浆净浆配比由委托试验检测单位出具，并根据配合比拌和。首先将水加入拌和机内，再放入水泥，经充分拌和以后，再加入掺加料，掺加料内的水分应计入水灰比内，拌和至少 2 min，直到达到均匀的稠度为止，稠度控制为 14 ~ 25 s。水泥浆自调制至压入孔道的延续时间，控制在 30 ~ 45 min 范围内，水泥浆在使用前和压注过程中应经常搅动。

浆体的泌水性应满足，小于水泥浆初始体积的 1。拌和后 24 h 水泥浆的泌水均能自吸。浆体初凝时间应大于 5 h；终凝时间应小于 24 h。浆体体积膨胀率 0 ~ 3。在标准养护条件下，浆体 7 d 的抗压强度应大于等于 40 MPa，28 d 的抗压强度应大于等于 50 MPa。

（2）压浆方法

压浆使用活塞式压浆泵，压力为 0.5 ~ 0.7 MPa。压力表在第一次使用前应加以校准。为了提高桥预应力砼的质量、安全及耐久性，预应力孔道压浆必须采用真空辅助压浆。

孔道压浆应尽可能在预应力钢绞线张拉完毕后和监理工程师同意后压浆，以防止预应力筋锈蚀或松弛。

孔道压浆顺序是先下后上。压浆时，对曲线孔道应由最低点的压浆孔压入，并且使水泥浆由最高点的排气孔流出，直到流出的稠度达到注入的稠度，孔道应充满水泥浆，简支梁的管道压浆，应自梁一端注入，而在另一端流出，流出的稠度达到规定的稠度。当另一端溢出的稀浆变成浓浆时，关闭出浆口继续压浆，保持 2 min，关闭压浆阀，待无水泌出后，再减压、拆卸压浆阀，依次类推，将所有孔道压完。压浆时缓慢、均匀地进行。压浆必须连续完成，以免水泥浆窜到邻孔后凝固、堵塞孔道；压浆中途发生故障、不能连续一次压满时，应立即用压力水冲洗干净，故障处理后再压浆。孔道压浆时，工人应戴防护眼睛，以免水泥浆喷伤眼睛。压浆完毕后应认真填写施工记录。

压满浆的管道道口应进行保护，未达到规定强度前不得移动。管道内水泥浆在注入后 48 h 内，结构砼温度不得低于 5 °C，否则应采取保温措施。当白天气温高于 35 °C 时，压浆宜在夜间进行。

（3）孔道压浆设备的要求

搅拌机的转速不低于 1 000 r/min，搅拌叶的现状与转速相匹配，其叶片的线速度不小于 10 m/s，最高线速度限制在 20 m/s 以内；用于临时储存浆液的储料罐具有搅拌功能，且设置网格尺寸不大于 3 mm 的过滤器；压浆机采用活塞式可连续作业的压浆泵，其压力表的最小分度值不大于 0.1MPa，最大量程使实际工作压力在其 25%～75%的量程范围内；不得采用风压式压浆泵进行孔道压浆；真空辅助压浆工艺中采用的真空泵能力到达 0.1 MPa 的负压力。

（4）真空辅助压浆主要步骤

清除管道内的水和杂物，关闭其他通风口。压浆时，从最低点的压浆孔压入；对于上下分层设置的孔道，按下层后上层的顺序进行压浆；同一根管道的压浆连续进行，一次完成，压浆缓慢、均匀地进行，并不得中断。

搅拌水泥浆使其水灰比、流动性、泌水性及膨胀率达到技术要求指标。浆液自拌制完成至压入孔道的延续时间不宜超过 40 min，且在使用前和压注过程中连续搅拌。

启动真空泵抽真空，使真空度达到-0.06～-0.1 MPa 并保持稳定。

启动灌浆泵，当灌浆泵输出的浆体达到要求时，将泵上的输送管道接到锚垫板上的引出管上，开始灌浆。

灌浆过程中，真空泵保持连续工作。

待抽真空端的气流分离器中有浆体经过时，关闭气污分离器前端的阀门，稍后打开排气阀，当水泥浆从排气阀顺通流出，且稠度与灌入的浆体相当时，关闭抽真空端所有的阀门。

压浆的充盈度达到孔道另一端饱满且排气孔排出与规定流动度相同的水泥浆为止，关闭出浆口后，宜保持一个不小于 0.5 MPa 的稳压期，保持时间为 3～5 min。

关闭灌浆泵及灌浆端阀门，完成灌浆。

拆卸外接管路、附件、清洗气污分离器及阀泵。

（5）压浆注意事项

严格掌握材料配合比，否则多加的水会全部泌出，易造成管道顶端有空隙。对未及时使用而降低了流动性的水泥浆，严禁采用加水的办法来增加其流动性。

锚头一定要密封好，最好在密封后 24 h 内开始灌浆。

灌浆管应选用牢固结实的高强橡胶管，抗压能力≥1 MPa，带压灌浆时不能破裂，连接要牢固，不得脱管。

水泥浆进入灌浆泵前，应先通过不大于 3 mm 的筛网进行过滤。

灌浆工作宜在灰浆流动性没有下降的 30～45 min 时间内进行，孔道一次灌注要连续。

中途换管道时间内，继续启动灌浆泵，让浆体循环流动。

搅拌的水泥浆严格进行流动度和沁水试验，制作试件检查强度。

完成当日灌浆后，必须将所有水泥浆的设备清洗干净。

安装在压浆端及出浆端的球阀，应在灌浆后 2 h 内拆除并进行清理。

压浆过程中及压浆后 48 h 内，结构混凝土温度及环境温度不低于 5 °C，否则采取保温措施。当气温高于 35 °C 时，压浆改在夜间进行。

灌浆孔数和位置必须做好记录、以防漏灌。

储浆罐的体积应大于所要灌注的一条预应力孔道体积。

压浆时，每一工作班制作留取不小于 3 组尺寸为 7.07 cm×7.07 cm×7.07 cm 的试件，标准养护 28 d，进行抗压强度和抗折强度试验，作为质量评定的依据。

压浆完成后，对梁端混凝土凿毛并将其周围冲洗干净，根据设计图纸设置钢筋网片浇筑封锚端混凝土，并与梁体采用同样的混凝土。

压浆后应从检查孔抽查压浆的密实情况，如有不实，应及时处理和纠正。在管道压浆前或压浆强度未达到设计要求，不得移运和吊装。

12）封 端

孔道压浆后将梁端水泥浆冲洗干净，清除垫板、锚具及梁端砼的污垢，并将梁端凿毛处理，然后设置钢筋网。按图纸和规范要求安装模板，经监理工程师检查合格后浇筑封锚混凝土，封锚混凝土强度采用与梁体同强度等级。

13）移梁存放

T 梁拆模、张拉、压浆后吊运前，在梁体两侧用红色油漆喷涂梁板信息表，梁板信息表中包括桥梁名称、梁板编号、浇筑日期、张拉日期等相关信息。

T 梁压浆达到规定强度和龄期后即可用两台龙门吊吊出台座，将梁运至存梁场，横移至存梁台座上储存。利用龙门吊将梁板移至存梁区，利用预留吊装孔吊梁体。梁与梁之间的横向存放间距不小于 30 cm，梁与梁在叠放存储的时候，要用枕木进行支撑，防止梁体倾倒或梁板端部和底板受损梁板。分层堆放时，最多不超过三层，并注意按架设的先后顺序堆放。上下层梁体的理论支撑线重叠，并做好地面硬化和排水，防止地面塌陷而引起支承不稳。

梁吊运按兜托梁底起吊法考虑，采用 Φ48 mm 钢丝绳编插两点闭合，单股使用，与梁底、翼板边缘接触部分安设钢护角以保护梁体和钢丝绳。吊点位置距梁端不大于 1.0 m。

15.2 预制梁养护技术

15.2.1 预制梁养护施工

1. 预制梁表面养护

在预制梁面混凝土浇筑过程中，加强混凝土表面的保湿防晒工作，对已浇筑完成的混凝土采用麻布进行覆盖，并对麻布进行洒水养护，不允许用水管直接冲击混凝土表面；混凝土拆模后，对预制梁侧面采用麻布进行覆盖，每日分三班设专人按时进行洒水养护，洒水次数以保持梁体表面湿润为准。

2. 梁腹板养护

混凝土浇筑完后 6 ~ 8 h，将用作为内模板的橡胶充气芯模抽气，即刻对预制梁腹腔两端进行封堵，并在一端留一个小孔以便充水，封堵后 8 h，便开始对预制梁腹腔进行蓄水养护，之后在对板梁外部洒水的同时，不断对箱的腹腔进行补水，始终保持预制梁腔体处于水满状态。

3. 养护施工注意事项

（1）对随梁养护的混凝土试件进行洒水养护，使试件强度与梁体混凝土强度保持一致。

（2）养护期间，尽量保持板梁腔体内、外温度一致，确保养护水温与板梁混凝土表面温度之差不大于 15 °C。

（3）预制梁混凝土浇筑期间，对已浇混凝土进行麻布覆盖保湿养护时，不得损伤混凝土表面，绝不允许用水管直接冲击混凝土表面，同时麻布横向搭接长度不得少于 5 cm。

（4）在暴晒、气温骤降等情况下，应采取持续冲水降温、搭设防晒棚等保温措施，以防止板梁表面混凝土受自然环境温度影响而发生剧烈变化。

（5）为保证混凝土充分湿润，每日设 3 班设专人按时浇水养护，以确保在任何时候麻布均处于充分湿润状态。养护期不少于 14 d，并做好养护记录。

15.2.2 观测试验结果

在预制梁养护施工期间，为了研究预制梁的养护效果，观测人员对养护期间的环境温度、湿度进行观测和记录，观测结果见图 15-1、图 15-2。

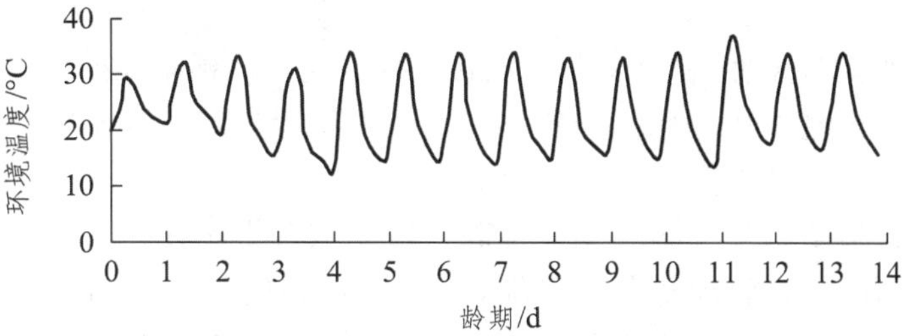

图 15-1 预制梁龄期环境温度变化图

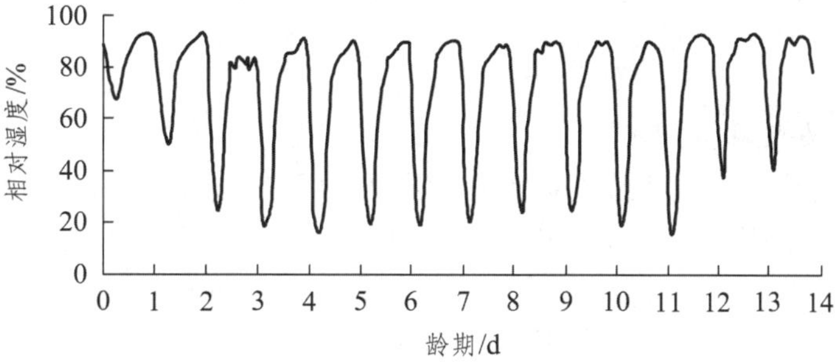

图 15-2 预制梁龄期相对湿度变化图

试验人员对不同龄期的随梁养护混凝土试件和标准养护混凝土试件进行抗压强度试验，并对预制梁采用回弹仪检测，试验结果表明：混凝土在这种养护条件下，其强度随着龄期的增加而增长，初期养护的 7 d 内，强度增长速度较快，7 d 以后，混凝土强度增长缓慢，混凝土强度的发展与其龄期接近正比关系，通过回弹仪检测预制板梁的混凝土强度与标准养护的试件强度比较，其强结果也十分接近。通过试验表明，这种预制梁外部麻布覆盖洒水养护和预制梁腹腔蓄水养护相结合的养护工艺，所取得的养护效果与标准养护十分接近。试验结果表明，在几内亚高温气候且昼夜温差较大的自然环境下，这种养护方式完全满足预制梁的养护质量要求。

15.2.3 养护现场的数据监控软件设计

在预制梁喷淋养护的现场，其复杂的环境因素对系统控制带了很大的影响，露天的施工环境，潮湿的作业条件，使现场的控制得到很大的阻碍。在现场控制的电磁阀中，需要考虑其实时的操作性，全天候待操作的条件，并且需要显示数据，对电磁阀状态进行监测，同时需要对电磁阀实时控制，在对新的预制梁需要进行参数的从新设定，偶尔也需要对养护参数进行曲线显示。

15.3 预制梁吊装、运输技术

15.3.1 施工方案

1. 施工工艺流程及图解

预制梁架设施工工艺流程见图 15-3。

预制梁场位于塘安培大桥 0#台往小桩号的主线路基上，预制梁架设采用双导梁架桥机架设。架梁通道利用已经基本成型的主线路基作为运输梁板道路，预制梁通过运梁车上桥，在运输预制梁时，采取可靠措施保护好预制梁。

预制梁架设前，检查跨度和盖梁顶面标高，恢复墩台十字线，安装好支座，做好架梁前的各项准备工作。预制梁安装须待台帽和盖梁顶垫石砼强度达 100%时进行。预制梁安装前，检查板底垫石标高和墩台跨度。架桥机架设梁时，严格按照《吊装安全技术操作规程》进行。架设前，确保机械稳定，起吊速度及落梁均步调一致，互相配合，吊装所用吊钩符合强度要求。

2. 支座安装

1）临时支座的安装和拆除

由于先简支后连续施工，涉及体系转换，需要采用临时支座。临时支座采用 Φ299 mm 钢管填干砂制作，顶心采用 Φ273 mm 钢管制作，顶底座钢板采用 50×50 cm 钢板制作。

（1）临时支座的选择

临时支座采用砂筒，砂筒由钢管及钢板制成，钢管内填满干砂，具体结构形式详见附件 10。

（2）临时支座的安装

预制梁架设前，在简支端先安装永久支座，然后在连续端安放临时支座，梁体架设置于临时支座上成为简支状态，及时连接桥面板钢筋及端横梁钢筋，浇筑墩顶连续段混凝土，再进行负弯矩张拉施工，拆除临时支座，形成连续体系。

临时支座安装前先在盖梁上放样定位，临时支座安装后不得影响永久支座的安装和现浇段的施工。测定临时支座安装高程，根据高阻尼隔震橡胶支座顶面高程调节砂桶内干砂高度，使梁底高程达到设计要求。

（3）临时支座的拆除

桥梁架设后，进行现浇段的施工，当现浇段负弯矩张拉压浆及桥面砼板强度达到设计值的 95%后，拆除临时支座，完成体系转换（须整联完成后）。

在临时支座钢管的底部用氧炔焰割一小孔，轻敲管壁，则管内的干砂即会漏出，同时上面的顶心会掉入管内，抽出钢管即拆除临时支座。

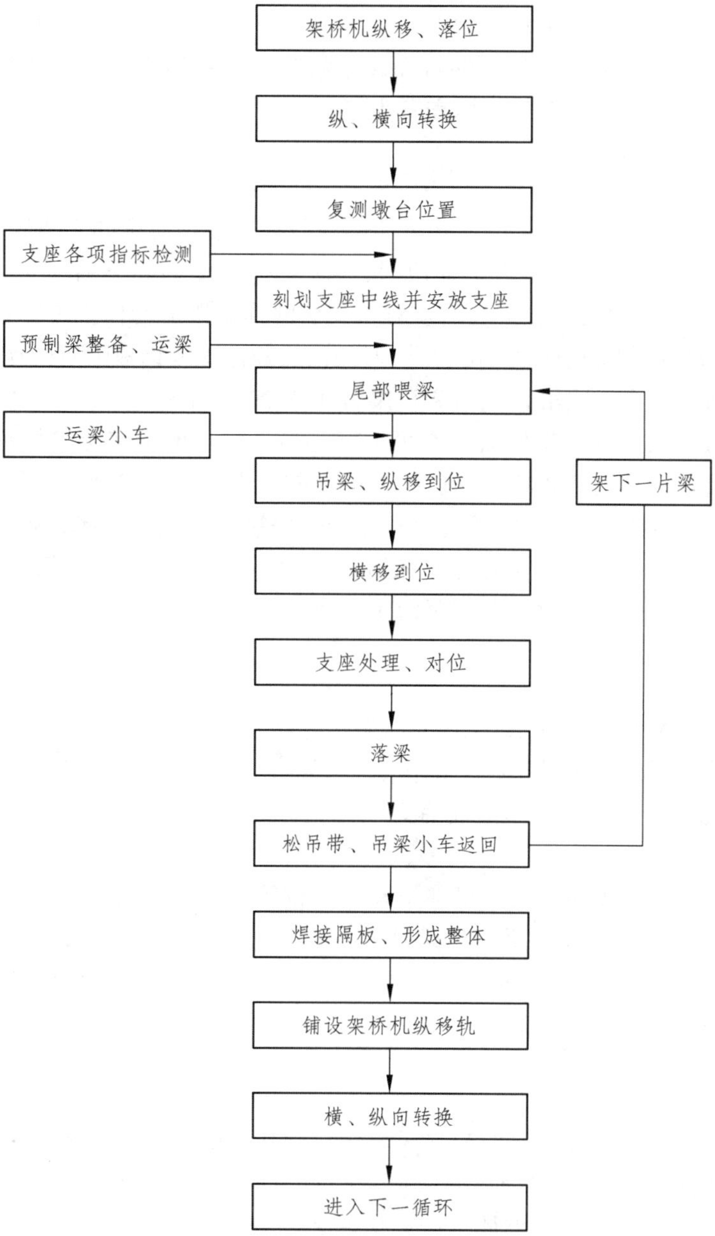

图 15-3　梁架设施工工艺流程图

2）板式橡胶支座安装

板式橡胶支座安装的要点：尽可能地保证梁底与垫石顶面平行、平整，使其同橡胶支座上、下面全部密贴，避免出现偏压、脱空、不均匀支撑等问题。

施工程序如下：

（1）先将支座垫石顶面浮砂除去，垫石表面清洁、平整、无油污。

（2）预制梁及支座接触的底平面保持水平与平整。

（3）先在支座垫石上按设计图标上中心线，同时在橡胶支座上也标上十字交叉中心线。将支座安放在垫石上，使支座中心线同支座垫石上的位置中心线相重合。

板式橡胶支座安装的注意事项：安装前对支座进行检查、验收，所有的橡胶支座必须有产品合格证明书。制造支座的胶料、钢材和聚四氟乙烯材料的物理机械性能、力学性能符合设计及规范要求。检查支座垫石顶面标高，力求准确一致。

3. 移　梁

预制梁采用捆绑式吊装，吊点位置到背墙前缘线或桥墩中心线的垂直距离采用 1100 mm，横桥向距离悬臂根部 100 mm。预制 T 梁预制、张拉完成后，存放于存梁区。架设前，采用 2 台 100 t 龙门吊自存梁区中吊出，出坑前须对将架设的预制梁进行检查（主要检查梁底砼是否存在空洞、露筋、保护层偏差过大等问题），同时须清除预埋支座钢板附着的铁锈和砂浆等杂物。

正式移梁之前，须进行试吊，先吊离存梁台座约 20 ~ 30 mm 后暂停，对各主要受力部位做细致检查，经检查确认受力良好后，方可继续起吊。将运梁车和龙门吊对位，在运梁车上放置垫木、纤维层胶皮和固定装置以保护梁片砼和防止滑移，由 2 台龙门吊将预制梁吊起并平稳地放在车上，用斜撑将梁固定牢固，并使用 5 t 手拉葫芦锁紧梁体，运梁车两侧采用方木等作为支撑，防止倾覆。装车时，梁片重心应落在运梁车纵向中心线上，偏差不宜超过 10 mm，可在梁端顶部挂线锤，检查梁断面上的竖向中心线，检查梁是否倾斜。

4. 运　梁

架桥机于桥头拼装并试吊完成后，方可进行运梁作业。在运梁过程中要注意运梁车的安全性，每次运梁前必须检查运梁车各个结构点牢固性，当发现运梁车发生异常立即停止运行，排除故障后方可前进运梁。运梁车的前后必须设置有效的制动系统，前车与后车之间必须设置牢固的牵引钩。

预制预制梁的起吊、纵向移动、横向移动及就位等，由专人负责，统一指挥、协调一致。经检查梁板固定牢靠后，进行运梁。运梁过程中，牵引车和挂车的车速应慢而稳，运梁车空载运行速度为 3 ~ 4 km/h，运梁车载重速度严禁超过 0.8 km/h，车辆转弯、掉头时须在路面平整、回转半径满足拖挂车要求处进行。

5. 架桥机过孔

架桥机（主梁）纵向位移时，两起吊天车运行到架桥机后部作配重，用木楔塞住行车轮，在桥梁纵坡的下坡位置还必须用钢丝绳保护，以防架桥机纵向运行时失稳。为确保安全，须在架桥机后端进行临时配重，配重计算详见附件 8。

架桥机（主梁）空载前移分两步完成：

（1）先把两台运梁平车开到架桥机后部，前起吊天车把前运梁平车吊起作为配重；后运梁平车和主梁联结牢固。利用中支腿上的驱动机构及运梁平车的动力驱动架桥机主梁纵移，导梁前支腿就位于前盖梁预定位置，通过导梁前支腿千斤顶顶起，调整导梁和主梁水平，主梁前支腿通过吊挂装置运行至前盖梁预定位置，下落行走箱及钢轨，调整至要求高度，将前支腿与盖梁联结牢固。

（2）收起导梁前支腿，依靠中支腿上的驱动机构和运梁平车的动力继续驱动主梁纵移至工作位置，然后将前支腿上部与主梁下弦联结牢固；中支腿与主梁下弦联结牢固，此时架桥机完成主梁的空载纵移。

6. 喂　梁

喂梁施工中捆梁和吊梁作业是交叉进行的，主要包括以下过程：当运梁车将梁片前端送到吊梁行车下方时，捆梁、吊梁使梁前端脱离运梁车，待梁片后端送到后吊梁行车下方时再捆梁，吊起梁片后端，梁片全悬吊状态下前进对位。

施工技术要点：

（1）捆梁作业应在梁片底面转角与吊梁钢丝绳接触处增加防护钢片，防止拐点对钢丝绳的破坏，我项目部制作四个弧型托板护板，确保吊装安全。如图 15-4。

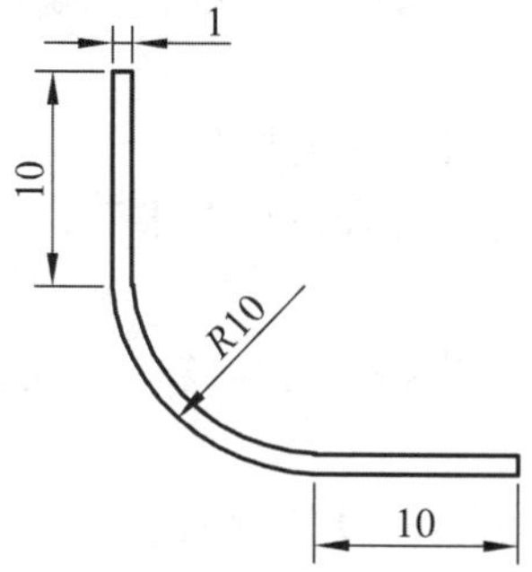

图 15-4　弧型托板结构图（单位：cm）

（2）吊梁时应保持左右两侧卷扬机升降速度一致，受力正常，前后行车吊梁高度差不应太大，不得大于 30 cm，尽量保持梁体水平为佳。

（3）梁板起吊时，应先进行试吊。试吊时，先将梁吊离支撑面 2 ~ 3 cm 后暂停，对各主要受力部位的作用情况应做细致检查，经确认受力良好后，方可撤出支垫，继续起吊。

（4）预制梁的起吊、纵向移动、下落、横向移动就位等，均需统一指挥、协调一致，并按预定施工顺序进行。

（5）梁体安装过程中，须随时注意梁体移动时与就位后的临时固定（支撑），防止侧倾。

6）梁片的起吊应平稳匀速进行，两端高差不得大于 30 cm，梁片下放时，应先落一端，再落另一端，确认梁片两端侧斜撑已固定完好后，方可拆除吊具。

7. 吊　梁

吊梁工作分为以下两部分。

1）捆　梁

混凝土预制梁吊装均采用捆绑式吊装，吊点位置到背墙前缘或桥墩中心线的垂直距离为 1.1 m，横桥向距离悬臂根部 10 cm，吊装孔预留可采用 PVC 管，孔口设置钢护片，减少吊装时钢丝绳对预制梁的磨损。

2）起　吊

捆梁工作完成后，先吊离存梁台座约 20 ~ 30 mm 后暂停，对各主要受力部位做细致检查，经检查确认受力良好后，方可继续起吊。

起吊过程中必须专人查看梁体，避免梁体与任何结构碰撞，避免造成结构损坏或其他不安全因素。

8. 架　梁

1）架梁作业

架梁遵循的原则：一般由两边向中间进行安装。

架梁作业顺序须严格按要求进行，不得擅自改变作业顺序。架设外边梁时，应在梁体对孔位后下落至距桥台最高点 10 ~ 20 cm 以上时停止落梁；驱动整机横移动力，使梁体对位于距离外边梁中心 90 cm，操作横移油缸使机臂横移对位外边梁处；落梁、支撑防护梁体。

（1）架设边梁落梁后，在梁体外侧进行支撑保护，使用方木进行支撑，使用木楔将方木打死，防止松动，采用倒链把边梁与已架设中梁进行拉紧保护，确保边梁的稳定性。

（2）运梁应根据架梁顺序进行。

（3）当落完外边梁后，应及时将机臂回返原位。

梁体安装就位后，进行测量校正，符合设计要求后，才允许焊接及浇筑湿接缝混凝土。

2）架梁注意事项

（1）每次架桥机纵向行走前，每孔要求湿接缝、现浇段及横隔板连接钢筋全部焊接完，并经监理同意后方可纵向行走。

（2）架桥机纵向运行轨道两侧轨顶高度要求对应水平，保持平衡。前、中、后支腿各横向运行轨道要求水平，并严格控制间距，三条轨道要平行。

（3）架桥机纵向移动时要做好一切准备工作，要求一次到位，不允许中途停顿。

（4）架桥机两台小车携带混凝土梁纵向运行时，前支腿部位要求用手拉葫芦（5 t）与横移轨道拉紧固定，加强稳定性。

（5）安装桥梁有上下纵坡时，架桥机纵向移位要有防止滑行措施。例如采用三角楔铁在轮子前后作防护，特别中腿距梁端很近，移位时须注意控制。

（6）架桥机拼装后须进行吊重试吊运行，也可用混凝土梁试吊后，架桥机再运行到位开始安装作业。

（7）架桥机安装作业时，要经常注意安全检查，每安装一孔要进行一次全面安全检查，发现问题要停止工作，及时处理后才能继续作业。不允许机械及电气系统带故障工作。

（8）五级风以上严禁作业，要用索具稳固起吊小车和架桥机整机，架桥机停止工作时要切断电源，防止发生意外事故。

（9）架桥机纵向就位要严格控制位置尺寸，确保混凝土预制梁安装顺利就位。

（10）由于架桥机属大型专用设备，架桥机作业须明确分工，统一指挥，要设专职操作员，专职电工和专职安全检查员，保证施工安全。

9. 施工注意事项

（1）预制梁安装架桥机须满足起吊位置处最大起重量的 1.2 倍的安全系数。

（2）预制梁吊离台座时须检查梁底的混凝土质量（主要是空洞、露筋、钢筋保护层等），运送到现场安装前必须经过检验合格。

（3）安全前须先进行试吊，先吊离支承面 20 ~ 30 mm 后暂停，对各主要受力部位做细致检查，经确认受力良好后，方可撤除支垫，继续起吊。

（4）预制梁装车时，重心线与车辆纵向中心线的偏差宜小于 10 mm。

（5）预制梁的桥吊、纵向移动、横向移动及就位等，须统一指挥、协调一致，按照预定的施工顺序进行。

（6）起吊须平稳、匀速，两端高程不应大于 300 mm，下放时，先落一端再落另一端。

（7）预制梁的移动须设置临时固定（支撑），防止侧翻。待完全放稳固定后，方可拆除吊具。

（8）下部结构混凝土强度达到设计强度的 100%后，方可进行板的吊装。吊装前，预制梁支座垫板必须用环氧树脂粘贴稳固。

（9）预制梁就位后，其两端支座应对位，梁底板与支座必须密合，不得有空隙且安装平稳，支点处必须接触严密牢固。

（10）安装预制梁时，需均匀对称，相临桥跨上预制梁安装片数差不大于 3 片。

10. 质量检验标准

（1）梁体不得出现露筋和空洞现象。

（2）梁在吊移出预制底座时，混凝土的强度不得低于设计所要求的吊装强度；梁在安装时，支承结构（墩台、盖梁、垫石）的强度须符合设计要求。

（3）梁安装前，墩、台支座垫板必须稳固。

（4）梁就位后，梁两端支座应对位，梁底与支座以及支座底的垫石顶须密贴，否则重新安装。梁安装实测项目见表 15-2。

表 15-2　梁安装实测项目

项次	检查项目	规定值或允许偏差	检查方法和频率
1	支承中心偏位/mm	5	尺量：每孔检查 4～6 个支座
2	倾斜度/%	1.2	吊垂线：每孔检查 3 片梁
3	梁（板）顶面纵向高程/mm	+8，−5	水准仪：抽查每孔 2 片，每片 3 点
4	相邻梁（板）顶面高差/mm	8	尺量：每相邻梁（板）

15.3.2　预制梁运输与吊装安全评估

施工实际操作过程中，满足安全控制要求往往是不够的，如炮车运行不可避免地会存在轻微的颠簸和碰撞，皆会增大安全事故发生概率，因此为了保障运梁过程的安全可靠，需要采取相关支护措施，提高可靠度，梁板运输包括道路上运梁及裸梁上运梁，需对其分别支护，满足安全要求，现就以下几点提出相应的安全支护措施。

1. 梁板安全防护措施

梁板纵、横向稳定是运梁安全性的基本保证，梁板在运送的过程中确保其不会发生倾覆是安全性问题关键所在，因此需要对其进行支护，防止梁板在运梁炮车上摇晃，甚至倒塌或掉落。梁板通过前后两个炮车配合运输，其支护包括左右支护和前后支护，只要支护足够稳固，则可以将梁板与炮车看为整体，根据之前所示抗力计算模型，稳定性提高明显。梁板支护大体上可采用两种方式，一种是用手拉葫芦和斜撑杆支护。

2. 后浇连续段安全防护措施

对于先简支后连续梁桥，当梁板经过后续连续段时，对其支护要求较高，此时基本有两种处理方法：一种是逐段浇筑，等连续段达到一定强度后再进行下一段的架设，避免了连续段的支护，但采用此种方法影响施工进度，施工较慢；第二种即为支护，即在接缝处放置临时混凝土块或枕木，再在其上铺设钢板即可，临时混凝土块或枕木可以循环使用，桥梁湿接缝可以统一作业，施工方便。

3. 裸梁安全防护措施

当在裸梁上运梁时，会存在比如碰撞或风力之类的偶然荷载，且炮车驾驶员操作稍有不当便会导致炮车走偏，增大倾覆力矩，因此需要对裸梁采取相应的支护措施，如图 15-5 所示，以提高安全系数。由于支护杆件所提供抗力的力矩较大，能较大提高抗力弯矩，安全性系数增大明显。

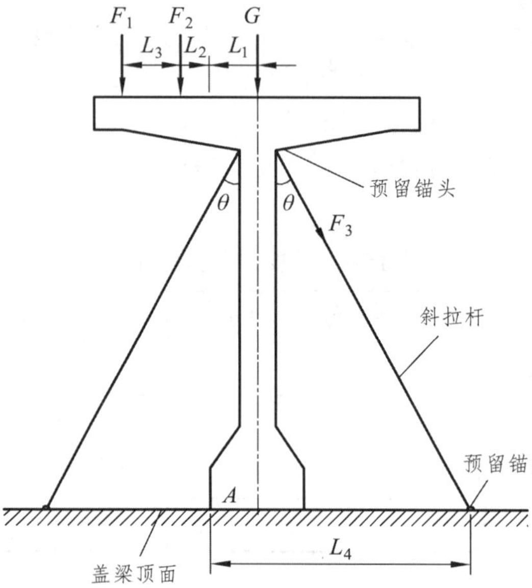

图 15-5　裸梁支护

16 山区陡坡桥梁基础施工关键技术

16.1 香丽高速桥梁桩基施工地形地质条件简介

16.1.1 施工条件

K96+335 古那湾大桥位于香格里拉至丽江高速公路 11 项目部古那湾段，星明村东侧约 200 m 处，为跨越山谷而设。

该桥位于分离式的路线段，单幅桥宽为 12 m，左幅桥垮布置为 1×30 m 连续 T 梁（73+130+130+73）m 连续刚构+4×30 m 连续 T 梁（桥长 556 m）右幅 2×30 m 连续 T 梁（73+130+130+73）m 连续刚构+2×（4×30）m 连续 T 梁（桥长 706 m）。

左幅 1 ~ 5 号墩为主跨，空心墩、承台群桩基础；6 ~ 8 号墩为引桥，圆截面双柱墩、一柱一桩结构形式。

右幅 2 ~ 6 号墩为主跨，空心墩、承台群桩基础；1、7 ~ 13 号墩为引桥，圆截面双柱墩、一柱一桩结构形式。

左幅 2、4 号墩桩基、右幅 3、5 号墩桩基设计均为摩擦桩，采用旋挖钻成孔，桩径均为 Φ2.0 m，砼强度 C30，设置 4 根声测管（Φ57×3 mm 无缝钢管），共计钻孔灌注桩 36 棵，桩长共计 1 705.806 m，详见表 16-1。

桥址区海拔在 1 923.96 ~ 2 045.59 m，相对高差 121.63 m；属构造剥蚀低中山地貌区。

表 16-1　K96+335 古那湾刚构大桥旋挖钻孔灌注桩桩基础统计表

序号	位置	桩基数/根	桩径/m	桩长/m
1	左幅 2 号墩	9	Φ2.0	40.999
2	右幅 4 号墩	12	Φ2.0	53
3	右幅 5 号墩	9	Φ2.0	53
合计		30		1 481.991

16.1.2 地质条件

1. 地形、地貌

K96+335 古那湾大桥位桥址区属构造剥蚀低中山地貌区，微地貌属于山间“U”形冲沟地貌，冲沟较宽、开阔，目前为一小的冲击扇平地，两侧起伏，坡度为 40° ~ 70°，坡面植被较发育，以灌木为主，水土保持良好。地貌形态主要为构造侵蚀、溶蚀中山地貌，岩性以二叠系碳酸盐岩为主，局部二叠系灰岩、板岩、片理化玄武岩。峰顶多呈浑圆形，地形波状起伏，山谷相间，谷地较平坦，河流中等切割，呈树枝状，岩溶以垂直形态发育为主。

2. 地层岩性

K96+335 古那湾大桥地质情况依次为粉质黏土、碎石土、块石土、板岩、灰岩、片理化玄武岩，该桥左幅 2 ~ 4 号墩桩基位置穿过粉质黏土、碎石土层，桩底接触板岩层；右幅 3 ~ 5 号墩桩基穿过粉质黏土、碎石土、桩底在块石土层，5 号墩桩基穿过粉质黏土和碎石土层，桩底在片理化玄武岩层。桩基均为摩擦桩。

16.2 人工挖孔桩施工关键技术

施工工艺流程见图 16-1。

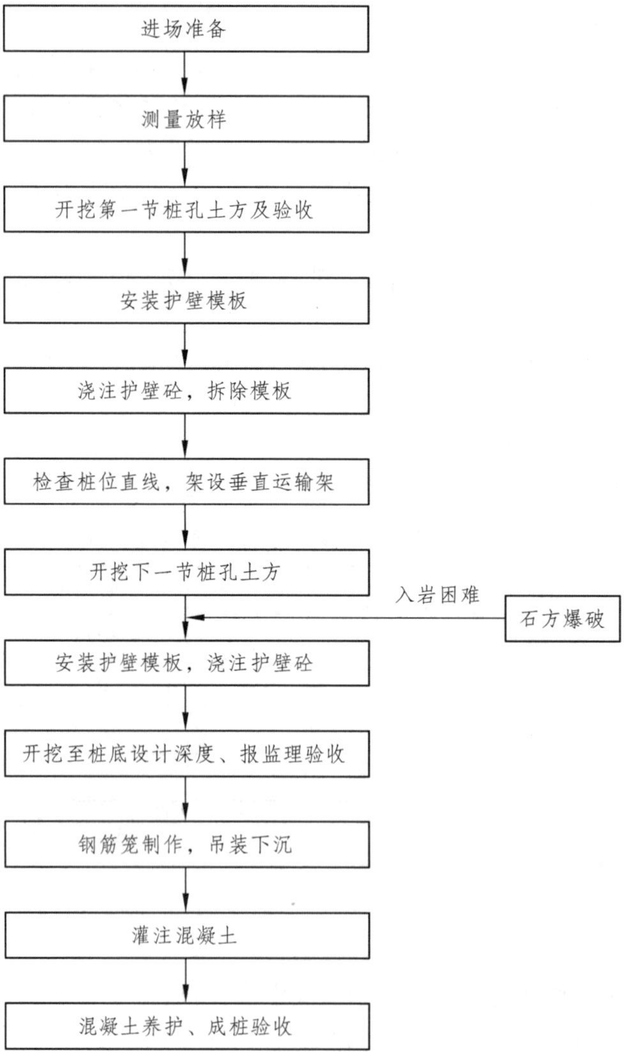

图 16-1 人工挖孔桩施工工艺流程图

16.2.1 施工准备

1. 开挖前准备工作

（1）将桩位附近的地面整平，清除杂物，必要时，换填软土，夯打密实；四周设置临时防护和安全照明。

（2）桩位位于边坡时，施工前在孔口四周挖好排水沟。

（3）支搭防雨罩棚，安装提升设备。

（4）安设出渣道路，弃渣地点宜设在距桩孔 10 m 以外，以防坍塌，堵塞孔道。

（5）挖孔桩施工根据土质和桩孔布置决定开挖顺序，做到：相邻两孔不可同时开挖，避免因间隔壁薄和支承力不足造成塌孔。

2. 技术准备

（1）熟悉施工图纸及场地的地下土质、水文地质资料。

（2）按施工图纸准确放线，放出桩位中心线和桩径，并认真进行技术复核。放线工序完成后，办理预检手续。

（3）挖孔前，要把桩中心位置向桩的四边引出四个桩心控制点，用牢固的木桩标定。

（4）开挖前应对施工人员进行全面的安全技术交底；要使安全技术管理在思想，组织措施都得落实，操作前对吊具进行安全可靠的检查和试验，确保施工安全。

（5）专人负责按桩位编号，做好桩孔的垂直中心线、轴线、桩径、桩长和基岩土质的记录；钢筋笼和桩身混凝土等隐蔽验收记录，并在完工后整理编册分送有关单位并送技术部门存档。

（6）护壁模板分节的高度视土质情况而定，一般可用 50 ~ 150 cm。每节模板安装，应设专人严格校核中心位置及护壁厚度，可用十字架对准轴线标记，在十字交叉中心悬吊垂球，复核模板位置，保证垂直度。

3. 现场准备

（1）混凝土采用混凝土项目部拌和站集中拌和，混凝土运输车运输至现场。

（2）施工人员作业要求：

① 见证取样员：必须持证上岗，要求熟知材料及混凝土试块的取样规定，熟知混凝土试块的制作、养护规定，操作熟练。

② 材料员：须持证上岗，要求熟知材料进场的检验、验收、入库规定。

③ 计量员：应熟知计量器具的校检周期、计量精度、使用方法等规定，并掌握配合比单及其配料精度。

④ 操作工人：应经过培训，并掌握井下作业、投料、搅拌、运输、浇筑、振捣等技术、清楚安全交底内容，操作熟练。

4. 机具、材料及人员准备

根据工期要求及施工实际情况，主要施工机具设备、材料及施工人员按施工实际情况配置。

16.2.2 施工方法

人工挖孔桩施工时必须采取跳孔的方式进行开挖，相邻桩孔应至少跳开一个进行开挖。施工人员上下桩孔必须通过孔口设置的软爬梯，禁止通过卷扬机渣桶上下；现场管理人员做好作业人员上下孔人员登记；孔口锁口高出地面 30 cm 以上，并在孔口设置钢管防护网进行围挡，防止渣土坠落孔内；孔口出渣人员必须系安全带并戴安全帽，孔底施工人员必须规范佩戴安全帽。

（1）放线定桩位及高程：在场地三通一平的基础上，依据测量控制网的资料和平面布置图，测定桩位轴线方格控制网和高程基准点。确定好桩位中心，以中点为圆心，以桩身半径加护壁厚度为半径画出圆周。撒石灰线作为桩孔开挖尺寸线。

（2）开挖第一节桩孔土方：开挖桩孔应从上到下逐层进行，先挖中间部分的土方，然后扩及周边，有效地控制开挖孔的截面尺寸。每节的高度应根据土质好坏、操作条件而定，一般以 0.5 ~ 1.2 m 为宜，岩层可适当增加。

（3）支护壁模板及护壁钢筋：为防止桩孔壁坍方，确保安全施工，人工挖孔应设置混凝土护壁。桩孔护壁钢筋在钢筋加工场集中制作转运至施工现场，护壁钢筋的规格、型号必须与设计图纸相符合。护壁钢筋绑扎安装时，首先安放竖向钢筋，竖向钢筋按设计图纸要求间距进行安放，安放竖向钢筋时钢筋下部插入土层 300 mm 或把钢筋下端 300 mm 扳弯成 90°置于桩孔底土面，用于与下一节护壁竖向钢筋搭接连接。上节护壁竖向钢筋锚入下节护壁不小于 300 mm。竖向钢筋安放完，安放并绑扎环形水平钢筋，水平钢筋由下向上边安放边绑扎，水平钢筋按设计图纸要求间距安放绑扎，每个钢筋交叉点必须满扎，不得跳扎或漏扎，钢筋绑扎横平竖直、间距均匀。按设计要求安放钢筋后，安装护壁模板。护壁模板采用组合式钢质模板，组合式钢模板在孔内拼装成型，拆上节支下节循环周转使用。模板之间用 U 形卡连接，在每节模板的上下两端每 1 m 采用钢管进行对称内支撑，防止模板在浇筑护壁砼时变形。每节护壁模板的上口应高于上节底部 10 cm，以抬高浇灌口，使上下节井圈的混凝土紧密接触。组装好的护壁模板内空直径上口不小于设计桩径，下口不小于设计桩径加 10 cm，且能满足护壁的混凝土厚度要求。护壁混凝土浇筑完毕 12 h 后，且强度达到 1.2 MPa 时方可拆模。

（4）浇筑护壁混凝土：桩孔每挖完一节后应立即浇筑护壁混凝土，第一节护壁应高出地坪 300 mm 以上，设置临时排水沟防止地表水流入孔内。桩位轴线和高程均应标定在第一节护壁上口。护壁混凝土强度为 C25，由云南建工集团香丽高速公路 K11+000 左吉念平混凝土拌和站集中拌和，混凝土罐车运送至现场。护壁砼坍落度控制在 80 ~ 100 mm 范围，且和易性好，粗细骨料无离析现象。护壁浇筑采用吊桶、绞盘输送、人工撮料入模、钢钎捣实、小锤模外敲击的方法施工，混凝土浇筑时分层沿四周入模；每节护壁做好以后，必须在孔口用十字线对中，然后由孔中心吊线检查该节护壁的内径和垂直度，如不满足要求随即进行修整。混凝土浇筑完毕 12 h 后，且强度达到 1.2 MPa 时方可拆模，拆模后发现护壁有蜂窝、漏水现象时，应及时用高标号水泥砂浆进行修补。

（5）检查桩位（中心）轴线及标高：每节桩孔护壁做好以后，必须将桩位十字轴线和标高测设在护壁的上口，然后用十字线对中，吊线坠向井底投设，以半径尺杆检查孔壁的垂直平整度。随之进行修整，井深必须以基准点为依据，逐根进行引测。保证桩孔轴线位置、标高、截面尺寸满足设计要求。

（6）架设垂直运输架：第一节桩孔成孔以后，即着手在桩孔上口架设垂直运输支架。支架要求搭设稳定、牢固。

（7）安装卷扬机：在垂直运输架上安装滑轮组和穿卷扬机的钢丝绳，选择适当位置安装卷扬机。提升卷扬机应设置提升行程限位开关。地面运土用手推车或翻斗车。

（8）安装吊桶、照明、活动盖板、水泵和通风机。

① 在安装滑轮组及吊桶时，注意使吊桶与桩孔中心位置重合，作为挖土时直观上控制桩位中心和护壁支模的中心线。

② 井底照明必须用低压电源（36 V、100 W）防水带罩的安全灯具。桩口上设围护栏。

③ 当桩孔深大于 10 m 时，应向井下通风，加强空气对流。必要时输送氧气，防止有毒气体的危害。操作时上下人员轮换作业，桩孔上人员密切注视观察桩孔下人员的情况，互相响应，切实预防安全事故的发生。

④ 当地下水量不大时，随挖随将泥水用吊桶运出。地下渗水量较大时，吊桶已满足不了排水，先在桩孔底挖集水坑，用高程水泵沉入抽水，边降水边挖土，水泵的规格按抽水量确定。应日夜三班抽水，使水位保持稳定。地下水位较高时，应先采用统一降水的措施，再进行开挖。

⑤ 桩孔口安装水平推移的活动安全盖板，当桩孔内有人挖土时，应掩好安全盖板，防止杂物掉下砸人。无关人员不得靠近桩孔口边。吊运土时，再打开安全盖板。

（9）开挖吊运第二节桩孔土方（修边），从第二节开始，利用提升设备运土，桩孔内人员应戴好安全帽，地面人员应拴好安全带。吊桶离开孔口上方 1.5 m 时，推动活动安全盖板，掩蔽孔口，防止卸土的土块、石块等杂物坠落孔内伤人。吊桶在小推车内卸土后，再打开活动盖板，下放吊桶装土。桩孔挖至规定的深度后，用支杆检查桩孔的直径及井壁圆弧度，上下应垂直平顺，修整孔壁。

（10）先拆除第一节护壁模板，再支第二节护壁模板，放附加钢筋，护壁模板采用拆上节支下节依次周转使用。如往下孔径缩小，应配备小块模板进行调整。模板上口留出高度为 100 mm 的混凝土浇筑口，接口处应捣固密实。拆模后用混凝土或砌砖堵严，水泥砂浆抹平。

（11）浇筑第二节护壁混凝土：混凝土用串桶输送，人工浇筑，人工插捣密实。混凝土可由试验确定掺入早强剂，以加速混凝土的硬化。

（12）检查桩位中心轴线及标高：以桩孔口的定位线为依据，逐节校测。

（13）逐层往下循环作业，将桩孔挖至设计深度，清除虚土，检查土质情况，桩底应支承在设计规定的持力层上。

（14）检查验收：成孔以后必须对桩身直径、孔底标高、桩位中线、井壁垂直、虚土厚度进行全面测定。做好施工记录，办理隐蔽工程验收手续。

（15）吊放钢筋笼：钢筋笼放入前应先绑好砂浆垫块，一般为 70 mm（钢筋笼四周，在主筋上每隔 3 ~ 4 m 设一个耳环，作为定位垫块）；吊放钢筋笼时，要对准孔位，直吊扶稳、缓慢下沉，避免碰撞孔壁。钢筋笼放到设计位置时，应立即固定。遇有两段钢筋笼连接时，主筋接长应采用焊接（直径≤20 mm）或机械接长（直径＞20 mm），同一截面接头数量不应超过主筋根数的 50%。确保钢筋位置正确，保护层厚度符合要求。

（16）浇筑桩身混凝土：混凝土的落差大于 2 m，桩孔深度超过 12 m 时，应采用串桶或导管浇筑。

（17）混凝土浇筑到桩顶时，应适当超过桩顶设计标高，以保证在剔除浮浆后，桩顶标高符合设计要求。

16.2.3　遇岩层爆破开挖施工

1. 爆破施工

根据现场实际情况拟采用深孔松动爆破，采取接近内部作用药包的装药量，用塑料导爆管非电起爆系统设计成内外微差网络，使得各个炮孔起爆有足够的时间间隔，成为独立的作用药包，炮孔中回填足够长度的有一定密实度的堵塞物，以保证爆破后的岩石开裂、松动而不飞散。然后采用人工挖掘出砟方法成孔、封底，安放钢筋笼，浇灌混凝土而成桩。爆破详细参数见《爆破专项施工方案》，爆破施工应按《中华人民共和国民用爆炸物品管理条例》《爆破安全规程》编制专项施工方案并经属地管理部门批准。岩层爆破主要是边放炮，边挖掘边分节做混凝土护壁，以防孔壁坍塌，其工艺流程如图 16-2。

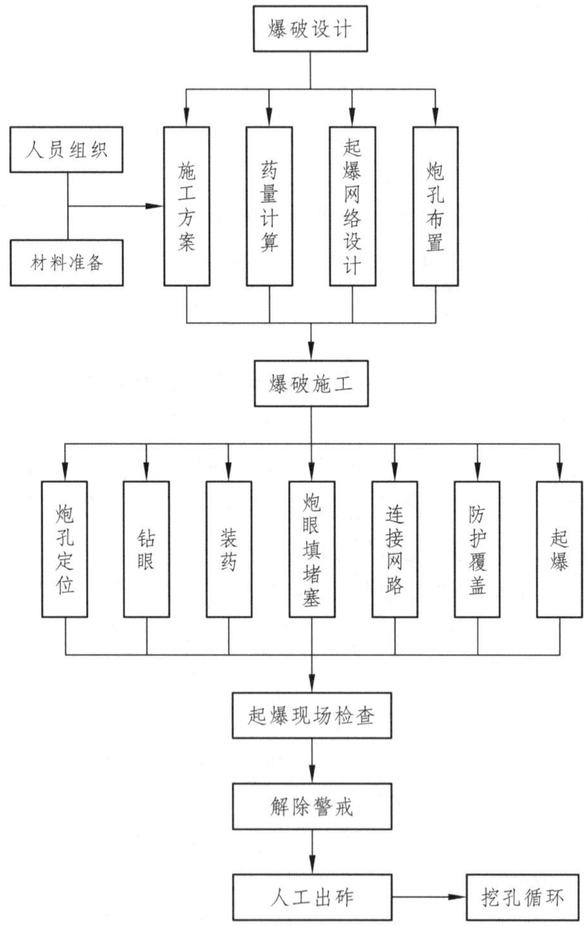

图 16-2　桥梁人工挖孔桩爆破施工流程

松动爆破要有效地控制爆破振动，防止爆破飞石产生，控制爆破冲击波。

2. 爆破设计

松动控制爆破通常采用梯段爆破，但在桥桩孔中，因其桩径的限制即我标段采取人工挖孔桩最大直径 2.0 m，爆破面积最大为 3.14 m^2。根据我项目部的爆破经验，其炮眼布置如下所述。

1）炮眼参数

（1）掏槽眼倾角 α 角一般为 20°（使用炸药为岩石硝铵防水乳化炸药）。

（2）炮眼深度 $H\geqslant0.8$ m，炮眼直径为 30 mm。

（3）爆破断面最大抵抗线 $w_{max}\leqslant0.54H=0.54\times0.8=0.432$ m。

（4）实际最小抵抗线 W：当 $H\leqslant5$ m 时，$w=w_{max}-0.05H=0.432-0.05\times0.8=0.392$ m。

（5）炮眼底部超钻 $h_c=$（0.2 ~ 0.3）$w_{max}=0.25\times0.432=0.108$ m。

（6）堵塞长度 $h_0=$（0.7 ~ 1.0）$w=0.85\times0.392=0.333\ 2$ m。

（7）炮眼间距 $a=$（1.0 – 1.25）$w=1.125\times0.392=0.441$ m。

实际炮眼为周边眼 8 个，辅助眼为 4 个，掏槽眼为 2 ~ 3 个。每个爆破断面炮眼控制在 15 个炮眼内。

2）起爆网路设计

网路连接的要点，采用塑料导爆管非电起爆，连线从网路起爆终点开始，逐渐接近网路起爆的始点；连接过程中把相关药包引出的导爆管绑扎在洞外连接雷管周围。

3）布眼与钻眼

周圈眼按 1.8×3.141 59÷0.441=12 个眼，调整为 8 个，辅助眼调整为 4 个，掏槽眼为 2 ~ 3 个，增大抵抗线是为了更保证孔内不抛出飞石。钻眼时要根据设计要求，确保孔位、方向、倾斜角和孔深。但在钻眼过程中，同一断面石质有较软和较硬同时存在时，施工人员可在较硬石质段拉近炮眼距离，较软石质加大炮眼距离，但要保持周边眼、辅助眼的总数不变。炮眼的深度为 0.8 m + 0.108 m=0.91 m，炮眼最大深度控制在 1 m 以内，最浅深度不能小于 0.9 m。

4）装药与堵塞

装药前测量炮眼深度，对不符合要求的炮眼要返工，采用防水炸药，每个炮眼内装 1 管（150g）炸药，要防止卡孔。回填堵塞的材料选用一定湿度的黏土，为防止卡孔，要分多次回填，边回填边用炮杆捣实，还要注意保护炮眼内的导爆管不要碰损。

5）安全警戒

所有准备工作具备后进行放炮，放炮之前，人员及机械撤离桩孔 10 m 半径以外，确认所有人员、机具撤至安全线后，放炮人员接到指挥人员命令后通电起爆，当有人或车通过时不得进行爆破。

挖孔桩爆破施工注意事项：

（1）爆破时井口覆盖钢筋网和砂袋，以杜绝飞石外逸。

（2）爆破作业时须加强爆破振动监测，并用监测结果及时修正爆破参数。

（3）爆破后须采用高压风和鼓风机进行足够的通风排烟处理，经确认安全后方可进入孔内作业。

6）控制爆破振动速度的计算

钻眼深度控制在 100 cm 以内，炮眼 15 个，单个炮眼装药量为 150 g，群包药量为 2.25 kg。

目前国内外多以质点振动速度来衡量爆破的地震强度。当埋置于平坦地面以下的药包爆炸时，在地层表面引起的质点振动速度可用萨道夫斯基的经验公式计算：

$$V = k\left(\frac{Q^{\frac{1}{3}}}{R}\right)\alpha \tag{16-1}$$

式中 Q——药包质量（kg）；

R——计算点到爆源的距离（m）；

k，α——与地震波传播地段的介质性质及距离有关的系数，k 取 30，α 取 1.5。

查《爆破地震烈度表》可知 <2.5 cm/s 属于烈度等级 I 级，微震，对建筑物和结构物无损害。

7）爆破效果控制

桩孔内爆破的岩石只允许松动开裂，而不允许出现飞石，更不得飞出孔外，上述设计爆破效果可使每个循环爆破深度控制为 30 ~ 40 cm，然后采用人工手持风镐破碎后，进行出砟工序。松动爆破冲击波控制在 60 m 范围内房屋门窗玻璃完好无损，允许振动速度值控制在 2.5 cm/s 以内。

8）挖孔桩爆破安全防护措施

（1）作业人员要经过安全培训，进入孔内人员必须佩戴安全帽，孔下有人作业，孔口应有人监护。

（2）运输、使用、保管炸药和起爆器材要按有关规定执行。炮眼要有一定的堵塞长度，加强回填质量。

（3）需要放炮的孔口上盖直径 16 钢筋做成的间距 10 cm×10 cm 的网罩固定在孔口上方，这样即使有个别碎石飞上孔口，也被钢筋网罩挡住，保证石砟不乱飞伤人。

（4）放炮时，在施工段两侧各 800 m 处设专人负责观察交通情况，用对讲机及时与放炮人员联系，确保无人、车通过时爆破。

3. 清　孔

挖孔的弃土应及时转运，孔口四周作业范围内不得堆积弃土及其他杂物。

挖孔达到设计高程并经确认后，应将孔底的松渣、杂物和沉淀泥土等清除干净。

表 16-2　成孔检测标准

编号	检查项目	允许偏差
1	孔径/mm	不小于设计桩径
2	孔深/mm	符合设计要求
3	倾斜度	≤1%

针对产生的废渣，采用装载机推土集中堆放，挖掘机挖掘上车，运渣车（自卸车）运输到指定场地集中堆放，为下步施工提供场地。

16.2.4　钢筋笼制作及安装

钢筋笼制作：本次挖孔桩最大桩长为 27 m，最短为 10 m，钢筋笼计划按桩长分为多节严格按照设计要求在 K17+800 右侧钢筋加工厂制作，在孔口进行焊接（直径小于 20 mm）或机械接长（直径大于 20 mm）。同一截面处接头数量不应超过主筋根数的 50%。钢筋下料时尽量使接头避开抗震箍筋加密区。钢筋笼制作时必须保证顺直，加劲箍焊接牢固，保护层筋不能漏焊，声测管要保证长度及确保不漏水，吊装前在骨架顶端焊好定位筋和定位吊环。为避免钢筋笼在运输及吊装过程中变形而影响质量，钢筋笼内每两米设置一根加劲箍并用直径 25 的三级钢在笼内设置支撑，按三角形分布，详细构造如图 16-3。

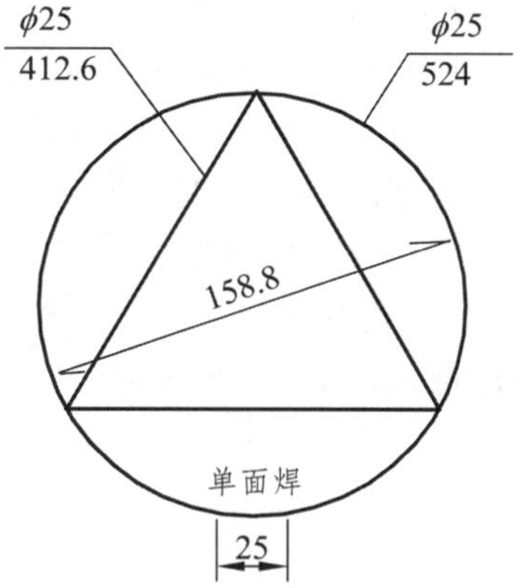

图 16-3　钢筋笼加固示意图

声测管安装：为检测灌注桩质量，所有圆桩基均要沿钢筋笼内侧等间距预埋 3 根（桩径 1.5 m 以下，含 1.5 m）或 4 根（桩径 1.5 m 以上）Φ57δ3 mm 钢管供超声波检测。声测管外径 57 mm，壁厚 3.0 mm，且一般应高出桩顶 30 cm；埋设钢管时应保证钢管竖直接触孔底，顶底段需绑扎紧密，使浇筑砼时不堵孔、不漏浆。钢管需焊接接长时，采用大直径钢管套接，防止在钢管内形成焊瘤。

表 16-3　钢筋笼质量检验标准　　单位：mm

顺序		检查项目	允许偏差或允许值	检验方法
主控项目	1	主筋间距	±10	用钢尺量
	2	钢筋骨架长度	±100	用钢尺量
一般项目	1	钢筋材质检验	设计要求	抽样送检
	2	箍筋间距	±20	用钢尺量
	3	直径	±10	用钢尺量

钢筋笼的安装：制作时应采取必要措施，保证骨架的刚度，主筋的接头应错开布置。大直径长桩的钢筋笼宜在胎架上分段制作，且应编号，安装时应按编号顺序连接。钢筋笼在运输过程中，应采取适当的措施防止其变形。骨架的顶端应设置吊环。绑扎或焊接的钢筋网和钢筋骨架不得有变形、松脱和开焊。

骨架下放时注意防止碰撞孔壁，放至孔内设计标高后将骨架吊环挂在孔口，并临时与护筒口焊接牢固。吊放钢筋笼采用吊车进行，吊放时注意不能碰撞孔壁，防止坍孔，并防止泥土等杂物带入孔内。在钢筋笼外侧绑扎砼垫块或焊接钢筋耳环，以保证钢筋的保护层厚度。钢筋笼吊入后校正轴线位置，并牢固定位，以免在灌注砼时发生浮笼现象。

16.2.5 导管安装

（1）采用专用的法兰盘连接，导管采用 300 mm 内径导管，中间节长 2.7 m，最下节长 4 m，配备 0.5 m、1 m 非标准节。导管制作要坚固、内壁光滑、顺直、无局部凹凸，对于旧导管在试压前应通过称重的方式判定导管壁厚是否满足使用要求。

（2）导管在使用前，除应对其规格、质量和拼接构造进行认真地检查外，应进行试拼和试压，试压导管的长度应满足最长桩浇筑需要，导管自下而上顺序编号和节段长度，且严格保持导管的组合顺序，每组导管不能混用。导管组拼后轴线差，不宜超过挖孔深的 0.5%且不大于 10 cm。试压压力为孔底静水压力的 1.5 倍。检查合格后方可使用。

（3）导管长度应按孔深和工作平台高度决定。漏斗底至钻孔上口段，宜使用非标准节导管。

（4）导管下放应竖直、轻放、以免碰撞钢筋笼。下放时要记录下放的节数，下放到孔底后，理论长度与实际长度进行比较，是否吻合。

（5）完全下放导管到孔底，经检查无误后，轻轻提起导管，控制底口距离孔底 0.25 ~ 0.4 m，并位于钻孔中央。

16.2.6 混凝土施工

桩身砼的运输及浇筑必须严格按具体规定执行。

1. 混凝土供应

桩身采用 C30 砼，由云南建投集团香丽高速公路 K11+000 左吉念平混凝土拌和站集中拌和，混凝土罐车运送至现场，混凝土泵车或吊车配合料斗进行浇筑。混凝土抵达孔口后，由串筒送入孔底，串筒严格按规范要求制作，浇注过程中串筒出口离孔内混凝土面高差不得大于 2.0 m，串筒出口应垂直向下。

2. 桩身混凝土浇筑

（1）桩体砼浇筑要从桩底到桩顶标高一次完成。如遇停电等特殊原因，应立即启用备用电源展开施工，间隔时间不应超过混凝土初凝时间。

（2）灌注桩身砼，必须用溜槽及串筒离砼面 2 m 以内，不准在井口抛铲或倒车斜料，以免砼离析，影响砼整体强度。

（3）在灌注砼过程中，注意防止地下水进入，不得有超过 50 mm 厚的积水层，否则，应设法把砼表面积水层用导管吸干，才能灌注砼。如渗水量过大（$>1\ m^3/h$）时，应按砼规程施工。

（4）在灌注桩身砼时，相邻的挖孔作业应停止，并不得在孔底留人。

（5）灌注桩身砼时，应留置试块，每根桩不得少于 2 组（6 件），及时提出试验报告，试验留 1 组作为同步养生。

16.2.7 桩基检测

按图纸设计要求，桩身质量检测采用声测法，绑扎钢筋笼时注意声测管的安装，桩径 1.5 m 以上的圆桩埋 4 根，桩径 1.5 m 以下的圆桩埋 3 根。声测管外径 Φ57 mm，壁厚 3.0 mm，上端高出基桩顶面 30 cm，接头处用 Φ70 mm 的钢管焊接，下端用钢板封底焊牢，不可漏水，浇筑砼前，将其灌满水，上端钢管口用塞子堵死。

16.2.8 破桩头

桩基达到设计强度的 70%以后进行桩头破除处理。由人工用风镐进行凿除高于设计的桩顶段，要保持钢筋的完整，尽量保证主筋的顺直。桩顶基本平整、干净。破除的桩头运出场外指定弃土场弃置。

16.2.9 接　桩

1. 需接桩的情况

（1）设计桩顶标高比原始地貌标高高。

（2）无承台桩（设计要求在该桩系梁底标高处留置施工缝，待桩基施工完毕后再接桩）。

（3）砼未浇筑到设计桩顶标高。

（4）其他需接桩，根据现场实际情况。

2. 接桩方法

破除桩头浮浆及松散层后，再进行桩基相关检测，待检测合格后对钢筋笼顶标高不到位的进行钢筋接长，按设计要求加设加密箍。

16.3 旋挖钻桩基施工关键技术

16.3.1 施工工艺

如图 16-4 所示。

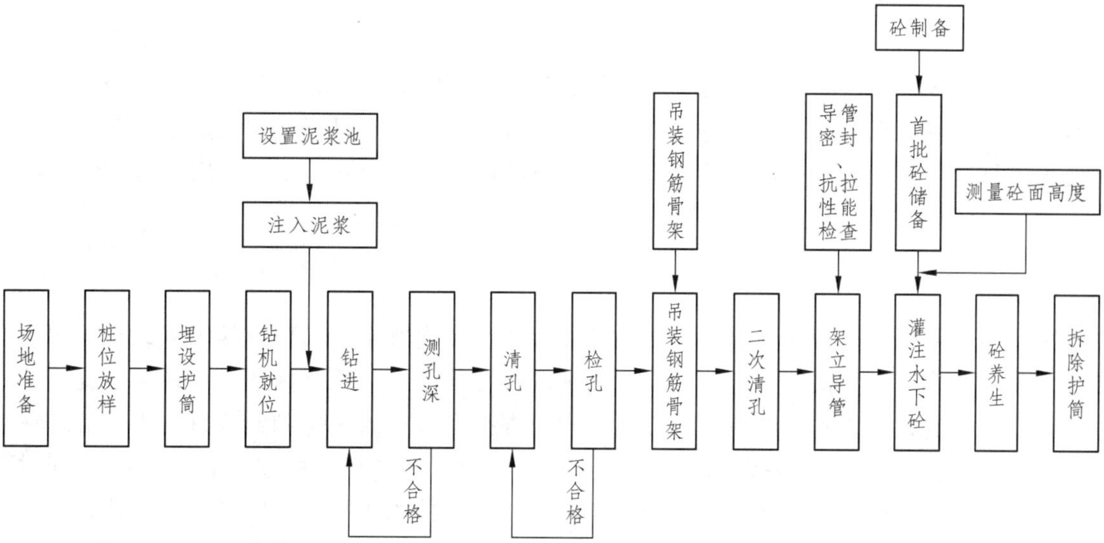

图 16-4　钻孔灌注桩施工工艺流程图

16.3.2 施工方法

旋挖钻成孔是通过底部带有活门的桶式回转器破碎岩土，并直接将其装入钻斗内，然后再由钻机提升装置和伸缩钻杆将钻头提出孔外卸土，这样循环往复，不断地取土卸土，直至钻至设计孔底标高。其具体施工方法如下：

1. 场地准备

根据现场调查，本标段大部分桥梁场地较平整，用挖掘机将桩基位置整平夯实，如场地土层较软，可换填片石进行处理，若仍不能满足旋挖钻机施工条件，可在桩机下垫设钢板以保证桩机在钻进过程中的稳定性。

2. 放线测量

钻孔前使用全站仪采用逐桩坐标法定桩位，放样后四周设护桩并复测，误差控制在 5 mm 以内，待甲方或监理验收合格后方可施工。

3. 埋设护筒

护筒采用钢板卷制。护筒内径应大于桩径 200 mm，壁厚应能使护筒保持圆筒状且不变形。上部开设一个或两个溢浆孔。

护筒埋设定位时，护筒中心与桩中心的平面位置偏差不大于 50 mm，护筒在竖直方向的倾斜度应不大于 1%。

桩基钢护筒采用长 2 m/节，可视情况进行焊接接长，护筒埋设深度在黏土中不小于 1 m。若需全护筒跟进，配置定制的专用护筒及机具。

护筒顶一般高于原地面 0.3 m 左右，在施工期间应采取稳定孔内水头的措施；当桩孔内有承压水，护筒顶面应高于稳定后的承压水位 2.0 m 以上。护筒的埋设深度宜为 2 ~ 4 m。

4. 钻机就位

钻机安放前，先将桩孔周边垫平，使地面平整，确保钻机安放到位、机身平稳，钻机就位时应确保钻杆中心和桩位中心在同一铅垂线上，其对中误差不得大于 10 mm；经监理工程师对钻机的对中、平台水平、钻杆垂直度检查验收同意后，方可开始钻孔。正式钻孔前，钻机要先进行运转试验，检查钻机的稳定性和运行状况，确保成孔施工能连续进行。钻机就位后，测量钻杆长度或护筒标高来控制钻孔深度，避免超钻或少钻。

5. 钻孔及检孔

采用旋挖钻机成孔，开钻时先在孔内灌注泥浆，孔内有水时，可直接投入黏土，用旋挖钻反复旋挖造浆。经常检查并记录地层土质情况，并与设计地质剖面图进行核对。旋挖钻成孔应根据地质变化采用不同的钻速和钻压，同时根据泥浆补入速率判断成桩是否正常。钻进过程中，始终保持孔内水位高出地下水位 1.5 ~ 2.0 m 并低于护筒顶面 0.3 m 以防溢出，同时要按时掏渣，掏渣后应及时向孔内添加泥浆或补水，以维持水头高度。钻进中做好钻孔记录，到桩底设计标高时要确保桩基进入基岩下至少 3 倍桩径，保证成孔质量。孔径和竖直度用探孔器（直径比桩径略小，比钢筋笼大，长度为 3 ~ 4 倍桩径的圆钢筋笼）检测，使探孔器中心与钻孔中心符合，如上下各处均无挂阻，则说明桩孔直径和竖直度符合要求。

钻孔桩必须达到设计要求的嵌岩深度，在钻孔过程中，每当地层变化时均通知监理、业主及相关部门核实并记录。当进入中风化未达到嵌岩深度而遇到软弱夹层时，须按照图纸会审纪要要求重新确定嵌岩深度起始点，以夹层底开始算，直到持力层嵌岩深度范围内无软弱层为止。由监理、业主及相关部门共同核实是否达到嵌岩深度，签字确认，然后进行砼浇筑。

钻孔达到设计深度后，必须核实地质情况，验证地质情况是否满足设计要求。如与勘测设计资料不符，及时通知监理工程师及现场设计代表进行确认处理。如满足设计要求，立即对孔深、孔径、孔型进行检查。

对于孔径、孔壁、垂直度等检测项目采用测孔仪进行检测。孔深及沉渣厚度检测：成孔后，根据旋挖钻显示界面的钻孔深度 L_1，利用测绳测量孔深 L_2，两者对比，如果 L_2 小于 L_1，更换清底钻头，进行清底，并重新测定孔深。

6. 清　孔

钻孔深度达到设计高程后，应对孔径、孔深和孔的倾斜度进行检验，并经监理工程师批准后立即进行清孔。采用换浆法清孔，不断置换泥浆，清孔时注意保持孔内水位。清孔的目的是清除钻渣和桩底沉淀层，尽量减少孔底沉淀厚度，防止桩底存留过厚沉渣而降低桩的承载力。清孔分两次进行，第一次清孔在钻孔深度达到设计深度后进行，第一次清孔就应满足规范要求，否则不应下放钢筋笼。

清孔时，应将附着于护筒壁的泥浆清洗干净，并将孔底钻渣及泥砂等沉淀物清除。清孔排渣时注意保持孔内水头，防止坍孔。本标段设计桩基支承类型为支承桩。支承桩沉渣厚度要求为≤50 mm。

7. 钢筋笼的制作与安装

钢筋笼制作：本次钻孔桩最大桩长为 55 m，最短为 10 m，钢筋笼计划按桩长分为多节严格按照设计要求在 K27+545 ~ K27+585 钢筋加工厂制作，在孔口进行焊接（直径小于 20 mm）或机械接长（直径大于 20 mm）。同一截面处接头数量不应超过主筋根数的 50%。钢筋下料时尽量使接头避开抗震箍筋加密区。钢筋笼制作时必须保证顺直，加劲箍焊接牢固，保护层筋不能漏焊，声测管要保证长度及确保不漏水，吊装前在骨架顶端焊好定位筋和定位吊环。为避免钢筋笼在运输及吊装过程中变形而影响质量，钢筋笼内每两米设置一根加劲箍并用直径 25 的三级钢在笼内设置支撑，按三角形分布，详细构造如下：

声测管安装：为确保灌注桩质量，所有圆桩基均要沿钢筋笼内侧等间距预埋 3 根（桩径 1.5 m 以下，含 1.5 m）或 4 根（桩径 1.5 m 以上）Φ57δ3 mm 钢管供超声波检测。声测管外径 57 mm，壁厚 3.0 mm，且一般应高出桩顶 30 cm；埋设钢管时应保证钢管竖直接触孔底，顶底段需绑扎紧密，使浇筑砼时不堵孔、不漏浆。钢管需焊接接长时，采用大直径钢管套接，防止在钢管内形成焊瘤。

为保证钢筋笼竖向轴线垂直度及混凝土保护层厚度，应在钢筋笼外周采用焊接钢筋耳环或绑扎与桩基混凝土同标号预制块形式进行控制。

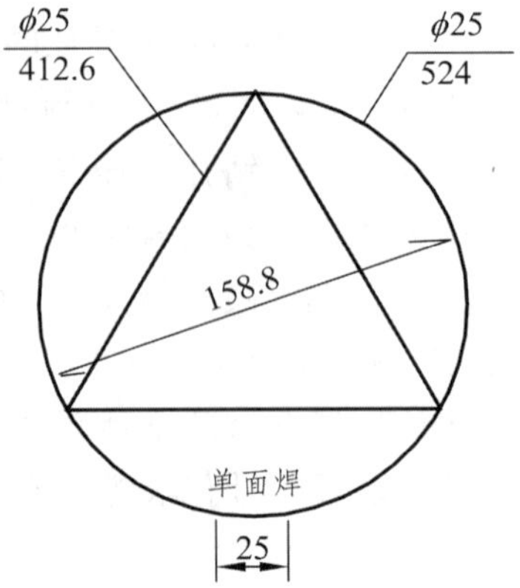

图 16-5 钢筋笼加固示意图

表 16-4 钻孔桩钢筋安装检查项目及允许偏差

项次	检查项目		规定值或允许偏差	检查方法和频率
1	受力钢筋间/mm		±20	每构件检查 2 个断面，用尺量
2	螺旋筋间距/mm		+0，−20	每构件检查 5～10 个间距
3	钢骨架尺寸/mm	长	±10	按骨架总数 30%抽查
		直径	±5	
4	保护层厚度/mm		±10	检查垫块直径

钢筋笼入孔后，按设计要求检查安放位置并做好记录。符合要求后，钢筋笼上端可采取钢筋连接加长 2 根主筋的措施，延至孔口定位，防止钢筋笼因自重下落或灌注混凝土时往上窜动造成错位。

表 16-5 钢筋笼质量检验标准 单位：mm

顺序		检查项目	允许偏差或允许值	检验方法
主控项目	1	主筋间距	±10	用钢尺量
	2	钢筋骨架长度	±100	用钢尺量
一般项目	1	钢筋材质检验	设计要求	抽样送检
	2	箍筋间距	±20	用钢尺量
	3	直径	±10	用钢尺量

钢筋笼的安装：制作时应采取必要措施，保证骨架的刚度，主筋的接头应错开布置。大直径长桩的钢筋笼宜在胎架上分段制作，且宜编号，安装时应按编号顺序连接。钢筋笼在运输过程中，应采取适当的措施防止其变形。骨架的顶端应设置吊环。绑扎或焊接的钢筋网和钢筋骨架不得有变形、松脱和开焊。

骨架下放时注意防止碰撞孔壁，放至孔内设计标高后将骨架吊环挂在孔口，并临时与护筒口焊接牢固。吊放钢筋笼采用吊车进行，吊放时注意不能碰撞孔壁，防止坍孔，并防止泥土等杂物带入孔内。在钢筋笼外侧绑扎砼垫块或焊接钢筋耳环，以保证钢筋的保护层厚度。钢筋笼吊入后校正轴线位置，并牢固定位，以免在灌注砼时发生浮笼现象。

8. 导管安装

（1）采用专用的法兰盘连接，导管采用 300 mm 内径导管，中间节长 2.7 m，最下节长 4 m，配备 0.5 m、1 m 非标准节。导管制作要坚固、内壁光滑、顺直、无局部凹凸，对于旧导管在试压前应通过称重的方式判定导管壁厚是否满足使用要求。

（2）导管在使用前，除应对其规格、质量和拼接构造进行认真地检查外，应进行试拼和试压，试压导管的长度应满足最长桩浇筑需要，导管自下而上顺序编号和节段长度，且严格保持导管的组合顺序，每组导管不能混用。导管组拼后轴线差，不宜超过钻孔深的 0.5%且不大于 10 cm。试压压力为孔底静水压力的 1.5 倍。检查合格后方可使用。

（3）导管长度应按孔深和工作平台高度决定。漏斗底至钻孔上口段，宜使用非标准节导管。

（4）导管下放应竖直、轻放、以免碰撞钢筋笼。下放时要记录下放的节数，下放到孔底后，理论长度与实际长度进行比较，是否吻合。

（5）完全下放导管到孔底，经检查无误后，轻轻提起导管，控制底口距离孔底 0.25 ~ 0.4 m，并位于钻孔中央。

9. 灌注水下砼

采用砼罐车运送砼至吊装料斗灌注水下砼，连续灌注，边灌边提升导管，同时用一台吊车配合钻架吊放、拆卸导管。开始时，应检查砼的均匀性和坍落度。当桩径 D 小于 1.5 m 时砼坍落度宜为 180 ~ 220 mm，当桩径 D 大于等于 1.5 m 时砼坍落度宜为 160 ~ 200 mm，且应充分考虑气温、运距及施工时间的影响导致的坍落度损失。砼坍落度符合规范要求后，再开始灌注。

首批灌注混凝土的数量要能满足导管首次埋置深度不得小于 1 m 和填充导管底部高度的要求，封底时导管埋入混凝土中的深度不得小于 1 m，首批混凝土方量根据桩径和导管埋深及导管内混凝土的方量而定，拌制好的混凝土用砼运输车运至桩基口处，注入钻机提升的料斗内。在整个灌注过程中，要经常探测孔内砼面的位置，及时调整导管埋深，导管埋深一般不小于 2.0 m 且不大于 6.0 m。由专人测量导管埋深并填写水下砼灌注记录。施工时应边灌注、边排水，并应保持护筒内的水头稳定，防止塌孔。

控制灌注的桩顶标高比设计标高高出 80 ~ 100 cm，以保证混凝土强度，冬期施工需考虑冻土层影响深度约 50 cm。多余部分桩头必须凿除，确保桩头无松散层、无浮浆。

10. 砼灌注注意事项

灌注过程注意事项：

（1）导管提升时应保持轴线竖直和位置居中，逐步提升，如导管法兰卡钢筋骨架，可移动导管，使其脱开钢筋骨架后，移到钻孔中心。

（2）当导管提升到法兰接头露出孔口以上有一定高度，可拆除 1 节和 2 节导管，（视每节导管和工作平台距孔口高度而定）。此时，暂停灌注，先取走漏斗，重新卡牢井口的导管，然后松开导管的接头螺栓，同时将起吊导管用的钓钩挂上待拆的导管上端的吊环，待螺栓全部拆除后，吊起待拆的导管，徐徐放在地上，然后将漏斗重新插入井口导管内，校好位置，继续灌注。

（3）拆除导管动作要快，时间一般不宜超过 15 min，要防止螺栓、橡胶垫和工具等掉入孔中，并注意安全。已拆下的管节要立即冲洗干净，堆放整齐。

（4）在灌注过程中，当导管内砼不满含有空气时，后续砼要徐徐灌入，不可整斗灌入漏斗和导管，以免在导管内形成高压气囊，挤出管节间的橡皮垫，而使导管漏水。

（5）当砼面升到钢筋骨架下端时，为防止钢筋骨架被砼顶托上升，采取以下措施：尽量缩短砼总的灌注时间，防止顶层砼进入钢筋骨架时，砼的流动性过小。当砼面接近和初进入钢筋骨架时，应保持较深埋管，并徐徐灌入。当孔内砼面进入钢筋骨架底口 4 m 以上时，适当提高导管，减少导管埋置深度（不得小于 1 m），以增加骨架在导管底口以下的埋置深度，从而增加砼对钢筋骨架的握裹力。导管提升到高于骨架底部 2 m 以上，即可恢复灌注速度。

（6）在灌注过程中，应防止泥浆对环境的污染。

（7）处于地面及桩顶以上的井口整体式钢性护筒，应在灌注完后立即拔出，处于地面以下护筒，需待砼抗压强度达到 5 MPa 后方可拆除。

（8）在灌注将近结束时，由于导管内砼柱高度减小，导管处的泥浆及所含渣土稠度增加，比重增大，如出现砼顶升困难时，可在孔内加水稀释泥浆，并掏出部分沉淀物，使灌注顺利进行。在拔出最后一段长导管时，拔管速度要慢，以防止桩顶沉淀的泥浆挤入导管，形成泥心。

（9）有关砼灌注情况、灌注时间、砼面的深度、导管埋深、导管拆除及发生的异常现象应由专人进行记录并及时处理。

（10）混凝土灌注过程中，若发生导管漏水、将导管拔出混凝土面、机械故障或其它原因，造成断桩事故，应予以重钻或与有关单位研究补救措施。

11. 破桩头

桩基达到设计强度的 70%以后进行桩头破除处理。由人工用风镐进行凿除高于设计的桩顶段，要保持钢筋的完整，尽量保证主筋的顺直。桩顶基本平整、干净。破除的桩头运出场外指定弃土场弃置。

12. 接　桩

1）以下情况需接桩

（1）设计桩顶标高比原始地貌标高。

（2）无承台桩（设计要求在该桩系梁底标高处留置施工缝，待桩基施工完毕后再接桩）。

（3）砼未浇筑到设计桩顶标高。

（4）其他需接桩，根据现场实际情况。

2）接桩方法

破除桩头浮浆及松散层后，再进行桩基相关检测，待检测合格后对钢筋笼顶标高不到位的进行钢筋接长，按设计要求加设加密箍。

13. 旋挖桩质量检验标准

旋挖桩质量检验标准见表 16-6。

表 16-6　混凝土灌注桩质量检验标准

顺序		检查项目	允许偏差或允许值		检查方法
			单位	数值	
主控项目	1	孔的中心位置	mm	50	钻孔开挖前量护筒，开挖后量桩中心
	2	孔深	mm	50	只深不浅，用重锤测，或测钻杆、套管长度，嵌岩桩应确保进入设计要求嵌岩深度
	3	混凝土强度	不小于设计要求		同标准条件下试件报告或钻芯取样检验
	4	承载力	不小于设计要求		桩基检验自平衡法
一般项目	1	倾斜度	钻孔：＜1%； 挖孔：＜0.5%		测套管或钻杆，或用超声波检测按 JTG/T F50—2011 检查
	2	桩径	不小于设计桩长		井径仪或超声波检测
	3	泥浆比重（黏土或砂性土中）	1.03 ~ 1.20		用比重计测，清孔后在距孔底 50 cm 处取样
	4	泥浆面标高（高于地下水面）	m	0.8 ~ 1.0	目测
	5	沉渣厚度（端承桩）	mm	≤50	用沉渣仪或重锤量测
	6	混凝土坍落度，水下灌注干施工	mm	桩孔直径 D＜1.5 m，宜为 180 ~ 220；桩孔直径 D≥1.5 m，宜为 160 ~ 200	坍落度仪
	7	钢筋笼安装深度	mm	±100	用钢尺测量
	8	混凝土充盈系数	＞1		检查每根桩的实际灌注量
	9	桩顶标高	mm	−30，−50	水准仪，需扣除桩顶浮浆层及劣质桩体

16.3.3　工期保证措施

每周定期召开生产调度会，统计上周完成情况及根据总体施工计划下达下周生产任务，并制定奖惩措施，完成施工任务的进行奖励，未完成的进行处罚，并要求在下周生产任务中补回来，对完成存在困难的班组，增加机械设备、人员、确保节点任务的完成，保证总工期。

16.4　冲击钻桩基施工关键技术

16.4.1　地质特点

砂卵石层松散，遇流水、渗水极易产生涌砂而造成坍孔、缩孔，且常有大块卵石存在，易发生卡钻、斜孔等事故。在桥梁基础施工过程中应根据地质钻探资料，结合各墩台的具体情况，选择适宜的方法，保证工程质量和钻孔的顺利进行。

16.4.2 冲击钻孔桩的施工工艺流程

冲击钻孔桩的施工工艺流程为：施工准备→埋设井口钢护筒→钻孔→接长护筒→钻孔→清孔、测孔→下钢筋笼→灌注水下砼种凿除桩头→质量检查。

16.4.3 施工准备

（1）按设计图提供的地质钻孔资料，合理地选择施工方法，提出保证工程质量和施工安全的技术措施，并向作业班组做好技术交底。

（2）平整场地：桥梁基础桩孔位置应铲去松渣浮土，整平夯实；如果地面坡度过陡，可搭设排架；如果是位于浅水河滩，则筑岛或围堰。

（3）测定桩位：按设计位置，正确地测定桩孔位置，并设护桩，以便复核。

（4）埋设护筒：埋设护筒以固定桩位，钻孔导向、隔离地表水、提高孔内水头，防止孔壁坍塌。护筒直径一般比钻头直径长 15 ~ 20 cm，顶部应高出施工期最高水位 1.5 ~ 20 m，孔内水位高出孔外水位 1 m。护筒尺寸要求准确，一般采用 3 ~ 5 m 厚钢板制作。护筒位置必须设置正确，四周应回填猫土，分层夯实。

（5）主要机具和配备：

① 冲击钻：型号 CZ-30，提升能力 3 t，钻头最大质量 2.5 t，冲击行程 0.5 ~ 1.0 m，冲击频率 40 ~ 50 次/min，钻机质量 13 t。

② 5t 卷扬机、泥浆泵、起重设备、施工平台材料、制浆猫土、钢筋、水泥、砂石料等机械设备、材料等。

③ 冲击钻机震动大，部件易损坏，应有足够的备用配件。工地应配备抽水机、空压机、电焊机等机械。

（6）钻机就位：钻机中心必须对正钻机中心位置，误差不得超过 5 cm，可用千斤顶进行校正。钻机要用短枕木垫起使轮胎离开地面，然后放平塞紧，确保其平稳，不产生偏沉。桅杆要用 4 根缆绳对称拉紧。

16.4.4 钻　孔

（1）钻头：钻头重量应等于或稍小于钻机允许最大吊重，钻头质量宜选择 2.5 ~ 5.0 t，这有利于提高钻进速度。钻头应有高强耐磨的钻刃；钻头的刃角应根据地层的不同和地质情况来确定。详见表 16-7。

表 16-7　不同地层中的冲击刃角及底刃角表

地质情况	冲击刃角 α	底刃角 Φ
黏土、细砂	70°	160°左右
堆积层、砂卵石	80°	170°左右
坚硬大漂石（卵石）	90°	170°左右

（2）泥浆：泥浆的黏度一般为 20 ~ 255，以手指伸入取出后，有泥浆膜黏着看不见指纹为

度。泥浆指标详见表 16-8。

表 16-8 泥浆指标

地质情况	比重	泥浆黏度/s	含砂率/%	胶体率/%
黏性土	1.05 ~ 1.20	16 ~ 22	＜8 ~ 4	≥95
砂土、碎石土	1.50 ~ 1.80	22 ~ 30	≤4	≥95
漂石、卵石	1.20 ~ 1.45	19 ~ 28	＜8 ~ 4	≥95

钻孔的泥浆一般由水、黏土或膨润土和添加剂适当配合配制而成。为提高泥浆的黏度和胶体率，可在泥浆中投入烧碱或碳酸钠，其掺量按试验而定。在砂卵石流砂层中，泥浆比重可采用 1.6 ~ 2.0。

（3）开孔：开孔宜用小冲程，要准、稳，使成孔竖直、圆顺，对成孔起导向作用。当钻进深度超过钻头全高后可加大冲程，进行正常冲击，冲程以 2 ~ 3 m 为宜。

（4）钻进：钻进时，钻头起落速度要均匀，不得过猛或骤然变速，以免碰撞孔壁或护筒，或因提速过快造成负压引起坍孔。钻进中要勤转动、勤拉绳、少松绳。在坚实地层中每次松绳 3 ~ 4 cm，在软弱地层每次松绳 5 ~ 8 cm。

（5）抽渣：当钻渣增多，钻速下降，即需抽渣一次。一般钻进 0.5 ~ 1.0 m 抽渣一次。抽渣用吸泥器。在坚硬地层中钻速降到 5 cm/h，松软地层中钻速降到 15 cm/h，需进行抽渣。抽出的钻渣必须随时取渣检验，以分析地质情况，确定钻孔深度。

钻孔过程中，要做好施钻记录，认真抽渣取样，对抽渣、投入的片石及戮土坯数量要做好记录，钻进资料要齐全完整，并要岗位负责人签字，以便校正、修改钻孔地质剖面图。

（6）清孔：在钻孔深度达到设计深度后，在灌注桩基混凝土前，必须彻底清除孔底钻渣和泥浆，以保证桩基的承载力。用吸泥器清孔比较彻底，但应注意保证孔内水头。吸泥器如图 16-6 所示。

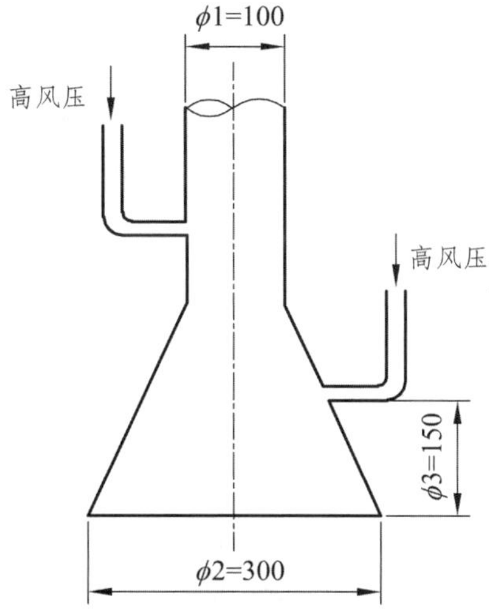

图 16-6 吸泥器

16.4.5 灌注水下砼

（1）钢筋笼制作、吊运及安装：灌注桩基混凝土是成桩的关键工序。清孔后，应立即抓紧吊装钢筋笼，并随即灌注硅，不得拖延。对长大的钢筋笼，应根据吊装设备分节制作、运输、安装。钢筋笼在孔内逐节焊接，吊装时必须防碰撞孔壁以免造成坍孔。钢筋笼对中就位后，在孔口将钢筋笼固定，防止钢筋笼上浮或下沉。

（2）灌注水下混凝土。

① 水下灌注采用导管法，导管要光滑顺直，接头严密不漏。导管直径为 25 ~ 30 cm，导管底端离孔底 30 ~ 40 cm，以便隔水球冲出。导管上端漏斗口应高出桩顶 2 m 以上，使混凝土保持适当的压力。为调整和适应漏斗高度，导管中间节长 2 m，底节长 4 m，还可以配一节 1.0 m 长的管节。导管使用前应试拼装并作闭水试验，试压且不得漏水。

② 桩基混凝土在灌注前应射水或射风冲射孔底 3 ~ 5 min，翻动沉淀物，清除软垫层，立即灌注水下砼。

③ 混凝土应有足够的和易性，坍落度采用 18 ~ 22 cm。骨料可某角卵石，级配良好，粒径为 1 ~ 4 cm。

④ 隔水球安妥后，灌注混凝土前，要先注一盘水泥砂浆，以防混凝土中的粗骨料卡住隔水球，堵塞导管。砼必须足量储存连续输送，使放球后混凝土能从管底涌出、埋没导管至少 0.5 m。

⑤ 导管提升不宜过早，以防止导管内透水，产生灰浆稀释，影响混凝土强度。为此，在灌注混凝土的过程中应随时测量导管埋入砼深度，逐节提升，保持埋入混凝土 1 ~ 3 m 为宜。

⑥ 水下灌注混凝土的顶面，应高出桩顶 0.5 ~ 1.0 m，以便清除泥浆和质量较差的砼，以确保桩身混凝土质量。

17 下部结构施工关键技术

17.1 墩柱施工技术

随着交通事业的迅速发展，现代高速公路对工程质量的要求越来越高，对于桥梁结构墩柱工程来讲，由于其直接暴露于人们的视野之内，做到内实外美至关重要，也是公路工程施工的重点之一。

17.1.1 工艺原理

通过对模板的加工、拼装、支模进行严格的控制，对混凝土的制备和振捣进行控制，保证模板的刚度、强度、加工精度，保证模板表面平整、光滑、方正、接缝严密无漏浆，保证浇筑完成的混凝土外露面达到清水混凝土的标准。

17.1.2 施工前提条件

（1）现场安全质量保证体系已建立，明确了工点、工序负责人；（2）所需机械、设备等已准备就绪；（3）水泥、砂、碎石、钢筋等材料已全部进场，配合比已确定；（4）桥梁的基础已检测完成，立柱的测量放样已经完成；（5）设计图纸及文件已审核，提出的问题已得到相关部门的回复，并对班组进行了详细的技术交底；（6）分项工程开工报告已得到批复，施工现场的劳动力能满足施工进度的要求，施工进度计划及分项工程的施工方案已得到批准；（7）有镦粗直螺纹钢筋接头要求，应配备滚丝机和镦粗机。

17.1.3 施工工序

如图 17-1 所示。

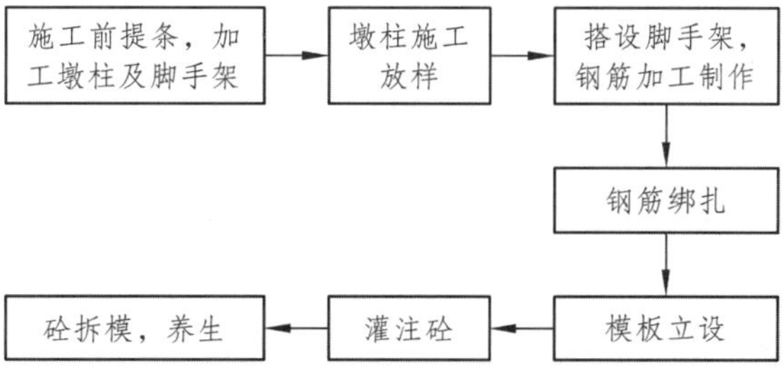

图 17-1　立柱施工工序流程

17.1.4 施工技术与工艺

（1）立柱模板应采用定型大块钢模，墩柱模板在设计时面板厚度应不小于 6 mm，起吊和灌注时不易产生变形，面板的变形量最大不应超过 1.5 mm，立柱模板制作完成后应进行试拼，检查模板的刚度、平整度、接缝密合性及结构尺寸等，以避免给现场使用过程带来难以克服的缺陷及困难。

（2）模板与钢筋的安装工作应配合进行，模板不应与脚手架进行连接，避免引起模板变形。板式桥墩的模板推荐采用无拉杆模板，如采用拉杆固定，拉杆直径不应小于 14 mm，外侧套 PVC 管。拆模后应抽出拉杆，PVC 套管沿墩柱表面切除。

（3）立柱砼灌注完成后，应立即进行表面覆盖洒水养生，拆模后对结构物应立即进行洒水或滴漏养生，达到既保湿又防止污染的目的。砼的洒水养护时间一般为 7 天，可根据空气的湿度及周围环境情况适当增加或缩短；当气温小于 5 °C 时，应采取覆盖养生。

（4）模板及支架的拆除应遵循先支后拆，后支先拆的顺序进行，严禁随地乱扔，应及时对模板进行除污、除锈和防锈等维修保养。拆除的脚手架及模板等应码放整齐，堆码有序。

（5）立柱搭设的脚手架应采用碗扣脚手架或 Φ48 钢管脚手架，脚手架下部地基应密实，设有方木垫板，脚手架搭设应考虑人员上下的扶梯，扶梯设有护栏，扶梯的爬升角度不应超过 45°。脚手架的搭设应随同施工进度进行搭设，顶部设有工作平台，四周挂设安全网及护栏，下铺不小于 5 cm 厚的木板。

（6）桥梁立柱开工前，应先做试验立柱，以检查模板质量、砼外观质量、色泽等，获得批准后方可进行全面施工。

（7）用于立柱的Ⅱ级钢筋直径超过 25 mm 以上的连接不宜采用焊接，应采用镦粗直螺纹钢筋接头机械连接，接头必须按照有关试验规范进行试验和验收。

（8）采用镦粗直螺纹钢筋接头时，首先应根据不同品牌的钢筋原材料直径负偏差来控制镦粗机压模内径、滚丝机滚丝轮直径和细微调整螺纹套筒的内径；其次，应在砂轮切割机上切头 0.5 ~ 10 mm，达到端部平整，将钢筋端头放入模腔中，调整镦粗机压泵压力进行镦粗操作；再根据钢筋规格选取相应的滚丝轮，装在滚丝机上，将钢筋镦粗头由尾座卡盘的通孔中插入至滚丝机轮的引导部分并夹紧，然后开动电机自动滚丝成丝头。

（9）施工特点及难点：

如果桥梁所处地形较复杂，山谷相间，且桥墩较高，工期短，因此桥墩施工是该工程的关键所在。墩柱存在以下的特点。

① 施工周期长。对于高空作业，模板的受力自成体系，部分墩柱位于陡斜坡地段，受无法采用高效率机械辅助，施工进度会比其他墩柱缓慢

② 模板和机械设备投入较大，墩柱高于 40 m 墩柱。受吊车起吊高度的限制，需要安装塔吊作为垂子运输工具。

③ 高空作业，施工安全度保障低，须精心组织，精细管理，特别是安全防护管理不留死角。

17.1.5 施工质量

（1）立柱的模板安装允许偏差必须遵照下列条件执行。模板标高：±10 mm；模板的内部

尺寸：±20 mm；轴线偏位：8 mm。

（2）砼坍落度可根据现场气温适当控制，一般情况砼在入模保持在 9 ~ 11 mm 之间。

（3）砼表面不出现裂缝，无蜂窝、麻面，水气泡很少，表面平整、密实、光洁，砼色泽均匀一致，无成片花纹，模板接缝或施工缝无错台，不漏浆，接缝数量做到最少

（4）使用高强度砂浆垫块，其中在墩柱上应使用圆饼型高强砂浆垫块，确保钢筋保护层符合要求，砼表面无漏筋和露块现象

（5）砼外形轮廓清晰，线条直顺，无胀模翘曲现象

（6）墩柱砼不允许进行修饰，但施工过程确因砼表面存在缺陷不影响主体结构时，应报监理工程师同意后方可进行修饰，修饰前拍照存档，修饰材料应确保色泽与结构一致。

17.2 盖梁施工技术

17.2.1 盖梁的施工

墩柱主钢筋伸入盖梁或承台进行连接时，为了使墩柱和盖梁或承台有较好的整性，墩柱顶一般应嵌入盖梁或承台柱子 15 ~ 20 cm。

1. 施工准备

1）资料准备

（1）熟悉和分析施工现场的地质和水文资料，设计文件选择合适的模板支架方案，编制现浇盖梁施工方案，施工班组及工人应为三级技术交底。

（2）施工放样：准确放样盖梁轴线位置，测定盖梁底高程。完毕后，办理驻地工程师复核、签认手续。

（3）混凝土配合比设计及试验：按混凝土设计强度要求，分别做混凝土的试验室配合比、施工配合比，满足盖梁混凝土要求。

（4）确定临时支架承载试验方案。

2）机具设备

（1）混凝土机具：混凝土搅拌机、插入式振捣器、塑料布等。

（2）钢筋机具：切断机、扳手、电焊机、卷扬机等。

（3）模板：双面胶带、钢卷尺、垂球、风绳、料斗等。

（4）机械：汽车吊、混凝土运输车。

（5）安全设备：安全帽、安全带、施工爬梯。

3）材料准备

（1）原材料：水泥、石子、砂、钢筋、钢绞线、水、外加剂等材料，由材料员和实验员进行规定的检验，确保符合要求。

（2）混凝土配合比设计及试验：根据混凝土设计强度要求和施工要求，完成混凝土的配合比、施工配合比。

4）作业条件

（1）施工前完成场地平整，清除杂物，支架下的地基已处理并满足施工要求，吊车就位

出平整夯实。电力、水的供应已具备。

（2）墩顶凿毛，模板进行除锈、打磨、均匀涂抹脱模剂等并立模。完成中心定位复测和高程测量，办完监理工程师验收手续。拌和站已标定、各种机具就绪、各种材料验收合格且数量充足，混凝土配合比也获准使用。

（3）施工作业人员要求：应由工长或现场技术人员对盖梁施工的人员进行培训、技术安全交底。做到熟练掌握支架搭设、支立模板、浇筑等技术，要有应对安全紧急援救措施。操作人员要保持稳定。

（4）安全防护设计全部就位。

2. 施工操作工艺

1）工艺流程

（1）普通盖梁

支架承载力试验钢筋骨架支座混凝土试件制作测量定位—安装支架—铺设底模—钢筋就位绑扎—安装侧模—浇筑混凝土—养生拆模落架。

（2）预应力盖梁

支架承载力试验

测量定位—安装支架—铺设底模—钢筋就位绑扎—安装预应力管道—安装侧模—浇筑混凝土—养生—穿梭张拉—压浆封锚—拆模落架。

（3）钢筋施工工艺流程

核对钢筋下料半成品—拼装盖梁钢筋骨架—运骨架到使用部位—安装钢筋骨架、绑扎钢筋安装预应力管道—检查验收。

（4）支架模板安装工艺流程

基础处理—搭设支架（在剪力销或抱箍上搭设工字钢或支立落地支架）—安装底模—安装盖梁钢筋骨架（如有预埋件按图纸准确安装）绑扎钢筋、安装预应力管道—安装侧模和端模—检验模板及钢筋保护层。

（5）混凝土施工工艺流程

施工准备—混凝土搅拌—混凝土运输—混凝土浇筑—混凝土养护—拆除模板—盖梁成品检测验收。一般的流程图如图 17-2 所示。

2）操作方法

（1）测量放样

依据基准控制桩在地基上放出盖梁中心点及纵横向轴线控制桩。按支架施工方案设计的地基处理宽度，用钢尺从控制桩向轴线两侧放出地基边线控制桩。地基四周边线距离不宜小于 500 mm。用白灰线标出地基边线控制桩，确定地基处理范围。用水准仪，依据支架施工方案，将地基处理的标高控制线标注在墩柱上，墩柱间距较大时应适当加密控制桩。

放样数据和原始记录必须报监理工程师批准后方可进行施工。

（2）地基处理

支架地基处理可采用换填法（灰土、砂砾、碎石等材料）夯实法等方法：对于软弱土层可采用挤密桩法或化学加固法等方法。采用换填法时，先将地基表面不适宜材料彻底清理干净，然后铺筑换填材料，每层松铺厚度不应大于 300 mm，摊铺时用推土机推平，然后用压路机碾压，人工配合施工，时压实度大于 95%，平整度小于 15 mm 采用夯实法时，先将地基表面不适宜材料彻底清理干净，用推土机推平，人工配合施工，使压实度和平整度等指标达到相关要求。对于软弱土层，可采用挤密桩法或化学加固法等方法；具体施工方法参照相应软弱地基处理施工工艺标准。经处理后的盖梁施工区基础平整密实，并且有相应的承载力，无下沉。

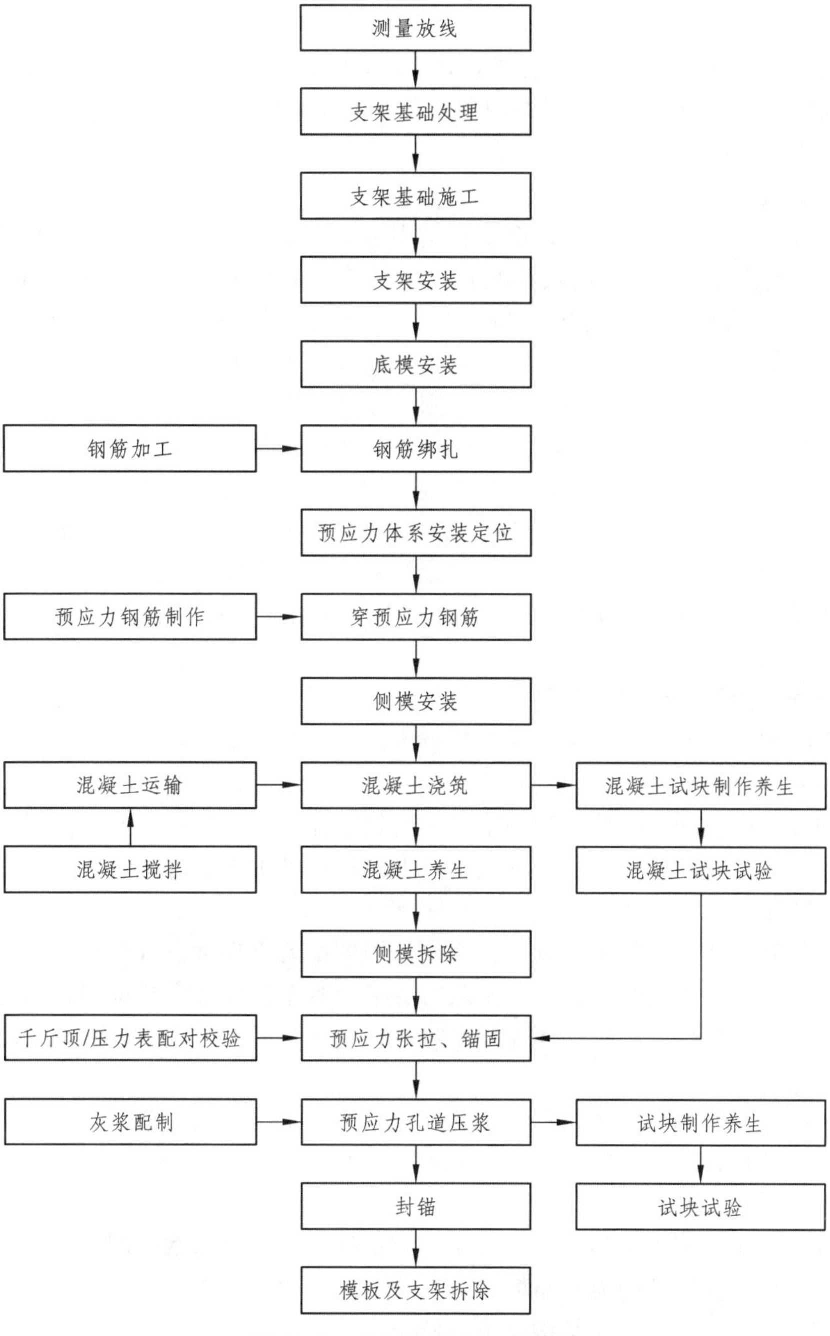

图 17-2　盖梁施工的一般流程

（3）搭设支架

支架基础形式应本着经济、施工方便的原则通过计算确定，一般可采用混凝土或钢筋混凝土底板、混凝土或钢筋混凝土条形基础、双向或单向铺枕木、木板或型钢等方法。在处理后的地基上铺设混凝土垫块或枕木，枕木上搭设碗扣支架，调整支架活动底托和顶托，将工字钢顶住以防止工字钢变形下沉。支架架设完成后仔细检查各承重部位是否垫实牢固，经现场技术员验收后进行下一道工序。

对于抱箍支架，在使用前应对抱箍螺扣的收紧力及相应的承载力进行试验，然后放置工字钢或其他横梁。对于剪力销支架，在墩柱预留孔中穿入剪力销设备，剪力销两端安装沙桶，在沙桶上搭设工字钢或其他横梁。

（4）安装底模

盖梁底模和侧模均宜采用钢模，钢模板制作全部采用指定厂家加工。模板的强度和刚度满足规范要求。模板挠度不超过模板跨度的 1/400，钢模板面板变形不超过 1.5 mm。当盖梁高度超过 6 m 时，为防止模板和钢筋笼碰撞摆动等，在吊装模板时应设揽风绳，保证模板的稳定。在工字钢顶部铺设两层方木及木楔，配合沙桶调整盖梁底模高程。盖梁悬臂部分用方木调整高程。底模与墩柱结合处粘贴海绵条，用水泥净浆堵缝找平，并根据测量高程对墩顶进行凿毛处理。根据测量放样的桩中心点放出钢筋骨架就位位置和盖梁端头模板的底部位置。模板安装前必须打干净，并使用符合要求的脱模剂，涂抹均匀，以利于以后拆模。底模安装前根据结构设计尺寸编制盖梁整体模板拼装方案，底模铺设严格按拼装方案进行。全桥宜使用同一种材质、同一种类型的模板，模板覆膜较好的一面应向上，确保混凝土外观色泽均匀一致。模板底部应设排渣口，以便排出杂物；排渣口设在最低处。

（5）钢筋绑扎安装

盖梁钢筋骨架的焊接拼装应在坚固的工作台上进行，拼装时，在需要焊接的位置用楔形卡卡住，防止电焊时局部变形。待所有焊接点卡好后，先在焊缝两端点焊定位，然后进行焊接施焊。预制好的钢筋骨架，必须具有足够的刚度和稳定性，必要时，可以在钢筋骨架的某些连接点处加以焊接或增设强筋。钢筋整体吊装钢筋在加工场地严格按照图纸及设计要求下料，然后运输到工地现场制作规范的绑扎台座上进行成型绑扎。加工时盖梁焊接接头应均匀布设，在同一断面上钢筋焊接接头不能大于总面积的 50%。

如盖梁上设有预埋件和预应力管道，必须按照图纸要求准确设置预埋件。绑扎完成后采用多点吊装方法，防止盖梁钢筋骨架在吊装时变形，骨架就位一定要准确，如有偏差要及时调整，防止钢筋骨架偏位。做好钢筋保护层垫块，安装时必须呈梅花状设置垫块，以保证钢筋保护层厚度。

在盖梁上绑扎钢筋骨架在拼装台焊接、其他钢筋加工成半成品后，吊到已支好的底模上进行绑扎，经过检查无误后进行波纹管安放定位，防置垫块，以保证钢筋保护层厚度。

（6）安装侧模和底模

侧模安装之前应涂刷脱模剂，模板采用定型钢模和一些异型钢模配套使用，并且利用钉销连接起来，再把各种尺寸的模板与横肋、立柱拼装成墩身所需的形状，整体模板的强度、刚度、满足施工要求。模板要求结构简单、便于安装、调整定位、拆除和重复使用。模板安装时，利用吊陀弹线并结合全站仪校正，以加快施工进度，保证工程质量安装侧模，相互连接的模板，模板面要对齐，连接螺栓不要一次拧紧到位，整体检查模板线形，发现偏差及时调整后再锁紧连接螺栓，固定好各种支撑杆件，模板连接缝间隙大于 2 mm 时应用灰膏类填缝或贴胶带密封，防止漏浆。

钢筋骨架就位后，吊运拼装侧模，在侧模接缝处和侧模与底模接缝处粘双面胶条，采用对销拉杆使模板就位。拉杆应有足够的强度和较小的变形，并采取有效措施使拉杆和现浇混凝土隔离；拉杆和模内支撑应设置在同一平面，通过内外支撑和缆绳对模板进行调整、对中、加固，使其稳定。

端头模板要和侧面模板紧密牢固连接，认真采取支撑、加固措施，防止跑模、漏浆。

17.2.2 质量控制措施

1. 质量保证体系

建立完善的质量管理机构：项目经理部成立质量管理领导小组，项目经理为第一负责人，由总工程师为副组长，组员由副总工、工程部长、质检工程师、试验工程师、工段施工负责人、工段质检员、现场技术员等组成，严格按照质量体系文件进行质量管理，做到从资源投入和过程控制上保证工程质量。

设立专职质检人员：设专职质检工程师，保证施工作业始终在质检人员的严格监督下进行。加强自检组织管理：严格自检制度，每道工序完成后首先工班自检，合格后报质检工程师检查，合格后上报监理工程师进行质量检查，经检查合格后方可进入下一道工序施工。

2. 盖梁检查验收质量控制标准

1）钢筋制作及安装检查验收

钢筋弯制和末端弯钩、钢筋连接应符合设计技术规范要求，钢筋应平直、无损伤、不得有裂纹，结疤和折叠。钢筋表面和钢筋接头表面不得有焊渣、油污、颗粒状或片状老锈等。

钢筋的连接应符合设计要求，焊接接头在 35*d* 范围内接头不得大于 50%，接头要错开盖梁最大正负弯矩位置处，并不得在斜截面位置设置接头。基本要求：① 钢筋、机械连接器、焊条等的品种、规格和技术性能应符合国家现行标准规定和设计要求。② 冷拉钢筋的机械性能必须符合规范要求，钢筋平直，表面不应有裂皮和油污。③ 受力钢筋同一截面的接头数量、搭接长度、焊接和机械接头质量应符合施工技术规范要求。④ 钢筋安装时，必须保证设计要求的钢筋根数。⑤ 受力钢筋应平直，表面不得有裂纹及其他损伤。

钢筋安装完成后实测项目按表 17-1 进行工序检查。

表 17-1　钢筋安装

	项次	检查项目			规定值或允许偏差	检查方法和频率
实测项目	1△	受力钢筋间距/mm	两排以上排距		±5	尺量：每构件检查 2 个断面
			同排	梁、板、拱肋	±10	
				基础、锚碇、墩台、柱	±20	
			灌注桩		±20	
	2	箍筋、横向水平钢筋、螺旋筋间距/mm			±10	尺量：每构件检查 5～10 个间距

续表

	项次	检查项目		规定值或允许偏差	检查方法和频率
实测项目	3	钢筋骨架尺寸/mm	场	±10	尺量：按骨架总数 30%抽查
			宽、高或直径	±5	
	4	弯起钢筋位置/mm		±20	尺量：每骨架抽查 30%
	5	保护层厚度/mm	柱、梁、拱肋	±5	尺量：每构件沿模板周边检查 8 处
			基础、锚碇、墩台	±10	
			板	±3	

2）模板安装检查验收

模板、支架设计必须经过承载力计算，满足强度、刚度、稳定性要求。模板进场后先进行试拼检查，对模板接缝、相邻两板表面高差、表面平整度、内部尺寸打磨修整，达到要求后填写“模板准用证”，报请监理工程师验收后方可使用。

基本要求：① 模板的强度和刚度应符合设计及技术规范的要求。② 模板拼装接缝严密、内无油污及其他杂物，模板表面光滑、平整，轴线偏位、内部尺寸、标高均符合规范及设计要求。③ 模板预留孔洞的位置、数量、质量符合设计要求。

模板安装完成后实测项目按表 17-2 进行工序检查。

表 17-2　检查项目

	项次	检查项目		规定值或允许偏差	检查方法和频率
实测项目	1	轴线偏位/mm	基础	±15	用经纬仪检查，梁纵向检查 2 点，其他纵、横各检查 2 点
			柱、墙	±8	
			梁	±10	
			墩台	±10	
	2	模板标高/mm	基础	±15	水准仪：测量 3 处
			柱、墙、梁	±10	
			墩台	±10	
			装配式构件支承面	±2，-5	
	3	内部尺寸/mm	上部结构	±5，0	用尺量长、宽、高各 2 点
			基础	±30	
			墩台	±20	
	4	平整度/mm	表面平整	5	用 2 米直尺检查 2 点
			相邻板表面高差	2	用尺量，每接缝检查 2 点
	5	预埋件、预留孔/mm	预埋件中心线位置	3	用尺量，检查不少于 30%
			预留孔中心线位置	10	
			预留孔截面内部尺寸	±10，0	

17.2.3 成品盖梁检查验收

现浇混凝土盖梁不得出现超过设计规定的受力裂缝，表面应无孔洞、露筋、蜂窝、麻面。

基本要求：① 混凝土所用的水泥、砂、石、水、外掺剂及混合材料的质量和规格，必须符合有关技术规范的要求，按规定的配合比施工。② 不得出现露筋和空洞现象。

表 17-3 实测项目

	项次	检查项目	规定值或允许偏差	检查方法和频率
实测项目	1△	混凝土强度/MPa	在合格标准内	按附录 D 检查
	2	断面尺寸/mm	±20	尺量：检查 3 个断面
	3△	轴线偏位/mm	10	全站仪或经纬仪：纵、横各测量 2 点
	4△	顶面高程/mm	±10	水准仪：检查 3～5 点
	5	支座垫石预留位置/mm	10	尺量：每个

17.3 高墩施工技术

17.3.1 高墩施工发展的特点及难点

其特点主要包括，施工工期较长，模板和机械设备投入大等特点。关于高空作业，模板的受力自成体系，从模板的受力性能考虑，所以高墩混凝土的一次浇筑高度一般为 3 m 左右。需要注意的是，高墩的施工次数应该在 10 次左右，因而导致了桥墩长周期的施工。而难点主要是因为在高墩施工要求方面时常涉及高空作业，很容易因为工作疏忽造成安全事故。另外，高墩施工定位控制也比较难，且高墩施工接缝的处理要求高。其中，控制难度大的原因，主要体现在高桥墩的截面面积较小，墩身高，重心高，且施工进度高上。而高墩施工接缝处理要求高则主要湿因为，高墩不仅是一个简单的受压构件，而且还是一个复杂的弯矩扭矩作用。反之，如果高墩的施工缝处理不到位，将会导致成为墩身受力的薄弱处。

17.3.2 高速公路桥梁高墩施工难点

1. 工期长、施工环境差

我国现阶段很多高速公路桥梁施工都需要在越谷跨沟的地区进行，工程主要施工环节都需要借助高空作业形式完成，桥梁高墩模板在这一高空作业过程中会形成一个独立的结构体系，这无疑加大了施工的难度和风险，同样也会造成施工周期过长。

2. 投资消耗过大

险峻的地势环境和高空作业要求使得高速公路桥梁高墩施工相较于其他常规高速公路工程更加复杂，无论是工程投入的资金、材料、设备还是人力耗费都是十分巨大的。

3. 施工难度大、安全隐患多

高速公路的桥梁高墩施工主要针对地势环境较为复杂的山区，施工中需要用到的材料和设备的运输较为困难，加上桥梁高墩的截面相对面积较小、墩身和重心较高，这对施工的精度要求极高。在一系列复杂精细的高空作业条件下，存在的安全隐患众多，对施工人员的生命安全造成严重威胁。

17.3.3 高墩施工技术在高速公路桥梁当中的运用

1. 钢筋工程方面

利用钢筋对所有支架进行绑定，能有效地减少安全事故的发生。其中，就钢筋对支架的绑定，有以下要求：一、对需要量做好计算，是其制作支架数量的依据。二、过长的钢筋要进行截断处理，过短的要进行焊接处理。三、焊接的接头要尽量避免相互重合，并且，需要注意的是，要根据设计标准和抗震要求，钢筋弯钩长度应控制在一定范围内。

2. 模板工程方面

在模板的材料选择中，尽量选择大块的组合钢模板，该模板比较紧密，板面也比较平整，变形程度也小，符合墩台建造材料的基本要求，当然，这一切是在遵循施工方案的基础上进行的。而在实际安装的过程中为了避免制作产生的偏差，还应该多次对模板的尺寸进行检查，避免跑模漏浆的问题产生。

3. 测量放样方面

在高速公路桥梁的施工中，施工工期一般比较长，所以，在进行实际施工前，都会进行测量和放样的工作，并且，其放样测量数据将会直接作为施工的相关依据。至此可见，测量放样的重要性。值得注意的是，测量放样的过程应该做好清理工作，避免对混凝土的浇筑产生影响。

4. 支架搭设与验算方面

在高墩施工中，支架的作用主要有，垂直运输，辅助具体操作和防止浇筑过程中桥梁体发生变形。因此，支架应该从各个方面保证其强度和刚度，进而控制沉陷值。而在实际搭设支架的过程中，应该从三个方面出发，首先，要对基础进行夯实，并且将墩柱的承台和支架的脚手架保持紧密的靠拢。其次，在搭设支架的过程中，要按照规范设立横杆和竖杆的间距。最后，在搭设支架时需对扣件进行承载力的测试。另外，在搭设完成后，还应该根据实际情况，还对立杆地段进行计算。在计算的过程中，需要注意的是，应该将支架自身的重量考虑到计算过程当中。

5. 混凝土浇筑方面

运输和搅拌是混凝土浇筑必定涉及的两个内容。关于搅拌，对相关人员和设备都有相应的要求，在通常情况下，设备一般都会选择强制式搅拌机，而对人员都会进行相关操作的技术培训，其培训的内容更是细化到了搅拌的时间，均匀程度和颜色。如果是用管道进行混凝土的运输，还要求遵循接头严密、弯度平缓以及管线直等原则。此外，在实际的浇筑过程中，受桥墩等各方面因素的影响，多数采用的是分段进行浇筑。而浇筑的设备则涉及砼输送泵，当输送的距离较长时，则采用二级泵站转送的方式。在此过程中，需要注意的是，应该时刻对支架、钢筋、模板进行检查和保护的工作。

6. 模板施工技术

首先，要合理选择模板材料。考虑到高速公路桥梁高墩施工技术对于模板的承重性能和稳定性能要求极高，在挑选模板材料时应当首要选择刚度和稳固性都较高的钢材，其平整性完全符合施工标准，安装起来也较为简易便捷，并且我国钢材市场较为成熟，钢材的价格也十分经济实惠，可以很好地满足高速公路桥梁高墩施工技术要求。其次，加强模板制作工艺。相关技术人员必须严格按照施工设计图纸上标注的尺寸和规格参数进行模板的 1∶1 还原，及时排除或调整质量和规格不达标的模板。最后，准确定位模板的安装位置。模板安装位置的准确与否直接关系到高速公路桥梁高墩施工质量的优劣，相关施工人员应当严格按照施工设计图纸上的位置标注和结构设计进行施工。

7. 钢筋的连接和绑扎

为了进一步加固高速公路桥梁高墩的结构，需要对各个模板进行钢筋的连接与绑扎，使其形成完整的结构体。在进行钢筋连接和绑扎施工时，要保持钢筋轴线和截断面的相互垂直，避免出现马蹄形截断面或者翘曲；钢筋的连接要避开接头位置，防止出现接头松动脱落现象；钢筋的连接与绑扎要在专业的作业平台上进行，保证作业平台骨架材料具备较大的劲度和刚性。

8. 高墩液压滑模技术

高墩液压滑模技术适用于薄壁空心高墩台施工，可以有效提升施工效率，加快施工进度，减少人力、物力成本投入。该技术需要借助千斤顶对施工平台进行提升，从而保持模板和施工平台的一致性，实现两者的紧密配合。首先，要对混凝土进行浇筑；其次，缓慢滑动工作平台直至和模板位置的一致。

17.4 承台施工、桥梁墩柱及系梁施工

17.4.1 大体积承台施工控制技术。

1. 工程概况

虎跳峡金沙江特大桥全长 1 017 m，桥跨布置为 766 m 悬索桥+6×41.5 m T 梁+5 m 桥台，桥面为双向四车道，虎跳峡金沙江大桥主桥为单塔单跨钢桁梁悬索桥。主缆分跨为 766+160 m，矢跨跨节段划分为 13.5 m+57×11.5 m+13.5 m。钢桁梁高 6.615 m，宽 26 m。香格里拉岸采用隧道锚形式，丽江岸采用重力锚形式。

2. 承台混凝土施工思路

因 8#墩承台设计总方量为 5 927.7 m^3，项目所处地混凝土供应困难，经过方案比选，考虑分两次浇筑。因墩身预埋钢筋深入承台最长为 3 m，决定第一次浇筑高度为 2.5 m，方量 2 694.4 m^3；第二次浇筑 3 233.28 m^3。待第一次混凝土浇筑完毕后，用高压水枪冲洗并凿毛，

然后安装顶板钢筋和墩身预埋钢筋，安装冷却水管；准确地预埋塔吊及电梯预埋件，报验合格后浇筑第二次混凝土。

3. 大体积混凝土温控措施

1）混凝土原材料的控制

混凝土温度控制，主要是通过降低混凝土的水化热来控制混凝土温差裂缝及干缩裂缝。需要从混凝土原材料的选用上进行控制。

（1）水　泥

为了提高承台大体积混凝土的稳定性，对进场水泥的质量和性能要进行严格控制。结合以往经验，要求进场水泥的 C3A 含量≤8%，水泥细度≤350 m^2/kg，并在施工承台混凝土前两个月，试验室应经过反复配比试验，选择最合适的水泥。

（2）添加剂

混凝土添加剂能改变水泥浆体的流动性。本工程经过混凝土的试配和价格比选，采用云南山峰工贸有限公司生产的缓凝性减水剂，其与低碱水泥的适应性较好，能在很大程度上提高混凝土拌合物的经时损失，减缓混凝土温度峰值的时间。减水剂氯离子含量为 0.01%。

（3）骨　料

根据混凝土组成料的性能合理设计级配可以减少混凝土中水泥的用量。在大体积混凝土施工中，在保证混凝土强度和坍落度的前提下，要尽量提高骨料含量，降低水泥用量，降低水化热。

（4）粉煤灰

在胶凝材料中掺加粉煤灰能在很大程度上降低水化热。

2）混凝土降温保湿措施

待混凝土初凝后，在承台上表面覆盖土工布并洒水养护 14 d，保证混凝土表面一直处于湿润状态。在承台内部设置冷却水管，通过冷却水管中循环水的流动带走混凝土内部产生的水化热，在混凝土被冷却水管覆盖的同时开始通水，用测温元件测量混凝土芯部的温度，如果温差超过规范值，应采取必要措施来降低温差。主要措施有加快冷却水的循环速度、冷却水箱内加冰块等，保证混凝土内外温差＜15 °C。冷却效果的好坏主要取决于冷却水管的间距、进水温度、水流速度和通水持续时间。

4. 施工控制技术

1）垫层混凝土施工

待基坑挖至基底后，立即施工 0.2 m 厚的垫层混凝土。施工前先对基坑支护和垫层相交处进行加强处理，做到结合密实，不出现涌水、涌泥现象。在施工过程中要控制垫层混凝土顶面标高及平整度。垫层标高是通过水准仪在基坑内布设一定数量的标高点来控制的。在本承台施工中，主要是通过在桩基钢筋上划线来控制垫层混凝土顶面标高，浇筑完成后及时进行收光抹面。

2）桩头凿除

垫层混凝土终凝后，立即进行桩头凿除工作。按照设计图纸要求，桩头要伸入承台 15 cm。采用风镐对桩头进行人工凿除，凿除前要在桩顶位置进行环切，然后再凿出新鲜混凝土面。

桩头凿除完成后，要立即对桩基的偏位情况进行检测，检测合格后方可进行承台钢筋的施工。

3）承台钢筋的加工与安装

承台钢筋在钢筋加工场集中加工好，待基坑检验合格后，装运至施工现场，并在下部临时垫方木存放。钢筋绑扎时要严格控制好钢筋间距、数量及保护层。第一次浇筑只安装底层钢筋、架立钢筋、侧面竖向钢筋及箍筋。待第一次混凝土浇筑完毕后，再安装顶层钢筋及墩身预埋钢筋。

4）冷却水管的加工与安装

冷却水管采用外径 48 mm、壁厚 2 mm 的输水钢管，采用 PVC 塑料软管接头连接。水管采用回形布置，水平方向间距为 130 cm，距承台每边均为 85 cm；垂直方向共分 6 层布置，第一次浇筑混凝土时布置 3 层，层间距为 0.8 m。每层进、出水管均独立设置。冷却水管采用 Φ25 架立筋固定牢，施工时注意保护，以免践踏、碰撞而损坏冷却水管，导致在混凝土浇筑的过程中管中进浆时不能正常通水。在冷却水管安装完成后，进行试通水，对水管漏水的地方进行处理，待水管检验无漏水后，再进行下一步工序施工。

5）测温元件的布设

根据承台的结构及浇筑后温度的分布规律，第一次浇筑 2.5 m，分两层布置，距离混凝土底部 0.9 m 一层和距离混凝土表面 0.8 m 一层；第二次浇筑 3 m，分两层布置，每 1 m 布置一层；在承台 1/4 位置和对角线上布置传感器。在浇筑混凝土前，确保温度传感器处于测温点位置，其插头留在混凝土外并用塑料袋包裹好，避免浇筑混凝土时污染传感器。

6）模板的安装

在模板的选择上，本着在保证质量和安全的前提下尽可能节约成本的原则，根据项目现有模板，选用本桥已加工好的墩柱大块钢模板，其尺寸为 4.5 m×3.0 m。在模板安装前用打磨机将模板表面的浮锈及脱模剂打磨干净后用干布擦干净，涂刷脱模剂后，再进行模板的安装。模板安装时，利用塔吊将模板吊入基坑进行安装。模板安装好后，测量放样后进行加固。模板加固时利用桩基主筋和承台 Φ32 钢筋作为拉筋对模板进行对拉，每 80 cm 设置一层拉筋，同一层中拉筋按照 120 cm 的间距布设。模板加固完成后，经技术人员检查后再浇筑混凝土。

7）混凝土施工

模板加固完成并报验合格后，进行混凝土浇筑。根据场地布置，现场安排 1 台天泵和 1 台地泵浇筑，由于施工方量大，另安排 1 台天泵备用。因混凝土浇筑时间比较长，必须对施工进行严密组织。在施工中，严格控制混凝土浇筑分层厚度，每层厚度不超过 50 cm，在浇筑过程中，采用插入式振捣棒振捣。注意在振捣过程中，振捣棒不能碰到冷却水管和测温线。待第一次混凝土浇筑完成后，用高压水枪冲洗凿毛。

8）承台养护

在混凝土初凝后，要立即对承台混凝土进行养护，在承台混凝土表面覆盖土工布，并洒水养护。按照当地气温和气候条件，养护 14 d。在浇筑混凝土覆盖冷却水管后，即对水管进行通水，水流速度和流量要满足要求，温度监控结果显示，在通水 7 d 后，混凝土内、外温差满足规范的要求后即可停止通水。混凝土拆模后，采用塑料薄膜对承台四周进行保湿养护。

5. 温度监控

当混凝土浇筑完成后，安排专人每 2 h 检测一次混凝土温度。记录数据为进水口温度、出水口温度、各测温元件测出的混凝土温度。从观测的结果来看，混凝土的最大温升发生在灌注后的第 3 天，随后温度开始下降，在 3 周后与气温持平。

综上所述，桥梁大体积承台混凝土的温控是桥梁施工的关键。为减少温度应力导致的裂缝，承台中加设冷却循环水管是一项关键措施。对 8#墩大体积承台的施工监控，为后续其他承台的施工提供了宝贵的经验。

17.4.2 施工准备

1. 技术准备

（1）组织全体施工人员复核施工图纸、对图纸的疑问及时向设计单位和监理工程师提出，学习掌握施工技术规范、合同文件以及监理实施办法，并做好施工技术交底。

（2）由项目总工程师向施工管理人员进行专项施工方案、施工技术、质量要求及安全管控等交底。

（3）项目部试验人员根据设计图纸混凝土强度等级进行混凝土配合比试验，选定施工配合比。

（4）组织施工作业人员进行施工技术培训、安全操作规程培训、三级教育培训及对施工作业人员进行班前技术、安全交底。

（5）对施工所需要设备如升降设备和吊具的可靠性进行检查和试验，确保施工安全。

2. 施工现场准备

开工前清理好临时材料堆放场地，挖排临时排水沟，已有进场道两排水畅通，确保雨季不被冲毁。

1）施工用电

本合同段各桥梁施工用变压器已经安装到位，施工用电正常，有保障。各桥梁施工队均备有发电机以备停电时急用。

2）施工用水

沿线有河流、溪沟，大部分河流、冲沟有常年流水，工程用水可就近于河流、溪沟、等中取用。经对取水样试验，发现水质对砼及及钢结构具有微腐蚀性；生活用水须净化及消毒处理后方可使用。

3）材料堆放场地

原材料按要求堆放、垫好，并通过了监理工程师的检测，各项指标均符合规范要求。

3. 测量准备

根据已复核且经监理工程师批准的导线点、水准点进行测量放样。测出桩顶需设计高程，桩基砼多余部分采用风镐破除，然后在桩顶测出墩柱中心线。

17.4.3 桥梁墩柱及系梁施工

总体方案：由于高墩全标段只有舍池卡大桥左幅 7 号墩 2 棵，8 号墩 4 棵，最高墩柱高

42.97 m。基于现场实际地形条件，两个墩地形较为平缓，可以布设施工平台及施工成本的考虑。我部计划在 7 号墩小桩号方向、8 号墩大桩号方向，布设施工平台。具体是离墩柱 2.5 m，修筑砼重力式挡墙，墙高 3.5 ~ 4.5 m，7 号墩桥梁横向长 12 m，桥梁纵向 8 m，8 号墩桥梁横向长 24 m，桥梁纵向 8 m，保证挡墙的稳定性，在挡墙背进行回填片石或破碎性岩石。该平台作为墩柱的施工平台，平台距墩柱顶高程在 39.5 m。墩柱统一用钢模板，每节施工高度为 4 ~ 6 m，模板每节 1.5 m 和 1 m 两种，钢筋、模板采用吊车吊装，砼采用三一重工的汽车砼泵，臂长达 47 m，吊车为 75 吨 5 节臂吊车；在该高墩施工中，吊车起吊最大吨位为 1 片工字钢的重量约为 1.4 吨，满足施工要求。

1. 系梁施工

1）地系梁施工概述

地系梁施工在桩基施工完毕并经检测合格后方可进行。基坑采用挖掘机配合人工进行开挖，基坑底部每侧宽出 0.5 m 用作工作面。若开挖时有水，在四周做好排水沟和集水井，用抽水机抽水，保证基底无水。凿除桩头宜在成桩 7 天后进行，采用人力配合风镐进行，注意保持桩头的平整，在接近桩顶标高时，改用人工凿，不能用风镐凿。同时也不能使用大锤重击，避免对桩身产生破坏。地系梁模板采用定型钢模板，有足够的刚度及稳定性，接缝严密，支撑牢固，位置正确，防止出现跑模现象。钢筋严格按照图纸进行绑扎，墩身钢筋和模板固定钢筋按设计要求预埋。钢筋、模板经检查合格后，方可进行混凝土浇筑。混凝土采用集中拌制，吊车浇筑，混凝土浇筑应一次性完成，中间不得间断。混凝土分层浇筑，采用插入式振捣器振捣。

2）地系梁施工步骤

（1）施工前，先进行桩检，复测其位置、标高等，由监理工程师签认后，再进行地系梁的施工。

（2）复核基坑中心线、方向、高程，按地质水文资料结合现场情况，决定开挖坡度。基坑采用人工配合挖掘机开挖的方法，遇有岩石采用风镐开挖，严禁使用爆破方法开挖，基坑采取垂直开挖，当基坑挖至基底 0.3 ~ 0.5 m 时，采用人工凿除，避免基底承载力受损。

（3）备齐所需机器、材料及安排施工人员，确定各班组任务。基坑开挖，用反铲挖掘机开挖，人工配合，并加强坑内的排水。根据施工前拟定的坡度开挖，挖至距系梁底设计标高约 30 cm 厚的最后一层土时，采取人工边挖边修整的方法，以保证地基土层结构不受破坏。

（4）按设计图将桩顶混凝土凿至规定位置，先将伸入系梁的主筋调直，再折成规定的形状。

（5）基底处理及测量定位：遇砂土层等不良情况，采用 5 ~ 10 cm 厚（封底厚度视具体情况而定）C15 的素混凝土封底处理完毕后，组织测量人员对基坑进行抄平，放出系梁中心线，确认无误后，挂线连出系梁边缘位置。

（6）钢筋加工及安装模板。

先对系梁位置进行测量放样，在处理好的系梁基底上（混凝土或砂浆硬化）用墨线弹出系梁轮廓线，在其上标出纵、横钢筋位置。系梁钢筋依次绑扎成型，底层钢筋网绑扎好以后，在钢筋网底部放 5 cm×5 cm×5 cm 同等级的混凝土垫块，将底部钢筋垫起，垫块呈梅花形放置，间距为 0.45 m 一个。接着绑扎顶层钢筋网片，在顶层绑扎好以后，即可绑扎架立筋。

钢筋绑扎完毕后，在顶部绑扎墩身预埋钢筋，墩身深入系梁内部的预留钢筋用钢管将其固定在系梁表面的正确平面上，然后用钢管固定。钢筋安装应符合表 17-4 的要求。

采用钢模板浇注混凝土，钢模板使用前要除锈、刷脱模剂，检查模板有否变形。为加快模板组装速度，拟用吊车吊装模板，人工配合立模，让模板内侧靠近连接边角点的白色标线。

表 17-4　钢筋安装允许误差及检查方法

项　目	允许偏差/mm	检验方法
主筋间距	+20	尺量：每构件检查 2 个断面
箍筋间距	+10	尺量：每构件检查 5～10 个间距
骨架长度	+10	尺量：骨架总数 30%抽查
骨架直径	+5	
保护层厚度	+10	尺量：每构件沿模板周边检查 8 处

（7）混凝土浇筑。

混凝土在拌和站搅拌好后采用混凝土搅拌运输车运输，采用三一重工 47 m 臂长汽车砼泵送混凝土。为确保施工质量，采用斜向水平推进法施工。且分层厚度不超过 30 cm。采用插入式振动棒振捣，应插入下层混凝土 5 cm 左右，振捣插入点间隔小于其 1.5 倍作用半径，不得漏捣和重捣。每一层应边振边逐渐提高振动棒，避免碰撞模板。浇筑过程中，设专人负责检查模板、钢筋和墩柱预钢筋的稳定情况，发现问题，立即处理。浇至设计标高后，振捣时观察混凝土不再下沉，表面泛浆，水平有光泽即可缓慢抽出振动棒，防止混凝土内产生空洞。

（8）养护及拆模。

系梁混凝土养生采用覆盖洒水的方法，养生视气温条件确定，一般 7 天以上。气温低于 5 °C 时，用土工布或薄膜覆盖保温，不得洒水。混凝土达到设计强度的 75%后拆除系梁模板，模板拆除时按顺序拆卸，防止撬坏模板和碰坏结构。

表 17-5　系梁检查项目

项次	检查项目	规定值或允许偏差	检查方法和频率
1	混凝土强度/MPa	在合格标准内	按 JTCF80/1-2004 附录 D 检查
2	尺寸/mm	±20	尺量：长、宽、高检查各 2 点
3	顶面高程/mm	±20	水准仪：检查 5 处
4	轴线偏位/mm	15	全站仪或经纬仪：纵、横各测量 2 点

2）柱系梁施工

（1）底座工字钢安装：在墩柱施工时在距中系梁处底 100 cm 处沿路线纵向方向预留直径 11 cm 圆孔洞，在中系梁施工时预留孔内入穿心棒，其横向搭设 I 56 工字钢，在纵向铺设 I 18 工字钢及配套系梁模板，用以支撑上部系梁浇荷载。将加工棚加工成型的钢筋运至现场绑扎钢筋，然后立好侧模，检查合格后浇筑砼。

（2）底模安装：工字钢上横桥向铺 I 18 工字钢，间距 40 cm，工字钢间用钢板调平，I 18 工字钢上再铺系梁底模板。

（3）钢筋安装，钢筋安装施工同地系梁。

（4）系梁施工其他注意事项：

底系梁施工完毕后要进行合理有效的基坑回填，回填后腾出足够的位置满足随后的施工需求（施工便道，材料周转堆卸，爬梯安装等具体事项）。

2. 高墩柱墩身施工方案

1）定位测量

用全站仪放样桥墩轴线，根据桥中心线定出墩身的位置，纵横轴线用墨线弹出，并延伸出来。做10厘米宽的砂浆调平垫层以便立墩身模板，并有利于第一节模板的拆除。将墩身的中心点标在承台上，并复测承台顶标高控制砂浆调平垫层的厚度，以便保证墩身设计高度。先对墩柱的结构线及墩柱中线进行测量放样，墩柱前后、左右边缘距设中心线尺寸容许偏差10 mm。墩柱施工前，将桩顶冲洗干净，并将墩柱结构线以内的混凝土面凿除浮浆，整理连接钢筋。

（1）墩中心定位测量

采用三维坐标控制法。每个墩台施工前，先用全站仪进行中心定位。定位时应由多人进行换手复测检查，并经监理检查确认后，在桩顶用墨线弹好墩四边轮廓线以及横、纵向轴线，向桥梁施工队交底。标高复核时用水准仪进行测量。

（2）墩高程测量

高程测量采用三种方法进行，一是用全站仪直接进行高程测量；二是用钢尺由墩底水准点往墩顶拉尺进行测量；三是用水准仪在较高处观测标高。最终以水准仪测量为准，其余两种方法作为复核手段。

（3）墩的垂直度测量

墩身垂直度测量采用垂球测量法配合全站仪进行测量。利用垂球对每个薄壁墩四个角各布一点挂线进行测量。平面位置每两模由全站仪对四角点进行测量，然后分别在墩身中轴线纵横方向各两个坐标点架设全站仪，对墩身进行墩身垂直度进行观测，并以此控制墩身的垂直度。

（4）模板安装垂直度的控制

当所有的钢筋、劲性骨架、防裂钢筋网安装定位完成，检查合格后，用吊车起吊安装钢模板，调平校直钢模板，利用预埋锚固筋将模板底座固定牢靠，防止施工过程中上浮及偏位；

（5）中线、水平控制及纠偏措施

桥墩施工过程中，模板容易产生中线和水平的偏移，必须随时观测，纠偏，保证偏差在允许范围内。在施工过程中，要控制好桥墩中线、垂直度和标高，每一节段模板安装前由测量人员放样，安装后复核。每施工4.5 m以全站仪施放一次墩中心，校核一次中线点的可靠程度。每施工4.5 m应对墩身尺寸进行复核，若有不符合时则应进行调整，并检查模板的尺寸并与实际的数值相比较，找出偏差值及方向，然后用调整收坡的办法进行调整。应经常进行水平测量来控制标高，减少按模计算作高度标记的积累误差，每工班定时进行一次水平测量。

2）钢筋工程

严格按照经监理工程师审批的支架及吊车安装方案进行塔设，墩柱支架塔设完成后进行墩柱钢筋帮扎施工。钢筋统一在加工棚进行下料和制作，钢筋的调直、截断及弯折等均应符合技术规范要求，钢筋加工完成后进行编号堆放，运至作业现场再用定滑轮吊至作业平台进行绑扎、焊接。对于高墩，应注意墩柱主筋接长时的焊接接头必须错开，使同一截面接头钢筋面积不超过钢筋总面积的 50%；按设计及规范制作的墩柱钢筋笼用吊车吊装时对位要准确，采用垂线法定位，中心点误差控制在 2 cm 内，墩柱边侧的保护层利用同标号混凝土垫块来保证，并对盖梁连接钢筋进行预留。

绑扎钢筋是高墩柱施工的难点和重点，每个截面的结构尺寸都不相同，混凝土的保护层有很严格的要求。

（1）高墩柱主筋连接一律采用 CABR 等强直螺纹连接技术，桥墩主筋必须按设计伸入盖梁。钢筋绑扎严格按照设计图纸准确定位，用扎丝牢固绑扎，特别应该注意变化钢筋；接长钢筋采用镦粗直螺纹和墩柱桩基钢筋连接，连接时要保证接头错开，使同一截面内的接头数量不超过钢筋总数的 50%，箍筋采用双面焊或绑扎搭接；钢筋按设计绑扎，保护层采用铁丝绑扎同强度混凝土垫块以保证墩体强度和钢筋准确定位，混凝土垫块布置按梅花形布设，间距为 0.45 m 一个。

（2）预埋件定位非常重要，首先按图纸要求做好预埋件施工交底，预埋件固定牢固，PVC 管用胶带密封严实，防止浇注过程中产生位移和进浆。

（3）钢筋安装的主要工艺：

墩身钢筋在钢筋加工棚内制作，用车运到现场，在地系梁钢筋安装时开始，吊车吊装、人工套筒连接接长。高墩布筋稠密，工作量大，而墩上的钢筋绑扎与接长作业面小，施工困难，必须认真细致，合理安排。竖向钢筋第一节按 1.5 m 一级错开接头，加工长度为 3.0 m 和 4.5 m，顶部一节长度根据各墩高而改变外，中间各节主筋均长 9.0 m。主筋在地面加工场地采用镦粗机将连接端进行直螺纹套丝（套丝长度需满足规范规定），套丝连接端采用套筒连接。安装前需在墩身顶口搭设临时内外脚手架，以便支撑主筋，方便箍筋、联结筋的绑扎及其他预埋件的安装。以上每节按 9.0 m 接长到墩顶，再以不同长度的钢筋接齐，水平围圈钢筋按原材料长度可以分成数段制作，并在墩下弯好角度，做好弯钩。同一截面上的接头数量按设计规定≤50%。绑扎水平筋时应按间距、预先在竖筋上用粉笔画上水平线，保护层厚度应以予制的同标号混凝土垫块在靠模板一侧支垫，垫块间距不大于 1 个/m^2。

3）墩身混凝土施工

混凝土浇注前对支架、模板、钢筋进行检查，符合设计及规范要求后方可进行混凝土浇注。混凝土在拌和站集中拌和，拌和后通过混凝土运输车运输至施工现场，由汽车砼泵车泵送入模。高墩混凝土施工注意事项：

（1）原材料选择

混凝土的粗骨料粒径选用连续级配碎石，细骨料采用中砂，并掺入缓凝减水剂和粉煤灰，以改善混凝土的可泵性，延长水泥的初凝时间。严格控制混凝土坍落度在 16 ~ 18 cm 之间（根据不同墩身高度而确定）。按规范要求试验确定理论配合比，批准后实施，现场根据原材料含水量，随时调整每批混凝土的施工配合比。

（2）混凝土拌和

混凝土采用全自动强制式搅拌机拌和，拌和前应调整好各种原材料的掺量和搅拌时间、投料顺序，操作人员监控，试验人员检查。喂料顺序为：砂、水泥、石料，进入搅拌筒内拌和时均匀进水，并掺入外加剂。搅拌时间应大于 1.5 min。

（3）混凝土浇筑

混凝土采用水平分层灌注，每层厚度 30 cm 左右，用插入式振捣器振捣，要求振捣密实。浇注时注意观测模板的稳固性。灌注完混凝土后要及时养生，冬季施工时要做好混凝土保温工作。当混凝土强度达到设计强度的 75%后，并能保证混凝土棱角不损坏的情况下，方可拆除模板。

混凝土料斗安放场地平整，方便吊车机手观看。混凝土吊送过程中尽量少停顿，尽量减少砼在罐车内的停留时间，防止砼因时间停留长而失效。混凝土泵送到模板顶后，采取滑槽送料。按 30 cm/层全断面水平分层布料，并根据混凝土供应情况及时调整布料厚度，在下层混凝土初凝前浇筑完上层混凝土。使用插入式振动器振捣，振捣时移动距离不得超过振动棒作业半径的 1.5 倍，与侧模保持 5 ~ 10 cm 的距离；插入下层混凝土 5 ~ 10 cm。快插慢拔，每一点应振捣至混凝土不下沉，不冒气泡泛浆、平坦为止，振完后徐徐拔出振动棒。振捣过程中不得碰撞钢筋和模板，谨防其移位、损伤。

（4）混凝土养护

混凝土采用覆盖洒水的方法养生，养生视气温条件确定，一般 7 d 以上。气温低于 5 °C 时，覆盖保温，不得洒水。

（5）施工缝处理

每节墩顶混凝土面充分凿毛，凿掉浮浆露出骨料，并冲洗干净，在上节混凝土浇筑前，将混凝土结合面湿润浇一层 1 cm 厚 1∶1 水泥净浆，然后再浇筑混凝土。

4）拆膜及养护

混凝土达到设计强度的 75%后拆除墩柱模板，用塑料薄膜或土工布覆盖养护，模板拆除时按顺序拆卸，防止撬坏模板和碰坏结构。

墩身混凝土浇筑结束后，收面找坡，用塑料薄膜或土工布覆盖并洒水养护。混凝土达到拆模强度后，应及时拆除模板，拆模时应特别注意成品保护，防止划伤。在墩身拆模后，在混凝土尚未变白时及时对拉筋眼和表面缺陷进行成品再塑造，保证良好的外观质量。为防止墩身混凝土面被污染，保证混凝土表面潮湿、干净、平整，防止产生收缩裂缝。一般外部养护应根据空气的湿度、温度进行洒水养护，保持混凝土表面经常处于湿润状态，但应注意不能对混凝土表面形成冲刷。洒水养护时间一般为 7 d，并派专人负责。但在冬季气温低于 5 °C 时，要实行冬季施工养护措施，不能洒水。冬季低温地区可以实行塑麻养护，先用塑料包裹混凝土表面，再用麻袋包裹以防寒，并注意在混凝土表面不能形成结冰。

17.5　桥台施工技术

17.5.1　台阶式扩大基础施工

1. 基坑开挖

开挖前先测出基坑的中心位置、方向和高程，根据地质、水文和实际地形情况确定开挖方式和开挖边界，提前做好基坑地面防、排水措施。

基坑采用挖机放坡开挖，放坡开挖的坡度为 1∶（0.75 ~ 1.0），当开挖通过不同的土层时可选用不同的坡度，但要留不小于 1.5 m 的平台；基坑深度大于 5 m 要放缓坡度并加设平台。

弃土不得妨碍施工，砌土堆的坡脚离基坑顶缘的距离不小于基坑的深度，基坑顶缘应留出 1 m 宽的护道。

基坑坑底每边放宽不小于 80 cm，遇到基坑底渗水时，在四周设排水沟汇于集水坑，水少时人工用桶、多时用水泵排出坑外。当渗水量较大，可能造成流沙、管涌时采用土袋堆码坡脚，反压护坡，其高度不小于 1 m。实际开挖的基坑底面应比设计高程高 20 cm，其余由人工挖除；基坑底面不应有水，地基承载力应符合世界要求。

2. 扩大基础施工

1）模　板

扩大基础为两层，分两次浇筑。模板采用大面钢模，人工配合吊车就位，模板顶设 M12 拉杆螺栓紧固，间距 1.0 m；模板底脚设横撑，间距 1.0 m；模板内设内撑以保证结构物尺寸。模板立好后要清除模内杂物和钢筋上的油污，模板上的孔洞和缝隙要予以堵塞，不得漏浆。

2）片石混凝土浇筑

混凝土浇筑时坑底不得有水，混凝土集中拌和，由混凝土罐车运至现场，通过梭槽浇筑，运输车离坑边距离不小于 1.5 m；混凝土浇筑采用分层法浇筑，分层厚度不大于 50 cm，每浇筑一层然后铺一层片石，然后浇筑混凝土，片石掺量不大于混凝土体积的 30%，片石离模板距离不小于 30 cm。开始浇筑第二层混凝土时应保证第一层混凝土尚未初凝。

混凝土必须采用机械振捣，使用插入式振动器时应快插慢拔，其移动间距不超过振动器作用半径的 1.5 倍，插入下层混凝土的深度 5 ~ 10 cm。每一振动点的振捣时间 20 ~ 30 s，振捣密实的标准是混凝土停止下沉，不冒气泡，表面呈现平坦、泛浆。浇筑完成后，如混凝土表面泌水较多，在不扰动已浇混凝土的条件下将水排除。

第一层扩大基础浇筑完成后顶面应留有石笋，石笋锚入第二层基础应不小于 15 cm。

3）混凝土养护

混凝土浇注后及时覆盖土工布洒水，并经常保持混凝土表面湿润，混凝土的洒水养护时间一般为 7 d，可根据空气的湿度和温度情况，酌情延长或缩短。

4）拆　模

混凝土强度达到 2.5 MPa 且表面及棱角不损坏的情况下，方能进行模板拆除，模板拆除时要小心按顺序拆卸，不允许用猛烈地敲打和强扭等方法进行，防止撬坏模板和碰坏结构。

17.5.2　重力式桥台施工、重力式桥台前墙、侧墙施工方法

1. 模　板

桥台前墙与侧墙分为 3 ~ 4 此浇筑，每次立模高度不小于 3 m。模板采用大面钢模，人工配合吊车就位，模板顶设 M12 拉杆螺栓紧固，间距 1.0 m；模板底脚设横撑，间距 1.0 m；模板内设内撑以保证结构物尺寸。模板立好后要清除模内杂物和钢筋上的油污，模板上的孔洞和缝隙要予以堵塞，不得漏浆。

2. 片石混凝土浇筑

混凝土浇筑前需清除扩大基础顶面或前一施工层顶面的杂物，前一施工层顶面应留有石笋，石笋锚入下一施工层应不小于 15 cm。

混凝土的浇筑要求同基础混凝土浇筑。

3. 混凝土养护

台身混凝土为大体积混凝土，混凝土的养护时间不少于 7 d，养护方法使用保温法，大体积混凝土在浇筑 3 ~ 5 内温度将达到最高，为养护的关键时期，然后逐步降温，14 d 后基本平稳。

保温法：初凝后在混凝土表面覆盖土工布并洒水养护，在模板侧也覆盖土工布经常浇水，然后在表面和四周用塑料薄膜封闭，防止空气对流。由于本项目所处地理位置昼夜温差较大，拆模后台身四周除按上述保温法要求继续养护外，塑料薄膜外还需再包裹一层一布一膜的土工布加以保温。

4. 拆　模

混凝土强度达到 2.5 MPa 且表面及棱角不损坏的情况下，方能进行模板拆除，模板拆除时要小心按顺序拆卸，不允许用猛烈地敲打和强扭等方法进行，防止撬坏模板和碰坏结构。

5. 台帽施工方法

1）钢筋成型、安装、焊接

根据设计图纸，提出下料单，在钢筋加工厂统一据下料单进行下料、加工。下料时，应根据台帽钢筋编号和供料尺寸的长短，统筹安排，减少钢筋的损耗。钢筋下料需注意：长度超过 9 m 的受力钢筋，需搭接接长，配料时，要将搭接接头位置错开规定的距离（同一断面接头数量不大于钢筋总数的 50%），并尽量减少钢筋接头的数量；主筋焊接采用双面焊接时，焊缝长度不小于 $5d$，采用单面焊时，焊缝长度不小于 $10d$。钢筋焊接时，两接合钢筋要轴线一致，螺纹钢筋采用 502 或 506 焊条。

钢筋调直采用调直机调直，使用切断机下料；钢筋表面的油渍、漆污、水泥浆和用锤敲击能剥落的浮锈、铁锈等均应清除干净。调直过程中如发现钢筋脆断、劈裂、拉不直等异常现象应及时通知技术人员，找出原因做适当处理。

钢筋弯制成型采用弯曲机，并用样板控制弯筋尺寸。钢筋弯制成型过程中，发现钢材开裂、脆断、过硬、回弹等异常现象，应及时向技术人员反映，找出原因适当处理。

钢筋保护层使用梅花形高强度砂浆垫块，确保垫块能承受足够压力而不破碎，绑扎牢固可靠，纵横向间距不得大于 0.8 m，确保每平方米垫块数量不少于 4 块。

2）模　板

模板安装前均匀涂刷脱模剂，模板之间的接缝要紧密，加垫橡胶条防止漏浆。模板各部位支撑、拉杆要稳固。安装完毕后，仔细检查各部位尺寸以及稳定性。

（1）因模板直接放在前墙与侧墙顶面，安装时应从另一端向另一端依次吊运拼装，模板底与混凝土接触面出现缝隙时，需用 M10 号砂浆填塞封堵，保证台帽混凝土浇筑时不出现漏浆现象。

（2）模板上口采用对拉杆加钢管套连接，拉杆为锁紧模板上口，钢管套为模板内撑控制模板上口尺寸满足设计要求（对拉杆穿入钢管套内与侧模上口定位槽钢连接锁紧）；模板底脚设横撑，间距 1.0 m。

（3）模板吊装时要有专人指挥，模板安装校核好后，用缆风绳将模板固定。保证模板在灌注混凝土过程受力后不变形、不移位。模内干净无杂物，拼合平整严密。在砼灌注过程中应指定专人加强检查、调整，以保证砼结构物形状，尺寸和相互位置的正确。

（4）支座垫石钢筋预埋：侧模调校完毕后进行支座钢筋预埋，钢筋预埋时应从两侧模内口边为基准，拉支座轴线进行预埋，预埋尺寸要准确宁小勿大、焊接牢固、高程符合设计要求。

3）台帽砼浇筑

砼浇注前，应报请监理工程师检查模板各部位尺寸是否正确，接缝是否严密，支撑、拉杆是否稳固以及钢筋、预埋件位置等是否正确。以上各项全部符合设计要求后方可浇注砼。

待砼罐车运输砼到达现场、泵车送砼入模（条件允许时采用搭设溜槽入模）。浇注顺序从与台帽中部开始向两端分层浇注（每层混凝土厚度不大于 50 cm），台帽顶面混凝土必须收平抹光。砼振捣以砼面停止下沉，并无明显气泡上升、表面平坦一致为宜。在灌注上层砼时，要将振捣棒插入下层砼内不少于 10 cm。砼振捣时严禁碰撞钢筋和模板，浇注砼时要留足够数量的砼试件。

4）养　生

混凝土初凝后应及时浇水养护，天气炎热或寒冷时应采取用土工布或塑料布覆盖养护。

5）拆　模

当砼强度达到拆模设计要求后，在不损坏棱角的情况下拆除侧模。拆模后，立即用土工布或塑料布覆盖继续洒水养生。

6）垫石施工

在台帽混凝土初凝后，用全站仪放出垫石位置，趁着混凝土还未终凝，人工凿出垫石范围混凝土，凿出深度以露出台帽骨架钢筋为宜。垫石放样精确控制各墩支承垫石标高满足设计要求。采用定制钢模板，浇筑垫石混凝土。混凝土施工采用砼罐车运输，搭设溜槽输送施工。

垫石施工时应注意现场组织，控制施工时间，尽量在混凝土到现场后 1 个小时内完成。考虑现场浪费等因素，每次施工混凝土用量应比设计多计划 0.3 ~ 0.5 m^3，以免二次补料影响施工及垫石质量。拆模、养护同上。

17.5.3　轻型桥台施工

十一工区项目部内仅 C 匝道桥 0 号台为轻型桥台，桥台位于半山腰陡坡地段，靠陡坡侧设片石砼挡土墙与桥台相接。

1. 施工顺序

桩基破桩头→桩检合格→测量放线→浇筑垫层混凝土→测量放线→按设计加工并绑扎台帽钢筋、背墙钢筋→架设模板→浇筑台帽混凝土→测量放样→架设背墙模板→浇筑背墙混凝土→测量放样→垫石、挡块施工→拆模→养护。

2. 施工方法

1）测量放线

桥位所处位置通视条件较好，桥位控制点结合工程整体控制网布置，利用全站仪测设。

施工时设立的临时水准点，应根据设计单位提供测定的水准点引出，其高程偏差不超过规范要求。施工各阶段的放样均预先复核计算其坐标，用全站仪放样台身边线、轴线等的坐标，确定台身的准确位置；根据台帽的设计尺寸在其顶面准确定位背墙、耳墙；高程采用钢塔尺配合高程传递，以控制桥梁标高。

2）钢筋工程

（1）钢筋半成品的制作在钢筋加工棚进行，钢筋加工制作尺寸允许偏差：受力钢筋顺长度方向加工后的全长允许偏差±10 mm，弯起钢筋各部分尺寸允许偏差±20 mm，箍筋、螺旋筋各部分尺寸允许偏差±5 mm。钢筋加工制作后运至现场装配成形。受拉钢筋焊接接头的规范要求搭接长度：双面焊 5 倍 d，单面焊 10 倍 d。为保证结构物保护层的厚度，应在钢筋与模板之间设置梅花型垫块，垫块应有足够的强度，垫块应与钢筋绑扎，并互相错开，并保证每平方不少于 4 块。

（2）受力钢筋接头应设置在内力较小处，并错开布置，两接头间距符合规范要求的长度：对于绑扎钢筋接头，两接头间距离不小于 1.3 倍搭接长度，其接头的截面面积占总截面面积的百分率受拉区最大 25%，受压区最大 50%。对于焊接接头，在接头长度区段内 $35d$（不小于 500 mm），同一根钢筋不得有两个接头，其接头的截面面积占总截面面积的百分率受拉区最大 50%，受压区不限制。钢筋安装完后，对钢筋规格、数量、排距、尺寸、保护层厚度进行检查，确保符合规范和设计要求，报监理工程师验收合格后方可安装模板。

（3）钢筋制安时注意挡块、牛腿、伸缩缝等部位的预埋钢筋，确保背墙钢筋和耳墙钢筋及各种预埋件的位置、数量的准确性。

3）模板工程

根据设计图纸中桥台的尺寸和坐标，利用全站仪和钢尺确定出其平面位置，施划轮廓线，支设模板。

模板脚手架的施工必须符合下列要求：① 具有必须的强度、刚度和稳定性，能可靠的承受施工过程中可能产生的各项荷载，保证结构物各部形状、尺寸准确；② 模板拆装容易，施工时操作方便，保证安全。

台帽、背墙及耳墙施工均采用定型钢模板。模板表面均匀涂抹脱模剂，以利于脱模，模板就位一定要准确，并保证纵横向稳定性和竖直度。两块模板接缝处应连接紧密，防止漏浆，以保证混凝土质量。

模板材质 6 mm 厚，背负横向 16 cm 的槽钢，竖向间距 80 cm。采用对拉螺栓和横向钢管进行固定模内尺寸。对拉螺栓横向间距为 60 cm，竖向间距为 50 cm；对拉螺栓外套用 Φ20 mm PVC 套管，模板外侧采用钢管斜撑进行加固调整，横向间距为 1 m，竖向四排支撑间距 80 cm；为保证外观质量，适当减少对拉螺栓数量，增加外部钢管斜撑数量。施工完后用水泥砂浆将套管封堵严实，并将预埋钢筋割除清理干净。

台身模板拼装完成后，用全站仪检查和调整模板垂直度。模板垂直度调整是通过两侧斜拉索的花篮螺丝进行。垂直度调整要从两个方向反复调整完成。模板垂直度调整完毕后，再用铅锤复核模板上端中心与底中心是否在同一垂直线上。模板支设完毕后，用 Φ48 钢管在模板周围搭设井字脚手支架，并在上顶搭设操作平台。最后用 M10 砂浆将模板下端与垫层的缝隙堵死，防止漏浆。

注意事项：① 模板及支撑不得有松动、跑模或下沉等现象。② 模板必须拼缝严密，不得漏浆；模内必须洁净。③ 模板安装完毕及浇注砼过程中，必须对模板的垂直度、模内尺寸、轴线位路和稳定性进行检查。

4）混凝土工程

（1）混凝土的拌和及运输

台帽及耳背墙均采用 C30 砼浇筑；混凝土拌合采用拌合站集中拌合，配合比计量必须准确，坍落度符合设计配合比要求。运输采用混凝土罐车。砼到达现场时坍落度控制在：12 ~ 16 cm。在开始浇筑前必须对每一个输送车的混凝土的和易性和坍落度进行检查，确保混凝土的质量。施工中按要求在现场取样至少 3 组试件。

（2）浇筑混凝土

台身混凝土采用分层浇筑，每层厚度不大于 30 cm。台身砼浇筑过程中，应避免碰撞模板，在相临两面设锤球，随时检查模板垂直度、斜拉索的松紧情况，发现问题及时解决。控制好台身的顶面标高。混凝土表面应平整，假缝垂直贯通，严禁出现错台、斜缝等影响外观质量的现象。

（3）混凝土振捣

浇筑混凝土时，采用插入式振动器振捣密实。插入式振动器移动间距不超过振动器作用半径的 1.5 倍，与侧模保持 5 ~ 10 cm 的距离，且插入下层混凝土不小于 10 cm，每一处振动完毕后边振动边徐徐提出振动棒，避免振动棒碰撞模板。混凝土振捣密实的标志：混凝土停止下沉，不再冒出气泡，表面平坦泛浆。

（4）模板拆除、养生

混凝土浇筑终凝 24 h 后，在能保证其表面及棱角不因拆模而损坏时，方可拆除模板；模板应在其上部结构施工前拆除。拆除模板、脚手架时，不许用猛烈的敲打和强扭等粗暴的方法进行。模板脚手架拆除后，应将表面灰浆、污垢清除干净，并应维修整理，分类妥善存放，防止变形开裂。拆除模板后严禁对混凝土表面进行修饰，及时包裹土工布洒水养生，采用塑料布覆盖后，再包裹一层一布一膜土工布进行保温，指派专人负责此项工作。

17.5.4 桥台背回填施工

台背回填采用符合透水性要求的天然级配碎石分层回填，回填范围：长度在顶面应不小于桥台高度+2 m，底面不小于 2 m，锥坡填土与台背回填同时进行，按设计宽度一次填足。

台背回填使用振动压路机整幅碾压，对压路机碾压不到的细部位置采用小型打夯机打夯。回填工作应得到监理工程师的同意，填筑时要设专人负责。

分层厚度 15 cm 一层，尽量保证摊铺厚度均匀、平顺，碾压遍数以检测合格的次数为准，密实度由沉降法（工艺法）检测，不小于 95%。与路堤搭接处挖成台阶形。详细施工方法、要求同《结构物三背回填施工方案》。

18 普通桥梁上部结构施工关键技术

18.1　预制梁板安装技术

18.1.1　梁板预制施工

1. 预制场建设

（1）场地：某岸桥头挖方路槽成型后（长 250 m、宽 28 m），将其平整、硬化，并建好排水设施后，用于预制 T 梁场地。

（2）台座：台座基础座于基岩上，宽 1.2 m，用片石混凝土筑成，其顶面设成水平，用于消除路基纵坡；其上再用钢筋混凝土浇筑 0.6 m 宽、0.35 m 厚的台座，保证不沉不裂；台座顶面设置预拱度：跨中为 35 mm，向两侧按二次抛物线布置。

（3）底模：在台座顶面边缘预埋[50 槽钢，并在顶面铺设 5 mm 厚的钢板做底模，钢板与预埋件焊为一整体，防止因受张拉力而导致变形破坏。

（4）预制场上设三台龙门吊：一台 5 t 小龙门吊用于在 T 梁预制施工时吊钢筋、模板、混凝土及一些小型设备；两台 75 t 大龙门吊用于起吊预制 T 梁并横移至运梁轨道的小车上。

（5）在场内中央铺设轨道，用于将预制 T 梁运至架桥机下方。

2. 模板设计

1）底　模

底模设计遵循两大原则：一是有刚度、不变形；二是表面平整、光洁。底模采用 5 mm 的钢板铺设在台座顶面上，为保证钢板不变形，钢板与台座混凝土之间必须用足够预埋件连接；两侧通长绑[50 槽钢。在钢板同预埋件焊接时，要先跳焊后满焊，防止因局部温度过高而导致钢板翘曲变形。

为保证钢板表面光洁，要求在预制前，先用磨光机或抛砂机将钢板打磨平整，清洁干净后再均匀地涂刷脱模剂。

2）侧　模

设计要求：保证有足够的强度、刚度和稳定性，尺寸规范、表面平整光洁、接缝紧密、不漏浆。

具体设计：采用定型大面钢模板，模架一体设计每块长 3.9 m，即两横隔板之间做两块模板；翼板下设螺杆以调整横坡度；模板间用螺栓连接；上下设两道拉杆、每道 4 根，每根纵向间距 1 m。

用料：面板采用 6 mm 厚的 A3 钢板，肋条均采用 L80×8 角钢和[80 槽钢，外侧用[120 槽钢制作支撑架以提高整体刚度。

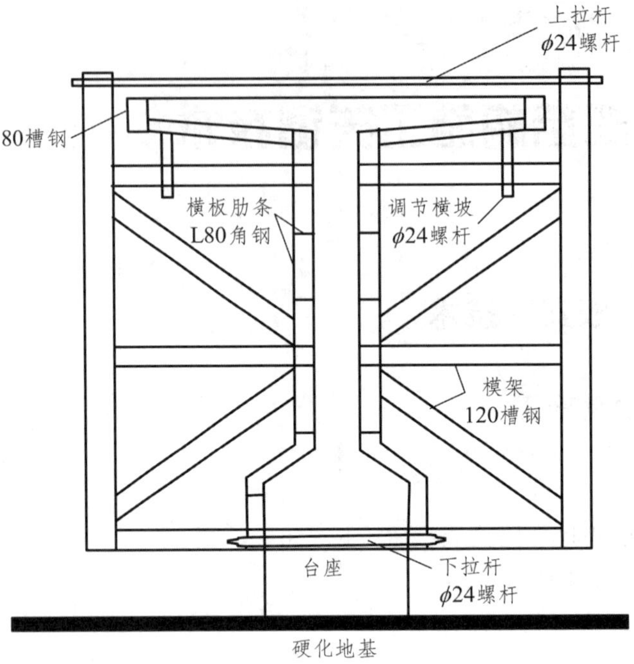

图 18-1　T 梁模板示意图

侧模要预先试拼合格后方可投入使用。

3. T 梁预制的一般工序

T 梁预制一般性施工工艺程序如图 18-2 所示。

（1）在台座上将钢筋绑扎焊接成钢筋骨架：波纹管道按坐标位置定位固定；注意支座、护栏、伸缩缝等部位预埋筋（件）的施工。

（2）模板依次拼接，螺栓先不拧紧，待全部拼完成、调整好平整度后，再拧紧拉杆和模板螺栓。模板间必须垫有泡沫止水带，做到不漏浆。

（3）埋设预埋件，安设锚垫板后，先安装端模，再安涂有脱模剂的侧钢模，要统一紧固螺栓和支撑，以保持其牢固、稳定安装时要特别注意翼板横坡的调整，因为左右幅的横坡方向相反在安装完后要检查模板的顺直度和垂直度。

（4）主梁混凝土应采用较小水灰比，并严格控制水泥用量以减小混凝土的收缩和徐变为改善混凝土的和易性，可适当掺入高效减水剂由于梁肋特别是锚下部位的管道和钢筋较密，因此混凝土粗骨料的最大粒径不宜超过 25 mm，但混凝土强度不应降低。

（5）混凝土集中拌和，应保证充分的机械搅拌时间；混凝土由预制场龙门吊运输，从上方入模浇筑；从梁的一端向另一端水平分层浇筑，浇筑至接近另一端时改从另一端向相反方向顺序下料，在距梁端 3 ~ 4 m 处浇筑合龙，一次整体浇筑成型。

（6）混凝土的振捣采用插入式振捣器和附着式振捣器两种振捣器相互配合使用，振捣时要掌握好振动的持续时间、间隔时间和钢筋密集区的振捣，力求使混凝土达到最佳密实度而又不损伤波纹管道。在 T 梁两端的横隔板附近，预留吊装孔。

（7）混凝土浇筑后要将表面抹平、拉毛，收浆后适时覆盖，洒水湿养不少于七天。

（8）使用龙门吊拆除模板，拆下的模板要顺序摆放，清除灰浆，进行养护，以备再用。

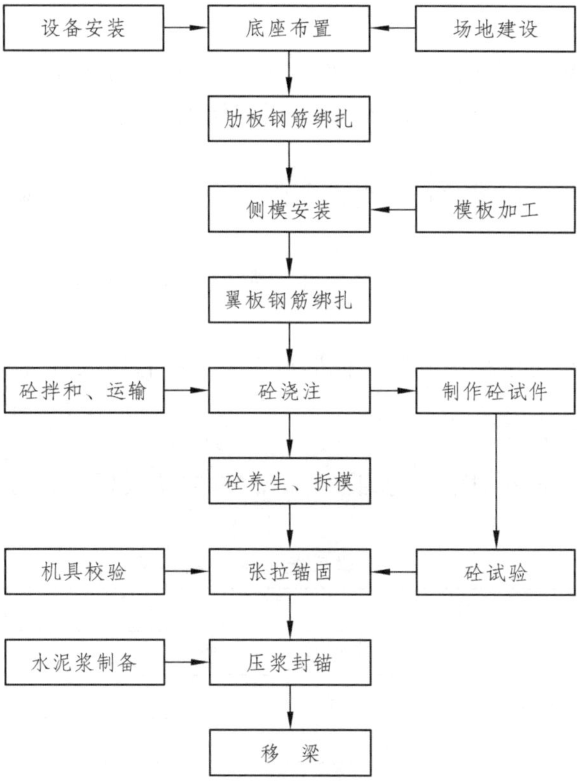

图 18-2　T 梁施工工艺框图

（9）构件脱模后，要标明型号，预制日期及使用部位。

（10）按设计文件要求，当构件混凝土达到设计强度的 90%、对应混凝土的龄期大于 5 d 时，可进行张拉。张拉顺序按设计要求进行，做到左右对称，减少侧弯；为减少边梁在施加预应力时产生侧向翘曲，在外翼板延梁长方向每隔 2.5 m 设一道 1 cm 宽的断缝，缝长为自边缘向内 31.5 cm，即断缝后外翼板未断部分的宽度与内翼板的宽度相同。

（11）张拉使用的张拉机及油泵、锚、夹具必须符合设计要求，并配套使用，配套定期校验，以准确标定张拉力与压力表读数间的关系曲线。

（12）按设计要求在二端同时对称张拉，张拉时千斤顶的作用线必须与预应力轴线重合，二端各项张拉操作必须一致。

（13）预应力张拉采用应力控制为主，同时以伸长值作为校核。实际伸长值与理论伸长值之差应满足规范要求，否则要查明原因采取补救措施。

（14）预应力筋张拉后，采用真空灌浆工艺及时灌浆，保证管道饱满，之后及时封锚。

（15）T 梁预制完成后，由龙门吊吊至运梁小车上，再由小车运至架桥机下。

4. 预应力筋孔道施工工艺

本桥采用镀锌波纹管预留孔道。

（1）波纹管接长：采用大一个直径级别的波纹管做套管，长度为管径的 5 ~ 7 倍，接头处用胶带缠裹紧密以防止水泥浆渗入。

（2）波纹管水密性试验：波纹管在安装之前要做水密性试验，发现漏水处用胶带裹紧堵住，防止水泥浆渗入导致堵管。

（3）波纹管位置固定：严格按照图纸标示的平面、高度位置布置管道，从底模向上量测尺寸要做到管道位置正确、线形平顺每隔 1 m 用钢筋固定，曲线部位加密，以保证管道在混凝土浇注时不发生位移。

（4）钢垫板：管道端部的钢垫板要垂直于孔道中心线，钢垫板应设有压浆孔和排气孔、排水孔。

（5）要特别注意负弯矩筋管道位置的准确，避免因位置不准而导致负弯矩筋穿束困难，以及张拉时产生次应力。

（6）为防止混凝土浇筑过程中波纹管变形过大，可在管内放置芯棒。

5. 模板安装的工艺要求

按照《公路桥涵施工技术规范》的相关要求，对 T 梁模板安装的精度作如下要求（见表 18-1）。

表 18-1　T 梁模版安装的精度要求

部位	检查项目	误差范围
底模	沿梁长任意两点的高差	≤5 mm
	任意截面横向两点的高差	≤3 mm
	梁跨长度	±5 mm
侧模	梁全长	+5 mm，−10 mm
	梁高	±10 mm
	腹板厚度	+5 mm，−3 mm
	垂直度	±3 mm
	横隔板对梁体的垂直度	±5 mm
	相邻两块钢模拼接高差	±3 mm
端模	垂直度	±3 mm

6. 预应力筋张拉施工工艺

（1）按设计文件要求，当构件混凝土强度达到设计强度的 90%、对应混凝土龄期大于 5 d 时，开始张拉，张拉前应全面检查构件外观和尺寸是否符合质量标准要求。

（2）提前对张拉机具、油表、油泵、千斤顶进行送检，并根据油表、千斤顶的压强一读数对照表，来确定张拉时的油表读数。

（3）张拉过程中，如发生异常情况，如预应力钢绞线出现断丝、油压表指针不归零等，应立即停止，并重新进行设备检校。

（4）张拉采用两端对称张拉形式。

（5）选用合适的张拉机具，选派富有经验的技术人员、施工人员进行张拉作业。

（6）预应力钢束的张拉顺序为 N1→N2→N3→N4。

（7）单束张拉程序为。0→初应力（10%σ_{con}）→σ_{con}（持荷 2 min 锚固），采用应力和伸长量双控法进行控制，预应力钢绞线在张拉控制应力达到稳定后方可锚固，用砂轮机将多余钢铰线切除。

7. 真空压浆施工工艺

（1）张拉后采用真空压浆工艺对管道进行灌浆，保证管道被水泥浆填充密实。

（2）水泥浆采用与主梁混凝土同一强度等级（C50）；配制时掺入适量的减水剂，将水灰比控制在 0.3 ~ 0.4，并使流动度控制在 30 ~ 50 s，泌水小于水泥浆初始体积的 2%，并在 24 h 内被吸收掺入适量的膨胀剂，弥补混凝土泌水和收缩产生的空隙，并提高抗渗性能。

（3）在压浆前先用高压气流将管道冲洗干净。

（4）在管道一端接一台真空泵，排量为 2 m^3/min 即可，并配备真空压力表和空气滤清器在管道另一端接灌浆泵，并配备灰浆搅拌机。

（5）灰浆搅拌后通过 1.2 mm 的筛子倒入灌浆泵，预先压出浆体，待其稠度和泵中的稠度一致后，关掉灌浆泵启动真空泵，将管道内气压维持 0.06 ~ 0.09 MPa；在启动灌浆泵、开始灌浆，待浆体流过空气滤清器时，关掉真空泵及抽气阀，打开排气阀观察排气管的出浆情况，当浆体稠度和灌入之稠度一样时，关掉排气阀，仍继续灌浆，使管道内有一定的压力，最后关掉灌浆阀。

（6）卸下真空泵、空气滤清器和灌浆胶管，清洗灌浆泵、搅拌机、阀门、空气滤清器以及粘有灰浆的工具。

8. 梁封端混凝土施工工艺

（1）真空压浆完成后即可进行混凝土封端，T 梁的伸缩缝端需要封端，连续端不需要封端。

（2）封端前要将预制梁端凿毛并清洗干净，混凝土与主梁同强度等级。

18.1.2 梁板安装施工

T 梁预制完成后，通过运梁小车纵向运至架桥机喂梁，再由双导梁架桥机逐跨安装就位（见图 18-3）。为了使预制主梁与现浇整体化混凝土间不产生过大的收缩差，同时减少混凝土徐变引起的上拱值，要求预制主梁的存梁期不得超过 90 d，且同一跨预制梁的施工龄期相差不得过大，以免挠度相差较大。

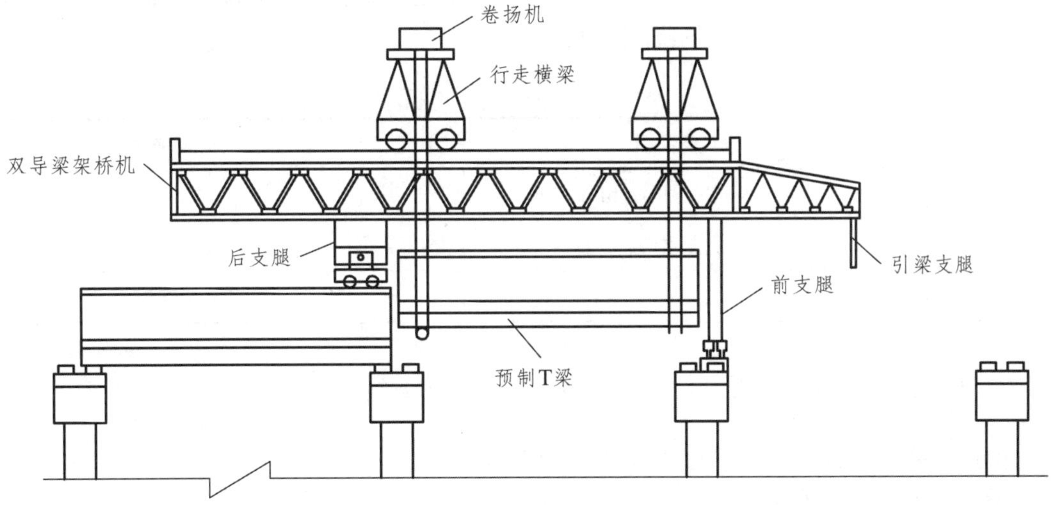

图 18-3　架桥机安装 T 梁施工示意图

表 18-2　T 梁吊装质量表　　单位：t

边　跨		中　垮	
边梁	中梁	边梁	中梁
129.9	131.9	1 211.3	131.3

注：进行吊装设备受力计算时，按最重考虑，取 132 t。

1. 架桥机的选型和工地拼装

（1）选型：单片预制 T 梁质量约 132 t（详见表 18-2），选用郑州大方的 DF150T/50 m 双导梁架桥机，该架桥机主梁为三角形钢行梁，结构轻便稳定。

（2）拼装：在预制场建设时，即将架桥机组件运至现场，在镇宁岸桥头组拼就位，仔细检校各处连接。进行试运行、试吊，确保牢固后，方可进行吊梁安装作业。

2. 梁安装施工工艺

（1）安装前由测量人员测放出每片 T 梁正对在墩台上的梁轴线。在伸缩缝所在桥台的垫石上安放永久性支座，在结构连续处桥墩的垫石两侧安装临时支座，T 梁由架桥机起吊，平稳安放就位，安装偏差不超过 0.5 cm（具体要求详见表 18-3）。T 梁就位后为简支受力状态，及时采取横向连接以及支撑等措施以确保各单片主梁的稳定。

（2）安装顺序：先中梁后对称边梁架设，用起吊小车直接就位。每片梁就位后，立即进行横向联系固定。

（3）架桥机前移：每架设完一跨后，在尾部配重，架桥机向前移一跨，在前支腿落下、并支稳固定后，方可进行下一跨安装作业。

（4）梁安装注意事：起、运、吊梁所用机具在使用前要全面检查，以确保施工安全安装现场设专职指挥，统一信号安装时应由技术人员现场检查监督，确保安装质量，安装前进行技术交底和安全教育，施工时安全员跟班监督。

（5）相邻两片 T 梁安装就位后，应尽快进行横隔板和翼板湿接缝施工，使 T 梁横向连接成一整体。先将翼板侧面凿毛，在支设底模，用钢丝拉紧固定再现场绑扎钢筋，并与预制 T 梁的伸出钢筋焊接牢固；最后现场浇筑混凝土。

表 18-3　T 梁安装精度要求表

项目	检查项目	规定值或允许偏差
1	支座中心偏位/mm	5
2	竖直度/%	1.2
3	顶面纵向高程/mm	+8，−5

18.1.3　结构连续施工

结构连续的一般性施工工艺程序如图 18-4 所示：

本桥先简支后结构连续，六跨一联，墩顶负弯矩段为预应力结构。

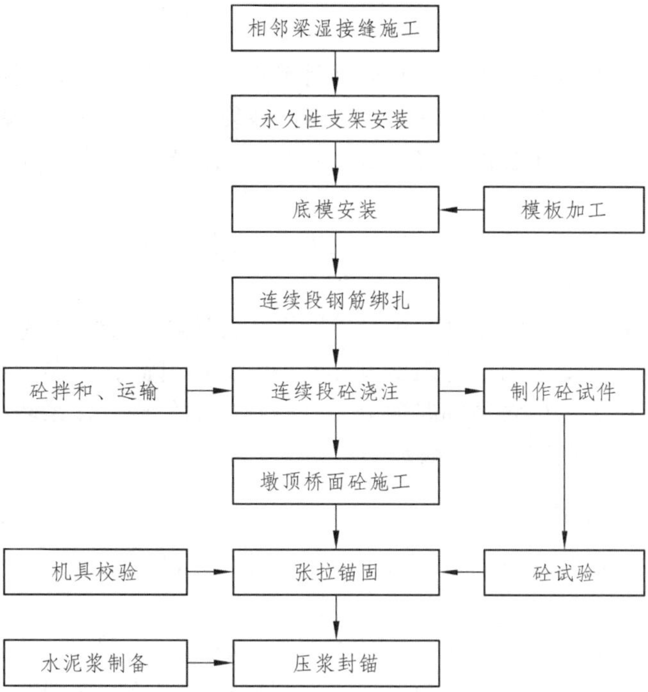

图 18-4　结构连续施工工艺图

（1）相邻两跨 T 梁安装完毕且湿接缝浇注完成后，即可进行结构连续施工。

（2）在支座垫石顶面安放永久性支座，并在支座周边安装底模，模板顶面较支座顶面高出 1 cm，留出梁底钢板的位置。

（3）T 梁端面要预先凿毛，将连续段部分的钢筋绑扎安装完毕，并与 T 梁预留出的钢筋焊接牢固，以端横隔板为侧模浇筑连续段混凝土。

（4）在预制 T 梁时，在翼板位置预埋扁波纹管成孔，并伸出端面在连续段钢筋绑扎时，再用波纹管将其接通。接头采用大一个直径级别的波纹管做套管，长度为管径的 5~7 倍，接头处用胶带缠裹紧密以防止水泥浆渗入管道位置用钢筋进行固定。

（5）连续段混凝土强度等级与主梁相同（C50），采用同一配合比施工。混凝土分层浇筑，用振捣棒振捣密实。为防止温差产生的拉应力造成连续段混凝土开裂，宜在日气温最低时浇筑。

（6）连续段混凝土施工完毕后，即可进行负弯矩筋上方桥面铺装混凝土施工，先应凿除桥面板表面的水泥砂浆和松弱层及多余的混凝土，并用水冲洗干净，安装好钢筋网后，浇筑桥面铺装。

（7）待桥面铺装混凝土强度达到设计强度的 90%、对应混凝土龄期大于 5 天时，开始张拉负弯矩段钢绞线。张拉时应横桥向对称、均匀进行，张拉顺序次边梁、边梁、中梁，分两到三次张拉完成，每次一片主梁张拉不超过两束。

（8）张拉完成后立即压浆，在管道水泥浆强度达到设计强度的 90%后，可拆除。

18.1.4　体系转换施工

负弯矩预应力筋全部张拉完成、压浆、封锚后，即可落梁，进行体系转换，这时先简支后连续梁施工的关键工序。体系转换的核心是要保证梁体均匀、同步下降，支座共同受力。

1. 临时支座的选用

临时支座要有足够的强度，能比较精确地计算沉降、压缩值，以便控制梁板安装的底面标高同时便于拆卸。一般用于临时支座的有砂筒、砂袋、混凝土块、木块、硫黄砂浆等。

砂筒支座的优点是：抗压强度较高、沉降量少，高度易于调节便于拆除利于周转，成本较低。

硫黄砂浆支座的优点是：抗压强度高，高度易于调节能做到多个支座同时拆除拆除效率高。缺点是成本偏高。

硫黄砂浆的经验配合比为中（粗）砂：石英砂：硫黄=5：115：315，在砂浆中间有铜管，里面有电阻丝。当电阻丝通电时，电阻丝发热，铜管温度升高，当温度达到一定程度，硫黄熔化，将所有临时支座上的硫黄块同时通电，这样很好的保证了体系转换的同时性，同时也减少了工人的劳动强度，提高了工作效率。

2. 硫黄砂浆支座的施工步骤

（1）在墩顶永久支座的两侧布置临时支座点，并用水准仪精确测量墩顶标高，做好初始值记录。

（2）现场制作硫黄砂浆临时支座，临时支座顶面应与永久支座顶面保持齐平，以保证永久支座与混凝土接触但不受力，并按顶面标高控制硫黄砂浆的厚度同时使顶面与梁板底同一纵坡，以保证较多的接触面，避免在梁板安装时损坏硫黄砂浆内应埋入电热丝，采用电热法解除临时支座。临时支座拆除应同步、对称、均匀，尽量减少振动，以免产生局部应力集中。

（3）硫黄砂浆的配方应预先在同等压力条件下作压力试验和熔化试验，以防临时支座难以熔化释放。

（4）拆除临时支座时，接通电源将电阻丝加热使硫黄砂浆熔化，即完成落梁。硫黄砂浆熔化应防止高温影响永久支座的质量。

18.2　支架上现浇箱梁施工关键技术

18.2.1　主要施工工艺及施工方法

满堂碗扣支架设计：

K9+447 现浇箱梁位置地面平均标高 3 300.75，设计箱梁顶标高 3 300.68，底标高 3 299.78。箱梁 0 号桥台桩顶标高 3 297.71，桩长 27 m；2 号桥台桩顶标高 3 296.71，桩长 27 m。1 号墩墩顶标高 3 298.86，墩高 9.5 m，桩顶标高 32 811.36，桩长 22 m。

结合现场情况，项目部拟在 0 号桥台现有地面开挖至标高（3 297.71），2 号桥台现有地面开挖至标高（3 296.71）进行 0、2 号的桥台施工。支架基础桥台从台帽底标高开始开挖 300×200 cm 台阶至标高 3 291.98。1 号桥墩附近范围内开挖至标高（3291.98）进行 1 号桥墩施工。桥墩施工完成后进行基坑分层回填，表层以粉质黏土为主，粉质黏土厚约 10 ~ 15 m，下伏圆砾土，设计承载力 110 kPa。根据现场轻型动力触探情况对脚手架地基处理（下铺 50 cm 厚碎石垫层，上面打 20 cm 厚砼垫层）并进行分台搭设碗扣式脚手架及预压进行现浇箱梁支模施工。土体回填时，为保护桥墩不受磨损，先用土工布包裹，然后外侧采用方木沿桥墩周围竖向满铺布置。土方回填需分层对称回填并进行整体碾压（压实度不小于 96%），压路机压不到的地方应采用打夯机进行打夯，严格保证施工质量。

K9+447 主线下穿分离式中桥施工时需对当地机耕道进行改移，考虑到现场土质情况较差，当地采石场运输车辆需由改移机耕道通过，机耕道改移长度 160 m，需换填 50 cm 碎石，浇筑 20 cm C20 混凝土。

支架采用碗扣搭设，选用质量合格的全新脚手架进行搭设，碗扣立杆外径为 48 mm 的钢管，壁厚 3.5 mm。全桥钢管扣件式支架体系采用 600 mm×900 mm×1 200 mm 的布置结构。

支架横向间距均为 600 mm；纵向间距靠近 1#墩 6 排采用 600 mm，其余间距都采用 900 mm；横杆步距均为 1 200 mm。支架在靠近 1#墩处采用钢管架与碗扣架纵横向扣件连接。支架顶口及底口分别设顶托与底托，水平和高度方向分别采用钢管加设水平连接杆和竖向剪刀撑。箱梁底模采用 δ=15 mm 的竹编胶合模板，底模小楞采用间距 0.3 m 的 100 mm×100 mm 方木，大楞采用 100 mm×150 mm 方木，翼板模板小楞采用间距 0.3 m 的 100 mm×100 mm 方木，大楞采用 100 mm×150 mm 方木。具体布置见图 18-5，计算见附件 1。

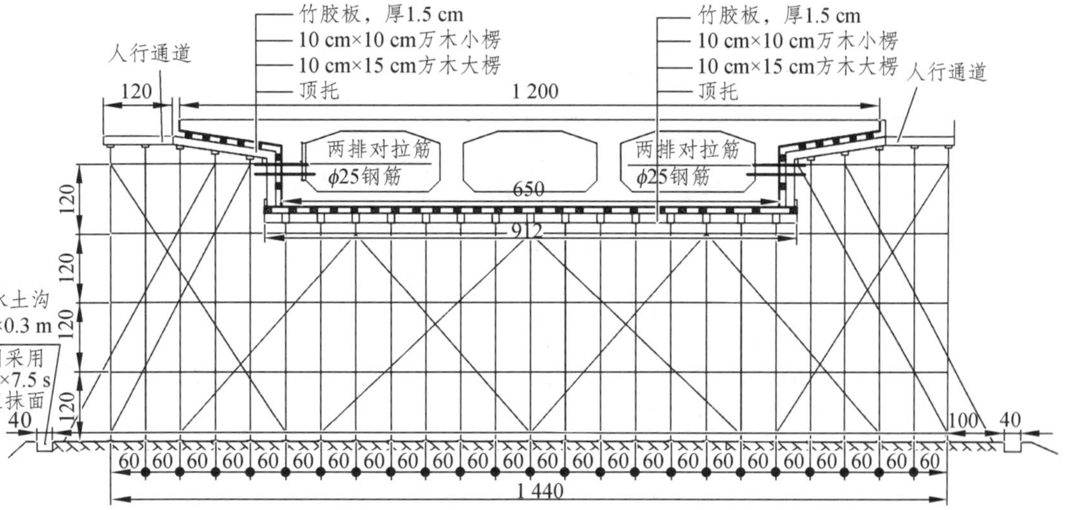

图 18-5　K11-447 横向脚手架布置图

18.2.2　满堂碗扣支架

1. 采用满堂支架施工箱梁工艺流程

如图 18-6 所示。

2. 满堂碗扣支架搭设地基处理

为保证现浇箱梁支架的稳定，在支架搭设前必须对地基进行硬化处理，总体要求支架基础必须有一定的强度和横坡，且有防、排水功能。地基处理的方式根据箱梁的断面尺寸及实际地基情况而决定。因为现实际地基情况表层以粉质黏土为主，粉质黏土厚 10 ~ 15 m，下伏圆砾土，设计承载力 110 kPa，对路面采取整体碾压措施（压实度不小于 95%），压实后铺设 20 cm C20 砼进行硬化，K9+030 硬化后标高为 3 286.68，每边超出箱梁投影面应加宽 1.0 m 处理（下铺 50 cm 厚碎石垫层，上面打 20 cm 厚砼垫层），并在处理过的地基四周挖有效排水沟，排水沟与路线两侧的自然排水沟连通。桥墩施工完成后采用碎石土回填，然后整平夯实后，浇筑 15 cm（平均）C20 砼处理。混凝土场地硬化宽度大于桥面宽度 1 m，在支架搭设区域 2.0 m 外设置临时排水沟，防止支架搭设区域积水，并对处理后的地基承载力进行轻型动力触探试验，确保地基承载力不小于 200 kPa，触探试验布置点按照箱梁投影面两侧及中心顺桥向每 10 m 布置测点。

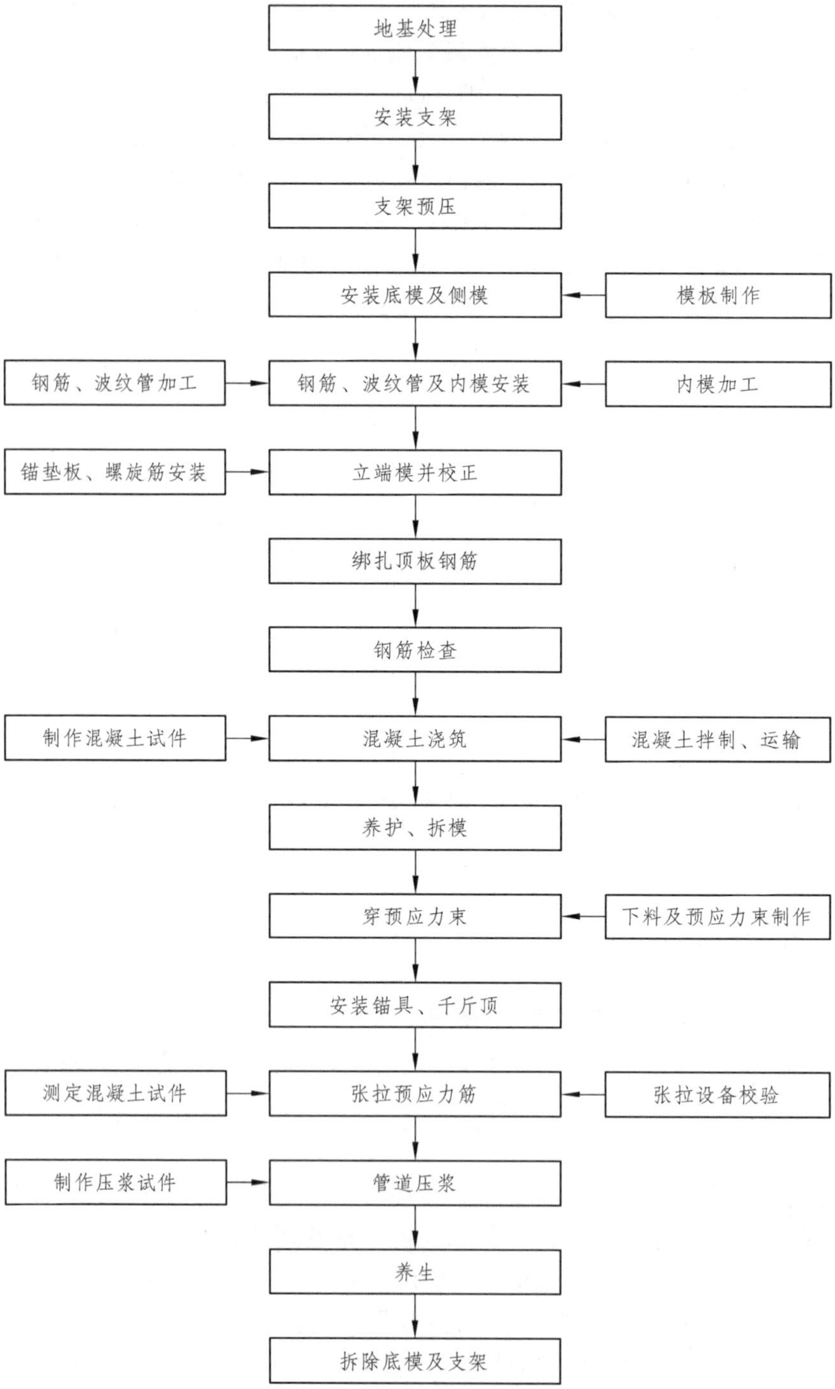

图 18-6　施工工艺流程图

3. 满堂碗扣支架搭设

按照施工方案中支架设计图纸进行搭设。

支架搭设要求：

（1）采用的脚手架进场前需提供合格证并进行现场验收，确保脚手架无裂纹、凹陷、锈蚀等，不得采用接长钢管。表面应完整光滑，防锈漆涂抹均匀。碗扣或销子必须用专用的销子，顶托和底托、碗扣件进场前必须每件进行检查是否符合质量要求及设计要求，并附有关单位的检验报告。

（2）碗扣支架搭设前，先按测量放线及支架搭设形式布置好碗扣底托，然后搭拼碗扣支架。第一层拼好之后，必须由现场技术人员抄平检查平整度，如高差太大，必须用底托或方木调平。拼立杆时必须用吊线锤检查其垂直度，防止立杆偏心受力。接头部位必须用碗扣连接牢固。支架打拼时应挂线以控制调平和线形。顶托和底托外露部分最大不能超过 20 cm。底托与硬化地面之间密贴，达到面受力，严禁形成点受力，顶托螺扣伸出长度不大于 20 cm，纵向方木接头不能有空隙，且不能悬空，若有空隙用扒钉十字交叉连接，方木间用木楔塞紧。

（3）为加强外腹板的斜撑，支架搭设宽度超出箱梁宽度 1 m，中腹板位置根据现场支架搭设实际情况适当加密。

（4）测量放样。

测量人员用全站仪放出箱梁翼缘板边线，并用白灰撒上标志线，现场技术员根据翼缘板边线定出箱梁的中心线，同样用白灰线做上标记。根据中心线向两侧对称布设碗扣支架。

（5）布设立杆底托。

根据立杆位置布设立杆底托，底托采用钢板，使立杆处于底托中心，底托放置平整、牢固，底部无悬空现象。立杆上的对接扣件应交错布置，两根相邻立杆的接头不应设置在同步内，同步内隔一根立杆的两个相隔接头在高度方向错开的距离不宜小于 50 cm，各接头中心至主节点的距离不宜大于步距的 1/3。

（6）布设扫地杆。

① 脚手架必须设置纵横向扫地杆。

② 纵向扫地杆应采用直角扣件固定在距底座上皮不大于 200 mm 处的立杆上，横向扫地杆亦应采用直角扣件固定在紧靠纵向扫地杆下方的立杆上。

③ 当立杆基础不在同一高度上时，必须将高处的纵向扫地杆向低处延长两跨与立杆固定，高低差不应大于 1 m。靠边坡上方的立杆轴线到边坡的距离不应小于 500 mm。

（7）碗扣支架安装。

根据立杆及横杆的设计组合，从底部向顶部依次安装立杆、横杆。安装时应保证立杆处于方木垫块（5 cm×10 cm）中心，一般先全部装完一个作业面的底部立杆及部分横杆，再逐层往上安装，同时安装所有横杆。立杆和横杆安装完毕后，安装斜撑杆，保证支架的稳定性。斜撑通过扣件与碗扣支架连接，安装时尽量布置在框架结点上。

（8）顶托安装。

为便于在支架上高空作业，安全省时，可在地面上大致调好顶托伸出量，再运至支架顶安装。根据梁底高程变化决定横桥向控制断面间距，顺桥向设左、中、右三个控制点，精确调出顶托标高。然后用明显的标记标明顶托伸出量，以便校验。最后再用拉线内插方法，依次调出每个顶托的标高，顶托伸出量一般控制在不大于 20 cm。

（9）纵横梁安装。

顶托标高调整完毕后，横向摆放 10 cm×15 cm 方木作为横梁，横梁长度随桥梁宽度而定，比顶板一边各宽出至少 1 m，以支撑外模支架及检查人员行走。安装纵、横梁时，应注意横梁的接头位置与纵梁接头位置错开，且任何相邻两根横梁接头不在同一平面上，方木布置好后可进行支架的加载预压。

4. 剪刀撑设置

（1）竖向剪刀撑的斜杆与地面的夹角应在 45°～60°之间，并每步与立杆或水平杆的相交处采用旋转扣件固定，使支架成为一个整体，保证支架稳定性，旋转扣件中心线至主节点的距离不宜大于 150 mm。

（2）当立杆采用搭接接长时，搭接长度不应小于 1 m，并应采用不少于 2 个旋转扣件固定。端部扣件盖板的边缘至杆端的距离不应小于 100 mm。

（3）剪力撑中间纵横向每 5 m 在横断面设连续剪力撑，两侧面及端面分别设置剪力撑，4.5 m 高设置一道水平剪力撑。

5. 支架检查验收

（1）原材检查与验收：

① 应有钢管支架产品标识及产品质量合格证。

② 应有钢管支架产品主要技术参数及产品使用说明书。

③ 进入现场的构配件应对管径、构件壁厚等抽样核查，还应进行外观检查，外观质量应符合本规程规定。

（2）支架搭设检查和验收：

① 基础地基承载力的检测以及场地硬化的执行。

② 超过 8 m 的高支模架搭设至一半高度时进行检查验收。

③ 立杆基础不应有不均匀沉降，立杆可调底座与基础面的接触不应有松动或悬空现象。

④ 可调托座和底座伸出水平杆的悬臂长度必须符合规范要求。

⑤ 水平扫地杆、斜杆和剪刀撑设置应符合要求的检查验收。

⑥ 外侧安全立网和内侧层间水平网应符合要求。

⑦ 遇 6 级以上大风、大雨、大雪后特殊情况的检查。

⑧ 达到设计高度后进行全面的检查和验收。

（3）每次进行支架检查时都必须形成支架检查记录并下发整改，完成全面支架检查验收后，存档规范的验收记录。

18.2.3 支架预压

1. 预压荷载

支架搭设完后铺设预压模板进行支架预压施工，预压根据现场实际施工条件，采用砂袋模拟支架的实际受力情况按设计荷载对其进行加载预压。预压荷载按 1.2 倍最大施工荷载进行配重预压，消除支架的非弹性变形和验证支架整体的强度和承载能力。预压结束后，分析支架弹性变形值，提前对支架进行预拱度设置。

预压荷载换算计算如下所示：

（1）新浇筑混凝土荷载：取 26 kN/m^2。

（2）模板方木荷载：取 0.5 kN/m^2（经验）。

（3）施工人员及施工设备荷载取 $Q_{施}$=1.0 kN/m^2（经验）。

（4）下料冲击、振捣时产生的荷载影响取 $Q_{冲}$=2 kN/m^2（经验），最大模板承受荷载为：$Q_{箱}$=1.2×（26+0.5）+1.4×（2.5+2）=31.8+6.3=38.1 kN/m^2。

2. 加载方案

（1）底模安装前先安装好临时支座，底模、侧模安装后开始支架预压，但预压前采用胶合板和彩条布铺在模板上，保护模板不被受损和污染。根据上表可知，预压重量为 1619 t（1.2倍），平均堆载高度为 2.4 m。采用砂袋预压，容重 1.6 t/m^3。预压按照分级加载并观测记录变形，具体为最大施工荷载 50%、100%、120%三级加载，则砂袋设置如下两种规格 1 m×1 m×1 m、1 m×1 m×0.4 m。砂子采用人工装砂，吊车吊送。吊送前对每批吊送的砂袋进行过磅称量，确定单个砂袋装砂的重量。

注意的问题：

① 采用砂袋法预压，砂袋逐袋称量，设专人称量、专人记录；称量好的砂袋一旦到位就采用防水措施，准备好防雨布，避免受雨浸。

② 派专人观察支架变化情况，一旦发生异常，立即进行补救。

③ 要分级加载，先从跨中向两端加载，第一层加载高度 1 m，然后加载第二层，加载高度至 2 m，最后加载剩余的 0.4 m。在加载砂袋的过程中应严格控制上下砂袋紧压交错摆放，控制砂袋周边摆放整齐度，砂袋与砂袋之间应紧密，相贴牢固，控制好每层砂袋的大致水平，以利于上层砂袋的稳定。必要时为防止周边砂袋滑落，可以采用钢管进行加固。砂袋加载的顺序接近浇筑砼顺序，不能随意堆放，卸载也分级并测量记录。

④ 通过第一施工段预压并沉降后，将实测沉降量（地基沉降量、支架变形量）作为一个参数值直接运用。

（2）沉降观测点的设置。

在加载前由项目部总工牵头组织安环部和工程部等管理人员先检查验收支架体系，检查各构件之间的连接是否合格，待验收合格并签字后方可施载，施加荷载先布好观测点，观测点纵向按照梁端 1.5 m、$L/4$ 截面、$L/2$ 截面、$3L/4$ 截面处（L 为跨径）布置，横向布置三个观测点（两侧、轴中），共计 16 个点，用红色油漆标记点号并记上桩号见下图。加载从两端向中间，分层逐级加载。加载顺序：第一次加载总重的 50%（堆载至 1.0 m），第二次加载总重的 50%（堆载至 2.0 m），第三次加载总重的 20%（堆载至 2.4 m）。每级加载完成后应先停止下一级加载，并应每间隔 12 h 对支架沉降量进行一次检测，当支架顶部监测点 12 h 的沉降量平均值小于 2 mm 时，可进行下一级加载，按此步骤，直至第三次加载完毕。当连续三天累计沉降量不大于 5 mm 时，观测结束，并将预压总结报告报监理工程师认可后方可卸载。

3. 支架的预压时间

预压期拟定为 7 d，即加载完毕后，保证持续预压 7 d，以满足在施工时混凝土浇筑后所产生一定强度所需的时间。

4. 预压合格后支架的卸载

当预压时间按规定完成，预期的测量工作进行完毕，经监理工程师现场检查确认后，即可进行卸载工作。在卸载过程中应自上而下水平进行砂袋的卸载，卸载应逐层进行拆除，严禁上层砂袋未卸载完从旁边卸载下层砂袋，严禁从底部抽取砂袋卸载，以保证支架在拆除过程中受力均匀。卸载顺序与加载顺序相反，分级分批卸载。卸载后，要再次复测各控制点标高，以便得出支架和地基的弹性变形量（等于卸载后标高减去持荷后所测标高），用总沉降量（即支架持荷后稳定沉降量）减去弹性变形量为支架和地基的非弹性变形（即塑性变形）量。

预压完成后要根据预压成果通过可调顶托调整支架的标高。为减小人为观测误差，应定人、定仪器观测，观测时间应选择在早晨或傍晚，避免在强光、高温时进行。

5. 支架预拱度设置方法

根据观测结果调整底模标高，消除非弹性变形，预留弹性变形量。预拱度应考虑梁体自重及荷载产生的挠度变形等因素，具体数值根据预压观测结果经计算设置。

（1）预拱度为 2 cm，并在跨径范围内按二次抛物线计算预拱度（以单跨计算）。

（2）非弹性变形预留沉落值为：混凝土基础 3 mm；顶托、底托处承压方木每个接头 2 ~ 3 mm。

（3）弹性变形预留值：根据不同高度、不同梁高、不同间距支架的实测变形量总结掌握其规律。预压结果显示支架的弹性和非弹性变形值均在预留范围内，符合规范和设计要求后方可转入下道工序施工。

18.2.4 支座布置及安装

1. 支座布置

支架搭设预压完成后，按设计要求安装支座，现浇梁支座采用盆式橡胶支座。

2. 支座安装

1）安装前检查

安装支座前复测桥墩中心距离及支承垫石高程，检查锚栓孔位置及深度满足设计要求；支座安装要保证支座上下板水平，不产生偏位。支座与支承垫石间及支座与梁底间密贴、无缝隙。在模板安装前详细检查支座位置：纵、横向位置、平整度，同一支座板的四角高差及支座板相对高差。

2）支座安装

现浇梁的安装，一般将支座整体吊装，固定在设计位置，就位后同上下结构连接。支座安装标高必须符合设计要求，保证支座两面两个方向的水平，支座支承面四角高差不得大于 2 mm。

18.2.5 模板安装

1. 模板设计

模板设计要考虑具有足够的刚度和强度，并便于安装和拆卸，防止变形，模板由侧模、内模、端模和底模四大部分组成。模板采用厚度 15 mm 的优质竹编胶合模板，模板与横竖肋采用螺钉连接，螺钉从模板正面穿过，钉帽布调在模板正面，其比模板面低 3 mm 左右。模板尽可能采用一整张竹胶板，竹胶板之间接缝固定在同一横肋上，钉帽顶及模板缝隙采用玻璃胶充填平整，制作成的模板要求板面光洁、平整，接缝严密，不漏浆，无错台模型。

2. 模板安装

所有模板加工完毕后均预先进行试拼，检查其几何尺寸是否符合设计要求，拼装前检查板面是否平整光洁，有无凹凸变形及其他缺陷，否则及时整修。安装前，端模板孔眼清除干净。检查支承模板的垫件、扣件是否完好齐全。

底模安装：底模在支架纵向 10×10 cm 方木上支架铺设，并采用铁钉将底模固定在方木上，底模安装就位后，检查接缝处是否密贴、不漏浆、标高和中线是否准确、底模与楔形垫块是否悬空等，发现不合规定者，及时进行调整。

内模分节制作，分节组装成型，内模只设顶板和腹板，不设底板。内模采用扣件支架系统支撑，内侧模先按纵桥向间距 30 cm 布置竖向背肋（10 cm×10 cm 方木），再按竖向间距 30 cm 布置纵桥向背肋（双钢管 Φ48×3.5 mm）；内顶模先在扣件支架顶可调顶托上布置纵桥向方木（10 cm×10 cm），再按纵桥向间距 30 cm 布置横向方木（10 cm×10 cm），再在横向方木上布置 15 mm 厚优质竹胶板做顶模板。

端模安装：端模在有钢筋伸出处用电钻打眼，便于钢筋穿出。在伸缩缝处设置与预留缝等宽的泡沫板塞严，以保证伸缩缝宽度。端模吊装就位后，再将波纹管逐根插入各自的孔眼内，切实保证端部波纹管顺直无死角。安装就位后，再次检查调整波纹管，使之处于正确的设计位置。

外模采用“底包侧”的形式，在腹板与底板相交处采用高弹性海绵条填塞以防漏浆。外模铺装时应注意模板拼缝在同一直线，模板拼缝应严密（≤2 mm），外模板与方木应结合紧密，不应有缝隙。施工时要求将方木用压刨过一遍，以保证方木厚度一致，以利于模板与方木结合紧密。翼板两侧注意设置滴水槽。

在每跨箱梁各室底板的横向坡底位置沿桥梁纵向间隔 1 m 布置 Φ10 cm 的泄水孔 1 个。在腹板中央距箱底 0.75 m 纵向均设置横向布置 1 个 Φ10 cm 通气孔，浇筑混凝土时用木塞堵住，初凝后拔出木塞，并清理排水孔。

在安装钢筋前将所有外模板全部铺装完成，检验后格后再安装钢筋。

3. 模板安装总体要求

（1）竹胶板的钉装应该以先底板、腹板、翼板的顺序进行，尽量减少对面层模板的踩踏，避免影响外观质量。

（2）为保证混凝土外观质量，应尽量减少模板接缝，用砂纸修整接缝处的不平处。模板应设专门的清理口，在钢筋安装，绑扎前对模板。支撑等进行一次检查，并对模板内的杂物，污垢进行清理。

（3）要随时清除在钢筋绑扎过程中出现的对模板的污染，同时限制人员进出工作区，进入时应先将鞋底清理干净。

（4）在工作区内工作人员严禁将烟头、烟壳、垃圾等随意丢弃在模内。不准在现浇箱梁顶面锯、刨加工模板。钢筋焊接时要注意保护底板，在必须焊接处垫铁皮，焊接完成后将焊渣清理干净。钢筋应焊接作业应尽量在加工区内完成，现场钢筋以绑扎为主。

（5）混凝土浇筑前对模板进行一次全面的清理。具体清理方法：用清水冲洗一遍，同时也起到润湿模板的作用，将污垢由模板上设的清理口排出。清理时间应选择天气晴好，无风时进行，完成后应马上做好浇筑混凝土的准备，避免再次污染。

（6）木模支模施工过程中配置足够数量的灭火器。专职安全员应加强对现场监督，禁止抽烟，杜绝火灾的发生。

18.2.6 钢筋及预应力构件安装

其施工顺序为：绑扎底板钢筋→绑扎腹板钢筋→安装纵向波纹管道→绑扎顶板钢筋→钢筋、波纹管道及锚垫板位置检查等。

1. 钢筋制作及绑扎

钢筋在工地加工棚内集中制作，运至现场由汽车吊提升、现场绑扎成型。底板、腹板和顶板内有大量的预留波纹管，为防止波纹管损坏，焊接作业尽量在穿波纹管前完成，当普通钢筋与波纹管位置冲突时，适当挪动钢筋位置。

绑扎钢筋前，由现场技术员测量复核模板的平面位置及高程，其中高程包括支架的计算挠度所设的预拱度，无误后进行钢筋的绑扎。

箱梁钢筋按设计图纸在钢筋加工棚内进行；纵向通长钢筋采用双面焊搭接焊接，搭接长度不小于 $5d$，焊接质量必须符合规范要求。

钢筋加工前必须将钢筋表面的油渍、浮锈等清除干净。成盘的钢筋和弯曲的钢筋按规范要求调直。钢筋下料前核对半成品钢筋的种类、规格以及编号等。成型后的钢筋按钢筋的编号进行分类堆放，并应做好防雨防锈蚀工作。

钢筋布置按照设计图纸，钢筋绑扎与模板安装之间施工顺序为：先安装底板模板，之后安装腹板外模和翼板底模；模板拼装验收合格后开始进行钢筋绑扎，先底板钢筋，后腹板钢筋，期间完成底板及腹板处波纹管孔道定位；安装内模及加固完成后，进行顶板钢筋绑扎；对梁体钢筋进行整体验收合格后，安装端模，绑扎预埋钢筋；钢筋、模板及预埋件等经检查合格后，浇注箱梁混凝土。

梁体钢筋净保护层均为 30 mm，绑扎铁丝的尾部不应深入保护层内，施工中为确保腹板、顶板、底板钢筋位置准确，应根据实际情况加强架立钢筋的设置，可采用增加架立筋数量或增加 W 型或矩形的架立钢筋等措施。

当梁体钢筋与预应力筋相碰时，可适当移动梁体钢筋或进行适当弯折，保持纵向预应力钢筋管道位置不动。梁体腹板钢筋与预应力钢束干扰时，应尽量避免切断腹板箍筋，若切断腹板箍筋，须在切断箍筋内侧补充布置相同数量和直径的竖向拉筋，且其应钩在顶板上网和底板下网纵向钢筋上。钢筋的交叉点处采用扎丝呈梅花状绑扎结实，绑扎铁丝的尾段不应伸入保护层内钢筋与模板之间设置 30 mm 厚与梁体同级混凝土垫块，垫块与钢筋绑扎牢靠，垫块呈梅花形布置，按 6 个/m^2 设置，在梁体倒角位置混凝土垫块必须加强，以确保梁体钢筋保护层足够。

2. 预应力筋加工、安装

纵向波纹管采用内径 90 mm 的塑料波纹管，采用真空张拉压浆技术。采用委外加工并根据现场需要运输进场，运输过程中注意不能使波纹管变形、开裂，管道存放要顺直，不可受潮或被雨淋锈蚀。

（1）管道安装前，应按设计规定的管道坐标进行放样，并应采用定位钢筋固定法将管道牢固地置于钢筋骨架内的设计位置。另外在安装前还应进行通孔检查，发现管壁变形、局部障碍等可能影响预应力筋穿通缺陷时，应及时调整或解除不用。

（2）钢束管道位置用定位钢筋（井字形钢筋架）固定，定位钢筋牢固焊接在钢筋骨架上，如管道位置与骨架钢筋相碰时，应保证管道位置不变，仅将钢筋稍加移动。当遇到横向及竖向预应力筋冲突时，调整原则是先竖向螺纹钢筋，再横向预应力筋，保持纵向预应力管道不动。

（3）架立钢筋每 0.5 m 设置“井”字形状钢筋固定预应力束，保证管道位置正确，兼起防崩钢筋作用，崩出并固定预应力束。

（4）锚具垫板及喇叭管尺寸正确，喇叭管的中心线与锚具垫板要严格垂直，喇叭管和波纹管的衔接要平顺，不得漏浆，杜绝堵塞孔道。

（5）管道的尺寸与位置应准确，管道应平顺，端部的预埋锚垫板应垂直于孔道中心线，绑扎应牢固，并确保浇筑混凝土时管道不上浮、旁移。

（6）波纹管成孔时，接头管应采用大一号的同类波纹管套接，长度不应小于 30 cm。接头位置宜避开预留管弯曲处，接头管两端应使用密封胶带封闭严密，防止漏气、漏浆。

（7）锚后加强钢筋网采用 Φ12HRB335 设置成锚下钢筋网，沿纵向钢束方向间距为 5 cm，与喇叭口中心线垂直设置 5 排，并设置螺旋钢筋。

（8）纵向预应力安装完成后，待其上方的钢筋安装完毕时，应再次对管道位置进行全面检查，发现局部弯沉及横向变位时应及时调整，保证预留管道位置符合设计要求和线形平顺。

18.2.7 混凝土浇筑

1. 浇筑顺序

箱梁混凝土浇筑采用汽车泵进行浇筑，分两次浇筑完成。首先浇筑底板和腹板、隔板混凝土至翼板倒角处；其次浇筑翼板和顶板混凝土。混凝土浇筑采用纵向一次浇筑、水平分层连续浇筑成型，浇筑顺序见图 18-7。

2. 混凝土浇筑

箱梁混凝土分两次浇注，第一次浇注底板、腹板及横隔板，第二次浇注顶板和翼缘板。砼由拌和站集中拌制，经混凝土罐车运输至浇注现场，混凝土泵车直接布料、浇注。

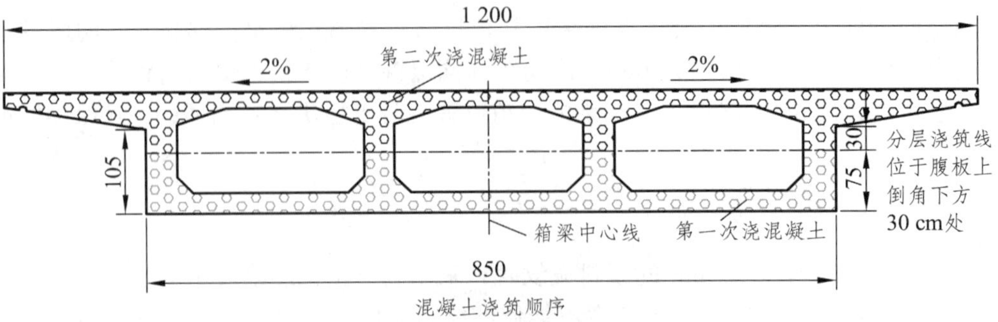

图 18-7　混凝土浇筑顺序

箱梁混凝土浇注顺序为：纵桥向由每跨跨中向两端浇注，避免跨中挠度变形出现接缝处出现裂纹；横桥向砼浇注顺序：第一次：底板→腹板、横梁；第二次：顶板（含翼板）。

底板混凝土厚度均为 20 cm，一次性浇注完底板砼，底板混凝土的铺设和振捣，确保底板混凝土振捣密实。

腹板混凝土采取分层浇注，分层厚度为 30 cm。腹板位置预应力管道布置较密，砼浇注过程中，认真振捣，防止人为对预应力管道和模板面板破坏。

混凝土振捣采用插入式振捣器进行振捣。振捣时，应避免振捣器碰撞模板、钢筋、波纹管及其他预埋件。混凝土振捣应密实，不漏振、欠振或过振。

箱梁砼浇注顶板混凝土时，要严格控制箱梁顶面标高。箱梁顶表面的混凝土应压实抹平，并在其初凝前作拉毛处理，以便与上层调平层良好连接。

混凝土浇注前，对支架系统、模板、钢筋、波纹管及其他预埋件进行认真检查，模板内清洗干净。混凝土浇注过程中，必须对支架系统全过程监控，发现问题及时处理。同时，对支架做好观测标记，随时检测支架沉降变形动态，为后面施工提供有关依据。砼浇注中应注意在预应力锚板位置处钢筋密集，要加强砼振捣，使砼密实，确保预应力张拉安全。

砼浇注快结束时，复测桥面顶标高，如超过有关规定的，及时整改，以使满足质量要求。

箱梁顶面混凝土浇筑完成后，要进行拉毛处理，以便保证顶板与桥面铺装沥青混凝土的结合质量，箱梁顶面严禁被油渍、浮浆等污染。

3. 混凝土浇筑注意事项

（1）灌筑过程中，设专人检查支架、模板和钢筋，发现螺栓、支撑等松动及时拧紧和打牢。发现漏浆及时堵严，钢筋和预埋件如有移位，及时调整保证位置正确。

（2）混凝土灌筑入模时下料要均匀，注意与振捣相配合，混凝土的振捣与下料交错进行。

（3）梁端腹板混凝土灌筑时，采用同步对称灌筑腹板混凝土，防止腹内混凝土面高低悬殊，造成内模偏移或其它后果。

（4）当腹板槽灌平后，开始灌筑桥面板混凝土。桥面混凝土也从跨中向两端，连续灌筑。

（5）灌筑两腹板梗腋处，为保证底板与腹板交接部位及其附近区域混凝土密实，应将振动棒插入模板预留孔内，沿周围振捣。

（6）混凝土振动时间，以混凝土表面不再下沉、没有气泡逸出和混凝土表面开始泛浆为度，根据实际施工经验，及时调整振动时间，以获得最佳振动效果。

（7）操作插入式振动棒时宜快插慢拔，垂直点振，不得平拉，不得漏振，谨防过振；灌筑过程中注意加强倒角、交界面以及钢筋密集部位的振捣。振动棒插入下层混凝土中 5 ~ 10 cm，移动间距不大于振捣器作用半径的 1.5 倍，与侧模保持 5 ~ 10 cm 距离，对每一个振动部位，每一振点的振捣延续时间为 20 ~ 30 s，振动到该部位混凝土密实为之，即混凝土不再冒出气泡，表面出现平坦泛浆，防止过振、漏振。

（8）桥面板混凝土灌筑到设计标高后人工抹平，保证排水坡度和平整度。木抹收浆抹平执行两次，以防裂纹和不平整。

（9）灌筑前检查钢筋保护层垫块的位置、数量及其紧固程度；检查所有模型紧固件是否拧紧、完好；模型接口是否有缝隙；所有振动棒是否完好。

4. 混凝土养生

混凝土养生设立专人负责。混凝土浇筑完毕后 1 h 内对混凝土进行保温保湿养护。混凝土养护期间，重点加强混凝土的湿度和温度控制，尽量减少表面混凝土的暴露时间，及时对混凝土暴露面进行紧密覆盖（可采用蓬布、塑料布等进行覆盖），防止表面水分蒸发。混凝土养护期间应注意采取保温措施，防止混凝土表面温度受环境因素影响（如曝晒、气温骤降等）而发生剧烈变化。养护期间混凝土的芯部与表层、表层与环境之间的温差不宜超过 15 °C。保湿养护时间应根据梁体拆模对混凝土强度要求及环境条件等确定，但不应少于 7 d。

5. 混凝土拆模

混凝土拆模时的强度应符合设计要求。当设计未提出要求时，应符合下列规定：

混凝土的拆模时间除需考虑拆模时的混凝土强度外，还应考虑到拆模时的混凝土温度（由水泥水化热引起）不能过高，以免混凝土接触空气时降温过快而开裂，更不能在此时浇注凉水养护。拆模时，结构或构件芯部混凝土与表层混凝土之间的温差、表层混凝土与环境之间的温差均不应大于 15 °C 时方可拆模。大风或气温急剧变化时不宜拆模。侧模应在混凝土强度达到 2.5 MPa 以上，且其表面及棱角不因拆模而受损时，方可拆除。

底模在混凝土强度到达设计强度的 90%，并且张拉压浆完成后方可拆除。拆模宜按立模顺序逆向进行，不得损伤混凝土，并减少模板破损。当模板与混凝土脱离后，方可拆卸、吊运模板。拆模后的混凝土结构应在混凝土达到 100%的设计强度后，方可承受全部设计荷载。

18.2.8 支架拆除

支架拆除必须在箱梁张拉压浆完成并强度满足设计要求后方可进行拆除作业。

1. 拆除内容

箱梁底模板、方木、碗扣支架。

2. 拆除步骤及方法

（1）箱梁张拉压浆施工完毕 48h 后，方可进行承载支架拆除作业。

（2）拆除支架前先安装好箱梁顶面的围栏。

（3）拆除顺序：① 先松动支架顶托使顶托上方方木及竹胶板与箱梁底脱离，开始抽出竹胶板及方木。将抽出的竹胶板、方木统一堆放利用吊车吊装至地面指定位置。② 竹胶板及方木清除完毕后，开始拆除碗扣支架，碗扣支架拆除采用从上至下的原则施工，先拆除剪刀撑，然后在拆除支架，将拆除的扣件全部装入袋中、拆除的支架用钢丝绳捆绑后吊装至地面，在地面上设专人对拆除的碗扣支架进行分型号统一堆放。③ 清除底托及方木，由人工配合吊车吊装至地面指定位置。

19 大跨度预应力连续梁桥施工关键技术

19.1 绪 论

19.1.1 预应力混凝土连续梁桥概述

作为重要的桥梁结构形式之一，预应力混凝土连续梁桥具有受力性能良好，抗震性能好，养护工程量小等优点，并且可以设计出美观多变的外观造型，因此在各种桥型中是富有竞争为的。

虽然预应力混凝土连续梁桥在我国起步发展较晚，不过在近几十年来得到了较快发展，并且于20世纪70年代在城市桥梁工程中第一次得到应用，在随后的几十年，发展更为迅猛，并在发展过程中对于国外的先进施工方法有了充分了解、掌握和吸收，如四川遂宁的涪江五桥、兰州黄河大桥等大桥均采用悬臂浇筑的施工方法；沙口大桥、容奇大桥等大桥均采用大型块件浮吊拼装的施工方法。

对于跨径在 60 ~ 150 m 范围内的预应力混凝止连续梁桥，悬臂施工方法具有较大的竞争力和很强的生命力。对于一般跨径在 150 m 以上的跨径的预应为混凝土桥梁，由于桥梁支座更换困难和使用年限较短等原因，预应力混凝土连续梁桥被较少采巧，在绝大数情况下采用同一个结构体系的连续刚构桥。

19.1.2 预应力混凝土连续梁桥的施工控制

1. 大跨度连续梁桥的施工控制的重要性

尽管预应力混凝止连续梁桥的悬臂施工方法有着明显的应用优势，但也存在着一些问题和方法本身的复杂性。尤其是对于现今的中国桥梁建设环境，公路工程任务艰巨导致了桥梁工程工期紧，质量要求离，针对悬臂施工法的劣势，加强预应为混凝土连续梁桥施工控制的力度显得尤为重要。

悬臂施工法存在的问题：

（1）施工中受力状态复杂。

（2）施工控制影响因素多。

（3）施工误差控制难度大。

（4）施工中安全隐患多。

（5）施工质量保证有难度。

由于大跨度连续梁桥的受力复杂性、施工过程中的不可控制因素多等原因，这就使得其施工控制湿得尤为重要。施工控制的好坏将直接影响连续梁桥结构的内力和变形是否符合设计和运营要求，因此为了保证大跨度连续梁桥在施工结束后具有一个良好的线形和合理的受力状态，就必须在大跨度连续梁桥施工前就实施建立一套完整而有效的施工控制体系。

2. 现阶段连续梁桥施工控制的基本原则

对于超静定结构体系的连续梁桥，悬臂浇筑施工法是目前该类桥梁的最基本和使巧最广的施工方法。在悬臂施工过程中，桥梁的结构变形和内力随着相应的结构体系的不断变化而产生相应的变化，因此，施工过程对成桥结构内力和变形的影响较大。另外，混凝土收缩徐变系数、温度等各类不确定成分会对结构产生影响，因此桥梁结构的理论分析计算值不可能与实测值完全相同，它们间必然会存在一定的偏差。若在施工过程中不能快速有效的消除调整这些偏差，随着误差的不断积累，最后对桥梁的合龙和成桥的内力和线形产生一定影响。

因此为了保证大跨度连续梁桥在施工结束后有一个良好的线形和合理的受力状态，就必须对大跨度连续梁桥建立一套完整而有效的施工控制体系。目前绝大多数的连续梁桥基本都线形控制为主，应力控制为辅，通过调整立模标高作为基本原则来实施施工控制。

19.1.3 连续梁桥施工控制方法研究发展与现状

为了使连续梁桥在施工中处于最优状态，需要对预应力混凝土连续梁桥实施施工控制。为了保证预应力混凝土连续梁桥在整个施工过程中都处在合理的受力状态，就必须要对其线形和应力等内容进行施工监控。

日本是最早对预应力混凝止连续梁桥实施施工监控的，通过对相关变形和应力数据的测量，对测量的数据进行全面分析，同时使用不断对施工监控进行调整的方法来实现施工控制的虽然当时施工控制的相关理论和技术还不成熟，但是由于施工质量在以后的运营过程中得到了证实，因此，此类施工控制方法在连续梁桥的施工中得到了迅速推广。

随着施工控制的不断推广和应用，施工控制的内容在推广和应用过程中得到不断发展和完善，已经成为连续梁桥施工管理中不可缺少的一部分。目前，施工控制逐步走向了智能化，这样不仅提高了工作效率，而且还能使施工控制理论不断趋于完善。

本世纪初，连续梁桥的计算理论发展已比较完善，科研学者开始把施工控制工作的重点放在了相关参数和施工预测上。李传习、向朱生等人通过人工神经网络方法来识别预应力混凝土连续梁桥施工控制的相关参数。方志在连续梁桥施工控制中应用了灰色理论，并在施工过程中得到了很好的验证。

随着施工控制智能化的不断发展，相关分析软件在连续梁桥施工控制中不断应用和发展，这样不仅提高了工作效率，而且还能使施工控制理论不断趋于完善。曹华通过 ANSYS 对一座多跨的铁路连续箱梁桥进行了建模分析研究，重点分析了在整个施工过程的相关变形和内力。范学明等和王卫锋等分别通过有限元软件“3DBSA”和“桥梁结构分析系统 BSAS For Windows3.25”。对一座 7 跨的特大连续梁桥进行了建模分析研究。张谢东等人通过“Midas Civil”和同济大学的软件“桥梁博士”对一座跨黄河连续梁桥进行了建模仿真分析研究。张俊光、王长海等和杨斌等都使用了有限元软件“Midas-Civil”对相关连续梁桥进行了仿真模拟计算。闰林栋使用桥梁博士建立模型对一座高速公路连续梁桥进行了施工过程分析。薛洪卫使用桥梁博士和 PREP 同时对一座高架桥的施工过程建立模型。杨美良等对一座 8 跨的连续梁桥使用 FBR-CAL 对其施工过程进行仿真模拟计算。

目前，在实际桥梁的施工过程中，对于使用相关软件进行模型分析时，采用的方法主要有如下：通过对连续梁桥的模型分析得出其计算标高并与测量值对比分析来对立模标高进行实时的调整。王艳军等人和李凯等人就是使用这种方法对连续梁桥的施工控制的立模标高进行调整。通过参数识别法调整确定立模杨高。沈殿栋、陈明尧和何伟等人就是使用这种方法对连续梁桥的施工控制的立模标高进行调整。采用预测控制法调整确定立模标高。俞先林、余小年、于天来、程霄翔等、谭宁、高大峰等人均是采用相关预测控制法，通过对理论标高和其实测对比分析，得出它们之间的偏差来预测和调整下一节段的立模标高。

19.1.4 连续梁桥施工控制理论与基本原理

1. 施工控制的目的

针对超静定结构体系的连续梁桥，悬臂浇筑施工法是目前该类桥梁的最基本和使用最广的施工方法。在悬臂施工过程中，桥梁的结构变形和内力随着相应的结构体系的不断变化而产生相应的变化，因此，施工过程对成桥结构的内为和变形影响较大。另外，因为混凝土收缩徐变系数、温度等各类不确定成分的存在对结构所产生的影响，桥梁结构的理论分析计算值不可能与实测值保持相同，它们间必然会有一定的偏差。若在施工过程中不能快速有效的消除调整这些偏差，随着误差的不断积累，最后对桥梁的合龙和成桥的内力和线形产生一定影响。

干坝塘大桥主桥施工控制的目的，就是在本桥梁中采用其基本原理和相关方法，在各个施工阶段中，对结构的应为和线形进行快速有效的调整，确保成桥结构的内力状态与主梁曲线处于合理状态。

综上所述，桥梁施工控制是指对正处在施工的桥梁，利用相关而富有成效的控制手段，监测、调整其应力和线形，以便确保桥梁在各个施工阶段都能够处于安全状态中。

2. 施工控制的原则

参考国内多座大跨度连续梁桥施工控制的工作经验，结合所涉及的干坝塘大桥主桥的实际悬臂施工特点，建立 W 应力控制和线形控制为重点的施工控制指导原则，该指导原则在不同的施工阶段有不同的侧重点。

作为连续梁桥现场施工控制的重点工作，主梁线形控制要通过现场实时监测和实时计算及偏差调整，确定预拱度和立模标高，确保大桥顺利合龙。随着施工阶段过程中梁段的不断外伸，监控数据的累积，通过及时有效修正后的立模标高及其他设计参数，形成一个能够自我调整的施工控制机制。

3. 施工控制的结构分析方法

结构有限元计算理论目前，在实际桥梁的施工过程中，都是使用有限元对其进行模型分析的。有限元分析的具体执行过程是按前处理、分析计算、后处理三个阶段来进行的。

有限元分析的处理过程如下所示：

（1）用有限个单元去模拟实际结构，并对模型进行相关处理，如单元、节点编号等。

（2）分析处理结构，通过简化结构也得到相关原始数据。
（3）形成各单元的单元刚度矩阵。
（4）形成结构原始刚度矩阵。
（5）巧引入支承条件。
（6）解方程计算节点位移。
（7）求解相关内力和反为。
由于有限元法的简单、便捷，桥梁结构分析得到了迅速发展，推动了桥梁工程的发展。

4. 结构计算方法

在连续梁桥施工不断进行过程中，其相关结构体系也在不断的转变，连续梁桥的施工监控中最基础的内容就是在各个施工阶段过程中及结构体系转换的过程中，不断的监测和分析其内力和变形。连续梁桥的施工控制目的就是使桥梁在施工进行中确保其处于安全的状态，确保成桥结构处于合理状态。因此，为了达到上述施工控制的目的，就需要在施工过程中，不断对桥梁结构进行理论分析，通过理论分析结果与实时监测数据不断进行对比分析，通过不断的调整，使成桥受力和线形处于理合理状态。目前连续梁桥的施工控制的主要计算方法有如下 3 种。

1）正装分析法

就是根据桥梁的实际施工顺序过程对桥梁进行分析，这种理论计算方法能够较准确地反映桥梁结构的实际施工顺序及过程，得到各个施工阶段的应力和线形，从而更好地指导桥梁的施工。

2）倒装分析法

倒装计算分析法对桥梁进行分析是按照桥梁实际施工顺序的逆过程来进行的，这种理论分析方法能够获得桥梁在各个施工阶段的最理想的受力状态这种理论计算方法能够根据桥梁的最终成桥状态，反推各个施工阶段的理想状态，从而指导桥梁的施工。

不过，倒装法不能较准确的反映混凝土收缩和徐变对桥梁结构的影响。

3）无应力状态分析法

无应为状态法是根据桥梁的曲率不变以及各构件无应力长度，来将桥梁的最终状态和各施工阶段联系起来，其较适用于大跨度的桥梁施工控制。

5. 施工控制中的主要影响因素

干坝塘连续梁桥的施工控制的目的就是使桥梁结构的成桥状态最大可能的和设计符合。因此，我们就有必要了解哪些因素会对成桥状态和设计状态的偏离产生影响。

1）结构参数

任何一种娇的施工控制，结构参数都会对其施工过程产生一定的影响，结构参数的准确与否将直接影响结构的施工模拟的分析结果。一般结构参数在一定程度上都会与其实际工作状态有所偏差，如何准确的模拟其在施工过程中的偏差，是我们需要解决的首要问题。结构参数主要有如下内容：

① 结构构件截面尺寸；② 结构材料弹性模量；③ 材料容重；④ 混凝土收缩徐变；⑤ 施工荷载。

2）施工工艺

施工控制和具体施工是相辅相成的，一方面施工控制是为了使施工得 W 顺利进行而存在的，另外一方面，施工质量的好坏反过来又会影响施工控制目的的实现。施工控制对施工工艺有着严格的要求，在施工的过程中，施工状态要始终处于可控的目标下。

3）施工监测

监测包含着内力监测和变形监测等内容，其是大跨度连续梁娇的施工控制的手段之一。因为各种客观因素而导致偏差的存在，所以，监测在某种程度上都会和实际状况存在着一定的偏差，监测数据的准确对施工控制而言就显得很重要。

4）结构计算分析模型

在施工控制过程中，不管我们使用什么理论方法和分析手段，我们都需要对我们的大跨度预应力混凝主桥梁建立有限元计算分析模型，在建立计算分析模型的过程中，计算分析模型与实际的桥梁结构不可能完全吻合，都会存在着一定程度上误差，包括各种条件下的假设、模型划分的精度等，这些都是我们需要在施工控制过程中需要注意和解决的，是我们做出来的计算分析模型能最大程度接近实际桥梁结构的状态。

5）温度变化

温度作为一种不可回避的影响因素，其对桥梁的内为和变形的影响在整个施工过程都会有所体现，我们在不同环境下对结构的内力和变形进行测量，得到的结果会有所不同，如果忽略湿度变化在施工控制中的影响，就会在一定程度上使监测得到的数据不能很好地反映桥梁实际结构的真实状态，因此，我们在进行施工控制的过程中，不能忽略温度变化对结构的内为的变形的影响。

6）材料收缩、徐变

预应为混凝土连续梁桥在进行悬臂施工的时候，如果两悬臂主梁在施工进度上面不一样，就会导致两悬臂主梁在合龙前空置时间不尽相同，也就必然会导致两悬臂的混凝土材料的徐变变形不同，由于徐变变形的复杂性和不可预测性，所以极其容易导致桥梁的合龙困难。

19.2 挂篮设计与施工关键技术

19.2.1 主桥挂篮悬臂浇筑施工方案

1. 总体施工方案

悬臂梁段采用菱形挂篮悬臂浇筑。全桥配置 6 套挂篮同时施工。

悬浇施工主要包括挂篮前移、挂篮调整及锚固、钢筋及孔道安装、混凝土浇注及养护、预应力施加、孔道压浆六个工序循环进行。

2. 施工准备

1）施工便道、用水、用电检查

施工前彻底清理便道及场地上的障碍物，转移临时停放的设备、材料，确保便道畅通。安排专人检查施工用水管道、用电线路是否工作正常，发现隐患及时整改，确保混凝土浇筑过程中施工用水、用电的连续供应。

2）技术准备

提前准备施工资料用表，做好施工过程中的记录。做好挂篮的临时结构施工设计。对现场施工人员进行技术交底。由试验室对主梁施工的 C55 混凝土及预应力管道压浆材料进行配合比设计并报监理审批，合格后用于工程施工。

3）临时结构设施及材料准备

提前加工主梁施工所需挂篮的钢结构，并做好临时结构的加工验收。做好钢筋、钢绞线、锚具等材料的进场工作，保证材料及时进场。

3. 挂篮组成

施工挂篮采用液压轻型菱形挂篮，主要由菱形桁架、提吊系统、模板系统、走行系统、锚固系统和张拉操作平台等六部分组成。挂篮与悬臂梁段混凝土的重量比不大于 0.5，且控制在设计规定的限重之内。

4. 挂篮拼装

当 0#梁段混凝土养生强度达到预应力张拉完成，即可在已浇节段桥面拼装悬臂施工挂篮。

挂篮结构构件运达施工现场后，利用吊机吊至已浇梁段顶面，在已浇好的 0#梁段顶面拼装，拼装完毕后，对挂篮施加梁段荷载进行预压，充分消除挂篮产生的非弹性变形，悬浇施工过程中，将挂篮的弹性变形量纳入梁段施工预拱度计算。挂篮结构拼装的主要流程如图 19-1。

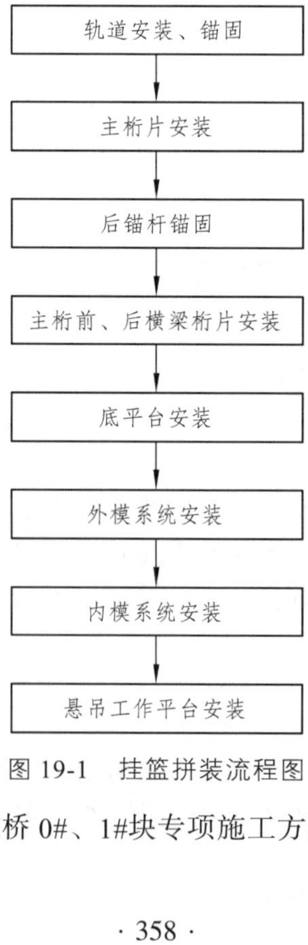

图 19-1　挂篮拼装流程图

具体拼装要求详见“古那湾大桥 0#、1#块专项施工方案”。

5. 挂篮静载试验

挂篮拼装完毕后，进行荷载试验以测定挂篮的实际承载能力和梁段荷载作用下的变形情况。荷载试验时，加载按施工中挂篮受力最不利的梁段荷载进行等效加载，测定各级荷载作用下挂篮产生的挠度和最大荷载作用下挂篮控制杆件的内力。根据各级荷载作用下挂篮产生的挠度绘出挂篮的荷载—挠度曲线，为悬臂施工的线性控制提供可靠的依据。根据最大荷载作用下挂篮控制杆件的内力，可以计算挂篮的实际承载能力，了解挂篮使用中的实际安全系数，确保安全可靠。

6. 挂篮移动、调整及锚固

1#节段施工时，挂篮直接在 0#块拼装。1#节段施工完成后，即可进行挂篮前移，依次施工后续节段。先将挂篮后中吊带拆除，放松边吊带及前吊带使挂篮下落一定高度，检查底板、腹板、翼板等部位，确保挂篮走行无障碍。

挂篮走道安放位置要准确，接头处要平齐无台阶。挂篮前移利用千斤顶牵引前行，上下游要保持同步，两悬臂挂篮要基本上对称前移，走行过程中要注意挂篮中线及走道方向的观测，发现偏位后及时纠正，确保挂篮到位时偏移值不超过施工工艺要求。

挂篮前移：在前一梁段施工完毕后，解除放松各吊点，使模板脱离梁体，解除梁上后锚点，进行锚固转换，行走小车托力转换在滑道上。在挂篮走道梁上安装反力座及千斤顶，用钢绞线连接主桁前支点反力座及走道梁上的反力座，通过千斤顶拖拉主桁采取整个挂篮前移动至下一梁段位置。

挂篮走行过程中应安排专人统一指挥，做好作业人员分工安排，分别设置人员观察挂篮走行及走道锚固情况、挂篮模板及底平台、挂篮吊带系统的垂直度、挂篮结构与构造物的干扰情况等，若有情况及时通知指挥人员。

挂篮空载走行时两主桁行程差不得超过 10 mm，到位时不得大于 5 mm，每套两个挂篮行程差不得超过 500 mm，前端伸臂上严禁站人和堆放机具材料等。挂篮走行到位后立即进行锚固。

挂篮走行到位后，尽快将后锚锚固好，拆除滑移设备，前支点加垫块垫实，安装并拧紧后锚设备，利用边吊带将挂篮提升，中吊带将挂篮收紧，调整底模位置及标高，调整外侧模。

挂篮调整及锚固：挂篮就位后，先将底平台后锚安装转换至梁体上，然后通过测量仪器进行中线、高程测量、定位，通过千斤顶进行标高调整，经过检查确定合格后，最后进行全面锚固。

从浇筑节段脱模至待浇节段立模，挂篮操作如下：先同步放松外侧模前后吊带、倒链配合拆除外侧模板，同步松放挂篮前后钢吊带，均匀落下底平台。放松支撑内模桁片的内滑梁，松卸后锚固装置，用千斤顶顶推挂篮支点使整个挂篮沿走道梁进入下一段工作位置。走行到位后安装后锚固装置，抄死前支点并调平大梁，均匀收紧外侧模前后钢吊带及挂篮前后吊点钢吊带，同时测量配合调整外侧模及底平台标高，使之符合设计要求。

采用色拉油作为脱模剂。模板棱角及拼接处，用玻璃胶做成腻子刮平，打光，涂脱模剂。端模开孔必须保证波纹管孔道位置准确，线型符合设计要求，应保证伸出模板的波纹管完好，以便与下一段波纹管联结。端模采用 6 mm 厚钢板，并在钢筋对应位置切成梳齿状，以保证钢筋的定位准确。梳齿孔的尺寸大于钢筋直径 2 mm 为宜，以便于钢筋定位且能防止混凝土漏浆。

挂篮移动就位后，应通知安全部门及监理，对挂篮的锚固系统、吊挂系统及走行系统等进行全面检查，对有问题的构件要及时更换或维修，检查合格之后方可进行下一步的施工。

7. 挂篮脱模

脱模的强度要求：箱梁端模不低于设计强度的 30%；内模不低于设计强度的 75%。混凝土达到以上强度的时间，应由施压试件决定并能保证其表面及棱角不致因拆模而受损坏，承重模板以其混凝土能承受自重及叠加荷载时方可拆除。

脱模顺序：端模→腹板内模→顶板内模→外模→底模。

脱模时混凝土表面温度，箱内温度与外界气温之差不宜大于 15 °C。

脱除模板时，应注意严禁损坏混凝土的棱角，拆除顶板时，注意不得撬坏孔道口边缘。混凝土表面的止浆条、胶带纸、堵缝材料等应及时处理干净，所有混凝土表面缺陷，梁段台阶均应找平补强，保持梁体表面光亮、清洁和美观。

8. 挂篮拆除

箱梁悬臂梁段施工完毕后，进行挂篮结构拆除。拆除顺序为：箱内支架→侧模系统→底模系统→主桁架，吊带系统及行走锚固系统在其过程中交叉操作。箱内拱顶支架采取拆零取出，侧模、底模系统采用卷扬机整体吊放，主桁架采取先退至墩位附近再利用吊机进行拆零。

9. 注意事项

挂篮移动时应尽量避开大风时间；对混凝土配合比应试拌，检测不同龄期的混凝土的收缩和徐变系数、强度及弹性模量等，以作为预应力计算和施工控制的依据；为保证箱梁外观颜色一致，箱梁（及全桥上部结构）使用同一水泥厂水泥；箱梁悬臂施工过程中，保证桥面两悬臂端堆放的材料设备对称等重，每个 T 构两边的最大不平衡重量不得大于 30 t；箱梁立模，每节段拆模后的竣工尺寸应详细检测、记录，及时分析调整；箱梁施工应埋好桥面附属结构之预埋钢筋或预埋铁件；所有箱梁施工资料记录、收集应齐全。

图 19-2　挂篮悬臂浇筑箱梁施工实例

19.2.2　预应力张拉技术

1. 应力张拉的重要性

预应力混凝土结构的基本原理，就是对混凝土或者钢筋混凝土梁的受拉区预先施加压力，形成的预加应力正好能够与使用载荷时的拉应力相互抵消，在一定程度上能够使预应力混凝土构件在使用载荷作用时不致开裂，或使裂缝宽度减少或推迟开裂。在预应力混凝土结构中，通过对预应力钢绞线进行张拉来完成整个施工过程。

预应力筋的张拉是预应力施工过程中的重要环节。整个张拉施工的关键就是对预应力筋的张拉成功，整个工程的施工质量好坏完全取决于预应力张拉的效果。在预应力张拉过程中主要涉及预应力钢筋的张拉伸长值的测定、张拉锚固时和孔道间相互摩擦所产生的应力损失，同时还包括混凝土弹性压缩带来的应力损失，还有温度不同所造成的影响，它是一个复杂的非线性力的传递和分配过程。

预应力筋张拉精度是预应力结构正常运营的一个重要因素，预应力张拉的良好效果主要取决于高精度的控制张拉应力。在预应力混凝土构件施工过程中，虽然张拉力越高，构件的抗裂性越好，但是如果预应力张拉精度不能满足预应力张拉施工规范要求，轻则会引起锚固端的反拱过大和纵向裂纹，这样会影响桥梁构件的耐久性，容易开裂，重则会造成预应力筋拉断、桥梁构件出现横向裂缝等事故，会导致混凝土徐变值增大，影响其使用功能和结构安全。由于预应力张拉精度得不到有效控制，国内外有很多预应力构件失效造成重大事故和生命财产的损失。1951—1979 年间，全世界发生了总共 242 起预应力构件腐蚀损坏事故，对造成构件腐蚀损坏的原因进行分类时，有 4%是由于锚固或者张拉操作不当造成的。在国内查阅了相关的统计资料了解到，太原重机厂在 1950 年厂房屋面梁施工过程中由于预应力钢筋被拉断造成重大事故；因此，在预应力混凝土施工的过程中，最重要的难题就是提高预应力施工的张拉精度，通过有效的方法来实现整个张拉过程中的精确控制，满足预应力张拉施工规范要求，最终保证工程施工的安全和质量。

2. 预应力张拉

预应力张拉采用智能张拉系统。

预应力筋张拉采用张拉力与伸长量双控，以张拉力为主，实际伸长量与计算伸长量差值控在±6%以内，张拉时混凝土强度必须达到设计规定强度以上，张拉步骤严格按照设计或规范要求进行。对伸长量不足的查明原因，采取补张拉措施，并观察有无滑丝、断丝现象，做好张拉记录。

1）预应力张拉顺序

预应力张拉顺序为：先纵向，后竖向，再横向。纵向预应力采用千斤顶张拉，张拉顺序为先腹板束，后顶板束，左右对称张拉。横、竖向预应力钢束为扁形锚具锚固，以 0#梁段中心向两侧逐束单向张拉。竖向预应力钢筋在安装前均按设计张拉力采用千斤顶由各个梁段内侧向外侧与桥轴线对称单向张拉。

2）锚具、千斤顶安装

（1）千斤顶的选择

智能张拉系统千斤顶采用具有自锚功能的千斤顶；千斤顶的额定张拉力宜为所需张拉力的 1.5 倍，且不得小于 1.2 倍；与千斤顶配套使用的压力表选用防振型产品，其最大读数为张拉力的 1.5 ~ 2.0 倍，标定精度不低于 1.0 级。

纵向预应力选择 YDC4500/53-200D 型千斤顶，横向预应力选择 YDCJ240 型千斤顶，竖向预应力选择 YDCW800B、YDCJ240 型千斤顶。

（2）张拉机具设备和仪表的标定

智能张拉系统张拉用的千斤顶与压力表需配套标定、配套使用。当处于下列情况之一时，需重新进行标定：① 使用时间超过 6 个月；② 张拉次数超过 300 次；③ 使用过程中千斤顶或压力表出现异常情况；④ 千斤顶检修或更换配件后。

（3）安装顺序

完成张拉机具的检验工作→安装工作锚板→安装工作锚夹具→安装限位板→安装千斤顶→安装工具锚→安装工具锚夹片。

（4）安装技术要求

① 钢束外伸部分要保持干净，不得有油污、泥沙等杂物，施工人员不得随意踩踏。

② 锚环及夹片使用前要用煤油或柴油清洗干净，不得有油污、铁屑、泥沙等杂物。

③ 工作锚必须准确放在锚垫板定位槽内，并与孔道对中。

④ 工作锚各孔中装入夹片，用胶圈套好，可用长约 30 厘米的铁管穿入钢铰线向前轻顶，将夹片顶齐，注意不可用力过猛，夹片间隙要均匀，可用改锥认真调整。每个孔中必须有规定的夹片数量，不得有缺少现象。

⑤ 夹片安装完后，其外露长度一般为 4 ~ 5 mm，并均匀一致，若外露太多，要对所用夹具及锚环孔尺寸及锥度进行检查，若发现有不合格者则要进行更换。

⑥ 安装千斤顶时不要推拉油管及接头，油管要顺直，不得扭结成团。

⑦ 工具锚安装前，应将千斤顶活塞伸出 3 ~ 5 cm，钢束穿入工具锚时，位置要与工作锚钢束位置一一对应，不得交叉扭结。

⑧ 为了能使工具锚顺利退下，应在工具锚的夹片光滑面或工具锚的锚孔中涂润滑剂。润滑剂采用石蜡。采用石蜡时，将其熔化，涂在夹片上。

⑨ 工具锚的夹片要与工作锚的夹片分开放置，工具锚夹片的重复使用次数不得超过 10 次，若发现夹片破损，应及时更换以防张拉中滑丝、飞片。

3）预应力筋张拉程序

纵、横向预应力张拉操作：0→初张拉力 P_0（总张拉吨位的 15%）→持荷 5 min（测量伸长量）→张拉至总张拉吨位 P→持荷 5 min→测量伸长量→回油→测量伸长量→锚固。

竖向预应力精轧螺纹钢筋采用二次张拉工艺，第一次张拉至设计应力，间隔 24 h 后再二次张拉至设计应力并压浆。张拉过的精轧螺纹钢筋必须用红油漆做标记，防止漏张。精轧螺纹钢筋张拉到位后采用厂家配套的测力扳手拧紧。

竖向预应力精轧螺纹钢筋张拉操作：初张拉力 P_0（总张拉吨位的 15%）→测量伸长量 δ_1→张拉至总张拉吨位 P→锚固→间隔 24 h→0→0.5P→张拉至总张拉吨位 P→锚固。

4）理论伸长量计算

预应力筋理论伸长量 ΔL_{L} 可按下式计算：

$$\Delta L_L=\frac{P_{\mathrm{p}}L}{A_{\mathrm{p}}E_{\mathrm{p}}},\ P_{\mathrm{p}}=\frac{P[1-\mathrm{e}^{-(kx+\mu\theta)}]}{kx+\mu\theta}$$

式中 P_{p}——预应力筋的平均张拉力（N），取张拉端拉力与跨中（两端张拉）或固定端（一端张拉）扣除孔道摩擦损失后的拉力平均值，详见另式；

L——预应力筋的长度（mm）；

A_{P}——预应力筋的截面积（mm^2）；

E_{P}——预应力筋的实测弹性模量（取实际检测值 MPa）；

P——预应力筋张拉端的张拉力（N）；

x——从张拉端至计算截面的孔道长度（m）；

θ——从张拉端至计算截面曲线孔道部分切线的夹角之和（rad）；

k——孔道每米局部偏差对摩擦的影响系数；

μ——预应力筋与孔道壁的摩擦系数。

系数 k 及 μ 值表如下：

表 19-1 k 和 u 值

孔道成型方式	k	μ（钢绞线）
预埋塑料波纹管	0.001 5	0.14 ~ 0.17
采用值	0.001 5	0.14 ~ 0.17

张拉施工前应进行孔道摩阻检测，孔道摩阻小于设计值时按设计要求进行张拉，当孔道摩阻大于设计值时应请示设计制定处理方法，再进行张拉。

5）张拉伸长量计算

采用钢板尺测量预应力张拉过程中的伸长量：0→初张拉力 P_0（总张拉吨位的 15%）→持荷 5 min→测量伸长量 δ_0→张拉至总张拉吨位 P→持荷 5 min→测量伸长量 δ_1→回油→测量伸长量 δ_2→锚固。

则钢绞线的实际总伸长量为：

$$\delta = \frac{P(\delta_1 - \delta_0)}{P - P_0} \tag{19-1}$$

张拉千斤顶内预应力筋工作长度伸长量为，仪器自动测量记录；

将以上各式代入得钢绞线的实际总伸长量为：

通过初期施工的 3 ~ 5 个连续刚构箱梁节段的实际张拉结果进行分析评价，形成智能张拉工艺核验总结报告并上报审批。

6）智能张拉系统

（1）工作原理

预应力智能张拉系统指一种预应力自动张拉设备及其计算机控制系统，主要由预应力智能张拉仪、智能千斤顶、自带无线网卡的笔记本电脑、高压油管等组成。其以应力为控制指标，伸长量误差作为校对指标，系统通过传感技术采集每台张拉设备（千斤顶）的工作压力和钢绞线的伸长值（含回缩量）等数据，实时将数据传输给系统主机进行分析判断，同时张拉设备（泵站）接受系统指令，实现张拉力及加载速度实时精确控制。系统还根据预设程序，由主机发出指令，同步控制每台设备的每一个机械运动，自动完成整个张拉过程。

智能张拉系统工艺原理详见图 19-3。

（2）主要功能与特点

① 精确施加应力

智能张拉系统能精确控制施工过程中所施加的预应力值，将误差范围由传统张拉的±15%缩小到 1%。

② 及时校核伸长量，实现“双控”

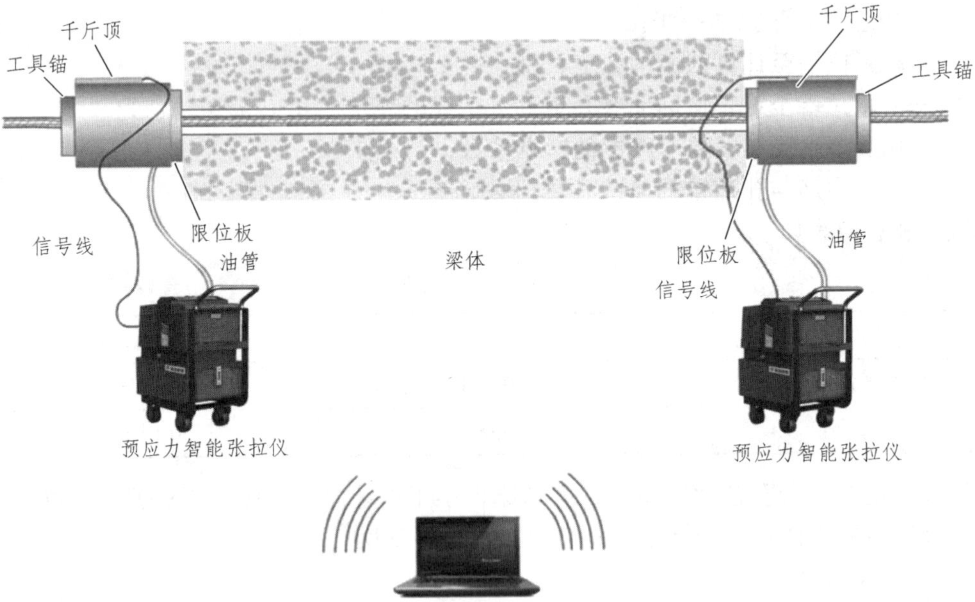

图 19-3　智能张拉系统工艺原理示意图

系统传感器实时采集钢绞线伸长量数据，反馈到计算机，自动计算伸长量，及时校核伸长量是否在±6%范围内，实现应力与伸长量同步“双控”。

③ 对称同步张拉

一台计算机控制两台或多台千斤顶同时、同步对称张拉，实现“多项同步张拉”工艺。

④ 规范张拉过程，避免预应力损失

实现了张拉程序智能控制，不受人为、环境因素影响；停顿点、加载速度、持荷时间等张拉过程要素完全符合桥梁设计和施工技术规范要求，避免或大幅减少了张拉过程中有效预应力的损失。

⑤ 自动生成报表杜绝数据造假

自动生成张拉数据表格，杜绝了人为造假的可能，可进行真实的施工过程追溯。自动生成报表还省去了张拉力、伸长量等数据的计算、填写过程，提高了工作效率。

（3）施工工艺流程

施工工艺流程详见图 19-4。

（4）智能张拉施工操作要点

① 控制软件回到主界面，检查软件左下角的状态栏，显示正常，右上角的“张拉梁号”正确，“第一次”为准备状态。

② 再次检查确定梁段的两端千斤顶安装正确，然后启动梁板两端设备（按下绿色“油泵启动”按钮），启动设备，电机运转声音正常、平顺。仪器进行 5 min 预热；温度低于 10 °C 时，进行 15 ~ 30 min 预热。

③ 通知梁段两边工作人员，注意安全。点击控制软件的“开始张拉”按键，“第一次张拉施工”启动，此时密切注意在电脑上观测压力值和位移值是否正常，有异常立即点击“暂停张拉”并进行相关检查。电脑在张拉施工过程中严禁运行其他程序，操作人员时刻关注相关数值，严禁离开控制台。

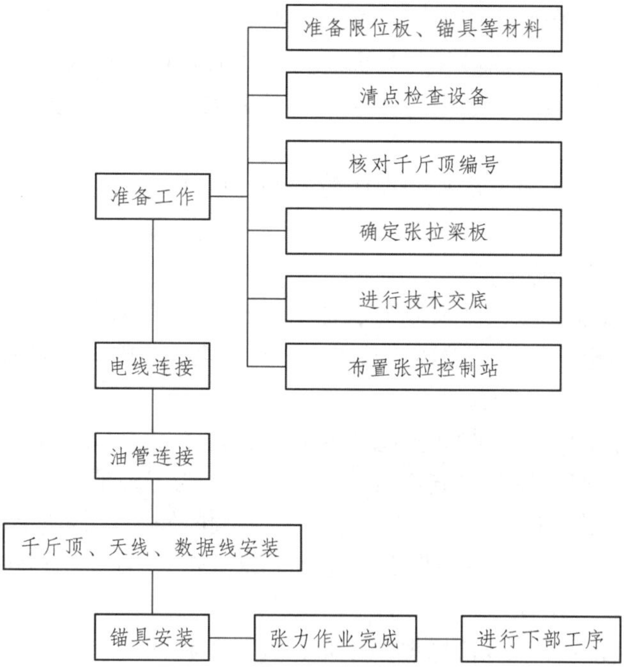

图 19-4　智能张拉施工工艺流程图

④ 在张拉过程中应严密注意梁板两端设备和千斤顶的工作情况，注意安全，如有异常情况立即单击“暂停张拉”、按下张拉仪“急停指示”按钮，停止张拉，排除异常情况后，方可继续张拉。

⑤ 每一梁段张拉完成后，设备自动退顶，保存数据，并自动跳到下一个张拉步骤，在下一个张拉步骤开始前，计算机操作人员应再次检查锚具、千斤顶、限位板是否正确嵌套，数据连接线是否松动、被挤压，千斤顶是否压迫粗钢筋等。

（5）张拉结束后注意事项

① 一个梁段张拉施工完成后依次关闭软件、电机、切断电源，拆卸千斤顶、油管。

② 张拉系统所有设备在张拉完毕后必须妥善保管，仪器、千斤顶都必须有良好的防晒、防水措施。

③ 定期维护。油量不足情况下应及时加注符合要求的抗磨液压油。每三个月更换一次液压油。

（6）智能张拉质量控制措施

① 建立质量保证体系，落实质量责任制，做好施工前的施工技术与安全交底，进行智能设备系统培训，确保工程施工质量。

② 后张法预应力混凝土在混凝土浇筑前不得穿束，混凝土浇筑前应在管道内穿硬塑料管，硬塑料管的直径小于管道直径 1 cm。

③ 张拉时混凝土几何尺寸、龄期和强度必须符合设计要求，设计无要求时强度应不应低于设计强度值的 85%，养生时间不少于 7 天。锚垫板下及周边混凝土须密实，若有蜂窝及其它缺陷，拆模后立即处理，处理完毕满足要求方可张拉。

④ 安装张拉设备时，应使张拉合力作用线与预应力筋的轴线重合。锚具、限位板安装前

应检查孔位分布的重合一致性，安装前必须保证各个孔位对中，不能发生偏位。

⑤ 预应力筋张拉锚固后，锚具夹片顶面应平齐，其错位不得大于 2 mm。

⑥ 预应力筋张拉锚固后将多余部分切除，切割后预应力筋的外露长度不应小于 30 mm，严禁使用电弧焊切割。

⑦ 张拉速率控制：张拉速率应控制在张拉控制力的 10% ~ 15%/min，对于长度大于 50 m 的弯束或长束，张拉速率应降低，应取张拉控制力的 10%/min，并匀速加压，为确保多点张拉的同步性，可增加几个停顿点。

⑧ 钢绞线伸长量控制：钢绞线实际伸长值与理论伸长值的差值应符合设计的要求，设计无规定时，伸长值与理论伸长值的差值应控制在±6%以内，否则应暂停张拉，待查明原因并采取措施予以调整后，方可继续张拉。

⑨ 张拉持荷时间控制：持荷时间为稳压时间，最短不得少于 5 min。

⑩ 采用预应力张拉智能控制系统进行张拉，排除人为、环境因素影响，由计算机完成张拉、停顿、持荷等命令的下达，实现张拉停顿点、停顿时间、加载速率的完全同步性。

要加强对管理人员及施工人员的培训，提高全体参建人员的安全意识。

（7）智能张拉安全注意事项

① 张拉作业区应设立红色醒目标志，非张拉人员不得入内；张拉过程中，钢绞线正面设置挡板，严禁人员穿行、站立、千斤顶侧面两米内严禁人员站立。

② 检查智能张拉仪与千斤顶之间的连接点，包括油管、数据连接线等，各接口必须完好无损方可张拉施工；检查工具夹片，确保安装到位。

③ 张拉过程中，智能张拉仪进、出油的速率，压力表指针升降，各传染器读数应平稳、均匀一致。经常检查安全阀，确保其灵敏可靠。

④ 张拉施工时，确保张拉机具不被暴晒、雨淋；夏天施工应保持仪器通风。

⑤ 张拉施工时，确保控制台与张拉机具保持直线可视距离，最大控制距离为 200 m。

⑥ 张拉施工时，每台智能张拉仪器应派专人值守，发现异常立即按下“紧急停机”按钮并报告张拉操作员，待问题排除后方可继续张拉施工；张拉操作员张拉过程中不得离开控制台，发现异常立即点击软件界面“暂停张拉”，按下仪器“紧急停机”按钮，断开张拉仪电源，排查原因。

⑦ 张拉用计算机必须专机专用，以免计算机病毒对程序进行篡改导致张拉过程异常。

⑧ 张拉操作中若出现异常现象（如油表震动剧烈、发生漏油、电机声音异常、发生断丝、滑丝等），应立即停止作业。

⑨ 张拉完毕后，对张拉锚固两端，应妥善保护，不得压重物。管道尚未压浆前梁端应设围护和挡板。严禁撞击锚具和钢束。

19.2.3 探析桥梁工程预应力张拉技术的运用

1. 引　言

在高速公路施工中，桥梁上部结构预应力设计得到大量应用，准确地按照设计要求施加预应力，成为桥梁施工中重要的环节，预应力不足或超过设计值，会引起桥梁的开裂、下挠，对桥梁结构的耐久性造成极大的影响。大量在役的预应力桥梁调查和检测结果表明，相当部分的预应力桥梁质量隐患来源于预应力张拉施工不规范和缺乏有效的质量控制手段。

在传统的预应力张拉施工中，主要是由油泵和千斤顶组成的张拉系统，其主要工作方式为全人工操作，预应力的施加过程完全由人工完成。施工糖度和加载过程由人工操作完成，受人为影响较大。手动驱动油泵，由压力表读数控制张拉力，待压力表读数达到预定值时，用钢尺人工测量张拉伸长值，人工记录。张拉力控制由人工操作，张拉力控制误差过大。张拉伸长值测量不准确，由于测量工具由人工读数，存在很大的不确定性，而伸长值作为重要的控制指标，必须满足数据的可靠性.不能实现张拉力和张拉伸长值的双重同步控制。千斤顶、张拉油泵与油压表的标定次数多，标定结果不易保持.张拉中停顿时间不充分，使得预应力筋回缩、锚具变形等原因引起的预应力损失十分大。

2. 预应力智能张拉法的施工特点

预应力智能张拉法通过数字控制技术、现代传感技术、信息处理技术、无线传输技术与传统张拉技术的良好结合，采用自动化、标准化、智能化张拉取代传统人工张拉，保证预应力的有效施加，达到预应力施工质量的智能控制，提高了桥梁等结构工程的耐久性和安全性。数字控制技术实现了油泵进油、回油、停机、启动的数字化控制，自动控制张拉机械动作：现代传感技术实时采集预应力筋延伸量和施加的张拉力数据，并输入计算机。信息处理技术的应用实现了张拉数据的实时处理与传输，技术信息反馈至设备操作和质量管理者.此外，通过采用无线传输、控制技术，计算机和张拉设备之间采用无线方式通信。

预应力智能张拉法还采用了自动平衡缓释泄压技术，防止滑束、避免冲击夹片。使保证钢绞线的张拉力从工具锚更稳定地过渡到工作锚具上，尤其在卸压过程中通过缓释泄压技术避免了对工作夹片的冲击，防止出现滑束。同时，预应力智能张拉法具有自动故障检测功能.对使用过程中的传感器故障，误操作引起的超行程或超张拉力等故障都会通过提示功能进行显示，并且故障不解决不开机，以保证使用过程中的安全和准确。其次，具有监理审核和互联网查看数据功能。依靠计算机远程通信，可为业主、监理、施工方提供远程监控功能，方便质量管理，提高管理效率。监理工程师可以通过互联网查看张拉数据，并对张拉过程中的数据进行审核，在认可后输出打印报表。此外，预应力智能张拉法的自动化长度高，人为因素小。按设定力值、时段、加载速率和持荷时间自动完成张拉，自动记录钢绞线伸长值，两端张拉同步性良好，智能张拉工艺稳定、数据可靠、张拉力和伸长值离散性控制良好。与传统人工张拉工艺相比，智能张拉系统具有显著优势。

3. 张拉设备准备

首先要确定待张拉构件的梁体强度、钢绞线弹性模量、张拉束的理论伸长等数据，有如下公式确定：

$$\Delta L = (P_{\mathrm{P}} L) / (A_{\mathrm{P}} E_{\mathrm{P}}) \tag{19-2}$$

式中 P_{P}——预应力筋的平均张拉力（N）；

L——预应力筋的长度（mm）；

A_{P}——预应力筋的截面面积（mm^2）；

E_{P}——预应力筋的弹性模量（$\mathrm{N/mm}^2$）。

在张拉作业之前，张拉设备操作人员 2 人，负责数控张拉设备的控制操作，相关技术人员和监理人员对构件进行检验，检验结果符合质量标准要求，且龄期大于 7 d，梁混凝土强度达到设计强度的 85%后方可张拉。对每台千斤顶及所配置的油表进行标定，并通过标定曲线计算各油表的初应力及锚固应力时的读数。对锚具进行外观、硬度、锚固性能及工艺性能检查，锚具夹片咬合段的钢绞线表面必须保持清洁。预应力钢绞线在使用前，对其强度、伸长量、弹性模量外形尺寸等进行检验.钢绞线下料在指定场地内进行，且宜用砂轮机切割，不得用电弧切割，切口应平整，无毛头钢绞线整体编束，且绑扎牢固，并将端部缠裹，方便穿束。穿束完成后，安装工作锚及千斤顶，安装千斤顶前，开动油泵，将千斤顶活塞来回打出几次，以排出可能残存于千斤顶缸体中的空气。

4. 智能张拉

1）智能张拉原理

系统由程控主机、前端控制器、压力传感器、伸长量测量传感器、上拱度测量传感器等构成。主机由嵌入式工业计算机、触摸屏及专门的程控软件系统组成，可通过无线信号对一个或多个前端控制器进行测控.主机按预设的张拉程序及相应参数，指令多个测控前端工作，根据前端回传的监测数据计算出测控指令持续测控前端。前端控制器监测千斤顶的工作拉力和钢绞线的伸长量、回缩量等数据并实时将数据传输给测控主机，并接收主机的测控指令，根据指令实时调整变频器的工作参数，从而实现高精度实时调控油泵电机的转速，实现张拉力及加载速度的实时精确控制。

2）工作流程

安装好油压千斤顶、工作锚具及夹片。将拉线式位移传感器固定在千斤顶的外壳上，并将其位移测量绳固定在钢绞线或工具锚具上。将压力传感器接到油泵上的油压表接口。前端控制器为油泵电机供电.启动程控主机和前端控制器，在程控主机的触摸屏显示界面上输入工程相关参数及本次张拉的控制参数，如预张拉设备参数、荷载分级、持荷时间等。启动系统工作，则程控主机自动地按预设的张拉作业程序控制前端控制器驱动油泵电机工作，控制千斤顶执行预应力张拉作业。在张拉过程中，程控主机通过两端的油压传感器则实时监控张拉力，通过拉线式位移传感器实时监控。

3）施工质且保障措施

所有从事智能张拉操控人员上岗前应熟悉、掌握设备操作规程及有关施工技术规范。在使用设备前，智能张拉仪（油泵）应与智能千斤顶应配套标定、配套使用，标定应在经国家授权的法定计量技术机构定期进行。加强施工过程控制，钢绞线制作时的下料应符合规范规定的要求，下料长度应通过计算确定，计算时应考虑结构的孔道长度、锚夹具厚度、千斤顶长度、墩头预留量、冷拉伸长量、弹性回缩值、张拉伸长值和张拉工作长度因素。同时钢绞线的下料，应采用切断机或砂轮锯切断，严禁采用电弧切割。智能张拉系统采用无线智能控制方式进行制动，在梁场复杂环境条件下，根据实际测量及使用，提高通信质量.初次使用时，加满油后，请先排出油路中的空气。箱的液面应保持在油标的中心线以上，以防油泵吸空。加油时应用 120 目滤网滤去油中的杂质。经常使用时，每两个月清洗一次滤油器，半年清洗一次油箱，同时更换新油。油温过高时应采取冷却措施或停泵，待油液充分冷却后才能使用；油温过低时不允许直接工作，需采取加温措施，可通过外加温或低压运转来提高油温。张拉过程因时刻关注张拉程序中位移曲线与压力曲线的变化，如发生异常及时处理。

5. 智能张拉特点

1）精确施加张拉力

智能张拉系统能精确控制千斤顶所施加的预应力力值，将误差范围控制到±1%，降低了由于预应力施加不足或超过引起的桥梁开裂、下挠等风险，有利于保证结构安全，提高耐久性，延长使用寿命，降低养护维修成本。

2）准确测量及时复核延伸量

系统传感器实时采集钢绞线延伸量数据，反馈到计算机，自动计算延伸量，及时校核延伸量是否在±60 k 范围内，实现真值双控。

3）对称同步张拉

一台计算机控制两台或多台千斤顶同时、同步对称张拉，实现“多顶同步张拉”工艺，消除了对称张拉不同步对结构造成的扭曲等危害。该系统实现了张拉过程控制自动化、精细化、标准化，让预应力施工质量符合设计与使用要求。

4）规范张拉过程，一键完成张拉

实现了张拉过程智能控制，不受人为、环境因素影响；控制停顿点、加载速率、持荷时间等张拉过程要素完全符合桥梁施工技术规范要求。通过规范张拉过程大幅度减小了张拉过程中预应力的损失，保证了有效预应力符合设计要求。

5）节省人员投入

智能张拉在人员的投入上，大大减少了对专业人员的需求，只需一名技术人员操作，便能够完成。相比传统张拉需要 4、5 个专业人员的投入，大大节省了人力资源。

6）有效的施工监控

施工整个过程，可以采用联网的形式实施全程监控检查，数据可以保存复查，方便了各级控制方的监控检查，有效地保证了预应力施工的质量。

20 钢箱梁吊装施工关键技术

20.1 施工工艺流程

香丽高速公路项目冷都坡 3 号左线大桥、右线大桥钢箱桥现场安装的主要形式为汽车吊吊装，具体施工工艺流程如图 20-1 所示。

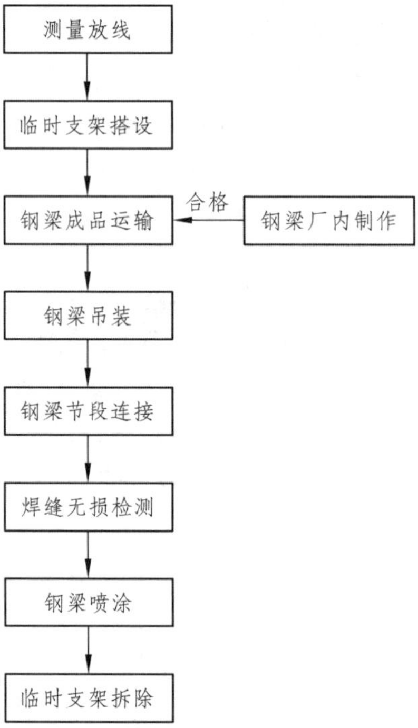

图 20-1 施工工艺流程图

（1）施工桥梁下部结构。

（2）搭设节段钢梁的临时支墩，临时支墩位于节段对接中央，为防止下挠，所有临时支墩按经验值每跨起拱千分之一。

（3）从香格里拉往丽江方向分节段吊装钢箱，在边墩支点处设置临时垫块，临时垫块的高程和设计高程相符，临时垫块用于第 1 节钢箱及第 13 节钢箱放置。安装焊接 1 ~ 4 节段后，将第 1 节钢箱边墩支点处设置的临时垫块拆除，边墩位置钢箱高程低于设计高程 15 cm；顺序安装 5 ~ 13 段钢箱，安装焊接完成后将第 13 段钢箱边墩支点处设置的临时垫块拆除，边墩位置钢箱高程低于设计高程 15 cm。

（4）吊装挑梁、横联，现场拼接。

（5）拆除临时支墩。

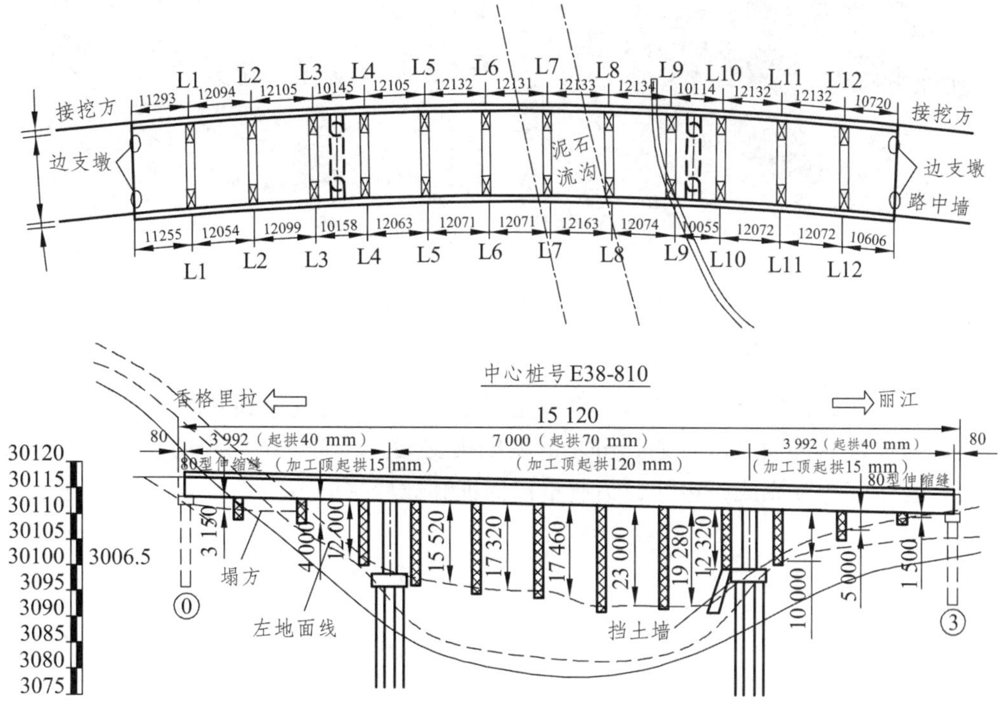

图 20-2　桥梁支架布置平面图

（6）安装钢梁上盖板。

（7）安装盖板上 PBL 连接件。

（8）绑扎桥面板钢筋。

（9）浇筑正弯矩区桥面板混杂纤维混凝土。

（10）各跨中 12 m 范围内临时压重 150 kN/m（纵桥向每延米）。

（11）浇筑负弯矩区桥面板混杂纤维混凝土。

（12）拆除各跨跨中临时压重。

（13）在边墩支点使用千斤顶将钢梁顶升至设计位置。

（14）钢结构涂装。

20.2　钢箱梁施工及吊装顺序

本工程中钢箱桥采用汽车吊进行吊装，即桥墩与支架承重位置将桥墩，用汽车吊将钢箱梁起吊一端支撑在桥墩上个另一端支撑在支架上进行拼装焊接。中间位置用汽车吊将钢箱梁吊到两临时承重支架的指定位置后进行拼装焊接。如图 20-3。

1. 施工及吊装顺序

首先，按照测量数据，在每一分段处设立一榀支架，每榀支架焊接在路基板上，支架上端焊接两根工字钢（工 40b）横梁。选好钢箱梁拼装场地，完成相关拼接工作后，进行箱体顶板与挑梁安装与焊接工作，运往吊装地点准备吊装工作。

图 20-3　施工及吊装模型图

2. 相关施工注意事项

（1）吊装时在钢箱桥上拴上溜绳，以防止钢箱桥吊装时转动撞到支架或桥墩。

（2）焊接完成后卸载方法：通过分步分块割去支架上预先焊接的板的一部分进行卸载。依次进行直至全部卸载完成，边卸载边测量以保证卸载后桥梁精度。

21

独塔单跨地锚式钢桁梁悬索桥施工关键技术

21.1 索塔施工技术

21.1.1 施工组织方案

本桥全桥共 1017 m；其中主桥为钢桁梁，长 766 m，共 59 个节段（15.5+57×11.5+15.5）；主墩桩基础：Φ2.5 m 桩 32 根总计长度 1 920 m，引桥桩基础：Φ1.5 m 桩 44 根总计长度 1 188 m；承台 8 个；墩台身 16 个（40.5 m≤墩高 h≤162.5 m）；盖梁 9 个；预制 T 梁：41 m T 梁总计 60 片，混凝土总计 130 356.36 m^3；钢桁梁共 59 个节段（15.5+57×11.5+15.5）共 6 184.55 t；混凝土采用拌合站集中提供，钢筋加工制作采用钢筋加工场集中加工，运至现场，钢桁梁从存放场运至组拼场进行组拼，组拼完成后采用缆索吊进行吊装。

1. 桩基础施工

虎跳峡金沙江大桥桩基础采用旋挖钻成孔，采用导管法灌注混凝土，钢筋笼采用履带吊分节安装、下放。其余引桥部分钢筋笼均采用吊机进行辅助吊装下放。

2. 承　台

承台采取明挖基坑施工，主墩承台采用大块钢模板分二次浇筑混凝土成型，引桥承台采用立组合钢模板分一次浇筑混凝土成型。

3. 墩　身

索塔采用爬模法施工，引桥墩身采用翻模法施工。

4. 柱系梁、盖梁

柱系梁、盖梁根据墩身高度采取钢棒法现浇或落地钢管支架施工。

5. T 梁预制及架设

该桥不设置梁场，采用支架现浇、横移。每架完一孔，即对该孔 T 梁进行横隔板连接，梁体架设完成后按设计的一联完成连续结构施工，最后进行桥面及附属结构施工。

6. 钢桁梁安装架设

钢桁梁采用缆索吊进行吊装。

7. 桥面系

桥面系采用纵向工字钢梁与混凝土桥面板组合形式，利用吊车进行吊装，先安装中央 4

块桥面板形成通道，再行安装其余部分。

21.1.2　索塔基础施工

1. 索塔基础结构

索塔为钢筋混凝土门型塔，左右塔柱基础相互独立，两塔柱下设正方形承台加群桩基础，承台纵横向尺寸为 21.4 m×21.4 m，高度 6 m，承台上设塔座，塔座为矩形台，上底为 10 m×12 m，下底为 16 m×18 m，高为 3 m。每个承台下布置 16 根 Φ2.5 m 的钻孔灌注桩基础，行列式布置，按摩擦桩设计。

2. 桩基础施工

主塔桩基共 32 根，为长度 60 m Φ250 cm 桩，根据工程地质剖面图分析，基岩为玄武岩，通过现场取芯试验，其单轴饱和极限抗压强度在 40 MPa 左右；为此选用旋挖钻机施工，配置一台旋挖钻机，钻机型号为目前国内大吨位旋挖钻机 XR460D 钻机。

旋挖钻机是利用钻杆和钻头的旋转及重力使土屑进入钻斗，土屑装满钻斗后，提升钻头出土，这样通过钻斗的旋转、削土、提升和出土，多次反复而成孔。其具有自动化程度高、成孔速度快、质量高等特点。

3. 承台施工

索塔承台由于体积大（单个承台结构尺寸为 21.4 m×21.4 m×6 m，混凝土方量 2 747.76 m^3），浇筑承台混凝土时必须布置冷却水管，且混凝土采用二次浇筑完成，第一次浇筑 3 m 高度，第二次浇筑至承台顶，需做好施工缝的处理。承台采用钢模板进行施工，采用钢管或型钢制作钢筋支撑架，以精确定位钢筋。承台混凝土采用混凝土输送泵结合泵管泵送灌注入模。

承台施工流程如下：

桩头处理→垫层施工→钢筋绑扎、冷却管布置→模板安装、固定及验收→浇注第一层混凝土→混凝土养护及施工缝处理→模板拆除→重复以上步骤浇注第二层混凝土→混凝土养护→模板拆除→基坑回填。

4. 塔座施工

本桥索塔底部均设置塔座，塔座为四方台形，索塔塔座顶面截面尺寸为 12 m×10 m，塔座底面截面尺寸为 18 m×16 m，底面与承台顶连接，高 3 m。单个塔座混凝土方量为 534 m^3。

根据索塔的结构特点，为缩短塔座与塔柱混凝土之间的龄期差，确保塔座和塔柱的浇筑质量，采用主塔塔座和第一节塔柱采用塔座与底节塔柱一次浇筑成型的施工工艺。

塔座浇筑高度为 3 m，第一节塔柱浇筑高度为 5 m。塔座顶部塔柱模板底部设置压板以防止在塔柱浇筑过程中翻浆。配置 160 t · m 塔吊配合施工。

21.1.3　塔柱施工

1. 塔柱结构

索塔为钢筋混凝土塔柱结构，外形为门形框架。索塔塔柱包括塔冠、上塔柱及下塔柱，塔柱之间设 2 道横梁。塔柱为矩形空心薄壁断面，索塔均采用 C55 混凝土。

索塔左右塔柱采用不等高的型式。两岸索塔左右塔柱总高度分别为 162.5 m、146.5 m，其中塔冠（含主索鞍室）高 5.5 m；横桥向截面宽为 7 m ~ 10 m，顺桥向截面宽度为 5.5 ~ 7 m，上、下塔柱塔壁厚度分别为 0.8 m、1.0 m，塔底设置 3 m 高实心段。索塔在桥面以上的高度为 95 m。为便于通行和检修维护，塔冠、上塔柱在桥面处、塔内隔板及上、中横梁顶面均设有进出索塔的人孔，塔柱、横梁、塔内隔板的人孔均相互连通。

2. 塔柱总体施工方法

塔柱施工采用液压爬模逐段连续施工。施工标准节段高度为 6 m。高塔柱共分 28 节、矮塔柱共分 26 节，首节段浇筑过程中需要搭设钢管支架，待首节段施工完毕后，开始安装液压爬模架体，从第 3 节段开始，后续塔柱施工进入液压爬模施工阶段。下塔柱底节起始段采用落地碗扣式钢管脚手架施工，其余下塔柱、上塔柱采用液压爬模施工，塔柱钢筋直径≥22 mm 接长采用直螺纹套筒连接，其余钢筋均采用焊接或绑扎连接，为保证塔柱施工钢筋及模板位置的准确性，塔柱内设劲性骨架。

塔身施工至下、中、上塔柱空腔顶部时，采用在空腔顶部安装预制板的方案。混凝土采用混凝土输送泵泵送到塔柱或横梁。材料、设备的垂直运输由塔吊负责。每个塔柱配备独立的泵送混凝土管路。

3. 塔柱 1 ~ 3 节段施工

1）塔柱第 1 节施工

塔柱底节段和塔座一起浇筑，塔柱第 1 节段安装好钢模板后（钢模板支撑在模板支撑架上），外部采用钢管脚手架环绕塔柱四周竖直搭设两排，间距 1.5 m、层间距 1.5 m，内环距塔柱外边距离 0.5 m，以形成封闭的操作支撑平台。第 1 节段浇筑前，注意预埋爬锥，以安装下架体挂座。

2）塔柱第 2 节施工

从塔柱第 2 节段开始，拆除塔柱四周的钢管架，即可安装液压爬模下架体（不含吊平台）及上架体。

3）塔柱第 3 节施工

从塔柱第 3 节段开始，采用爬模爬升模板，爬升完毕后，安装下架体吊平台。

4. 劲性骨架制安

为保证塔柱钢筋定位的准确，在塔柱内设置劲性骨架，劲性骨架结构及材料依据施工图确定。为了制作和安装的方便，劲性骨架采取分榀分节段制安，劲性骨架尺寸随塔柱的壁厚变化而变化。

5. 塔柱钢筋制安

塔身钢筋在钢筋车间上加工制作，塔柱钢筋主要型号分为竖向主筋、水平环箍筋、拉筋、斜角加强筋、防裂网筋等，其中，塔柱除钢筋直径≥25 mm 接长采用直螺纹套筒连接外，其余钢筋均采用焊接或绑扎连接，焊接或者绑扎满足规范要求，并且同一截面的接头不应超过全部钢筋的 50%。

6. 塔柱液压爬模工程

混凝土索塔采用液压自爬模施工，液压自爬模的动力来源是本身自带的液压顶升系统，液压顶升系统包括液压油缸和上下换向盒，换向盒可控制提升导轨或提升架体，通过液压系统可使模板架体与导轨间形成互爬，从而使液压自爬模稳步向上爬升，液压自爬模在施工过程中无须其他起重设备，操作方便，爬升速度快，安全系数高。

整个结构仅用一个液压滑动模板，一次组装；爬升过程中不用再支模、拆模、搭设脚手和运输等工作，混凝土保持连续浇筑，施工速度快，可避免施工缝，同时具有节省大量模板、脚手材料和劳力，减轻劳动强度，降低施工成本，施工安全等优点。

1）模板系统爬模构造

主要由模板系统、埋件部分、支架系统及液压系统四大部分组成。

2）外模爬升流程

混凝土浇筑完后→拆模后移→安装附装置→提升导轨→爬升架体→绑扎钢筋→模板清理刷脱模剂→埋件固定模板上→合模→浇筑混凝土。

3）内模爬升流程

为确保塔柱内腔施工的质量和安全，塔柱内模施工拟采用专门设计的内模系统，内模系统采用专门设计的液压爬模，主要由埋件系统、模板系统、支架系统组成。内模液压爬模施工流程为：混凝土浇筑完后→拆模后移、拆除另外三侧模板并固定在上架体上→安装附墙装置→提升导轨→爬升架体→绑扎钢筋→模板清理刷脱模剂→埋件固定模板上→合模→浇筑混凝土。其施工工艺类似于外模液压爬模施工。

4）液压爬模系统的拆除

液压爬模施工至塔顶鞍罩底部后，拆除液压爬模系统，安装猫道下拉装置。拆除顺序为：拆除模板→拆除上支架→拆除导轨→拆除下支架。

7. 塔冠（鞍罩）翻模施工

鞍罩需在钢梁架设完毕，拆除塔顶门架后施工。鞍罩施工模板倒用塔身模板。内模采用碗扣式钢管架支撑，钢管架步距 1.2 m，立杆横纵向间距 0.6 m。鞍罩封顶时，顶口预留 50 cm×50 cm 人孔，待钢管架全部取出来之后，再封闭人孔。鞍罩混凝土采用塔吊配合吊罐法浇筑，用振捣棒振捣密实。

8. 塔肢间水平支撑安装

塔柱施工时，两塔肢的水平支撑按设计跟进。

考虑抵抗施工中横向风力对塔截面产生的横向附加弯矩，施工时塔柱之间设置 4 道临时支撑，每道支撑设 2 根钢管。临时水平支撑的主要组成部分由支撑钢管、操作平台、横联杆件、支撑钢板座等。

9. 施工缝处理

要求尽可能少留施工缝，塔座与基础各部分、每层索塔混凝土浇筑完毕后等留下的施工缝，应对施工缝接触面凿毛、除油、清洗处理，以保证新老混凝土的结合质量，施工缝应无外观缺陷。

21.1.4 索塔线形控制

斜塔线形控制为斜拉桥质量控制的一个重要部分，线形顺畅与否直接决定斜塔的美观程度，同时对成桥斜塔的应力场分布有着重要的影响，因而施工过程中必须严格控制斜塔的施工线形。

1. 施工工况预抛值

在混凝土自重、支撑条件以及外界荷载的作用下斜塔线形在施工过程中各个工况中不断变化，因而斜塔三维坐标不能按照成桥设计坐标进行控制，必须设置一定的预抛值，这样才能接近达到理想设计线形。

施工之前利用 MIDAS 对斜塔施工各个工况进行模拟，计算各个施工工况下斜塔的变形，施工中设置与变形反方向的预抛，同时施工过程中根据实际施工测量情况对预抛值进行相应的调整。

2. 控制措施

（1）建立 CAD 三维模型。斜塔为倾斜三维体系结构，且截面变化多，用数学方法直接计算坐标相当复杂，容易出错且花费时间长。实际施工过程中利用 AUTOCAD 建立斜塔 1B1 三维模型，坐标计算可以从三维模型直接截取。

（2）利用高精度全站仪三维坐标控制。中上塔柱每个施工节段模板四个角点都校正在设计坐标加预抛值 5 mm 以内，并利用可靠的加固措施，保证混凝土浇筑过程中模板不变形、不移位。通过采取前述措施，施工后桥塔线型相差很小，达到了设计要求。

21.2 重力锚施工技术

21.2.1 基坑开挖技术

重力锚基坑开挖的重点为深孔松动爆破、周边光面爆破，难点为基底清理及出渣方案。

1. 基本布置

锚碇位置基本为基岩裸露的地质地形状况。根据这一特点，利用挖掘机和人工清理表土后，进行基坑开挖施工。开挖采用爆破开挖、挖掘机及人工开挖相结合的方式。锚碇下部开挖成锯齿状，加强基础与锚体的联系。基坑开挖面积大，在平面上分为 2 个区平行施工，竖向分 5 层开挖，分层厚度 8 ~ 10 m。在基坑开挖施工中，同时开挖基坑的出口，出口与临时便道相连。基坑开挖土石方利用自卸汽车从出口运出。考虑到锚碇混凝土浇筑完成后基坑回填尚需回填透水性材料，在弃土场将用于回填的弃渣分开堆放，对弃方场地做好挡墙等防护工作，以保护周边环境。

2. 石方爆破

1）爆破方案选择

本锚碇爆破作业地点周围为山地，爆破作业环境较好。考虑到爆破作业区域的实际条件、岩石构造以及工期、施工队伍设备等方面的要求，确定爆破采用先深孔主体松动爆破、后深孔周边光面爆破方案。

2）爆破开挖施工顺序安排

为保证边坡稳定和作业人员、设备的安全，爆破开挖工作在平面上分区作业，基坑开挖逐渐形成台阶。爆破装药孔利用凿岩机钻孔。为充分发挥凿岩机的效率，光面孔深取 10 m，台阶高度取 10 m。

3）孔网参数设计

松动爆破参数设计：

台阶高度：每次爆破台阶高度取 H=10 m。

孔径：钻倾斜炮孔，倾斜角度 A=75°，相应倾斜度为 1∶0.3。因为本施工采用深孔钻孔爆破方法，药卷直径为 70 mm。为提高钻孔效率，并满足装药和爆破质量等方面的要求，取 d=90 mm。

孔深：L=（H+h）/sin$A$=10.9 m。h 为超钻深度，取 h=0.5 m。

最小抵抗线：W=（20～50）d，取 W=2.4 m。孔距 a 和排距 b：取 a=3.0 m，采用梅花形布孔，b=2.7 m。

堵塞长度：取 2.5 m。

单位炸药消耗量：依据岩石 f 值，取 q=0.5 kg/m^3。

参数调整：以上参数都为试验炮参数，根据试验炮结果，在此基础上进行爆破参数的微调。

起爆方式：采用奇偶微差方式起爆。奇偶起爆方式实行了孔间微差，能增加自由面，爆破方向交错，岩石碰撞机会多，破碎均匀，减震效果好。

装药量计算：

第一排孔单孔药量：$Q=qaWL$=0.5×3.0×2.4×10.9=311.24 kg。

从第二排孔起单孔药量：$Q=qabL$=0.5×3.0×2.7×10.9=44.15 kg。

一次齐爆药量：$Q_{齐}$=7×44.15=309.05 kg。

一次爆破总药量：$Q_{总}$=13×311.24+6×13×44.15=3953.82 kg。

在没有水的条件下作业时，使用 2 号岩石炸药；如果在有水的条件下进行爆破作业，则采用乳化炸药。具体药量应根据不同区域岩石的特性，裂隙发育情况等在现场试验的基础上适时调整。

3. 光面孔参数设计

光面孔深度：按重力锚台阶高度取 10 m。

炮孔直径：钻倾斜炮孔，倾斜度为 1∶0.3，炮孔直径取 D=80 mm。

线装药密度：炮孔底部 3 m 线装药密度取值 0.7 kg/m，中部 3 m 线装药密度取值 0.5 kg/m，上部 4.4 m 线装药密度取值 0.3 kg/m，口部填塞长度为 0.5 m。

炮孔间距：取 a=0.8 m。

炮孔深度：L=（H+h）/sin$A$，其中 H 为台阶高度，h 为超钻深度，取 h=0.5 m，A 为炮孔倾角，取 A=75b。则 L=10.9 m。

装药与填塞：采用人工装药，药柱置于炮孔中心，药卷直径为 32 mm。将药卷绑在竹片上，再插入孔内，竹片置于孔的下侧面。炸药装填好后，先用纸团等松软的物质盖在药柱上，再填干砂等松散材料，填塞应密实，以防止炸药气体冲出，影响光面效果。装药结构为不连续不耦合装药。

起爆网络：采用导爆索起爆网络。由于该锚碇断面较大，光面孔数多，采用分段起爆的方式，每段雷管起爆光面孔布置为 20 个。

4. 大块岩石二次爆破

在石方爆破过程中，无论采取什么样的爆破方法，不可避免地会产生一定数量的大块岩石，而这些大块岩石超过了生产要求规格或挖装机械的铲斗容量，对这些大块岩石必须进行二次破碎。本施工主要采用爆破破碎法。

装药结构：炸药装至炮孔的底部，或分层装药（特大块岩石），空余部分用砂土堵塞，并用炮棍捣实。

起爆网络：采用串联电爆网络。大块岩石的二次爆破所需的炸药单耗为 0.06 ~ 0.10 kg/m^3。

5. 炮孔布置

炮孔在平面上采用多排方式布置，在立面上则分层布置。在光面孔与主爆孔之间布置过渡孔，其角度处于光面孔与主爆孔的角度之间。

6. 基底清理

根据设计要求，基坑底最后 1 m 不允许爆破，只能进行人工和机械凿除。为了加快施工进度，采用挖掘机带破碎头进行大面积的凿除。然后再用人工配风镐仔细修整，基底达到设计标高并没有松散岩石后用高压水和高压风一道将基底清洗干净。

7. 出渣便道

设计施工便道口至基底高差达 34 m，便道口距基坑边缘仅 23 m，基坑外侧为悬崖，内侧为高边坡，因此进入基坑的通道设计是坑底开挖的关键工作。由于纵坡不宜太大，因此进入基坑通道至少需 280 m。因基坑外侧不能布置通道，运输通道只能设在基坑内。但基坑内线路太短，因此利用基坑 13 m 平台，穿过平台后在基坑右侧将施工便道绕到最底层平台处，为了减少施工便道的纵坡，便道最低处较基坑底高 4 m，以至于最后开挖进入基坑处便道时可以用挖掘机清除。13 m 平台较设计施工便道低 6 m，这样减小进口处施工便道的开挖降低工程量，在 13 m 平台处便道口也留 3 m 未清除到位，待基坑全部土石方运输完成后，再将此路挖除。对于基坑内没有用汽车运出的石方则通过人工和塔吊出渣。

21.2.2 丽江岸锚碇施工

1. 丽江岸锚碇施工工艺流程

丽江岸锚碇施工工艺流程，详见图 21-1。

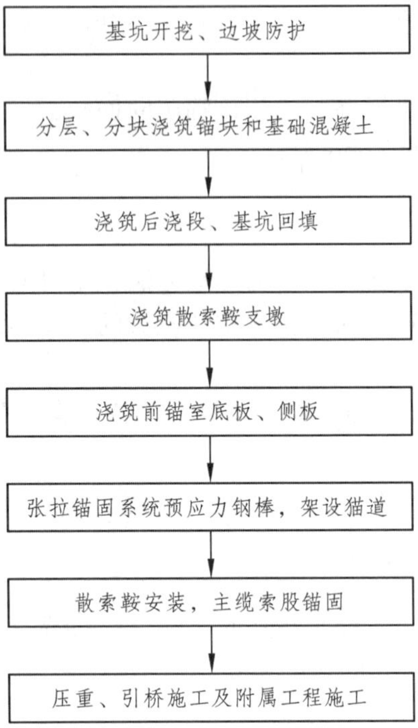

图 21-1　丽江岸锚碇施工工艺流程

2. 丽江岸重力式锚碇施工

1）锚碇挖方施工

锚碇基坑开挖均以机械开挖为主，人工开挖为辅（基底、平台整平及边坡修整）。遇有局部岩块强度及机械开挖困难时，可采用小药量预裂爆破。对于设计的基坑开挖边坡，在施工时可根据实际地质情况予以调整，在确保边坡安全的情况下，避免自然景观的较大破坏。锚碇基坑的防护按设计要求进行。锚碇施工期较长，需特别注意在边坡顶部设置排水沟，确保边坡稳定性，基坑开挖时，应采取有效措施降低地下水位并及时排除基坑积水，以利基坑开挖。当基坑开挖到接近设计高程时，应设置排水沟和积水井排水，防止积水浸泡基底而使其承载能力受到影响。基坑开挖到设计高程后，应采取措施排除基坑可能的积水。同时，应进行基底原位地基承载能力试验、沉降试验及摩阻力试验，并满足设计要求后，方可进行锚块混凝土施工。

2）高强钢拉杆锚固系统

（1）系统介绍

与香格里拉岸隧道锚相同，详见“系统介绍”。

（2）施工工艺流程

与香格里拉岸隧道锚相同，详见“施工工艺流程”。

（3）高强钢拉杆管道定位支架施工

锚块内埋设的钢拉杆定位系统由基准架和定位架组成，基准架是安装定位架的基准，是控制定位架精确安装的关键，并承受定位架传来的荷载。基准架采用角钢组拼成的格构式立柱，立柱间采用型钢连接成整体。

3）锚碇模板施工

锚碇结构中基础、锚块、锚室、散索鞍支墩砼体积大，形状不规则，局部平面很大，对模板要求刚度大，稳定性好，故采用翻模法进行施工，外侧模全部选用特种钢模，内模拟选用竹胶板面板，方木带及钢管支撑组合模板施工，或采用组合钢模进行施工。前后锚面特制大刚度整体性平面钢模施工。

4）锚碇钢筋施工

锚碇各部分的永久外露表面钢筋保护层内均设→层直径中 6 mm，间距为 10×10 cm 的带肋钢筋焊网，以增强混凝土表面抗裂性能。锚体各部一般外、内表面均设置一层钢筋网，钢筋直径 25，纵、横间距均为 20 cm。锚体底面设置二层钢筋网，在距底面约 1 m 高度处设一层钢筋网，钢筋直径 25 mm，由于架设锚固系统钢拉杆管道支架时锚块下 3 m 的底层混凝土作为支架底板使用，故在距底面 3 m 高度处设一层钢筋网以作为表面钢筋，钢筋直径 25 mm；在锚块前锚面下增设二层钢筋网，钢筋直径 25 mm，在后锚面下增设二层钢筋网，钢筋直径 25 mm，以承担并分布锚下应力；在鞍部顶部增设二层钢筋网，顺桥向钢筋直径 25 mm；散索鞍支墩底部倒角处增设一层钢筋网，顺桥向钢筋直径 25 mm；支墩顶部约 7 m 高度范围内设置多层加强钢筋网，以抵抗散索鞍传来的巨大压力；同时，为构造和施工需要，各部根据实际情况设置了各类架立钢筋、局部加强钢筋等。

5）大体积混凝土的温控

在仿真计算的基础上，结合以往施工经验制定了混凝土在施工期内不产生温度裂缝的温控指标。

6）锚碇混凝土施工

在锚碇中的 C30 和 C40 混凝土根据施工要求均采用泵送工艺，对配合比有较高的要求，并满足设计标号、泵送施工、低水化热和缓凝、防渗等要求。

7）散索鞍支墩施工

散索鞍支墩有 53°倾角，前锚室也需要支撑，设置一座整体式支架，用万能杆件拼装而成，可同时承受散索鞍支墩的水平荷载和前锚室传递下来的竖向荷载。施工采用水平全断面分层，分层高度拟取 4 m，分层图见图 21-1。施工示意见下“鞍部劲性骨架施工实例”所示，散索鞍鞍部为斜向混凝土结构，需设置钢筋劲性骨架。

8）锚碇其他部分施工

（1）前锚室洞口段施工

钢筋、预埋件施工同散索鞍支墩钢筋施工。模板采用大块整体钢模，塔吊配合安装。混凝土由搅拌站集中拌和，混凝土拖泵泵送入仓。

（2）洞口基坑回填

前锚室、散索鞍支墩施工完成后，进行洞口基坑回填。填料利用隧洞开挖出渣，填筑要求严格按台背回填要求施工。散索鞍支墩边角及靠近基坑坡脚，采用手扶式振动夯机夯实，该范围的每层松铺厚度不宜超过 20 cm，且填料粒径不宜超过 6 cm。

（3）主缆护室施工

钢筋同前锚室施工，模板采用大块整体翻模，外模塔吊配合安装，内模人工安装拆卸。混凝土浇筑参见前锚室施工。

（4）检修门洞、楼梯施工

待锚塞体混凝土强度达到设计强度的 75%后拆除检修门洞模板及支撑系统，安装楼梯。

21.3 隧道锚施工技术

金安金沙江大桥位于丽江市东北约 40 km 处，金安水电站上游 1.4 km，主桥用 1386 m 单跨板桁结合钢桁加劲梁悬索桥，由隧道式锚碇、索塔、索鞍、缆索和板桁结合加劲梁等工程组成，是目前世界上最大跨径的山区悬索桥%锚碇左右锚室中心距离为 27.0 m，轴线方向长度为 73 m，由前锚室、锚块、后锚室、散索鞍基础等 4 部分组成，采用预应力锚固体系连接主缆索股。锚碇构造如图 21-2 所示。

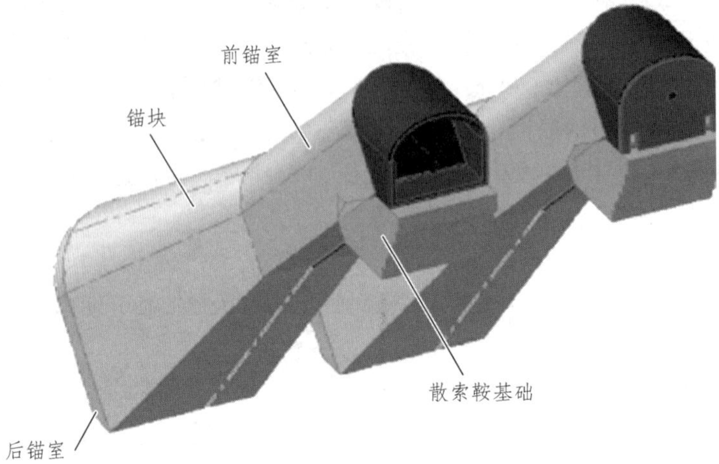

图 21-2 隧道锚构造图

锚碇在开挖时设 25 cm 厚聚丙烯合成网状纤维混凝土作为初期衬砌，且沿锚碇四周布置水泥砂浆锚杆，在前后锚室及锚块部位的衬砌还采用闭合型钢支架加劲。

锚碇开挖支护前需对洞周 10 m 范围内的裂隙及溶洞等进行压浆封闭、封堵，以提高围岩的整体性，同时在左右两侧锚碇各设排湿系统和排水系统一套。

21.3.1 水作用下软岩隧道锚承载力试验研究

1. 锚区边坡水位变化对隧道锚承载力影响研究

悬索桥安全和长期使用的可靠性依赖于锚锭基础的稳定性和受力状态。隧道锚浅埋与岸坡地表之中，锚锭承受工程主缆荷载作用，并传力到持力岩层，由于持力岩层距地表较浅，因而隧道锚抗滑稳定性问题实则为岸坡岩体自身的稳定性。隧道锚考虑受水的影响，锚锭一围岩系统在拉拔荷载下表现出变形增大和承载力的降低。跨江悬索桥锚固区工程地质条件若较好，适宜选择性价比较高的隧道式锚固系统，然而，江水位变动产生的渗流场和软化作用将改变锚区岸坡应力场分布格局，降低锚区围岩地基与锚锭基础的稳定性。隧道锚的稳定性对于整个桥梁系统稳定无疑至关重要，考虑水位变化对隧道锚受力机理和稳定性影响是设计所关心的重要问题，故下文利用有限元软件 ABAQUS 进行处理分析。

2. 隧道锚三维数值模型

隧道锚三维地质边坡依据工程项目未动工前的地形图确定隧道锚地表面，利用 Autocad 提取北岸锚锭区边坡地貌信息，利用 Suffer 软件将 cad 提取的信息，并选取合适的间距进行插值，将插值得到的点信息导入到 ABAQUS 软件建立三维地质模型。

模型材料参数取值：根据长江科学院提供的重庆市江津区中渡长江大桥锚锭及引道（北岸）工程地质勘察报告，实桥锚锭部位的地层主要由侏罗系上统遂宁组（J3sn）的泥岩和砂岩互层地层组成，共分为 7 层，包括 4 层泥岩和 3 层砂岩。本项目简化数值建模，对实桥锚区岩体全部取为泥岩；考虑隧道锚锚洞四周围岩强度受开挖扰动而弱化，为此在实桥隧道锚锚锭与围岩接触 1 m 范围布置接触软化带（岩体—混凝土接触带）反映围岩力学参数的降低。

根据计算参数，并结合几江长江大桥工程地质勘查报告中的岩土建议参数作为数值计算模型参数。泥岩及锚锭—围岩接触区域均采用弹塑性的 Mohr-Coulomb 本构模型，钢筋混凝土锚锭体材料采用了线弹性模型。

锚区边坡岩体的计算范围：为消除边界效应的影响，取围岩的长度尺寸为混凝土锚锭长度尺寸的 4 倍。三维数值计算模型的范围为：横桥向（Y）长 180 m，顺桥方向（X）长 240 m，垂直高度（Z）为 200 m。泥岩岩体和岩体—混凝土接触带模型采用四面体单元，锚锭体采用六面体单元，并在锚锭区增加单元划分密度。模拟过程中，计算模型边坡表面采用无位移约束，四个侧面均采用垂直于边界面的活动铰支座位移约束，底面采用固定铰支座位移约束。

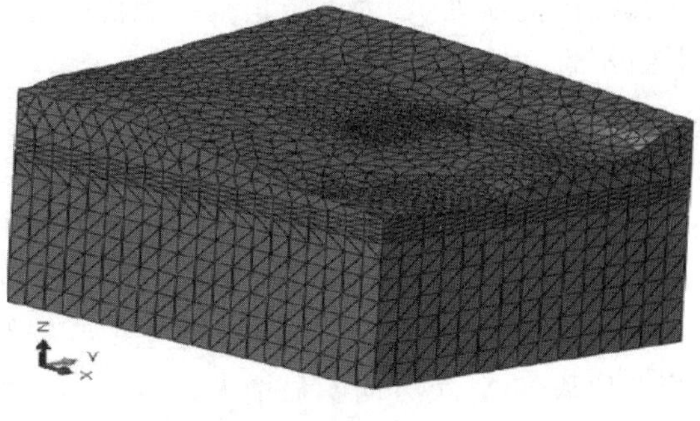

图 21-3　泥岩图隧道锚三维计算模型

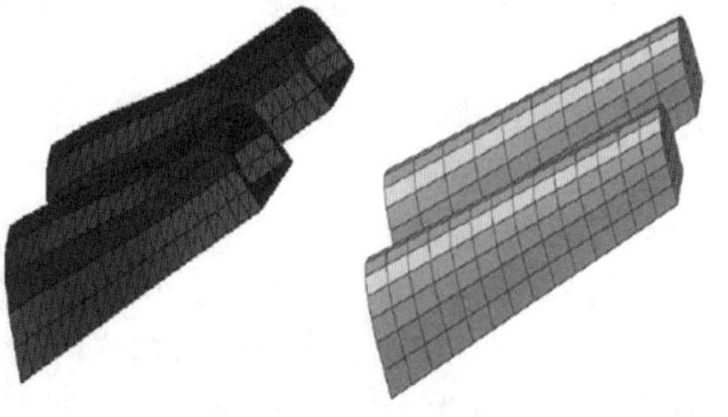

图 21-4　混凝土隧道锚三维计算模型

3. 水位计算工况的确定及计算步骤

水位计算工况的确定：水位对于岩石边坡稳定性的影响主要有以下三个方面：低于水位线部分的地层受到浮力影响，水位的高低所产生的渗透力影响以及水位的高低所带来的水的浸泡软化作用。锚区边坡数值计算时，只考虑水位的高低所带来的水的浸泡软化作用，即水位下岩体和锚锭容重均取为泡水状态参数，以上取天然状态参数。

计算过程：ABAQUS 中规定以受拉为正、受压为负，与土力学中规定相反，最大主应力对应土力学中的第三主应力，最小主应力对应土力学中的第一主应力。通过有限元软件（Abaqus）对北岸实桥隧道锚进行模拟，先完成隧道锚前期施工过程模拟，如：施加自重应力、地应力平衡、隧道锚洞开挖以及浇筑混凝土锚锭，再进行后期运营过程中的模拟：处于不同种水位工况下，分别计算 1 倍运营缆力（$1P$），2 倍运营缆力，3 倍运营缆力，直到隧道锚破坏时，隧道锚锚锭及围岩应力、位移变化过程，以此研究水对隧道锚围岩承载能力和稳定的影响。本工程实桥隧道锚承受主缆张拉荷载，且单隧道锚锚锭主缆设计荷载 P 为 108 MN，单锚锭前锚面面积 811.27 m^2，故在隧道锚锚锭前锚面施加均布荷载 1.22 MPa。

4. 数值计算结果及分析

隧道锚锚锭体及围岩体位移分析：水位的上升增大了隧道锚位移。正常水位下，隧道锚锚锭承受向右上方的 1 倍运营缆力，位移场以锚锭为中心向围岩中扩散，且分布近似椭球形状。随着水位的上升，锚锭上方边坡表面及深部岩体产生了不均匀沉降，最大沉降位移量出现在锚锭后端上方地表；与此同时，锚锭整体除了在拉拔方向位移变形增大之外，自身还发生了沿顺桥方向的偏转（尤其锚锭前端处），为了防止锚锭顺桥向过大的位移变形，可在锚锭前端底部设置抗滑桩增加其抗滑性。

在锚区边坡表面及锚锭前端面，选取 1#-10#作为监测点（见图 21-5）。通过 ABAQUS 后处理器得到监测点的位移随水位上升的响应（见图 21-6）：1 倍运营缆力作用下，从锚区边坡表面及锚锭前锚面各测点不同方向位移数量级可以看出，各测点顺桥向和竖向位移相比垂直桥向位移，处于主导地位；随着水位的上升，各测点顺桥向位移逐渐增大，尤其锚锭前锚面位移最为明显；各测点垂直桥向位移向 Y 负方向增大，这主要与锚锭区边坡地形右高左低有关，随着荷载增加，锚锭测点位移向 Y 负方向明显增大，对于本工程锚锭构筑于泥岩之中，而水对泥岩软化作用较为敏感，为保证锚锭体只在其纵向（XZ 平面）产生位移，可以在隧道锚洞侧打锚杆、注浆及良好的给排水等措施；各测点竖向位移向 Z 负向增大，说明锚锭区边坡表面和锚锭发生不同程度的沉降，最大沉降出现在锚区边坡面坡顶（隧道锚锚锭后端上方围岩）。

隧道锚围岩体及锚锭体应力分析：随着水位的变化，隧道锚锭围岩系统应力场不断调整，引起锚锭和锚锭附近围岩受力集中，而围岩中最大主应力值决定了围岩的破坏程度。在 1 倍运营缆力作用下，隧道锚锚锭—围岩系统最大主应力主要分布在锚锭后端围岩，锚锭前锚口地表边坡岩体，锚锭前端以及前锚室围岩接触带等部位。从正常水位到最高洪水位，隧道锚围岩大主应力变化范围为 0.083 ~ 0.0973 MPa 隧道锚围岩接触带大主应力变化范围为 0.153 ~ 0.182 MPa 隧道锚锚锭大主应力变化范围为 1.220 ~ 1.260 MPa。随水位上升，各部位大主应力相应增加，为避免这些部位受拉破损，施工中应进行加固，增加强度与刚度，尤其隧道锚围岩接触带部位。

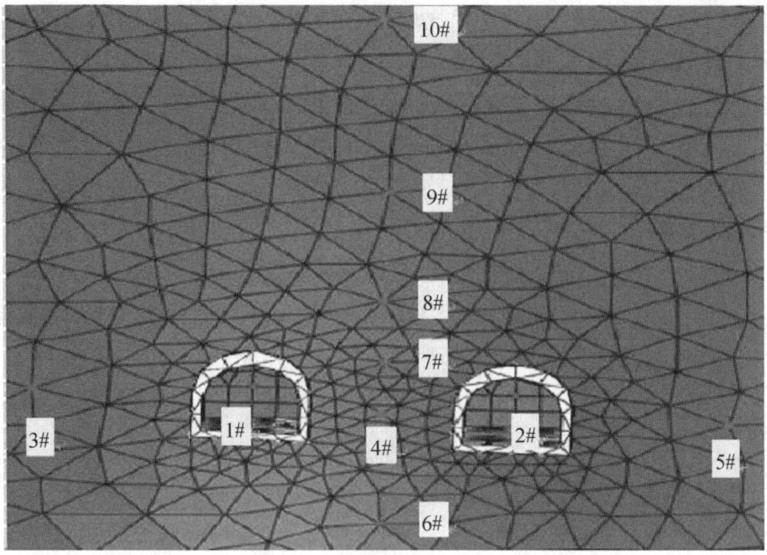

图 21-5 隧道锚测点布置

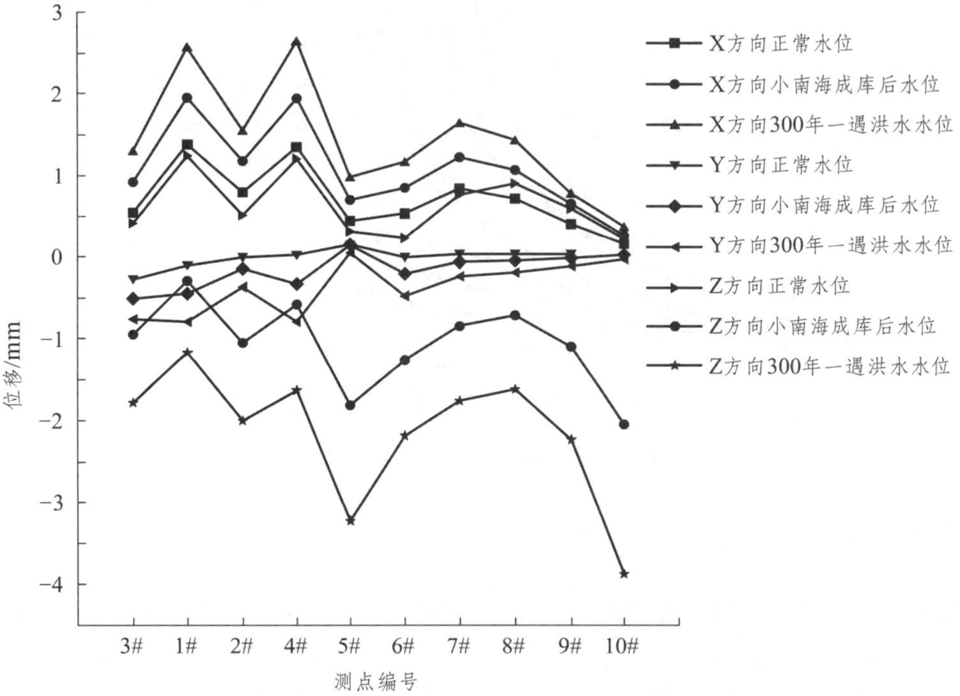

图 21-6 锚锭及围岩监测点位移变化

隧道锚承载力分析：隧道锚位移会对悬索桥的主缆、吊杆、加劲梁、索塔等主要结构的受力及变形产生影响，考虑隧道锚锚锭沿桥向最大位移（合位移）量控制桥面的挠度和桥塔的倾斜度，影响着大桥整体稳定性。因此，数值计算中对控制锚锭前锚面测点（1#和 2#）进行了重点监测。双锚锭之间中隔墙岩体变形敏感，因此选择中隔墙前端地表监测点（4#）。

测点的荷载一位移关系曲线如图所示（见图 21-7），由图可以看出，从正常水位到最高洪水水位工况，隧道锚各测点位移随拉拔荷载增加而相应增大，拉拔荷载较小时，隧道锚锚锭位移和围岩位移增加幅度相差不大，随荷载增加，隧道锚锚锭位移增加量明显比围岩位移大，表明水位的上升，隧道锚锚锭承载力降低幅度比围岩大，显示了围岩作为整体性受力体，能够提供较大的富余抗拔能力。隧道锚的荷载—位移曲线呈缓变型，随着缆力的增加，隧道锚位移先呈线性增加，达到拐点之后承载力随位移的增大仍然继续增大，但位移迅速增加，所以用位移确定极限承载力。正常水位下，锚锭（1#和 2#）在拐点处的位移为 48.47 mm 和 44.64 mm，对应荷载 10*P*。小南海成库后，锚锭在拐点处的位移为 66.07 mm 和 60.92 mm，对应荷载 11.24*P*。最高洪水水位，锚锭在拐点处的位移为 67.13 mm 和 61.54 mm，对应荷载 8.17*P*。总体上，随着水位的上升，隧道锚承载能力逐渐降低，但降低幅度有限，体现了隧道锚超强的抗拔能力。

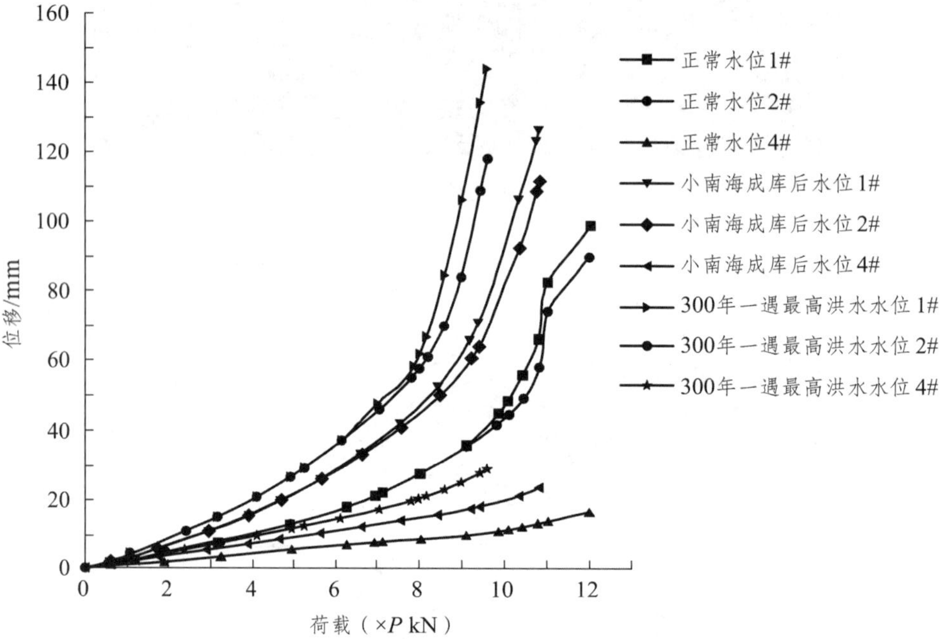

图 21-7 隧道锚关键测点荷载-位移曲线

21.3.2 隧道锚施工

锚碇施工工艺流程：超前支护进洞→前锚室开挖及初支→散索鞍基础开挖→散索鞍施工→锚塞体、后锚室开挖及初支→后锚室二衬→前锚室二衬→预应力定位支架安装→锚塞体混凝土施工→预应力系统安装→散索鞍安装→主缆安装→前锚室前墙及侧墙施工。

（1）隧洞开挖。隧洞开挖采用风钻打眼，非电毫秒雷管起爆，2 号岩石乳化炸药爆破。隧洞爆破采用预裂爆破。出渣采用有轨运输，洞渣采用挖掘机装渣、绞车配矿车提升、自卸汽车运输。

（2）洞身。采用分部开挖法施工，分上、中、下短台阶，每一台阶一次钻眼、分次爆破、一次出渣。每循环进尺按 1 mm 考虑（根据围岩情况，也可增加到 1.5 m）。采用钻爆法施工，通过控制爆破来控制洞形，绞车提升轨道小车出渣。

（3）初期支护。初喷 25 cm 厚 C30 聚丙烯纤维网喷射混凝土后，立刻进行砂浆锚杆施工和钢拱架快速安装，再铺设钢筋网片，复喷至设计厚度。

（4）前、后锚室二次衬砌。二次衬砌采用脚手管支架作为支承，侧模采用钢模，顶模采用木模。

（5）锚塞体。预应力管道采用角钢定位架准确定位，预埋管采用无缝钢管，锚塞体混凝土施工采用大体积混凝土施工工艺，混凝土通过座地泵输送至隧洞内。

（6）散索鞍支墩。散索鞍支墩混凝土亦采用大体积混凝土施工工艺，混凝土采用泵送，模板采用木模。

21.3.3　施工布置

1. 管线布置

隧洞内采用软质风管悬挂在边墙一侧，采用轴流风机进行压入式送风。隧洞动力线、照明线分开安装在另一侧的边墙顶部边缘上。高压水管、高压风管和排水管安装在风管同侧的边墙下部，隧洞右侧底部设人行通道。管线布置如图 21-8 所示。

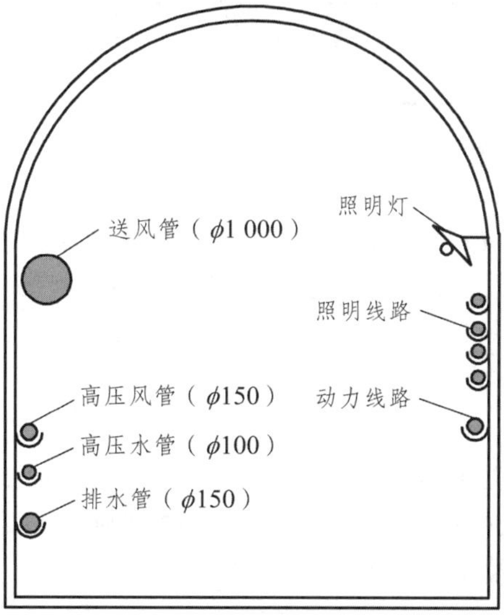

图 21-8　隧道管线布置

2. 隧洞排水

洞外排水。在隧洞上方设置截水沟，拦截地表水。在护拱上布置排水沟，基坑内沿洞口布置排水沟及集水井，形成完整的截水、排水系统。在集水井内布置小型水泵，抽排到基坑外。

洞内排水。沿隧洞侧墙布置排水沟，在前、后锚室端部设置集水井，在集水井内布置小型水泵，抽排到基坑集水井，再抽排到隧洞外。

3. 洞口护拱

洞口超前支护完成后，在隧洞口初期支护轮廓线外侧施作护拱，形成安全挡护，防比滚危石和洞外地表水进入洞内。护拱施工采用在洞外超支一榀钢架，搭设脚手支架、支模并喷渣由底卸式矿车通过轨道运输到洞外出渣平台，卸渣至自卸汽车，洞外由自卸汽车将洞渣运至指定弃土场。

4. 隧洞开挖

隧洞采用人工、机械、光而爆破开挖相结合的方式进行开挖。由于左、右隧洞净距较小，因此左、右洞室错开掘进。

隧洞开挖遵循短开挖、快支护、控制一次爆破规模的原则，减少对围岩的扰动，提高岩石的自支护能力。先行洞（拟选为左洞）开挖采用微台阶开挖法，前锚室开挖分为上、中、下等 3 个台阶进行，锚塞体及后锚室围岩相对前锚室要稳定，可采取全断而开挖，但是开挖断而太大，开挖也采用台阶开挖法，同样分为 3 个台阶，台阶长度 35 m，支护紧跟爆破开挖工作。后续洞（右洞）亦采用微台阶开挖法，共分为 3 个台阶 6 个部分，采用分次爆破，一次出渣。隧洞开挖顺序如图 21-9 所示。

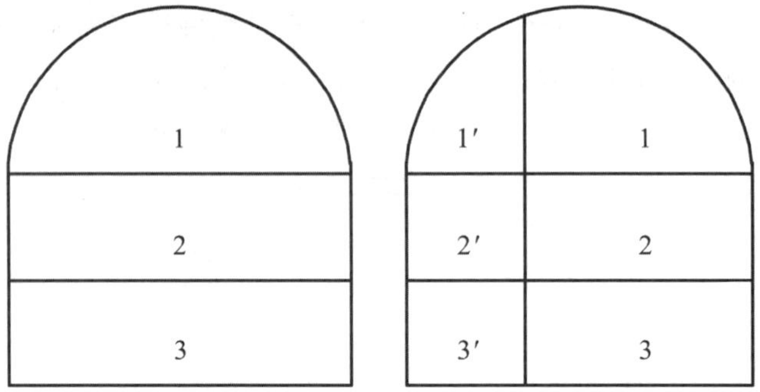

（a）先行洞　　（b）后续洞

图 21-9　分布开挖顺序

5. 支护施工

1）超前支护

隧洞前锚室+锚塞体前段隧洞采用超前小导管进行超前支护加强，超前小导管采用 3 m×42 mm×3.5 mm 钢花管。超前小导管以 10°～12°外倾角打入围岩，拱部环向 50 cm 间距布置，钢管尾部焊接于工钢拱架上。

2）初期支护

依据“短进尺、强支护、快封闭”的原则，在爆破开挖后，立刻进行喷射混凝土施工，喷射厚度 3～5 cm，然后进行超前小导管注浆和锚杆施工，同时进行钢筋网和钢支撑的安装，喷射第二层混凝土，喷射混凝土厚度为 5 cm，然后逐层喷射混凝土至设计厚度。待喷射混凝土具有一定强度时方可进行下一个循环的爆破作业。

前锚室及锚塞体前段初期支护采用中空注浆锚杆与 I10 钢拱架、钢筋网喷混凝土相结合的方式。喷射混凝土为 25 cm 厚 C30 聚丙烯纤维网喷射混凝土。

3）二次衬砌

隧道锚前锚室、后锚室均设置二次衬砌，二次衬砌为 45 cm 厚的 C30 钢筋混凝土。隧道锚隧洞为倾斜结构，二次衬砌无法使用隧道台车，故采用支架模板方案进行混凝土浇筑，支架采用满堂脚手架，模板采用定型小块模板。

二次衬砌施作时采用较大的骨灰比、降低水灰比、加强养护措施，防比二次衬砌混凝土开裂，混凝土拆模时内外温差不得大于 20 °C。

前锚室二次衬砌在锚塞体施工完成后开始施工，前锚而距离进洞口距离约 36 m，二次衬砌混凝土施工分为 5 段施工，每段沿隧洞轴线浇筑长度为 7.0 m，每段接缝均与隧洞轴线相垂直。

后锚室初期支护完成后转入后锚室二次衬砌施工。按照设计要求进行后锚室复合衬砌层的钢筋绑扎和预埋件的安装，由于后锚室复合衬砌层断而较大，将混凝土沿高度方向分为 3 层进行浇筑，沿后锚室依次为 8.0 m，8.0 m，8.0 m。

6. 防水施工

1）无纺布和防水板铺设

防排水层由 300 kg/m^2 无纺布缓冲层和 1.2 mm 厚 EVA 防水板组成。无纺布采用锚钉钉在岩而上，防水卷材采用无射钉铺挂法，防水卷材用垫圈和绳扣吊挂在无纺布锚钉板上，防水层铺设只能采用环向接缝，不能存在纵向接缝，防水板的铺设超过二次衬砌 1 ~ 2 个循环。

2）基面要求

防水层铺设前必须对喷射混凝土基面进行清理。

3）防水板施工工艺

为了保证防水可靠和便于施工，先将无纺布垫层用机械的方法铺设在喷射混凝土基面上，然后用热合方法将 EVA 膜粘贴在固定无纺布垫层的塑料垫片上，从而使 EVA 膜无机械损伤。其施工顺序为：基面清理→无纺布垫层施工→塑料垫片施工→EVA 板铺设。

4）塑料盲沟的施工

环向塑料盲沟在锚喷支护（初期支护层）与防水层之间沿环向设置，纵向间距 5 m，其下端与纵向渗水盲管相接。在前锚室、后锚室底部预埋横向排水管，将水引入锚室底部的集水井内，前锚室集水通过排水管道汇入后锚室，通过水平排水导洞直接将锚体内积水排出。

7. 锚塞体施工

混凝土工程锚塞体沿隧道锚轴线长 40 m，左右两个锚塞体总共浇筑 C40 微膨胀混凝土 16 792 m^3 锚塞体混凝土体积较大，为大体积混凝土结构，且混凝土强度等级高，需解决好混凝土的温度应力，防止混凝土发生温度裂缝。

锚塞体前锚而、后锚而模板与前、后锚室二衬一样采用定型小块模板，模板连接采用专用螺栓连接。拱顶圆弧段模板采用木模板切割成洞室实际需要的形状、尺寸。锚块混凝土分层浇筑，标准层厚度 20 m。

预应力管道锚固槽口采用锚块形式以保证锚固而与锚固拉索相垂直，锚固而为正方形，从而使得锚块每边均为异形四边形，从而增加了锚固槽口模板的定位难度。要满足锚固槽口模板安装精度，则模板加工精度就需满足要求。为此锚固槽口模板采用 6 mm 厚钢板加工成定型模板，模板而板均通过严格放样后加工成型并编号归类堆放。锚固槽口模板与预埋管锚垫板采用螺栓牢固连接。

混凝土浇筑采用两台座地泵同时对锚塞体进行浇筑，浇筑时对锚垫板处混凝土适当进行振捣，保证锚垫板后的混凝土密实，且不得扰动锚垫板位置。在浇筑过程中要保证混凝土的连续性，意外中断超过初凝时间，按施工缝进行处理。混凝土浇筑时直接用泵管运送到隧洞内。

8. 预应力管道安装

预应力管道及连接管均采用 3 mm 壁厚无缝钢管，钢管焊接接头做专门密封处理。前后锚室二衬完成后，在锚塞体内设置预埋钢管定位架，定位架采用角钢焊接而成。预应力管道定位支架如图 21-10 所示。

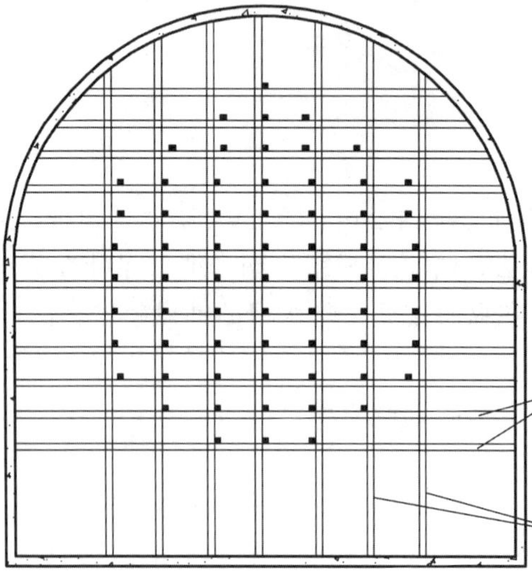

图 21-10　预应力管道安装

由于锚塞体呈楔形，楔形体变化使得每一排角钢长度均不一致，因此每一根角钢都必须经过精确计算，确定角钢长度，加工成单个短件，并编号堆放。

锚固拉索预埋管道安装时在施工现场按 6 m 一段进行焊接接长，为了将施工中累积误差控制在设计要求范围内，施工时对槽口模板、锚垫板、定位板及预埋管道的定位进行重点控制，最终将偏差均控制在允许范围内。

9. 散索鞍基础

散索鞍基础承台为矩形钢筋混凝土结构，结构尺寸 11.6 m×16.2 m×9.5 m，为大体积混凝土结构。为有效控制大体积混凝土结构温度裂缝，承台沿高度方向分为 3 层浇筑。散索鞍基础混凝土集中拌制后由混凝土罐车运输至基础位置，由汽车泵直接将混凝土泵送至作业点。

21.4　猫道架设技术

21.4.1　悬索桥施工中猫道架设安全风险事态及成因分析

猫道（Cat walk）是大跨径悬索桥施工必备的临时结构，为主缆架设、索夹和吊索安装、钢箱梁吊装、主缆防护等提供施工操作平台、材料及工具运输通道，其使用从始至终贯穿整个悬索桥上部构造安装施工过程，使用周期长，经受长时间的考验。猫道作业贯穿整个桥梁的上部施工过程，猫道上的作业全部为高空作业，施工人员承受着天气状况、风速、雨水（雨雪）台风等自然环境影响，猫道的架设与拆除难度大、危险程度高，猫道的维护和使用对施工人员的安全是至关重要的。因此猫道的使用、架设与拆除等施工作业，施工单位必须建立健全规范的安全管理制度，防范在猫道发生高空坠落、坠物伤人等安全事故。

21.4.2 猫道架设施工工序

牵引系统架设完成后，进行猫道架设施工。其主要包括：托架安装、猫道承重索架设，门架承重索架设，塔顶转索鞍、下压装置及变位刚架安装，猫道面层铺设，横向通道安装，猫道门架安装及猫道线形调整等工作。

1. 先导索过江施工方案

为了降低施工对自然环境的影响，采用遥控飞艇牵引的方法牵放小 2 mm 先导索过江的施工方案。先导索牵引到位后，再通过 4 次转换对接和机械牵引，实现 2 ~ 5 级先导索的架设，并最终完成牵引索的架设。

2. 猫道架设牵引系统施工方案

单线往复牵引系统是用于猫道承重索、猫道门架承重索、托架承重索、托架定位索、猫道扶手索架设及猫道面网铺设下滑时的拽拉等。一套单线往复牵引系统包括锚锭和中塔处的 2 台牵引卷扬机、转向导论、鞍部的转向导轮、边塔顶导轮组、中塔顶导向轮、牵引索、拽拉器等组成。

3. 猫道承重索架设施工方案

为了提高猫道承重索架设速度，猫道承重索由中塔变位架处分为两段，以中塔为界，南北猫道承重索由 2 套独立单线往复牵引系统架设。两段猫道承重索，在南北锚锭前面牵引，前锚头经边塔导向轮至中塔连接，后锚头通过锚锭门架上的卷扬机滑车组牵引反拉至锚固处锚固，形成四跨连续的猫道承重索。由于马鞍山长江公路大桥地处长江黄金水道，航运繁忙，为了减小牵引索的直径和牵引力、防止垂度过大干扰通航，主跨猫道承重索采用托架法间接架设。边跨采用地面直接上提法施工。对于托架设计，增加了侧向限位滚轮设计，减小了猫道承重索与托架型钢的摩擦，降低了空中牵引难度。

4. 猫道承重索垂度调整

猫道架设的关键是猫道承重索架设及垂度调整，在承重索架设之前，精确计算各阶段承重索的标高和水平位置，并据此精确地计算出每条猫道承重索的理论长度，列表备查。在进行猫道承重索垂度调整时，根据其无应力长度，结合实测计算长度，利用边塔塔顶门架上的卷扬机及滑车组逐根调整，使得猫道承重索总长符合设计长度，使几条猫道承重索垂度相同并满足设计要求。主跨、边跨垂度调整方法相同。

5. 托架及托架承重索的上提

托架及托架定位索的拆除在边塔塔顶平台上进行，利用边塔塔顶门架卷扬机把托架定位索一端绳头缠绕在塔顶门架 10 t 卷扬机上，中塔塔顶另一端绳头从锚固点解除并与拽拉器连接。利用牵引系统与塔顶卷扬机，逐个回收托架及托架定位索。托架及托架定位索拆除完毕后，先利用塔顶门架上的卷扬机和滑车组，解除托架承重索与主塔的临时锚固，将托架承重索临时锚固点转移到塔顶门架横系梁上，调整原托架承重索垂度小于牵引索垂度。

6. 猫道下拉装置及变位刚架的安装

对于四跨连续式猫道结构，为了确保猫道线型与主缆空缆线型一致、主缆中心与猫道承重索间距相同、猫道承重索连续穿越塔顶，需在塔顶两侧设置猫道承重索变位及下拉装置。

首先用塔吊提升变位梁并固定在设计位置，然后利用塔顶卷扬机及手拉葫芦横向对称调整承重索至相应位置，安装下压梁并与承重索固定，全部承重索就位后，在下压梁塔侧承重索上安装防滑夹具，最后将下压梁与下压滑车组连接，塔顶卷扬机调整下压量至猫道线形符合设计要求，即完成下压装置安装。

7. 猫道面网、及横向通道铺设施工方案

猫道面层和横向通道架设是采用下滑铺设法，在地面将组成猫道面层的各种材料，如防滑木条，粗面层网、角钢等按设计位置绑扎好，用塔吊将其吊至塔顶工作平台上。为保持主、边跨面网铺设相对平衡，根据跨长比例控制各跨铺设速度，以减小铺设过程中的水平力差引起的索塔偏位。施工过程中，要求边跨铺设长度/主跨（半跨）铺设长度、以此铺设进度差控制在 20 m 以内。铺设时定期观测主塔的扭转和偏位。

在塔顶工作平台按图纸要求一块块铺设面层网，并确保面层能在承重索上自由滑动。由于塔顶两侧坡度较陡面网依靠自重便能下滑，为防止面网下滑速度太快，在塔顶门架上布设 10 t 卷扬机反拉，反拉卷扬机钢绳依次连结在面层网型钢上，控制整个面层下滑速度，直至面层下滑就位。

当面网下滑至坡度平缓地段，利用自重不能下滑时，利用拽拉器牵拉绳头对面网进行牵拉，直至跨中合龙。面网铺装完毕后，从塔顶往下紧固 U 型螺栓固定面层。随后完成猫道扶手索、栏杆以及侧面网的安装工作。边跨铺设由锚锭处人工向上逐片铺设面网，铺装时先底网后侧网，直至铺完整个边跨猫道。

主跨横向通道在中塔承台上及南北岸边拼装，由塔吊提升横向通道。横向通道与塔顶卷扬机反拉钢丝绳连接，控制下滑速度。

8. 猫道门架、猫道扶手安装

猫道扶手安装过程为：先将扶手栏杆上翻并与猫道面网型钢固定，然后用 U 型螺栓把扶手索与扶手栏杆相连接，最后上翻猫道侧网与扶手索固定。猫道扶手安装完成后，进行猫道门架的安装。先将猫道门架由塔吊提升至塔顶，置于猫道门架承重索上，安装夹紧装置，夹紧螺栓不能拧得太紧，以利于门架下滑，之后塔顶卷扬机反拉门架逐步下滑到位，与门架底梁销接的同时紧固与门架承重索夹紧装置螺栓。

根据猫道架设施工工艺和方法分析，在猫道架设施工过程中主要存在的风险事态有：高处坠落、起重伤害、坍塌和物体打击。

（1）高处坠落：人员上下通道设置有缺陷、脚手板两端未固定施，夜间无足够照明。

（2）起重伤害：起重超负荷、钢丝绳及吊具选择不合理、钢丝绳断裂、吊物下面站人；吊装物件无人指挥或指挥信号不明确；卷扬机钢丝绳断丝超量、磨损严重，卷扬机指挥人员信号不清晰或不统一。

（3）坍塌：猫道架设时未按照施工方案执行，猫道承重索锚固系统设计不合理，锚固的材料有缺陷或不合格，锚固的预埋件不牢固；承重索及门架承重索的材料有缺陷或不合格，未按设计选用材料，钢丝绳对接不规范；猫道门架焊接地方不牢固，门架安装位置不符合要求，猫道门架设计不合理。

（4）物体打击：猫道的变位平台的焊渣、钢丝头及小型机具等物件未集中堆放，高空作业时向下抛掷物品、随手丢放工具或猫道铺设时未设安全警示标志警戒区，临边未设置挡脚板。

21.4.3　猫道架设施工风险事态损失评定

1. 猫道架设施工特定状态识别

将以上所确定的猫道架设施工期间风险事态的损失评定结果绘至于风险等级区间划分表格内。应制定与之相关的安全防控措施，以降低索夹与吊索施工期间的施工风险。

2. 猫道架设施工安全防控技术

猫道承重索架设采用对称架设，牵引时要仔细检查连接接头牢固可靠，放索设备保障足够锚固长度，刹车系统安排专人检查确保安全有效。保持匀速牵引，统一指挥，保证各施工点通讯畅通，听从命令密切配合。

猫道面层采用分段制作安装工艺，防滑木条，面层网、角钢等，按设计绑扎制作完成要检查验收，合格后才能进行安装。安装下滑要缓慢匀速牵引，到位后对猫道面层进行固定，每段安装完成仔细检查验收，在进行下段安装。每安装一段猫道面层必须及时安装这段的猫道护栏，按照设计要求安装验收。猫道横向通道安装采用下滑牵引，主要是提高猫道抗风性能。每安装一道固定一道，按照临时结构物标准验收。

3. 特定状态的安全防控技术

在猫道架设施工的过程中，大部分的工作属于高空作业及水上作业。施工难度大，危险程度高。其中，猫道门架的架设安装因其施工过程的特殊性，边防护不够完善，施工作业人员发生高处坠落的可能性极大，因此应该予以特别重视。

在猫道门架架设安装的过程中发生高处坠落事故，主要是因为施工作业人员的高空作业安全防护措施（多使用安全带）未做到位，从而导致失控坠落时未得到有效地保护，加之猫道面距离江面很远，两者之间没有安全网等防护设施，坠入江面的瞬时冲击力远超过人体的承受极限，必将造成人员的伤亡。

一般来说，造成高处坠落事故的原因主要是人员失控坠落及安全防护措施未起作用。导致人员失控坠落的原因有：① 猫道门架爬梯焊接不牢，作业人员踏空（X1）。② 施工人员酒后或带病作业，引起身体失去平衡，导致身体的重心超出了猫道门架的外侧（X9）。③ 猫道门架与紧固面层网上的型钢销接不牢（X7）且门架承重索垂度过大（X8）时，作业人员登上爬梯会引起门架倾斜角度过大，导致身体失去平衡而发生高处坠落事故。可以利用布尔运算化简事故树，从而得到整个集合的最小割集，以此表明系统的危险性，并找出顶上事件发生的每一种可能渠道。

事故发生必然是某个最小割集中几个事件同时存在的结果。求出故障树全部最小割集，就可掌握事故发生的各种可能性，对掌握事故的规律，发现系统中最薄弱的环节，直观判断出哪种模式最危险，查明事故的原因大有帮助。

可以利用最小割集排列结构重要度方法判别各基本事件的发生对顶上事件发生的影响程度，以便在制定安全防范措施时根据轻重缓急，使系统达到经济、有效、安全的目的。

由此可见，导致猫道门架安装过程中高处坠落事故发生的诸多原因的重要程度相当，因此，防控措施应该综合考虑：① 门架承重索的材料选用必须合格，进入现场出具有关的合格证，材料的使用必须符合设计要求，钢丝绳对接严格按照规范要求对接牢固，猫道门架与横梁必须销接牢固，安装位置严格按照施工方案的要求安装合格。② 高处作业人员必须严格按照规范要求佩戴安全防护用品，各类大临设施的临边、通道防护要求及时到位。③ 现场安全员及班组长监督，带病或酒后严禁进入高空作业。④ 各类通道的爬梯踏步上装置防滑布，门架爬梯须焊接牢固。⑤ 施工前要对作业人员进行安全教育与培训，提高安全意识，防止因马虎大意、盲目追求施工便利而不按照安全规定施工的行为。

悬索桥因其施工工序多、施工难度大和施工环境恶劣等原因，在施工过程中将面临各种风险。根据风险源的不同，可以将悬索桥的施工风险划分为施工质量风险、施工组织风险、施工技术风险和环境影响风险。针对大跨度悬索桥的结构和施工特点，重点分析了猫道架设施工工序、猫道架设施工特定状态识别、猫道架设施工安全防控技术，并提出了相应的防范措施。并且通过事故树分析方法找到引起事故发生因素及其相互之间的关系，可以发现事故发生的模式及预防事故发生的最佳方法。文中主要对猫道门架安装高处坠落事故树进行了分析，其分析结果可用于指导预防此类事故的发生，还可进一步进行该事故树的定量分析，进行定量控制，达到最佳安全状态。此外事故树的定性、定量分析都有事故树分析软件，大型的事故树系统，可借助软件求解其分析结果。

21.5 索鞍架设技术

1. 鞍索结构

1）主索鞍

丽江岸主索鞍鞍体采用铸焊组合结构，鞍槽、纵肋、横肋和底板用铸钢铸造，侧板由钢板焊成。鞍体下设不锈钢板-聚四氟乙烯板滑动副。

为增加主缆与鞍槽间的摩阻力，鞍槽内设竖向隔板。在索股全部就位后，顶部用锌块填平，再将鞍槽侧壁用螺栓夹紧。边跨附加索股锚固于鞍顶的锚梁上。

塔顶设有格栅底座，以安装主鞍：顶推架与格栅连接为一个整体，以便安装控制主鞍移动的千斤顶，施工完成后，应将悬出主塔部分的顶推架与格栅割除。

为减轻吊装、运输重量，鞍体分两半制造，吊至塔顶后用高强度螺栓拼接。丽江岸半鞍体吊装重量不超过 30 吨。

2）散索鞍

散索鞍同样为铸焊结合的结构方案。鞍槽用铸钢铸造，鞍体由钢板焊成。

3）复合索鞍

香格里拉岸复合索鞍鞍体采用铸焊结合的混合结构；鞍槽采用铸钢铸造，底座由钢板焊成。鞍体下设不锈钢板—辊子—不锈钢板滚动副，以适应施工及运营中的相对移动。

为减轻吊装重量，将鞍体分为两半，吊至支墩顶用高强螺栓拼接，吊重不超过50t。

2. 主要施工机械设备

索鞍安装主要施工机械设备详见表21-1。

表21-1 主、散索鞍安装施工主要机械设备表

序号	名称	规格	数量	备注
1	塔顶门架		2台	主索鞍吊装
2	散索鞍门架		2台	散索鞍吊装
3	复合索鞍门架		2台	牵引系统转向
4	卷扬机	10 t	6台	主索鞍吊装
5	缆索吊	2×60 t	1台	主索鞍、复合索鞍吊装
6	汽车吊	25 t	1台	散索鞍吊装
7	卷扬机	10 t	4台	散索鞍吊装
8	千斤顶	20 t	16台	索鞍座板、锚碇底板调整
9	手拉葫芦	5 t、3 t	10台	—

3. 主索鞍、复合索鞍安装工艺

1）总体施工顺序

主索鞍、复合索鞍安装施工顺序为：墩顶混凝土表面凿毛→放出墩顶十字线、测量墩顶各点标高→制做、设置格栅垫块→吊装格栅→检查格栅顶面标高、纵横向水平面位置→将格栅与墩顶预埋钢筋焊接，固定格栅→接长格栅内墩顶预埋钢筋→浇注格栅内混凝土→鞍座底板安装→鞍座安装，索鞍采用墩顶门架进行吊装。

2）预抬高和预偏

因成桥过程中主塔将发生收缩及徐变，主索鞍安装标高作预抬高处理，在格栅安装时，将格栅提升一设计预抬量安装；由于成桥过程中主缆线型变化，主索鞍安装时向边跨侧预偏安装，在梁吊装直至桥面系安装时分阶段顶推至最终设计位置。

3）主索鞍吊装（如图21-11）

主索鞍通过陆运至丽江岸旅游公路，采用缆索吊从公路起吊至主塔靠岸侧，再利用塔顶门架吊装至墩顶就位。质量标准见表21-2。

表21-2 主索鞍安装质量标准

项目	规定值或允许偏差	项目	规定值或允许偏差
纵向最终偏差	符合设计要求	高程/mm	+20，-0
横向偏位/mm	10	四角高差	2

4）复合索鞍吊装

复合索鞍同样通过陆运至丽江岸旅游公路，采用缆索吊从公路上直接起吊，跨越金沙江

后吊至香格里拉隧道锚洞口索鞍支墩就位。

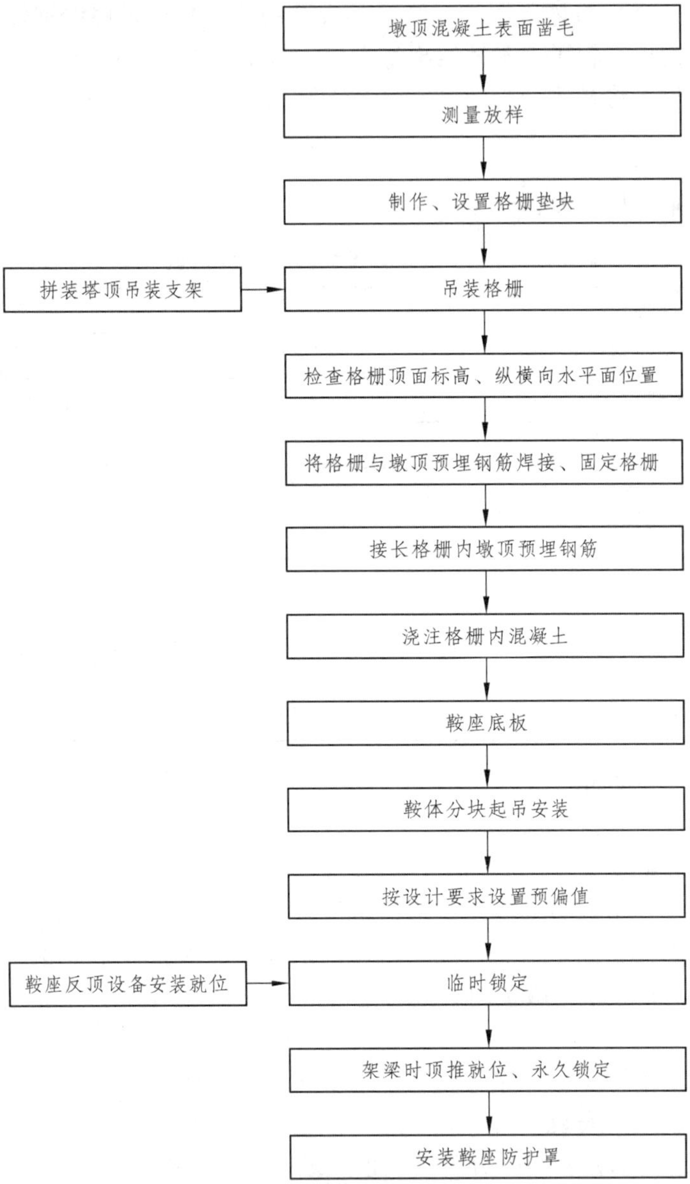

图 21-11　主索鞍安装工艺框图

21.6　主缆架设及紧缆索夹吊索安装技术

21.6.1　主缆架设施工

1. 索股架设牵引系统布置

1）牵引系统布置

主缆索股架施工牵引系统共设 2 套，上下游主缆架设各设一套小循环牵引系统。

2）牵引系统主要机具

（1）牵引卷扬机

牵引系统中牵引卷扬机采用 25 t 卷扬机，由双卷筒摩擦式牵引主机、控制系统组成，能满足主缆索股架设施工。

（2）拽拉器（如图 21-12）

按牵引索配套设计。创新设计的双楔形接头连接式构造的拽拉器，与通常采用冷挤压万向接头构造形式的拽拉器相比，结构合理、安全可靠、重量轻、成本低，安装使用更加方便。

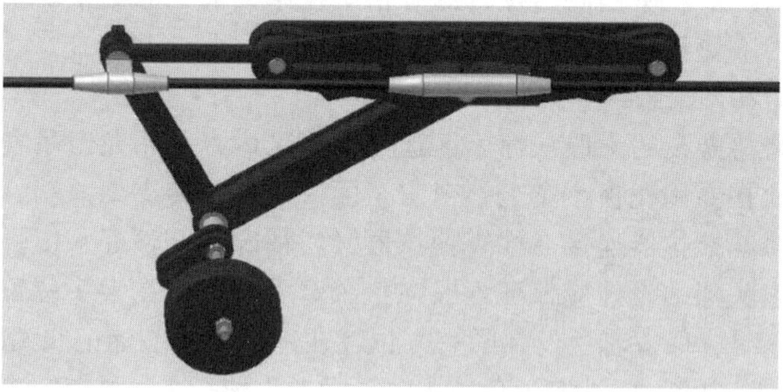

图 21-12　索股拽拉器示意图

2. 索股架设施工准备

（1）主缆索盘陆续运至存索场利用龙门吊按顺序排列整齐。

（2）主缆牵引系统安装调试。

（3）索股的纵向滚动设备、猫道上定型支架安装及横移设备安装。

（4）各锚碇拉杆处锚头张拉设备安装。

（5）主塔鞍座、散索鞍座安装，并按监控要求预偏。塔顶鞍座和散索鞍座中心线相对于塔顶中心线的预偏量按设计要求度量，以确保鞍座与底座自由滑动，并临时固定。

（6）进行一次全面系统的测量，对锚跨、边跨，主跨的实际水平距离，两岸锚面中心高程，散索鞍座体底面顺桥中心线处高程，塔顶鞍座上座体底面顺桥中心线处高程进行测定，并作标记。

3. 索股架设顺序及工艺流程

1）索股架设顺序

为使架设后的主缆线型与设计一致，必须在施工中对主缆线型进行控制，以确保主缆架设精度，主缆索股架设分为一般索股架设和基准索股架设两类。

由于每根主缆含索股 97 股，数量较多，架设周期较长，受外界影响因素多，为保证施工质量，将设计编号为 1#索股作为基准索股，其余均为一般索股。

索股架设顺序原则上按设计提供的主缆索股编号 1#～97#依次进行，基准索股与一般索股架设施工相同。每根索股的架设又分为牵引、上提横移、整形、入鞍、锚固等。并同时考虑双索股连接器影响对局部架设顺序进行调整，两根主缆应同时考虑单侧对称及全局上下游对称架设施工，架设时应注意观测两个主塔的扭转和位移，上、下游主缆数量相差不超过 1 根索股，保证主塔扭转变形在控制范围内。

2）索股架设施工流程

本桥主缆索股长度较长，为确保主缆索股架设安装的顺序，应先期进行索股的上盘、运输、放盘、架设、设股等试验工作。本桥拟采用的主缆索股架设工艺为：先架设猫道并设置牵引索、索股放送机、导向滚轮和横向吊架等，索股用牵引系统沿向滚轮牵引到位后，用横向吊架横移就位；将锚头装于锚固支架，并进行调股。

4. 索股牵引

单根索股的牵引从丽江岸锚后出发，到香格里拉岸锚前锚面结束。牵引过程中应采取措施保护索股的镀锌层不受到破坏。

丽江岸锚后到丽江岸锚跨内索股：

在丽江岸锚后将待架设的索股从存索区运至放索区内，利用龙门吊安装在放索架上，拉出索股前端锚头，放在专用托板小车上，牵引至丽江岸锚回转支架前端，借助手拉葫芦，通过索头架与主牵引系统拽拉器连接，检查拽拉器倾斜情况并调整好平衡。启动牵引卷扬机，使索股进入锚跨。索头架的设计应保证索股在整个牵引过程中在索头位置不发生扭转。全部索股在与索头架连接时应保持着色丝在同一方位，在主、散索鞍标记线两端各 3 ~ 5 m、主缆边跨跨中、主缆中跨跨中和 1/4 处安装鱼雷夹，并设专人监护，通过鱼雷夹及索股着色丝监控索股牵引过程中发生扭转的现象。

在丽江岸锚跨上方，为了防止主缆索股垂度过大，造成主缆索股散丝或绑扎带断裂等不良现象的发生，在丽江岸锚跨上布置一座简易猫道，其上布置索股托滚，使主缆顺利通过丽江岸边跨。

5. 索股上提、横移

当索股牵引到位后，利用散索鞍墩、塔顶门架卷扬机进行索股的上提、横移。在距主索鞍前后各 30 m、散索鞍前 20 m 左右位置处，将握索器安装在主缆索股上，并分次拧紧握索器上的紧固螺栓，确保主缆索股与握索器不产生相对滑移，将塔顶、散索鞍墩门架的卷扬机经动、定滑车组绕线后与握索器相连组成提升系统，待全部握索器提升系统安装完毕后，启动各提升卷扬机，将整条索股提离猫道面托架滚轮，同时利用塔顶、散索鞍墩门架上手拉葫芦，将主塔及散索鞍墩处索股提离托架滚轮，并进行横向移位至主、散索鞍顶。在索股上提之前，必须沿全线检查索股的扭转情况，这一工序要求特别仔细，并将检查出来的扭转纠正，使索股的每一根钢丝处在完全平行状态，保证成缆后的受力均匀。

6. 索股整形

整根索股提离猫道托滚，此时主、散索鞍前后两握索器之间的索股呈无应力状态，在此状态下进行整形。主缆的整形有两种，一为鞍座处的整形，另一种为通长索股的整形，前者是为了使索股置于鞍槽中，后者则是为了使整个索股保持六角形状。

在距鞍座前后约 3 m 处，分别安装上六边形夹具，解除两夹具间索股捆扎带，同时在距六边形夹具约 1 m 的地方开始整形。在塔顶由边跨向中跨方向进行整形，在散索鞍顶由锚跨向边跨方向进行整形，人工用木锤敲打索股，并用钢片梳进行断面整理，使其六边形变为矩形，并将索股出现的鼓丝、散丝赶至中跨或者边跨进行消除，在索股整形完毕后，需确保索鞍内的索股无鼓丝，散丝现象。整理成规则断面后，用专用四边形夹具夹紧，并用绑扎带绑扎、整形。如图 21-13、21-14。

图 21-13　索股鞍座处整形施工实例

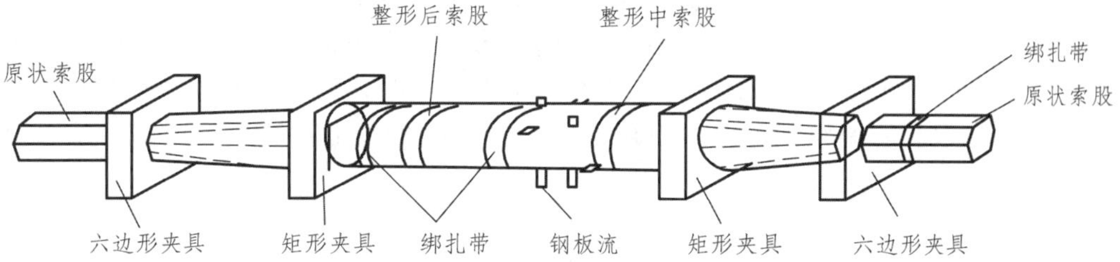

图 21-14　索股整形示意图

同时采用索股预成型技术，在加工厂内预先将索股的入鞍部分加工成矩形，便于现场安装施工，有利于加快施工进度和质量。

7. 索股入鞍

索股入鞍的顺序为：主塔索鞍处是由边跨侧向主跨侧，散索鞍处是由锚跨侧向边跨侧进行。索股入鞍时，适当抬高主跨、边跨跨中索股垂度，便于调索。

8. 索股锚固

索股调整好以后用木锤敲打压实，为防止索股滑移可镶嵌木块增大摩擦，最后在索鞍隔板槽内放入锌块，其上用千斤顶压死，防止已调整索股在后续索股架设和调整过程中发生移动，并做上调好标记。

已调整好的索股间隔 3 m 及时割除索股表面缠包带，以满足主缆紧缆空隙率要求。

9. 索股调整

1）主缆索股调整的方法

调股是主缆索股安装中一项极为关键的工序，调股质量对主缆几何形状有决定性影响。

图 21-15　主缆填锌块安装施工实例

2）索股垂直度调整

基准索股垂度调整方法是绝对高程法，一般索股垂度调整方法是相对基准索股进行垂度调整。

架设过程中，以 1#索为基准索；为保证一般索股调整时所用的基准索股始终处于自由漂浮状态，采用主缆各层外侧一根一般索股作为相对基准索股（2#、4#、7#…为相对基准索股），其垂度依靠 1#基准索股进行传递，然后利用各层相对基准索股调整同一层一般索股和上一层相对基准索股的垂度，以达到主缆线形调整目的。为了消除调整误差的累积，每根相对基准索股的调整误差均进行传递，即调整下一根相对基准索股时，他们之间的理论相对垂度值中要减去当前相对索股的调整误差值，以确保每一根索股相对于基准索的调整误差均为 0～5 mm。

3）索股锚跨拉力调整

每根索股架设完成垂度调整好后，进行锚跨索股张力调整。锚跨张力调整采用两台专用千斤顶调整松紧拉杆螺母使锚跨索股张力达到设计要求。锚跨张力与设计值误差控制在规定范围内。

21.6.2　主缆紧缆施工

1. 紧缆施工

索股架设完成后，对主缆进行紧缆作业，紧缆施工工艺流程如图 21-16。

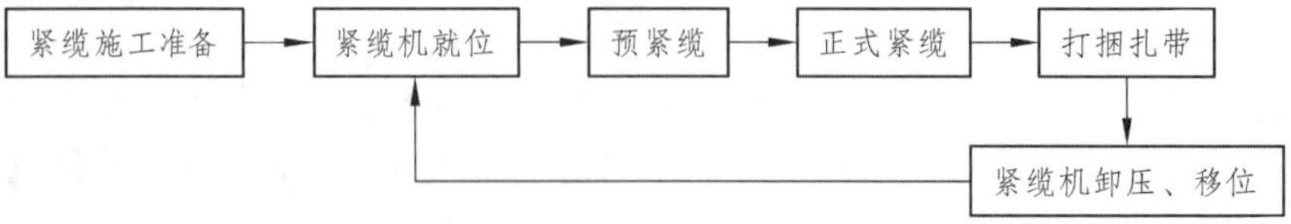

图 21-16　紧缆工艺流程图

2. 预紧缆施工

缆架设完成后，即使垂度调整好了的索股群，如果索股之间产生温度差，索股的排列就会产生微妙的变化。夜间温度均匀，排列整齐的索股，到了白天，受日照的影响也会产生起伏、扭曲等紊乱现象。因此预紧缆工作应在夜间温度稳定的情况下进行。在夜间温度条件较好，主缆表面温度趋于一致（索股温度稳定）时，进行预紧缆作业，将架设的主缆六边形初步紧成近似圆形，便于后期紧缆机纵向移动。

预紧缆作业采用先疏后密方法进行，利用二分法，预紧缆间隔视实际索股形状而适当加密。确认索股无交叉现象后，分阶段拆除主缆形状保持器后。根据主缆分段情况，于主缆表面相应位置处铺设土工布片，以免预紧缆时损伤钢丝，利用手拉葫芦收紧主缆，同时拆除周边索股的捆扎带，人工用大木锤均匀敲打主缆四周，校正索股和钢丝的排列顺序，避免出现绞丝、串丝和鼓丝现象。然后用软钢带捆扎紧，使主缆截面接近圆形。

预紧缆后测量主缆的周长，将主缆空隙率控制在一定范围内。在预紧点附近，用软钢带固定主缆索股，使主缆截面接近圆形。

1）正式紧缆施工

预紧缆作业完成后，使用紧缆机将主缆截面紧固为圆形，并达到设定的空隙率。

2）主缆线形测量

主缆紧缆完毕后，在夜间温度稳定时，对主缆进行空缆线型测量，确定主缆实际空缆线型。并在主缆上精确测放处索夹的位置及天顶线方向。根据主缆实际空缆线型、实测索夹精确质量以及钢桁梁重量等，由设计单位计算各吊索精确长度，吊索生产厂家开始下料生产。线型测量应连续观测 3 天以确保主缆线型测量准确。

图 21-17　紧缆完成后的索股实例

21.6.3　索夹、吊索安装

1. 准备工作

主缆架设完成后，进行已完成体系的结构参数（主塔塔顶标高和纵向水平偏移、散索鞍顶面中心标高、成缆线形、主鞍座纵向预偏量和主缆成型后直径、主缆的中边跨跨中标高和实时索温等）测量，提交数据于设计院和监控单位将根据此测量值，对索夹位置及吊索长度进行修正，以消除主缆架设阶段的施工误差。

2. 现场实测

索夹放样宜选择在夜间气温相对稳定的时段进行。通过对主缆的温度进行昼夜观测，找出温度相对稳定的时段，放样时间就选择在这一时段。另外，索夹中心里程是根据特定的结构状态计算出来的，在实际操作时，结构的实际状态与计算状态存在一定的误差，因此在放样时，必须进行修正。

3. 索夹安装

在索夹安装前，应作索夹的螺栓紧固试验和索夹抗滑试验，观察索夹安装和螺栓轴力导入时可能出现的问题和螺栓轴力随时间的变化规律，以及测定索夹和主缆间的摩擦系数，用于指导施工。

索夹的吊装采用在猫道主索上拼装简易走行吊架，由吊架走行至索塔附近吊装由平板车运输至吊点下方的索夹，然后携索夹走行至设计位置，由跨中及锚碇处向塔顶逐只安装，遇紧缆扁钢带应予拆除。安装索夹时，应检查索夹的位置编号是否与主缆上的位置次序编号相符，避免安装位置编号不符，出现索夹与主缆的倾斜度不符而夹不紧或螺栓、钢销穿不上。

安装索夹时，利用吊架吊将索夹移动到在主缆上方的设计位置，然后将索夹左右两部分张开，包住主缆合拢后，穿好螺杆，人工预紧后，精确调整索夹位置，在拉杆顶部安装接长杆，安装张拉千斤顶进行张拉作业，此时索夹两侧的企口缝未咬合，张拉过程中应该特别注意防止主缆索股钢丝夹进企口缝内。同时，应使索夹两半合缝均匀。当索夹螺栓张拉至企口缝咬合一部分，再次检查索夹位置，确认无误后，张拉至预定吨位，并锁紧螺母。

在索夹安装时，螺栓的观测、螺栓轴力的导入次数不应少于 4 次。第一次索夹高强螺栓轴力导入为索夹安装时初步紧固力由监控提供，第二次为钢桁梁吊装一半时，第三次为钢桁梁吊装完毕时，第四次为桥面铺装和永久设施施工完毕。由于相邻两次的轴力的导入间隔时间过长，在间隔时间内，要随时监控检查，发现轴力下降值超过设计值的 30%，应及时张拉螺栓，使轴力达到图纸规定值，确保施工安全。

4. 吊索安装

吊索起吊前对吊索进行编号，吊索索盘运输至索塔附近后，采用猫道主索上的简易吊架起吊，然后吊架携索盘走行至相应索夹位置，将吊索锚头直接插入耳板，对准销孔，安装销轴及挡板，末端穿过猫道，通过索盘放索将吊索放下。

在主梁吊装完成后，对于长度大于 20 m 的吊索，在其中部安装减振架。在桥梁运营初期应检查吊索振动情况，必要时再增设其他减振措施。

在索夹上安装吊索，吊索中心与索夹顺桥向立面之间的偏差应与图纸要求相吻合，同一索夹上的两根吊索长度略有差别，安装时要特别注意，安装过程中不得损伤吊索。

索夹和吊索安装后，为了避免吊索发生扭转和吊索锚头相互撞击，应设置吊索间隔保护器。

21.6.4 悬索桥主缆施工控制手段分级

悬索桥施工过程复杂，其中尤为突出的就是悬索桥主缆架设施工。悬索桥主缆架设施工精度受到诸多施工工序及影响因素影响，因此为了提高悬索桥全桥施工精度应着重控制悬索桥主缆架设施工的施工精度，在进行施工控制时也应提出相对应的施工控制手段提高主缆架设施工的施工精度。

针对悬索桥主缆架设施工过程中进行施工控制采取的手段进行分析，并针对诸多控制手段进行优先级分析，确定施工控制手段分级。同时梳理各种控制手段适用的条件、控制主要内容及产生的相关影响。

1. 悬索桥主缆施工控制手段

理想状态下，悬索桥主缆架设施工过程中不出现偏差或出现的偏差极小时，只需要悬索桥各构件按照预定的尺寸施工安装到位即可达到理想的成桥状态，但实际施工过程中构件预制、现场施工、施工环境条件等因素与设计假想状态往往存在偏差，并且往往由于这种偏差的存在会使得悬索桥主缆架设施工精度大大降低。因此实际施工控制工作中应对诸多施工环节有针对性地进行施工控制方案制定，多种施工控制手段综合作用以确保高质量完成悬索桥主缆架设施工。

但制定施工控制方案时应有所侧重，针对对主缆架设施工精度影响较大的控制量着重进施工控制，对于影响不大的控制量寻求经济简便的施工控制方案，力求达到优质、经济、高效的目标。

2. 悬索桥主缆施工控制前期计算

悬索桥施工控制工作进场实施前的准备工作中最为关键的一环即为完成对悬索桥设计文件及施工图纸的复核及计算工作，并且通过复核计算检查施工图纸中的错误及瑕疵也是顺利进行悬索桥主缆架设施工的前提，因此前期计算是悬索桥施工控制最根本也是最重要的控制手段。

对于悬索桥主缆施工控制计算而言，可分为成桥状态计算、空缆状态计算、施工过程模拟计算三大板块，进行施工控制计算的根本目的在于：

（1）对悬索桥设计文件及施工图纸的复核。

（2）通过计算得到主缆架设施工中关键控制点的几何坐标参数。

（3）得到主缆索股前锚面空间坐标、主缆伸长量、吊索伸长量、索塔沉降压缩量等控制量的理论计算值，为后续施工控制指令编制提供理论依据。

（4）通过计算分析掌握悬索桥主缆架设施工过程的关键控制量、预估施工过程中的重点、难点施工步骤，方便在施工开展前进行预警。

（5）为主缆架设施工控制方案编制提供理论依据。

3. 悬索桥预制构件几何尺寸控制

悬索桥施工过程中伴随着大量的工厂预制件的安装施工。对于悬索桥主缆架设施工而言，主缆锚固系统、主缆索股、索夹及索鞍等构件均为工厂预制施工，伴随着大量预制件制造而来的就是预制件几何尺寸控制精度的问题。

悬索桥主缆架设施工过程中的预制件制造大致可以划分为两个基本类型。其一是大型铸造、拼接预制件，例如钢索塔节段、索鞍、索夹及钢箱梁就属于这一类型，另一类是缆索类，例如主缆索股（丝股）吊索等就属于缆索预制件。

这两种预制件中大型铸造、拼接预制件一般为刚度较大，且长、宽、高三方向尺寸差距不大，这种预制件安装到预定位置后自身一般不会发生较大的变形和位移。因此现有的测量技术及控制手段能较好地控制着一类的预制件的尺寸精度。对于此类构件中的钢箱梁而言，由于钢箱梁在预制梁厂将预制钢板焊接成钢箱梁段后还需运送至桥位吊装到位，并将钢箱梁焊接成一个整体，因此在梁厂加工生产钢箱梁段时会预留一个现场配切长度，在钢箱梁吊装到位后考虑现场焊缝收缩及索夹偏位等数据，制定钢箱梁梁长现场切割焊接控制指令。

而对于缆索类预制件而言，其沿长度方向的尺寸远远大于其另外两个方向尺寸，并且缆索类预制件安装到预定位置后在荷载作用下往往会有发生较大的变形和位移，因此预制件精度控工作的重点就在于控制缆索类预制件的制造精度。实际工程中缆索类预制件制造精度主要是指无应力长度、截面面积、弹性模量及线膨胀系数。目前索股出厂验收检验程序中对主缆索股、吊索的无应长度及截面面积有了较高的要求，因此成品主缆索股及吊索的无应力长度、截面面积与设计要求之间的误差很小。不难看出主缆索股弹性模量偏差对跨中垂度的影响是很大的，特别主缆索股弹性模量与设计值偏差达到一定量级后引起的跨中垂度变化将会超出索股锚固时调节量的极限。因此在主缆索股施工动态控制中十分关键的一环就是得到主缆索股弹性模量的容许值区间。而出厂成品索股线膨胀系数与设计值之间的偏差将会对索股架设标高控制时温度影响修正造成影响。因此需要获得较为精确的成品主缆索股线膨胀系数。

4. 悬索桥主缆施工预偏（抬）量控制

由于悬索桥施工过程中锚锭、索塔等结构一般多为混凝土结构，并且此类构件一般体积较为庞大自重也较大，因此在悬索桥主缆架设施工过程中，锚锭、索塔等主要构件的沉降、竖向压缩、混凝土收缩徐变不可忽略，在制定施工控制方案时应根据施工控制前期计算并结合现场测量结果给定施工预偏（抬）量。

对于悬索桥主缆架设施工而言，施工预偏（抬）量可分为三大类：

（1）为保证结构施工完成后达到设计状态施加的预偏（抬）量。

（2）为保障施工过程中各结构变形、位移及各结构安全设置的预偏（抬）量。

（3）为减小或消除前施工阶段施工偏差引起的累计误差设置的预偏（抬）量。

对于三种预偏（抬）量，其设置的目的不同，其适用的条件也有所区别。例如，索塔预抬值的设置是为了使得索塔在经过沉降、混凝土收缩徐变作用、以及后期恒载作用下塔顶标高达到预定值，并保证索塔之上的主索鞍工 P 点坐标与理论值相符，以提高主缆索股架设施工精度。而在空缆架设施工阶段设置索鞍预偏（转）量则是为了保障在加劲梁吊装施工过程中，通过顶推索鞍调整预偏量从而调整平衡主缆在索鞍位置水平分力，以达到控制施工过程中索塔偏位及受力保证索塔结构安全性的目的。

5. 悬索桥主缆施工过程关键参数复测及修正

悬索桥主缆架设施工前通过理论计算可得到施工控制量的理论值，根据理论值编制施工监控指令发送施工单位后，施工单位根据指令给定理论值进行施工。但施工误差必然存在，因此施工完成后应对施工控制量进行复测，以检定施工精度。

在施工过程中进行关键参数复测还有一项极为重要的目的就是及时发现同向性施工偏差的发生，方便编制施工控制指令时有意识的规避施工偏差引起的误差累计。当复测结果显示施工偏差较大时，可酌情进行补救，对于悬索桥主缆架设施工过程中的关键构件更应严格控制施工偏差，防止同向施工偏差的产生。

通过对施工过程中关键控制参数的复测，发现同向偏差但偏差处于容许范围内时，可在后续施工过程中有意识的设置反向预偏（抬）值以平衡同向偏差累计产生的影响。

6. 悬索桥主缆施工过程关键控制量控制及调节

悬索桥现场施工精度控制主要包含现场浇筑施工和预制件安装（拼装）施工两大部分，现有悬索桥计算理论及计算软件对参数确定的各个悬索桥工况下线形、应力等数据计算已经能得到精度较高的结果。但进行施工控制计算及进行施工控制工作时往往存在对计算控制参数更新不及时的情况，特别是对于预制持续时间较长的预制件，经常出现在预制件制造过程中由于预制件材料与原设计不符、现场施工误差或施工环境条件变化，从而造成计算结果与实际情况出现偏差的情况。因此动态控制理论中十分重要的几个环节就是加强对数据的更新，控制各计算控制因素数据的准确性。

想要提高现场施工控制效果，加强控制数据更新的同时，还应该加强对现场施工进度的控制，为了方便现场施工控制，应尽早对目标状态的线形影响因素进行识别，再根据敏感性分析进行影响量比重分析并根据分析结果进行敏感性分级。

线索桥现场施工受诸多因素影响，因此想要提高现场施工控制精度不但要考虑施工控制因素对目标状态的影响，还要考虑各个控制因素之间的相互影响。在现场施工前确定每项关键工序的主要影响因素，根据影响因素敏感性等级进行施工控制预警及施工控制干预。

21.6.5 悬索桥主缆施工控制手段

悬索桥施工过程中，本桥采用了监控指导施工的方案，但对于施工精度要求极高的悬索桥施工，特别是悬索桥主缆架设施工过程而言这样的施工方案极难保证施工精度，因此在大跨径悬索桥施工过程中引入施工控制机制势在必行。

实际施工过程中一般采取基本施工控制手段与辅助控制手段相结合的方法制定施工控制方案，完成“施工→测量→识别→预测→调整→施工”的循环过程，在原有施工方案基础上引入了对施工完成后状态的复测及对后续施工工序及结构完成后的线形、受力状态的预测。

以此为基础，将基本控制手段及辅助控制手段定义为第一级悬索桥主缆施工控制手段，第一级施工控制手段对悬索桥施工控制工作具有普适性，适用于绝大多数悬索桥施工控制工作。而将施工控制的修正手段作为第二级悬索桥主缆施工控制手段，此级施工控制手段应用于施工过程中对具体参数的修正、预测纠偏及规避同向偏差累积，在悬索桥施工控制工作起辅助控制作用。再而将针对具体工程实例提出的施工控制手段作为第三级悬索桥施工控制手段，此级施工控制手段主要在应用于特定工程实例或特定工况，在施工过程中主要起解决具体工程问题的作用。如此一来形成第一、第二级施工控制手段并行力求达到预定控制精度的施工控制体系主体部分，以修正手段及补充手段作为第二条辅助主线的施工控制保障体系。双线并行结合使用以提高悬索桥计算、预测、施工及测量精度的精度。

21.7 加劲梁安装技术

21.7.1 加劲梁施工架设方案的比选原则

加劲梁的施工架设方案在“资源节约型，环境友好型”的大原则下进行方案比选，具体原则如下：

（1）施工可行性：根据桥位环境特点，选择切实可行的施工架设方案。

（2）施工安全性：确保桥梁结构本身在施工架设期间具有足够的安全储备，同时保障施工人员和设备安全。

（3）施工质量：加劲梁施工架设完成后，桥梁的成桥线形及结构应力水平满足设计要求。

（4）施工工期：加劲梁的架设工期满足工程总体进度要求。

（5）环保要求：加劲梁的施工方案尽可能避免大填大挖，保护大桥周围的生态环境。

（6）经济性要求：在确保工程安全、质量、工期和环保的前提下，选取经济合理的施工架设方案。

21.7.2 加劲梁施工架设方法

悬索桥加劲梁常用的施工架设方法主要有 4 种：跨缆吊机架设法、缆索吊机架设法、桥面吊机悬臂拼装架设法和顶推架设法。

1. 跨缆吊机架设法

国内外大跨径钢箱梁悬索桥加劲梁的架设一般采用跨缆吊机进行施工架设，如广东虎门大桥、厦门海沧大桥、江阴大桥、润扬大桥、西猴门大桥、丹麦大海带东桥等。采用跨缆吊机架设法进行加劲梁的施工架设时，加劲梁的架设方向一般为从跨中向两侧索塔对称吊装。跨缆吊机的起吊能力大，可进行加劲梁的整体节段吊装，施工速度快。但是，跨缆吊机行走速度慢，加劲梁节段通常为垂直吊装，因此要求桥位具备一定的水上运输条件，如跨越大江、大河或海峡等。

2. 缆索吊机架设法

近年来，我国修建的几座钢构加劲梁悬索桥采用了缆索吊机架设法进行加劲梁的施工架设，如西藏角笼坝大桥、重庆万州长江二桥、贵州北盘江大桥和泸蓉西四渡河大桥等。采用缆索吊机架设法进行加劲梁的施工架设时，加劲梁的架设方向一般为从跨中向两侧索塔对称吊装。缆索吊机架设法的优点是对环境的适用性较强，缆索吊机的起吊能力较大，可进行加劲梁梁段的整体吊装，施工速度快。但是，随着桥梁跨径的增大，跨缆吊机的起吊重量将会受到一定的限制，施工安全风险增大，经济性降低。

3. 桥面吊机悬臂拼装架设法

桥面吊机悬臂拼装架设法是大跨径斜拉桥常用的施工方法，如我国的上海南浦大桥、杨浦大桥、南京长江二桥、南京长江三桥和苏通大桥等等。同时，该架设方法也是大跨径钢构加劲梁悬索桥常用的施工方法，如日本的关门大桥、因岛大桥、大鸣门桥·懒户大桥和明石海峡大桥等。桥面吊机悬臂拼装架设法的优点是加劲梁的架设方向为从两侧索塔向主跨跨中方向对称施工，对桥位地形环境的适用性强，而且施工设备较少，施工场地紧凑，工作效率较高。但是，这种架设方法对机械化程度要求较高，在我国大跨径钢构加劲梁悬索桥建设中还没有工程应用的先例。

4. 顶推架设法

顶推架设法是梁桥和斜拉桥施工架设的 1 种常用方法。对于大跨径悬索桥，顶推架设法的实际工程应用很少。日本在濑户大桥工程建设中，曾对桥面吊机悬臂拼装架设法和顶推架设法进行过深入研究，结果表明：与桥面吊机悬臂拼装架设法相比，顶推架设法的架设机械、材料大幅度增加，施工工序复杂，加劲梁的架设工期缩短不多，因此濑户大桥钢构加劲梁的架设最终采用了工程实践多的桥面吊机悬臂拼装架设法。目前，我国湖南矮寨大桥在设计过程中也曾研究过顶推法架设方案。

21.8 施工监控技术

21.8.1 施工监控的主要内容

1. 桥梁施工监控目的与意义

桥梁建设虽然有上千年的发展历史，但系统的桥梁施工监控的时间并不长，随着现在文明施工的要求，安全施工被放在了首位，桥梁施工监控开始为人们所重视。国内外的工程实践表明，对大跨径的桥梁实行施工监控能够保证成桥线形及受力状态符合设计要求，所以桥梁施工控制是确保施工质量的关键。

大型桥梁多属于多次超静定结构，由于其结构的特殊性，就决定了大桥的施工是一个漫长而复杂的过程，结构体系在各个施工阶段也会有不同的变化。大桥建设中，因施工误差、结构参数误差、分析模型误差和测量误差等种种原因，以及混凝土收缩徐变、温度等因素的影响，将导致桥梁的实际施工状态与设计理想目标存在一定偏差，如果这种偏差积累到一定阶段而不及时加以识别和调整，成桥后的结构安全状态将难以保证。

在桥梁施工过程中影响其结构内力和线形的因素主要有以下几个方面：

混凝土浇筑方量；混凝土容重；混凝土弹性模量；混凝土收缩和徐变；箱梁温度场分布；混凝土浇筑阶段温度.支架刚度；斜拉索张拉索力；桥梁施工的临时荷载；日照影响；混凝土参与受力的龄期；预应力损失；其他因素。

随着桥梁跨度、结构型式上的突破，用常规的计算或测量手段，很难准确地得出桥梁在各种工况下的受力状况。施工监制的工作就是结合施工过程中实测的各阶段应力与变形数据，及时分析各施工阶段中实测值与设计预测值的差异，并找出产生差异的原因，提出修正对策及纠偏方案，协助施工单位安全、优质、高效地进行施工，确保全桥建成后内力状态、线形和成桥索力与设计要求相符。

2. 桥梁施工监控的主要任务

就是确保大桥施工过程的安全，同时使大桥成桥后的内力和线形值与设计值的误差减少到规范允许的误差范围。其具体实施是“施工→监测→计算分析→修正→预告”的循环过程。通过调整各阶段的参数变化，最终达到减小各阶段误差的目的。施工监控就是通过在施工现场设立的实时测量体系，对主桥施工过程中结构的线形、应力和稳定性进行现场跟踪测量，为施工控制工作提供实测数据，以保证主桥施工过程中的结构安全，并为后期监控计算提供实测结构参数，根据需要对结构状态及监控所需各阶段目标作出必要的调整。

3. 线形监控

桥梁设计标高是设计者根据地理环境和路面标高设计的桥梁最终状态，实际是反映了结构在恒载和活载共同作用下的结果。但是由于施工过程中结构的自重、混凝土的收缩徐变、混凝土的弹性模量与设计不可能完全一致，以及预应力的损失、环境温度和湿度的变化、施工荷载和临时荷载等的影响，再加上施工方法和工序的不同，最终成桥的线形就不会与设计者的设计结果完全一致，如果误差过大，就可能导致桥梁的几何线形不能满足规范和设计要求，偏离预期状态，甚至导致大桥存在安全隐患。因此，必须严格控制桥梁的几何变形，使结构在每一个施工阶段都满足要求，发现问题及时调整，保证结构在各个工况的变形都在误差范围之内。

高程控制是主桥施工控制项目中的重点，控制目标是准确提供主梁的立模标高。由于主梁挠度受混凝土容重、弹性模量、收缩徐变、日照温差、预应力、施工荷载等因素影响，特别是支架弹性变形和非弹性变形的影响，导致主梁计算挠度与实测挠度有差异。因此，按照120%的主梁重量进行支架预压，消除地基变形、万能支架和工字钢及方木之间空隙等非弹性变形。根据支架预压实测结果，在分析挠度差异的主要原因后调整给出立模标高。斜拉桥线形控制主要有主梁线形和塔柱线形，二者又是互相联系的。

1）主梁线形测量

主梁线形测量是指用精密水准仪对主梁上各标高控制点的进行测量。合理选取控制点的位置，不仅能测出主梁挠度变化，还能测出主梁的扭曲变化。主梁线形测量是采用对主梁整体测量对比和局部梁段标高测量对比相结合的方式来进行。

2）塔柱线形测量

塔柱线形测量实质上最关心的是塔顶的纵向水平位移。实际施工测量中同时在塔身设置了 4 个测点，对塔柱的整体线形进行测量。塔柱线形测量采用激光测距仪完成。

4. 应力监控

应力监控是桥梁控制中的重要工作，是大桥施工完成的安全保障。既是施工过程中需要控制的，也是大桥建成后需要保证的。影响应力的因素有很多，混凝土收缩徐变及各种荷载作用都会使桥梁产生附加应力，造成实测应力与理论计算应力有一定的差别。这就需要在实际测量中识别出哪些是桥梁的结构受力，那些是施工中的附加应力。

在实际监控过程中，需要在主梁和索塔的关键控制截面预埋应力传感器，采用振弦式传感器来测量施工过程中及成桥后的应力大小。同时设置无应力传感器，以消除混凝土收缩徐变产生的应力。通过应力测量结果与施工控制中其他测量结果相结合来全面地判断全桥的内力状态，形成一个较好的预警机制，从而达成更安全可靠地实施施工控制，应力测试在各关键施工阶段完成后进行。应力测试是施工监控中最重要的部分之一，是保证桥梁结构安全的基础，是进行结构模型调整的前提。

5. 稳定监控

安全是在工程中第一要保证的要素。可是，越来越多的工程事故表明，我们对结构中的稳定监控还不够重视。结构失稳分为整体失稳和局部失稳，整体失稳通常由于支架的水平方向约束不够或者是水平力的作用，如风荷载，导致结构整体垮塌；局部失稳是结构中个别支架由于受力过大，发生屈服，导致支架垮塌，局部失稳也有可以接连导致结构整体失稳。

本桥采用少支架施工法，主梁浇筑初期，全部由支架受力。因此，必须控制好支架的稳定性，防止发生失稳现象。具体做法是，在主梁浇筑前要进行支架预压，预压荷载为主梁混凝土湿重的 120%，施工中也要避免荷载集中，以免发生支架的局部失稳。

当进行斜拉索张拉时，脱架要按照张拉的顺序同步进行，严格按照规范进行。在施工中建立有效的稳定控制系统，可以随时检测出结构的稳定性，为桥梁的安全施工提供一定的预警。

21.8.2　独塔双索面抖拉桥施工监控技术研究

1. 斜拉桥施工控制的概念和方法

桥梁施工控制的目的就是使桥梁在施工过程中结构受力和变形处于安全状态，成桥状态达到设计要求。桥梁的结构形式不同，施工方法不同都会使得桥梁的结构受力不同，成桥以后的状态也会不同。因此，需要对每一种桥型、每一个施工方案、每个施工步骤进行研究，才能确保大桥安全可靠。

斜拉桥属于超静定结构，它的施工控制就是一个比较复杂的难题。第一，斜拉桥的施工过程存在体系转换的过程，可以说斜拉桥的每一个施工阶段都会伴随着结构内力的变化，特别是跨径较大的斜拉桥，这个问题就会更加明显。第二，斜拉桥施工步骤较多，影响因素也就会比较多，例如支架刚度、斜拉索张拉力、预应力损失和临时荷载等，虽然可以理论的计算出其将结构变形，但与实际施工之间的误差就不可避免的存在，如何减少甚至消除这些误差就需要一套完整的理论来支撑。不同的斜拉桥，其施工控制手段不尽相同，但基本方法都是一样的，主要分为以下几个方面。

开环控制法。所谓开环控制法是指在施工过程中，要严格按照预先给定的数据来施工，施工过程中不再做调整，这样就能达到设计成桥目标。显然，这种方法对施工精度要求较高，对于结构形式简单的桥型和跨径较小的桥梁还是可以适用的，由于施工过程中各种影响因素和可变参数的影响，对于大桥显然是不尽合理的。

闭环控制法。闭环控制法是在开环控制法的基础上，通过当前阶段测量数据与设计值进行比较，发现误差，及时进行下一阶段的调整。依次循环下去，形成一个闭环系统，使成桥结果满足设计成桥要求。闭环控制法是一种被动的控制的方法，因为它是在误差产生以后再进行调整的一种方法。

自适应控制法。自适应控制法是在闭环控制法的基础上，把测量的数据及时与计算模型进行结合，使得计算模型与实际结构之间的参数误差逐步减少，通过几个回合的磨合，让计算模型真正与实际结构统一起来，从而真正达到预知下一阶段结构内力和变形的目的。显然，自适应控制法是一种主动控制的方法，从而主动控制误差，指导施工的进行。

最大宽容度法。最大宽容度法是在设计时给予主梁标高和内力最大的误差容许值，同时也限制每一阶段的误差的方法。这种方法比较简单，但随之带来的问题也不少。

2. 斜拉桥施工监控的基本内容

桥梁施工监控的内容主要包括成桥理想状态确定、施工理想状态确定和施工适时控制分析。理想成桥状态是指在恒载作用下，桥梁结构达到设计线形和设计受力状态：理想施工状态是指每个施工步骤都严格满足线形和应力要求；施工适时控制是在施工时，根据施工理想状态，按一定的准则调整，通过对影响结构变形和内力主要设计参数的识别进行修正，使结构性能、内力达到目标状态。

其中，成桥理想状态确定和施工理想状态确定主要通过计算机对其进行确定，这是大桥施工监控的基础。要实现施工适时控制分析，就要根据施工现场的情况来反馈信息。在施工现场主要监控大桥以下几个方面：① 线形监控；② 应力监控；③ 索力监控；④ 温度监控。

21.8.3　主桥施工阶段应力监测与控制

应力监控是施工监控的另一重要内容。由于桥梁设计计算时采用的各项物理力学参数和实际施工过程中的相应参数值不可能完全一致，力比上施工误差，张拉索力误差等因素，导致结构实际应力未必与设计计算预期值相一致。因此，有必要在施工阶段对梁体控制截面进行施工应力检测，为施工控制提供真实可靠的数据，确保主桥施工过程中的结构安全。

然而，由于在施工过程中，影响应力因索多，测量数据庞大。应力监控力-法是在结构受力关键部位预埋混凝土应变计，然后随施工进展测量每一工况前后的应力变化，最后将实测应力数值与理论数值对比来确定当前结构状态是否安全。必须根据结构受力特点和施工阶段的受力变化情况，选择关键的控制截面和参数，对主桥结构应力进行有效的测试，做到既保证主桥施工安个，又不影响主桥施工。

21.8.4　桥梁施工控制中的影响因素

桥梁施工控制的目的是使桥梁结构的线形和内力能够满足规范和设计的要求。影响桥梁施工控制的因素有很多，结构参数、结构分析模型、温度变化、混凝土收缩徐变、施工工艺、施工监测方法等都会对施工中桥梁的状态产生影响，必须全面了解这些影响因素，有针对性地制定控制方案。

1. 结构参数

桥梁施工控制中的结构参数主要包括结构几何参数和物理参数，具体可分为结构的截面尺寸、材料的容重和弹性模量、预应力和索力、临时施工荷载等口结构参数是仿真分析中最基本的资料，如果不能和实际桥梁结构的参数保持一致，就会导致分析的结果严重失真。

斜拉桥属于超静定结构，混凝土材料参数对分析结果影响很大。施工中必

须现场采集混凝土试样来做检测，动态控制参数的取值。截面尺寸也必须经过多次复核，同时控制施工中可能出现的临时施工荷载，对临时荷载进行分类，在分析模型中要考虑这些因素。

对于全预应力结构的斜拉桥，预应力和索力的控制就显得十分重要。影响预应力和索力的因素有很多，如张拉设备的精确度、工人的熟练程度、钢绞线的截面尺寸、混凝土的弹性

模量及管道摩擦系数等。保证实际的预应力值和索力值满足规范和设计要求十分重要。

2. 结构分析模型

结构分析模型是用有限元软件对实际桥梁结构就行模拟分析的一种形式。计算模型都是对结构进行简化，有限元软件自身的各种假定、边界条件的简化、各种结构参数的假定、模型自身对实际结构的简化，都会使简化的模型与实际桥梁结构存在误差。所以，模型计算结果肯定不会完全与理论计算结果相吻合。就需要监控人员做大量的工作，使模型计算误差减小到最少。

3. 温度变化

温度变化是施工控制中最难把握的。温度是在时刻变化的，我们总希望在一个相对恒定的温度范围内施工，例如早晨的时间内，但实际施工的时间是贯穿一天到晚的，甚至是一年四季。如何控制昼夜和四季带来的局部温差和整体温度变化，是施工控制中需要考虑的。

在施工中去掉温度变换带来的影响是施工监控工作的重点。测量施工过程中桥梁结构的真实温度一般采取专用的温度传感器，安排在温差较小的时段。对斜拉桥而言，控制局部温差尤其重要，施工时也应控制桥梁的表面温度。

4. 混凝土收缩徐变

混凝土的收缩徐变对桥梁的应力和变形影响很大，这主要是由于混凝土收缩徐变产生的无应力应变状态，进而影响预应力的变化，在全部预应力损失中，收缩徐变带来的预应力损失占有很大部分。施工中不同施工阶段带来的混凝土龄期不同，以及施工中普遍存在的加载龄期小的问题都会使混凝土收缩徐变带来的影响更加严重。

混凝土的收缩徐变是一个长期的非线性变化的过程，施工控制中应充分考虑到其结构的影响。施工中采取试验和现场测试相结合的方式来进行监测预应力的损失及线形的变化。及时修正计算模型里的结构参数，做到模型与实际结构相一致，指导桥梁的施工。

5. 施工工艺

施工工艺的不同，也将导致整个桥梁的成桥受力的不同。施工人员的经验知识、使用仪器的熟练程度、施工时的认真态度以及对桥梁结构的认识水平，都会影响到整个桥梁的施工质量。对混凝土部分斜拉桥而言，现浇箱梁的截面尺寸、预应力张拉的时间、斜拉索张拉的步骤、支架拆除的顺序和方式、二期荷载加载的时间等都会影响桥梁的线形和受力。施工时必须认真制定施工方案，并严格执行。

6. 监测方法

为保证桥梁的顺利完工并达到设计理想成桥状态，对桥梁的施工监控是不能缺少的。除了要进行理论上的计算分析外，还要现场测量桥梁的应力、线形、温度，用反馈信息来指导施工。

由于监控方案的不同，现场测量方法、仪器安装定位、数据采集时间和方式都会不同，测量仪器的选用不同，仪器的灵敏度等都会影响测量结果。这就要求监控方在控制过程中，不仅要从测量仪器和测量方法上减少测量误差外，还要把测量结果反馈到计算模型中，实时控制桥梁的结构安全。

7. 施工控制过程中误差处理的方法

施工控制中的误差是指桥梁在施工过程中，现场测量的实测值与计算的理论值之间的偏差，这其中包括应力、线形、索力等方面。实测值和理论值之间总会存在着一定的误差，这种误差也是不可避免的，产生的原因也是多方面的。桥梁监控的主要任务就是前期预测和后期调整，这就要求找出误差产生的原因，并采取方法消除误差。目前斜拉桥施工控制中误差处理的方法主要有：参数识别法、卡尔曼（Kalman）滤波法、灰色系统理论法、最小二乘法。

第六篇

冬雨季专项施工技术篇

22 高原复杂山区高速公路冬季施工关键技术

22.1 高速公路冬季施工国内外研究概况

22.1.1 国外发展状况

早在20世纪二三十年代，混凝土的冻融破坏就受到普遍关注。当时人们对混凝土的耐久性进行了大量研究，初步确定了不同结构类型和暴露环境的混凝土应具有的最大水灰比。1941年，Swayze首次发表论文阐述了引气可以改善混凝土的工作性，提高抗冻耐久性，这项措施随后也被证明是提高混凝土抗冻性最有效的方法。1945年Powers提出混凝土冻融破坏的静水压假说中解释了引气混凝土抗冻性得到提高的原因。

1953年，Powers提出了渗透压假说，这两个假说合在一起，较为成功地解释了混凝土冻融破坏的机理，至此奠定了混凝土抗冻性研究的理论基础，同时也为引气剂的大规模应用铺平了道路。随后，Powers等首先开展了掺引气剂硬化混凝土孔结构的测试分析研究，提出了气泡间隔系数的定义和计算方法。20世纪50、60年代，国外又对影响引气混凝土中气孔质量和分布的因素进行了大量分析研究。结果表明：水灰比、外加剂品种、振捣时间等均会对硬化混凝土的含气量、气泡比表面积产生影响，水泥细度和细集料粒径也会影响引气的效果，提出气孔的分布特征是决定冻融环境下混凝土性能的关键，而不是总的含气量。

22.1.2 国内研究现状

早在20世纪50年代初，吴中伟院士就强调了混凝土抗冻的重要性，并研制了松香热聚物加气剂（引气剂），应用于治淮水利混凝土工程，开创了我国采用引气剂来提高混凝土抗冻耐久性的先河。此后，水利水电科学研究院、同济大学等单位在混凝土原材料及配合比组成对抗冻性的影响、引气剂的研制和推广、抗冻混凝土的设计等方面都进行了大量研究工作。

20世纪90年代初，逐步认识到混凝土的气泡结构和间距是影响抗冻性的重要因素，开展了气泡性质对混凝土抗冻性影响的试验研究。李金玉认为对于大坝混凝土的抗冻性，只控制含气量和水灰比这两个指标是不够的，必须加上气泡性质的控制指标，如气泡间距系数，耐冻混凝土的气泡间距系数一般不超过300 μm。范沈抚进一步研究得出，混凝土气泡结构性质是影响混凝土抗冻性的根本所在。混凝土的抗冻性随孔结构性质变化而变化，当孔间距系数小于250 μm时，混凝土抗冻耐久性指数基本能达到60%以上，即可经受300次快速冻融循环试验。许丽萍等认为混凝土耐久性指数取决于气泡间距和水灰比，而气泡间距又是含气量和水灰比的函数。他们根据收集到的国内外试验数据，建立了混凝土耐久性指数与含气量和水灰比的数学关系式，提出了定量设计抗冻混凝土的方法。

为了与国际规范接轨，我国新颁布的标准与规范中针对抗冻性混凝土，在提出含气量与抗冻耐久性指数的同时，也相应提出了硬化混凝土气泡间距系数指标要求。如中国土木工程学会标准《混凝土结构耐久性设计与施工指南》（CCES01.2004）中规定：冻融环境下的引气混凝土，其气泡间距系数（平均值）在高度饱水、中度饱水和盐冻条件下宜不大于 250 μm、300 μm 和 200 μm。气泡间距系数为从现场或模拟现场的硬化混凝土中取样或取芯测得的数值。《公路水泥混凝土路面施工技术规范》（JT-F30.2003）中对路面和桥面引气混凝土的抗冰冻、抗盐冻耐久性测定，也提出了最大平均气泡间距系数的要求。

22.2 高速公路冬季路基填筑施工关键技术

近几年来随着经济的飞速发展和人民生活水平的提高，高速公路、铁路的施工工程越来越多。受制断口地表温度的影响，在冬季时进行路基的施工过程中，普遍存在着各种各样的问题，对路基的施工质量、施工安全和施工的进度等造成了巨大的影响。冬季施工的路基工程质量问题通常会在第二年的春天暴露出来，这样增加了质量事故处理的难度。从两方面进行阐述：一方面造成了巨大的经济损失，另一方面严重影响了工程的质量。所谓的路基冬季施工指的是在经过反复冻结和融化的地区昼夜的平均温度低于零下时，并且在这种情况下进行连续数天以上的路基施工。

22.2.1 冬季可进行施工和不可进行的施工项目

1. 可进行施工的项目

根据冬季路基的施工范围和施工对象，可以把冬季可进行的施工项目分成四大类：① 路基的岩石地段的路堑和已经半挖半填的路基地段挖作业；② 含水量比较高的流动土质和流沙地段的路堑的开挖；③ 软基地带达到一定程度的冻结之后，可以借着冬季将路基原地面的软土和淤泥层，换成合格的其他填料进行填充；④ 沿着流水地段由于冬季水流的水位比较低，此时可以开挖路基进行防护工程的修建施工，不过，进行防护工程的施工前，要注意做好保温和路基的养护措施。

2. 不可进行施工的项目

冬季不宜进行施工的项目也有四个方面，第一种类型是高速公路、一级普通公路的路基部分和地质不佳的二级及以下的普通公路的路堤；第二种是路基的边坡部分，尤其是土质路基的边坡，不能进行边坡的修整；第三种是路基原始地面的清理工作和填方路段台阶的挖掘；第四种是地势比较低洼的部分，由于低洼的地势会导致水位回升使得填土路基会被淹没。

22.2.2 冬季路基施工的准备工作

要进行冬季路基的施工，首先就要理清楚冬季路基施工中可进行施工的项目和不可进行施工的项目。其次就是要做好冬季路基施工的准备工作和技术工作。其中准备工作中的主要内容包括八个方面：一是路基施工单位要做好冬季施工的组织设计，施工组织设计包括制定施工的工艺和施工方法、要施工的工程数量、施工工期的预定等。制定好施工组织设计之后，上报关单位，取得比准。二是完成路基和人工构造物的放样工作，并做好保护。三是做好地表水的排水工作和降低地下水位的工作。四是采用爆破的方式开挖土方工程时，要钻好炮眼，清理路堑。五是修建好冬季施工人员的防寒棚、做好各种取暖措施和防火工作。六是做好斜坡、台阶等部分的防冻结工作。七是修筑高路堤时，准备好运输道路。八是做好施工筑路机械和基础设备等的防腐、防火工作。冬季路基的施工中，要做好的技术工作有四个方面：一是排水工作，要勘查现场的水文特征和地质情况，保证地表水的良好，构建有效的排水体系；二是根据施工场地设置集中取土的技术准备；三是路基和路堤的填料要选择防水性能好的材料；四是做好防汛工作，注意防洪技术措施。

22.2.3 冬季路基取料及设备选择

根据工程情况，砂料主要与制砂场获取，要求采用砂材料的要求为含泥量（即小于 75 μm 的颗粒粒径）不宜大于 15%（以重量计），并对沙样进行取样，试验室进行土工实验，按《公路土工试验规程》规定的方法进行颗粒分析试验，相对密度等试验，确保所用砂料合格。

22.2.4 冬季路基填筑方案

1. 按常规填筑法施工

按路基常规填筑法施工，施工工艺复杂，机械设备投入较大，施工速度缓慢，而且受地方管理部门的限制，填筑材料供应及材料运输无法保障，不能形成大干局面，周期长，造价高，工后沉降量周期较长。

2. 按吹砂填筑施工

采用吹砂填筑路基，施工进度快，外围环境、交通对施工影响小，充分利用了当地道路运输和水上运输，节省了项目成本，并且满足路基压实度和稳定性要求，满足规范规定工后沉降小于 30 cm 的要求。

通过对以上两种方案的技术、安全、经济方面的比较。选择更加符合以下优点的方案进行施工：① 施工不受外界的影响，保证施工工期；② 不影响交通，施工安全可得到保证；③ 满足规定沉降量；④ 工程造价低。

22.2.5 路基的冬季施工技术措施

1. 路堤的填筑

在路基的施工中，填筑路堤是采用横断面全宽的方式进行平填，每层所填筑的路堤厚度要比正常施工时期的厚度薄 20%到 25%；冬季施工时，路堤的填筑材料最好选用没有冻结的砂土、碎石等；施工时，保证随挖、随运、随填和及时压实等工作，防止路堤土的冻结做好护坡道，护坡道与填方坡脚的距离不小于其他施工期的 1.5 倍。

2. 路堑的开挖

挖路堑时，要保持挖方工作采用分层开挖的方式进行连续作业。对于冻土部分的开挖要根据冻土的深度以及机械设备的情况选择开挖的方式；冬季施工时，边坡的挖方与设计线之间的距离的确定，需根据排水工作的要求，并保证路堑土壤的结实；路堑的开挖顺序要遵循冬季开挖从上到下的顺序，开挖的方向要朝向阳处路堑开挖时，挖出的弃土堆高度要小于 3 m，弃土堆的垂直高度不超过 3 m。在路堑深度达到 5 m 时，可以平整弃土堆。

3. 冬季砌体施工

冬季路基施工时，砌体施工的材料和方法都与常温砌体施工的不同，在材料方面，冬季施工时保证砌块的干净、防止砌端冻结；保证砌筑的砂浆的温度，砂浆的材料采用水泥砂浆，砂浆的搅拌时间比常温情况下的搅拌时间长。砌石与砂浆的稠度在到毫米之间。

22.3.6 冬季软土路基填筑沉降观测

1. 冬季软土路基监测要求

冬季在软土地基上修筑高等级公路路堤，最突出的是稳定和沉降。因此，规定施工过程中必须进行沉降和稳定观测，一方面保证路堤在施工中的安全和稳定，另一方面能正确预测工后沉降，使工后沉降控制在设计的允许范围内。要求沉降板底板尺寸不小于 50 cm×50 cm ×3 cm，现场测杆直径为 4 cm 为宜。沉降观测采用 S1、S3 型水准以二级中等精度要求的几何水准测量高程，采用变仪高法观测，两次读数之差大于 2 mm 时必须重新观测，直到观测数据符合精度要求。采用闭合水准线路时，其前后视差不大于 5 mm，视线长度不大于 100 m，观测精度不小于 1 mm。

2. 冬季软土路基监测流程

为了使监控数据更有效地指导路基填筑施工，建立了一套完整的填土申请批复程序。控制的路基长度较短，加载遵循监控断面优先的原则。通常所说加载间歇期为 7 天，是在薄层轮加法、分级加荷、袋装砂井间距 1.0 m 的前提下提出的。

3. 冬季软土路基监测资料整理分析

软土地基的地质情况千变万化，路堤稳定控制指标亦有所差异，结合具体条件，在工程中进行典型断面的施工监测是必要的。冬季软土路基过程实际上是监测信息的采集、整理、分析利用的过程。

1）路基破坏前特征

根据以往各条高速公路施工经验判定，在堆载情况下，地基破坏前通常会出现微小裂缝，裂缝出现的位置不仅不同，其形式也很多样，因此它的形成原因也较复杂，如：地质情况的差异、软基处理形式不同、差异沉降、加载土的性质等。裂缝出现路基就肯定有问题，通常加载情况下，地基破坏前有如下特征：

（1）载顶部、坡址和斜面出现微小裂缝。

（2）堆载坡址附近地面隆起。

（3）停止堆载后，纵向裂缝继续发展，并呈圆弧状。

（4）停止堆载后，堆载坡址附近地面隆起增大。

（5）加载区域内表面沉降量、深层水平位移、孔压等急剧增加。

（6）停止堆载后，各项监测指标持续增加，或收敛不明显。

2）监测指标

路基加载必须在多种仪器严密监控下进行，综合分析各项指示是有必要的，参考以往各条高速公路监控经验，路堤达到极限平衡状态（即破坏状态）时路堤稳定控制标准如下：

加载期间：单日沉降速率 $V_s<10$（mm/d）

侧向位移速率 $V_m<5.0$（mm/d）

综合孔压系数 $B<0.6$

加下级前：单日沉降速率收敛明显，逐渐趋于稳定状态

单日沉降速率 $V_s<5$（mm/d）

侧向位移速率 $V_m<1.0$（mm/d）

单级孔压消散度＞55%

停载时间，根据现实实际情况，一般而言各项指标都必须满足要求，方可进行下一级加载；如果受总工期要求，必须加快加载速率，则必须随机动态增加监控断面，并且加密观测频率，随时注意路基坡角变化，出现问题及时上报解决，坚决做到防患于未然。

路堤建筑过程中，应进行沉降和稳定监测。当接近或达到极限填土高度时，严格控制填土速率，以免由于加载而造成地基破坏。一般每填一层，应进行一次监测，控制标准为路堤中心线地面沉降速率每昼夜不大于 1.5 cm；坡脚水平位移速率每昼夜不大于 0.8 cm。观测结果应结合沉降和位移发展趋势进行综合分析。其填筑速率，应以水平位移控制为主，如超过此限应立即停止填筑。

3）成果整理

成果整理表，并不能达到一目了然之功效，图形就可以进一步反映本质问题。在沉降监测资料整理过程中，要清楚地反映时间、填土高度和沉降量三者之间的关系附图，还应绘制：

（1）荷载-时间-沉降过程曲线。

（2）路基沉降速率变化曲线。

除以上几种曲线外，还可根据其他观测资料绘制其他曲线。利用实测的荷载-时间-沉降过程曲线和荷载-孔隙水压力-时间曲线，推测某一时刻沉降和最终沉降或反算地基的固结系数。

22.2.7 冬季路基施工的安全管理

冬季路基施工的安全管理工作包括三个方面：① 安全教育工作，施工企业要定期对全体员工做好技术安全的教育工作，做好安全防护用品的配备。对施工人员的安全操作规程进行教育。对特殊工种有针对的进行专门性培训。② 冬季防寒、防冻措施。注意冬季施工机械设备的防寒防冻措施，防寒防冻措施主要有 4 种，一是在入冬前做好各种机械设备的保养和绷修工作，选择符合要求的防冻夜进行防冻维护。二是结合施工地点的实际情况做好运输车辆的燃油选择，做好防火工作。三是给运输车辆配备防滑链，确认车辆的制动装置。四是制定好定人定机制度，施工机械设备的工作人员要做好本职工作。③ 冬季路基施工的环保措施。

冬季路基的施工过程中，还要做好环保，环保工作有利于构建良好的企业信誉，树立企业的形象。环保措施主要有三点，其一是在施工中尽可能避免噪声污染和环境污染；其二是对于施工过程中产生的废料，要做好填埋工作，避免这些废料污染水源等；其三是做好危险地段的标注，保证周围群众的安全。

22.2.8 路基吹填砂施工总结与分析

1. 一般路基施工方法、机械使用率及工后沉降量

（1）施工方法有：抛石挤淤和打设预应力管桩等，一方面对项目成本加大，再一方面。对当地环境及附近居民生活有影响，而且项目部附近无土源，需要土需外地运输。

（2）机械方面：根据业主工期要求及正常路基施工要求 20 t 以上自卸车达到 8 台以上，2 辆推土机，压路机 2 台，1 台平地机，机械使用率高。

（3）要求连续两个月观测的沉降量每月不超过 5 mm，方可卸载开挖或返开挖法施工，工期达不到业主要求。

2. 采用吹填砂+塑料排水板施工工艺

（1）施工方法：有效利用当地路基填料和水上运输资源，施工进度快，外围环境影响小且环保，节省了项目成本。

（2）机械方面：只要有足够的砂源及吹砂船即可，成形一段验收一段，施工机械只需 1 台 20T 压路机，1 辆推土机。

（3）采用塑料排水板+堆载预压处理软基，科学工艺，满足规范规定工后沉降小于 30 cm 可进行返开挖施工，工期满足业主要求。

22.3 香丽高速冬季混凝土施工关键技术

22.3.1 冬季混凝土施工

1. 冬季混凝土施工原理

混凝土拌和物浇灌后之所以能逐渐凝结和硬化，直至获得最终强度，是由于水泥水化作用的结果。而水泥水化作用的速度除与混凝土本身组成材料和配合比有关外，主要是随着温度的高低而变化的。当温度升高时，水化作用加快，强度增长也较快；而当温度降低到 0 °C 时，存在于混凝土中的水有一部分开始结冰，逐渐由液相（水）变为固相（冰）。这时参与水泥水化作用的水减少了，因此，水化作用减慢，强度增长相应较慢。温度继续下降，当存在于混凝土中的水完全变成冰，也就是完全由液相变为固相时，水泥水化作用基本停止，此时强度就不再增长。水变成冰后，体积约增大 9%，同时产生很大的冰胀应力。这个应力值常常大于水泥内部形成的初期强度值，使混凝土受到不同程度的破坏（即早期受冻破坏）而降低强度。此外，当水变成冰后，还会在骨料和钢筋表面上产生颗粒较大的冰凌，减弱水泥浆与骨料和钢筋的黏结力，从而影响混凝土的抗压强度。当冰凌融化后，又会在混凝土内部形成

各种各样的空隙，而降低混凝土的密实性及耐久性。由此可见，在冬季混凝土施工中，水的形态变化是影响混凝土强度增长的关键。

国内外许多学者对水在混凝土中的形态进行大量的试验研究结果表明，新浇混凝土在冻结前有一段预养期，可以增加其内部液相，减少固相，加速水泥的水化作用。试验研究还表明，混凝土受冻前预养期愈长，强度损失愈小。混凝土化冻后（即处在正常温度条件下）继续养护，其强度还会增长，不过增长的幅度大小不一。对于预养期长，获得初期强度较高（如达到 28 天强度的 35%）的混凝土受冻后，后期强度几乎没有损失。而对于安全预养期短，获得初期强度比较低的混凝土受冻后，后期强度都有不同程度的损失。由此可见，混凝土冻结前，要使其在正常温度下有一段预养期，以加速水泥的水化作用，使混凝土获得不遭受冻害的最低强度，一般称临界强度，即可达到预期效果。对于临界强度，各国规定取值不等，我国规定为不低于立方体抗压强度标准值的 30%。

2. 冬季混凝土施工要求

（1）在冬期施工开始之前，在基坑或基槽主风向采用搭设挡风墙，可采用钢管脚手架和篷布搭设，搭设挡风墙时要注意基坑、基槽与挡风墙之间要留有足够的空间，同时要注意围护严密、不透风，并绑扎牢固。

（2）混凝土冬期施工时，混凝土采用合理的养护方法并掺外加剂、上部覆盖的方法养护，同时搭设挡风墙围护，覆盖采用铺一层聚氯乙烯薄膜保湿，然后覆盖棉毡和草袋保温。

（3）冬季混凝土对材料的要求：

① 水泥使用前要运入暖棚内存放。

② 混凝土组成材料加热温度要根据需要混凝土拌合物的最终温度按计算确定，混凝土的温度要控制在 35 °C 以内，冬季施工期间用砂中不得含有直径大于 1 cm 的冻块，不得使用冻灰膏、冻灰浆。

③ 组成材料要优先考虑加热水，（加热方法由商品混凝土站统一考虑）当水加热达不到要求温度时，考虑对砂石加热，当石子干燥无冻块时，可只加热砂子。拌合水加热小于等于 80 °C，骨料加热小于等于 60 °C。冬施期间对原材料加热温度应予以控制，

④ 采用蓄热法和综合蓄热法施工的混凝土，应优先选用硅酸盐水泥或普通硅酸盐水泥拌制混凝土，水灰比应控制在 0.6 以下。混凝土浇筑时间应尽量选在上午 9:00 以后，下午 16:00 以前气温较高的时间，浇筑完毕要及时覆盖保温。

⑤ 在混凝土冬季施工中，应在混凝土拌制过程中，掺入一定量的化学外加剂，如调节混凝土凝结、硬化性能的早强剂；改善混凝土抗冻的防冻剂等。

3. 冬季混凝土搅拌、运输、浇筑、养护

（1）搅拌时要先投入砂石和水拌和，然后再投入水泥拌和，不得将水泥与热水直接搅拌，以免产生假凝。搅拌时间比常温季节延长 50%，严禁将带有冻团和冰雪的砂石装入搅拌机内。商品混凝土搅拌站对混凝土搅拌运输冬施要求按照规范规定来控制。

（2）严寒季节浇筑混凝土要对运输机具进行适当的护盖保温，尽量缩短运输距离和装卸次数，浇筑时要快浇快盖，工作面尽量缩小，以减少热损失。随时对混凝土入模温度采用温度计测温。

（3）混凝土浇筑后要随时测量入模温度，并及时做好保湿保温覆盖，先覆盖一层塑料布来保湿，然后再覆盖一层棉毡或草袋来保温，各层要相互搭盖严密，敷设后要注意防潮和防止透风。

（4）混凝土受冻临界强度，采用硅酸盐或普通硅酸盐水泥配制的混凝土为设计强度的30%，采用矿渣水泥配制的混凝土为设计强度的40%，而且不得低于5 MPa，为此混凝土在受冻前至少要在正温下养护5昼夜以上。

4. 冬季混凝土温度控制要求

根据混凝土施工规范，混凝土冬季施工时的浇筑温度不得低于 5 °C，采用综合蓄热法不应低于3 °C。如果气温在-10 °C的情况下施工，每6小时盖一层草毡，浇筑温度考虑5 °C。砂料温度保证在-2 °C，骨料温度保证在-3 °C，水泥温度按25 °C计算，砂、骨料的含水分别按1%和0.5%计算。

5. 冬季混凝土施工技术难点

在冬季混凝土施工中，主要技术难点：

1）如何确定混凝土最短的养护龄期

当混凝土达到自身的抗冻临界强度以后遭受低温冻害作用，最终的28天标准强度相对没有遭受冻害的混凝土不会产生明显的降低，所以能够达到临界强度时间确定是个关键问题，混凝土最短的养护龄期须大于该时间才行。同时还要考虑冬季施工的造价问题，养护时间长，对于混凝土强度的增长是有好处的，但是应用价值工程理论分析可知：产出与投入的比例过小，不够经济，与节能减排和投资控制不利。所以应该选择最短的养护龄期。

2）如何防止混凝土早期冻害

早期冻害的防治是混凝土冬季施工过程中最为重要的一个环节，能够使混凝土在低温下保持水化作用，简单的方法就是蓄热和防护，在临界强度到达之前避免混凝土冻害的发生。

3）如何保证混凝土后期强度和耐久性满足要求

试验表明混凝土早期一次受冻和反复冻融对于后期强度和耐久性都有较大的影响，抗压强度和抗渗性能指标都有大幅度的降低，做好冬季施工工程的养护至关重要。在实际工程中，要根据施工时的气温情况，工程结构状况（工程量、结构厚大程度与外露情况），工期紧迫程度，水泥的品种及价格，早强剂、减水剂、抗冻剂的性能及价格，保温材料的性能及价格，热源的条件等，来选择合理的施工方法。

22.3.2 简要概括混凝土的受冻机理

1. 冻结模式及受冻机理

负温混凝土的冻结模式分为快速冻结和慢速冻结。快速冻结又包括一次受冻和多次冻融，一般在冰箱或冰冻试验室内冻结。慢速冻结为室外自然冻结，而实际工程多为在室外自然冻结，与实验室的快速冻结模式有些差异，研究表明室外冻结与实际工程结合较好，具有一定得研究价值。

2. 允许抗冻临界强度

混凝土早期受冻临界强度是指冬期浇筑的混凝土在受冻以前必须达到的最低强度。即新浇混凝土在受冻以前达到某一初始强度值，然后遭到冻结，当恢复正温养护后，混凝土强度仍会继续增长，经 28 天标准养护，其后期强度可达设计标准值的 95%。根据《建筑工程冬期施工规程》(JGJ 104297)，允许受冻临界强度分为未掺外加剂的普通混凝土和掺外加剂的混凝土两种普通混凝土。采用硅酸盐水泥或普通硅酸盐水泥配制时，应为设计的混凝土强度标准值的 30%。采用矿渣硅酸盐水泥配制的混凝土，应为设计的混凝土强度标准值的 40%，但混凝土强度等级为 C10 及以下时，不得小于 5.0 N/mm^2。掺用防冻剂的混凝土，当室外最低气温不低于−15 °C 时不得小于 4.0 N/mm^2，当室外最低气温

3. 受冻混凝土的鉴别及损伤参数

受冻的混凝土的鉴别主要有以下几种方法：

（1）拆除模板观察。

（2）敲击表面观察判断。

（3）表面用回弹仪检查。

（4）取芯样检查。

（5）用超声波探测。

4. 早期受冻对混凝土强度的影响

混凝土受冻对其抗压强度的影响。苏联钢筋混凝土科学研究所、美国华盛顿大学、中国恒仁混凝土坝施工技术研究组分别对混凝土早期受冻的情况进行了研究，尽管各地的气象条件和混凝土原材料及配合比不尽相同，但他们得出大致相同的结论：混凝土浇筑后立即受冻，无论冻后正温养护的时间多长，其抗压强度都有较大的损失，一般在 40% ~ 50%。

5. 受冻混凝土的处理

受冻混凝土强度低，抗渗性能差，当不满足设计要求时，应进行适当的处理。混凝土结构受冻后的处理应根据其受冻的程度与状态、受冻位置与数量、受冻后强度的可能增长情况分别进行应用。

22.3.3　冬季路基施工方案

1. 取土场要求

为了使填料尽量不受冻，需在选好的取土场进行保温措施，在取土位置覆盖一层黑棉毯或草垫，上加盖厚度不小于该地区冻结深度的覆盖土，保证填料不被冻结，施工时分小段施作快速取土摊铺，并将碾压时间尽量安排在每天温度较高的时段，施工时冻土块体积不得超过填土总体积的 15%，冻土块的粒径不得大于 15 cm，铺填时，冻土块应分散开，并逐层压实，当冻块超标或超量时必须组织人工将冻块清理出施工范围、拟定好开挖方式和行走路线，提前确定取土顺序、若现场条件允许，宜从阳面开始取土，确保开挖面有充足的日照时间，防止新开挖作业面快速冻结、暂时停止取土的开挖面，应用松土覆盖或在取土前将其冻结层挖

除废弃处理，覆盖厚度以当时最低温度的冻结深度确定。

2. 保证填料标准

本段路基选用砂砾石作为路基填料，其渗水性好，含水率低冬季填料不容易产生冻块。将路基填料作为结构材料使用，对路基所用填料按规范进行检测，判定填料组别。根据工艺试验标准严格控制填料含水率，含水率过大，会造成填料冻块增多；含水率过小，负温条件下不宜在路基上洒水作。

3. 压实标准工

（1）选用重型振动压路机为路基填筑的压实机械，经现场做试验段检验各项指标满足设计要求后，本次冬施摊铺厚度为松铺厚度，取 30 cm（常温时工艺试验松铺厚度为 45 cm，静压 1 遍，振动压 4 遍，最后静压收光，经现场工艺试验，压实度满足设计要求）。

（2）路基填筑施工严格按冬季施工调整后的工艺试验确定的参数施工，严格过程监控和质量检验、记录。

（3）填筑时路基两侧各加宽 80 ~ 100 cm（常温时为 30 ~ 50 cm），以保证边坡压实质量，并减少对新施工路基的冻结。

（4）碾压完成后路基立即用土工布对边坡进行覆盖，并在土工布上部堆填 50 cm 土作为保温层（根据气温变化适当增减厚度）。

4. 测量放线及现场核对

施工范围的建筑物等拆迁并清理后，按照设计对线路中线、边线、横向结构物及挡护工程位置等进行测量放样。对坑地、积水结冰部位进行详细标识、对地下过水、供热管路进行有效保护，若需清除表层覆土，必须采取有效措施满足供水、供热管道的保温隔热要求。

5. 施工方法

1）路堤工程施工顺序

施工准备→清表和地基处理→基床以下路堤和基床底层填筑→基床表层 A，B 料填筑、地表处理采用人工配合挖掘机或推土机分段作业，根据施工能力确定分段长度，确保处理一段，填筑一段，防止裸露基面再次冻结、处理后的基底密实、平整，无草皮、树根等杂物，且无积水、无结冰、无冻块；地面倾斜地段按设计要求挖出台阶。按照设计要求，路基填筑采用 A、B、C 组填料（基床以下）和 A、B 组填料（基床本体），根据现场实际情况，优选地质较好、透水性好、级配合理的 A 组或 B 组砂卵石、砂砾石填料。

2）工艺要点与技术措施

（1）路堤填筑前清除基底表层植被及腐殖土，挖除树根，做好临时排水设施。地基表层为松散土层时，厚度不大于 0.3 m，将原地表碾压密实，碾压后的密度满足地基系数 $K_{30} \geqslant \dfrac{0.8\ \text{MPa}}{m}$、相对密度 $D \geqslant 7$ 的规定。地基表层为软弱土层，其静力触探比贯入阻力 93 值不小于 1.2 MPa，根据软弱土层的性质、厚度、含水量、地表积水深度等，采取挖除换填等地基加固措施。

（2）路基筑采用纵向分段，横向全断面、竖向水平分层填筑压实方法。当原地面高低不平时，先从低处分层填筑。分段长度根据机械设备施工能力，填料供应强度严格划分，确保即填即平即压，并快速做好成型路基的检测保护。

（3）按工艺试验确定所处部位（基床底层以下路堤或基床底层）的合理摊铺层厚，进行分层上土，虚铺厚度控制采用“方格网法”，填筑时路基两侧各加宽 100 cm，以保证边坡压实质量及方便冻土的清理。

（4）使用推土机初平，再用平地机精平。摊铺整平过程中尤其注意防止填料离析，使每一摊铺层填料中的粗细料摊铺均匀、层面平整，若有冻块，应及时清除，再配以人工整平。

（5）按工艺试验确定的碾压速度、碾压遍数，用重型振动压路机按先两边后中间（曲线地段先曲线内侧后曲线外侧），先慢后快的原则进行碾压。如发现有凹凸不平现象，采用人工配合及时补平，使碾压好的路面平整度符合要求。

（6）填至基床底面、基床表层底面标高后，及时恢复中线，进行水平标高测量，检查路基宽度。按照设计结构尺寸进行路面整修后，达到路面平整，横向排水坡符合设计要求。成型路基边坡刷坡清理及路基防护工程施工需在路基消冻后进行，以确保刷坡质量。

3）质量控制要点

（1）填料质量控制：除进行取样检验外，填筑时对运至现场的填料按每生产 1 000 m^3 抽检一次的频次检验颗粒级配。

（2）在每一层的填筑过程中，确认填料颗粒级配参数后，再按工艺试验确定的碾压速率和遍数进行碾压。

（3）冬季施工控制难度大，因此基底换填及路堤填筑需适当增加检测频次，确保压实标准和压实质量。

4）质量控制与要求

（1）对路基填料除在取土场按规定进行取样检验外，填筑时对运至现场的填料还按每工班不少于一次的频次检验颗粒级配和含水量。

（2）每层碾压要紧跟路基填筑平整进度，避免填料长时间堆放而结块。当天填筑的填料必须当班压实并覆盖保温。

（3）负温较低时段施工路基面上，应在已成型路基面上做好保温隔热措施，待恢复填筑时清除表层保温填料。

（4）隔夜施工上层路基填土前，必须对下层路基面进行外观检查，若有冻块应清除并按原路基处理后才能上料填筑；若出现大面积冻结现象，需采取加热措施融解冰冻层或清除冻层后继续填筑。

22.3.4　冬季施工质量控制措施分析

1. 拌制抗冻混凝土注意事项

冬季施工中，混凝土配合比设计是保证质量的重要一环，配合比的设计必须要考虑到混凝土施工工艺、养护措施，根据气温条件、工程的具体情况，设计恰当的配合比。

水泥的早期强度、水化放热量和负温性能等因素与冬季施工的效果有密切关系。冬季气温低，混凝土强度增长慢，一般情况下，应尽量选用标号在 425 号以上的硅酸盐水泥或早强（R）型普通硅酸盐水泥，有条件时可选用快硬水泥。

混凝土遭受冻害是由于拌合水结冰造成，如果混凝土中的含水量较少，则冻害的严重程度便可降低。水灰比应尽量按此原则确定。级配良好的粗骨料且最大粒径较大时，用水量可以减少。

外加剂是在混凝土拌制过程中掺入，以改善混凝土性能的可溶性物质。在冬季施工中，外加剂对养护效果关系极大，因此选择养护工艺要与选择外加剂结合起来。外加剂的掺量往往很小，在施工时要严格掌握计量准确，过少不起作用；过多则造成质量事故。外加剂主要有减水剂、早强剂、防冻剂。

2. 冬季施工措施

混凝土拌合物的温度以及各种组成材料的加热温度要经过计算和经济效果比较，并在工艺设计中确定。

水泥应储存在暖棚内，使用时保持 5 °C 以上温度，不得加热。砂石堆场的地面要有坡度利于排水，以防止冻结。砂石堆的表面要用帆布覆盖，避免混入冰雪形成冻块。

在搅拌混凝土时冰雪冻块不仅会消耗掉许多热量还会使拌合物的温度不易控制。粒径过大的冻块在搅拌机中也难以融化。没有融化的冻块如直接进入结构物内将影响工程质量。含有冰雪冻块的骨料必须事先加热使之融解。加热水同加热骨料相比，当重量与温度均相等的情况下，水可以把 5 倍的热量带入拌合物内，所以能有效地提高拌合物的温度，同时加热水也比较容易，因此仍要先考虑对水加热。水的加热温度不宜超过 80 °C，水泥与 80 °C 以上热水接触会发生假凝或形成团块，所以当水温超过 80 °C 时，就要调整投料顺序使水分与骨料预拌，然后投入水泥开始正式搅拌。当施工期间的日平均气温高于−5 °C 时，只加热水即可满足施工要求；日平均气温低于−5 °C 时，可考虑再将砂加热。

在混凝土浇筑时，附着在模板、钢筋上的冰雪污垢应清扫干净，尽量不要用蒸汽来直接融化冰雪，因为融化的水会重新冻结。混凝土在振捣密实以后，裸露的表面应立即用塑料薄膜覆盖，以防止混凝土脱水避免保温材料吸水。在冻胀性地基上浇筑混凝土时，地基土应事先加热并保温，不应在冻结地基上浇筑混凝土。

混凝土养护结束后，就可以考虑将模板和保温层拆除。由于此时混凝土的强度尚未达到设计要求，混凝土的温度尚未与环境气温相平，为了保证混凝土的耐久性和结构物的安全度，某个构件的模板与保温层是否予以拆除，将取决于该构件的实际承载能力、混凝土是否已经获得早期抗冻能力、混凝土与周围环境的温度差。当拆除保温层和模板时，构件中心与表面或构件表面与环境气温之差不应超过 20 °C。

3. 冬季施工养护措施

混凝土浇注后如果立即受冻，其力学性能和耐久性能明显降低。如浇注以后的混凝土能经过一定程度养护，使其强度达到抗冻临界强度，此时混凝土具有早期抗冻能力，此后受冻将不会对混凝土产生不利影响。因此，应根据工期要求、混凝土结构特点、施工气温、现场施工条件及技术经济效果等方面综合考虑，合理选择养护方法，提高混凝土受冻前的养护程度。

1）养　护

冬季气温虽然处于 0 °C 以下，但可以通过各种技术手段，使混凝土于浇筑之后先保持一段时间的正温，待逐渐硬化直至具有足够的早期抗冻能力以后才冷却至 0 °C 以下。这种工艺称为正温养护工艺。

混凝土正温养护工艺的基本做法是：原材料加热、搅拌站和运输工具都要适当保温，必要时还应对钢模板和施工缝处的原有混凝土进行预热使拌合物在浇筑后具有一定的正温度。除在暖棚内浇筑的混凝土以外，结构物周围均须用保温材料护，以利于节约能源和加速硬化。

混凝土浇筑完毕时的温度依构件的尺寸而异。厚大构件浇筑后，内部的水化热会使混凝土温度上升，拌合物温度可相对较低。在浇筑薄壁构件时，拌合物的温度应较高。

混凝土采用正温养护工艺时，本身温度通常不会超过 30 °C；当采用人工加热时，最高温度宜控制为 40 ~ 50 °C。在任何情况下，混凝土温度不宜超过 80 °C。

混凝土常用的正温养护工艺包括前文提到的蓄热法、暖棚法、电热法以及蒸汽加热法等。

2）负温养护

混凝土负温养护工艺的基本做法是将原材料预先适当加热使混凝土在浇筑完毕时的温度在 5 °C 以上，拌合物中掺入防冻剂。在一般情况下，浇筑后，混凝土的表面仅用塑料薄膜作保护性覆盖，目的在于避免脱水和防止霜雪侵袭。表面系数大于 18 的构件在日平均气温低于 -8 °C 的条件下施工时，在冷却过程中须用保温材料适当围护，以延长其冷却时间。负温养护的混凝土，在终凝前，其本身温度即降至 0 °C 以下，混凝土就在负温中硬化。负温养护工艺的优点是工艺简单，节约能源。缺点是强度增长较慢。

负温养护工艺适于在日平均气温不低于 0 °C 或极端最低气温不低于−16 °C 的条件下，主要用于对强度增长速度要求不高的构件，尤其适用于其他养护工艺无法奏效的构件，适量的防冻组分掺入混凝土以后，将使混凝土强度有所降低，但不影响其耐久性能。由此而造成的强度下降与因冻害而造成的强度下降在性质上是不同的。

负温配合比设计的原则是：混凝土经负温养护后不仅要达到工程设计方面提出的各项质量指标，而且混凝土的耐久性能不得低于常温施工所达到的水平，配合比设计必须符合经济合理的原则，确定的配合比必须具有可操作性，能够满足施工要求。

4. 冬期混凝土施工管理要点

材料要求：

（1）水泥：冬期施工应优先选用硅酸盐水泥和普通硅酸盐水泥，水泥强度等级不得低于 32.5 MPa，最小水泥用量不少于 300 kg/ms，水灰比不应大于 0.6。

（2）骨料：粗细骨料要求清洁、级配良好、质地坚硬，不得含有冰雪、冻块及其他易冻裂的物质。

（3）拌和水：要求经化验合格。

5. 混凝土受冻临界强度规定

对于掺防冻剂的混凝土，当室外最低气温不低于−15 °C 时，其强度不得小于 4.0 N/mm^2；当室外最低气温不低于−30 °C 时，其强度不得小于 5.0 N/mm^2。

混凝土原材料的加热：

（1）混凝土原材料的加热应优先采用水加热的方法，当水加热仍不能满足要求时，再对骨料加热。

（2）拌合水及骨料的加热温度应根据热工计算确定最高温度，且不得超过如下规定：当水泥强度等级小于42.5 MPa时，普通硅酸盐水泥和矿渣硅酸盐水泥拌合水温度不大于80 °C，骨料温度不大于 60 °C；当水泥强度等级不小于 42.5 MPa 时，硅酸盐水泥和普通硅酸盐水泥拌合水温度不大于60 °C，骨料温度不大于40 °C。

（3）当骨料不加热水，可以加热到 100 °C；当骨料、水同时加热并达到规定温度，但不能满足要求时，可提高水温到100 °C，但热水不能与水泥直接接触，必须改变投料顺序。

（4）水泥不得直接加热，使用前宜运入暖棚存放。

6. 混凝土的搅拌、运输、浇筑

（1）搅拌混凝土时骨料中不得带冰、雪及冻团，冬期施工混凝土的搅拌时间应比常温施工延长0.5倍。

（2）混凝土在浇筑前应清除模板和钢筋上的冰雪和污垢，运输和浇筑混凝土用的容器应有保温措施。混凝土拌合物的出机温度不宜低于10 °C，入模温度不得低于5 °C。

22.3.5 冬季施工养护工艺

1. 配合比的影响

1918年，美国波特兰水泥协会的阿伯拉姆斯以“混凝土混合物的设计”为题，发表了著名的水灰比定律：在一定的工作条件下，骨料的品质和配合比不变时，可塑性混凝土的强度与其他性质都是由水灰比所决定。19世纪20年代以后，瑞士混凝土专家保罗米根据法国菲莱公式，把28天混凝土抗压强度的曲线公式改为近似直线的公式，即我国至今仍然沿用的保罗米公式。《普通混凝土配合比设计规程》（JGJ55—2000）同样用了该公式。初步奠定了混凝土强度的理论基础。水灰比是一个传统的概念，指单位体积的混凝土中水与水泥的质量比，而混凝土发展到今天，胶凝材料逐渐发展，有矿物掺合料，如粉煤灰、矿渣、硅粉等，这些胶凝材料统称为水胶比中的胶，此外外加剂中的膨胀剂由于掺量巨大，也是计入胶凝材料。以后，相继出现了轻集料混凝土、加气混凝土及其他混凝土，各种混凝土外加剂也开始使用。20世纪60年代以来，广泛应用减水剂，并出现了高效减水剂和相应的流态混凝土。高分子材料进入混凝土材料领域，出现了聚合物混凝土，多种纤维被用于分散配筋的纤维混凝土。现代测试技术也越来越多地应用于混凝土材料科学的研究。由于材料科学的进步及我国商品混凝土的发展，普通混凝土的组成材料已经由四组分发展到六组分，而胶凝材料也不仅仅是水泥一个品种，已经发展到粉煤灰、矿渣及粉煤灰等多个品种。因此，在六组分配合比设计中，需要考虑如下几点：

（1）依据水泥熟料矿物具有胶凝能力的本质与条件，粉煤灰、矿粉等矿物掺合料，同样具备结构的不稳定性，同样具有活性效应。

（2）由于粉煤灰、矿粉在组成成分和形成过程与水泥存在一些差异，其活性低于水泥熟料矿物。因此，有学者提出粉煤灰混凝土强度的改进公式。此时，保罗米公式仍然可以应用，但应根据粉煤灰、矿粉等胶凝材料的活性对现行配合比设计中的公式予以修正。对于高强混凝土配合比设计，保罗米公式是否适用，尚需进一步探讨。

（3）在掺有粉煤灰、矿粉等矿物掺合料的混凝土中，由于其活性成分所产生的化学效应低于水泥，因此，如需取得相等的混凝土强度，矿物掺合料不能等量取代水泥，水胶比不等于水灰比，且水胶比小于水灰比。

（4）在工程实践中，水胶比的大小，不应受设计强度左右。在确保设计强度的前提下，应根据工程结构对象、耐久性要求，结合环境条件及原材料特性，有针对性地调整用水量及矿物掺合料用量，并积极降低水泥用量。

2. 施工养护的影响

混凝土的施工养护是建筑工程中不可回避的问题，施工和养护质量的好坏直接决定了混凝土的最终强度、安全性和耐久性，以上关于配合比的要求只是混凝土能否在工作期间表现出应有性能的前提，而施工养护则是混凝土能否体现高性能的关键。混凝土的施工和养护技术现在已经比较成熟，主要技术难题集中在大体积混凝土和冬季施工混凝土。

3. 防冻剂的影响

寒冷国家地区在实际工程中难免会遇到冬季施工情况，早期的冬季施工主要在施工方法上进行改善，如进行暖棚法、蓄热法和蒸汽法等。通过长时间的工程验证，施工方法对混凝土强度的改善情况有限，而且成本较高，以及对原材料、人力和物力等方面造成的施工起来比较复杂，因此，世界各国为了满足冬季施工需要，提高建筑工程冬季施工进度，开始了对防冻剂的研究与应用。

苏联曾是防冻剂研究最早的国家，也是目前防冻剂应用量最大的国家，由于该国家独特的气候条件和能源资源，使防冻剂的使用大为推广，并在早期对混凝土的防冻剂使用做了相应的规范。我国在 20 世纪 70—80 年代时所使用的防冻剂大多为单一的氯盐类，由于氯盐对钢筋有腐蚀作用，所以氯盐类的防冻剂在建筑工程中的应用有所限制，到了 90 年代以后已经不再适应建筑行业的发展。现在我国的防冻剂已经有了很大的改进，目前广为生产和应用的防冻剂为复合型防冻剂。

1）防冻剂的分类

防冻剂（anti-freezing and mixture）是指负温下硬化，并在规定时间内达到足够防冻强度的外加剂。混凝土防冻剂按其成分可分为：

（1）强电解质无机盐类防冻剂，包括氯盐类、氯盐阻锈类以及无氯盐类防冻剂。

（2）水溶性有机化合物类防冻剂，以某些醇类、尿素等有机化合物为防冻组分的防冻剂。

（3）有机化合物类与无机盐复合类防冻剂。

（4）复合型防冻剂，以防冻组分复合早强、引气、减水等组分的外加剂。

2）防冻剂的作用机理

对于防冻剂的作用机理国内学者已做了大量的研究，相关文献曾对防冻剂的作用机理做过试验研究，结果表明防冻剂主要起着降低混凝土液相冰点的作用。防冻剂使液相冻结温度变化范围变宽，形成的低共熔体可降低冻胀应力。目前国内外研究表明，防冻剂的作用基本为以下三类：

（1）降低冰点：水结冰体积膨胀，当混凝土中的水在负温下膨胀，尤其在水泥水化时期，会导致混凝土内部结构遭到严重破坏，强度损失非常严重。纯水的冰点为 0 °C，在水中加入适当的盐之后，会使水溶液的冰点降低。能够使混凝土中的水溶液保持液相状态，防止水分结晶产生冰胀破坏。

（2）促凝早强：复合防冻剂中的氯盐、硫酸钠（又称元明粉）硝酸钙、三乙醇胺、甲酸钙酸钙、氟化钠等均有促凝早强作用。内部早强成分与水泥水化产物 $Ca(OH)_2$ 反应形成复合物，可促进水泥水化。有机类早强成分可与水泥中的某些成分形成络合物、络离子或络合物的中间体，这些物质可改变某种离子的浓度，影响各种矿物成分的溶解度及其化合物的结晶速度，同时对水泥水化也起到一定的催化作用。

（3）减少用水量：① 减少混凝土的用水量，既有利于提高早期强度，又能起到增强作用。② 对水泥起分散作用，扩大水泥颗粒与水的接触面积，加快水泥的早期水化作用，增大初期水化发热量。③ 改变硬化混凝土的孔结构，降低混凝土的孔隙率，提高混凝土的防冻抗渗等性育旨。④ 减少可冻结水的数量，促进水泥的水化作用。子或络合物的中间体，这些物质可改变某种离子的浓度，影响各种矿物成分的溶解度及其化合物的结晶速度，同时对水泥水化也起到一定的催化作用。

4. 养护方案

1）质量保证措施

2）混凝土的质量检查

冬季施工时，混凝土质量检查除应遵守常规施工的质量检查规定之外，还应符合冬季施工的规定。要严格检查外加剂的质量和浓度；混凝土浇筑后应增加两组与结构同条件养护的试块，一组用以检查混凝土受冻前的强度，另一组用以检验转入常温养护 28 d 的强度。

混凝土试块不得在受冻状态下试压，当混凝土试块受冻时，对边长为 150 mm 的立方体试块，应在 15 ~ 20 °C 室温下解冻 5 ~ 6 h，或浸入 10 °C 的水中解冻 6 h，将试块表面擦干后进行试压。

3）消防安全措施

入冬前，组织现场全体职工进行冬施安全、消防的宣传教育工作，制定安全生产和防滑、防冻、防火、防爆的具体措施，教育职工注意施工岗位安全，严守各项规章制度。施工现场必须按施工方案要求做好防冻、保温工作，注意天气预报，注意大风及寒流对安全生产带来的影响。

冬期施工做好防滑措施，雪后、雨后及时清理脚手架及施工道路上的积雪和冻冰块。复工时外脚手架应全面检查合格后方可投入使用。

加强用火管理，现场火源要加强管理。现场设置足够的消防器材，防止火灾的发生。加强用电管理，现场禁止使用裸线，不得私架电线，加强线路检查，防止漏电及电路失火，尤其是要在大风雪后对供电线路进行检查，防止断线造成触电事故。电焊机使用时，不要使火星飞溅到其他物体上。做好临边、井口、洞口等的防护，消除安全隐患。要做到各项施工必须做到有措施、有交底、有检查、有解决，不留隐患，一丝不苟地做好安全工作。加热升温设备必须有生产许可证、合格证。按有关规定进行验收合格后方可正式使用。保温材料必须符合环保及消防（阻燃）要求，妥善保管，设专人负责。各种外加剂及燃料等易燃易爆物品，要设专库存放，设专人负责管理。各种上人架子、马道应牢固可靠并定期进行检查，大风或雪后要认真清扫、及时检查消除隐患，施工人员要做到遵章守纪，杜绝违章作业、违章指挥和冒险作业。所有作业人员必须经过三级安全教育并考试合格上岗，体检合格，并作业前经过安全技术交底，并实行双签字。

凡进入现场施工人员，应经过安全教育，具备一定安全知识，并与项目安全部门签订有关安全施工的责任合同。雪后应及时清理作业面、室外楼梯、现场交通路面，以防滑倒跌伤。现场施工用水应倒入指定地点，严禁乱倒以防结冰跌滑；作业面结冰时，应采取地面铺上木板等措施，爬梯高空作业时更应采取防滑措施；防止因天冷路滑造成摔伤，尤其是高空滑落等现象的发生。

23

高原复杂山区高速公路雨季施工关键技术

23.1　香丽高速公路雨季高边坡施工关键技术

23.1.1　渗流对边坡稳定的影响

地下水渗流是影响边坡稳定的重要因素。特别是对于堤坝及具有较大的水头差的土质边坡来说，其危害性较大。如 1998 年长江防洪大堤在水位骤降时引起的（崩堤）现象及连降大雨造成的公路边坡滑塌事故等。早在 1923 年由 Tezrahgi 提出的有效应力原理就明显地反映了地下水对土骨架间应力的折减，渗流对土坡稳定的影响有两个方面：

（1）减小了土骨架间的应力，从而导致摩阻力的减小，这主要是由水的浮托力引起的。

（2）由渗流产生的动水压力使滑动力增加，往往导致管涌和流土的发生，从而导致结构和失稳的破坏。

以往对渗流的研究较多的侧重于对水力坡降及流量的研究，近年来则侧重于对渗流力的研究。如 Soctt 等人对 California 的某地区暴雨后导致的山坡残积土的滑坡进行了研究，认为其原因是孔隙水压力急剧上升。经过国际上许多学者的多年来的反复研究和争论，认为无论对于砂性土或渗透性较小的黏性土，有效应力理论无疑都是成立的。在地下水位之下，除非采用降水措施，静水压力始终存在，形成水力梯度的水头差也是始终存在的。因此，在黏性土坡或黏性土层中，渗流产生的动水压力是客观存在的。即使在渗透性很小的土层中，进行土的稳定分析也一样应考虑渗流的影响。对于渗流力的考虑，有两种做法：① 考虑土体（条）周界边界的水压力，但采用土体的饱和容重；② 采用有效应力的观点，即采用土体的浮重度与渗流力的组合。由此整个力系才能平衡。这两种做法是等效的。

23.1.2　渗流对土体以及边坡稳定影响的机理

1. 渗流对土体以及边坡稳定影响因素分析

由众多工程经验我们知道渗流与边坡稳定有很大关系。地下水在渗流压力的作用下，有可能带走松散岩层，断层破碎带和其他软弱结构面中的细小颗粒，引起边坡失稳。地下水渗流还可使黏土质岩石软化、泥化。有的岩坡和膨胀土边坡由于受渗流作用而造成体积膨胀，产生较大的膨胀压力，造成边坡失稳。边坡失稳的根本原因在于土体内部某个面上的剪应力达到它的抗剪或抗裂强度，稳定平衡受到破坏。而剪应力达到抗剪强度的起因有二：一是由于剪应力的增加，二是因为土体本身抗剪强度的减小。土体中的渗流作用会促进这种滑动和破坏。比如，降雨使土体饱和而使其容重增加，水库蓄水或水位降落产生渗透力变化，都会引起土体内部剪应力的增大，随着降雨入渗，土体含水量增大，土体强度也会随之发生变化。

我们将土粒孔隙间的渗流水压力称为孔隙水压力。在一般的圆弧面滑动稳定性计算时，沿圆弧滑动面的孔隙水压力虽然都通过滑动圆心而不产生力矩，但能减少有效应力从而使其抗剪强度降低，因而对稳定有很大的影响。表 23-1 引用根据无黏性土的无限坡计算分析比较各因素的影响程度得出的抗滑安全系数。表 23-2 是引用对某黏性土边坡的稳定性分析。由表中数据不同情况对应的安全系数可以看出，渗流作用对边坡稳定性的影响十分严重。

表 23-1　无黏性土坡的稳定性分析

情况	干坡	干坡 地震	渗流 饱和	饱和 地震
安全系数	1	0.7	0.5	0.25

表 23-2　黏性土坡稳定分析

情况	无渗流	有地震	有渗流	渗流加地震
安全系数	1.571	0.932	0.928	0.665

2. 渗流对边坡的作用

渗流对边坡的作用又可以分为静水荷载和动水荷载两方面去考虑。

1）静水荷载

当土体中含水量增大时，土体容重也随之增加，而且，孔隙水压力也有可能随之增大，从而引起剪应力增大和土体抗剪能力减小，此外饱和区还有静水浮力对土体的作用。

2）动水荷载

水流在土体中流动时，会摇曳土粒而对其稳定造成不利影响。我们将水流加于土体的力称为渗透力 $J=\gamma_w i$，其中 γ_w 为水的容重，i 为水力坡降；当坡面有顺坡出流时，渗透力作用于土体，对边坡稳定大为不利。例如对于无黏性土边坡来讲，有渗透时的安全系数比起无渗流时的安全系数相差 γ'/γ_{sat} 倍，其中 γ' 和 γ_{sat} 分别为土体的浮容重和饱和容重。

3）渗流尤其是降雨入渗对土体参数的影响

土体的抗剪强度随含水量的不同而变化，由大量的试验资料和工程数据表明，对于同样的土质，非饱和土中由于吸力的作用，其抗剪强度相对很高，一般说来，非饱和土的强度大于饱和土的强度，但当非饱和土含水量增大时，吸力会大幅度降低，土体强度会大幅下降。但无论饱和性黏土或非饱和性黏土的有效内摩擦角受外力或吸力的影响都较小。在降雨入渗过程中，土体的含水量增大，浸润面抬高，原属于非饱和区土体一部分转变为饱和土体，抗剪强度降低，同时，非饱和区土体的含水量增大，而导致吸力降低，也引起非饱和区土体的抗剪强度降低。根据多年的研究资料表明，雨水入渗引起非饱和土中基质吸力的丧失或减小是降雨引起土坡稳定性降低的主要原因。

23.1.3　降雨渗流对土质边坡的影响

土质边坡以及土坝降雨饱和后的渗流场与库水位骤降的情况极为相似，所以是一种极为不利的水力条件。一般说来，降雨时雨水渗入土体表层造成表层的饱和度增加，然后逐渐向下部移动。在渗透路径较短的坡脚部雨水首先达到不透水层，并在这一部位积聚。此后坡脚的饱和度逐渐增高而后形成浸润线。以后雨水的渗透主要是造成坡脚的浸润线的上升和移动。我们可以这样认为，降雨入渗的过程主要是非饱和土体变为饱和土体的过程。以浸润线为界，水分的增加主要发生在界线以内，表现为土体由非饱和变为饱和。当然，边坡失稳的直接原因还有土的强度降低，孔隙水压力的上升和土体重量的增加。通过试验确定，强度变化主要发生于黏聚力的降低，由水分增加引起土体饱和可以使土的黏聚力降低到干燥时的 1 月。同时，一般情况下，同种土体，非饱和土的抗剪强度一般大于饱和土的抗剪强度，而且非饱和土的抗剪强度随着含水量的增大而减小。降雨造成的非饱和区土体抗剪强度的降低也是造成边坡失稳的一个重要原因。

降雨对于不同的土质边坡造成的影响是大不相同的，降雨类型不同对土质边坡的影响也不相同。一般说，随着日平均降雨强度的增大，土坡安全系数明显降低。同时降雨强度变化小的雨型对应的安全系数较低。这是可以理解的，当降雨强度很大时，土坡表层形成瞬态饱和区，而减小了土体的入渗能力，无法入渗的雨水溢出。土体渗透性直接关系到水分入渗的速度，所以渗透性在降雨对土坡稳定性影响的机理中无疑会起到非常重要的作用。渗透性的影响要和降雨强度结合起来进行考虑。当降雨为暴雨时，降雨强度和降雨持时都相同时，安全系数随渗透系数的增加而明显减小。但是对于降雨持时很长时，由于降雨强度较低，降雨强度相对于土的入渗能力也变得较低，此时渗透系数的影响和暴雨情形就不同了。此时渗透系数越小，安全系数反而越低。

23.2 雨季边坡施工

边坡治理一般包括削坡与坡体加固两个过程，工程实践中，边坡治理设计通常侧重考虑边坡的加固技术措施，较少综合考虑治理的整体效益，尤其对工程经济效益考虑不足。人工边坡的最优开挖坡角是治理设计方案中的重要问题，它不仅涉及边坡的稳定性、加固强度与加固方式，而且还涉及如开挖量、占用土地量边面绿化面积及工期等多种因素，直接关系到治理工程成本。边坡开挖坡角越缓，边坡稳定系数越大，加固量越小，加固维修费用越少，但开挖量越大，开挖费用也越大：反之，坡角越陡，支护量越大，但开挖量越小，开挖费用也越小。因此，边坡设计方案确定时，应全面平衡各种工程因素，确定合理的开挖坡角。

1. 雨季施工的特点

（1）不确定性。由于科学技术的限制，气象部门不能及时提供准确的预测服务，暴雨山洪等恶劣气象往往不期而至，这就需要雨期施工的准备和防范措施有备无患。

（2）突击性。雨水的冲刷或入渗有严重的破坏性必须迅速及时地防护才能避免给工程造成损。

（3）雨季对边坡施工影响极大，为保证工程的顺利进行应在事先有充分估计并做好合理的施工安排。

2. 雨季施工的要求

（1）编制施工组织计划时，要根据雨季施工的特点，将不宜在雨季施工的分项工程提前或拖后安排，对必须在雨期施工的工程制定有效的措施进行突击施工。

（2）合理进行施工安排，做到晴天抓紧室外工作，雨天尽可能缩小室外作业时间和工作面。

（3）密切注意气象预报，做好防汛准备工作，做好施工材料防雨防潮等工作。

3. 雨期施工的准备

（1）现场排水、施工现场的道路、设施必须做到排水通畅，尽量做到雨停水干，要防止地面水排入公路路基、边坡坡体内，防止滑坡和塌方。

（2）原材料、半成品的防雨水泥应按先收先发、后收后发的原则。避免久存受潮而影响水泥的活性。

（3）在雨期前应做好现场设备的排水防雨措施，备足排水防雨的器材和用品。

4. 雨季边坡施工的技术措施

（1）雨期开挖边坡时，应注意边坡稳定，必要时可适当放缓边坡坡度或设置支撑，施工时应加强对边坡和支撑的检查；对于已开挖好的边坡主要以设置支撑为宜；正在开挖的以放缓边坡为主辅以支撑或在工期不紧时停止施工。

（2）为防止边坡被雨水冲塌，可在边坡上加钉钢丝网片，并喷上 50 mm 细石混凝土，也可用塑料布遮盖边坡。

（3）雨季施工的工作面不宜过大，应逐段、逐片的分期完成。

（4）为防止坡底路基浸泡，开挖时要在边坡中下部做好排水沟、排水孔并组织必要的排水力量。

（5）降雨量大时，应停止土方施工，对于堆积在施工现场的土方，应在雨季到来前运走。

5. 雨季边坡施工的主要治理措施

1）雨水的治理

雨季边坡施工主要解决雨水的排除，对于大中型工程的施工现场必须做好临时排水系统的总体规划，其中包括阻止场外水流入现场和使现场水排出场外两部分。其原则是上游截水、下游散水：坡底抽水、地面排水结合各地地形和施工要求通盘考虑。

（1）治理地表水：在滑坡体周围作截水沟，使地表水不能进入滑坡体范围以内；在滑坡范围内修筑各种排水沟，使地表水排出滑坡体范围以外，但应注意沟渠的防渗，防止沟渠渗漏和溢流于沟外；整平地表，填塞裂缝和夯实松动地面，筑隔渗层，减少地表水下渗并使其尽快汇入排水沟内，排出滑坡体外。

（2）治理地下水：包括治理滑坡体中的地下水、治理滑带附近的水两个方面。治理滑坡体中的地下水首先必须加深滑坡范围以外的截水沟，切断其补给源；针对出露的泉水和湿地等，作排水沟或渗沟，将水引出滑坡体外；滑坡体前缘，常因坡体内的地下水活动而松软、潮湿，引起坡体坍塌滑动，为此可作边坡渗沟疏干；最后对整个坡面植树，加大蒸发量，保证坡面干燥。治理滑带附近的水时，首先要进行拦截，即要求所设排水构筑物的走向垂直于地下水的流向，根据地下水的埋藏深度、部位和土的密实程度而使用不同的排水构筑物，一般浅层地下水可以使用截水渗沟、盲沟；深层地下水则用盲洞、平孔等；其次还应对水进行疏干与排除，一般在滑坡前缘附近作支撑盲沟疏导这部分滑动带的水，而在其他部位作排水构筑物排除滑动面上的地下水，后者通常多为盲洞或平孔等；还可以采用降低地下水位的办法来治理滑带附近的地下水。

2）减重和反压

包括上部减重、下部反压以及减重与反压相结合。

（1）上部减重：对推动式滑坡，在上部主滑地段减重，常起到根治滑坡的效果。对其他性质的滑坡，在主滑地段减重也能起到减小下滑力的作用。减重一般适用于滑坡床为上陡下缓！滑坡壁及两侧有稳定的岩土体的滑坡。但有些滑坡的滑带土或滑体，具有卸载膨胀的特点，减重后使滑带土松弛膨胀，尤其是地下水浸湿后，其抗滑力减小，引起滑坡下滑，具有这种特性的滑坡，不能采用减重法。另外，减重后将增大暴露面，有利于地面水渗入坡体和使坡体岩石风化，这些不利因素也应充分考虑。

（2）下部反压：在滑坡的抗滑段和滑坡体外边缘堆填土石加重，如作成堤、坝等，能增大抗滑力而稳定滑坡。但必须注意只能在抗滑段加重反压，不能填于主滑地段。而且填方时，必须做好地下排水工程，不能因填土堵塞原有地下水出口，造成后患。

（3）减重与反压相结合：对于某些滑坡可根据设计计算后，确定需减小的下滑力，同时在其上部进行部分减重和在下部反压。减重和反压后，应检算滑面从残存的滑体薄弱部位及反压体底面剪出的可能性。

3）支挡工程

根据滑坡性质，可采用抗滑桩!重力式抗滑挡土墙!锚杆挡土墙等支挡工程，以抵抗整个滑体的滑动。下面介绍几种常用支挡工程类型。

抗滑桩：当边坡为不稳定边坡，或为滑坡，且它们的规模和剩余下滑力比较大时，就应该考虑采用抗滑桩。抗滑桩对处理滑坡，效果比较明显。

对于小型滑坡，可用混凝土桩或混凝土钻孔桩（也可采用挡土墙），使滑体稳定。对于岩层整体性好，滑动面明确的小型和中型滑坡，当修建挡土墙工程量大时，或因开挖坡脚容易引起滑动时，可在滑坡前缘设置混凝土或钢筋混凝土钻孔桩。对于抗滑推力较大的大型滑坡，可采用大截面的挖孔桩，采用分排间隔设桩或与轻型抗滑挡土墙结合的形式，以分散滑坡推力，减少每级抗滑建筑物的污工体积。

抗滑挡土墙：对于部分不稳定边坡和基本稳定边坡，可以考虑采用挡土墙进行加固。

4）坡面防护

对于稳定的边坡，应该采用坡面防护措施。比如护面墙、拱形骨架、锚喷等。对于岩石风化严重，多为易风化的软质岩或较破碎岩石的边坡，其挖方边坡和坡面易受侵蚀作用，可以采用护面墙进行护坡。使用它既可提高挖方边坡的稳定性，又可降低边坡高度，工程造价低，重新修复也容易，还可减少边坡挖方数量。小型坍塌的土质边坡也可以采用护面墙进行防护。

23.3 香丽高速公路雨季隧道洞口段施工关键技术

23.3.1 隧道洞口段支护措施

隧道洞口段是指暗挖进洞后的一定长度，洞口段覆盖土层高度不大于一倍毛洞宽度，见图 23-1。

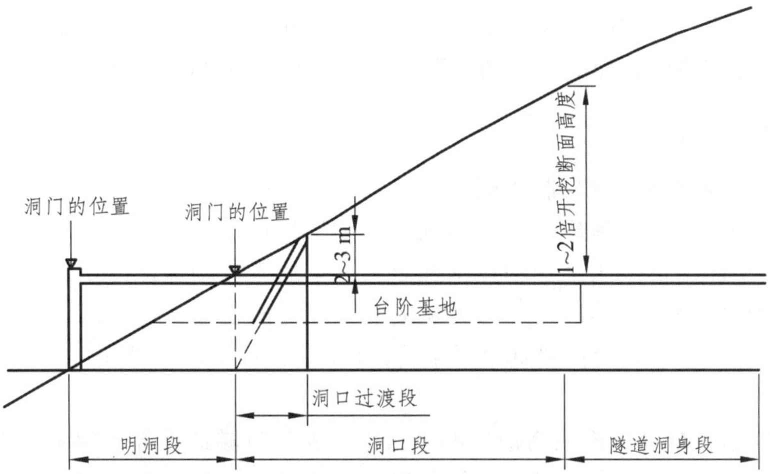

图 23-1　隧道洞口段

隧道洞口段是洞身与洞外的连接段，一般具有以下一些特点：

（1）隧道洞口段围岩比较破碎，容易产生滑坡体，不容易开挖成洞。

（2）隧道洞口段覆盖土层高度一般较低，土层在开挖过程中容易受到扰动，产生失稳破坏，使得开挖进洞更加复杂。

（3）隧道由于受到地形地貌的影响，洞口段一般存在偏压，洞口段两侧的围岩压力不均匀，使得在开挖过程中产生不均衡的变形，给后期的二次衬砌造成影响。

23.3.2　隧道常用的支护手段

隧道的支护与衬砌，是使隧道开挖后固定成形的主要手段，为施工而进行的支护称为施工支护，衬砌是固定围岩以后，保证隧道行车安全的重要工程措施，也是隧道建设的主要工序，只为施工而进行的支护，称为临时支护。在雨季进行支护时一般采用衬砌作为支护手段。衬砌是对围岩的最后支护，也成永久支护。

1. 雨季构件支撑

雨季时所采用构件临时支撑具有很大的优势，临时支撑的构件要求结构简单，有利于多次使用，各个构件应紧密结合，并能够方便架立和拆除，在更换构件时，不会造成整个结构的变形破坏。

支撑进行抽换拆除时应本着先预后拆的原则先铺设辅助支撑，支撑最多采用的有木支撑和钢架支撑两种，木支撑的梁柱等主要构件，木材材质应均匀，富有弹性脆性。钢、木支撑属于传统的支护方式，在没有使用锚、喷技术之前基本都是采用钢木支撑。在采用喷射混凝土和锚杆形成足够的支撑力之前常常需要采用钢木支撑，因为钢木支撑在安装完成之后就能够提供牢固的支撑。钢、木支撑的作用机理有：

（1）钢、木支撑具有较强的强度和刚度，安装完成之后能承受围岩产生的形变压力和松动压力，从而保持围岩的稳定性。

（2）钢、木支撑施工迅速，在安装完成之后就能够给围岩强力支护，不需要像混凝土结构一样需要养护一段时间才能形成强度，对控制软弱破碎围岩的变形具有重要作用。

（3）钢、木支撑适应各种隧道断面情况，有利于符合设计断面的外形尺寸要求。

2. 雨季锚杆作用

锚杆采用抗拉强度高的材料制作而成，插入预先钻好的孔洞，并采用水泥或其他粘结介质进行粘结，使锚杆和围岩形成整体，达到加固围岩的作用。雨季时对岩层的影响较大，从而可能导致围岩坍塌，需采用施加锚杆这样更为安全的手段来保证洞体的安全。施加预应力后锚杆可以主动地加固岩土体产生压力，从而控制围岩的变形，避免围岩坍塌。由于锚杆施工方便，技术可靠，逐渐成为铁路隧道最重要的围岩加固措施。锚杆的主要作用效果如下。

1）悬吊作用

如图 23-2 所示，悬吊理论认为锚杆的悬吊作用就是将隧道顶部不稳定的岩块悬吊在其他稳定的岩块上，并施加预应力，锚杆不仅承担悬吊的岩块的重量还承担岩块周边的岩体的重量。通过悬吊作用保证隧道顶部的岩块不掉落，从而使围岩达到稳定。

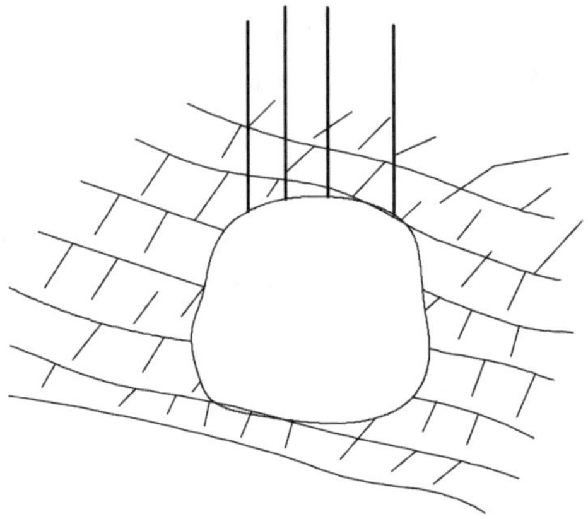

图 23-2　悬吊作用

2）组合梁作用

组合梁理论认为，在没有锚杆作用的时候各岩层的层面是相互分离的，不能共同作用，施加锚杆之后使得各岩层成为一个整体可以共同作用，就像组合梁一样，组合梁的抗弯和抗剪能力都比单个岩层的抗弯抗剪能力强。锚杆在组合梁中起到提供张紧力的作用，增加各岩层之间的相互作用力，如图 23-3 所示。

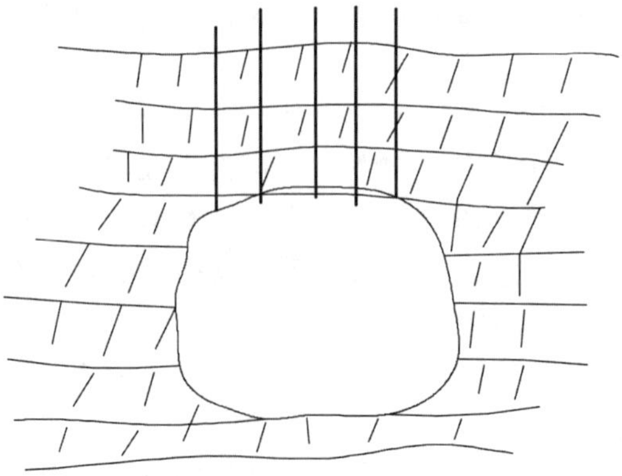

图 23-3　组合梁作用

3）减跨作用

减跨理论是在悬吊理论和组合梁理论之上提出来的，减跨理论认为锚杆为岩层提供了绞支点，使得隧道顶部的一个大跨被分成几个小跨，使得隧道顶部的变形减少，起到保持隧道稳定的作用。

4）组合拱作用

组合拱理论认为在隧道顶部安装锚杆之后，锚杆在围岩周围形成的锚固力作用会产生相互重叠，使得重叠的加固部位形成厚度较大的组合拱，组合拱能够充分利用围岩的抗压特性，减少围岩的抗弯作用，保持围岩的稳定性。

5）加强作用（增强作用）

如图 23-4 所示，对于破碎的围岩安装锚杆，能够使围岩内部的裂隙得到填充加固，从而增大了围岩的抗剪强度指标。即使是完整性比较好的围岩，在锚杆的张拉作用下也可以改善围岩的抗剪强度指标。

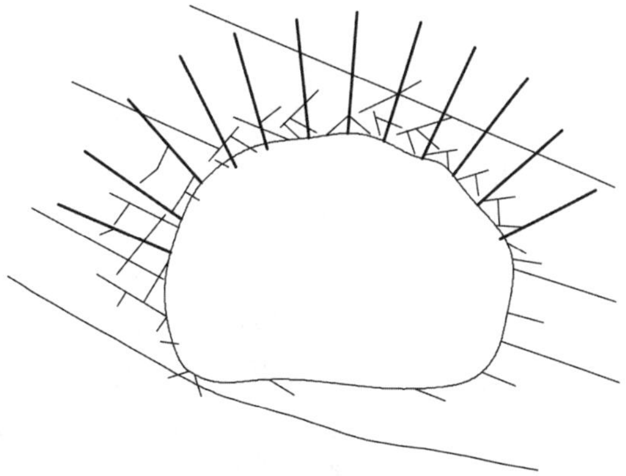

图 23-4　加强作用

6）支承围岩作用

在锚杆的约束力作用下限制围岩的变形，使得围岩由二维的应力状态转变为三维应力状态，围岩抗剪力增强，增加围岩的稳定性。锚杆的张力是通过洞孔内的水泥粘结力给洞孔提供内压，水泥的粘结力为围岩提供了一部分的增强作用，见图 23-5。上面介绍的几种作用都是锚杆在特定的条件下产生的，实际情况中，这些作用都不是孤立的，而是共同作用的结果，只是某些方面的作用比较突出而已。

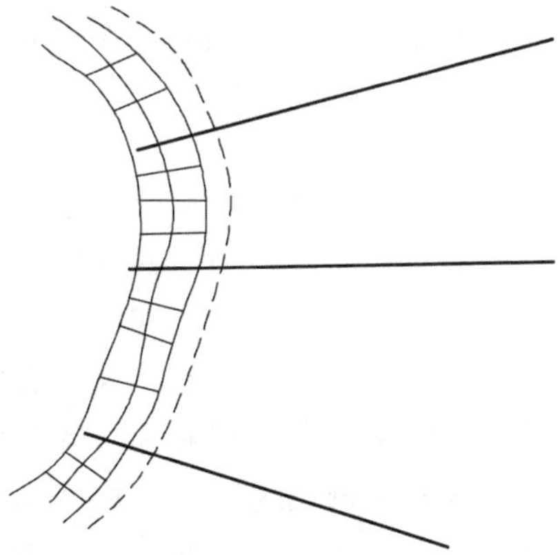

图 23-5　支撑作用

需要指出的是锚杆不是所有的地方都是适用的，在有些场合锚杆的作用效果就不明显。比如在围岩风化破碎比较严重的隧道洞口段就没有什么效果。要想在风化破碎的围岩中使用锚杆，需要先对围岩的条件进行改良才能产生充分发挥锚杆的作用。在围岩风化破碎厚度比较厚的地方，为了使锚杆锚固到稳定的岩层中，需要增加锚杆的长度，但是当锚杆增加的长度较长时，由于锚杆自身的塑形变形较大，就无法给岩层的变形提供充分的约束。

3. 雨季喷射混凝土

雨季时对洞体内的影响体现在雨水对渗流进岩层导致土体松动从而可能导致洞内坍塌的危险，隧道洞内高度较高，对于这种情况可采用喷射混凝土的方法进行有效的解决。喷射混凝土和常规混凝土不同。喷射混凝土的原材料是水泥、骨料、水以及速凝剂，利用专门的喷射机器将原材料在输送管处进行混合，通过高压管道喷射在围岩表面。喷射混凝土可以起到快速封闭围岩的作用，避免围岩长时间暴露在空气中，尽可能地减少围岩的风化作用，保证了围岩的自身强度不会大幅度的降低。

喷射混凝土和覆盖在围岩表层的钢筋网共同作用，可以提高围岩的抗裂性能。在隧道的钻爆法施工中，喷射混凝土常常用来作初期支护和临时支护。喷射混凝土的厚度根据围岩的完整性程度、隧道断面尺寸等条件进行确定。

喷射混凝土的常规施工方法包括干喷法和湿喷法，以及介于两者之间的潮喷法。干喷施工方法简单，施工机械简便，但是回弹量比较大，产生的粉尘多，施工作业环境很差，不利于施工人员的身体健康，现在逐渐被淘汰。湿喷法施工方法比干喷法复杂一些，需要的施工机械构造更加复杂，体积较大成本较高，由于采用的是湿喷工艺，能够减少骨料的回弹，产生的粉尘也较少，施工环境相对友好，现在施工工地逐渐推行的都是湿喷法。

为了保证喷射混凝土喷在围岩上能够迅速产生强度，规范规定喷射混凝土的初凝时间不大于 5 min，终凝时间不大于 10 min。

喷射混凝土质量要求：

（1）喷射混凝土的平均厚度不小于设计厚度，其中最小厚度不得小于设计厚度的 2/3 倍。

（2）喷射混凝土的早期强度（1 天）达到设计要求。

4. 雨季洞内钢筋网的作用

无论是不是处于雨季，为了提高喷射混凝土在围岩上的附着能力，防止喷射混凝土剥落，一般情况下都需要在围岩上挂设钢筋网片，钢筋网的直径为 6 ~ 8 mm，间距为 10 ~ 15 cm。

5. 雨季格栅钢筋钢架或型钢钢架

一般情况下，处于雨季时岩层相对而言存在坍塌或其他安全事故的可能性较高，所以在雨季时需要对洞内采取进一步的安全措施来保证洞体的稳定。在围岩破碎程度较大，并且在锚杆，钢筋网以及喷射混凝土等初期支护作用下还不能保证围岩的稳定性，或者不能减少隧道地表的沉降时，就需要在初期支护内增加格栅钢筋钢架或者型钢钢架支撑，使隧道的初期支护能力得到更大的提高。格栅钢筋钢架或者型钢钢架需要在隧道开挖之后马上开始架设，尽可能地紧贴围岩。格栅钢筋钢架或者型钢钢架安装完成之后进行喷射混凝土作业，喷射混凝土厚度要大于格栅钢筋钢架或型钢钢架的厚度，使喷射混凝土将格栅钢筋钢架或型钢钢架覆盖在里面。在洞口段，格栅钢筋钢架还可以配合大管棚或者小导管共同使用，使支护作用进一步增强。

23.3.3 超前预支护手段

雨季由于岩层具有的特殊性质，为保证安全一般情况下在隧道施工过程中为了保证掌子面的稳定性，常常需要在开挖之前进行支护措施。超前预支护是指在隧道开挖之前对隧道围岩进行预先加固，使得围岩的施工作业条件得到改善，常用的超前预支护措施有超前小导管法、超前大管棚法等等。目前梅家庄铁路隧道洞口段主要得用预支护措施是超前大管棚和超前小导管法，它们主要的施工步骤是安装超前小导管或者超前大管棚，然后通过钢管对围岩体进行注浆。

注浆一般采用气压将水泥浆液通过管路注入岩层中的空隙之中，通过水泥浆液将空隙之中的水分与空气赶走，将松散破碎的围岩胶结起来，从而达到改善围岩工程特性的作用。水泥浆液具有以下几个作用：填充，水泥浆液填充到围岩内的空隙中，固结之后起到填充空隙的作用。渗透，水泥浆液利用自身的流动性，并且在气压的作用下逐渐渗入到围岩的裂隙之中，排除裂隙之中的空气和水。这种方法需要的注浆压力较小。劈裂，通过较大的灌浆压力将水泥浆注入到围岩中，使得原有的裂隙增大，使裂隙的可灌性增加。

雨季施工时一般可采用如下方法进行施工：① 超前管棚；② 超前小导管；③ 其他支护手段。

23.3.4 联合支护

在施工过程中，地质条件比较复杂，当施工路段处于雨季时，其是施工难度将会大幅度的增加，采用单一的支护方法往往很难达到满意的效果，为了能够适应各种实际情况，一般都是将各种支护方式进行组合，取长补短，发挥各种支护方式的优势，共同组成一个有效并且经济的支护体系。其中使用范围最广，效果最好的方式是锚喷支护。喷锚支护是采用喷射混凝土和锚杆的共同作用进行加固围岩的措施，喷锚支护分为临时性的支护结构和永久性的支护结构。喷射混凝土可以作为围岩的临时支护也可以作为永久性支护。喷锚支护是使钢架锚杆、喷射混凝土以及围岩共同形成的支护体系，可以有效地防止破碎围岩的松动和脱落。能够将一定深度范围内的围岩转变成具有自承载能力的结构，从而达到稳定围岩的作用。当围岩的破碎程度严重时，可以采用钢丝网挡住锚杆之间小的破碎岩块，再进行喷射混凝土，从而稳定住破碎围岩。

锚喷支护联合上其他支护构件，如钢筋网片、格栅钢筋钢架、型钢钢架等可以形成喷锚网、喷锚钢架体系。另外格栅钢筋钢架上可以焊接超前小导管或者大管棚，使得开挖后的支护体系和超前支护体系形成一个完整的整体，大大加强了支护体系的承受围岩压力的性能。为了让各种支护措施的达到更好的联结，充分发挥各种支护措施的性能。

23.3.5 隧道衬砌

隧道施工过程常见的衬砌类型一般可以分为四类，复合式衬砌、装配式衬砌、喷锚衬砌和整体式衬砌。比较常用的形式为复合式衬砌、整体式衬砌、喷锚衬砌三类。隧道衬砌按照受力结构一般可以分为三类：整体式衬砌、复合式衬砌、喷锚衬砌。

雨季施工时隧道的衬砌作用：隧道的衬砌施工为了能够保证隧道围岩的稳定，避免围岩产生过大的变形，导致围岩产生坍塌，以及保证隧道内部的断面尺寸，使隧道内有良好的行车条件，使其他构筑物不会侵入到建筑限界以内。当前，铁路隧道比较常用的衬砌措施是整体式衬砌、锚喷衬砌、复合式衬砌。由于隧道洞口段地质条件较差，一般采用整体式衬砌或者采用复合式衬砌，隧道的其他部位可以采用锚喷衬砌。

一般采用的衬砌方法：① 锚喷衬砌；② 整体衬砌；③ 复合式衬砌。

23.3.6 选择衬砌方式

隧道的衬砌方式一般都是在设计时选定的，对雨季路段设计衬砌方案时一般取采用工程类比法选择衬砌，工程类比法是以准确的围岩分级作为前提。但是在工程实际设计施工过程中，由于勘察设计的手段和技术、以及设计人员专业水平限制，很难准确的进行围岩的分级，分级过程中往往带有主观性，没有严格的客观标准。并且在实际施工中还会出现实际施工的围岩情况与勘察的围岩情况不相同的情况，会在施工过程中产生变更，使得准确地确定围岩等级变得更加困难。

在现行的铁路设计规范中规定，铁路隧道复合式衬砌的设计可以采用工程类比的方法，并且通过理论公式进行分析，在施工过程中根据实际情况对设计参数进行调整。贵广铁路梅家庄隧道洞口段衬砌根据相关规范和实际勘察资料，采用如下参数，见表 23-3。

表 23-3　两车道隧道洞口段超前支护的参数设计

围岩级别	初期围岩							二次衬砌厚度/cm	
	喷射混凝土厚度/cm		锚杆/m			钢筋网	钢架	拱、墙混凝土	仰拱混凝土
	拱部、边墙	仰拱	位置	长度	间距				
Ⅳ	15 ~ 20	—	拱、墙	2.5 ~ 3.0	1.0 ~ 1.2	拱、墙@20×20	拱、墙	50	50
Ⅴ	20 ~ 26	—	拱、墙	3.0 ~ 4.0	0.8 ~ 1.0	拱、墙@20×20	拱、墙	60	60
Ⅵ	26	—	拱、墙仰拱	3.5 ~ 4.0	0.8	拱、墙@20×20	拱、墙仰拱	60	60
	通过实验、计算确定								

参考文献

[1] 田万涛. 路基路面工程[M]. 北京：中国水利水电出版社，2007.
[2] 邓学钧. 路基路面工程[M]. 2版. 北京：人民交通出版社，2005.
[3] 刘黎萍. 新编路基路面工程[M]. 上海：同济大学出版社，2011.
[4] 马立杰，王宇亮. 路基路面工程[M]. 北京：清华大学出版社，2014.
[5] 李永成，张立华. 路基路面工程施工技术[M]. 北京：人民交通出版社，2014.
[6] 栗振锋，李素梅. 路基路面工程[M]. 北京：人民交通出版社，2009.
[7] 战高峰，宋高嵩. 公路路基路面工程：精编本[M]. 武汉：武汉理工大学出版社，2007.
[8] 卿三惠. 土木工程施工工艺. 路基路面工程[M]. 北京：中国铁道出版社，2013.
[9] 邓学钧. 路基路面工程[M]. 3版. 北京：人民交通出版社，2009.
[10] 何兆益，杨锡武. 路基路面工程：下，路面工程[M]. 重庆：重庆大学出版社，2001.
[11] 王建林. 公路工程技术[M]. 北京：中国电力出版社，2009.
[12] 朱红兵，李秀. 路基路面工程[M]. 武汉：武汉大学出版社，2015.
[13] 肖念婷. 路基路面工程[M]. 北京：机械工业出版社，2014.
[14] 韦璐，扈惠敏. 路基路面工程[M]. 武汉：武汉大学出版社，2014.
[15] 马立杰，王宇亮. 路基路面工程[M]. 北京：清华大学出版社，2014.
[16] 廖明军，王文华. 路基路面工程[M]. 武汉：武汉大学出版社，2014.
[17] 李伟. 路基路面工程[M]. 北京：机械工业出版社，2013.
[18] 张敏江，于玲. 路基路面工程[M]. 北京：中国建材工业出版社，2013.
[19] 郭兰英. 路基路面工程[M]. 北京：化学工业出版社，2012.
[20] 卢珊珊，舒奕荣. 路基路面工程[M]. 武汉：武汉理工大学出版社，2012.
[21] 沙爱民. 路基路面工程[M]. 北京：高等教育出版社，2011.
[22] 偶昌宝，石泉彬，杨华展，等. 路基路面工程[M]. 北京：北京大学出版社，2011.
[23] 袁玉卿. 路基路面工程[M]. 北京：中国电力出版社，2010.
[24] 岳强，单景松. 路基路面工程[M]. 北京：机械工业出版社，2010.
[25] 宋金华，张彩利，张雪华. 路基路面工程[M]. 北京：人民交通出版社，2006.
[26] 程培峰. 路基路面工程[M]. 北京：科学出版社，2009.
[27] 包惠明，曹晓岩. 路基路面工程[M]. 北京：机械工业出版社，2007.
[28] 朱林. 路基路面工程[M]. 合肥：合肥工业大学出版社，2008.
[29] 黄晓明，李昶，马涛. 路基路面工程[M]. 南京：东南大学出版社，2016.
[30] 何兆益，杨锡武. 路基路面工程[M]. 北京：人民交通出版社，2006.
[31] 钟阳，吴宇航. 路基路面工程[M]. 哈尔滨：哈尔滨工业大学出版社，2010.
[32] 邓学钧. 路基路面工程[M]. 北京：人民交通出版社，2008.
[33] 资建民. 路基路面工程[M]. 广州：华南理工大学出版社，2002.
[34] 王万德. 隧道工程施工技术[M]. 沈阳：东北大学出版社，2010.

[35] 覃仁辉，王成．隧道工程[M]．4 版．重庆：重庆大学出版社，2015.
[36] 朱永全．隧道工程[M]．2 版．北京：中国铁道出版社，2007.
[37] 况世华．隧道工程技术[M]．北京：高等教育出版社，2009.
[38] 陈林杰，陈彬科．工科院校《隧道工程》案例式教学探索与实践[J]．时代教育，2015（21）：67-67.
[39] 单位中铁二局集团有限公司．高速铁路隧道工程施工技术指南[M]．北京：中国铁道出版社，2011.
[40] 潘世建．厦门翔安海底隧道工程技术丛书[M]．北京：人民交通出版社，2011.
[41] 卿三惠．高速铁路施工技术（隧道工程分册）（BZ）[M]．北京：中国铁道出版社，2013.
[42] 傅鹤林．梅关隧道工程施工技术[M]．北京：科学出版社，2009.
[43] 薛廷河．隧道施工与养护[M]．北京：人民交通出版社，2014.
[44] 覃仁辉，王成．隧道工程[M]．4 版．重庆：重庆大学出版社，2015.
[45] 高军．铁路隧道工程施工技术[M]．北京：中国铁道出版社，2014.
[46] 李永华．铁路隧道工程施工技术[M]．北京：中国铁道出版社，2014.
[47] 杨晓华，聂双成，晏长根．变质软岩隧道变形特征与支防技术：武都西隧道工程实践[M]．北京：人民交通出版社，2014.
[48] 交通运输部公路局．高速公路施工标准化技术指南：第五分册，隧道工程[M]．北京：人民交通出版社，2013.
[49] 周宗青，李术才，李利平，等．浅埋小净距黄土隧道工程[J]．岩土力学，2013，34（3）：775-775.
[50] 杨峰．隧道围岩稳定性极限分析上限有限元法与应用[M]．北京：科学出版社，2015.
[51] 宋秀清，刘杰．隧道施工技术[M]．北京：人民交通出版社，2009.
[52] 薛廷河．隧道施工与养护[M]．北京：人民交通出版社，2014.
[53] 及永刚．隧道施工技术管理[J]．科技创新与应用，2013（20）：207-207.
[54] 刘建国．富水复杂地质浅埋暗挖隧道修建技术[M]．北京：人民交通出版社，2012.
[55] 钟桂彤．铁路隧道[M]．北京：中国铁道出版社，1981.
[56] 彭大文，李国芬，黄小广．桥梁工程（上）[M]．北京：人民交通出版社，2007.
[57] 裘伯永．桥梁工程[M]．北京：中国铁道出版社，2001.
[58] 张先勇．道路与桥梁工程美学[M]．武汉：华中科技大学出版社，2008.
[59] 王丽荣．桥梁工程[M]．北京：科学出版社，2014.
[60] 夏禾．桥梁工程（下册）[M]．北京：高等教育出版社，2011.
[61] 王井春，范志强，禹凤军．中职桥梁工程类课程改革与教材建设的研究与实践[J]．中国科技博览，2014（45）：124-125.
[62] 付甬华，费月英．公路工程[M]．成都：西南交通大学出版社，2009.
[63] 孙明强．桥梁工程施工与管理（市政工程施工专业）[M]．北京：中国建筑工业出版社，2003.
[64] 范立础．桥梁工程（土木工程专业用）[M]．北京：人民交通出版社，2001.
[65] 王保群．桥梁工程[M]．济南：山东大学出版社，2007.
[66] 王兴国，刘丽珍．桥梁工程[M]．北京：化学工业出版社，2014.

[67] 周水兴．桥梁工程[M]．2 版．重庆：重庆大学出版社，2011.
[68] 张省侠，张鹏．桥涵工程技术[M]．北京：人民交通出版社，2014.
[69] 陈宝春．桥梁工程[M]．北京：人民交通出版社，2009.
[70] 强士中．桥梁工程[M]．2 版．北京：高等教育出版社，2011.
[71] 薛安顺．桥梁工程技术[M]．北京：高等教育出版社，2009.
[72] 卜建清，严战友．道路桥梁工程施工[M]．重庆：重庆大学出版社，2012.
[73] 王慧东．桥梁工程[M]．重庆：重庆大学出版社，2014.
[74] 强士中．桥梁工程（下册）[M]．2 版．北京：高等教育出版社，2011.
[75] 顾安邦．桥梁工程（下）[M]．北京：人民交通出版社，2008.
[76] 姚玲森．桥梁工程[M]．2 版．北京：人民交通出版社，2009.
[77] 罗旗帜，李新平．桥梁工程[M]．广州：华南理工大学出版社，2006.
[78] 汪莲，赵青，李海涛．桥梁工程[M]．合肥：合肥工业大学出版社，2006.
[79] 周先雁，王解军，宋娃丽，等．桥梁工程[M]．北京：北京大学出版社，2008.
[80] 王丽荣，盛可鉴，丁剑霆，等．桥梁工程[M]．北京：中国建材工业出版社，2005.
[81] 王慧东．桥梁墩台与基础工程[M]．北京：中国铁道出版社，2005.
[82] 陈雅福．土木工程材料[M]．广州：华南理工出版社，2013.
[83] 蒋红，田万涛．道路与桥梁工程施工[M]．北京：中国水利水电出版社，2010.
[84] 罗建华，付润生．桥梁施工技术[M]．成都：西南交通大学出版社，2009.
[85] 闫超君，丁明科，费秉胜．道路工程施工技术[M]．北京：水利水电出版社，2012.
[86] 陈珂．桥梁上部构造施工[M]．北京：人民交通出版社，2010.
[87] 胡隽．大跨度桥梁：理论与分析[M]．武汉：华中科技大学出版社，2011.
[88] 贾鹏云．高速公路软土地基沉降分析及处理对策[J]．山西交通科技，2012（1）：411-51.
[89] 李泽春．高速公路软土地基处理对策[J]．科技传播，2010（22）：134.
[90] 黄志如．高速公路软土地基处理中的难点和对策[J]．黑龙江交通科技，2014，37（9）：34-34.
[91] 原海霞．高速公路软土地基问题研究分析及对策[J]．城市建设理论研究，2014（5）.
[92] 刘观仕．高速公路软土路基拓宽变形性状与时间效应分析[D]．中国科学院研究生院（武汉岩土力学研究所），2009.
[93] 尹利华．公路软土地基处理关键技术智能信息化研究[D]．长安大学，2011.
[94] 冷静，张斌，申海．基于软土地基的高速公路扩建工程施工技术分析[J]．内蒙古公路与运输，2013（2）：47-48.
[95] 李东友．市政道路工程软土地基处理技术研究[J]．建筑工程技术与设计，2015（35）.
[96] 骆以道．海积软土特性及地基沉降分析若干问题的研究[D]．武汉大学，2012.
[97] 袁杰．流变相物质对软土流变特性影响试验与分析[D]．华南理工大学，2014.
[98] 兰景岩．软土动力特性及其地震动效应研究[D]．中国地震局工程力学研究所，2016.
[99] 陈福江．深厚软土地区高速铁路桥梁桩基础受力与沉降特性研究[D]．西南交通大学，2016.
[100] 沈德力，蒲文．季节性冻土路基处理及施工方法[J]．工程科技，2005（3）：63-66.
[101] 严鹏．公路季节性冻土路基的施工技术[J]．工程技术：全文版，2016（6）：00170-00170.

[102] 龙远树．公路季节性冻土路基的施工技术[J]．四川建材，2016，42（1）：200-201.
[103] 田晓春，靳春敏．季节性冻土基床病害的整治[J]．铁道建筑，2001（6）：20-20.
[104] 王明飞．季节性冻土地区路基病害分析及对策[J]．中国房地产业，2011（7）.
[105] 沈德力，蒲文．季节性冻土路基处理及施工方法[J]．工程科技，2005（3）：63-66.
[106] 李建军，朱玉．高速公路季节性冻土路基设计理论及病害防治对策研究[J]．公路交通科技（应用技术版），2016（1）.
[107] 李倩．中国东部季节性冻土的变化特征及其与季风活动的可能联系[D]．南京信息工程大学，2012.
[108] 张梓鸿．深季节冻土区涵洞温度场分布特征研究[D]．石家庄铁道大学，2017.
[109] 王晓巍．北方季节性冻土的冻融规律分析及水文特性模拟[D]．东北农业大学，2010.
[110] 龙国安．边坡绿化施工技术在市政工程中的应用[J]．建筑·建材·装饰，2016（4）.
[111] 石东扬，熊忠臣，金代钧，等．高速公路边坡绿化的研究[J]．中国园林，2001，17（3）：12-12.
[112] 李小华．高速公路边坡绿化方式的研究[J]．内蒙古林业科技，2003（1）：47-51.
[113] 徐吉辉．浅谈市政工程边坡绿化施工技术[J]．城市建设理论研究：电子版，2015（18）.
[114] 王莹．浅谈高速公路绿化[J]．河北林业科技，2001（1）：40-41.
[115] 顾尚华．西欧道路与交通杂谈[J]．国外公路，1997，17（6）：1-4.
[116] 顾文芸．高速公路路体绿化研究[D]．南京林业大学，2003.
[117] 黄小军，陈兵．高速公路生态恢复若干问题探讨[J]．云南交通科技，2001（2）：15-14.
[118] 谭志坚，等．中国重庆地区高速公路绿化现状和策略[J]．四川草原，2002（4）：43-47.
[119] 王亚玲，张宇俊．高等级公路绿化与环境保护[J]．内蒙古公路与运输，2003（5）：49-50.
[120] 陈懿．高速公路的绿化与环境保护叨．湖南工业技术学院学报，2004（4）：84-86.
[121] 孙仁娟，商庆森，王蕾．高速公路路域生态环境保护探讨[J]．2003（6）：710-79.
[122] 孙书存，包维楷主编．恢复生态学．北京：化学工业出版社，2004.
[123] 周德培，张俊云．植被护坡工程技术．北京：人民交通出版社，2003.
[124] 李丙银．高速公路高填方路基加宽不协调变形控制的关键技术研究[D]．石家庄铁道大学，2012.
[125] 杨林．高等级公路加宽路堤变形性状及稳定性技术研究[D]．吉林大学，2007.
[126] MUNTOHAR A S, WIDIANTI A, HARTONO E, et al. Engineering Properties of Silty Soil Stabilized with Lime and Rice Husk Ash and Reinforced with Waste Plastic Fiber[J]. Journal of Materials in Civil Engineering, 2013, 25(9): 1260-1270.
[127] LUKANEN E, TEIG G. Design and evaluation of roadway widening sections through swamps[J]. Ditches, 1978.
[128] 周文波．盾构法隧道施工技术及应用[M]．北京：中国建筑工业出版社，2004.
[129] TANG X X, TANG X Z, XU Y, et al. Analysis of Reasonable Reinforcement Structure of Concrete Bridge Deck[J]. Advanced Materials Research, 2011, 255-260: 1241-1251.
[130] MITCHELL J K, VILLET W. Reinforcement of earth slopes and embank kments[M]. Transportation Research Board, 1987.
[131] HAN J, GABR M A. Numerical Analysis of Geosynthetic-Reinforced and Pile-Supported

Earth Platforms over Soft Soil[J]. Journal of Geotechnical & Geoenvironmental Engineering, 2002, 128(1): 44-53.
[132] WANG H, HUANG X M. Stress and deformation due to emban kment widening with different treatment techniques[J]. Journal of Central South University, 2011, 18(4): 1304-1310.
[133] 黄琴龙．基于不协调变形控制的路基拓宽设计理论与方法[D]．上海：同济大学交通运输工程学院，2004.
[134] 陈魁．梯形分布条形荷载作用下土中附加应力的计算方法[J]．苏州城建环保学院学报，1994，7（3）：210-32.
[135] 铁道部工程设计鉴定中心．高速铁路隧道[M]．北京：中国铁道出版社，2006：15-16.
[136] BARTON N, CHOUBEY V. The shear strength of rock joints in theory and practice[J]. Rock Mechanics Felsmechanik Mecanique Des Roches, 1977, 10(1-2): 1-54.
[137] 刘洪洲，陈佳．浅理、小净距、大跨度扁坦公路隧道结构设计与分析[J]．公路，2006，12：214-217.
[138] 王应富，蒋树屏，张永兴．四车道隧道动态施工力学研究[J]．公路交通科技，2005，22（6）：134-137.
[139] 胡建明．大跨度小净距公路隧道施工监测及围岩稳定性研究[D]．重庆：重庆大学，2006.
[140] 高军．曾家坪一号隧道人跨段开挖方法研究[J]．现代隧道技术，2002，2：22-23.
[141] 黄伟钊．大断面软弱围岩隧道三台阶法施工[J]．桥隧机械&施工技术，2008，5：72-74.
[142] 钟新樵，谭玉兰，熊火耀．北京地铁西单车站初期支护试验．西南交通大学学报，1993，（6）：35-40.
[143] 刁志刚，张振刚．地铁车站暗挖法施工中大管棚施工方案设计．铁道建筑，2004（7）：45-47.
[144] 朱泽兵，仇文革．大跨超浅理轻轨车站隧道施工技术．施工技术，2003，32（1）：47-49.
[145] 孙玉科，牟会宠，妖宝魁．边坡岩体稳定性分析[M]．北京：科学出版社，1988.
[146] MROUEH H, SHAHROUR I. A full 3-D finite element analysis of tunneling-adjacent structures interaction J. Computers and Geotechnics, 2003, 30: 245-253.
[147] JENCK O, DIAS D. 3D-finite difference analysis of the interaction between concrete building and shallow tunneling [J]. Geotechnique, 2004, 54(8): 521-528.
[148] RICHARD J, FINNO, FRANK T, et al. Evaluating damage potential in buildings affected by excavations[J]. Journal of Geotechnical and Geoenvironmental Engineering, 2005, 131(10): 11911-1210.
[149] 姜鹏，赵其华，禹云霞．沙尔隧道洞口段施工方法数值模拟研究[J]．路基工程，2007，2.
[150] 刘海燕．隧道开挖对地面建筑结构的影响研究[D]．合肥：安徽理工大学，2005.
[151] 高虎军，土木群．浅埋软弱地层（滑坡体）隧道进洞施工技术研究[J]．公路工程，2013（2）：233-236.
[152] 李春生．佛岭隧道洞口浅埋软弱围岩段施工方法研究[D]．北京：北京交通大学，2009.
[153] 易立．大跨隧道施工方法选择的敏感性分析[D]．重庆：重庆大学，2007.
[154] 葛中华．公路隧道洞口段施工的支护方法[J]．山西科技，2011（3）：101-102.

[155] 程晓，张凤祥．土建注浆施工与效果检测[M]．上海：同济大学出版社，1998.
[156] 李河玉．小导管注浆技术及在隧道和地下工程中的应用[D]．西南交通大学，2002.
[157] 龙龙．抗滑桩治理滑坡力学分析[J]．北方交通，2008（8）：18-17.
[158] 贾大伟．基于整合矿井巷道围岩加固支护技术研究与应用[D]．河北邯郸：河北工程大学，2013.
[159] 黄林伟．软岩隧道大变形力学行为与控制技术的研究[D]．重庆：重庆大学，2008.
[160] 蒋博林．浅埋暗挖地铁隧道施工安全性和风险分析研究[D]．重庆：重庆交通大学，2011.
[161] REYES S F, DEERE D V. Elasticity-plastic Analysis of Underground Openings by the Finite Element Method[J]. Rock Mechanics, 1996, 32: 477-483.
[162] FINNERTY J D. Project Financing: Asset-Based Financial Engineering, Third Edition[M]. Wiley, 2007.
[163] 池春生．浅埋土质隧道信息化施工技术及其在天恒山隧道中的应用[D]．上海：同济大学，2008.
[164]《中国公路学报》编辑部．中国隧道工程学术研究综述[J]．中国公路学报，2015，28（5）：2-4.
[165] 中华人民共和国交通运输部．2015 年交通运输行业发展统计公报[R]．2015.
[166] CHUAN HE, BO WANG. Research progress and development trends of highway tunnels in China[J]. Journal of modern Transportation. 2013, 21(4): 2011-223.
[167] 蒋树屏，李建军．公路隧道前置式洞口工法的三维数值分析[J]．岩土工程学报，2007，4（29）：411-52.
[168] 李建裴．公路隧道喇叭型直接进洞技术研究[D]．西安：长安大学，2010.
[169] 李元雪，谢峰，蒋树屏，等．棚洞结构洞形优化计算分析[J]．岩土力学，2007，28：490-492.
[170] 石钰锋．浅覆软弱围岩隧道超前预支护作用机理及工程应用研究[D]．湖南，中南大学，2014.
[171] 于家宝．水平旋喷桩预支护施工技术[D]．铁道建筑，2003，9：40-42.
[172] 郭锐．考虑套拱加固作用的隧道洞口边坡稳定性研究[J]．西部交通科技，2011（2）：410-52.
[173] 林坤霖，黄崇仁，木越正司，等．隧道洞口边坡防护工法新选择[J]．隧道建设，2014，34（s1）：256-263.
[174] 王永刚．武罐高速公路隧道斜交偏压段进洞方案[J]．公路隧道，2010（4）：27-30.
[175] 伍吉勇，喻富庭．彭水隧道新法防排水[J]．砖瓦世界，2004（3）：23-21.
[176] 夏永旭，王永东．隧道结构力学计算[M]．人民交通出版社，2012.
[177] 戴学臻，邢磊．公路隧道运营安全设防分级标准的研究[J]．中外公路，2010，30（4）：243-245.
[178] 郭宏博．上下交叉隧道近接施工影响分区研究[D]．西南交通大学，2008.
[179] 于振振．基于监控量测与数值模拟的隧道围岩稳定性分析[D]．西安建筑科技大学，2011.
[180] 王剑．软弱围岩隧道偏压特性及施工控制技术研究[D]．中南大学，2011.
[181] 万民科．浅埋偏压小净距隧道力学特性及施工技术研究[D]．中南大学，2013.
[182] 杨圣奇．岩石流变力学特性的研究及其工程应用[D]．河海大学，2006.

[183] 史军，杨敏．水垫塘反拱底板稳定性的块体弹簧元分析[J]．水力发电学报，2004，23（2）：73-78.

[184] 陈留凤．应变监测反分析及其工程应用[D]．武汉大学，2004.

[185] 刘宇．基于随机理论的浅埋偏压隧道施工控制研究及工程应用[D]．重庆大学，2006.

[186] 黄志全，王晓睿．软弱隧道塌方机理及治理技术研究[M]．北京：科学出版社，2012.

[187] 于跃勋．地质顺层偏压隧道施工力学研究[D]．西南交通大学，2004.

[188] 关宝树，赵勇．软弱围岩隧道施工技术[M]．北京：人民交通出版社，2011.

[189] 张宪鑫．深埋交叉隧道开挖变形行为及衬砌应力研究[D]．重庆大学，2007.

[190] DEHGHAN A N, SHAFIEE S M, REZAEI F. 3-D stability analysis and design of the primary support of Karaj metro Tunnel: Based on convergence data and back analysis algorithm[J]. Engineering Geology, 2012, 141: 141-149.

[191] GENIŞ M. Assessment of the dynamic stability of the portals of the Dorukhan tunnel using numerical analysis[J]. International Journal of Rock Mechanics & Mining Sciences, 2010, 47(8): 1231-1241.

[192] KOZIN F, NATKE H G. Systemidentification techniques[J]. Structural Safety, 1986, 3(3): 2611-316.

[193] DALGIÇ S. The influence of weak rocks on excavation and support of the Beykoz Tunnel, Turkey[J]. Engineering Geology, 2000, 58: 137-148.

[194] JENG F S, WENG MC, HUANG T H, et al. Deformational characteristics of weak sandstone and i MPact to tunnel deformation[J]. Tunnelling & Underground Space Technology Incorporating Trenchless Technology Research, 2002, 17(3): 263-274.

[195] OZSAN A, BASARIR H. Support capacity estimation of a diversion tunnel in weak rock[J]. Engineering Geology, 2003, 68: 321-331.

[196] KONTOGIANNI V, STIROS S. Convergence in weak rock tunnels[J]. Tunnels & Tunnelling International, 2006, 38(2): 36-39.

[197] 沈华. 广州地铁超浅埋软岩暗挖隧道施工中控制地面建筑物变形的对策[J]. 现代隧道技术，1997（4）：2-5.

[198] 曾宗强．地铁大跨度浅埋暗挖隧道施工力学及安全性分析[D]．西南交通大学，2009.

[199] 童磊．软土浅埋隧道变形、渗流及固结性状研究[D]．浙江大学建筑工程学院，浙江大学，2010.

[200] 王梦恕．21 世纪是隧道及地下空间大发展的年代[J]．隧道建设．2000，1：7-10.

[201] 孙玉国，白继承．高速公路中硬岩分岔式隧道施工技术[J]．现代隧道技术，2005，42（3）：65-69.

[202] 吴波，刘维宁，高波，等．地铁分岔隧道施工性态的三维数值模拟与分析[J]．岩石力学与工程学报，2004，23（18）：3081-3086.

[203] 夏永旭，王永东．隧道结构力学计算[M]．北京：人民交通出版社，2004.

[204] 徐干成，白洪才，郑颖人等．地下工程支护结构[M]．北京：中国水利水电出版社，2002.

[205] 李玉文．连拱隧道中墙型式研究[D]．西南交通大学，2004.

[206] MROUEH H, SHAHROUR I. A full 3-D finite element analysis of tunneling–adjacent

structures interaction[J]. Computers & Geotechnics, 2003, 30(3): 245-253.

[207] KAMATA H, MASHIMO H. Centrifuge model test of tunnel face reinforcement by bolting[J]. Tunnelling & Underground Space Technology Incorporating Trenchless Technology Research, 2003, 18(2-3): 205-212.

[208] MEGUID M A, SAADA O, NUNES M A, et al. Physical modeling of tunnels in soft ground: A review[J]. Tunnelling & Underground Space Technology Incorporating Trenchless Technology Research, 2008, 23(2): 185-198.

[209] LEMAITRE J. How to use damage mechanics[J]. Nuclear Engineering & Design, 1984, 80(2): 233-245.

[210] SWOBODA G, YANG Q M, ITO F. Damage propagation model and its application to rock engineering problems[J]. Isrm Congress, 1995.

[211] VOYIADJIS G Z, KATTAN P I. A coupled anisotropic damage model for the inelastic response of composite materials[M]//Advances in Damage Mechanics: Metals and Metal Matrix Composites With an Introduction to Fabric Tensors. Elsevier Ltd, 2006.

[212] VOYIADJIS G Z, PARK T. The kinematics of damage for finite-strain elasto-plastic solids[J]. International Journal of Engineering Science, 1999, 37(7): 803-830.

[213] OWEN D R, HINTON E. Finite elements in plasticity[J]. Pineridge Press, 1980.

[214] 鲜学福. 层状岩体破坏机理[M]. 重庆：重庆大学出版社，1989.

[215] JAEGER J C. Shear failure of anisotropic rocks[J]. Geological Magazine, 1960, 97(1): 65-72.

[216] 朱维申，李术才，陈卫忠. 节理岩体破坏机理和锚固效应及工程应用[M]. 北京：科学出版社，2002.

[217] 杨志河，王永生. 黄河大柳树水利枢纽工程地下洞群围岩稳定性[J]. 水利水电工程设计，2002，21（2）：25-28.

[218] 梅松华. 层状岩体开挖变形机制及破坏机理研究[D]. 中国科学院研究生院（武汉岩土力学研究所），2008.

[219] NOVA R. The failure of transversely isotropic rocks in triaxial compression[J]. International Journal of Rock Mechanics & Mining Sciences & Geomechanics Abstracts, 1980, 17(6): 325-332.

[220] SMITH MB, JR J B C. An anisotropic co MPacting yield condition applied to porous limestone[J]. International Journal of Rock Mechanics & Mining Sciences & Geomechanics Abstracts, 1980, 17(3): 1511-165.

[221] 赵大洲. 砂板互层岩体中隧道围岩力学特性研究[J]. 公路交通科技，2010，27（12）：105-111.

[222] 潘霄，肖利，王启耀，等. 倾斜层状岩体地下洞室变形数值模拟研究[J]. 水利水电快报，2009，30（12）：5-7.

[223] OKUBO S, NISHIMATSU Y, FUKUI K. Complete creep curves under uniaxial compression [J]. International Journal of Rock Mechanics & Mining Sciences & Geomechanics Abstracts, 1991, 28(1): 77-82.

[224] MALAN D F, VOGLER U W, DRESCHER K. Time-dependent behaviour of hard rock in deep level gold mines[J]. Journal- South African Institute of Mining and Metallurgy, 1997, 97(3): 135-147.
[225] MUNSON D E. Constitutive model of creep in rock salt applied to underground roomclosure [J]. International Journal of Rock Mechanics & Mining Sciences, 1997, 34(2): 233-247.
[226] 李晓红，李登新，靳晓光，等. 初期支护对软岩隧道围岩稳定性和位移影响分析[J]. 岩土力学，2005，26（8）：1207-1210.
[227] 贾伟. 佛岭隧道破碎带围岩蠕变变形规律研究[D]. 北京交通大学，2011.
[228] 程勇刚，常晓林，李典庆. 考虑岩体空间变异性的隧洞围岩变形随机分析[J]. 岩石力学与工程学报，2012，31（a01）：2767-2775.
[229] 孙钧，朱合华. 软弱围岩隧洞施工性态的力学模拟与分析[J]. 岩土力学，1994（4）：22-33.
[230] 赵旭峰，王春苗，孔祥利. 深部软岩隧道施工性态时空效应分析[J]. 岩石力学与工程学报，2007，26（2）：404-409.
[231] 朱素平，周楚良. 地下圆形隧道围岩稳定性的粘弹性力学分析[J]. 同济大学学报：自然科学版，1994（3）：3211-333.
[232] 戴永浩，陈卫忠，伍国军，等. 非饱和岩体弹塑性损伤模型研究与应用[J]. 岩石力学与工程学报，2008，27（4）：7210-735.
[233] 陈卫忠，王者超，伍国军，等. 盐岩非线性蠕变损伤本构模型及其工程应用[J]. 岩石力学与工程学报，2007，26（3）：467-472.
[234] 黄湖星，徐林生. 隧道损伤围岩的蠕变特性研究[J]. 公路隧道，2008（1）：4-6.
[235] 朱合华，叶斌. 饱水状态下隧道围岩蠕变力学性质的试验研究[J]. 岩石力学与工程学报，2002，21（12）：1791-1796.
[236] 杨彩红，王永岩，李剑光，等. 含水率对岩石蠕变规律影响的试验研究[J]. 煤炭学报，2007，32（7）：695-699.
[237] 李国良，朱永全. 乌鞘岭隧道高地应力软弱围岩大变形控制技术[J]. 铁道工程学报，2008，25（3）：54-59.
[238] 姜云，李永林，李天斌，等. 隧道工程围岩大变形类型与机制研究[J]. 地质灾害与环境保护，2004，15（4）：46-51.
[239] 陈浩. 地下工程围岩与支护体相互作用的模型试验研究与理论分析[D]. 中国科学院研究生院（武汉岩土力学研究所），2008.
[240] LOMBARDI G. Some comments on the convergence-confinement method[J]. Underground Space, 1980.
[241] DAEMEN J J, FAIRHURST C. Tunnel support loading caused by rock failures[J]. 1975,1.
[242] AFTES F A F U W. Analysis of tunnel stability by the convergence-confinement method[J]. Tunnelling & Underground Space Technology, 1978, 4(4): 223-223.
[243] EISENSTEIN Z, HEINZ H, NEGRO A. On three-dimensional ground response to tunneling [C]// Geotech. 1984: 107-127.
[244] 郑雨天，朱华满. 巷道围岩特性曲线的测定与应用[J]. 煤炭学报，1990（1）：25-31.
[245] 金丰年. 考虑时间效应的围岩特征曲线[J]. 岩石力学与工程学报，1997，16（4）：344-353.

[246] ORESTE P P, PELLA D. Modelling progressive hardening of shotcrete in convergence-confinement approach to tunnel design[J]. Tunnelling & Underground Space Technology, 1997, 12(3): 425-431.
[247] 黄运飞．基坑土体自承支护的基本原理[J]．岩土工程技术，1997（1）：30-34.
[248] 陈庆敏，袁亮．考虑岩石破裂后变形特性的巷道围岩特征曲线[J]．辽宁工程技术大学学报：自然科学版，1998（2）：151-155.
[249] 陈建勋，楚锟．用收敛—约束法进行隧道初期支护设计[J]．公路交通技术，2000，21（1）：36-40.
[250] 张素敏，朱永全，景诗庭．收敛约束原理在隧道位移稳定性判据中的应用[J]．铁道标准设计，2004（8）：310-40.
[251] 田军. 基于模糊神经网络的隧道围岩分级系统[J]. 湖南交通科技，2007，33（4）: 104-107.
[252] 史秀志，周健. 隧道围岩分级判别的未确知均值聚类模型[J]. 土木建筑与环境工程，2009，31（2）：62-67.
[253] NONAKA T. An elasto-visco-plastic analysis for spherically and cylindrically symmetric problems[J]. Ingenieur-Archiv, 1978, 47(1): 27-33.
[254] 方学进．基于模糊影响图的隧道施工安全风险评价研究[D]．重庆交通大学，2009.
[255] 陈桂香，黄宏伟，尤建新．对地铁项目全寿命周期风险管理的研究[J]．地下空间与工程学报，2006，2（1）：47-51.
[256] 周刘刚，王海祥. 城市地铁及地下工程施工环境安全风险评估与控制[J]. 铁道勘察，2007，33（6）：91-94.
[257] 朱心潇，周刘刚．复杂地下工程施工安全风险评估与控制[J]．江苏建筑职业技术学院学报，2014，14（2）：20-20.
[258] 陈龙．城市软土盾构隧道施工期风险分析与评估研究[D]．同济大学，2004.
[259] 朱斌科．城市软土盾构隧道施工期风险分析与评估研究[J]．工程技术，全文版：00021-00019.
[260] 叶飞．软土盾构隧道施工期上浮机理分析及控制研究[D]．同济大学，2007.
[261] 姚浩，周红波，蔡来炳，等．软土地区土压盾构隧道掘进施工风险模糊评估[J]．岩土力学，2007，28（8）：001753-1756.
[262] 张少夏．隧道工程风险分析方法及工期损失风险研究[D]．同济大学，2006.
[263] 石晶．隧道工程风险分析方法及工期损失风险研究[J]．建筑工程技术与设计，2016（9）.
[264] 姚文鹃．公路隧道施工工期风险评估研究[D]．兰州交通大学，2015.
[265] 孙胜．隧道工程施工工期的风险因素分析[J]．黑龙江水利科技，2013，41（3）：1310-139.
[266] 曹昌洪．围岩级别变更的隧道工期与造价风险研究[J]．城市道桥与防洪，2014（12）：1711-181.
[267] 胡虹．基于挣值测度的项目工期/成本风险分析[D]．西南石油大学，2011.
[268] 卫海宏．翔安海底隧道工程风险分析与控制措施研究[J]．建筑技术开发，2015，42（5）：34-37.
[269] 王荣．大型隧道工程施工阶段的风险管理研究[D]．东华大学，2015.
[270] 李磊．隧道工程的风险分析与控制[J]．建材与装饰，2014（50）.

[271] 徐其福．隧道工程合同中风险共担原则的探讨[J]．公路隧道，2002（3）：26-28.
[272] 徐书林．大型隧洞工程的风险分析[C]//南水北调西线工程深埋、长大隧道关键技术及掘进机应用国际研讨会．2005.
[273] 向绿林．预制梁板运输与架设安全评估理论及应用研究[D]．中南林业科技大学，2015.
[274] 简亮．桥梁预制梁板的架设方法[J]．山西建筑，2007，33（3）：319-318.
[275] 朱瑜，范朋刚，王锋．小半径大跨径桥梁梁板预制与架设[J]．公路交通科技（应用技术版），2014（11）.
[276] 韩莹．预应力梁板预制与架设[J]．商品与质量·学术观察，2013（3）：32-32.
[277] 张裕超．大吨位箱梁运输与架设方案研究[J]．石家庄铁路职业技术学院学报，2013（1）：24-27.
[278] 徐岳，鲜正洪．悬索桥加劲梁架设阶段灰色控制系统的研究[J]．西安公路交通大学学报，1998（1）：23-27.
[279] 胡乐乐，邹先鹏．预制梁场安全管理和梁板架设安全技术措施[J]．城市建设理论研究：电子版，2014（13）.
[280] 谢勋成．桥梁预制梁板的施工控制及其管理[J]．交通世界：建养，2014（23）：1910-199.
[281] 程建建．铁路工程 T 梁预制与架设施工技术研究[J]．城市建设理论研究：电子版，2016，6（8）.
[282] 马立斌．T 梁预制及架设安全研究[J]．交通世界，2016（18）：24-23.
[283] 吕忠达，高志勇，程德林，等．大型整体预制箱梁的运输架设[J]．筑路机械与施工机械化，2006，23（12）：45-47.
[284] 秦新栋．预制简支箱梁桥梁架设施工[J]．交通运输研究，2014（18）：84-86.
[285] 张亚利．预制 T 梁提升及架设施工技术探讨[J]．交通建设与管理，2015（10）：137-140.
[286] 孙辉昌．浅谈桥梁预制箱梁架设施工技术[J]．水能经济，2017（4）：332-332.
[287] 齐文忠，张利．甬江大桥斜拉桥索塔施工技术[J]．公路，2010（10）：47-50.
[288] 胡永，张会俊，郭庆智．柳州三门江大桥索塔施工技术[J]．铁道建筑，2007（2）：21-20.
[289] 冯军武．单塔无背索斜拉桥索塔施工技术[J]．石家庄铁道大学学报（自然科学版），2010，23（1）：71-74.
[290] 黄丽霞，刘卫来，冯炳生．猫道架设与拆除安全技术探讨[J]．中国安全生产科学技术，2010，06（4）：157-160.
[291] 孙胜江．大跨悬索桥猫道施工技术[J]．公路，2008（6）：50-54.
[292] 屈加林，毛超军，靖振帅．驸马长江大桥猫道承重索架设双吊环法施工技术[J]．施工技术，2017（22）：24-25.
[293] 李忠忠，卞炯．多跨连续猫道的设计与架设：卢浦大桥水平索安装的辅助猫道[J]．结构工程师，2003（4）：80-83.
[294] 谢亮．江阴新沟河大桥猫道架设施工技术[J]．城市建设理论研究：电子版，2012（14）.
[295] 王丰平．猫道设计、架设和静力计算[D]．长安大学，2004.
[296] 江苏省交通工程建设局．江苏省高速公路施工标准化指南．桥梁工程[M]．北京：人民交通出版社，2012.
[297] 张振华．桥梁工程标准化施工管理[D]．长安大学，2012.

[298] 刘斌. 桥梁工程标准化施工技术论述[J]. 城市建设理论研究：电子版，2016，6（7）.
[299] 张庆龙. 施工标准化对公路桥梁工程质量的影响[J]. 山西建筑，2017，43（30）：240-241.
[300] 常立杰. 如何加强公路工程施工质量管理[J]. 山西建筑，2007，33（15）：240-241.
[301] 顾红新. 东北地区高速铁路路基及桥梁冬季施工技术[J]. 国防交通工程与技术，2011，09（2）：37-39.
[302] 傅顺. 高速公路特殊路基施工关键技术[J]. 河南科技，2013（4）：1310-138.
[303] 王欢. 高原山区高速公路沥青混凝土路面施工质量控制技术[J]. 中国建材科技，2016，25（1）：80-82.
[304] 郭弢. 论山区高速公路路桥施工技术[J]. 建材与装饰，2013（22）：272-273.
[305] 李海燕，李凤林. 高原山区高速公路越岭展线问题研究[J]. 科技致富向导，2011（6）：255-255.
[306] 许尔明. 高速公路路基雨季施工技术研究[J]. 江西建材，2015（24）：2010-208.
[307] 王瑞珏，焦景毅，张学锋. 高原气候下地下室外墙雨季施工使用新型止水螺杆的技术[J]. 城市建设理论研究：电子版，2013（30）.
[308] 代飞舟，刘宁. 高速公路深沟土方填筑质量控制探讨[J]. 科技致富向导，2012（17）.
[309] 孙晓东. 浅谈高速公路路基雨季施工技术[J]. 中国科技投资，2017（14）.
[310] 张建顺. 浅谈高速公路路基雨季施工技术[J]. 甘肃科技纵横，2011，40（4）：144-145.
[311] 刘绪军. 高速铁路路基雨季施工技术[J]. 建筑工程技术与设计，2015（9）.